Hermann Wagner

Das Rätsel der Kompasskarten im Lichte der Gesamtentwicklung der Seerkarten

Hermann Wagner

Das Rätsel der Kompasskarten im Lichte der Gesamtentwicklung der Seerkarten

ISBN/EAN: 9783743651753

Hergestellt in Europa, USA, Kanada, Australien, Japan

Cover: Foto ©ninafisch / pixelio.de

Weitere Bücher finden Sie auf **www.hansebooks.com**

VERHANDLUNGEN
DES
ELFTEN
DEUTSCHEN GEOGRAPHENTAGES
ZU
BREMEN
AM 17., 18. UND 19. APRIL 1895.

HERAUSGEGEBEN
VON DEM STÄNDIGEN GESCHÄFTSFÜHRER DES CENTRALAUSSCHUSSES
DES DEUTSCHEN GEOGRAPHENTAGES

GEORG KOLLM,
HAUPTMANN A. D.

MIT ZWEI TAFELN.

BERLIN, 1896.
GEOGRAPHISCHE VERLAGSHANDLUNG DIETRICH REIMER
(HOEFER & VOHSEN).

Inhalt.

Bericht über den Verlauf des Elften Deutschen Geographentages.

	Seite
Zusammensetzung der Ausschüsse	III
Vorbereitung	V
Verlauf der Tagung.	
1. Sitzung, 17. April vormittags	VI
2. Sitzung, 17. April nachmittags	IX
3. Sitzung, 18. April vormittags	XVII
4. Sitzung, 19. April vormittags	XXI
5. Sitzung, 19. April nachmittags	XXX
Besichtigungen und Ausflüge	XX, XXXVII
Abrechnung über die Kasse des Deutschen Geographentages für 1893 und 1894	XXXVIII
Verzeichnis der Besucher des XI. Deutschen Geographentages	XXXIX
Zusammensetzung des Centralausschusses	XLVII
Verzeichnis der Mitglieder des Deutschen Geographentages	XLVII

Ansprachen.

1. Ansprache des Vorsitzenden des Ortsausschusses Herrn George Albrecht, Vorsitzer der Geographischen Gesellschaft zu Bremen ... 3
2. Ansprachen des Präsidenten des Senats der Freien Hansestadt Bremen Herrn Bürgermeister Dr. A. Gröning ... 4
3. Ansprache des Vorsitzenden des Centralausschusses Herrn Wirkl. Geh. Adm.-Rat Prof. Dr. Neumayer ... 4

Vorträge.

1. Die wissenschaftliche Erforschung des Südpolar-Gebietes. Von Prof. Dr. G. Neumayer in Hamburg ... 9
2. Die Südpolar-Forschung und die Probleme des Eises. Von Dr. Erich von Drygalski in Berlin ... 18
3. Welches Interesse haben Zoologie und Botanik an der Erforschung des Südpolar-Gebietes? Von Dr. Ernst Vanhöffen in Kiel ... 31
4. Über den Wert und die Verwendung von Anschauungsbildern im geographischen Unterricht. Von Dr. Alwin Oppel in Bremen ... 39
5. Vorläufige Ergebnisse seiner Reise quer durch Central-Afrika. Von A. Graf von Götzen in Berlin. (Hierzu Tafel 1) ... 53
6. Das Rätsel der Kompafskarten im Lichte der Gesamtentwickelung der Seekarten. Von Prof. Dr. Hermann Wagner in Göttingen. (Hierzu Tafel 2) ... 64

Inhalt.

Seite

7. Über die Nutzbarmachung der nautischen Institute für die Geographie. Von Prof. Dr. O. Krümmel in Kiel 88
8. Über die Gezeiten. Von Prof. C. Börgen in Wilhelmshaven 99
9. Die Unter-Weser und ihre Korrektion. Von Baurat H. Bücking in Bremen 117
10. Die nordwestdeutschen Moore, ihre Nutzbarmachung und ihre volkswirtschaftliche Bedeutung. Von Dr. Br. Tacke in Bremen 117
11. Über die Ostfriesischen Inseln und ihre Flora. Von Prof. Dr. F. Buchenau in Bremen 129
12. Bericht der Central-Kommission für wissenschaftliche Landeskunde von Deutschland über die zwei Geschäftsjahre von Ostern 1893 bis Ostern 1895. Von Prof. Dr. Penck in Wien 142
13. Deutsche Kolonisation in Süd-Amerika. Von Dr. H. Wiegand in Bremen 150
14. Die Stellung Afrikas in der Geschichte des Welthandels. Von Dr. Eduard Hahn in Berlin 166
15. Der Bildungswert der Erdkunde. Von Prof. Dr. R. Lehmann in Münster i. W. 191

Anhang.

Bericht über die Ausstellung des XI. Deutschen Geographentages zu Bremen 1895. Von Dr. A. Oppel in Bremen 221

Beilage.

Katalog der Ausstellung des XI. Deutschen Geographentages zu Bremen. Herausgegeben im Auftrage des Ortsausschusses von der Ausstellungskommission.

BERICHT

ÜBER DEN

VERLAUF

DES

ELFTEN DEUTSCHEN GEOGRAPHENTAGES.

BREMEN, 17., 18., 19. APRIL 1895.

Verhandl. d. XI. Deutschen Geographentages.

Centralausschuſs des Deutschen Geographentages.

Bei der X. Tagung 1893 in Stuttgart gewählt:

Vorsitzender: Herr Prof. Dr. Georg Neumayer, Wirkl. Geh. Admiralitätsrat, Direktor der Deutschen Seewarte in Hamburg.
„ Dr. Alfred Kirchoff, Professor an der Universität in Halle a. d Saale.

Geschäftsführer: „ Georg Kollm, Hauptmann a. D., Generalsekretär der Gesellschaft für Erdkunde zu Berlin.

Für die XI. Tagung hinzugewählt:

Herr George Albrecht, Vorsitzender der Geographischen Gesellschaft zu Bremen.
„ Dr. med. Gustav Hartlaub, Bremen.
„ Dr. Moritz Lindeman, Vice-Vorsitzender der Geographischen Gesellschaft zu Bremen.
„ Karl Graf von Linden, Oberkammerherr a. D., Stuttgart.
„ Dr. Ferdinand Freiherr von Richthofen, Gch. Regierungsrat, Professor an der Universität, Berlin.
„ Dr. Hermann Wagner, Geh. Regierungsrat, Professor an der Universität, Göttingen.

Schatzmeister des Deutschen Geographentages:
Herr C. Michaelis in Gotha.

Ortsausschuſs.

Vorsitzender:
Herr George Albrecht.

Stellvertretende Vorsitzende:
Herr Hermann Melchers.
„ Dr Moritz Lindeman.

Generalsekretär:
Herr Dr. W. Wolkenhauer.

Schatzmeister:
Herr H. Wuppesahl.

Vorsitzender der Ausstellungs-Kommission:
Herr Dr. A. Oppel.

Mitglieder:
Herr Professor Dr. F. Buchenau, Direktor der Realschule beim Doventhor.
„ Professor Dr. H. Bulthaupt.
„ Senator Dr. Ehmck.

Herr Dr. O. Finsch.
- „ Dr. Emil Fitger.
- „ Hermann Frese, Mitglied des Reichstages.
- „ Theodor Gruner.
- „ Wilhelm Haas.
- „ Professor Dr. H. Kasten.
- „ Dr. Schauinsland, Direktor des Städtischen Museums für Naturgeschichte und Völkerkunde.
- „ George W. Wätjen.
- „ Senator Wessels.
- „ Dr. H. Wiegand, Direktor der Norddeutschen Lloyd.

Ausstellungs-Kommission.

Herr Professor Dr. Buchenau.
- „ Gymnasiallehrer Dr. Cosack
- „ Dr. O. Finsch.
- „ Vermessungs-Inspektor Geisler.
- „ Geh. Regierungsrat Dr. P. Kollmann in Oldenburg.
- „ Dr. A. Oppel.
- „ Seefahrtschul-Lehrer Dr. K. Schilling.
- „ Buchhändler M. W. Schlenker.
- „ Dr. H. Schurtz.
- „ Realgymnasial-Lehrer Fr. Tellmann.
- „ Dr. W. Wolkenhauer.
- „ H. Wuppesahl.

Der Elfte Deutsche Geographentag.

Vorbereitung.

Der Wunsch, wieder einmal nach sechsjährigem Zwischenraum den Deutschen Geographentag in Nord-Deutschland zusammentreten zu lassen, führte in der letzten Sitzung des X. Deutschen Geographentages zu Stuttgart im Jahr 1893 (s. Verhandlungen 1893, S. X und XXVI) zur Wahl von Bremen als Versammlungsort des XI. Deutschen Geographentages im Jahr 1895, insbesondere da der Vertreter der Geographischen Gesellschaft zu Bremen auf der Stuttgarter Tagung, Herr Dr. M. Lindeman, freundlichst dahin einlud.

Mehr als je bestimmte diesmal der Ort der Tagung den Charakter des Geographentages. Die Eigenart Bremens bedingte dies: seine Eigenschaft als zweitbedeutendster Seehandelsplatz des Deutschen Reiches, seine Lage inmitten der norddeutschen Tiefebene unweit des Deutschen Meeres, an den Ufern eines Stromes, welcher jetzt den Seeverkehr bis in das Herz Bremens trägt, seine Bedeutung für die geographische Wissenschaft, vornehmlich als diejenige Stätte, die zuerst Petermann's Anregung praktisch verwirklichte und die deutsche Nordpolar-Forschung von neuem in Angriff nahm, und wo sich in der vor 25 Jahren zunächst als „Verein für die deutsche Nordpolar-Fahrt" gegründeten „Geographischen Gesellschaft zu Bremen" das thätigste Organ für diese späterhin auch andere, erweiterten Zielen dienende Bestrebungen fand. Da lag es nahe, dafs der Bremer Tagung die Behandlung der Frage der Polar-Forschung, Ozeanographie und maritimen Meteorologie, Kunde der Seekarten, Landeskunde der deutschen Nordsee-Gestade, Wirtschaftsgeographie neben der für jede Tagung nach den Satzungen vorgesehenen Behandlung schulgeographischer Fragen als Hauptaufgaben für ihre Sitzungen zugewiesen wurden.

Nach diesen Gesichtspunkten wurden die Vorbereitungen für die Tagung von dem aus den Herren Wirkl. Geh. Adm.-Rat Prof. Dr. Neumayer-Hamburg, Prof. Dr. A. Kirchhoff-Halle a. S. und Hauptmann G. Kollm-Berlin bestehenden Central-Ausschufs getroffen, der sich für die Bremer Tagung durch Zuwahl von nachfolgenden Herren verstärkte: George Albrecht-Bremen, Dr. Gustav Hartlaub-Bremen, Dr. M. Lindeman-Bremen, Oberkammerherr Karl Graf von Linden-Stuttgart, Geh. Reg.-Rat Prof. Dr. Frhr. von Richthofen-Berlin, Geh. Reg.-Rat Prof. Dr. H. Wagner-Göttingen. Dem unter Vorsitz des Herrn George Albrecht gebildeten Ortsausschufs (s. S. III) fiel die arbeitsvolle Aufgabe der Durchführung der Vorbereitung zu.

Auch wurde der Plan für eine Ausstellung gefafst, die sich dem Charakter der Tagung anpassen und in Beziehungen zu einzelnen der Beratungsgegenstände stehen sollte: Seewesen (einschl. Seekarten) und Wasserbau sollte sie umfassen, die jüngsten Erzeugnisse für Wissenschaft, Schule und Haus auf geographischem und verwandtem Gebiet vorführen und schliefslich ein landeskundliches Bild von Bremen und der Unter-Weser geben. (s. Ausstellungsbericht S. 222 ff.)

Im Ausschlufs an die Tagung wurde ferner für einen Nachmittag während der Sitzungstage die Besichtigung von Handels- und Verkehrseinrichtungen, sowie sonstiger Sehenswürdigkeiten Bremens festgesetzt (s. S. XX). Hierdurch, wie auf einem nach den eigentlichen Verhandlungen anberaumten Ausflug nach Bremerhaven mit Fahrt in See (s. S. XXXVII) sollte die Bedeutung Bremens als Welthandelsplatz vorgeführt werden. Auch wurde durch einen Ausflug in das Moor-Gebiet der Umgebung von Bremen beabsichtigt, praktische Erläuterungen zu einem geplanten Vortrag über die nordwestdeutschen Moore zu geben.

In höchst dankenswerter Weise fanden die Pläne und Arbeiten des Central- und Ortsausschusses kräftigste Unterstützung, vor allem in Bremen selbst durch die Behörden, wissenschaftliche Institute und Gesellschaften, sowie nicht minder durch verschiedene grofse Handelshäuser und den Norddeutschen Lloyd. Doch auch auswärtige Behörden und Institute bewiesen gröfstes Entgegenkommen, namentlich bei der Hergabe wertvollen und seltenen Kartenmaterials für die Ausstellung, wodurch insbesondere ihr historischer Teil, welcher die Entwickelung der Seekarten vom 13. bis 18. Jahrhundert zeigen sollte, hohe wissenschaftliche Bedeutung erhielt.

Auch darf nicht unerwähnt bleiben, dafs der Künstler-Verein in seinen alten ehrwürdigen Räumen auf der Domshaide dem Geographentag und seiner Ausstellung ein würdiges Heim in Bremen zur Verfügung stellte.

Verlauf der Tagung.

Dienstag, 16. April 1895.

Abends von 8 Uhr an: Begrüfsung der auswärtigen Besucher des Geographentages und gesellige Zusammenkunft im Künstler-Verein.

Mittwoch, 17. April 1895.
1. Sitzung, Vormittags 10 Uhr.

1. Der Vorsitzende des Ortsausschusses, Herr George Albrecht, begrüfst im Namen des Ortsausschusses die XI. Tagung des Deutschen Geographentages (s. S. 3).

2. Alsdann heifst der Präsident des Senats der Freien Hansestadt Bremen, Herr Bürgermeister Dr. A. Gröning, im Namen des Senats die Versammlung willkommen (s. S. 4).

3. Hierauf eröffnet der Vorsitzende des Central-Ausschusses, Herr Wirkl. Geh. Adm.-Rat Prof. Dr. Neumayer-Hamburg, mit Worten des Dankes an den Ortsausschufs und unter Beleuchtung der zur Verhandlung kommenden Fragen den XI Deutschen Geographentag (s. S. 4).

4. Die Versammlung wählt dem Vorschlag des Herrn Prof Dr. Neumayer entsprechend durch Zuruf für die 1. Sitzung
    zum 1. Vorsitzenden: Herrn George Albrecht-Bremen,
    „ 2. „ „ Dr. M. Lindeman-Bremen,

zu Schriftführern: Herrn Dr. Schurtz-Bremen,
„ Dr. Willi Uhle-Halle a. S.

5. Nach einigen geschäftlichen Mitteilungen des Generalsekretärs des Ortsausschusses, Herrn Dr. Wolkenhauer, wird in die Tagesordnung der 1. Sitzung eingetreten, als deren Beratungsgegenstand „die Polar-Forschung, insbesondere der Stand der Südpolar-Frage" bestimmt ist.

6. Herr Prof. Dr. Neumayer-Hamburg nimmt das Wort zum ersten Vortrag: „Die wissenschaftliche Erforschung des Südpolar-Gebietes" (s. S. 9—17).

7. Da eine Diskussion erst nach der Beendigung der den Beratungsgegenstand behandelnden Vorträge stattfinden soll, spricht Herr Dr. E. von Drygalski-Berlin über: „Die Südpolar-Forschung und die Probleme des Eises" (s. S. 18—29).

Nach einer kurzen Pause folgt schliefslich

8. der Vortrag des Herrn Dr. E. Vanhöffen-Kiel: „Welches Interesse haben Zoologie und Botanik an der Erforschung des Südpolar-Gebietes?" (s. S. 30- 38).

9. Die Erörterung der Vorträge wird eröffnet. Herr Prof. Palacky-Prag erhält zuerst das Wort. Der Vorredner habe — wohl aus Zufall — die einzige Monographie über antarktische Vertebraten, die Abhandlung von Milne Edwards über die antarktischen Meeresvögel, nicht erwähnt. Nach Herrn Palacky's Ansicht sei es wichtig, die Frage über die Existenz eines antarktischen Schöpfungscentrums im engern Sinn (denn im weitern nennt man auch Australien, Kapland, Neu-Seeland u. s. w. antarktisch) gründlicher zu prüfen und Material dafür zu sammeln; habe doch z. B. Dumont d'Urville im antarktischen Eisschlamm eigene Algen gefunden. Das bisherige Material sei für diese Frage ungenügend. Es gebe weder antarktische Landsäugetiere, noch Reptilien und Amphibien, nur einen antarktischen Landvogel auf Süd-Georgien (*Anthus antarcticus* Cab.), dagegen antarktische Meeressäugetiere, Meeresvögel und Fische. Interessant sei, dafs gerade aus der charakteristischen Familie der Galaxiiden Day eine *Galaxias indicus* in Indien fand. Die Pflanzen betreffend, so hat die streng antarktische Flora Ähnlichkeit mit der andinen, ja mit der arktischen durch Kosmopoliten und Pseudokosmopoliten (z. B. *Montia fontana*), dann in den Arten und Familien. Es sei aber zu erwägen, dafs Hudson und Sclater in der Ornis Argentiniens ständige Wanderungen von Wasservögeln, insbesondere Schnepfen, aber auch z. B. *Calidris arenaria* (die jetzt erst Greeley unter dem 80° n. Br. brütend fand, die Seebohm in Sibirien nicht wahrnahm), — jährlich in die arktischen Brütplätze aus Patagonien nachwies. Dies ist möglicherweise eine Einwanderungsart über die Anden. Interessant sei ferner die Anwesenheit von fossilen Araucarien in Kerguelen und eines jetzt tropischen Farns — *Gleichenia* — im Moos der Falklands-Inseln, woher Redner von der Expedition Dumont d'Urville zwanzig Exemplare der *Valeriana sedoides* erhielt, welche die langsame Anpassung dieser Formen an die wachsende Kälte zeigen (wie z. B. *Oldenlandia capensis* ex coll. Schlechter). Biologische Untersuchungen könnten hier zu wichtigen Ergebnissen führen.

Herr L. Friederichsen-Hamburg knüpft an die Ausführungen des Herrn Dr. von Drygalski an und ist der Meinung, dafs die gegenwärtige Tagung wohl in der Lage sei, die Initiative zu ergreifen, um eine deutsche antarktische Expedition zur praktischen Ausführung zu bringen. Er glaube, dafs die Bremer Geographische Gesellschaft die Feier ihres 25jährigen Bestehens nicht würdiger begehen könne, als wenn auf dem XI. Deutschen Geographentag in Bremen ein auf eine deutsche antarktische Expedition abzielender Beschluſs gefaſst werden würde. Nach Jahrzehnte langen sorgsamen Vorbereitungen seitens der berufensten wissenschaftlichen Autoritäten Deutschlands, Englands und Amerikas dürfe man diese Frage nunmehr wohl als spruchreif betrachten und zur That zu schreiten suchen. Die neuesten, in den Jahren 1892—94 stattgehabten Vorstöſse schottischer und deutsch-norwegischer Wal-Dampfer in die Antarktik südlich von Kap Horn, welche zum Teil von recht erheblichen wissenschaftlichen Ergebnissen begleitet gewesen seien, hätten das Interesse an der antarktischen Forschung wiederum rege gemacht. Durch die Bemühungen John Murray's, des berühmten Gelehrten der Challenger-Expedition, seien Vertreter der verschiedensten wissenschaftlichen Vereinigungen Groſs-Britanniens zu einem englischen antarktischen Komitee zusammengetreten, um ihre Regierung zu der Entsendung einer antarktischen Expedition zu bewegen. Dem Anschein nach werde dies Komitee Erfolg haben. Auch in Belgien rüste man sich auf Anregung des belgischen Marine-Lieutenants de Gerlache zu einer antarktischen Expedition im kommenden Jahr, deren auf 300 000 Francs berechnete Kosten durch die Munificenz des belgischen Groſsindustriellen Solvay gesichert seien. Die Namen des wissenschaftlichen Stabes dieser Expedition seien bereits im Mouvement Géographique vom 17. März 1895 bekannt gegeben, und der Führer derselben, Herr de Gerlache, bereite sich zur Zeit durch Teilnahme an einer grönländischen Wal-Campagne an Bord des der Hamburgischen Dampfschiff-Gesellschaft Oceana gehörenden, unter norwegischer Flagge fahrenden Dampfers „Castor" auf seine neue Aufgabe vor. Es scheine belgischerseits die Absicht vorzuliegen, auf Basis des durch den Dampfer „Jason" 1893—94 im Dirk Gerritsz-Archipel erzielten Vordringens bis 68° 10′ s. Br. in etwa 60° w. L. v. Gr. einen Vorstoſs in die Antarktik zu versuchen.

Angesichts dieser Thatsachen glaube Redner, daſs Deutschland nicht länger säumen solle auch in die Arena einzutreten. Was die erforderlichen pekuniären Mittel anlange, so veranschlage er dieselben auf 200 000 Mark. Er gehe dabei von der Überzeugung aus, daſs ein für wissenschaftliche Zwecke wohl ausgerüsteter Wal-Dampfer, beispielsweise der 1893—94 erprobte „Jason", vorerst genügen müsse und werde, um bedeutende Resultate zu erzielen. Derselbe sei einschl. voller Ausrüstung, Heuern des Kapitäns und der Mannschaft und Versicherung für ein Jahr, beginnend mit dem 1. September 1895, zum Preise von 160 000 Mark zu chartern. Das Expeditionsschiff werde in erster Linie die Aufgabe verfolgen müssen, in den antarktischen Sommermonaten (December, Januar, Februar) möglichst weit gen Süden vorzudringen. Er halte hierfür nach den jüngsten Erfahrungen das Gebiet östlich des Dirk Gerritsz-Archipels für besonders geeignet. Ob eine Überwinterung an Bord des Dampfers innerhalb der Eisregion zu erstreben, oder ob bei Beginn der stürmischen Jahreszeit im März die Errichtung einer wissenschaftlichen Station innerhalb des Dirk Gerritsz-Archipels unter gleichzeitigem Rückzug des Dampfers in's Auge zu fassen sei, das seien interne Fragen, welche der gründlichen näheren Erörterung bedürften. Um solche und die Lösung der von allen Seiten als wünschenswert bezeichneten antarktischen Frage auch deutscherseits in Fluſs zu bringen, beantrage er:

„Der XI. Deutsche Geographentag zu Bremen wolle in voller Würdigung der Wichtigkeit der antarktischen Forschung für Geographie und Naturwissenschaft einen Ausschuſs ernennen, dessen Aufgabe es ist, über die Möglichkeit der Entsendung einer deutschen wissenschaftlichen Expedition in die Antarktis zu beraten und günstigenfalls die Ausführung der Sache in die Wege zu leiten."

Herr Prof. Baumgartner-Wiener-Neustadt stimmt dem Antrag und Vorschlag des Herrn Friederichsen zu und glaubt mit einer Sammlung von Beiträgen sofort beginnen zu sollen, zu welcher er selbst den Betrag von 20 Mark beisteuert.

Herr L. Friederichsen ist nicht der Ansicht, daſs die fragliche Summe von 200000 Mark durch kleine Beiträge leicht zu beschaffen sei. Da aber durch den Herrn Vorredner der Weg der Beschaffung betreten worden sei, so glaube er nicht unerwähnt lassen zu dürfen, daſs sich die Expedition unter Verknüpfung mit kaufmännischen Interessen glücklichenfalls bezahlt machen könne. Wenn beispielsweise, nachdem der wissenschaftliche Stab an irgend einem Punkt des von Kapitän Larsen erschlossenen östlichen Teiles des Dirk Gerritsz-Archipels gelandet und stationiert worden, oder das Expeditionsschiff nach Eintritt der stürmischen Jahreszeit und nachdem der wissenschaftliche Stab wieder an Bord genommen, auf den Bartenwalfang innerhalb nördlicherer, dann noch nicht stürmischen Breiten, z. B. bei Süd-Georgien ausgehen könne, dann sei die Möglichkeit der kaufmännischen Rentabilität nicht ausgeschlossen. Der mehrfach erwähnte Dampfer „Jason" habe im Anfang April 1894 bei Süd-Georgien einen Bartenwal geschossen; es sei Aussicht, einige derselben zu erlegen, wenn man in früher, weniger stürmischen Jahreszeit an Ort und Stelle sein könne. Der Netto-Wert eines solchen Tieres betrage je nach Gröſse 15—25 000 Mark.

Herr Prof. Neumayer-Hamburg hebt hervor, daſs er sich selbst bereits auch mit der Frage der Ausführbarkeit eines solchen Unternehmens lebhaft beschäftigt habe; er könne jedoch aus gewissen Gründen keine Mitteilung hierüber machen. Jedenfalls müsse er sich aber auf das entschiedenste gegen die Verknüpfung einer wissenschaftlichen antarktischen Expedition mit Handelszwecken erklären; bei einer solchen Expedition sei lediglich das Interesse der Wissenschaft in die Wagschale zu legen.

Der Vorsitzende, Herr G. Albrecht-Bremen, pflichtet diesen Ausführungen bei und ist überzeugt, daſs, wie es vor 25 Jahren gelungen sei, die Mittel zu einer deutschen Nordpol-Fahrt zusammenzubringen, so auch jetzt die Mittel für eine deutsche Südpol-Expedition durch freiwillige Beiträge beschafft werden würden. Er empfiehlt im Interesse der raschen Förderung der Sache die Annahme des Antrages Friederichsen und die Bildung eines Ausschusses.

Herr Friederichsen-Hamburg betont, daſs auch für ihn die wissenschaftlichen Zwecke einer solchen Expedition im Vordergrund ständen, daſs er die Verfolgung von Handelsinteressen erst in zweiter Linie der Erwägung habe anheim geben wollen.

Die Diskussion wird geschlossen; die Beschluſsfassung über den Antrag Friederichsen findet gemäſs Art. V der Satzungen in einer der nächsten Sitzungen statt.

10. Für den Vorsitz in der 2. Sitzung werden die Herren Geh. Reg.-Rat Prof. Dr. H. Wagner-Göttingen und Schulrat Sander-Bremen gewählt.

2. Sitzung: Nachmittags 3 Uhr.

1. Vorsitzender: Herr Geh. Reg.-Rat Prof. Dr. Wagner-Göttingen.
2.   „   „ Schulrat Sander-Bremen.
   Schriftführer: „ Dr. Bludau-Pr. Friedland.
                „ Dr. Wegener-Berlin.

1. Der Geschäftsführer des Centralausschusses, Herr Hauptmann G. Kollm-Berlin, bringt zunächst die Namen der auf der Tagung vertretenen deutschen und

ausländischen geographischen und verwandten wissenschaftlichen Gesellschaften zur Kenntnis. Von deutschen geographischen Gesellschaften sind vertreten diejenigen von Berlin, Frankfurt a. M., Halle a. S., Hamburg, Hannover, Jena, Königsberg i. Pr., Leipzig, München, außerdem der Württembergische Verein für Handelsgeographie zu Stuttgart und der Naturwissenschaftliche Verein zu Krefeld; von ausländischen diejenigen von Budapest und London (s. Verzeichnis der Besucher S. XXXIX). Die K. K. Geographische Gesellschaft zu Wien, dessen Vertreter durch Berufsgeschäfte am Erscheinen verhindert ist, hat ein Begrüfsungsschreiben gesandt.

2. Herr Dr. M. Lindeman-Bremen stellt das Heft 1 u. 2 der „Deutschen Geographischen Blätter", Bd. XVIII, das zur Feier des 25jährigen Bestehens der Geographischen Gesellschaft zu Bremen herausgegeben worden ist, dem Geographentag als Festgabe zur Verfügung.

3. Herr Prof. Dr. Buchenau-Bremen, Präsident des Naturwissenschaftlichen Vereins zu Bremen, begrüfst im Auftrag dieses Vereins die Versammlung und überreicht das den in Bremen versammelten Geographen gewidmete 1. Heft der „Beiträge zur nordwestdeutschen Volks- und Landeskunde, herausgegeben vom Naturwissenschaftlichen Verein zu Bremen".

Zu dem Beratungsgegenstand der Sitzung „Schulgeographie" erhält alsdann das Wort

4. Herr Prof. Dr. R. Lehmann-Münster i. W. zum Vortrag: „Über den Bildungswert der Erdkunde" (s. S. 191—221).

Es wird in die Erörterung des Vortrags eingetreten. Herr Prof. Dr. O. Schneider-Dresden erklärt sich für die Vorschläge des Vorredners. Er sei jedoch sehr betroffen zu hören, dafs der Vortragende die Lage des geographischen Unterrichts in Preufsen für wohl zufriedenstellend erklärt und sich ferner dahin geäufsert habe, dafs es damit in den anderen deutschen Staaten weniger gut stände. Die erste Angabe sei ja in der weiteren Ausführung des Vortrages wesentlich beschränkt worden, doch scheine ihm manches Ungünstige nicht genügend betont worden zu sein, insbesondere die trotz aller Forderungen der ersten Geographentage in den Verordnungen der preufsischen Minister festgehaltene unrichtige und unheilvolle Verquickung der ihrem Wesen nach vorwiegend naturwissenschaftlichen Erdkunde mit der Geschichte. Gegen die zweite Bemerkung des Vortragenden müsse er aber darauf hinweisen, dafs in Sachsen die Schulgeographie durch das Schulgesetz eine geradezu ideale Stellung gehabt habe, da auf den dortigen Realgymnasien die Erdkunde in allen Klassen, von Sexta bis Prima, wöchentlich zwei Stunden gelehrt, als durchaus selbständiges Fach behandelt und bei den Abiturienten-Prüfungen berücksichtigt und als allen andern Fächern gleichwertig betrachtet worden sei. Dieses Ideal sei freilich lange schon verloren; denn man habe, um den sächsischen Abiturienten das Studieren auf den preufsischen Hochschulen zu wahren, im Jahr 1894 durch ein neues Schulgesetz den Lehrplan dem damals geltenden preufsischen mehr nähern und zu solchem Zweck auch den erdkundlichen Unterricht sowie den im Deutschen und in der Physik zu Gunsten des Lateinischen mindern müssen. Dies sei jedoch in der Art gethan, dafs die Selbständigkeit der Geographie als Lehrfach gewahrt, derselben von Sexta bis Obersekunda 2 Stunden wöchentlich zugewiesen und die bei der Versetzung nach Unterprima erteilte Censur in Geographie in das Abiturienten-Zeugnis aufgenommen werde. Man habe sich in Sachsen nicht entschliefsen können, die Erdkunde in den sämtlichen oberen Klassen mit einer Stunde zum Zweck gelegentlicher Repetitionen, für die sich aber nach Versicherung preufsischer Kollegen selten Gelegenheit finden soll, verschwinden zu lassen. Er wolle nun vorläufig das erstreben, was Herr Prof. Lehmann vorgeschlagen habe; als Endziel aber müsse das festgehalten werden, was Sachsen vor 1884 bereits hatte und was damals verloren worden sei.

Herr Prof. Dr. A. Kirchhoff-Halle will die Frage, wo es mit der Schulgeographie am schlechtesten bestellt sei, nicht erörtern. Jedenfalls sei es damit in Sachsen nicht am schlechtesten bestellt; traurig sehe es dagegen in Bayern aus, wo nicht einmal ein Qualifikationsexamen für die Geographie-Lehrer verlangt werde. In Preußen seien wesentliche Fortschritte zu verzeichnen. Es sei nicht richtig, daß die Erdkunde in den obersten Klassen nur als Repetitionsgegenstand behandelt werden soll; im Gegenteil, die allgemeine physische Erdkunde sei in Sekunda und Prima als eigenes Fach dem physikalisch-mathematischen Unterricht hinzugefügt worden, während die Länderkunde dem Geschichtslehrer zur weiteren Vervollkommnung anheimgegeben werde. Er könne sich im übrigen gegen eine Verbindung der Geographie mit der Geschichte nicht unbedingt aussprechen, indem die Geographie keineswegs eine ausschließlich naturwissenschaftliche Disciplin sei, sondern als ein naturwissenschaftliches Fach mit davon untrennbaren geschichtlichen Momenten betrachtet werden müsse. Freilich stehe diese Reform noch zum größten Teil nur auf dem Papier. Das Wesentlichste, daß die Mathematiker auch die Qualifikation für den Unterricht in allgemeiner physischer Erdkunde, die Historiker mindestens diejenige für Länderkunde nachzuweisen hätten, sei bedauerlicher Weise immer noch nicht verfügt. Es sei Pflicht des Deutschen Geographentages hierfür einzutreten und Ergänzungsbestimmungen herbeizuführen.

Herr Prof. Dr. Lehmann-Münster bemerkt, er sei vorhin nicht richtig verstanden worden. Er habe nur gesagt, daß in der preußischen Prüfungs-Ordnung für das höhere Lehramt die Geographie befriedigend berücksichtigt worden sei, während er sich mit der Stellung des erdkundlichen Unterrichts selbst in vielen Dingen nicht einverstanden erklären könne. Auch er befürworte die Aufnahme der Geographie in das Abiturienten-Examen. Die lehrplanmäßige Verbindung von Erdkunde und Geschichte habe er nicht erwähnt, auch er verwerfe sie und halte sie für nachteilig.

Herr Prof. Dr. Oberhummer-München glaubt, da Herr Kirchhoff auf die Verhältnisse in Bayern ausdrücklich Bezug genommen hat, als zur Zeit einziger Vertreter dieses Landes nicht ganz schweigen zu dürfen.

Die Zustände des geographischen Unterrichts in Bayern seien zwar erheblich ungünstiger, als in Preußen oder Sachsen, da in der That für den Unterricht an den Gymnasien kein Examen in der Geographie vorgeschrieben sei. Dagegen besteht ein solches schon lange für die technischen Unterrichtsanstalten (Realschulen und Realgymnasien) und auch den Philologen sei durch die neue Prüfungs-Ordnung das Anhören einer ordentlichen Vorlesung aus der Geographie wenigstens empfohlen worden. An eine wesentliche Änderung dieses Zustandes sei in nächster Zeit nicht zu denken, und zwar hauptsächlich deshalb, weil man an leitender Stelle in Bayern das Fachlehrer-System, gegen das sich auch aufserhalb Bayerns eine ziemlich starke Strömung geltend zu machen scheine, für die Gymnasien nicht zulassen will. Den Philologen, welche als Klassenlehrer fungieren, könne man aber bei ihrer schon jetzt sehr grofsen Überhäufung mit den verschiedensten Wissensgebieten unmöglich noch ein Examen in der Geographie aufbürden. In neuerer Zeit hat man dem Mangel einigermaßen durch Ferienkurse abzuhelfen gesucht; diese können sich aber naturgemäß nur auf methodische Gesichtspunkte beschränken und keinen Ersatz für ein planmäßiges akademisches Studium der Erdkunde bieten. — Was die auf norddeutschen Gymnasien übliche Vereinigung von geographischem und Geschichts-Unterricht in den oberen Klassen (ohne Trennung der Unterrichtsstunden) betreffe, so müsse er dem hiergegen erhobenen Tadel nur vollständig beipflichten, da hierbei die Geographie in den meisten Fällen zu kurz kommen werde. Dagegen könne er die Auffassung nicht teilen, dafs Geographie und Geschichte, auch bei getrennten Unterrichtsstunden, nicht in der Hand eines Lehrers vereinigt werden dürften; vielmehr scheint ihm der Geschichtslehrer, wenn er für Geographie zugleich vorgebildet ist, mindestens ebenso geeignet wie ein anderer, den Unterricht in diesem Fach zu erteilen. An dem Beispiel unseres Nachbarlandes Österreich könnten sich die meisten, wenn nicht alle deutschen Staaten bezüglich des erdkundlichen Unterrichts ein Muster nehmen, und dort ist die Geographie als Unterrichtsfach fast ausschliefslich mit der Geschichte verbunden. Er wolle damit durchaus nicht sagen, dafs nicht auch andere Kombinationen zulässig sein sollten. Die neue preufsische Prüfungs-Ordnung giebt ja ganz zweckmäfsig die Verbindung der Geographie mit beliebigen andern Fächern frei, unter diesen hat aber auch die Verbindung mit der Geschichte ihre volle Berechtigung.

Herr Prof. Palacky-Prag macht darauf aufmerksam, dafs auch in Österreich noch nicht alles befriedigend sei; nur die Prüfungs-Ordnung sei anzuerkennen. Die Geographie sei in Österreich ein selbständiger Unterrichtsgegenstand mit selbständigen Noten bei der Prüfung. — Usuell haben nur Historiker die geographischen Prüfungen abgelegt.

Herr Dr. Langenbeck-Strafsburg glaubt, dafs die in dem Antrag des Herrn Professor Lehmann ausgesprochenen Wünsche das äufserste erreichbare Ziel darstellen, dafs aber selbst zur Verwirklichung dieser für die nächste Zeit wenig Hoffnung vorhanden sei. Wenn für die Hebung des erdkundlichen Unterrichts etwas geschehen solle, so müfsten sich die Vorschläge innerhalb des Rahmens der gegebenen Regulative bewegen. Hier könne aber noch manches geschehen. So sei schon wiederholt auf den Geographentagen die Thatsache konstatiert, dafs die Direktoren der höheren Lehranstalten den geographischen Fachlehrern noch vielfach ein gewisses Mifstrauen entgegenbrächten und selbst an Anstalten, wo solche in genügender Zahl vorhanden seien, den erdkundlichen Unterricht nicht diesen, sondern Historikern übertrügen, welche eine Fakultas in Geographie im Sinn der jetzt geltenden Prüfungsordnungen nicht besäfsen und für dieses Unterrichtsfach nur geringes Interesse und Verständnis zeigten. Die Folge davon sei, dafs nicht selten die drei wöchentlichen Stunden, welche in den mittleren Klassen der Gymnasien für Geschichte und Erdkunde angesetzt seien, fast ganz für das erstere Fach verwendet würden. Er beantragte daher:

„Der XI. Deutsche Geographentag möge bei den deutschen Schulbehörden die Eingabe machen, dafs dieselben die Direktoren der höheren Schulen veranlassen möchten, in Zukunft nach Möglichkeit den erdkundlichen Unterricht nur in Hände von wirklichen geographischen Fachlehrern zu legen."

Herr Prof. Dr. Lehmann-Münster spricht nochmals gegen die Verbindung von Erdkunde und Geschichte. Die Erdkunde umfasse räumlich die ganze Erdoberfläche, die Geschichte nur einen kleinen Teil derselben. Auch sachlich treffen sie nur auf einem engen Gebiet zusammen. Die Geographie hat es zunächst und vor allem mit der Natur der betreffenden Länder, sodann mit den Bewohnern, an sich wie in ihren Beziehungen zu den Naturverhältnissen, zu thun, und wesentlich nur hinsichtlich dieser von den Bewohnern handelnden Seite der geographischen Betrachtung finden in den Ländern, welche die Geschichte, zumal auf der Schule, überhaupt in ihren Bereich zieht, teilweise Berührungspunkte beider Fächer statt. Er habe durchaus nichts dagegen, wenn eine Personal-Union stattfinde, sofern der Vertreter der Geschichte auch eine gehörige geographische Fachbildung besitze. Aber jedes von beiden Fächern müsse seine besonderen, im Lehrplan ihm bestimmt und ausschliefslich zugewiesenen wöchentlichen Unterrichtsstunden haben.

Herr Prof. Dr. Oberhummer-München stimmt diesen Ausführungen bei.

Herr Prof. Dr. Schneider-Dresden ist der Ansicht, dafs in Preufsen eine gründliche Besserung erst kommen werde, wenn der Lehrplan nicht lediglich durch Verordnung des jeweiligen Ministers, sondern durch ein Schulgesetz festgestellt wird; denn dann wird sich Gelegenheit finden, über die Bedeutung des Unterrichts in der Erdkunde in den Ständeversammlungen zu verhandeln, dann wird aber auch an die Geographen die Pflicht herantreten, geeignete Abgeordnete über die Bedeutung der Erdkunde als Lehrfach der höheren Schulen genügend aufzuklären.

Herr Oberlehrer Dr. Varges-Ruhrort erklärt: In den neuen preufsischen Lehrplänen, die übrigens für die einzelnen Lehranstalten nur in bedingter Weise Geltung haben, da jede höhere Lehranstalt Preufsens für die einzelnen Lehrfächer besondere von den Kgl. Provinzial-Schulkollegien genehmigte Lehrpläne aufgestellt hat, die zuweilen sehr von den offiziellen Lehrplänen abweichen, findet eine Verknüpfung der Erdkunde mit der Geschichte nicht statt. In den untersten Klassen VI u. V soll vielmehr der erdkundliche Unterricht „thunlichst mit der Naturbeschreibung" und in Obersekunda mit Physik und Mathematik verbunden werden. Bekanntlich ist der Geschichtsunterricht in Sexta und Quinta mit dem Unterricht im Deutschen vereinigt. In Obersekunda scheint nach dem offiziellen Lehrplan der Geographieunterricht mit dem historischen Unterricht verbunden zu sein. Es sind in dieser Klasse für Geschichte und Erdkunde drei Stunden festgesetzt. Es handelt sich hier aber nur um einen ungenauen Ausdruck der offiziellen Lehrpläne, der wohl auf die etwas schnelle Abfassung der Lehrpläne zu schieben ist, oder um einen Druckfehler. Es mufs hier heifsen Geschichte zwei Stunden, Erdkunde eine Stunde.

Der erdkundliche Unterricht beginnt in Sexta und endigt in Obersekunda. Das Zeugnis, das der Schüler in der Obersekunda in der Erdkunde erhält, ist mafsgebend für die Reifeprüfung und wird in das Reifezeugnis aufgenommen. In Prima kann und soll der Lehrer, der den geschichtlichen Unterricht erteilt, erdkundliche Wiederholungen vornehmen. Mathematische Erdkunde wird in der Ober-Prima vom Lehrer der Physik nochmals gründlich vorgetragen. (Lehrpläne S. 56.)

Auch von einer blofsen Wiederholung früherer Pensen in der Obertertia und Sekunda ist in den für die einzelnen Anstalten genehmigten Lehrplänen keine Rede. Nach dem für das Realgymnasium zu Ruhrort vom Redner aufgestellten genehmigten Lehrplan wird in Obertertia die physikalische Erdkunde Deutschlands behandelt unter besonderer Berücksichtigung der geologischen und wirtschaftlichen Verhältnisse. Bei Behandlung der deutschen Kolonien sollen auch die Samoa-Inseln in Betracht gezogen und ein kurzer Hinweis auf die deutschen Ansiedlungen in Süd-Amerika gegeben werden. In der Untersekunda wird die Erdkunde der aufserdeutschen Länder Europas unter den gleichen Gesichtspunkten behandelt; doch werden hier auch der Welthandel, die Verkehrsverhältnisse, die wichtigsten Verkehrs- und Handelswege herangezogen.

In Obersekunda wird eine Begründung der mathematischen Geographie und eine kurzgefafste Darstellung der allgemeinen Erdkunde gegeben. In letzterer werden unter anderem folgende Punkte behandelt: Geophysik, Krustenlehre, die

Atmosphäre, Klimalehre, Meereskunde, Festlandskunde, sowie das Wichtigste aus der Biologie und Anthropologie.

Es läſst sich also auch unter dem Regiment der neuen Lehrpläne, die für den Unterricht in der Erdkunde einen entschiedenen Fortschritt bedeuten, bei der Freiheit, die den einzelnen Anstalten bei Aufstellung der Lehrpensen gelassen sind, etwas ersprieſsliches leisten, wenn der Unterricht in der Geographie von **Fachleuten**, mögen dieselben nun Historiker, Naturwissenschaftler oder gänzlich ungeprüfte Geographen sein, erteilt wird.

Der Vorsitzende, Herr Prof. Dr. Wagner-Göttingen betont ebenfalls, daſs die Stellung des geographischen Unterrichts noch nicht diejenige sei, welche sie beanspruchen könne; es seien noch eine ganze Reihe Miſsstände vorhanden, für deren Beseitigung einzutreten Pflicht des Deutschen Geographentages sei. Vieles sei aber doch schon erreicht; so die Trennung der obligatorischen Verbindung von Geographie und Geschichte für die Prüfung. Er warne vor Protesten gegen erst seit kurzem bestehende Verordnungen; man müsse maſsvoll auftreten. Hierdurch könne **innerhalb** der Verordnungen noch viel erreicht werden. Er halte es daher für wünschenswert, die hier vorgebrachten Wünsche zu Thesen zu formulieren.

Herr Prof. Dr. Kirchhoff-Halle erklärt sich hiermit einverstanden. Die Thesen sollen jedoch, nachdem sie von der Tagung zum Beschluſs erhoben, nicht nur den preuſsischen, sondern allen deutschen obersten Schulbehörden übersandt werden.

Herr Oberlehrer Dr. Pahde-Krefeld wendet sich gegen die Äuſserung des Herrn Langenbeck über die Zurücksetzung der Geographielehrer durch die Direktoren. Nach seiner Ansicht liege die Gefahr auch in Preuſsen in der Verdrängung des Fachlehrer-Systems durch das Klassenlehrer-System.

Nach Schluſs der Diskussion schlägt der Vorsitzende alsdann die **Wahl eines Ausschusses** zur Aufstellung von Resolutionen im Sinne der geäuſserten Wünsche vor; diese Resolutionen sollen in einer der nächsten Sitzung der Versammlung zur Beschluſsfassung vorgelegt werden.

Herr Dr. Wolkenhauer-Bremen beantragt, in diesen Ausschuſs die Herren Lehmann-Münster, Kirchhoff-Halle und Langenbeck-Straſsburg zu wählen, Herr Dr. Lindeman-Bremen, dem Ausschuſs das Recht der Selbsterweiterung zu geben[1]).

Die vorgenannten Anträge finden die Zustimmung der Versammlung.

Nach einer kurzen Pause folgt

5. der Vortrag des Herrn Dr. A. Oppel-Bremen: „Über den Wert und die Anwendung der geographischen Anschauungsbilder im Unterricht" (S. 39—52).

Da zu diesem Vortrag das Wort nicht gewünscht wird, bringt

6. der Vorsitzende nachfolgenden Antrag des Herrn Dr. Görcke-Dortmund:

„Der XI. Deutsche Geographentag hält die Wiederaufnahme des Versuches, den „Forschungen zur deutschen Landes- und Volkskunde" durch Errichtung einer Organisation für den Absatz derselben eine gröſsere Verbreitung zu geben, für dringend notwendig.

Es wird ein Ausschuſs gewählt, welcher den Vorstand bei der geplanten Einrichtung unterstützt; der Ausschuſs hat das Recht der Selbsterweiterung"

zur Kenntnis und schlägt vor, über ihn in der 4. Sitzung zu beraten.

---

[1]) Herr Geh. Reg.-Rat Professor Dr. Wagner-Göttingen trat noch dem Ausschuſs durch Zuwahl bei.

Der Vorschlag wird angenommen.

7. Es kommt der Antrag des Herrn Gymnasial-Oberlehrer Dr. C. Rohrbach-Gotha, der bereits dem X. Deutschen Geographentag in dessen Schlufssitzung vorgelegen hatte und damals vom Antragsteller zurückgezogen wurde, da er wegen der vorgerückten Zeit nicht mehr gründlich erörtert werden konnte (s. Verhandlg. des X. Deutschen Geographentages 1893, S. XXX), zur Beratung.

Der Antrag Rohrbach lautet:

„Der Deutsche Geographentag erklärt es für dringend wünschenswert, dafs allen für den Unterricht bestimmten Karten in Merkator's Projektion nach Süden die gleiche Ausdehnung gegeben werde, wie nach Norden, so dafs der Äquator die Höhe der Karte halbiert."

Herr Dr. Rohrbach weist zunächst darauf hin, dafs der von ihm gestellte Antrag vielleicht manchem schulmeisterlich pedantisch erscheinen möchte, sein Gegenstand zu unwichtig, als dafs sich eine Vereinigung wie der Deutsche Geographentag damit befassen sollte; doch handle es sich dabei um eine stetig wirksame Quelle unrichtiger und unklarer geographischer Anschauung, und die Beseitigung einer solchen gehöre, nachdem der Deutsche Geographentag einmal ausdrücklich je eine Sitzung seiner Tagungen schulgeographischen Fragen vorbehalten habe, allerdings zu seinen Aufgaben.

Dafs das beste Erdbild, der Globus, überall wo es nur irgend thunlich angewendet werden solle, darüber könne kein Zweifel herrschen; aber sein hoher Preis und seine weniger bequeme Handhabung führe nothwendig dazu, vor allem da, wo es sich darum handle die ganze Erdoberfläche gleichzeitig zu zeigen, auch flächenhafte Darstellungen, Erdkarten, zu verwenden. Unter diesen habe sich neben den Planigloben die Erdkarte in Merkator's Projektion einen hervorragenden Platz erworben und werde ihn auch voraussichtlich behaupten. Deshalb sei es wünschenswert, dieses Unterrichtsmittel von einem Fehler, der nur durch äufserliche Rücksichten auf Papierersparnis u. s. w. bedingt werde, zu befreien, und da die kartographischen Institute jedenfalls so lange bei der bisherigen Gepflogenheit, die Karte im Norden bis 80°, im Süden nur bis 60° fortzusetzen, bleiben würden, bis Wissenschaft und Schule hiergegen Protest einlegten, so sei es von besonderer Bedeutung, dafs die Autorität des Deutschen Geographentages für die notwendig erscheinende Verbesserung eintrete. Als Antragsteller bitte er bei der etwaigen Diskussion von der allgemeineren Frage der Zweckmäfsigkeit von Merkator-Karten abzusehen; diese scheine wohl durch die praktische Erfahrung dahin entschieden, dafs man für viele Zwecke nicht ohne sie auskommen könne: wo man sie aber anwende, solle man nicht ein ganz unnötig entstelltes Bild darbieten.

In sachlicher Beziehung glaube er sich auf die in Stuttgart (Verh. d. X. D. Geographentages 1893 S. XXX) hervorgehobenen Punkte beschränken zu können. An einer bis 80° S. fortgesetzten „Umrifskarte der Erde von H. Wagner", deren oberer und unterer Rand sowohl einzeln als auch symmetrisch gegen den Äquator verschoben werden konnte, zeigte Herr Dr. Rohrbach, welches Bild die gegen den Äquator symmetrische Karte gegenüber der jetzt üblichen darbieten würde, sowie, dafs da, wo das Format etwa besondere Schwierigkeiten biete, unter Preisgebung der nördlichsten Gebiete auch ohne wesentliche Vergröfserung der Kartenhöhe noch ein ganz annehmbares gegen den Äquator symmetrisches Bild erhalten werden könne.

Herr Dr. Wolkenhauer-Bremen unterstützt den Antrag aus pädagogischen und theoretischen Gründen; man dürfe im Unterricht die Fassungskraft der Schüler nicht überschätzen. Da jedoch auch praktische Fragen zu berücksichtigen seien, so würde die Meinungsäufserung der anwesenden Herren Debes und Scobel sehr erwünscht sein.

Herr Debes-Leipzig erklärt, dafs bei Beachtung des im Antrag ausgedrückten Wunsches die Herstellung der Karten nicht nur mehr Papier erfordern würde, sondern auch vor allem gröfsere Steine und Platten bzw. eine gröfsere Anzahl derselben zur Verwendung kommen müfsten, wodurch sehr leicht eine Verteuerung der Karten um etwa 50 % eintreten könnte.

Herr Scobel-Leipzig pflichtet dem Vorredner vollständig bei und fügt noch hinzu, dafs, wenn die Erdkarten nach Süden erweitert werden sollten, für solche, die in Atlanten eingereiht werden, eine entsprechende Verkleinerung des Mafsstabes stattfinden müsse. Ihm scheine eine Benutzung des Globus empfehlenswerter, als die beantragte Änderung der Karten.

Herr Dr. Rohrbach-Gotha hat auch an die praktischen Schwierigkeiten gedacht. Es frage sich nur, was besser sei, eine teurere, aber richtige Karte oder eine billigere, aber unrichtige. Es sei ja so wie so unmöglich die Karte bis an die Pole auszudehnen; sie könne aber im Norden und Süden gleichmäfsig auch bis unter 80° verkürzt werden. Den verkleinerten Mafsstab müsse man andernfalls freilich in Kauf nehmen. Die Befürchtung des Herrn Debes über den Grad der durch die vorgeschlagene Änderung bedingte Verteuerung erscheine entschieden übertrieben.

Herr Dr. Langenbeck-Strafsburg wendet sich vom pädagogischen Standpunkt gegen den Antrag des Herrn Dr. Rohrbach. Die Merkator-Karten, welche nach Süden weniger weit sich erstreckten, als nach Norden, könnten doch nur bei jüngeren Schülern Verwirrung und falsche Auffassungen hervorrufen. Nun dienten die Karten in Merkator-Projektion aber doch vorzugsweise zur Veranschaulichung allgemeiner physikalischer Verhältnisse, wie der Isothermen, Isobaren, Meeresströmungen oder zur Darstellung der grofsen Verkehrswege. Alles dieses sei aber nicht Unterrichtsgegenstand der unteren und mittleren Klassen. Die Verwendung der Merkator-Karten in der bisher üblichen Form erscheine daher auch für Schulkarten unbedenklich. Dagegen sei es wünschenswert, dafs auf Atlanten, welche für die mittleren und unteren Stufen der höheren Schulen bestimmt seien, in Zukunft die Merkator-Karten möglichst vermieden würden und Darstellungen der gesamten Erdoberfläche entweder in Planigloben oder in irgend einer anderen Projektionsart, z. B. der Mollweida'schen, gegeben würden. Die Tendenz dazu sei ja auch schon auf den neueren Schulatlanten zu erkennen.

Herr Prof. Dr. Kirchhoff-Halle stimmt im Prinzip zwar dem Antragsteller zu. Die jetzigen Merkator-Karten seien ohne Zweifel eine Gefahr für die Schüler; aber Herrn Scobel's Vorschlag der Benutzung des Globus treffe das Richtige, wie er auch den Worten des Herrn Langenbeck vollauf beipflichten müsse. In den unteren Klassen seien Merkator-Karten jedenfalls zu verwerfen, da seien Planigloben, noch besser Globen in recht grofsem Mafsstab am richtigen Ort.

Herr Schulrat Sander-Bremen äufsert auch seine Bedenken gegen die Verwendung der Merkator-Karten und schliefst sich den Ausführungen des Herrn Kirchhoff vollständig an.

Hierauf wird die Diskussion geschlossen, die Beschlufsfassung über den Antrag bis zur 5. Sitzung verschoben.

8. Der noch auf der Tagesordnung befindliche Antrag des Herrn Prof. Dr. R. Lehmann-Münster wird bis zur 4. Sitzung vertagt (s. S. XXV).

9. Zu Vorsitzenden in der 3. Sitzung werden die Herren Wirkl. Geh. Adm.-Rat Prof. Dr. Neumayer-Hamburg und Senator Dr. Ehmck-Bremen gewählt.

Abends 7 Uhr: Gemeinsames Festessen im grofsen Saal des Künstler-Vereins, verbunden mit der Feier des 25jährigen Bestehens der Bremer Geographischen Gesellschaft.

Donnerstag, 18. April 1895.
3. Sitzung: Vormittags 9 Uhr.

1. Vorsitzender: Herr Wirkl. Geh. Adm.-Rat Prof. Dr. Neumayer-Hamburg.
2. „ „ Senator Dr. Ehmck-Bremen.
Schriftführer: „ Dr. von Drygalski-Berlin.
„ Dr. Vanhöffen-Kiel.

1. Nach einigen geschäftlichen Mitteilungen des Generalsekretärs der Tagung, Herrn Dr. Wolkenhauer, erhält vor Eintritt in die Tagesordnung Herr Prof. Dr. Oberhummer-München das Wort zur nachfolgenden Ansprache:

„Verehrte Anwesende! Ich habe mir vor Beginn der Sitzung das Wort erbeten, um an eine Feier zu erinnern, die mit unserer Tagung in nächster Beziehung steht. Sie alle wissen, dafs die Bremer Geographische Gesellschaft, bei der wir so zu sagen zu gaste sind, und welche unserer Versammlung die Stätte hier bereitet hat, gleichzeitig das Fest ihres fünfundzwanzigjährigen Bestehens begeht. Dieser Thatsache wurde bereits während des gestrigen Festmahles gedacht und von berufenster Seite die Verdienste der Bremer Gesellschaft gefeiert; ebenso sind bei dieser Gelegenheit die telegraphischen und brieflichen Glückwünsche bekannt gegeben worden, welche von befreundeten Gesellschaften und Vereinen eingelaufen sind. Es möchte daher vordringlich erscheinen, wenn ich als Vertreter einer einzelnen solchen Gesellschaft, nämlich der Münchener, nochmals das Wort ergreife; wenn ich dies dennoch thue, so bitte ich es mit einem besonderen Umstand zu entschuldigen, der unsere Gesellschaft veranlafst, der Bremer Gesellschaft ihre Glückwünsche in einer besonderen Form zum Ausdruck zu bringen. Die Geographische Gesellschaft in München hat gerade vor einem Jahre ebenfalls das Jubelfest ihres 25jährigen Bestehens gefeiert und bei dieser Gelegenheit von allen verwandten Vereinen deutscher Zunge, darunter auch von Bremen, herzliche und ehrende Beglückwunschungen erhalten. Aus Anlafs dieser Feier sollte eine Festschrift herausgegeben werden, welche als gröfsere Publikation an Stelle des letzten Jahresberichtes treten sollte. Durch verschiedene Umstände, deren Ausführung Sie mir erlassen werden, insbesondere durch die nachträgliche Aufnahme eines gröfseren und wertvollen Beitrages zur bayerischen Landeskunde, ist das Erscheinen dieser Schrift über Erwarten lange verzögert worden, und so kam es, dafs dieselbe erst vor wenigen Tagen vollständig fertig geworden ist. Wir glaubten nun, der Bremer Gesellschaft zu ihrem Ehrentage unsere Gefühle aufrichtiger Freundschaft nicht besser ausdrücken zu können, als indem wir ihr eines der ersten Exemplare unserer aus gleichem Anlafs herausgegebenen Festschrift überreichen. So erlaube ich mir, denn, hochverehrter Herr Präsident der Bremer Geographischen Gesellschaft, dasselbe hiermit in Ihre Hände zu legen und zugleich die herzlichsten und aufrichtigsten Glückwünsche unserer Gesellschaft zu überbringen. Nicht als ob wir dieser bescheidenen Gabe zu Ihrem Feste eine so grofse Bedeutung beimessen würden, um damit die feierliche Form einer Überreichung vor diesem erlauchten Kreise zu rechtfertigen; dieselbe soll vielmehr nur ein Symbol sein der herzlichen Beziehungen, welche Ihre und unsere Gesellschaft stets zu einander unterhalten haben, und welche auch alle deutschen geographischen Gesellschaften untereinander pflegen müssen, wenn sie ihrer Aufgabe gerecht werden wollen. Denn auf der Pflege dieser freundschaftlichen Beziehungen, wie sie sich hauptsächlich in dem Austausch der Veröffentlichungen kund giebt, beruht das Bewußtsein gemeinsamer Arbeit an der wichtigen Aufgabe, die uns auch hier vereint, die Förderung der Erdkunde in Wissenschaft und Unterricht, und dieses Bewußtsein ist es wiederum, das insbesondere den kleineren Gesellschaften die Kraft verleiht, ihrer Aufgabe auch dort treu zu bleiben, wo die Verhältnisse hierfür minder günstig liegen. Eine wie große Wichtigkeit aber die geographischen Gesellschaften für die Förderung der Erdkunde besitzen, brauche ich hier nicht auszuführen; ich will nur das eine erwähnen, daß die Bildung der geographischen Gesellschaften in ganz Deutschland der Pflege derselben an den Hochschulen vorangegangen ist, daß sie die Anerkennung der Erdkunde als einer gleichberechtigten akademischen Wissenschaft vorbereitet haben und ohne ihre Vorarbeit dieselbe vielleicht heute noch an unsern Universitäten keine Stätte hätte. Unter denjenigen Gesellschaften aber, welchen die Erdkunde eine wichtige, weit über das lokale Gebiet hinausreichende Förderung verdankt, steht mit unter den ersten die Bremer Geographische Gesellschaft, und ich bin daher sicher, daß Sie mir alle beistimmen, wenn ich unsere Gefühle für dieselbe an dem heutigen Tage nochmals in den Wunsch zusammenfasse, sie möge wie bisher ein Mittelpunkt für alle geographischen Bestrebungen in der Freien Hansestadt Bremen bleiben zur Ehre und Zierde ihrer Vaterstadt, zur Freude und zum Vorbild aller gleichgesinnten Vereine, sie möge blühen und gedeihen allerwegen!"

Für diese mit allgemeinem Beifall aufgenommenen Worte des Herrn Prof. Oberhummer dankt im Namen der Geographischen Gesellschaft zu Bremen der Präsident derselben Herr G. Albrecht, sowie im Namen der Versammlung der Vorsitzende Herr Prof. Neumayer.

Es folgt alsdann:

2. Der Vortrag des Premierlieutenants A. Graf von Götzen-Berlin: „Vorläufige Ergebnisse seiner Reise quer durch Central-Afrika" (s. S. 53—64).

Dem Vortrag folgte anhaltender Beifall; auf Anregung des Vorsitzenden erhebt sich zu Ehren des Vortragenden die Versammlung von ihren Sitzen.

Hierauf beginnen die Verhandlungen über den für diese Sitzung bestimmten Beratungsgegenstand: „Die Hauptaufgaben der Oceanographie und maritimen Meteorologie sowie die Entwickelung der Kompaß- bzw. Seekarten."

3. Vortrag des Herrn Geh. Reg.-Rath Prof. Dr. H. Wagner-Göttingen: „Das Rätsel der Kompaßkarten im Licht der Gesamtentwickelung der Seekarten" (s. S. 65—87).

Die Erörterung des Vortrags wird eröffnet.

Herrn Prof. Dr. Oberhummer-München erscheint unter den Ergebnissen, welche Herr Prof. Wagner vorgeführt hat, als besonders wichtig die jetzt in den Bereich der Möglichkeit gerückte Anknüpfung der Kompaßkarten an das Altertum. Es sei ja allerdings richtig, daß aus dem Altertum keine derartige Karte erhalten ist, welche als unmittelbarer Beweis dieses Zusammenhanges dienen könnte; wohl aber haben wir Überreste derjenigen Literatur, welche zu allen Zeiten eine notwendige Ergänzung der Seekarten gebildet hat, nämlich der Küstenbeschreibungen und Segelanweisungen. Hierher gehören in weiterem Sinn die sogenannten Periplen, unter denen an jene des Skylax, sowie des Erythräischen und des Schwarzen

Meeres zu erinnern sei, insbesondere aber eine Schrift, welche durchaus unseren modernen Segelhandbüchern (Piloten) entspricht, der sog. Stadiasmos, welcher zwar erst in byzantinischer Zeit redigiert worden ist, aber auf guten alexandrinischen Quellen beruht. Derartige Schriften seien kaum ohne die dazu gehörigen Küstenkarten zu denken, wie auch die Ptolemaeus-Karte für die Küstenumrisse wohl die Benutzung von solchen voraussetzt. Bei der Geographie des Strabo glaubt Redner ebenfalls in einzelnen Abschnitten die Vorlage derartiger Küstenbeschreibungen, wie sie der Stadiasmos bietet, nachweisen zu können. Die von Herrn Prof. Dr. Wagner vorgetragene Ansicht, dafs die sogenannten Kompafskarten sich unmittelbar aus den Küstenkarten der Alten entwickelt haben und durch die Erfindung des Kompasses nur sekundär beeinflufst worden seien, erscheine ihm daher als sehr wahrscheinlich. Vielleicht könnte zur Frage der Entwickelung der Kompafskarten auch das Studium orientalischer Seekarten einiges beitragen, mit denen er sich zu beschäftigen in letzter Zeit wiederholt Anlafs gehabt habe. Leider sei noch sehr wenig davon bekannt. Von arabischen Portolanen sei, soweit ihm erinnerlich[1]), bis jetzt nur einer vervielfältigt, nämlich im 1. Band von Th. Fischer's bekannter Sammlung; derselbe umfafst nur den Westen des Mittelmeeres in einem Blatt. Gewifs liegen aber noch mehr derartige Karten in den Bibliotheken verborgen. Dafs die Araber sich solcher Seekarten im gröfseren Umfang bedient haben, gehe u. a. auch aus ähnlichen türkischen Arbeiten hervor. Dieselben beruhen ja zum grofsen Teil jedenfalls auf abendländischen Quellen; dafs sie aber auch arabische Quellen benutzt haben, scheine ihm daraus hervorzugehen, dafs sie, soviel er bis jetzt sehen konnte, durchweg die arabische Terminologie angenommen hatten, auch da, wo allgemein gebräuchliche türkische Worte zu Gebote standen. Dies ist der Fall bei dem grofsen See-Atlas des Piri Rais von 1521, von welchem drei Handschriften, in Berlin, Wien und Dresden, bekannt sind, und welcher eine überraschende Fülle von Einzelheiten über die Küsten des Mittelmeeres, insbesondere des Archipels, enthält. Auch eine grofse türkische Seekarte der Münchener Bibliothek aus dem 17. Jahrhundert habe arabische Nomenklatur. Redner führe dies an, um zu zeigen, dafs die Kunst der Verfertigung von Seekarten auch von den Arabern gepflegt wurde, und dafs möglicher Weise ihre Leistungen auf diesem Gebiet auch auf die Entwickelung des mittelalterlichen Kartenwesens ein Licht werfen können. Jedenfalls sei es der Mühe wert, die Aufmerksamkeit der Orientalisten auf diesen Gegenstand zu lenken.

Herr Prof. Dr. Wagner-Göttingen kann sich mit den zuletzt vom Vorredner berührten Ansichten in sofern nicht ganz einverstanden erklären, als er der Überzeugung sei, dafs alles das, was wir von arabischen Seekarten des Mittelmeeres, einschliefslich des Schwarzen Meeres, besitzen, nichts als Kopie der älteren italienischen Kompafskarten oder andern Seekarten sei. Dies gelte besonders von der Karte in der Fischer-Ongania'schen Sammlung, die nichts Orginales habe. Aber auch bis in dieses Jahrhundert hinein scheine die arabische Schriftsprache auf den Karten vielfach für den Orient die allgemeiner verständliche gewesen zu sein. Denn es seien arabische Karten z B. des Schwarzen Meeres im Besitz seiner Sammlung, die sich durchaus als Kopien russischer und selbst englischer Vorbilder erweisen. Seine Hoffnung, von dieser Seite, namentlich für die ältere Zeit, weiteres Licht zu erhalten, sei daher nicht grofs; dennoch müsse man jede Analyse türkischer und arabischer Karten durch die Orientalisten mit möglichst getreuer Übersetzung aller

---

[1]) Auch Jomard Monuments 60—63 gehört hierher.

Namen und Legenden als wichtigen Beitrag zur Geschichte der Geographie, wenn auch vielleicht weniger der Kartographie, freudig begrüfsen.

Herr Prof. Baumgartner-Wiener Neustadt fragt an, ob dem Vortragenden die Karte des Fra Mauro im Dogen-Palast in Venedig bekannt sei und ob sie für die behandelte Frage in Betracht komme.

Herr Prof. Wagner erwidert, dafs ihm dieselbe selbstverständlich sehr gut bekannt sei, eine Kopie befinde sich ja auch auf der Ausstellung (Nr. 134); da sie aber nur eine zur Weltkarte erweiterte nautische Karte des Mittelmeers sei, so sei sie für das erörterte Tehma nicht von hervorragender Bedeutung.

Herr Prof. Neumayer-Hamburg erinnert an die Karte von Thomas im Periplus des Pontus Euxinus. Die Weiterentwickelung der Theorie des Erdmagnetismus habe es wünschenswert erscheinen lassen, die Isogonen für längst vergangene Zeiten zu erhalten; insbesondere sei Dr. Gyllensköld in Norwegen damit beschäftigt, solche für alle Zeiten zu konstruieren. Diese Arbeiten dürften sehr wohl geeignet sein, die von Herrn Wagner angeregten wichtigen Fragen dermaleinst weiter aufzuklären.

Die Erörterung wird geschlossen.

4. Hierauf erhält Herr Prof. Dr. O. Krümmel-Kiel das Wort zum Vortrag: „Über die Nutzbarmachung der nautischen Institute für die Geographie" (s. S. 88—98).

Der Vorsitzende dankt in seiner Eigenschaft als Direktor der Deutschen Seewarte dem Vortragenden im Namen der Seewarte und deren Beamten für die anerkennenden Worte, die er diesem Institut habe zu teil werden lassen.

Da eine Besprechung des Vortrages nicht stattfindet, so folgt

5. der Vortrag des Herrn Admiralitäts-Rat Prof. Dr. C. Börgen-Wilhelmshaven: „Über Gezeiten" (s. S. 99—109).

Der Vorsitzende dankt für die lehrreichen Ausführungen des Vortragenden und weist auf die hohe Bedeutung der Arbeiten des Herrn Börgen auf diesem Gebiet hin.

6. Wegen vorgerückter Zeit wird der noch auf der Tagesordnung befindliche Antrag Friederichsen (s. S. VIII) auf die 4. Sitzung verschoben.

7. Zu Vorsitzenden für die 4. Sitzung werden die Herren Prof. Dr. Th. Fischer-Marburg i H und Prof. Dr. Lehmann-Münster i. W. gewählt.

Am Nachmittag des 18. April fand die Besichtigung von Handels- und Verkehrseinrichtungen, sowie sonstiger Sehenswürdigkeiten Bremens statt. Unter sachkundiger Führung wurden zunächst das Börsengebäude, insbesondere die Räumlichkeiten der Baumwollen-Börse besichtigt, deren Zweck und Bedeutung für den gesamten Baumwollenhandel eingehende Erklärung fand. Nach einem Gang durch die Rathaushalle gewährte der Besuch der Tabaks-Packhäuser und Geschäftsräume der Firma Hoffmann und Leisewitz einen Einblick in den Umfang des Tabaksmarktes Bremens. Hierauf wurden die Dampfwaschanstalt und das Proviantamt des Norddeutschen Lloyd mit seinen ausgedehnten Kellereien in Augenschein genommen, der Realschule beim Dovethor ein Besuch abgestattet und die Reismühlen und Reisstärkefabriken der Gebrüder Nielsen besichtigt. Vom Freihafen aus erfolgte alsdann mit dem Dampfer „Libelle" des Norddeutschen Lloyd eine Fahrt auf dem Weser-Strom bis nach der Langen Bucht und zurück nach der Kaiserbrücke, wobei von den wichtigsten Bauten der Weser-Korrektion Kenntnis genommen werden konnte.

Abends 8 Uhr: Gesellige Zusammenkunft im Ratskeller.

Freitag, 19. April 1895.
4. Sitzung: Vormittags 9 Uhr.

1. Vorsitzender: Herr Prof. Dr. Th. Fischer-Marburg i. H.
2. „ „ „ Lehmann-Münster i. W.
   Schriftführer: „ Dr. Rohrbach-Gotha.
   „ O. Baschin-Berlin.

1. Nach einigen geschäftlichen Mitteilungen des Generalsekretärs der Tagung, Herrn Dr. Wolkenhauer, erbittet sich Herr Prof. Dr. Neumayer-Hamburg das Wort zur folgenden Ansprache:

„Meine Herren vom Deutschen Geographentage! Vor Eintritt in die Tagesordnung der heutigen Sitzung habe ich mir das Wort erbeten, um einer Dankespflicht genügen zu können, die Geographen wie Naturforscher einem längst heimgegangenen Forscher der ersten Hälfte unseres Jahrhunderts schuldig sind. Heute vor 100 Jahren, am 19. April 1795, wurde in einem Städtchen bei Delitsch Christian Gottfried Ehrenberg geboren. Das herannahende Jubiläum wurde jüngst durch die Herausgabe einer Biographie gefeiert, indem Dr. Max Laue in sehr dankenswerter Weise die Arbeiten, die Verdienste um die Wissenschaft, die Reisen und das Leben Ehrenberg's schildert. Uns aber, den Mitgliedern des Deutschen Geographentages, geziemt es, heute Veranlassung zu nehmen, unserer Anerkennung dem hohen Verdienste des Reisenden und Forschers einen Ausdruck zu geben. Dabei erinnern wir uns an die Reisen Ehrenberg's, die er mit Dr. Hemprich in den Jahren von 1820—1826 ausgeführt hat, und der unermüdlichen Forscherarbeit auch dann noch, als ihm am 20. Juni 1825 der treue Gefährte entrissen war. Wir erinnern uns daran, wie er mit dem verdienstvollen Rüppel zugleich die Gebiete um den Berg Sinai erforschte. Die mühevolle Fahrt durch das Rothe Meer zu Zwecken einer wissenschaftlichen Aufnahme und zur Einleitung der Tiefseeboden-Untersuchung erregen unser besonderes Interesse, weil auf diesem Gebiet im Laufe der Zeit so grofse Erfolge erzielt worden sind. Es darf wohl daran erinnert werden, was uns heute besonders interessiert, dafs Ehrenberg das Tiefsee-Material der berühmten Südpolar-Forschungsreise unter Sir J. Rofs untersuchte und in den Schriften der Akademie der Wissenschaften in Berlin (vom 22. Mai 1844) über die Resultate der Analyse und Untersuchung Berichte erstattete und den kieseligen Polygastern (Infusorien) eine grundlegende Beachtung widmete. Die Reise mit Alexander von Humboldt und Gustav Rose nach Sibirien, dem Ural und Altai in dem Jahr 1829, ist für die Wissenschaft von so weittragender Bedeutung geworden, dafs es hier genügen wird, nur daran zu erinnern, um den unermüdlichen Forscher Ihrerseits die vollste Anerkennung zu sichern. In der That, es durfte diese Veranlassung nicht vorübergehen, ohne Anerkennung unsererseits einen beredten Ausdruck zu verleihen. Dankerfüllten Herzens fordere ich Sie deshalb im Einverständnis mit dem Herrn Vorsitzenden, Sr. Magnificenz dem Rektor der Universität Marburg Fischer, auf, sich von Ihren Sitzen zu erheben."

Die Versammlung entspricht dieser Aufforderung.

2. Der Geschäftsführer des Centralausschusses, Herr Hauptmann Kollm-Berlin, legt im Namen des nicht anwesenden Schatzmeisters des Deutschen Geographentages, Herrn C. Michaelis-Gotha, die Abrechnung über die Kasse des Deutschen Geographentages für die Geschäftsjahre 1893 und 1894 (s. S. XXXVIII) vor und beantragt, dem Herrn Schatzmeister für seine Mühewaltung den Dank des Geographentages auszusprechen, sowie Herrn H. Wuppesahl,

Schatzmeister des XI. Deutschen Geographentages, mit der Durchsicht der Rechnungsablage und mit der Entlastungserklärung im Namen des XI. Deutschen Geographentages zu betrauen.

Die Versammlung beschließt dem Antrag gemäß.

3. **Beratung über Ort und Zeit der nächsten Tagung.** Der Geschäftsführer, Herr Hauptmann Kollm-Berlin, bringt zur Kenntnis, daß der Gesamt-Centralausschuß in seiner Sitzung vom 16. April d. J. beschlossen hat, für den XII. Deutschen Geographentag im Jahr 1897 als Versammlungsort Jena in Vorschlag zu bringen.

Der Centralausschuß halte es für wünschenswert, daß der Geographentag sich wieder einmal in Mittel-Deutschland vereinige, wo die letzte Versammlung in Dresden im Jahr 1886 getagt habe, während in der Zwischenzeit der Norden, der Süden, und der Westen Deutschlands bevorzugt worden seien. Die Wahl von Leipzig erscheine aus örtlichen Gründen nicht empfehlenswert, dagegen die Stadt Jena besonders geeignet, da sich dort eine sehr thätige geographische Gesellschaft und eine Universität befinden, da dort Persönlichkeiten vorhanden sind, welche sich, wie wohl anzunehmen ist, der großen Mühe zu unterziehen bereit sein würden, die umfangreichen Arbeiten für die Vorbereitung und Durchführung der XII. Tagung zu übernehmen.

Herr Prof. Dr. Regel, Vertreter der Geographischen Gesellschaft für Thüringen zu Jena, erklärt im Namen des Vorstandes dieser Gesellschaft, daß dieser über die Annahme des Antrags des Centralausschusses, Jena als Tagungsort im Jahr 1897 zu bestimmen, hocherfreut sein und den Deutschen Geographentag dort herzlichst willkommen heißen würde. Herr Regel spricht in warmen Worten für die Wahl von Jena und stellt die vorhandenen Kräfte für die Tagung bereitwilligst zur Verfügung. Von Jena aus könne dann auch leicht der Geographischen Anstalt von Justus Perthes in Gotha ein Besuch abgestattet und damit einem von den Mitgliedern des Geographentages vielfach geäußerten Wunsch entsprochen werden.

Der Vorsitzende, Herr Prof. Fischer, dankt dem Vertreter von Jena für die herzliche Einladung und setzt die Beschlußfassung über den Antrag für die 5. Sitzung an. —

Zu dem Beratungsgegenstand der Sitzung: „**Landeskunde der deutschen Nordsee-Gestade**" erhält nunmehr das Wort

4. Herr Baurat H. Bücking-Bremen, und zwar zu dem Vortrag: „Die Unter-Weser und ihre Korrektion" (s. S. 110—118).

5. Alsdann folgt der Vortrag des Herrn Dr. B. Tacke, Direktor der Moor-Versuchsstation in Bremen: „Über die nordwestdeutschen Moore, ihre Nutzbarmachung und ihre volkswirtschaftliche Bedeutung" (s. S. 119—128).

6. Herr Prof. Dr. F. Buchenau, Direktor der Realschule beim Doventhor in Bremen, spricht: „Über die Ostfriesischen Inseln und ihre Flora" (s. S. 129—141).

6. Anknüpfend an die gehörten Vorträge führt Herr Prof. Dr. Hahn-Königsberg i. Pr. aus, wie sehr er es schon seit langem bedauert habe, daß es in unserer Literatur an Werken fehle, welche dem Freunde der Landeskunde und demjenigen der gern landeskundlich arbeiten wollte, es aber in Ermangelung geeigneter literarischer Anleitung nicht vermochte, in kurzer bequemer Form eine Übersicht des wirklich geographisch wichtigen in unserem Deutschen Reich und zugleich einen Hinweis auf die noch vorhandenen Lücken der Forschung bieten könnten. Frhr. v. Richthofen's „Führer" sei seiner ganzen Anlage nach mehr für diejenigen bestimmt,

welche fremde Länder zu besuchen gedenken, und die inhaltreiche unter Kirchhoff's Oberleitung herausgegebene „Anleitung zur Deutschen Landes- und Volksforschung" könne topographische Einzelheiten natürlich nicht berücksichtigen. So sei Plan auf Plan von ihm erwogen worden, bis endlich der „Topographische Führer durch das Deutsche Reich" feste Gestalt gewann, dessen ersten Band er hiermit der Versammlung vorlege. Dafs Redner gerade den Nordwesten Deutschlands mit dem Mittelpunkt Bremen als Gegenstand des ersten Bandes gewählt habe, habe einmal daran gelegen, dafs er diese Gegenden besonders genau kenne, dann aber auch daran, dafs er die grofsen geographischen Grundformen des Nordwestens — Marsch, Moor, Geest u. s. w. — gerade für besonders geeignet halte, um die landeskundliche Forschung daran zu knüpfen. Der Führer verfolge zwei Zwecke: er will zuerst in knapper Form auf das Wichtigste aufmerksam machen, was auf Exkursionen und Reisen an geographischen Eigentümlichkeiten gesehen und studiert werden kann. Dafs Redner dabei die Eisenbahnlinien als Grundskelett angenommen habe, werde wohl keinen Tadel finden, da man schon auf den Eisenbahnfahrten vieles wichtige hinsichtlich der Besiedelung u. s. w. studieren könne und er auch durch Hinzufügung zahlreicher Nebenrouten in das Land hinaus genugsam nachgewiesen zu haben glaube, dafs er nicht der Ansicht sei, dafs ein Land von der Bahnlinie aus genügend studiert werden könne. Zweitens aber solle auf Lücken in der Forschung hingewiesen werden. Zu diesem Zweck seien neben vielen Andeutungen im Text zahlreiche Aufgaben beigefügt, welche hoffentlich Lehrern für ihre Programmarbeiten, Vereinen und Einzelnen für ihre Arbeitsfelder manche nützliche Anregung bieten werden. Ausdrücklich wolle er auch hier hervorheben, wie sehr er die fleifsige und unablässige Arbeit so vieler Forscher in ganz Nordwest-Deutschland bewundere und wieviel er ihren Werken verdanke. Durch sein Buch und dessen zahlreichen Literaturangaben möchte er dazu beitragen, dafs die trefflichen Arbeiten eines Buchenau, Wolkenhauer, Lindeman, Kirchenpauer, Steinvorth, Fock, Haepke, Freudenthal, Danneil, Kollmann, Houtrouw und so vieler anderer, deren Namen zu nennen die Zeit nicht gestattet, in weiteren Kreisen immer mehr die verdiente Würdigung fänden.

7. Nach einer kurzen Pause erstattet im Auftrag des am Besuch des Geographentages verhinderten Herrn Prof. Dr. Penck-Wien Herr Prof. Dr. A. Kirchhoff-Halle a. S. den „Bericht der Central-Kommission für wissenschaftliche Landeskunde von Deutschland über die zwei Geschäftsjahre von Ostern 1893 bis Ostern 1895" (s. S. 142—149).

Der Vorsitzende dankt dem Herrn Berichterstatter und bringt

8. den Antrag Görcke (s. S. XVI) zur Erörterung.

Herr Dr. Görcke erhält das Wort. Der eingebrachte Antrag sei ohne Kenntnis des soeben vorgetragenen Berichtes der Central-Kommission entstanden. Es müfste nunmehr vielleicht in manchen Ausdrücken eine Änderung erfolgen, denn die jetzige Fassung sei der Annahme entsprungen, dafs der Versuch, für die „Forschungen" einen gröfseren Absatz zu gewinnen, vollständig aufgegeben sei, erst jetzt sei er eines Besseren bekehrt worden. Es komme ihm durchaus nicht auf eine bestimmte Formulierung des Antrages an, er wolle nur die Anregung zu weiteren Bestrebungen in der angedeuteten Richtung geben. Die Wichtigkeit der Sache sei klar; es handele sich nur um die Ausführbarkeit des Unternehmens, und gerade wegen der Wichtigkeit der Angelegenheit scheine es unbedingt notwendig zu sein, einen neuen Versuch zu machen, um zum Ziele zu gelangen.

Der Verleger fordere ungefähr 6 - 700 Abnehmer, wenn er den Preis des

Jahrganges auf 6—7 M. festsetzen solle. Die bisherigen Versuche, diese zu finden, gipfelten in der in Stuttgart unternommenen Feststellung der Anzahl von Herren, welche sich für eine Abnahme der Forschungen bei einem Jahresbeitrag von 7 bis 10 M. verpflichteten. Die Zahl von ungefähr 200 Zeichnungen, welche dort zusammenkamen, wäre nun zu gering befunden, um darauf eine Organisation aufzubauen. Er halte die Zahl von 200 Zeichnungen in Stuttgart für durchaus nicht so unbedeutend, sondern im Gegenteil schätze er diesen Erfolg in Stuttgart sehr hoch. Denn unter den Besuchern der Stuttgarter Tagung befanden sich aus manchen Landesteilen überhaupt gar keine Vertreter; so z. B. waren Pommern und Posen gar nicht, Westfalen, Ost-Preußen und West-Preußen nur durch ein oder zwei Mitglieder des Geographentages vertreten. Wenn aber trotzdem von einer so schwachen Vertretung, welche nur einen geringen Bruchteil der Interessenten umfaßt, ein Drittel der geforderten Zeichnungen geleistet worden, so sei die Sache nicht aussichtslos zu nennen. Er habe im Verlaufe der letzten zwei Jahre öfters gelegentlich mit Fachgenossen über die Angelegenheit gesprochen. Alle versicherten, daß sie entschieden beim Zustandekommen der geplanten Einrichtung sich beteiligen würden; alle versicherten aber auch, daß sie von der Absicht, ein derartiges Unternehmen zu unterstützen, auch nicht die leiseste Ahnung hätten.

Nach seiner Ansicht sei eine Kommission mit der weiteren Durchführung des Planes zu betrauen. Aber diese Kommission dürfe nicht allein aus Universitäts-Professoren bestehen, sondern sie müsse in ihren Reihen aus jedem deutschen Landesteil, jeder Provinz, einen Gymnasiallehrer als Mitglied besitzen. Denn diese seien die geeigneten Agitatoren für die Sache und besäßen auch eine sehr gute Gelegenheit für ihre Wirksamkeit wenigstens in Preußen in den Philologen-Vereinen der einzelnen Provinzen, welche durchaus nicht nur Philologen, sondern überhaupt alle Oberlehrer der Provinz umfassen. Er glaube nicht, daß ein Hindernis bestehe, auf den Jahresversammlungen dieser und ähnlicher Vereine Propaganda zu machen. Nach dieser persönlichen Agitation müßte dann von der Kommission an jeden Interessenten die Anfrage gerichtet werden, ob er bei dem in Aussicht genommenen Preise von 6—10 Mk. sich zu beteiligen gedenke; dabei müßten einige Prospekte über die bisherigen Leistungen beigegeben werden. „Das Ganze wird natürlich einige Kosten verursachen. Aber wenn wir bedenken, daß bei den jetzigen Verhältnissen — die Abnehmerzahl geht immer weiter und nur wegen der hohen Preise zurück — ein Erlöschen des ganzen Unternehmens kaum in Frage steht, so müssen wir von dem Geographentag verlangen, daß er diese Kosten eines neuen Versuches trägt, wenn sie der Verleger nicht etwa übernimmt".

Redner glaubt, auf dem angegebenen Weg bei richtiger Verfolgung desselben zum Ziel zu kommen, und bittet deshalb seinem Antrag in der gegebenen Fassung oder in irgend einer anderen mit derselben Tendenz zuzustimmen.

Herr Prof. Dr. Wagner-Göttingen bedauert, daß der Antrag nicht durch Verhandlungen mit dem Verleger vorbereitet worden sei; mit der Tendenz desselben sei er jedoch einverstanden, auch mit dem Vorschlag des Antragstellers, daß Oberlehrer als Mitglieder in die Kommission gewählt würden.

Herr Prof. Dr. Kirchhoff-Halle will den Antrag dahin geändert haben, daß an Stelle des vorgeschlagenen Ausschusses die Central-Kommission für wissenschaftliche Landeskunde, welche bisher für die „Forschungen zur deutschen Landes- und Volkskunde" gewirkt haben, auch im Sinne des Antrages wirken solle, wobei sie sich durch geeignete Persönlichkeiten ergänzen könnte.

Herr Prof. Dr. Wagner stimmt der Ausführungen des Vorredners bei und bringt in Einverständnis mit Herrn Dr. Görcke nachfolgenden abgeänderten Antrag in Vorschlag:

„Der XI. Deutsche Geographentag beauftragt die Central-Kommission für wissenschaftliche Landeskunde von Deutschland, sich durch Zuwahl aus dem Kreise der Fachlehrer zu ergänzen, um für die „Forschungen zur deutschen Landes- und Volkskunde" eine genügende Anzahl von Abnehmern zu gewinnen, damit die Herabsetzung des Preises auf 8—10 M. für den Band ermöglicht wird."

Die Beschlufsfassung über den Antrag wird für die 5. Sitzung anberaumt.

10. Es wird alsdann in die Beratung des Antrags von Herrn Prof. Dr. R. Lehmann-Münster eingetreten. Derselbe lautet:

„Der Deutsche Geographentag beauftragt den Centralausschufs, bei der Kgl. Preufsischen Landesaufnahme den Antrag zu stellen, dafs auf den Mefstischblättern der preufsischen Landesaufnahme in Zukunft, soweit thunlich, durch farbige Ausführung der Isohypsen (Niveau-Linien) für ein anschaulicheres Hervortreten und leichtere Lesbarkeit der Geländedarstellung Sorge getragen werde."

Herr Prof. Lehmann giebt eine eingehende Begründung seines Antrages, die nachfolgend im Auszug mitgeteilt wird.

Die neueren Mefstischkarten der Preufsischen Landesaufnahme (1 : 25 000) sind vortrefflich und von vollendeter Technik sowie ausgezeichneter Klarheit und Schönheit. Doch mufs der Schwarzdruck der Isohypsen (Niveau-Linien) notwendig zur Folge haben, dafs dadurch vielfach die bequeme Unterscheidung dieser Linien von dem übrigen Karteninhalt erschwert und überhaupt das wirksame, anschauliche Hervortreten des Terrains in seiner Gesamtheit mehr oder minder empfindlich beeinträchtigt wird. Die schwarzen Isohypsen sind an zahlreichen komplizierteren Stellen selbst für das darin geübte Auge nicht so leicht, wie im Interesse möglichst vielseitiger Benutzung dieser trefflichen Blätter gewünscht werden mufs, von den übrigen schwarzen Linien derselben auseinanderzuhalten, vollends aber für das im Lesen von Geländedarstellung durch Niveau-Linien minder geübte. Es entstehen dadurch nicht selten im einzelnen zunächst allerlei Zweifel, wie es am meisten der erfährt, der einmal, z. B. für die Herstellung eines Reliefs, daran geht, die gesamten Isohypsen in ihrem vollen Verlauf aus solchem Blatte herauszupausen. Auch ergab sich aus dem Schwarzdruck der Isohypsen vielfach die Notwendigkeit, für die Ortschaftsgebiete den Lauf der Isohypsen teilweise zu unterbrechen, um nicht die Ortschaftsdarstellung dadurch zu sehr zu stören u. s. w.

Alles dies ist, wenn die Isohypsen mit auf der Schwarzdruckplatte gegeben werden, durchaus unvermeidlich, und es dürfte wohl nur eine kleine Zahl von ganz und gar in diesen Dingen Geübten sein, die jene Erschwerung nicht empfindet, während dieselbe der ungeheuren Überzahl aller Interessenten erheblich fühlbar wird und wohl kaum ohne Einflufs darauf ist, dafs diese vorzüglichen Karten in der grofsen Masse der Gebildeten bisher bei weitem nicht die verdiente und wünschenswerte Verbreitung gefunden haben.

Zur Abhülfe bieten sich verschiedene Mittel dar:

I. Farbige Anlegung der Isohypsen (Niveau-Linien).

Von folgenden Karten werden je einige Blätter vorgelegt:

1. Topographische Spezialkarte des Königreichs Sachsen, 1 : 25 000, Ausgabe mit rotbraunen Niveau-Linien.

2. Positionskarte von Bayern, 1:25000, Ausgabe mit rotbraunen Niveau-Linien (schwarze Schraffen für steile Felshänge).
3. Horizontalkurvenkarte von Württemberg, 1:25000, rote Niveau-Linien.
4. Neue Topographische Karte von Baden, 1:25000, Ausgabe mit rotbraunen Niveau-Linien.
5. Topographischer Atlas der Schweiz (Siegfried-Karte), 1:25000, Hochgebirgsblätter 1:50000; braune Niveau-Linien (schwarze Schraffen für steile Felshänge).

Alle vorgelegten Karten zeigen deutlich den großen und wichtigen Vorzug farbiger Anlegung der Niveau-Linien: überall hebt sich sofort auf den ersten Blick die Terraindarstellung als solche wirksam und deutlich von dem übrigen Karteninhalt ab, Zweifel der oben erwähnten Art können nirgends entstehen und auch die Notwendigkeit, bei Ortschaften die Niveau-Linien teilweise zu unterbrechen, besteht hier nicht. Höchstens könnte man sagen, daß bei abendlicher oder sonst matterer Beleuchtung farbige Niveau-Linien weniger gut lesbar sein können als schwarze, doch läßt sich dem durch geeignete Wahl des Farbentones genügend begegnen.

II. Verbindung von Isohypsen und farbiger Böschungs-Schraffierung oder -Schummerung.

Vorgelegt werden einzelne Blätter folgender Karten:
1. Karte der Umgegend von Metz, 1:25000, die gewöhnlichen Meßtischblätter mit Hinzufügung brauner Böschungsschraffen.
2. Neue topographische Karte von Baden, 1:25000, Ausgabe mit schwarzen Niveau-Linien und brauner Böschungsschummerung unter Anwendung schiefer Beleuchtung.
3. Karte von Hohenzollern, 1:50000, Ausgabe mit roten Niveau-Linien und grauen Böschungsschraffen.

Lebhaft tritt hier überall hervor, wie sehr durch solche Hinzufügung einer farbigen Böschungsschattierung zu den Niveau-Linien die Anschaulichkeit und die gesamte Wirkung der Terraindarstellung in allen Einzelheiten gehoben wird. Doch werden allerdings an steileren Böschungen die übrigen Signaturen der Karten, z. B. diejenigen des Waldes, durch solche Böschungs-Schraffierung oder -Schummerung stark verdeckt. Auch bleibt dabei, wenn die Isohypsen schwarz sind, immerhin die oben erwähnte Möglichkeit dieser und jener Verwechslungen mit anderen schwarzen Linien trotz der Böschungsschattierung nicht ausgeschlossen. Überdies aber muß wohl schon in Anbetracht der ungeheuren Kostenvermehrung, welche eine allgemeine Hinzufügung solcher farbigen Geländeschattierung auf den preußischen Meßtischblättern oder größeren Abteilungen derselben verursachen würde, dergleichen von vornherein als ausgeschlossen erscheinen. Zwar würden die Kosten bei Schummerung nicht so hoch sein als bei Anwendung von Schraffen, doch eignet sich Schummerung überhaupt nur für stärker geböschtes Gelände.

So kann wohl im vorliegenden Fall nur farbige Anlegung der Niveau-Linien ernstlich in Frage kommen. An Einwänden gegen dieselbe kann wesentlich geltend gemacht werden: a) die Ungleichheit, welche auf solche Weise innerhalb des gesamten Werkes der Meßtischkarten entstehen würde, da natürlich nicht davon die Rede sein kann, die Platten der guten neueren Blätter zu solchem Zweck umzuändern, b) die Rücksicht auf die Kosten.

a) Zweifellos ist es sehr von Wert, wenn innerhalb eines großen monumentalen Werkes wie dasjenige dieser Meßtischkarten in allem völlige Einheitlichkeit bestehen kann. Doch weisen die letzteren auch gegenwärtig keineswegs solche durchgängige Einheitlichkeit auf. So geben die zur Zeit im Handel befindlichen preufsischen Mefstischblätter einschliefslich der älteren noch vom Preufsischen Handels-Ministerium herausgegebenen die Niveau-Linien teils nach preufsischen Dezimal-, teils nach Duodezimalfufs, teils (auf allen neueren Blättern) nach Metern, die Flüsse mit Ausnahme der ganz kleinen sowie die stehenden Gewässer teils blofs in Schwarzdruck, teils (alle neueren Blätter) mit blauem Flächenkolorit[1]). Nun ist natürlich nicht daran zu denken, dafs etwa in buntem Durcheinander mitten zwischen Blättern mit schwarzen die Herstellung einzelner Blätter mit farbigen Isohypsen in Betracht kommen könnte. Indes es sind wohl einerseits auch heut noch gröfsere zusammenhängende Bezirke vorhanden, innerhalb deren Mefstischblätter noch nicht vorliegen oder in Arbeit sind; andererseits aber werden jedenfalls später alle jene älteren mit Isohypsen nach Dezimal- oder Duodezimalfufs versehenen Blätter umgearbeitet, sodafs also immerhin noch Gelegenheit genug sein würde, die farbige Ausführung der Isohypsen in ausgedehnten zusammenhängenden Gebieten zur Anwendung zu bringen. Die dadurch entstehende Ungleichheit würde zwar eine augenfällige, aber lediglich eine rein äufserliche, den praktischen Gebrauch von Karten mit schwarzen neben solchen mit farbigen Meter-Isohypsen nicht im geringsten hindernde oder auch nur erschwerende sein, während die jetzt bestehende Ungleichheit zwischen den Isohypsen nach Dezimalfufsen, Duodezimalfufsen und Metern zwar nicht sofort äufserlich durch die Farbe hervortritt, aber dafür sachlich eine fundamentale ist, sodafs für eine Reihe von Dingen die Nebeneinanderbenutzung dieser Karten mit Meter-, Duodezimalfufs- und Dezimalfufs-Isohypsen im höchsten Mafs erschwert ist. Jene rein äufserliche Ungleichheit der Farbe aber dürfte doch gegenüber dem grofsen durch farbige Isohypsen zu erreichenden Vorteil wesentlich erhöhter Anschaulichkeit und weit bequemerer Lesbarkeit des Terrains nur als ein geringfügiger Übelstand zu erachten sein.

b) Die Erhöhung der Kosten bei farbiger Anlegung der Isohypsen beruht namentlich darauf, dafs dann 1) für die Isohypsen besondere Steinplatten nötig sind, also für jedes in solcher Weise auszuführende Mefstischblatt ein zweiter Stein anzuschaffen (und natürlich auch für die entsprechenden vermehrten Aufbewahrungsräume zu sorgen) ist, 2) die Karten dann noch ein zweites Mal durch die Druckerpresse gehen müssen. Diese Mehrkosten würden selbstverständlich für eine gröfsere Zahl von Blättern beträchtlich sein. Aber das Königreich Sachsen, Bayern, Württemberg, Baden, die Schweiz u. a. haben in Anbetracht der grofsen auf solche Weise zu erzielenden Vorteile diese Mehrkosten nicht gescheut, und so dürften dieselben heut wohl auch für Preufsen kaum ein die Sache absolut ausschliefsendes Hindernis sein.

Die möglichst bequeme Lesbarkeit des hochwichtigen Werkes dieser vortrefflichen Mefstischblätter ist eine Angelegenheit von wesentlichem Interesse für die Gesamtheit der Gebildeten. Je entschlossener beizeiten, soweit es aus anderen Rücksichten thunlich ist, der Übergang zu farbigen Isohypsen erfolgt, um so kleiner wird die Zahl derjenigen Blätter, welche an den wesentlichen damit erreichten Vorzügen nicht Teil haben.

Nachdem Herr Bergwerksdirektor Härche-Frankenstein die Annahme des Antrags Lehmann warm empfohlen hat, erhält Herr Major von Zieten-Berlin das Wort. Er spreche lediglich nach persönlicher Erfahrung in der Kartographischen

---

[1]) Um diese Ungleichheit zu zeigen, waren neben einer Reihe neuer auch einzelne ältere Blätter mit ausgelegt.

Abteilung der Königlichen Landes-Aufnahme, ohne irgendwie eine offizielle Erklärung an dieser Stelle abgeben zu können.

Die Meßtischblätter dienen durchaus nicht ausschließlich dem militärischen Interesse, und jede Anregung, jeder Wunsch aus wissenschaftlichen und privaten Kreisen werde mit Dank begrüßt. In den regelmäßigen Sitzungen des Central-Direktoriums der Vermessungen im Preußischen Staat, der für diese Fragen kompetenten Behörde, sei schon manchem derartigen Wunsch Rechnung getragen worden. Bedürfnis, Ausführbarkeit und Kosten würden gegen einander abgewogen. Denn oft geringfügig erscheinende Änderungen verursachen derartige Mehraufwendungen von Zeit, Arbeit und Material, also an Kosten, daß sie nicht ohne besonders zu bewilligende Mittel auszuführen sind, da nur ein kleinerer Teil der Kosten der Landes-Aufnahme durch den Vertrieb der Karten gedeckt wird.

Mehrfarbige Karten haben für Übersichtlichkeit und leichte Lesbarkeit unzweifelhaft viele Vorzüge. Auch die Anwendung farbiger Schichtlinien hat viele Freunde, namentlich bei der Darstellungsweise auf unsern älteren Blättern, wo die jetzt fortgefallenen Sättel und Nullflächen sie noch mehr hervortreten ließen und die Linien selbst signaturengemäß eine größere Stärke hatten. Da wirkten sie im Bergland oft etwas erdrückend auf die Situation oder erweckten falsche Vorstellungen von der Bewegung des Geländes, wenn das Gelände fast eben war. Seit mehreren Jahren werden die Schichtlinien aber so diskret gehalten, daß die Situation überall, auch in wechselndem Gelände und bei enger Bebauung klar hervortritt. Manches Auge liest auch lieber Karten, auf denen alle Linien in einer Farbe erscheinen und empfindet eine Art Blendung durch die durcheinander laufenden verschiedenfarbigen Linien. Von den vorgelegten farbigen Karten anderer deutscher Staaten sind einige in Kupfer gestochene sehr fein und hübsch ausgeführt, doch zeigt ein genaueres Studium derselben, daß sie, in den Ecken gut eingenadelt, also tadellose Exemplare sind und doch mehrfach unliebsame Verschiebungen im Gelände enthalten, wo z. B. die Thallinien und Wasserläufe nicht mit der gewünschten Schärfe zusammenfallen; auf anderen Blättern, die weniger fein ausgeführt sind, verdeckt die Schummerungsmanier stellenweise zu viel von der Situation.

Redner bemerkt ferner, daß auch in den Ortschaften die Schichtlinien, soweit angängig, seit einigen Jahren durchgeführt werden, so daß das Gelände auch innerhalb derselben genügend zum Ausdruck kommt.

Wenn Baden und Sachsen braune Schichtlinien eingeführt haben, so ist das ganze über das betreffende Land sich erstreckende Kartenwerk einheitlich damit ausgerüstet; bei uns würde das Werk in seinem letzten Teil ein ganz anderes Aussehen bekommen als in den bereits erschienenen fast drei Vierteln. Und dieser fehlende Teil bildet kein abgeschlossenes oder organisches Ganze, sondern ein in den verschiedensten Provinzen und Bundesstaaten, übrigens großenteils im Flachlande liegendes Areal.

Redner weist ferner auf die Schwierigkeiten in der Ausführung hin. Die Herstellung eines Blattes an Pause, Stich und Druck würde sich leicht um ein Viertel der Arbeitszeit, also um einige Monate verlängern. Die Anschaffung der erforderlichen neuen Steine und Erbauung der Aufbewahrungs-Räume, die Blinddrucke, die Um- und die Andrucke, der vermehrte Druckausschuß, endlich die bedeutend umständlicheren und zeitraubenderen Revisionen und Korrekturen, würde den Kostenaufwand leicht um Hunderttausende von Mark steigern.

Ob ein derartiger Mehraufwand auch wirklich einem allgemeinen Bedürfnis entspricht, ist ebenfalls noch in Erwägung zu ziehen Als beispielsweise vor einer

Reihe von Jahren der als dringend bezeichnete Wunsch laut wurde, die Meſstisch-Blätter auch in einer Ausgabe ganz ohne Terrain zu veröffentlichen, und dieses zwei Jahre hindurch in einer Auflage von 100 Exemplaren geschah, war die Nachfrage nach diesen Blättern zum Teil so gering, zum weitaus gröfseren Teil aber überhaupt garnicht vorhanden, so daſs die weitere Ausgabe derselben wieder eingestellt wurde.

Zum Schluſs wird noch mitgeteilt, daſs ein ganz ähnlicher Antrag, wie der heutige, im Jahre 1880 dem Central-Direktorium der Vermessungen vorgelegen hat, aber des Kostenpunktes wegen damals abgelehnt worden ist.

Herr Prof. Dr. Lehmann-Münster i. W. drückt seine Freude darüber aus, den Preuſsischen Generalstab durch ein Mitglied desselben hier vertreten zu sehen. In der eingehenden Erwiderung des Herrn Major von Zieten seien die Vorteile, welche die Beachtung des Antrags gewähren würde, nicht bestritten worden, wenn auch etwaige Mängel hervorgehoben worden seien. Er glaube, der hochentwickelten heutigen Karten-Technik, welche so oft bei vielfarbigem Druck mit vier- bis fünfmaligem Durchgang der Blätter durch die Presse wesentlich gröfsere Aufgaben zu leisten habe, würde wohl auch hier ein genügendes Aufeinanderpassen der Platten gelingen. Er müsse nochmals betonen, daſs die Karten nicht bloſs geübten Kartenlesern, sondern auch der groſsen Masse der Gebildeten dienen sollen; daher sollten Verwechslungen thunlichst unmöglich gemacht werden. Der Vorredner habe bestätigt, daſs der Absatz gering sei; dieser würde sich aber sicherlich heben, wenn die vorgeschlagene Verbesserung eingeführt würde. Der Geographentag als Vertreter der geographisch-wissenschaftlichen Interessen könne nur anregen und durch seine geäuſserten Wünsche auf die Abstellung von Nachteilen hinzuwirken suchen. Er möchte daher im Interesse der Sache trotz der erfolgten Einwendungen seinen Antrag aufrecht erhalten in der Hoffnung, daſs derselbe doch vielleicht zu erneuter Erwägung der Angelegenheit Anlaſs geben werde.

Die Beschluſsfassung über den Antrag Lehmann wird für die 5. Sitzung anberaumt.

11. Die Erörterung des Antrags Friederichsen (s. S. VIII) wird fortgesetzt.

Herr Generalkonsul Schönlank-Berlin tritt mit warmen Worten für den Antrag ein und führt im besonderen aus, wie sehr wünschenswert er es erachte, daſs jetzt, wo von verschiedenen Seiten aus eine Erforschung des Südpolar-Gebietes ins Auge gefaſst werde, Deutschland jedenfalls an der Spitze dieser Bestrebungen stehen und zuerst zu ihrer Verwirklichung schreiten müsse.

Herr Prof. Dr. Neumayer-Hamburg unterstützt ebenfalls auf das angelegentlichste den Antrag. Der Deutsche Geographentag habe die Pflicht, für diese hochwichtige Sache und den Antrag einzutreten, zumal der IV. Deutsche Geographentag zu München im Jahr 1884 die Frage der antarktischen Forschung bereits in ernste Erwägung genommen habe (s. Verhandlungen d. IV. Deutschen Geogr.-Tages, 1884, S. 166).

Die Beschluſsfassung über den Antrag wird für die 5. Sitzung anberaumt.

12. Der Vorsitzende bringt den von Herrn Prof. Dr. Buchenau-Bremen im Anschluſs an seinen Vortrag (s. S. XXII) eingebrachten Antrag zur Kenntnis. Dieser lautet:

„Der XI. Deutsche Geographentag ersucht die Regierungen von Preuſsen, Oldenburg und Hamburg, an den wenigen Punkten der deutschen Nordsee-Küste, an welchen die hohe Geest unmittelbar an das Meer herantritt (beispielsweise bei Dangast, Duhnen und auf Sylt, besonders einnivellierte Pegel aufstellen zu lassen, welche gestatten würden, die etwaigen säkularen Schwankungen unserer Küste sicher zu bestimmen."

Herr Prof. Dr. Wagner-Göttingen wünscht bei der vorgeschrittenen Zeit Vertagung der Diskussion und Beschlußfassung über den Antrag Buchenau bis zur 5. Sitzung.

Die Versammlung giebt hierzu ihre Zustimmung.

13 Zu Vorsitzenden in der 5. (Schluſs-) Sitzung werden die Herren Prof. Dr. Kirchhoff-Halle und Hermann Melchers-Bremen ernannt.

5. Sitzung: Nachmittags 3 Uhr.

1. Vorsitzender: Herr Prof. Dr. Kirchhoff-Halle a. S.
2. „ „ Hermann Melchers-Bremen.
   Schriftführer: „ Dr. Görcke-Dortmund.
   „ Dr. Dinse-Berlin.

1. Geschäftliche Mitteilung des Herrn Generalsekretär Dr. Wolkenhauer, insbesondere die Ausflüge betreffend.

2. Beschluſsfassung über Ort und Zeit der nächsten Tagung.

Der Vorsitzende berichtet kurz über den Gang der Erörterung dieser Frage in der 3. Sitzung (s. S. XXII), wonach Jena im Jahr 1897 in Aussicht zu nehmen sei, und gedenkt der zugenden Erklärung des Vertreters der Geographischen Gesellschaft zu Jena, Herrn Prof. Dr. Regel.

Bei der Abstimmung wird Jena als Ort der Tagung im Jahr 1897 einstimmig gewählt.

3. Wahl des ständigen Centralausschusses.

Nach Art. VI der Satzungen des Deutschen Geographentages hat am Schluſs der Tagung das älteste Mitglied des Centralausschusses, nunmehr Herr Hauptmann Kollm-Berlin aus demselben auszuscheiden.

Herr Prof. Dr. Wagner-Göttingen schlägt die durch die Satzungen zulässige Wiederwahl des Herrn Hptm. Kollm-Berlin vor, die er als Ausdruck der Anerkennung für die bisher dem Geographentage geleisteten Dienste warm empfehle.

Die Versammlung beschließt dem Vorschlag gemäſs.

Herr Hauptmann Kollm-Berlin nimmt die Wiederwahl dankend an.

Der ständige Centralausschuſs besteht demnach bis zur nächsten Tagung aus den Herren: Wirkl. Geh. Adm.-Rat Prof. Dr. Neumayer-Hamburg, Prof. Dr. A. Kirchhoff-Halle a S. und Hauptmann a. D. Kollm-Berlin.

4. Wahl der Mitglieder der Central-Kommission für wissenschaftliche Landeskunde von Deutschland.

Herr Prof. Dr. Wagner-Göttingen weist auf die ersprießliche Thätigkeit der Kommission hin, wie sie sich aus deren Bericht (s. S. 142—149) ergebe und wodurch sie sich den Dank des Geographentages in hohem Maſs verdient habe, und schlägt die Wiederwahl der bisherigen Kommission vor.

Der Vorschlag wird angenommen.

Herr Prof. Dr. Kirchhoff-Halle dankt ,im Namen der Central-Kommission für die Wiederwahl.

Die Central-Kommission für wissenschaftliche Landeskunde von Deutschland hat demzufolge bis zur nächsten Tagung folgende Zusammensetzung und Bezirkseinteilung:

1. Herr Prof. Dr. E. Brückner-Bern: Schweiz.
2. „ Prof. Dr. R. Credner-Greifswald: Ost- und West-Preufsen, Pommern, Schleswig-Holstein, Mecklenburg, die Freien Städte Hamburg und Lübeck.
3. „ Stadtrat Dr. E. Friedel-Berlin: Brandenburg und Stadtkreis Berlin.
4. „ Prof. Dr. J. Hartmann-Stuttgart: Württemberg.
5. „ Prof. Dr. C. M. Kan-Amsterdam: Niederlande.
6. „ Prof. Dr. A. Kirchhoff-Halle a. S.: Provinzen Sachsen und Hannover, Anhalt, Thüringische Staaten, Braunschweig, Bremen und Oldenburg.
7. „ Prof. Dr. L. Neumann-Freiburg i. B.- Baden.
8. „ Prof. Dr. J. B. Nordhoff-Münster i. W.: Westfälische Lande.
9. „ Prof. Dr. E. Oberhummer-München: Bayern. (Zugleich Vorsitzender der Central-Kommission.)
10. „ Oberlehrer Dr. A. Pahde-Krefeld: Rheinlande.
11. „ Prof. Dr. J. Partsch-Breslau: Schlesien und Posen.
12. „ Prof. Dr. A. Penck-Wien: Deutsche Länder Österreichs und Ungarns.
13. „ Prof. Dr. S. Ruge-Dresden: Königreich Sachsen.
14. „ Oberlehrer Dr. B. Weigand-Strafsburg i. E.: Elsafs-Lothringen.

5. Zu dem Beratungsgegenstand der Sitzung: „Wirtschaftsgeographie" erhält Herr Dr. H. Wiegand, Direktor des Norddeutschen Lloyd in Bremen, das Wort; er spricht über: „Deutsche Kolonisation in Süd-Amerika" (s. S. 150—165).

Der Vorsitzende, Herr Prof. Kirchhoff, dankt dem Redner für die sehr eindrucksvollen Ausführungen, die sich auf selbstgewonnene Anschauungen gründeten, und wies darauf hin, wieviel deutscherseits in den vier letzten Jahrhunderten zu thun verabsäumt worden sei und wieviel mehr hätte geleistet werden können, wenn uns schon früher ein einiges Deutsches Reich und volkswirtschaftliche Einsicht in den Wert überseeischer Besitzungen beschieden gewesen sei.

Bei der Erörterung des Vortrags spricht Herr Oberlehrer Dr. Leeder-Grünberg. Es sei von Kühlheit in den kolonialen Bestrebungen gesprochen; vielleicht sei damit auch die Deutsche Kolonial-Gesellschaft gemeint, deren Mitglied er seit 10 Jahren sei. Allerdings habe sich diese Gesellschaft wenig um Süd-Amerika bekümmert; dies sei wohl einerseits eine Folge der eigenartigen Verhältnisse in Afrika gewesen, andererseits auch durch den Umstand begründet, dafs die Herren, die in Süd-Amerika bekannt sind, seit vielen Jahren keine Beiträge durch Vorträge oder Schriften geliefert hätten. Der Vortrag sei aber in anderer Beziehung für ihn sehr interessant gewesen. Es werde oft hervorgehoben, dafs im subtropischen Klima die Deutschen nicht gedeihen könnten; Redner habe aber das südamerikanische Klima als für deutsche Kolonisation gerühmt und von einer zweiten und dritten Generation gesprochen. Dieses Wort werde die gegenteiligen Ansichten entkräften, und was im subtropischen Klima möglich sei, würde auch im tropischen Klima Afrikas unter gewissen Höhenverhältnissen möglich sein.

Der Vorsitzende glaubt, dafs der Vorredner sich doch bedeutend vom Thema entfernt habe; den Salto mortale von den Subtropen in die Tropen könne man jedenfalls nicht mitmachen.

Die Erörterung wird geschlossen.

6. Mit Rücksicht auf die vorgeschrittene Zeit und die noch zu erledigenden Anträge zieht Herr Dr. E. Hahn-Berlin seinen angekündigten Vortrag über: „Die

Stellung Afrikas in der Geschichte des Welthandels" zurück, sagt aber auf Aufforderung des Vorsitzenden die Veröffentlichung des Vortrages zu (s. S. 166—190).

7. Zur Beschlufsfassung gelangen alsdann die beiden Thesen, mit deren Formulierung der in der schulgeographischen Sitzung in Verfolg des Vortrages des Herrn Prof. Dr. Lehmann und der sich daran geknüpften Erörterung eingesetzte Ausschufs (s. S. XIV), beauftragt worden war.

Die Thesen lauten:

I. „Der Deutsche Geographentag hält es für dringend erforderlich, dafs jetzt, wo nach den preufsischen Lehrplänen von 1891 in einer Mehrzahl deutscher Staaten der erdkundliche Unterricht unter die Lehrer der Geschichte, der Naturwissenschaft und Mathematik verteilt ist, die betreffenden Lehramts-Kandidaten sich einer Staatsprüfung in der Erdkunde unterziehen.

II. Der Deutsche Geographentag bittet die Unterrichts-Verwaltungen, die Direktoren der höhern Schulen zu veranlassen, nach Möglichkeit den erdkundlichen Unterricht in allen Klassen nur solchen Lehrern zu übertragen, welche ihre Lehrbefähigung dafür durch Staatsprüfung nachgewiesen haben."

Bei der Abstimmung wird These I mit allen Stimmen gegen eine, These II einstimmig angenommen[1]).

---

[1]) Der ständige Centralausschufs hat inzwischen obige Resolutionen mit nachfolgender im Einvernehmen mit dem schulgeographischen Ausschufs abgefafster Begründung zur Kenntnis der Unterrichts-Verwaltungen sämtlicher deutscher Staaten gebracht.

„Der Deutsche Geographentag hat bereits in früheren Jahren sich erlaubt, einige die Lehrerbildung und die Organisation des geographischen Unterrichts betreffende Wünsche zur Kenntnis der Unterrichtsverwaltungen Preufsens sowie der übrigen deutschen Staaten zu bringen, in der Hoffnung dadurch die Aufmerksamkeit der mafsgebenden Kreise auf einige die Entwickelung eines wichtigen Unterrichtszweiges hemmenden Übelstände zu lenken.

Nachdem der XI. Deutsche Geographentag, welcher zu Bremen in der Osterwoche d. J. tagte, sich nach längerer Pause wieder eingehend mit ähnlichen Fragen beschäftigt hat, beehrt sich der unterzeichnete Centralausschufs, einem Beschlufs des Geographentages Folge gebend, auch die neuen aus jenen Beratungen hervorgegangenen Resolutionen den hohen Unterrichts-Verwaltungen nachstehend vorzulegen.

(Hier folgt der Wortlaut der Thesen.)

Was den ersten Punkt betrifft, so berührt er die Folgen der neuen Lehrpläne, welche den erdkundlichen Unterricht auf Vertreter anderer Fächer, insbesondere der Geschichte, der Naturwissenschaften und der Mathematik verteilen. Indem in den oberen Klassen der Unterricht in der Geographie ausdrücklich in einen solchen der historischen Erdkunde, welcher in den Händen des Lehrers der Geschichte liegen soll, und in den der mathematischen und physischen zergliedert wird, welchen letzteren der Lehrer der Mathematik und Physik zu übernehmen hat, ist er von neuem auf den Standpunkt einer Hilfsdisziplin herabgedrückt, als habe er für die Schule eine ganz nebensächliche Bedeutung, namentlich nicht

8. Der Antrag Rohrbach (s. S. XV):
„Der Deutsche Geographentag erklärt es für dringend wünschenswert, daſs allen für den Unterricht bestimmten Karten in Merkator's Projektion nach Süden die gleiche Ausdehnung gegeben werde, wie nach Norden, so daſs der Äquator die Höhe der Karte halbiert"
gelangt zur Abstimmung.

die eines innerlich einheitlichen, den Geist bildenden Wissens- und Unterrichtszweiges. Der Deutsche Geographentag erachtet es nicht für richtig, bei einer einfachen, zur Zeit wohl unfruchtbaren Verwahrung gegen eine Auffassung stehen zu bleiben, welche sich mit der gesamten kulturellen Entwickelung unserer Zeit, die auf Erweiterung des Blickes über die ganze bewohnte Erde hin abzielt, und ebenso mit der gesamten Entwickelung der geographischen Wissenschaft innerhalb der letzten fünfundzwanzig Jahre in offenem Widerspruch findet. Er möchte wenigstens auf eine Maſsregel hinweisen, durch welche -- ganz innerhalb des Rahmens der neuen Lehrpläne — die schädlichen Folgen obiger Zerreiſsung des Faches einigermaſsen beseitigt werden könnten. Diese betrifft die Vorbildung derjenigen, welchen der Unterricht in den verschiedenen Zweigen der Geographie anvertraut wird. Erfahrungsmäſsig tritt die Notwendigkeit, geographischen Unterricht zu erteilen, heute zahlreichen Kandidaten und Lehrern der Geschichte, der Naturwissenschaft und namentlich der Mathematik erst nach Eintritt in das Lehramt entgegen und weist sie im besten Fall dann erst auf den mühsamen Weg des Autodidakten, wie die gesamte ältere Lehrer-Generation ihn vor den siebenziger Jahren notgedrungen allgemein beschreiten muſste. Es wird also immer erst vieler Jahre bedürfen, bis die Betreffenden das Fach einigermaſsen beherrschen. Es bedarf aber wohl kaum des Hinweises darauf, daſs mit Erfolg nur ein Lehrer zu unterrichten vermag, der seinen Gegenstand einigermaſsen beherrscht, und daſs Liebe für ein Fach Niemand bei den Zöglingen weckt, der wegen mangelhafter Kenntnisse selbst solche nicht besitzt. Wieviel mehr gilt dies nun für einen so viel umfassenden und daher nach Stoffauswahl und Behandlung so besonders schwierigen Unterrichtsgang, wie für den der Erdkunde.

Im Hinblick auf die bestehenden Verhältnisse sollten daher unseres Erachtens die Kandidaten, welche vorwiegend Geschichte oder Naturwissenschaft und Mathematik studieren, auf die Notwendigkeit erdkundlichen Studiums hingewiesen und ihnen durch die ausdrückliche Forderung der Staatsprüfungs-Ordnung das Studium der Erdkunde in dem aus ihrer späteren Verwendung im Lehramt hervorgehenden Umfang zur strengen Pflicht gemacht werden. Auch wenn die eigentliche Prüfung erst in späteren Jahren nachgeholt werden sollte, so werden die Studierenden doch alsdann nicht, wie jetzt vielfach, die Gelegenheit gänzlich vorübergehen lassen, während ihrer akademischen Studienzeit Anregung und Anweisung zu geographischen Studien zu suchen und zu empfangen.

Nicht weniger Berücksichtigung erscheint uns der zweite Punkt zu erheischen. Bereits ist während der letzten zwanzig Jahre eine groſse Zahl von tüchtigen Fachlehrern der Geographie auf deutschen Universitäten ausgebildet worden, und sie haben ihre Befähigung durch Prüfungen nach-

Der Vorsitzende wiederholt kurz den Gang der Erörterung des Antrags.

Herr Dr. Rohrbach-Gotha empfiehlt nochmals die Annahme seines Antrags in der von ihm eingebrachten Fassung, die eben nur einen Wunsch ausdrücken solle.

Herr Prof. Dr. Wagner-Göttingen schlägt die Einschiebung der Worte „nach Möglichkeit" vor.

Die Abstimmung ergiebt **Ablehnung** des Antrags mit grofser Mehrheit. Da jedoch nach der Abstimmung Zweifel über die **Berechtigung der Teilnehmer an der Abstimmung** erhoben werden, so wird vom Geschäftsführer die hierauf bezügliche Bestimmung der Satzungen (Art. II, Absatz 6) in Erinnerung gebracht, wonach **die Teilnehmer der einzelnen Geographentage während der Dauer derselben die nämlichen Rechte wie ständige Mitglieder geniefsen, jedoch die gedruckten Verhandlungen nicht unentgeltlich erhalten.**

Bei der beschlossenen nochmaligen **Abstimmung über den Antrag Rohrbach** wird derselbe mit 62 gegen 35 Stimmen wiederum **abgelehnt**.

9. **Beschlufsfassung über den Antrag Lehmann (s. S. XXV).**

Der Antrag wird mit 52 gegen 46 Stimmen angenommen.

10. **Beschlufsfassung über den Antrag Friederichsen (s. S. VIII u. XXIX).**

Herr Generalkonsul Schönlank-Berlin wünscht, dafs im Antrag eine Zeitbestimmung für die Ausführung der Expedition angegeben werde.

Herr Prof. Dr. Kirchhoff-Halle empfiehlt die Einfügung des Wortes „baldigen".

Hierauf wird der Antrag in nachfolgender Fassung:

„Der XI. Deutsche Geographentag in Bremen wolle in voller Würdigung der Wichtigkeit der antarktischen Forschung für Geographie

gewiesen. Aber erfahrungsmäfsig liegen diese Kräfte zum grofsen Teil brach, weil die Kandidaten an den verschiedensten Anstalten, trotz dieser Qualitäten, thatsächlich überhaupt nicht oder nur zu einem minimalen Betrag ihrer Pflichtstunden mit dem geographischen Unterricht betraut werden. Dagegen wird ein solcher sehr häufig genau wie früher anderweitigen Lehrern auferlegt, welche weder Verständnis noch Lust für dieses Fach besitzen, sich niemals mit dem Studium der Geographie abgegeben haben und also derselben vollkommen fremd gegenüber stehen.

Nun soll gewifs nicht verkannt werden, dafs die Übergabe des gesamten geographischen Unterrichts an einige wenige Lehrer, welche für denselben vorgebildet sind oder durch Selbststudium das Fach beherrschen, innerhalb einer und derselben Anstalt manche Schwierigkeiten äufserer Art besitzt; aber nach allem vorliegenden Material dürfte es den Leitern dieser Anstalten doch möglich sein, wenigstens einigermafsen die zur Verfügung stehenden Kräfte wirklich auszunutzen. Der Deutsche Geographentag glaubt die geringen Erfolge des geographischen Unterrichts zum wesentlichen Teil in dem angeführten Umstand zu erblicken. Es kann keine Frage sein, dafs dadurch die hochherzige Mafsregel der Errichtung geographischer Professuren an den Hochschulen Deutschlands sowie das Bestreben ihrer Inhaber, tüchtige geographische Lehrer heranzubilden, unwirksam gemacht wird.

Wenn irgend möglich, bittet der Deutsche Geographentag, die zweite der Resolutionen sämtlichen Leitern höherer Schulen in empfehlender Weise zur Kenntnis bringen zu wollen."

und Naturwissenschaft einen Ausschufs ernennen, dessen Aufgabe es ist, über die Möglichkeit der baldigen Entsendung einer deutschen wissenschaftlichen Südpolar-Expedition zu beraten und günstigenfalls die Ausführung in die Wege zu leiten"
mit grofser Mehrheit angenommen.

Herr Dr. von Drygalski-Berlin bringt alsdann folgende Herren als Mitglieder des Ausschusses in Vorschlag: G. Albrecht-Bremen, Geh. Reg.-Rat Prof. v. Bezold-Berlin, L. Friederichsen-Hamburg, Prof. Dr. Hellmann-Berlin, Prof. Dr. Kirchhoff-Halle, Adm.-Rat Koldewey-Hamburg, Hauptmann Kollm-Berlin, Dr. Lindeman-Dresden, Graf v. Linden-Stuttgart, Wirkl. Geh. Adm.-Rat Prof. Dr. Neumayer-Hamburg, Geh. Reg.-Rat Prof. Dr. Frhr. v. Richthofen-Berlin, Prof. Dr. von den Steinen-Berlin, Direktor Dr. Schauinsland-Bremen, Geh. Reg.-Rat Prof. Dr. Wagner-Göttingen. Diese Liste, führt Redner aus, mache keinen Anspruch auf Vollständigkeit; sie bezwecke nur die Ausführung des Antrags Friederichsen sogleich einzuleiten. Für den Ausschufs beantrage er das Recht der Selbsterweiterung.

Herr Friederichsen-Hamburg wünscht, dafs der Vorsitz des Ausschusses Herrn Prof. Dr. Neumayer-Hamburg übertragen werde.

Der Vorsitzende hält letzteres für selbstverständlich und schlägt noch Herrn von Drygalski als Mitglied des Ausschusses vor.

Herr Major von Donat-Hannover beantragt die Hinzuwahl des Herrn Generalkonsul Schönlank-Berlin.

Die Versammlung giebt ihre Zustimmung zu der Zusammensetzung des Ausschusses nach obigen Vorschlägen[1]).

11. Es wird in die Verhandlung über den Antrag Buchenau (s. S. XXIX) eingetreten.

Herr Prof. Dr. Buchenau erhält das Wort zur Begründung seines Antrags. Unter Bezugnahme auf seinen Vortrag in der 4. Sitzung (s. S. 129—141) hebt Redner besonders hervor, dafs man über die an sich ja nicht unwahrscheinliche Senkung unserer Küsten und noch mehr über deren säkularen Betrag völlig im Unklaren sei. Die Marschen sind für deren Beobachtung völlig ungeeignet, da die zum grofsen Teil auf weicher Unterlage ruhen, welche selbst der Zusammendrückung ausgesetzt ist. Ebenso sind die aus Sand aufgebauten Inseln gar zu veränderlich. Der alte Diluvialboden, die hohe Geest, tritt an einigen Punkten, an der Südküste der Nordsee nur in dem Vorgebirge Dangast im Jade-Busen und bei Duhnen unfern Cuxhaven, an der Ostküste z. B. bei Amrum und Sylt unmittelbar an die See heran. Hier sind offenbar die geeigneten Punkte um über die Senkungsfrage zuverlässige Beobachtungen anzustellen. Unfern dieser Punkte

---

[1]) Am Abend des 19. April konstituierte sich der Ausschufs als „Deutsche Kommission für Südpolar-Forschung", wobei Herr Prof. Dr. Neumayer zum Vorsitzenden, Herr G. Albrecht zum Stellvertreter und Herr Dr. Lindeman zum Schriftführer gewählt wurde.

Seitdem traten der Kommission in Folge Zuwahl noch bei die Herren: Adm.-Rat Prof. Dr. Börgen-Wilhelmshaven, Prof. Dr. Günther-München, Prof. Dr. Güfsfeldt-Berlin, Prof. Dr. Hensen-Kiel, Bank-Direktor Koch-Berlin, Dr. Hans Meyer-Leipzig, Prof. Dr. Oberhummer-München, Prof. Dr. Ratzel-Leipzig, Geh. Reg.-Rat Dr. Reifs-Könitz, Willy Rickmer-Rickmers-Bremen, Dr. Max Graf von Zeppelin-Stuttgart.

befinden sich trigonometrische Dreieckspunkte, von welchen ausgegangen werden kann. Er habe seinen Antrag an die drei Landesregierungen gerichtet, denke aber, daſs dieselben den Gegenstand der Topographischen Abteilung unseres Generalstabes zur Erwägung und event. Erledigung überweisen werden.

Hierauf wird der Antrag mit groſser Mehrheit angenommen.

12. Der Antrag Görcke wird mit der von Herrn Prof. Dr. Wagner-Göttingen vorgeschlagenen Abänderung (s. S. XXV) einstimmig angenommen.

13. Schluſs der Tagung.

Der Vorsitzende giebt einen kurzen Überblick über die Arbeiten des XI. Deutschen Geographentages; die Wünsche, welche bei der Eröffnung der Tagung zum Ausdruck gekommen, seien erfüllt worden. Der Bremer Geographentag sei bestrebt gewesen, die geographische Wissenschaft und ihren Unterricht zu fördern; heimische und überseeische Fragen, theoretische und die nationale Wirtschaft betreffende seien erörtert worden. Vor allem sei aber die groſse Frage der antarktischen Forschung von Neuem beleuchtet worden; und hierin sei weiter gegangen, als in München und Hamburg, indem man praktisch die Hand ans Werk gelegt habe. Auch der Besuch der Tagung sei erfreulicherweise sehr rege gewesen; die Zahl der Besucher übertreffe viele der früheren Tagungen, die Besucherliste zähle 475 Namen, darunter 212 einheimische. Die Bremer haben hierdurch bewiesen, welch' reges Interesse für die Erdkunde hier in der alten Hanseatenstadt vorhanden sei.

Herr Prof. Dr. Wagner-Göttingen dankt alsdann im Namen der auswärtigen Besucher der Tagung in warmen Worten allen denen, die daran mitgewirkt haben, dem XI. Deutschen Geographentag in Bremen diese würdige Stätte zu bereiten. Vor allen gebühre dieser Dank dem Ortsausschuſs und der Bremer Geographischen Gesellschaft, deren Vorsitzenden Herrn George Albrecht, Herrn Dr. Wolkenhauer, dem Generalsekretär der Tagung, sowie Herrn Dr. Oppel, dem Vorsitzenden der Ausstellungs-Kommission und Herrn Dr. Schilling, dem Leiter der vorzüglichen nautischen Abteilung der Ausstellung. Groſsen Dank aber schulde der Geographentag auch den Instituten und Persönlichkeiten, welche Instrumente, Karten, Werke u. s. w., oft von hohem und seltenem Wert, für die Ausstellung zur Verfügung gestellt, Dank ferner dem Künstler-Verein für das Heim, das er der Tagung und der Ausstellung gewährt, Dank schlieſslich der gastlichen Stadt Bremen und ihren Bürgern. — Allen diesen Gefühlen des Dankes giebt die Versammlung in einem Hoch auf die Freie Hansestadt Bremen Ausdruck.

Es ergreift noch Herr Prof. Dr. Neumayer-Hamburg das Wort, um darauf hinzuweisen, daſs Alles, was der Deutsche Geographentag gesprochen und geplant, von echt deutschem Geist durchweht sei, der auch bei Allem, was man fernerhin unternehme, stets walten möge. „Dem Vaterland wollen wir dienen und bis zum letzten Hauch rufen: Es lebe das deutsche Vaterland!"

Hierauf erklärte der Vorsitzende den XI. Deutschen Geographentag für geschlossen.

Abends: Theaterbesuch und gesellige Vereinigung im Künstler-Verein mit dem Naturwissenschaftlichen Verein und dem Alpen-Klub

Sonnabend, 20. April 1895.

Fahrt nach Bremerhaven und Dampferfahrt in See.

Am Morgen des 20. April führte ein Sonderzug an 200 Teilnehmer nach Bremerhaven. Nach Besichtigung des im Kaiserhafen liegenden, soeben von Australien heimgekehrten Schnelldampfers „Prinz Heinrich" vom Norddeutschen Lloyd und einem Rundgang durch die Maschinenwerkstätten am Lloyddock, folgte man der Einladung des Lloyd zu einer Fahrt in See mit dem Dampfer „Habsburg" der ostasiatischen Linie. Von herrlichem Frühlingswetter begünstigt, führte diese bis wenige Seemeilen von Helgoland. Die vornehme Gastfreundschaft des Norddeutschen Lloyd sowohl am Land in der Lloydhalle als auch in See auf dem Schiff verpflichtete die Teilnehmer zum wärmsten Dank.

Sonntag, 21. April 1895.

Ausflug in das Moorgebiet bei Wörpedorf unter Führung des Direktors der Moor-Versuchsstation in Bremen, Herrn Dr. Tacke.

Abrechnung
über die Kasse des Deutschen Geographentages
für 1893 und 1894.

Vermögensstand am 31. December 1892:
    a. 1 St. 4% Pfandbrief der Bayerischen Vereinsbank . . . . . . M. 500.—
    b. Barbestand am 1. Januar 1893 . . . . M. 161.—
    Hierzu kommen:
        Beiträge f. d.   X. Geographentag . . . M. 3720.—
            „ „ „ XI. Geographentag . . . „   38.—
            „ „ „ XII. Geographentag . . . „   4.—
        Zinsen für 1893 und 1894 . . . . . . „ 61.55
        Kursdifferenz und Porto-Vergütung . . „   3.45
                                                     M. 3827.—
                       Gesamteinnahme M. 3988.—

Ausgaben:
    Für 196 bei der X. Tagung in Stuttgart an-
        wesende Mitglieder à 3 M. . . . . M. 588.—
    „ Redaktion, Druck und Herausgabe der Ver-
        handlungen des X. Geographentages einschl.
        Porto für Versendung . . . . „ 3062.50
    „ sonstige Drucksachen, Papier u. dgl. . . . . „   79.35
    „ Anfertigung schriftlicher Arbeiten . . . . . „   85.—
    „ Porto-Auslagen und Kursverlust . . . . . . „ 136.24
                                                     M. 3951.09
                verbleibt ein Baarbestand von M.   36.91

sowie auch
    M. 500.— nominal 1 St. 4% Pfandbrief der Bayerischen Vereinsbank.

Gotha, Ostern 1895.

C. Michaelis,
Schatzmeister des Deutschen Geographentages.

Mit den Belägen verglichen und richtig befunden.

Bremen, 29. Juni 1895.

        Im Auftrag des XI. Deutschen Geographentages:

H. Wuppesahl,
Schatzmeister des Ortsausschusses des XI. Deutschen Geographentages.

Verzeichnis der Besucher des XI. Deutschen Geographentages.

An der XI. Tagung des Deutschen Geographentages beteiligten sich 212 Mitglieder und 263 Teilnehmer, im ganzen 475 Personen aus 85 Orten. Nachfolgende Zusammenstellung macht die Verteilung derselben auf ihre Wohnsitze ersichtlich hierbei ist die Zahl der Mitglieder in Klammer ( ) angegeben.

		Orte	Besucher	
I. Deutsches Reich.				
1. Freie Hansestadt Bremen		7	309	(101)
2. Preußen		50	103	(71)
3. Sachsen		4	10	(9)
4. Übriges Nord-Deutschland		12	31	(16)
5. Süd-Deutschland		5	7	(6)
II. Oesterreich-Ungarn		5	10	(7)
III. Sonstiges Ausland		2	5	(2)
XI. Tagung in Bremen 1895	Im ganzen	85	475	(212)
X. „ „ Stuttgart 1893	„ „	115	584	(191)
IX. „ „ Wien 1891	„ „	94	642	(364)
VIII. „ „ Berlin 1889	„ „	123	539	(340)
VII. „ „ Karlsruhe 1887	„ „	50	401	(47)
VI. „ „ Dresden 1886	„ „	70	331	(176)
V. „ „ Hamburg 1885	„ „	76	633	(286)
IV. „ „ München 1884	„ „	69	345	
III. „ „ Frankfurt a. M. 1883	„ „	74	504	
II. „ „ Halle a. S. 1882	„ „	102	424	
I. „ „ Berlin 1881	„ „	?	c. 70	

(Die Mitglieder sind mit einem (*) bezeichnet.)

I. Deutsches Reich.

1 Freie Hansestadt Bremen.

*Ahlers, O. J. D., Direktor.
*Albrecht George, sen.
*Albrecht, George, jr.
Arckenoe, Franz.
Arndt, C. Fr., Lehrer an der Hauptschule.
Bachof, F., Dr.
Barckhausen, H., Konsul.
Bartels, Fräulein Anna, Lehrerin.
Behrens, Fräulein Emmy.
Behrmann, Fräulein D.
*Bendel, Emilie, Schulvorsteherin.
Berends, Gerh., Lehrer.
Berger, Fräulein.
*Bergholz, Paul, Dr., Gymnasiallehrer.
*Beste, Sigmund.
Beurmann, Herm., Konsul.
Beyer, A., Dr.
*Blendemann, Dr., Richter.
Block, W.
*Blume, R., Dr.

XI. Verzeichnis der Besucher des XI. Deutschen Geographentages.

*Bode, Lehrer.
de Boer, Kl., Lehrer an der Hauptschule.
Bosse, Fräulein M.
*Boyes, Robert, Königlich Großbrit. Vice-Konsul.
*Bräutigam, Dr.
*Brenning, E., Dr.
*Brons, Karl.
*Buchenau, Dr., Professor, Direktor der Realschule beim Doventhor.
Buchenau, Frau Professor.
*Budde, Lehrer.
Bücking, H., Baurat.
Caesar, J., Richter.
Carstens, Dr., Richter.
*Clausen, Heinrich A., Konsul.
*Claufsen, Heinrich.
Cosack, U., Dr.
*Credner, Dr., Seminardirektor.
Debbe, C. W., Direktor.
Debbe, Hermann.
Degener, Dr. med.
Deicke, Fräulein Anna.
Deiters, Fräulein.
Diederichs, Ed.
Dony, Fräulein Marie.
Dreier, Dr. med.
Dreyer, A. H., Schulvorsteher.
Dünzelmann, E., Dr.
Ebeling, Dr., Direktor, Vegesack.
Eberbach, A.
Edzart, Rechtsanwalt.
Ehlers, H.
Ehlers, Johann.
*Ehmck, Aug.
Ehmck, Senator, Dr.
Ellinghausen Heinrich.
Felsing, Ernst.
*Finke, Heinrich D.
*Fitger, Emil, Redakteur.
Fitger, Frau Emil.
*Focke, W., O., Dr.
*Fraenkel, Carlos, Konsul der V. St. von Brasilien.
*Frese, Hermann, Mitglied des Reichstages.
*Fricke, C., Lehrer a. d. Hauptschule.
*Friesland, Ed., Dr., Gymnasiallehrer.

Fritsch, Fräulein.
Fulst, O., Dr.
Gansberg, F., Lehrer.
Gebert, H. W. Chr., Lehrer an der Hauptschule.
Geisler, Vermessungs-Inspektor.
Geisler, Fräulein.
*Gerdes, Herm. S., Konsul.
*Gerdes, H., Dr.
Gerdes, Fräulein J.
Gieseler, Fräulein, A.
*Gristede, S. F.
Gröning, Herm., Dr., Senator.
Gröning, Albert, Dr., Bürgermeister.
v. Gröning, Anna.
Grofse, W., Dr.
*Gruner, Theod.
Gutkeese, W., Kapitän.
*Haas, Wm.
Habenicht, H., Schulvorsteher.
*Häpke, L., Dr.
Hallmann, Fräulein Amalie, Lehrerin.
Hargesheimer, K., Kapitän.
Haverkampf, Fräulein Marie.
Heidelberg, Fräulein.
Heiland, Fräulein E.
Heins, Schulvorsteher, Gröpelingen.
Heinzelmann, Gustav.
*Hennicke, O., Dr., Lehrer an der Hauptschule.
Hennig, Fräulein K.
*Henschen, F.
Hergt, Dr.
Herrmann, Dr., Vegesack.
Hertzberg, Hugo, Dr.
Hille, A.
*Hirschfeld, Theod., G.
*Hochbaum, Karl, Gymnasiallehrer.
*Hobrmann, Fr.
Holy, Jul. Chr., Lehrer an der Hauptschule.
*Horn, Dr. med.
Horn, Frau Dr.
Horn, Fräulein.
Hurm, Dr. med.
Jacobs, Joh., sen.
Jacobs, Joh., jr.
Janson, K., Dr.
Janson, Lehrer.

Janson, F.
Janson, Fräulein Dora.
Janson, Fräulein Ida.
Jmmendorf, Dr.
Jörgens, H., A., stud. math.
Jünemann, Lehrer, Gröpelingen.
*Kafemann, W., Ingenieur.
v. Kapff, Ludwig.
*Kasten, H., Dr., Professor.
*Keuntje, Herm., Dr.
Kindervater, Dr., Ober-Zolldirektor.
Kippenberg, A., Dr.
Kippenberg, Frau A., Schulvorsteherin.
Kippenberg, Hanna.
Kippenberg, Heinrich.
Kippenberg, Hermann.
Kippenberg, K.
*Klages, G., Zahnarzt.
Klages, Frau.
Kniest, Fräulein.
Kniest, Fräulein E.
Knigge, Fräulein A.
Knocke, cand. theol., Scharmbeck.
Knoop, Fräulein Marie.
Koch, F., Dr.
Koch, Fräulein Bertha.
Köppe, Schulinspektor.
*Köster, J. K., Schulvorsteher.
Kohlmann, R., Lehrer an der Realschule, Vegesack.
Koblwey, H., Dr.
Kottmeier, Dr. med.
Kracke, F. C., Schulvorsteher.
Kühling, W., Lehrer.
Kümpel, Wilhelm.
Kuhlenkampff, Joh.
*Kulenkampff, L.
*Lackemann, H. A.
*Lackemann, H. J.
*Leisewitz, Lambert.
Leman, Fräulein Marie.
v. Levetzow, Kapitän.
*Liesau, C. H., Seminarlehrer.
Lonke, A., Lehrer an der Realschule.
Luce, Dr. med.
Luce, Frau Dr.
Ludolph, W.
Lüdecke, Fräulein D.

Lüdeling, Schulvorsteher.
*Lühwing, F., Lehrer.
*Lürman, Dr., Bürgermeister.
Lürman, August, Rechtsanwalt.
*Mallet, Fr., Dr.
*Marcus, Dr., Senator.
Maréchal, Dr., Professor.
*Marquardt, Aug., Direktor des Norddeutschen Lloyd.
Marquardt, H., Vorsteher der Taubstummen-Anstalt.
Martens, H., Dr.
*Mecke, Dr. med.
Meier, H. H., Konsul.
Melchers, Karl.
*Melchers, Hermann.
*Meldau, Lehrer an der Seefahrtschule.
*Menkens, H., Lehrer, Gröpelingen.
Mensing, Fräulein Anna.
Mentzel, Rud., Borgfeld.
Merling, E., Dr.
Messer, C. Lehrer.
*Messerer, Georg.
Meyer, Johs.
Meyer, Fräulein Anna.
Michaelis, F. L., Konsul.
Michalkowsky, Dr., Rechtsanwalt.
Möller, Fritz.
*Mohr, Fr., Dr., Landgerichts-Direktor.
*Morgenbesser, Buchhändler.
Mühleisen, A., Navigationslehrer.
Müller, W., Dr., Professor.
Müller, J.
Münnich, F. C.
Nehrath, I. Offizier, Bremerhaven
*Niemann, J. C.
*Noltenius, Bernh.
Noltenius, Fr.
*Oelrichs, Dr., Senator.
*Oppel, Alwin, Dr.
Oppel, Frau Amalie.
Overbeck, Konsul.
Overbeck, Frau Konsul.
Päpke, Dr.
*Papendieck, Heinrich.
Peters, H., Lehrer.
Petri, S., Schulvorsteherin.
Pfankuch, Jul., Wahrdamm.
Plate, Kaiserl. Marine-Bauinspektor.

Plate, Schulvorsteher.
Plate, Friedr., Sebaldsbrück.
Plate, Georg.
*Pletzer, H., Dr. med.
Plöger, Fräulein.
Pohl, J. B. Th., Rektor.
*Rebers, J. B.
Reddersen, Pastor, Scharmbeck.
*Reepen, Gerhard.
*Rickmers, Willy Rickmer.
Riensch, J. H.
Roesler, J. H., Lehrer.
*Rogge, A., Dr.
Roghé, W.
Rohde, K., Dr.
*Romberg, Dr., Direktor der Seefahrtschule.
Roselius, L. H., Oberlehrer.
Rüte, Dr.
*Sander, F., Schulrat.
Sander, Frau Schulrat.
*Schaeffer, Max, Dr.
Schauinsland, Dr., Direktor des Museums.
Schellhafs, F.
Schengbier, H., Schulvorsteher.
*Schenkel, Pastor.
Schierenbeck, A.
Schild, F.
*Schilling, C., Dr.
Schindler, C.
Schirmer, R., Lehrer an der Hauptschule.
*Schlenker, M. W., Buchhändler.
*Schmidt, Heinrich, Gerh.
Schmidt, Fräulein J.
Schöffler, Postsekretär.
Schrader, Fräulein Anna.
Schröder, Gymnasiallehrer.
Schünemann, Fräulein.
Schultze, H., Lehrer an der Hauptschule.
Schultze, F.
*Schurtz, H., Dr., Privatdocent.
Seelheim, A., Dr.
Seyffert, Dr. med.
Seyffert, Frau Dr.
Siedentopf, H., stud. math.
de Snida, Franz.

Specht, J.
Stachow, Lieutenant.
Steengrafe, Rechtsanwalt.
Steiner, Dr.
Steinvorth, W., Schulvorsteher.
Stelloh, Heinrich, Seminarleber.
Stemmermann.
Stockmeyer, Fräulein.
Stolze, H., Lehrer.
Strube, Leop., Konsul.
Strube, L. G.
Stürenburg, Lehrer.
*Suling, Ed., Bau-Inspektor.
*Sveistrup, O., Baumeister.
Tacke, B., Dr., Direktor der Moor-Versuchs-Station.
*Tecklenborg, Ed.
*Tellmann, H.
*Tellmann, Fr., Lehrer a. d. Hauptschule.
*Tern, W.
Tetens, Dr., Senator.
Thorspecken, Dr. med.
Thulesius, Otto.
*Tidemann, Johannes.
Tidemann, Frau.
*Tietjen, Diedr.
Tillmann, H., Ingenieur.
Twietmeyer, Fräulein D.
Ubbelohde, Fräulein Elisabeth.
Uhlemann, F., Dr.
*Ulrich, A.
*Unkraut, Johannes.
Vopel, C., Dr.
Wackwitz, Dr.
Wätjen, F.
Wätjen, W.
Waldmann, Chr.
*Wefing, Gymnasiallehrer.
Wegener, Fräulein.
*Wellmann, H., Dr., Gymnasiallehrer.
*Wendt, Joh.
*Werner, Ernst.
Werry, F. C. M., Lehrer a. d. Realschule, Vegesack.
*Wesche, A., Lehrer an der Hauptschule.
*Wessels, Senator.
*Westpfahl, Julius.

*Wiedemann, M.
*Wiegand, Richard, Dr., Direktor des Norddeutschen Lloyd.
Wienberg, Fräulein A.
Wilde, Fr., Lehrer a. d. Hauptschule.
*Wilde, Fräulein Marie.
Wilkens, Karl.
*Wilkens jr., Wilhelm, Hemelingen.
Wilkens, H. F., Lehrer a. d. Hauptschule.
Winters, Karl.
Wohlers, Fräulein Ida.
*Wolkenhauer, W., Dr.
*Wuppesahl, H.
Zahn, Dr. theol., Missions-Inspektor.
Ziegeler, E., Dr.
Zumpe, G., Lehrer a. d. Realschule.

Preußen.
Aachen.
*Forckenbeck, O. von.
*Polis, P., Vorstand d. Meteorol. Station.
Altona.
*Doormann, Gymnasial-Oberlehrer.
*Puls, Cäsar, Dr., stud. rer. nat.
Barmen.
Kersten, Dr.
Michaelis, Gerh., Dr.
*Schulze, Herm., Professor.
Berlin.
*Baschin, O.
Behre, O., Rechnungsrat.
Berson, Assistent a. Kgl. Meteorolog. Institut.
*Beyer, R., Gymnasial-Oberlehrer.
v. Bezold, Dr., Prof., Geh. Reg.-Rat, Direktor d. Kgl. Meteorol. Instituts.
*v. Brand, W., Hauptmann.
*Dinse, Paul, Dr.
*v. Drygalski, E., Dr.
Elias, Max.
Graf v. Götzen, Premier-Lieutenant im II. Garde-Ulanen-Rgt.
*Hahn, Eduard, Dr.
*Hellmann, G., Dr., Professor, Mitglied d. Kgl. Meteorolog. Instituts.
Hoofe, Dr.

*Kollm, G., Ingenieur-Hauptmann a. D., General-Sekretär der Gesellschaft für Erdkunde.
*Kurs, Major a. D.
Lissauer, Dr., Sanitätsrat.
Marcuse, Dr., Direktor.
*Neumann, Oskar, Zoolog.
*Niemann, Professor.
*Pohle, Dr., Stadt-Schulinspektor.
Pohle, Frau Dr. R.
*Schönlank, William, General-Konsul.
*Violet, Franz, Dr., Gymnasial-Oberlehrer.
*Vohsen, Ernst, Konsul.
Warburg, Dr.
*Wegener, Georg, Dr.
*Zeise, O., Dr.
*v. Zieten, Major im Generalstab.
Blumenthal (Prov. Hannover.)
*Dallmann, Ed., Kapitän.
Beckenem (Prov. Hannover).
*Brackebusch, Dr., Professor.
Bonn.
*Knickenberg, Dr.
*Philippson, A., Dr., Privatdocent.
Breslau.
*Leonhard, Richard, Dr. phil.
Charlottenburg.
Frobenius, H., Oberstlieutenant a. D.
Crefeld.
*Pahde, Adolf, Dr., Realgymnasial-Oberlehrer, Vorsitzender des Naturwissenschaftlichen Vereins.
Dortmund.
*Görcke, Dr., Oberlehrer.
Elberfeld.
*Hengstenberg, Herm., Professor.
*Meiners, W., Dr., Oberlehrer.
Frankenstein i. Schl.
*Härche, R., Bergwerks-Direktor.
Frankfurt a. M.
*Schmölder, Peter, Vertreter des Vereins für Geographie und Statistik.
Friedenau b. Berlin.
*Meinardus, W., Dr.

Friedersdorf i. Schl.
*Graf v. Pfeil, Joachim.
Glogau.
*Herrich, Alwin, Direktor d. Kartograph. Instituts von Karl Flemming.
Herrich, Frau Direktor.
Glückstadt.
*Riefsen, Oberlehrer.
Godesberg a. Rh.
Grube, Otto, Oberlehrer.
Göttingen.
*Ambronn, L., Dr.
*Dove, K., Dr., Privatdocent.
Haack, stud. geogr.
*Wagner, Herm., Dr., Professor, Geh. Reg.-Rat.
Goslar.
Reichard, Dr.
Gr. Lichterfelde.
Fulda, Eckart, Oberlehrer beim Kadettenkorps.
Grünberg i. Schl.
*Leeder, Dr., Oberlehrer.
Halberstadt.
Keil, W. Direktor.
Halle a. S.
*Kirchhoff, A., Dr., Professor, Vorsitzender des Vereins für Erdkunde.
*Schenck, Adolf, Dr., Privatdocent.
*Ule, Willi, Dr., Privatdocent.
Hannover.
v. Donat, Major.
Keutel, Frau Dr.
Marahrens, K.
*Müller-Frauenstein, Dr., Direktor.
*Sachtler, Oberlehrer.
Steinberg, Oberlehrer.
Winter, W., Lehrer.
Ilfeld.
Holstein, Oberlehrer.
Iserlohn.
Höper, Fräulein.
Kiel.
*Darbishire, Otto.
*Krümmel, Dr., Prof.
*Vanhöffen, E., Dr.

Königsberg i. Pr.
*Hahn, F. G., Dr., Professor.
Linden b. Hannover.
Heine, Rektor.
*Oehlmann, E., Dr., Oberlehrer, Vertreter der Geographischen Gesellschaft zu Hannover.
Magdeburg.
*Mänfs, Johannes, Prof. a. Wilhelms-Gymnasium.
Marburg i. H.
*Fischer, Theobald, Dr., Professor.
Meldorf i. Holst.
*Niemeyer, Dr., Professor.
Minden i. W.
*Kühl, Oberlehrer.
*Westerwick, Th., Oberlehrer.
Münster i. W.
*Lehmann, Richard, Dr., Professor.
Neu-Babelsberg b. Potsdam.
*Steinen, Karl von den, Dr., Prof., Vorsitzender der Gesellschaft für Erdkunde zu Berlin.
Neuenwalde b. Lehe.
Rüther, Studiosus.
Neuhaldensleben.
*Halbfafs, Dr., Oberlehrer.
Norden (Ostfriesland).
*Eggers, Dr., Professor.
Oldesloe.
*Hansen, Dr.
Osnabrück.
Beckmann, Karl.
*Diercke, C., Reg.- und Schulrat.
Potsdam.
Lüdeling, G., Dr.
*Sprung, A., Dr., Prof., Mitglied des Kgl. Meteorolog. Instituts.
Preetz i. Host.
*Sanders, Lehrer.
Pr. Friedland.
*Bludau, Dr., Gymnasial-Oberlehrer.
Ruhrort.
*Varges, W., Dr., Oberlehrer.
Steglitz b. Berlin.
*Stahlberg, Walther, Oberlehrer.

Verden.
　Baethgen, Dr.
Wilhelmshaven.
　*Börgen, C., Dr., Professor, Admiralitäts-Rat.
　*Stück, E., Assistent am Marine-Observatorium.
Wunstorf.
　Girgensohn, J., Dr.

Sachsen.
Chemnitz.
　*Schreiber, Paul, Dr., Professor, Direktor des Kgl. Sächs. Meteorolog. Instituts.
Dresden.
　*Lindeman, M., Dr.
　*Schneider, O., Professor.
Leipzig.
　*Debes, E.
　*Fitzau, Dr.
　*Hassert, K., Dr., Privatdocent.
　*Hettner, A., Dr., Professor.
　Lang, Georg.
　*Scobel, A.
Zwickau.
　*Gelhorn, Dr., Oberlehrer.

Das übrige Nord-Deutschland.
Braunschweig.
　Liebers, Adolf.
　Möller, N., Professor.
　Petzold, W., Dr., Oberlehrer.
　*Westermann, Friedrich, Verlagsbuchhändler.
Delmenhorst.
　Finsch, O., Dr.
　Finsch, Frau Dr.
Detmold.
　Winkelesser, B., Professor.
Elsfleth.
　*Wiedfeldt, Ober-Vermessungs-Inspektor.
Gotha.
　Lüddecke, Dr.
　*Rohrbach, Karl C. M., Dr., Gymnasiallehrer.

　*Schmidt, Adolf, Dr.
　*Wichmann, Hugo, Redakteur.
Hamburg.
　*Engel, Henry, Journalist.
　*Friederichsen, L., Verlagsbuchhändler, General-Sekretär der Geographischen Gesellschaft.
　Friederichsen, Max, Studiosus.
　Hegemann, F.
　*Knipping, E.
　Köppen, Dr., Professor.
　*Koldewey, Kapitän, Admiralitätsrat.
　*Neumayer, G., Dr., Prof., Wirkl. Geh. Admir.-Rat, Direktor der Deutschen Seewarte.
　Schott, Gerhard, Dr.
　*Schütt, R., Dr.
　*Stephan, Ernst, Lehrer a. d. Real-Schule.
　*Wichmann, E. H., Hauptlehrer.
Jena.
　*Regel, Fritz, Dr., Professor, Vorsitzender der Geogr. Gesellschaft.
Ludwigslust.
　*Sonnenburg, R., Dr., Direktor d. Realgymnasiums.
Lübeck.
　*Schaper, W., Dr., Oberlehrer.
Oldenburg.
　Kollmann, Geh. Reg.-Rat.
　Mutzenbecher, Geh. Staatsrat.
Wismar.
　Bade, Kapt.
Wolfenbüttel.
　Elster, Dr.

Süd-Deutschland.
Darmstadt.
　*Greim, G., Dr., Privatdocent.
Karlsruhe.
　*Schultheiss, Dr., Meteorologe.
München.
　*Oberhummer, E., Dr., Professor, Schriftführer d. Geogr. Gesellschaft.
Strassburg.
　*Boller, Dr.
　*Langenbeck, Dr.

Stuttgart.
    v. Knapp, O., Direktor.
    *Graf v. Linden, Karl, Oberkammerherr a. D., Vorsitzender des Württemb. Vereins für Handelsgeographie.

Österreich-Ungarn.

Budapest.
    *v. Berecz, A. Direktor, Kgl. Unterrichtsrat, General-Sekretär der Kgl. Ungar. Geogr. Gesellschaft.

Lemberg.
    *Majerski, Stanislaus, Lehrer am Franz Josef-Gymnasium.

Prag.
    *Kraus, Al., Professor an der Handels-Akademie
    *Metelka, Heinr., Dr., Realschul-Professor.
    *Palacky, Dr., Professor.
    Palacky, Frau.
    Rehak, Fräulein Anna.

Wien.
    Haardt von Hartenthurn, Vincenz, Kartograph.
    *Peucker, Karl, Dr.

Wiener-Neustadt.
    *Baumgartner, Heinrich, Dr., Professor.

Sonstiges Ausland.

London.
    *Darbishire, B. V.
    Harris, Henry.
    *Mill, Hugh Robert, Dr., Bibliothekar der Royal Geogr. Society.
    Oldemeyer, E. A.

Manchester.
    Schuster, Professor.

Zusammensetzung
des Centralausschusses des Deutschen Geographentages,
gemäfs der Wahl auf der XI. Tagung zu Bremen im Jahr 1895.

Vorsitzender: Wirkl. Geh. Admiralitätsrat Prof. Dr. G. Neumayer, Direktor der Deutschen Seewarte in Hamburg.
Dr. A. Kirchhoff, Professor an der Universität in Halle a. S.
Ständiger Geschäftsführer: Ingenieur-Hauptmann a. D. G. Kollm, General-Sekretär der Gesellschaft für Erdkunde zu Berlin, S.W. Zimmerstr. 90.

Verzeichnis
der Mitglieder des Deutschen Geographentages
nach dem Stande im December 1895*).

a. Gesellschaften.

1. Berlin. Gesellschaft für Erdkunde.
2. Bremen. Geographische Gesellschaft.
3. Crefeld. Naturwissenschaftlicher Verein.
4. Dresden. Verein für Erdkunde.
5. Frankfurt a. M. Verein für Geographie und Statistik.
6. Halle a. S. Verein für Erdkunde.
7. Hamburg. Geographische Gesellschaft.
8. Hannover. Geographische Gesellschaft.
9. Karlsruhe. Badische Geographische Gesellschaft.
10. Königsberg i. Pr. Geographische Gesellschaft.
11. Lübeck. Geographische Gesellschaft
12. München. Geographische Gesellschaft.
13. Stettin. Verein für Erdkunde.
14. Stuttgart. Württembergischer Verein für Handelsgeographie.
15. Wien. K. K. Geographische Gesellschaft.

b. Mitglieder.

1. Abraham, Dr., Professor, Berlin.
2. Ahlers, O. J. D., Direktor, Bremen.
3. Albrecht, Generalmajor z. D., Dresden.
4. Albrecht, George, sen., Bremen.
5. Albrecht, George, jun., Bremen.
6. Ambronn, L., Dr., Göttingen.
7. Ancion, J., Polizei-Hauptm., Berlin.

*) Jetziger Stand: 687 Mitglieder einschl. 15 Gesellsch.
Stand nach der X. Tagung 1893   743   „   „   14   „

8. Annecke, W., Konsul z. D., Berlin.
9. Ritter v. Arbter, Emil, K. u. K. Generalmajor, Wien.
10. Arnold, B., Hamburg.
11. Artaria, Karl August, Wien.
12. Ascherson, Dr., Professor, Berlin.
13. Aschoff, Dr., Geh. Sanitätsrat, Berlin
14. Assmann, R., Dr., Wiss. Oberbeamter am Kgl. Meteorolog. Institut, Grünau b. Berlin.
15. de Balthazar, Hugo, K. u. K. Oberst des Generalstabes, Stuhlweifsenburg.
16. Baschin, O., Berlin.
17. Bastian, A., Dr., Professor, Geh. Reg.-Rat, Direktor des Kgl. Museum für Völkerkunde, Berlin.
18. Bauermeister, Karl, Kaufmann, Hamburg.
19. Baumgartner, Heinrich, Dr., Professor, Wiener-Neustadt.
20. Bechtel, J., Kgl. Landgerichtsrat, Frankenthal i. Pfalz.
21. Beck, C., Rentner, Dresden.
22. Becker, Dr., Professor, Zürich.
23. Beith, Marcus, Kaufmann, Altona.
24. Bendel, Emilie, Schulvorsteherin, Bremen.
25. v. Berecz, A, Direktor, Kgl. Unterrichtsrat, General Sekretär d. K. Ungar. Geogr. Gesellschaft, Budapest.
26. Bergengrün, Alex, Dr., Oberlehrer, Riga.
27. Bergholz, Paul, Dr., Gymnasiallehrer, Bremen.
28. Bergner, Ph., Hamburg.
29. Bernard, Dr., Apotheker, Berlin
30. Berson, Assistent am Kgl. Meteorologischen Institut, Friedenau b. Berlin.
31. Beste, Sigmund, Bremen.
32. Beyer, R., Gymnasial-Oberlehrer, Berlin.
33. Beyer, Dr., Professor, Hofrat, Stuttgart.
34. Beyrich, Prof., Geh. Bergrat, Berlin.
35. Blendemann, Dr., Richter, Bremen.
36. Blenck, E., Geh. Ober-Reg.-Rat u. Direktor d. Kgl. Statist. Bureaus, Berlin.
37. Blind, Aug., Dr., Prof., Köln a. Rh.
38. Blohm, G. H., Hamburg.
39. Bludau, Dr., Gymnasial-Oberlehrer, Pr. Friedland.
40. Blume, R., Dr., Bremen.
41. v. Blumnauer, Alois, K. u. K. Oberstleutenant a. D., Wien.
42. Bode, Lehrer, Bremen.
43. Bodenstein, stud. phil., Leipzig.
44. Börgen, C., Dr., Professor, Admiralitätsrat, Wilhelmshaven.
45. Böttcher, Dr., Direktor des Kgl. Realgymnasiums auf der Burg, Königsberg i. Pr.
46. Bohn, Dr., Gymnasial-Oberlehrer, Berlin.
47. Boller, Dr., Strafsburg i. Els.
48. Born, A., Dr., Berlin.
49. Bornemann, J. G., Dr., Eisenach.
50. Bornhöft, Ernst, Dr., Lehrer a. d. höhern Bürgerschule, Rostock.
51. Borrafs, E., Assistent am Kgl. Geodät. Institut, Potsdam.
52. v. Borries, Dr., Strafsburg i. E.
53. Boyes, Robert, Königl. Grofsbrit. Vice-Konsul, Bremen.
54. Brackebusch, Dr., Professor, Bockenem (Prov. Hannover).
55. Brackenhöft, Ed. W., Dr., Rechtsanwalt, Hamburg.
56. Braemer, K., Geh. Regierungsrat, Berlin.
57. Bräutigam, Dr., Bremen.
58. v. Brand, W., Hauptmann, kommandiert zum Generalstab, Berlin.
59. Frhr. v. Brenner, Joachim, K. u. K. Kämmerer, Grofsgrundbesitzer, Schlofs Gainfam b. Vöslau (Nieder-Österreich).
60. Brenning, E., Dr., Bremen.
61. Brix, W., Dr., Geh. Reg.-Rat a. D., Charlottenburg.
62. Brons, Karl, Bremen.
63. Brückner, E., Dr., Professor, Bern.
64. Brunnemann, Justizrat, Stettin.
65. Buchenau, Dr., Prof., Direktor der Realschule beim Doventhor, Bremen.
66. Budde, Lehrer, Bremen.
67. Bütow, H., Geh. Rechn.-Rat, Berlin.
68. Burchard, Th., Kaufmann, Hamburg.

69. Frhr. v. Buschman, Ferd., Dr., Wien.
70. Carl, Louis, Oberlehrer, Pirna.
71. Ritter v. Cassian, M., General-Direktor der Donau - Dampfschifffahrts-Gesellschaft, Wien.
72. Chazel, Chasimir, Privat-Beamter, Wien.
73. Chevalier, Fr., Kaufmann, Inhaber d. Firma Chevalier & Co., Stuttgart.
74. Chwalla, Fritz, Appreturbesitzer, Wien.
75. Cicalek, Theodor, Dr., Professor a.d. Wiener Handels-Akadem., Wien.
76. Clausen, Heinrich A., Konsul, Bremen.
77. Claufs, Otto, Dr., Gymnasiallehrer, Frankenthal i. Pfalz.
78. Claufsen, Heinrich, Bremen.
79. Frhr. v. Cramm-Burgdorf, Exc., Herzogl. Braunschweig. Gesandter, Berlin.
80. Crammer, Hans, Professor, Wiener Neustadt.
81. Credner, Rudolf, Dr., Professor a. d. Universität, Greifswald.
82. Credner, Dr., Seminar-Direktor, Bremen.
83. Dallmann, Ed., Kapitän, Blumenthal i. Hannover.
84. Dames, W., Dr., Professor, Berlin.
85. Frhr. v. Danckelman, Dr., Prof., Charlottenburg.
86. Darbishire, B. V., London.
87. Darbishire, Otto, Kiel.
88. Dathe, E. A., Dr., Kgl. Landes-Geologe, Berlin.
89. Debes, E.(Firma Wagner & Debes), Leipzig.
90. Deckert, E., Dr., Washington.
91. Denckmann, A., Dr., Geologe, Berlin.
92. Dering, Jos., Oberlehrer, M.-Sendling, Bayern.
93. Diener, C., Dr., Privatdocent, Wien.
94. Diercke, C., Reg.- u. Schulrat, Osnabrück.
95. Diercks, G., Dr., Steglitz b. Berlin.
96. Dinse, Paul, Dr., Berlin.
97. Döring, Oskar, Dr., Professor, Córdoba (Argentinien).
98. Doergens, R., Dr., Geb. Reg.-Rat, Prof. d. Kgl. Techn. Hochschule, Berlin.
99. Doerr, Friedrich, Verlagsbuchhändler, Stuttgart.
100. Dollmann, Karl K., Kgl. Bayerischer General-Konsul, Hamburg.
101. Doormann, Gymnasial-Oberlehrer, Altona.
102. Dove, K., Dr., Privatdocent, Berlin.
103. Dronke, Dr., Direktor, Trier.
104. Drude, O., Dr., Professor der Botanika. Kgl. Polytechnikum, Dresden.
105. v. Drygalski, E., Dr., Berlin.
106. Dunker, Dr., Oberlehrer, Berlin.
107. Dziedzicki, Leo, K. u. K. Hauptmann, Wien.
108. Eckhoff, Chr., K. u. K. Lieutenant a. D., Wien.
109. Eggers, Dr., Professor, Norden (Ost-Friesland).
110. Ehmck, Aug., Bremen.
111. Ehrenburg, Karl, Dr., Privatdocent, Würzburg.
112. Eimer, Dr., Professor, Tübingen.
113. Elfert, P., Dr., Leipzig.
114. Engel, Henry, Journalist, Hamburg.
115. Enke, Alfred, Verlagsbuchhändler, Stuttgart.
116. Entz, H., Gymnasial-Oberlehrer, Thorn.
117. v. Erckert, Exc., K. Russ. Generallieutenant a. D., Berlin.
118. Erman, W., Dr., Direktor der Kgl. Universitäts-Bibliothek, Steglitz b. Berlin.
119. Eschenhagen, Dr., Professor am Kgl. Meteorol. - Magnet. - Museum, Potsdam.
120. Evers, Gymnasial - Oberlehrer, Bückeburg.
121. Fauck, Albert, Ingenieur, Marcinkowice (Galizien).
122. Ritter v. Feifalik, Hugo, Sekretär Ihrer Majestät der Kaiserin, Wien.

123. Felbinger, Ubald, Chorherr im Stifte, Klosterneuburg b. Wien.
124. Finke, Heinrich D., Bremen.
125. Finkh, Th., Kaufmann, Stuttgart.
126. Finsterwalder, S., Dr., Professor an der Kgl. Technischen Hochschule, München.
127. Fischer, H., Professor, Wernigerode a. Harz.
128. Fischer, Heinr., Gymnasiallehrer, Berlin.
129. Fischer, Theobald, Dr., Professor, Marburg i. Hessen.
130. Fischer, Ritter von Ankern, Anton, Gutsbesitzer, Wien.
131. Fitger, Emil, Redakteur, Bremen.
132. Fitzau, Dr. phil., Leipzig.
133. Flatz, Rudolf, Egon, Ingenieur, Wien.
134. Fleischanderl, Bruno, Dr., Prof., Oberhollabrunn (Niederösterreich).
135. Focke, W. O., Dr., Bremen.
136. Foerster, W., Dr., Professor, Geh. Reg.-Rat, Direktor der Kgl. Sternwarte, Berlin.
137. v. Forckenbeck, Alfred, Berlin.
138. v. Forckenbeck, O., Aachen.
139. Forster, Adolf E., Dr., Assistent am Geogr. Institut, Wien.
140. Fraenkel, Carlos, Konsul der V. St. von Brasilien, Bremen.
141. Frank, Karl, Professor, Mähr. Schönberg.
142. Frech, Dr., Professor, Breslau.
143. Frese, Hermann, Mitglied des Reichstages, Bremen.
144. Fricke, C., Dr., Lehrer a. d. Hauptschule, Bremen.
145. Friederichsen, L., Verlagsbuchhändler, Hamburg.
146. Fries, Emil, Dr., Direktor der Heilanstalt zu Inzersdorf a. Wr. Berge b. Wien.
147. Friesland, Ed., Dr., Gymnasiallehrer, Bremen.
148. Fritsch, Jos., Hausbesitzer, Teplitz.
149. Fröbe, Robert, Wien.
150. Frohmeyer, Immanuel, Ober-Konsistorialrat, Stuttgart.

151. Früh, Dr., Zürich.
152. v. Fuchs, Adalbert, Dr., K. u. K. Hof- u. Ministerialrat, Wien.
153. Fuchs, Max, Dr., Rechtsanwalt, Berlin.
154. Fues, Alfred, Stuttgart.
155. Fulda, Eckhart, Oberlehrer beim Kgl. Kadettenkorps, Gr. Lichterfelde b. Berlin.
156. Gärtner, M. Hugo, Lehrer, Dresden.
157. Frhr. v. Gaisberg, Wilh., Exc., Generallieutenant z. D., Schöckingen.
158. Galle, A., Dr., Potsdam.
159. Gallina, Ernst, Dr., General-Sekretär der K. K. Geogr. Gesellschaft, Wien.
160. Geitel, Gymnasial-Oberlehrer, Wolfenbüttel.
161. Gelhorn, Dr., Oberlehrer, Zwickau.
162. Gerdes, Herm. S., Konsul, Bremen.
163. Gerdes, H., Dr., Bremen.
164. Gerlach, Edm., Professor, Gr. Lichterfelde b. Berlin.
165. Gerland, Dr., Professor, Strafsburg i. E.
166. Gerschel, O., Buchhändler, Stuttgart.
167. Gmelin, Dr., Pfarrer, Grofs-Altdorf, Württemberg.
168. Görcke, Dr., Oberlehrer, Dortmund.
169. Götz, W., Dr., Professor an den Königl. Militär-Bildungsanstalten, München.
170. Gotthelf, J., Justizrat, München.
171. v. Graevenitz, Theodor, Oberst u. Flügeladjutant S. M. d. Königs Stuttgart.
172. Grassauer, Ferd., Dr., Vorstand der K. K. Universitäts-Bibliothek, Wien.
173. Greim, G., Dr., Privatdocent, Darmstadt.
174. Gristede, S. F., Bremen.
175. Grönewald, Bd., Hamburg.
176. Grünebaum, Franz, Hauptmann i. Res., Wien.
177. Gruner, Theod., Bremen.

178. Günther, Sieg., Dr., Professor, München.
179. Günzler, Karl, Oberstudienrat, Stuttgart.
180. Güfsfeldt, Paul, Dr., Professor, Berlin.
181. Gutmann, Karl, Lehrer, München.
182. Guttery, G. F., Kfm., Hamburg.
183. Haas, Karl, Dr., Professor, Wien.
184. Haas, Wm., Bremen.
185. v. Haenel, Adolf, Ober-Baurat, Stuttgart.
186. Häntzsche, Julius, Dr. med. et phil., Dresden.
187. Häpke, L., Dr., Bremen.
188. Hürche, R., Bergwerks-Direktor, Frankenstein i. Schl.
189. Hahn, Dr., Prof., Königsberg i. Pr.
190. Hahn, Eduard, Dr., Berlin.
191. Hahn, Professor, Berlin.
192. Halbfafs, Dr., Oberlehrer, Neuhaldensleben.
193. Hammer, W., Dr. phil., Oberlehrer, Berlin.
194. Hammer, Ernst, Prof., Stuttgart.
195. Hanke, O., Hauptmann a. D., Stuttgart.
196. Hann, Julius, Dr., Hofrat, Professor a. d. Universität, Wien.
197. Hannak, E., Dr., Direktor des Wr. Lehrer-Pädagogiums, Wien.
198. Hansen, Dr., Oldesloe.
199. Hartl, Heinrich, K. u. K. Oberstlieutenant, Wien.
200. Hassert, K., Dr., Privatdocent, Leipzig.
201. Hauchecorne, Prof., Geh. Ober-Bergrat, Direktor der Kgl. Geol. Landesanstalt u. Bergakademie, Berlin.
202. Ritter v. Hauer, Franz, K. u. K. Hofrat, Intendant d. K. u. K. Naturhistorischen Hofmuseums, Wien.
203. v. Hauer, Julius, K. K. Oberbergrat und Professor, Leoben in Steiermark.
204. Hecker, Georg, Oberlöfsnitz b. Dresden.
205. Heick, H., Buchhändler, Wien.
206. Heinrich, Gymnasiallehrer, Berlin.
207. Hellmann, G., Dr., Professor, Mitglied d. Kgl. Meteor. Instituts, Berlin.
208. Helmert, Dr., Prof., Geh. Reg.-Rat, Direktor des Kgl. Geodätisch. Instituts, Potsdam, Telegraphenberg.
209. Hengstenberg, Herm., Professor, Elberfeld.
210. Henkel, Dr., Gymnasiallehrer, Schulpforte.
211. Hennicke, O., Dr., Lehrer a. d. Hauptschule, Bremen.
212. Henschen, F., Bremen.
213. v. Henzler, Ch., Ober-Studienrat, Stuttgart.
214. Hergesell, Hugo, Dr., Privatdocent und Leiter des Meteorol. Landesdienstes, Strafsburg i. Els.
215. Herrich, Alwin, Direktor des Kartogr. Instituts von Karl Flemming, Glogau.
216. Prinz Herrmann zu Sachsen-Weimar-Eisenach, Hoheit, Stuttgart.
217. Herrmann, E., Gymnasial-Oberlehrer, Freienwalde a. O.
218. Hertzberg, H., Dr., Halle a. S.
219. Hespers, Karl, Kanonikus, Ehrendomherr, Professor, Köln a. R.
220. Hettner, A., Dr. phil., Professor, Leipzig.
221. Hetzer, Rentner, Dresden.
222. Hildenbrand, Th., Rektor der Realschule, Memmingen i. B.
223. Hildenbrand, F., J., Gymnasiallehrer, Frankenthal i. Pfalz.
224. Hillger, Dr., Oberlehrer, Jenkau b. Danzig.
225. Hirsch, Fr., Professor an der Böhmischen Realschule, Pilsen.
226. Hirschfeld, Theod. G., Bremen.
227. Hochbaum, Karl, Gymnasiallehrer, Bremen.
228. Hoefer, H. (Firma Kentel's Verlag), Verlagsbuchhändler, Berlin.
229. Ritter v. Höhnel, Ludw., K. u. K. Linienschiff-Lieutenant, Wien.
230. v. Hoelder, Dr., Ober-Medizinalrat, Stuttgart.
231. Hölzel, Hugo, Buch- u. Kunsthändler, Wien.

232. Hofmann, Heinrich, Wien.
233. Hofmann, Leop., Professor, Wien.
234. Fürst zu Hohenlohe-Langenburg, Durchlaucht, Kaiserlicher Statthalter in Elsaſs-Lothringen, Straſsburg i. Els.
235. Hohrmann, Fr., Bremen.
236. Holberg, E. W., Rentner, Dresden.
237. Holtermann, Senator, Stade.
238. Holtheuer, Richard, Realschul-Oberlehrer, Leisnitz, Sachsen.
239. Holzhausen, Adolf, Wien.
240. Horn, Dr. med., Bremen.
241. Hotz-Linder, Rud., Dr., Privatdocent, Basel.
242. Huber, F., K., Dr., Professor an der Kgl. Technischen Hochschule, Stuttgart.
243. Huyſsen, Dr., Exc., Wirkl. Geh.-Rat, Ober-Berghauptmann a. D., Bonn.
244. Jacobsthal, Joh. E., Geh. Reg.-Rat, Prof. a. d. Techn. Hochschule, Charlottenburg.
245. Jagic, Vatroslav, K. K. Hofrat, Professor an der Universität, Wien.
246. Jagor, F., Dr, Berlin.
247. Jannasch, Dr., Berlin.
248. Jarz, Konrad, Dr., K. K. Landesschul-Inspektor, Brünn i. Mähren.
249. Jentzsch, Alfred, Dr., Professor, Direktor des Geologischen Provinzial-Museums, Königsberg i. Pr.
250. Iffland, Dr. phil., Stettin.
251. Ihne, Dr., Friedberg (Hessen).
252. Jicha, Josef, Professor, Kuttenberg (Böhmen).
253. Jörgensen, J., P., Dr., Professor, Berlin.
254. Joest, W., Dr., Professor, Berlin.
255. Jonas, Dr., Kgl. Kreisschulinspektor, Hultschin i. Schl.
256. Jordan, Dr., Professor, Hannover.
257. Joscht, Karl, Kaufmann, Joslowitz (Mähren).
258. Jüttner, J., Dr., Professor, Wien.
259. Jwanovius, Gymnasiallehrer, Königsberg i. Pr.
260. Kafemann, W., Ingenieur, Bremen.
261. Kammel Edler von Hardegger, Dominik, Dr., Gutsbesitzer, Gruſsbach (Mähren).
262. Kan, C. M., Dr., Prof., Amsterdam.
263. Kanitz, F., Kurator am K. K. Österreich. Handels-Museum, Wien.
264. Karschulin, Georg, Dr., Wien.
265. Kasten, H., Dr., Prof., Bremen.
266. Kaulla, A., Hofrat, Stuttgart.
267. Kaulla, Eduard, Hofrat, Stuttgart.
268. Keilhack, K., Dr., Kgl. Ober-Landesgeologe, Wilmersdorf b. Berlin.
269. Ritter Kerner von Marilaun, A., K. u. K. Hofrat, Professor an der Universität, Wien.
270. Ritter Kerner von Marilaun, Fritz, stud. med., Wien.
271. v. Kessler, Exc., General der Infanterie, General-Inspekteur des Militär-Erziehungs- u. Bildungswesens, Berlin.
272. Keſsler, Dr., Solingen.
273. Kestranek, Paul, K. u. K. Generalstabs-Hauptmann, Raab (Ungarn).
274. Kenntje, Herm., Dr., Bremen.
275. Klages, G., Zahnarzt, Bremen.
276. Kirchhoff, A., Dr., Professor a. d. Universität, Halle a. S.
277. Klar, Maximilian, Professor, Sternberg (Mähren)
278. Kleemann, Dr., Professor, Hildburghausen.
279. Kneile, Max, Institutslehrer, Stuttgart.
280. Knickenberg, Dr., Bonn a. R.
281. Knipping, E., Hamburg.
282. Knittel, H., Hofbuchhändler, Karlsruhe.
283. Koch, Gustav Adolf, Dr., Kaiserlicher Rat, Prof. der Mineral., Petrog. u. Geolog. an d. K. K. Hochschule f. Bodenkultur, Wien.
284. Koch, K. R., Dr., Professor, Stuttgart.
285. Koch, Max, Dr., Bezirksgeologe, Berlin.
286. Köhnlein, Professor, Stuttgart.
287. Königshöfer, Sanitätsrat, Dr., Stuttgart.
288. Körnlein, H., Oberlehrer, Leipzig.

289. Köster, J. C., Schulvorsteher, Bremen.
290. Koffmahn, O., Kartograph, Gotha.
291. Kolb, Dr., Privatdocent der Geodäsie, Bonn.
292. Koldewey, Kapitän und Admiralitätsrat, Hamburg.
293. Kollm, G., Ingenieur-Hauptmann a. D., General-Sekretär der Gesellschaft für Erdkunde, Berlin.
294. Kollm, Hugo, Dr. med., Sanitätsrat, Kgl. Bez.-Physikus, Berlin.
295. Kraaz, R., Dr., Kgl. Gewerbe-Inspektor, Bonn a. Rh.
296. Kraus, Al., Professor an der Handels-Akademie, Prag.
297. Krause, Aurel, Dr., Professor, Gr. Lichterfelde b. Berlin.
298. Kremser, V., Dr., Wissenschaftlicher Oberbeamter am Kgl. Meteorol. Institut, Berlin.
299. Kretschmer, K., Dr., Privatdocent, Berlin.
300. Kroeplin, Franz, Kfm., Hamburg.
301. Kroll, Major a. D., Berlin.
302. Krümmel, Dr., Prof., Kiel.
303. Kübel, Franz, Hauptmann z. D., Stuttgart.
304. Kühl, Oberlehrer, Minden i. Westf.
305. Kühnscherf, E., Fabrikant, Dresden.
306. Künne, Karl, Charlottenburg.
307. Kulenkampff, L., Bremen.
308. Kupfer, Oberlehrer, Schneeberg, in Sachsen.
309. Kurs, Major a. D., Berlin.
310. Kurtz, Paul, Buchhändler, Stuttgart.
311. Kurtz, Dr., Prof., Ellwangen.
312. Lackemann, H. J., Bremen.
313. Lackemann, H. A., Bremen.
314. Lampert, Kurt, Dr., Professor, Stuttgart.
315. Frhr. v. Landau, Wilhelm, Dr., Berlin.
316. Lange, Cesar, Hamburg.
317. Langenbeck, Dr., Strafsburg i. E.
318. Lassar, Oskar, Dr., Privatdocent, Berlin.
319. Lauber, Karl, K. u. K. Feldmarschall-Lieutenant i. P., Ober-Csöpöny, P. Szered a. d. Waag (Ungarn).
320. Leeder, Dr., Oberlehrer, Grünberg i. Schl.
321. Leete, C. H., New York, City.
322. Lehmann, F. W. Paul, Dr., Direktor des Schiller-Realgymnasiums, Stettin.
323. Lehmann, Richard, Dr., Professor a. d. Kgl. Akademie, Münster i. W.
324. v. Leibbrand, Carl, Regierungs-Präsident, Stuttgart.
325. Leisching, Eduard, Kaufmann, Wien.
326. Leisewitz, Lambert, Bremen.
327. Lenz, Oskar, Dr., Professor, Prag.
328. Leonhard, Richard, Dr. phil., Breslau.
329. Lepsius, Dr., Prof., Darmstadt.
330. Liebermann, K., Dr., Professor, Berlin.
331. Liebermann, Ernst, Kaufmann, Hamburg.
332. Lieder, G., Geologe, Berlin.
333. Liesau, C. H., Seminarlehrer, Bremen.
334. Lietz, Paul, Oberlehrer, Stralsund.
335. Limpricht, Max, Dr., Berlin.
336. Lindeman, M., Dr., Dresden.
337. Freiherr v. Linden, Hugo, Kgl. Kammerherr, Geh. Legationsrat, Stuttgart.
338. Graf v. Linden, Karl, Klg. Oberkammerherr a. D., Stuttgart.
339. Lindenblatt, J., Professor, Wriezen a. O.
340. Lingg, F., Hauptmann, München.
341. Lipschütz, G., Kaufm., Hamburg.
342. Lipschütz, L., Makler, Hamburg.
343. List, Franz, Kaufmann, Wien.
344. v. Loczy, L, Dr., Prof., Budapest.
345. Löwl, Professor a. d. Universität, Czernowitz.
346. Loosch, R., Dr., Gymnasiallehrer, Inowrazlaw.
347. Lossius, Schriftsteller, Berlin.
348. Lüders, C. W., Museums-Vorsteher, Hamburg.

349. Lühwing, F., Lehrer, Bremen.
350. Lürman, Bürgermeister, Dr., Bremen
351. Lüfsmann, C. H., Hamburg.
352. Luksch, Josef, Professor, Fiume (Österreich-Ungarn).
353. Lullies, H., Dr., Königsberg i. Pr.
354. Lustkandel, Wenzel, Dr., Professor, Wien.
355. Lux, Anton, K. u. K. Hauptmann im Festungs-Art.-Regt. Kaiser Franz Joseph Nr. 1, Wien.
356. Maasch, Otto, Druckereibesitzer, (i. Firma J. Köhler), Hamburg.
357. Manfs, Ernst, Buchhändler, (i. F. Leop. Vofs), Hamburg.
358. Münfs, Johannes, Professor am Wilhelms-Gymnasium, Magdeburg.
359. Ritter v. Maillinger, Exc., General d. Inf., München.
360. Majerski, Stanislaus, Lehrer am Franz Josef-Gymnasium, Lemberg.
361. Mallet, Fr., Dr., Bremen.
362. Manassewitsch, Rentner, Dresden.
363. Marcus, Dr., Senator, Bremen.
364. Marquardt, Aug., Direktor d. Norddeutschen Lloyd, Bremen.
365. Martin, Fr., Oberlehrer, Jena.
366. Matzat, Direktor der Landwirtschaftl. Schule, Weilburg a. d. Lahn.
367. Mayer, Friedr., Professor, Landau i. Pfalz.
368. Mayer, Julius, Linz a. Donau.
369. Mecke, Dr. med., Bremen.
370. Meinardus, W., Dr., Friedenau b. Berlin.
371. Meiners, W., Dr., Oberlehrer, Elberfeld.
372. Meitzen, Aug., Dr., Professor, Geh. Reg.-Rat, Berlin.
373. Melchers, Hermann, Bremen.
374. Meldau, Lehrer an der Seefahrtschule, Bremen.
375. Menkens, H., Lehrer, Gröpelingen b. Bremen.
376. Messerer, Georg, Bremen.
377. Mestwerdt, G., Dr., Cleve, Rhein-Provinz.
378. Metelka, Heinr., Dr., Realschul-Professor, Prag.
379. Meyer, Alfred, G., Dr., Professor und Direktor, Berlin.
380. Meyer, Hans, Dr., Leipzig-Reudnitz.
381. Michael, Richard, Dr. phil., Berlin.
382. Michaelis, K., Dr., Direktor, Berlin.
383. Milan, Aug., Professor, Wien.
384. Mill, Hugh Robert, Dr., Bibliothekar der Royal Geogr. Soc., London.
385. v. Miller-Aichholz, Heinrich, Wien.
386. Moewes, Hauptmann, Berlin.
387. Mohr, Fr., Dr., Landgerichts-Direktor, Bremen.
388. Morgenbesser, Buchhändler, Bremen.
389. Mühlfriedel, Oberlehrer, Dresden.
390. Müller, Friedrich, Dr., Professor a. d. Universität, Wien.
391. Müller, H., Dr., (i. Fa. Karl Flemming), Glogau.
392. Müller, Wilhelm, K. K. Hofbuchhändler, Wien.
393. Müller-Frauenstein, Dr., Direktor, Hannover.
394. Müllner, Johann, Wien.
395. Naegele, Professor, Tübingen.
396. Nagy, Hans, K. u. K. Hauptmann, Wien.
397. Nast, Dr., Professor, Cannstadt.
398. Nerger, Dr., Oberlehrer d. Landwirtschaftsschule, Liegnitz.
399. Nestle, Theodor, Ober-Regierungsrat, Stuttgart.
400. Neumann, Dr., Professor, Freiburg i. B.
401. Neumann, Max, Rentner, Berlin.
402. Neumann, Oskar, Zoologe, Berlin.
403. Neumayer, G., Dr., Professor, Wirkl. Geb. Admir.-Rat, Direktor der Deutschen Seewarte, Hamburg.
404. Neureuther, Karl, Oberst, Direktor des K. Bayr. Topographischen Instituts, München.
405. Nicolai, Dr., Eisenach.
406. Niemann, Professor, Berlin.

407. Niemann, A., cand. phil., Berlin.
408. Niemann, J. C., Bremen.
409. Niemeyer, Dr., Professor, Meldorf (Holstein).
410. Nies, Dr., Mainz.
411. Noack, Dr., Professor, Braunschweig.
412. Noltenius, Bernh., Bremen.
413. Oberhummer, E., Dr., Professor, München.
414. Obermüller, L., Prof., Stuttgart.
415. Öffentliche Handels-Lehranstalt, Chemnitz, Sachsen.
416. Oehlmann, E., Dr., Oberlehrer, Hannover-Linden.
417. Oelrichs, Dr., Senator, Bremen.
418. Ollerich, A., München.
419. Ollerich, H., Hamburg.
420. Oppel, Alwin, Dr., Bremen.
421. Oppenheim, Paul, Dr., Charlottenburg.
422. Orth, A., Dr., Professor, Geh. Reg.-Rat, Berlin.
423. O'Swald, Wm., Senator, Hamburg.
424. Pahde, Adolf, Dr., Realgymnasial-Oberlehrer, Crefeld.
425. Palacky, Dr., Professor, Prag.
426. Papendieck, Heinrich, Bremen.
427. Partsch, Professor a. d. Universität, Breslau.
428. Pasch, Max, K. Hofbuchhändler, Berlin.
429. Pattenhausen, Dr., Professor an d. Technischen Hochschule, Dresden.
430. Paulitschke, Philipp, Dr., Prof., Privatdocent an der Universität, Wien.
431. Pechuel-Lösche, Dr., Professor, a. d. Universität, Erlangen.
432. Penck, Alb., Dr., Professor a. d. Universität, Wien.
433. Perthes, Bernhard, Hofrat, Verlagsbuchhändler, Gotha.
434. Petters, Hugo, Hildburghausen.
435. Peucker, Karl, Dr., Wien.
436. Graf v. Pfeil, Joachim, Friedersdorf, Kr. Lauban i. Schlesien.
437. Frhr. v. Pfungen, Otto, K. K. Ministerial-Vicesekretär, Wien.

438. Philippson, A., Dr., Privatdocent, Bonn.
439. Plagemann, A., Dr., Hamburg.
440. Plehwe, Rudolf, Professor, Posen.
441. Pletzer, H., Dr. med., Bremen.
442. Pohle, Dr., Stadt-Schulinspektor, Berlin.
443. Polis, P., Vorstand d Meteorol. Station, Aachen.
444. Pompecky, J. F., Dr., Tübingen.
445. Pontoppidan, E., Kaufmann, Hamburg.
446. Puls, Cäsar, Dr., stud. rer. nat., Altona.
447. Ratzel, Friedr., Prof., Leipzig.
448. Baron Rausch von Traubenberg, Dr., St. Petersburg.
449. Raveneau, Dr., Professor, Paris.
450. Rebers, J., B., Bremen.
451. Recht, Heinr., Dr., Gymnasiallehrer, Weifsenburg i. Els.
452. Reepen, Gerhard, Bremen.
453. Regel, Fritz, Dr., Professor, Jena.
454. Rehmann, Anton, Dr., Lemberg.
455. Frhr. v. Reibnitz, Exc., Vice-Admiral a. D., Berlin.
456. Rein, J. J., Dr., Geh. Reg.-Rat, Professor a. d. Universität, Bonn.
457. Reinhardt, Dr., Professor und Direktor, Berlin.
458. Reinmüller, Realschule, Hamburg.
459. Reifs, Karl, Gen.-Kons., Mannheim.
460. Reifs, Wilhelm, Dr., Geh. Reg.-Rat, Schlofs Könitz i. Thüringen.
461. Reufs, Adolf, Dr., Stuttgart.
462. Reyer, Dr., Professor, Wien.
463. Richter, E., Dr., Prof., Graz.
464. Richter, H., Dr., Präceptor, Besigheim, Württemberg.
465. Frhr. v. Richthofen, Ferdinand, Dr., Geh. Reg.-Rat, Professor a. d. Universität, Berlin.
466. Rickmers, Willi Rickmer, Horn bei Bremen.
467. v. Riedel, W., Oberst a. D. Stuttgart.
468. Riefsen, Oberlehrer, Glückstadt.
469. Riggenbach-Burckhardt, Alb., Dr., Professor, Basel.
470. Ritter, Dr., Profess., Luckenwalde.

471. Rocholl, Wm., Rentner, Kassel.
472. Rogge, A., Dr., Bremen.
473. Rohlfs, Gerhard, Dr., Gen.-Konsul a. D., Godesberg am Rhein.
474. Rohmeder, W., Dr., Stadtschulrat, München.
475. Rohrbach, Karl C. M., Dr., Gymnasiallehrer, Gotha.
476. Romberg, Dr., Direktor der Seefahrtschule, Bremen.
477. Rotter, Otto, Wien.
478. Rudolf, E., Dr., Strafsburg i. E.
479. Ruge, S., Dr., Professor, Dresden.
480. Frhr. v. Ruthner, Anton, Dr., K. K. Notar, Salzburg.
481. Sachs, Dr., Charlottenburg.
482. Sachtler, Oberlehrer, Hannover.
483. Sander, F., Schulrat, Bremen.
484. Sanders, Lehrer, Preetz (Holstein).
485. Sandler, Chr., Dr., München.
486. Sauer, A., Dr., Landesgeologe, Heidelberg.
487. v. Schack, Rittmeister a. D., Elbing, Westpr.
488. Schaeffer, Max, Dr., Bremen.
489. v. Schall, K., Dr., Staatsrat, Stuttgart.
490. Schaper, W., Dr., Oberlehrer, Lübeck.
491. Scheel, Dr., Realprogymnasial-Lehrer, Schoenebeck a. Elbe.
492. Scheibler, Dr., Realgymnasial-Lehrer, Magdeburg.
493. Schenck, Adolf, Dr., Privatdocent, Halle a. S.
494. Schenkel, Pastor, Bremen.
495. Scheppig, Dr., Professor, Kiel.
496. Schick, Leopold, Direktor, Brünn.
497. Schilling, C., Dr., Bremen.
498. Schirm, Oberlehrer, Dresden-A.
499. Schlenker, M. W., Buchhändler, Bremen.
500. Schleussinger, Professor, Ansbach.
501. Schlichter, Dr., London.
502. Frhr. v. Schlotheim, General-Major, Stuttgart.
503. Schmid, C., Dr. jur., Blasewitz b. Dresden.
504. Schmidt, Adolf, Dr., Gotha.
505. Schmidt, Emil, Dr., Professor, Leipzig.
506. Schmidt, Heinrich Gerh., Bremen.
507. Schmidt, Herm., Dr. phil., Berlin.
508. Schmölder, Peter, Frankfurt a. M.
509. Schneider, Dr., Seminar-Direktor, Oranienburg.
510. Schneider, O., Prof., Dresden.
511. Schnell, Paul, Dr., Oberlehrer, Mühlhausen i. Th.
512. Ritter v. Schoeller, Paul, Grofshändler, Wien.
513. Schönlank, William, General-Konsul, Berlin.
514. Scholz, Oskar, Dr., Oberlehrer, Ottensen, Schleswig.
515. Schram, Robert, Dr., Docent a. d. Universität, Währing b. Wien.
516. Schreiber, Paul, Dr., Professor, Direktor des Kgl. Sächs. Meteorolog. Instituts, Chemnitz, Sachsen.
517. Schütt, R., Dr., Hamburg-Hohenfelde.
518. Schultheifs, Dr., Meteorologe, Karlsruhe i. B.
519. Schultz, Dr., Oberlehrer, Fürstenwalde a. Spree.
520. Schultz, Wilh., Kfm., Hamburg.
521. Schultze, Karl, Oberlehrer, Eimbeck, Prov. Hannover.
522. Schulze, Herm., Prof., Barmen.
523. Schumacher, Dr., Landesgeologe, Strafsburg i. E.
524. Schuntter, C., Hauptmann a. D., Stuttgart.
525. Schurtz, H., Dr., Privatdocent, Bremen.
526. Schwahn, Dr., P., Berlin.
527. Schwalbe, Dr., Professor, Berlin.
528. Schwarz, Chr., Oberreallehrer, Stuttgart.
529. Scobel, A., Leipzig.
530. Seibt, Wilh., Dr., Professor, Villenkolonie Grunewald bei Berlin.
531. Seler, Ed., Dr. phil., Steglitz.
532. Sieben, J., Kfm., Hamburg.
533. Sieger, Robert, Dr., Privatdocent, Wien.

534. v. Siegsfeld, Augsburg.
535. Sievers, W., Dr., Prof., Giefsen.
536. Simony, Friedrich, Dr., K. K. Hofrat und Professor, Wien.
537. Simony, Oskar, Dr., Prof., Wien.
538. Sjögren, Hjalmar, Professor, Oesmo-Nynas (Schweden).
539. Sochor Frhr. v. Friedrichsthal, E., Dr., K. K. Hofrat, Wien.
540. Sonnenburg, R., Dr., Direktor des Realgymnasiums, Ludwigslust i. Mecklenburg.
541. Spemann, Wilhelm, Verlagsbuchhändler, Stuttgart.
542. Spreitzenhofer, Ernst, Dr., Wien.
543. Sprung, A., Dr., Prof., Mitglied des Kgl. Pr. Meteorolog. Instituts, Potsdam.
544. Stache, Guido, Dr., K. K. Ober-Bergrat, Vice-Direktor der K. K. Geologischen Reichsanstalt, Wien.
545. Stahlberg, Walther, Oberlehrer, Steglitz.
546. Stammann, H., Architekt, Hamburg.
547. Stauber, Professor, Augsburg.
548. Staudinger, Paul, Berlin.
549. Steffen, Dr., Professor am Pädag. Institut, Santiago (Chile).
550. Steiger, Karl, Professor am Landes-Lehrer-Seminar, Wiener Neustadt.
551. Steindachner, Franz, Dr., K. K. Hofrat, Wien.
552. Steindachner, Fräulein, Wien.
553. von den Steinen, Karl, Dr., Prof., Neu-Babelsberg b. Potsdam.
554. Steiner, K., Dr., Geh. Kommerzienrat, Stuttgart-Niedernau.
555. Steinitzer, Paul, K. K. Major a. D., München.
556. Stephan, Ernst, Lehrer an der Realschule, Hamburg-Borgfelde.
557. Stettiner, P., Dr., Realgymnasiallehrer, Königsberg i. Pr.
558. Steuer, Alex, Dresden.
559. Stockmann, Gymnasial-Oberlehrer, Brandenburg a. H.
560. Stoll, Otto, Dr., Prof., Küsnacht b. Zürich.
561. Ströse, Karl, Realgymnasial-Lehrer, Dessau.
562. v. Strubberg, Exc., General der Infanterie z. D., Berlin.
563. Stübel, Alfons, Dr., Dresden.
564. Stück, H., Obergeometer, Hamburg.
565. Stück, E., Assistent am Marine-Observatorium, Wilhelmshaven.
566. Stuhlmann, Franz, Dr., Dar-es-Salâm.
567. Suling, E., Bau-Inspektor, Bremen.
568. Supan, Dr., Professor, Gotha.
569. Sveistrup, O., Baumeister, Bremen.
570. Swarowsky, Anton, Dr., Wien.
571. Swoboda, Adalbert Const., Architekt, Wien.
572. Freifrau v. Syrgenstein-Waldburg, Sophie, geb. Gräfin Waldburg, Syrgenstein (Bayern).
573. Szainocha, Ladislaus, Dr., Professor, Krakau.
574. Tecklenborg, Ed., Bremen.
575. Tellmann, H., Bremen.
576. Tellmann, Fr., Lehrer an der Hauptschule, Bremen.
577. Tern, W., Bremen.
578. Tesdorpf, Ludwig, Mathematisch-mechanisches Institut, Stuttgart.
579. Thomae, H., Dr., Gymnasiallehrer, Wiesbaden.
580. Thoroddsen, Th., Reykjavik, Island.
581. Tidemann, Johannes, Bremen.
582. Tietze, E., Dr., K. K. Ober-Bergrat u. Chefgeologe a. d. K. K. Geolog. Reichsanstalt, Wien.
583. Tietjen, Diedr., Bremen.
584. v. Tillo, Alexis, Dr., Excellenz, Kais. Russischer General-Lieutenant, St. Petersburg.
585. Timmerman, J. E. C. A., Sekretär der K. Niederländischen Geogr. Gesellschaft, Amsterdam.
586. Frhr. v. Toll, E., St. Petersburg.
587. Tomaschek, Wilh., Dr., Professor a. d. Universität, Wien.
588. Toula, Franz, Professor, Wien.
589. Träger, Dr., Nürnberg.

590. Tschamler, Ignatz, technischer Offizial, Wien.
591. Frhr. v. Tschammer-Osten, Premier-Lieutenant, Dresden.
592. Tüselmann, Oberlehrer, Ilfeld a H.
593. Ule, Willi, Dr., Privatdocent, Halle a. S.
594. Ulex, G. F., Apotheker, Hamburg.
595. Ulex, Dr., Chemiker, Hamburg.
596. Ulrich, A., Bremen.
597. Unkraut, Johannes, Bremen.
598. Ustyanowicz, Nikolaus, Gymnasial-Professor, Radautz, Bukowina.
599. Graf v. Uxkull-Gyllenband, August, Excellenz. K. Württ. Geh. Rat, Direktor a. D., Stuttgart.
600. Vanhöffen, E., Dr., Kiel.
601. Varges, W., Dr., Oberlehrer, Ruhrort.
602. Venediger, Dr., Gymnasial-Oberlehrer, Halle a. S.
603. Versmann, Dr., Senator, Hamburg.
604. Vielau, Dr., Oberlehrer, Posen.
605. Violet, Franz, Dr., Gymnasial-Oberlehrer, Berlin.
606. Vogel, P., Dr., Professor a. d. Artillerie- u. Ingenieurschule, München.
607. Vohsen, Ernst, Konsul a. D., Berlin.
608. Wagner, Herm., Dr., Geh. Reg.-Rath, Professor a. d. Universität, Göttingen.
609. Wahnschaffe, F., Dr., Professor, Königl. Landesgeologe, Berlin.
610. Walther, J., Dr., Professor, Jena.
611. Frhr. v. Watter, Alf., Chef des Export-Comptoirs der Pulverfabrik „Rottweil", Hamburg.
612. Webersik, Gottlieb, Postbeamter, Wien.
613. Wedekind, Wm., Kaufmann, Hamburg.
614. Wefing, Gymnasiallehrer, Bremen.
615. Wegener, Georg, Dr., Assistent bei der Gesellschaft für Erdkunde, Berlin.
616. Weickmann, Kapt. z. See a. D., Berlin.
617. Weigand, Dr., Strafsburg i. E.
618. Weinitz, Franz, Dr., Berlin.
619. Weisbach, V., Bankier, Berlin.
620. Weifs, E., Dr., K. K. Hofrat, Professor, Direktor der Sternwarte, Wien (Währing).
621. Weifser, Wilh., Dr. phil., Stuttgart.
622. Wellmann, H., Gymnasiallehrer, Dr., Bremen.
623. Wendt, Dr., Oberlehrer an der Kgl. Ritter-Akademie, Liegnitz.
624. Wendt, Joh., Bremen.
625. Werner, Ernst, Bremen.
626. Wertsch, Dr., Oberlehrer, Spremberg i. d. Lausitz.
627. Wesche, A., Lehrer an der Hauptschule, Bremen.
628. Wessels, Senator, Bremen.
629. Westendarp, George, Ingenieur, Hamburg.
630. Westendarp, W., Kfm., Hamburg.
631. Westermann, Friedrich, Verlagsbuchhändler, Braunschweig.
632. Westerwick, Th., Oberlehrer, Minden i. Westf.
633. Westphal, A., Dr., Professor, Berlin.
634. Westpfahl, Julius, Bremen.
635. v. Wetzer, Leander, K. u. K. General-Major, Wien.
636. Weyhe, E., Dr., Oberlehrer am Herzoglichen Friedrich-Gymnasium, Dessau.
637. Wichmann, E. H., Hauptlehrer, Hamburg.
638. Wichmann, Hugo, Redakteur, Gotha.
639. Wiedemann, M., Bremen.
640. Wiedfeldt, Ober-Vermessungs-Inspektor, Elsfleth (Oldenburg).
641. Wiegand, Richard, Dr., Direktor des Norddeutschen Lloyd, Bremen.
642. Wiengreen, F. J. M., Kaufmann, Hamburg.
643. Wiengreen, J. C. F., Kaufmann, Hamburg.
644. Wilde, Fräulein Marie, Bremen.
645. Wildermuth, Dr., Stuttgart.
646. Herzog Wilhelm von Württemberg, Kgl. Hoheit, Stuttgart.

647. Wilkens jr., Wilhelm, Hemelingen b. Bremen.
648. Wittek, Gustav, Lehrer, Penzing b. Wien.
649. Woeikof, Alex., Professor, St. Petersburg.
650. v. Wolff, Dr., Professor, Stuttgart.
651. Wolkenhauer, W., Dr., Bremen.
652. Wünsch, Josef, Professor, Pilsen.
653. Wulle, F., Seminar-Lehrer, Sagan.
654. Wunderlich, Ralth., Kgl. Seminarlehrer, Amberg (Bayern).
655. Wuppesahl, H., Bremen.
656. Ritter von Zdekauer, Karl, Prag.
657. Zdeněk, Jaroslav, Professor, Prag.
658. Zech, L., Professor, Halberstadt.
659. Zeise, O., Dr. phil., Berlin.
660. Zeller, Hermann, Ministerialrat, Stuttgart.
661. Zenger, K. W., Professor, Prag.
662. Graf v. Zeppelin, Excellenz, Kgl. Württemberg. General - Lieutenant, Stuttgart.
663. Graf v. Zeppelin, Eberhard, Kgl. Württemb. Kammerherr, Konstanz.
664. Graf v. Zeppelin, Max, Dr., Hofmarschall, Stuttgart.
665. v. Zieten, Major im Generalstab, Berlin.
666. Zimmerer, H., Dr., München.
667. Zobrist, Théo., Professor d. Geographie, Porrentruy i. Schweiz.
668. Zoeppritz, Karl, Geh. Kommerzienrat, Mergelstetten.
669. Zöppritz, V., Fabrikant, Mergelstetten.
670. Zschech, Otto, Professor, Neumünster i. Holst.
671. Zucker, Ignaz, Fabrikant, Wien.
672. Zwicker, Rechtsanwalt u. Notar, Dresden.

I.
ANSPRACHEN.

1.
Ansprache des Vorsitzenden des Ortsausschusses
Herrn George Albrecht,
Vorsitzer der Geographischen Gesellschaft zu Bremen.

„Sehr geehrte Anwesende! Es ist mir, als Vorsitzer der Bremer Geographischen Gesellschaft, die grofse Ehre zu Teil geworden, die ersten Worte an Sie zu richten, und erlaube ich mir, Sie zu der XI. Tagung des Deutschen Geographentages herzlichst willkommen zu heifsen und vor allen Dingen für die Ehre zu danken, dafs Sie vor zwei Jahren unsere Stadt zu dieser Tagung ausersehen haben.

Ich mufs sagen, dafs wir beim Empfang dieser Nachricht recht ängstlich und zweifelhaft waren, ob die Wahl wohl die richtige gewesen sei; aber wir sind jetzt mit gutem Mut an die Vorbereitungen herangetreten, müssen Sie aber um Nachsicht bitten, wenn Sie nicht alles so finden wie Sie es auf früheren Tagungen gewohnt gewesen sind. Die Versicherung kann ich Ihnen geben, dafs es uns an dem guten Willen, alles recht zu machen, nicht gefehlt hat.

Überaus erfreut sind wir über die rege Beteiligung, und möchte ich allen Herren, die hierher gekommen, namentlich auch denjenigen aus fremden Ländern, Österreich-Ungarn und England, verbindlichst für das Interesse danken, welches Sie dadurch für den Deutschen Geographentag bekunden.

Lassen Sie mich mit dem Wunsch schliefsen, dafs die hiesigen Verhandlungen dazu beitragen mögen, die ehrenvolle Stellung, welche der Deutsche Geographentag schon jetzt einnimmt, noch weiter zu befestigen und zu erhöhen, und dafs dieselben gute Früchte für die Geographische Wissenschaft tragen mögen".

Ansprache des Präsidenten des Senats der Freien Hansestadt Bremen
Herrn Bürgermeister Dr. A. Gröning.

„Meine hochgeehrten Herren von der geographischen und meteorologischen[1]) Wissenschaft! Im Namen des Senats und unserer Mitbürger erlaube ich mir, auch unserseits Sie herzlich in unserer Mitte, in unserer Stadt zu begrüfsen. Es ist uns eine besondere Freude und Genugthuung, die Vertreter zweier Wissenschaften hier vereinigt zu sehen, die zu unserm Handel und unserer Schiffahrt in so naher Beziehung stehen, wie die Erdkunde und ihre jüngere Schwester, die Meteorologie. Sie können versichert sein, dafs ihre Bestrebungen hier allgemein den wärmsten Sympathien begegnen werden. Und ich gestatte mir, die Hoffnung daran anzuschliefsen, dafs es Ihnen in unserer Mitte gefallen möge und dafs Sie vielleicht auch hier in Bremen und in unserer Umgebung diese und jene Anregung finden mögen, die für Ihre wissenschaftlichen Bestrebungen von Wert sein kann. Ich schliefse mit dem Wunsch, mit dem herzlichen Wunsch, dafs Ihre Beratungen einen gedeihlichen Fortgang nehmen und zur Erreichung der hohen Zwecke, die Sie verfolgen, beitragen mögen!"

3.
Ansprache des Vorsitzenden des Central-Ausschusses
Herrn Wirkl. Geh. Adm.-Rat Prof. Dr. Neumayer,
Direktors der Deutschen Seewarte in Hamburg.

„Hochansehnliche Versammlung!

Als der zehnte Deutsche Geographentag in Stuttgart vor zwei Jahren für die nächste Tagung Bremen wählte, da war man von der Überzeugung geleitet, dafs man sich hier einer wohlwollenden Aufnahme, eines Verständnisses für geographische Fragen versichert halten konnte,

---

[1]) Gleichzeitig hielt die „Deutsche Meteorologische Gesellschaft" ihre , VII. Allgemeine Versammlung" in Bremen ab. Viele ihrer Mitglieder waren zugleich Mitglieder bgl Teilnehmer der XI Tagung des Deutschen Geographentages und wohnten als solche den Sitzungen desselben bei.

namentlich, wenn man den Verhandlungen einen Charakter zu geben vermöchte, welche der besonderen Geistesrichtung der Bewohner Bremens entspräche. Die hervorragende Stellung, welche Bremen vor nun 25 Jahren in der arktischen Forschung eingenommen hat, die Unterstützung, welche der maritim-meteorologischen und hydrographischen Arbeit seitens Bremer Rheder und Kapitänen zu Teil wurde, deuten mit Notwendigkeit auf die Behandlung solcher Themata in den Verhandlungen unseres Geographentages hin, welche sich die Pflege und Förderung der ihren Interessen dienenden Wissenschaften zur Aufgabe stellen. So ist denn auch in dem Programm der Polar-Frage und der Pflege der maritimen Meteorologie für die heute ihren Anfang nehmende Tagung eine hervorragende Stellung eingeräumt. Allerdings ist es diesmal die Südpolar-Forschung, welche uns beschäftigen wird, von besonderer Bedeutung, weil in einigen Monaten derselbe Gegenstand in London auf dem sechsten Internationalen Kongrefs der Geographen zur eingehenden, hoffentlich zu einem Erfolg führenden Verhandlung gelangen wird und es wichtig erscheint, dafs die Ansichten deutscher Geographen zuerst und zwar hier zu einem Ausdruck gelangen. Ich werde über die Beweggründe gleich nachher zu sprechen haben, welche dazu anleiteten, diese Fragen hier zur Besprechung gelangen zu lassen; ich kann mich daher für jetzt auf die Hinweisung beschränken, dafs wir durch die Bedeutung der antarktischen Forschung in der Gegenwart veranlafst worden sind, von deutschen Fachgenossen aller Forschungszweige gerade hier eine Diskussion derselben hervorzurufen. Der andere Gegenstand, den wir eingehender behandeln werden, ist hier von besonderem Interesse, da die maritime Meteorologie in hervorragendster Weise durch die Mitarbeiterschaft der Bremer Seeleute unterstützt und gefördert wird. Sie werden in dem Vortrag meines Freundes Herrn Professor Krümmel in Kiel erfahren, welche grofse Arbeitsleistung deutsche Seeleute im allgemeinen, und die Seeleute an der Weser im besonderen, seit etwa 20 Jahren aufzuweisen haben, welche Arbeitsleistung dem Forschungsgebiet der deutschen Seewarte in hervorragendster Weise zu Gute kommt. In der That erstaunt man, wenn man die Zahlen, die statistisch das wissenschaftliche Material, welches durch deutsche Seeleute zusammengetragen wird, überblickt und erkennt, dafs es sich hier um eine grofse wissenschaftliche That unserer deutschen Seeleute handelt, die wir Ihnen vorzuführen uns erlauben werden. Das Gefühl der Dankbarkeit treibt uns an, solches an dieser Stelle zu konstatieren und näher zu beleuchten, wie dies Herr Professor Krümmel morgen thun' wird. Das sind in Kürze die Motive, die uns veranlassen konnten, hier in dem

Sinn, welcher im Programm zum Ausdruck kommt, zu tagen. Aufrichtig hoffe ich, dafs es gelingen wird, nach den verschiedenen in Erwägung zu ziehenden Gesichtspunkten, der gestellten Aufgabe gerecht zu werden.

Der geographische Geist ist in den alten Hansestädten unseres Vaterlands von jeher, teils durch den Handel und die erdumfassenden Beziehungen desselben gepflegt worden — und in den letzten Jahrzehnten ist teils auch in Bremen der Unternehmungssinn zur Förderung der Kolonialbestrebungen, die mit dem Aufblühen des deutschen Reichs innig verbunden waren, lebendig geworden, wie dies unsere Unternehmungen nach Afrika zur Genüge bekunden. Allein, hochverehrte Anwesende, nicht nur auf dem praktischen Gebiet hat sich der geographische Sinn in Ihrer Vaterstadt bethätigt, die edelsten und von Eigennutz fernabliegenden Ziele wurden hier gepflegt, wie dies aus der Geschichte der deutschen Polar-Forschung und den Annalen der Geographischen Gesellschaft in Bremen zur Genüge beleuchtet wird und wie deren Pflege in segensreicher Weise neben den Interessen des Kaufmanns gedeihen. Wir erkennen diesen Geist der idealen Ziele in der geographischen Forschung in den Institutionen zur Pflege der Wissenschaft Ihrer Vaterstadt, und darunter zeichnete sich unter der Leitung jenes hervorragenden Mannes, der erst vor wenigen Jahren von uns schied, und stets seither die Seefahrtsschule des Bremer Staats aus; wir erkennen ihn in einzelnen Männern, die in Bremen geboren und ihre grundlegende Erziehung genossen und allen voran in Adolph Bastian, dem unermüdlichen Kämpfer für alles Edle und Grofse in der geographischen Wissenschaft, dem weitausblickenden Denker auf dem Gebiet der Völkerkunde, den wir so gern heute unter uns und als ersten in der Reihe der Geographen und Ethnographen der Gegenwart hier begrüfst hätten.

So kommen uns von allen Seiten beim Eintritt in unsere Tagung in Bremen ermunternde und anfeuernde Grüfse entgegen und somit eröffne ich guten Muts und voll Zuversicht für günstigen Erfolg die Tagung des XI. Deutschen Geographentages."

II.

VORTRÄGE.

1.
Die wissenschaftliche Erforschung des Südpolar-Gebietes.
Von Wirkl. Geh. Adm.-Rat Prof. Dr. G. Neumayer in Hamburg.

(1. Sitzung.)

Als an mich die Aufforderung erging, vor dem XI. Deutschen Geographentag einen Vortrag über die wissenschaftliche Erforschung der Südpolar-Region zu halten, fühlte ich mich geneigt, mich hinsichtlich dieser Aufforderung ablehnend zu verhalten. Es ist das Gefühl, welches mich dabei bestimmte, erklärlich, wenn man erwägt, dafs ich nun seit mehr als 40 Jahren bemüht war, diesen wichtigen Gegenstand zu fördern, ohne einen wesentlichen Erfolg erzielt zu haben. Unter solchen Umständen bemächtigt sich unserer die Empfindung, als komme man immer wieder auf eine Sache zurück, die von der Zeit, in welcher man lebt, nicht gewürdigt wird, und dafs man deshalb dem Publikum, welches sich für geographische Fragen interessiert, durch die beharrliche Verfolgung des vorgesteckten Zieles lästig wird. Andererseits läfst sich nicht verkennen, dafs man sich in den häufigen Vorträgen und Vorlesungen wiederholen mufs, was auf den Beteiligten selbst einen etwas niederschlagenden Eindruck hervorbringt. Durch Wort und in Schrift habe ich — wie ich dieses anderwärts zu verschiedenen Malen darlegte — die Gründe entwickelt, welche für mich bestimmend waren, in meinem Betreiben dieser wichtigen Angelegenheit nicht nachzulassen; es waren dieselben im wesentlichen wissenschaftlicher Natur. Die Entwickelung der Wissenschaft, namentlich insofern sich dieselbe auf die Polar-Gebiete bezieht, hat erwiesen, dafs die Gründe für eine Südpolar-Forschung nicht nur durchweg stichhaltig sind, vielmehr ist im Lauf der Zeit es als eine unbestreitbare Wahrheit hervorgetreten, dafs ohne eine wissenschaftliche Erforschung der Südpolar-Regionen ein Fortschritt nicht erzielt werden könne, und dafs unter diesem Gesichtspunkt immer wieder auf die Inangriffnahme der Südpolar-Forschung gedrungen werden müsse. Seit Jahren bin ich mit anderen Freunden und Kollegen auf dem Gebiet der erdmagnetischen

Forschung bemüht gewesen, den Beweis für obige Behauptung wenigstens für diesen einen Forschungszweig in unwiderlegbarer Weise zu erbringen. In welcher Weise und in welchem Mafs dies gelungen ist, habe ich bei verschiedenen Gelegenheiten, so unter anderem auf den Naturforscher-Versammlungen in Heidelberg (1889), Bremen (1890), Nürnberg (1893) und zuletzt in Wien (1894) dargelegt, und es kann also keine Veranlassung vorliegen, Ihre Aufmerksamkeit durch diese Erörterungen auch heute in Anspruch zu nehmen. Es sei mir nur gestattet zu erklären, dafs ich mich lediglich durch die Macht der wissenschaftlichen Gründe für die erneute Inangriffnahme der Agitation für die Südpolar-Forschung bestimmen liefs, auch vor dieser Versammlung das Wort zu ergreifen, um mit allem Nachdruck für eine Realisierung des von mir durch eine Reihe von Jahren gepflegten Gedankens einzutreten. Dabei kam mir allerdings der Umstand zu gute, dafs ich fast gleichzeitig aufgefordert worden bin, das Referat über die Südpolar-Forschung bei Gelegenheit des VI. Internationalen Geographen-Kongresses, welcher in den letzten Tagen des Monats Juli dieses Jahres in London zusammentritt, zu übernehmen. Es mufste mir daraus klar werden, dafs die Konjunkturen für einen Erfolg günstig seien und es nicht gerechtfertigt erscheinen könne, wollte ich mich jetzt, wo allem Anschein nach die Entscheidung herannaht, zurückziehen. Dann auch wieder schien es mir von Bedeutung, in Kürze die Ursachen darzulegen, aus welchen ich — unerachtet so ununterbrochener Bemühungen — keinen Erfolg erzielen konnte, um dadurch das Argument, als sei die Sache nicht von so hervorragender wissenschaftlicher Bedeutung, zu entkräften. Ich werde darauf im weiteren Verlauf meines Vortrages zurückkommen. Zweifellos genügt es heutzutage nicht mehr, in allgemeinen Redewendungen die Stellung der antarktischen Frage im Gebiet der geographischen Forschung zu beleuchten. Will man einen Erfolg erzielen, so mufs man mit schlagenden Gründen den Einflufs auf jede einzelne Wissenschaft und damit auf den ganzen Komplex derselben beleuchten. Nur dadurch wird die Motivierung für die Aufnahme der antarktischen Forschung in die Tagesordnung geographischer Versammlungen und Kongresse als in unwiderlegbarer Weise erbracht erscheinen können. Allein dies erfordert nicht nur eine ungewöhnliche Summe von Kenntnissen seitens derer, welche sich die Propaganda dafür zur Aufgabe stellen, sondern auch ein ungewöhnliches Verständnis seitens derjenigen, an welche dieselbe gerichtet ist. Wollen wir aber aufrichtig sein, so ist das Verständnis für die Wichtigkeit der Südpolar-Forschung, für die Erweiterung unseres menschlichen Wissens allerorten noch ein sehr geringes. Selbst bei Fachleuten ist dieses Verständnis noch nicht in dem Mafse in eine wissenschaftliche Überzeugung übergegangen, dafs man mit Sicherheit einen Erfolg erwarten kann und hoffen darf, dafs gröfsere wissenschaftliche Expeditionen zum Zweck der Erforschung der antarktischen Regionen werden entsendet werden. Dazu gesellt sich die Thatsache, dafs vom Standpunkt des materiellen Erfolges Unternehmungen nach jenen Gegenden wohl nicht ins Werk gesetzt werden und es sich lediglich darum handelt, die idealen Interessen menschlicher Erkenntnis zu fördern. Damit soll keineswegs gesagt sein, dafs nicht grofse und bedeutsame Vorteile für die Entwickelung der menschlichen Existenz auf dieser Erde daraus entspringen können, vielmehr sind wir der Ansicht, dafs einzelne Gebiete durch die tiefere Einsicht in das Wesen der Naturkräfte zu dem Beherrschen derselben in einem Mafs mitwirken werden, dafs schliefslich die Grundbedingung für die volle Ausbeutung dessen, was die Natur uns bietet, gewährt erscheint. Dessenungeachtet haben wir es stets aufrichtig bedauert, dafs man es bei der Agitation für verwandte Probleme, wie das, von welchem wir heute zu handeln haben, für notwendig erachtete, die sogenannten praktischen Ziele in erster Linie zur Unterstützung derselben anzuführen, und wir haben es uns stets zur Aufgabe gestellt, die grofsen wissenschaftlichen Gesichtspunkte hervorzuheben und als die unentbehrlichen Stützen für die Förderung der antarktischen Forschung zu bezeichnen. Es ist für mich undenkbar gewesen, von der Gewinnung eines Gesamtbildes der Erscheinungen auf unserer Erdoberfläche zu sprechen, so lange noch eine Zone, wie die südpolare, völlig unerforscht ist. Zweifellos ist der grofse Gegensatz, welcher zwischen der nord- und der südpolaren Zone besteht, nach allem, was wir darüber wissen, derartig, dafs es uns unmöglich wird, in unseren die ganze Erde umfassenden Betrachtungen die südpolare Zone in die Darstellung einzubeziehen. Alles, was wir bisher über die Natur der subantarktischen Zone ermittelt haben, beleuchtet den Gegensatz gegen den Norden, ohne uns die Möglichkeit zu gewähren, endgültige Schlüsse mit Beziehung auf die Natur der antarktischen Zone zu ziehen.

Hier sei erwähnt, dafs ich — von solchen und ähnlichen Erwägungen geleitet — bei Gelegenheit der Versammlung deutscher Naturforscher und Ärzte in Wien im September v. J. vor den versammelten Sektionen der Geographie, Physik, Meteorologie und Geodäsie einen Vortrag über die Bedeutung der antarktischen Forschung für die Entwickelung der genannten Wissenschaften hielt. Da ich darin aufforderte, Beiträge zu den Argumenten zu gunsten dieser Forschung zu liefern, so kann der darüber gedruckte Bericht als ein Aufruf zur Unterstützung angesehen werden, und habe ich Sorge dafür getragen, dafs Abdrücke desselben hier zu Ihrer Verfügung auf den Tischen dieses Saales liegen. Darin werden noch einmal zusammenfassend die Gesichtspunkte hervorgehoben, unter welchen wir unsere Bemühungen zu gunsten einer Expedition nach den antarktischen Gegenden einzurichten haben. Die naturwissenschaftliche Bedeutung wird, ohne die Erweiterung unserer geographischen Anschauungen im engeren Sinn unbeachtet zu lassen, in erster Linie betont, und zwar — wie ich glaube annehmen zu können — mit vollstem Recht.

Wenn man absicht von einigen minder bedeutenden Unternehmungen nach dem hohen Süden, welche in den letzten Jahren ins Werk gesetzt worden sind, so geschah seit den Tagen der Expedition von Sir James Clark Ross, Dumont d'Urville und Wilkes nichts mehr, was unsere Kenntnisse über die antarktische Zone wesentlich gefördert hätte; denn auch das Vordringen I. B. M. Schiff „Challenger" unter dem Meridian von Kerguelen bis jenseits des Südpolar-Kreises ist von keiner Bedeutung für die Erweiterung unserer hier in Rede stehenden wissenschaftlichen Begriffe gewesen. Jene denkwürdigen Expeditionen liegen nun aber über ein halbes Jahrhundert hinter uns, waren hinsichtlich einzelner Wissenszweige erfolgreich und haben den Horizont geographischer Erkenntnis wesentlich erweitert. Man kann daher mit Recht fragen, wie es kommt, dafs während dieser langen Zeit alle Ermahnungen und Darlegungen wissenschaftlicher Leute zum Zweck der Wiederaufnahme der antarktischen Forschung fruchtlos verhallten. Wissenschaft und Technik haben in diesem Zeitraum einen ungeahnten Aufschwung genommen, und die Dampfschiffahrt hat eine Vollkommenheit erreicht, die uns mit Zuversicht erfüllen mufs, wenn sie in den Polar-Regionen zur Verwendung kommt. Die geographische Erforschung der Länder und Meere der Erde ist stetig erweitert worden, und kaum ist noch ein Gebiet übrig, das — wenigstens in allgemeiner Hinsicht — ein Feld für den Entdeckerehrgeiz bieten könnte. Gewifs haben sich seit den letzten fünf Jahrzehnten politische Umgestaltungen vollzogen, welche ihren tiefgreifenden Einflufs hemmend auf Unternehmungen, wie Forschungen in den Südpolar-Gegenden, äufsern mufsten; allein alles das erklärt nicht den Indifferentismus, welcher fast bei allen Nationen der Erde, die zu den Kulturvölkern rechnen, hervortrat, wenn die Südpolar-Frage auf die Tagesordnung gesetzt wurde. Eine gründliche Kenntnis derjenigen wissenschaftlichen Vorgänge, welche dem Eifer der verschiedenen Nationen für die Erforschung höchster südlicher Breiten vorangingen, läfst uns erkennen, dafs es namentlich ideale, streng wissenschaftliche Ziele waren, welche den Anstofs zu den denkwürdigen Forschungsreisen in den Jahren 1838 bis 1843 gegeben haben. Wir erinnern daran, dafs in jener Zeit die unsterblichen Arbeiten des grofsen Gaufs über den Magnetismus der Erde der wissenschaftlichen Welt zuerst allgemeiner zugänglich geworden sind. Die Entwickelung der Theorie des Erdmagnetismus, vorbereitet wie sie war durch die Forschungen Alexander von Humboldt's, Hansteen's, Sabine's u. a., erweckte weitgehende wissenschaftliche Hoffnungen und führte — wie bekannt — zur Gründung einer Anzahl erdmagnetischer Observatorien in verschiedenen Teilen der Erde, deren Ergebnisse wieder in dem Göttinger Magnetischen Verein im ersten Stadium einen Krystallisationspunkt fanden, wenn auch im weiteren Verlauf dieser mehr und mehr zurücktrat aus Gründen, deren nähere Darlegung hier einen Zweck nicht haben könnte. Uns genügt es zu erkennen, dafs zweifellos jene epochemachenden geographischen Unternehmungen aus einem wissenschaftlichen Gedanken entsprungen sind, damit wir die Lehre daraus zu ziehen vermögen, dafs es nur denkbar sein wird, auch für unsere Zeit einen Erfolg nach dieser Richtung hin zu erhoffen, wenn wir durch einen wissenschaftlichen Gedanken von allgemeinstem Umfang angeleitet werden, wenn dieser Gedanke in solcher Weise entwickelt wird, dafs er Gemeingut werden kann, wodurch wieder der allein wirksame Druck auf diejenigen Kreise menschlicher Gesellschaft geübt wird, welche den Beruf haben, für die Pflege und Förderung der hohen und idealen Ziele menschlichen Forschungstriebes Sorge zu tragen.

Als ich es übernahm, auch bei dieser Gelegenheit wieder die Sache der antarktischen Forschung zu vertreten, fühlte ich — wie ich schon in der Einleitung zu diesem Vortrag hervorgehoben habe — eine gewisse innere Abneigung. Als ich es dennoch übernahm, war ich fest entschlossen mit aller mir zur Verfügung stehender Thatkraft für die grofse Sache einzutreten, die, man darf es wohl aussprechen, noch wenig in ihrer Tragweite verstanden ist. Ich habe auf den verschiedenen Naturforscher-Versammlungen, wie ich schon erwähnte, mit Nachdruck darauf hingewiesen, dafs nur durch das Herbeischaffen klassischen Materials über den Magnetismus der Erde aus höheren südlichen Breiten ein Fortschritt in der Erkenntnis auf diesem wichtigen wissenschaftlichen Gebiet zu erhoffen sei. Mein verehrter Freund und Mitarbeiter, Herr Dr. Ad. Schmidt in Gotha, hat durch seine Untersuchungen diese letztere Behauptung in einem Mafs erhärtet, dafs von Seite Einsichtiger eine Einsprache gegen dieselbe kaum erhoben werden kann. Besonders wurde dies betont in den Vorträgen auf der Versammlung deutscher Naturforscher und Ärzte in Nürnberg, wo Dr. Schmidt in einem längeren Vortrag Gelegenheit geboten hat, eine Einsicht in das Wesen der hier in Rede stehenden Untersuchung zu gewinnen, und auf der Versammlung in Wien legte ich in der letzten Sitzung der physikalischen Sektion die Endergebnisse des umfassenden Kalkuls dar, und ich kann es nur bedauern, daß jener Vortrag noch nicht im Druck hergestellt ist und sonach ihnen nicht vorgelegt werden kann[1]), was sicher wesentlich zur Beleuchtung der Bedeutung der antarktischen Forschung beigetragen haben würde.

Es sei mir nun gestattet, mich bei meinen weiteren Darlegungen auf einen Aufsatz zu beziehen, welchen ich über die neuesten Fortschritte der Bestrebungen zu Gunsten einer wissenschaftlichen Erforschung der antarktischen Region vor einiger Zeit geschrieben habe[2]), und stelle ich einige Exemplare zur beliebigen Verteilung zu Ihrer Verfügung. In dieser Arbeit wurden wesentlich die Interessen der Meteorologie, Geodäsie und des Magnetismus vertreten, sowie in Kürze ein Bericht über die in den letzten Jahren erfolgten Erweiterungen der geographischen Kenntnisse in der Südpolar-Region angefügt worden ist.[3]) Es ist Sache der Vertreter der übrigen Zweige der Naturforschung, in gleicher Weise ihre Interessen zur Geltung zu bringen, damit endlich eine nach allen Forschungsrichtungen hin wohl begründete Motivierung der Notwendigkeit der Durchforschung der Südpolar-Region verfaßt werden kann. Wenn dies geschehen sein wird, wenn aus dem wissenschaftlichen Gedanken heraus ein tieferes Verständnis der wichtigsten aller geographisch-physikalischen Probleme geweckt sein wird, kann man auch hoffen, daß die Lösung derselben thatkräftig in die Hände genommen werden wird. Diese Hoffnung ist um so begründeter, als sich der Drang nach einer Inangriffnahme dieser Lösung bei allen Nationen zu erkennen giebt, wie dies bei Gelegenheit des VI. Internationalen Geographen-Kongresses in London, bei welcher Gelegenheit die Erörterung der antarktischen Forschung gleichfalls eine hervorragende Rolle spielen wird, zur Genüge hervortreten dürfte.

---

[1]) Liegt nun vor in den Verhandlungen der Gesellschaft deutscher Naturforscher und Ärzte, 66. Versammlung zu Wien, II. Teil, I. Hälfte, Naturwissenschaftliche Abteilung, S. 90—93.

[2]) Decemberheft 1893, Annal. d. Hydrogr. u. Maritim. Meteorologie.

[3]) Seitdem dieser Vortrag gehalten wurde, sind Nachrichten eingetroffen, daß englische Waler neuerdings Erfolge in dem Bestreben, im hohen Süden vorzudringen, errungen. Das Schiff „Antarctic" ging im September 1894 von Melbourne aus und drang im Süden von Neu-Seeland im südlichen Meer in der Gegend wo Sir James Ross seine Erfolge errang, bis Possession Island (76° 56' s. Br. und 171° 10' ö. L. v. Gr.) vor. [The Geographical Journal, June 1895, S. 583—589.]

Zur Erleichterung der Erörterung der zu berührenden Fragen schien es zweckmäfsig, eine Karte in gröfserem Mafsstab auf Grund des gesamten vorhandenen Materials zu entwerfen, damit die bisher gewonnenen Ergebnisse in zusammenfassender Weise zur Anschauung gebracht werden können. Herr von Haardt von Hartenthurn hat sich dieser Aufgabe unterzogen und die kartographische Darstellung entworfen, welche Sie hier im Saal ausgestellt sehen. Es wird sich im Lauf der heutigen Diskussion vielfach Gelegenheit ergeben, auf diese schöne und verdienstvolle Arbeit Bezug zu nehmen, und sei nur hier noch erwähnt, dafs auch von anderer Seite, so von Herrn L. Friederichsen[1]) und von dem Kartographischen Institut von Justus Perthes in Gotha[2]) wertvolle, auf den Gegenstand Bezug habende kartographische Darstellungen in diesen Tagen veröffentlicht worden sind.

Wenn ich vorhin hervorhob, dafs ich eine gewisse Abneigung empfände, abermals in dieser wissenschaftlichen Angelegenheit das Wort zu ergreifen, so darf daraus nicht gefolgert werden, dafs ich an dem Erfolg verzweifle und die bisherigen geringen Fortschritte in den Bemühungen für Südpolar-Forschung dem Umstand zuschreibe, dafs sie minderwertig und der Unterstützung aller Kreise nicht ganz und voll würdig sei. Die Geschichte dieser Bemühungen führt uns durch eine Verkettung geographischer und anderer Ereignisse, welche hemmend auf den Fortgang einwirken mufste. Es sei mir gestattet, mich in Kürze hierüber etwas zu verbreiten.

Als ich vor nun beinahe 40 Jahren auszog, um auf dem australischen Kontinent ein Observatorium für die Pflege der Physik der Erde zu gründen, so geschah das in der Hoffnung, dafs die Südpolar-Forschung durch das Observatorium in Melbourne eine wissenschaftliche Basis erhalten könnte. Die Inangriffnahme der Erforschung des australischen Binnenlandes im Jahr 1859, die unzweifelhaft für die Entwicklung jener aufblühenden Staaten wichtiger war, als die Erforschung der antarktischen Region, hatte zur Folge, dafs die antarktische Forschung von der Tagesordnung abgesetzt werden mufste, wodurch es auf Jahre hinaus unmöglich wurde, auch nur den geringsten Fortgang hierin zu erzielen. Dann folgten die grofsen umgestal-

---

[1]) Originalkarte des Dirck Gerritz-Archipels zur Veranschaulichung der wissenschaftlichen Ergebnisse der im Auftrag der Dampfschiffgesellschaft „Oceania" in Hamburg 1893—94 ausgeführten Reisen des Dampfschiffes „Jason", Kapitän C. A. Larsen, bearbeitet und gezeichnet von L. Friederichsen, 1895.

[2]) Süd-Polarkarte von A. Petermann, umgearbeitet 1890, Ausgabe 1895. Gotha, Justus Perthes. (Stieler's Handatlas No. 7.)

tenden politischen Ereignisse in der Mitte der 60er Jahre, die alle wissenschaftlich-geographischen Ereignisse für den Augenblick in den Hintergrund drängten. Zwar hat der Geographentag in Frankfurt a. M., „die Tagung ohne Nummer", im Juli 1865 sich mit der Polar-Frage und insbesondere mit der Südpolar-Frage beschäftigt, woraus später die Unternehmungen deutscherseits nach dem hohen Norden hervorgingen: für den Südpol war auch dann nichts zu erreichen. In rascher Folge kamen nun die grofsen oceanischen Erforschungen auf die Tagesordnung. Es darf daran erinnert werden, wie die ersten Arbeiten Maury's, Brooke's, Carpenter's auf diesem Gebiet, die sodann den beredtesten Ausdruck durch die wissenschaftlich oceanischen Expeditionen des „Challenger" und der „Gazelle" fanden, die maritimen Kräfte in Anspruch nahmen, so dafs an eine Expedition nach dem hohen Süden nicht gedacht werden konnte. Mit einem astronomischen Ereignis schien der Südpolar-Forschung ein günstiger Stern aufzugehen, aber auch diese Hoffnung erfüllte sich nicht, und die Durchgänge der Venus im Jahr 1874 und 1882 gingen für die Südpolar-Forschung unbenutzt vorüber. Denn selbst dann, als sich die Süd-Expedition zur Beobachtung des Vorübergangs der Venus vor der Sonnenscheibe in dem zuletzt genannten Jahr mit der Internationalen Polar-Forschung 1882—83 zum Bund zusammenschlofs, wurde die Südpolar-Forschung nur flüchtig und die antarktische Zone nicht einmal an den äufsersten Grenzen berührt. Endlich schien nach der Versammlung deutscher Naturforscher und Ärzte in Berlin (1886) eine bessere Zeit für die Realisierung eines Forschungsplans nach dem Muster jenes von Sir James C. Ross heraufzudämmern. Man sprach von der Bereitstellung von Mitteln zu diesen Zwecken. Es regte sich namentlich der antarktische Forschungssinn auch in den australischen Kolonien, so dafs es den Anschein hatte, als ob es nun Ernst werde mit der Durchführung eines Planes zur Erreichung des ersehnten Zieles. Die grofse finanzielle Krisis, welche jene jugendlichen Staaten zu bestehen hatten, drängte für eine Zeit diese Durchführung zurück. Welche Kette widriger, dem Plan ungünstiger Konstellationen hemmte, wie wir sehen, in den letzten 50 Jahren die von allen wissenschaftlichen Geographen ersehnte Erweiterung unserer Kenntnisse in den Südpolar-Regionen! Es ist nur diesem Umstand und nicht etwa der Unterschätzung der Bedeutung der Sache zuzuschreiben, dafs der Fortgang der Wissenschaft nach dieser Richtung gehemmt wurde.

Wie einst zu Weddell's, Biscoe's und Kemp's Zeiten begannen jüngst die Robbenschläger und Waler wieder den Reigen, wie wir aus den Berichten der letzten Jahre es ersehen haben. Ich erinnere an die Erfolge Dallmann's, von Larsen, Bruce, Evensen, die ich an der Hand unserer Polarkarte — sofern sie als eigentliche Erweiterungen geographischer Kenntnisse bezeichnet werden können — Ihnen vorführen möchte. Nun regt es sich auch wieder in England dank den Bemühungen des berühmten Challenger-Gelehrten Dr. John Murray, und die Südpolar-Forschung steht, wie schon betont, auf der Tagesordnung des VI. Internationalen Geographen-Kongresses. Ich habe schon erwähnt, dafs ich aufgefordert worden bin, ein Referat darüber zu übernehmen, und in der Hoffnung, dafs man mich nun in deutschen Gelehrtenkreisen unterstützen werde, bin ich auf den ehrenvollen Antrag eingegangen. So richte ich denn noch einmal einen Appell an die Geographen und Geophysiker Deutschlands, mich zu unterstützen, damit ich deutsche Wissenschaft bei dem herannahenden Geographen-Kongrefs in London in würdiger Weise zu gunsten der antarktischen Forschung zu vertreten vermag. Treten Sie bei dieser Gelegenheit thatkräftig für die Förderung des hohen Ziels ein, dann werde auch ich mit Aussicht auf Erfolg erneut für die Sache, die uns heute beschäftigt, eintreten können.

2.
Die Südpolar-Forschung und die Probleme des Eises.
Von Dr. Erich von Drygalski in Berlin.

(1. Sitzung.)

Es mag unnötig erscheinen, wenn ich nach dem verehrten Vorredner das Wort ergreife, um über antarktische Forschung zu sprechen; denn Herrn Geheimrat Neumayer hat die Polar-Forschung seit langer Zeit die lebhafteste und wiederholteste Anregung zu danken. Doch es treibt mich, den Erfahrungen Ausdruck zu geben, die ich bei meinen Grönland-Reisen zu sammeln Gelegenheit hatte, und von den Problemen zu sprechen, die sich dabei für die Polar-Forschung im weiteren Sinn ergaben. Ich berühre die physikalisch-geographischen Fragen, mein Freund und Reisegefährte Vanhöffen wird das Bild nach der biologischen Seite hin ergänzen.

Allseitig sind die Aufgaben, die der Wissenschaft in südpolaren Gebieten gestellt sind. Die Meereskunde verlegt dorthin den Ursprungsort für die allgemeine Temperatur-Cirkulation der Oceane; die Geologie erwartet eine Prüfung ihrer Auffassung von den Gebirgen und deren Stellung zum Kontinent und zum Meer — ist doch das wenige, was man dort kennt, schon zu weitgehenden Spekulationen in dieser Richtung benutzt; für die Meteorologie bedeutet die antarktische Zone eine Lücke, weit gröfser und empfindlicher, als wie sie z. B. im nordatlantischen Ocean durch die Beobachtungen in Grönland ausgefüllt wird; die Bedeutung für die Kenntnis des Erdmagnetismus ist soeben von berufenster Seite wieder betont.

Doch das umfassendste Interesse hat die physikalische Geographie; denn noch ist ihr fundamentales Problem, die Frage nach der Land- und Wasserverteilung, dort ungelöst — es fehlt an der ersten Durchdringung mit Mafsen und Zahl —, noch können wir von einem ursächlichen Verständnis jener Erdräume nicht im mindesten sprechen.

Die Schwierigkeiten, welche jeder antarktischen Expedition in den Weg treten werden, liegen im Eis. Man könnte den Einwand erheben, was nützt eine Expedition z. B. der Meteorologie? Bleibt doch das, was sie zu erreichen vermag, räumlich des Eises wegen immer beschränkt. Oder was für einen Gewinn erhofft die Geographie? Im günstigen Fall werden wir an einer Stelle die grofse Lücke ausfüllen können, von einem weiteren Überblick über die Lande bleiben wir darum noch immer entfernt.

Gewifs wird eine Expedition, wo sie auch vordringen mag, nur ein beschränktes Gebiet zu erforschen vermögen; aber das ist auch ein Gewinn, und die Polarlande weisen im grofsen gewisse gemeinsame Züge auf, so dafs die Kenntnis eines kleinen Gebietes dort mehr als in anderen Erdräumen bedeutet. Dann aber vergessen wir nicht, die Polarlande erhalten ihren Charakter durch das Auftreten des Eises, und so wird ein Studium des Eises, zu dem ununterbrochen Gelegenheit ist, in viel weiterem Sinn Resultate erschliefsen, als es auf den ersten Anblick erscheint. Das Eis ist nicht allein ein starkes Hindernis für alle Polar-Expeditionen, ich sehe in ihm auch das Mittel zum Zweck, um über ihren Charakter Erkenntnis zu schöpfen. Lassen Sie mich diesen Punkt etwas näher erörtern.

Schon die äufserst vorgeschobenen Treibeismassen bedürfen einer Untersuchung ihrer Struktur, die sich an jedem Eisstück ausführen läfst. Dafs das Gletschereis eine körnige Struktur besitzt, war lange bekannt, doch erst die Arbeiten F. A. Forel's und Hagenbach-Bischof's haben diese Thatsache in ihrer wahren Bedeutung gewürdigt; dann ist weiter gebaut, und heute besitzen wir eine Arbeit von Emden, die den Nachweis führt, dafs die Korn-Struktur eine Eigentümlichkeit nicht allein des Gletschereises ist, sondern dafs jedes Eis, wo es auch gebildet sein mag, körnig ist, und dafs die verschiedenen Eissorten sich nur durch die Art unterscheiden, wie die Körner gestaltet sind und wie sie sich zu einander gruppieren.

Hier traten mir in Grönland drei wesentlich von einander verschiedene Typen hervor, erstens das Eis der Fjorde, zweitens das Eis der Binnenseen und Flüsse, drittens das Eis der Gletscher.

Das Eis der Fjorde bildet sich durch die Verfestigung kleiner unregelmäfsig umgrenzter Plättchen. Diese treiben zunächst lose im Meer umher, dann erfolgt ihre Aneinandergliederung zu Schollen, dann ziemlich plötzlich die Verfestigung dieser zu der allgemeinen Eisdecke des Meeres, die nur am Strand, wegen der Gezeiten, lange unsicher bleibt. Untersucht man die Eisdecke, so findet man die Plättchen gegen die Oberfläche vertikal gestellt. Sie vereinigen sich zu Bündeln, in denen sie unter einander parallel liegen, die Bündel unter sich streichen nicht parallel, gemeinsam ist ihnen nur die vertikale Stellung der Plättchen.

Untersucht man eine parallel zur Oberfläche geschliffene Fjord-Eisplatte unter dem Mikroskop, findet man ein System paralleler Linien, da dann die dünnen Plättchen senkrecht auf ihre Flächen durchschnitten sind. Aber nur innerhalb eines Bündels sind die Linien parallel, von einem Bündel zum andern wechselt die Richtung. Jedes Plättchenbündel entspricht einem Korn, jedes Plättchen ist ein hexagonaler Krystall, in dem die optische Hauptaxe senkrecht auf der Fläche steht. In dem Fjordeis liegen deshalb die optischen Hauptaxen parallel zur Gefrierfläche und wechseln nur von Bündel zu Bündel in dieser Ebene die Richtung.

Anders ist das Eis der Binnenseeen und Flüsse. Die Binnenseen haben keine Gezeiten, die Eisdecke spannt sich deshalb in ihnen schnell und fest über den ganzen See. Während sie in den Fjorden mit den Schwankungen des Meeresspiegels gehoben und gesenkt wird, verschliefst sie in Binnenseen das Becken. Die Folge davon ist, dafs an der Unterfläche von Binnensee-Eisdecken ein starker Druck herrscht, der mit wachsender Eisdicke wächst, während eine Fjord-Eisdecke dem Druck nachgeben kann, weil sie schwimmt. So geht das Wachstum einer Binnensee-Eisdecke unter stärkeren Drucken vor sich, als bei dem Fjordeis, und die Erfahrung zeigt, dafs beim Binnensee-Eis die Hauptaxen sich in die Druckrichtung, also senkrecht zur Gefrierfläche einstellen, während sie beim Fjordeis parallel zur Gefrierfläche liegen.

Die Gestalt der Plättchen trägt wohl zweifellos zu dieser verschiedenen Anordnung bei, Hauptsache aber bleibt der Druck, wie andere Beobachtungen am Gletschereis zeigen. Beim Beginn der Eisbildung auf Binnenseen ist diese Druckwirkung noch nicht vorhanden, und in den obersten Lagern findet auch noch nicht eine zur Gefrierfläche vertikale Stellung der Hauptaxen statt. Man hat bisher angenommen, dafs diese Abweichung nur bei einer jungen Eisdecke besteht, und dafs sie mit der Zeit durch molekulare Umwandlung verschwindet, indem die Hauptaxen auch der obersten Lagen nach einer gewissen Zeit senkrecht zur Gefrierfläche stehen. Meine Beobachtungen in Grönland zeigen das nicht. Die Oberfläche einer Binnensee-Eisdecke bleibt zum grofsen Teil anders orientiert, als die unteren Schichten, und ist in ihr die Neigung der Hauptaxen gegen die Gefrierfläche häufig auch nur gering, so ist sie doch vorhanden. Alle unteren Lagen aber sind mit den Hauptaxen senkrecht zur Gefrierfläche orientiert. Den Grund zu diesen Unterschieden sehe ich in dem Druck, der beim Beginn der Eisbildung in der freien Wasserfläche noch nicht vorhanden war, während er wirkt, sowie sich die Eisdecke fest über den See gespannt hat.

Beobachtungen an Flüssen, wo die Bewegung des Wassers die

Verhältnisse etwas kompliziert, wo aber in ruhigen Lagunen, in die das Wasser eintritt, wieder dieselben Bedingungen wie in Binnenseen herrschen, haben mir gezeigt, dafs auch hier sich die Eisdecke aus Plättchen zusammensetzt, nur sind sie gröfser und feiner als die Plättchen der Fjorde. Ihre Aneinandergliederung erfolgt auch zu Bündeln, die wir später als Körner erkennen, und wird so fest, dafs man sie nicht mehr zu unterscheiden vermag, und dafs das Eis, das sie bilden, wie ein einzelner kompakter Krystall erscheint. Aber es giebt ein Mittel, sie auch in ganz kompakten Körnern des Eises der Binnengewässer zu erkennen, das sind die Forel'schen Streifen; ihr Zusammenhang mit der Zusammensetzung des Kornes aus Plättchen hat sich mir beim Binnenwassereis häufig ganz unzweideutig gezeigt. Die Forel'schen Streifen sind die Zwischenräume zwischen den Plättchen, und aus ihrer Feinheit kann man sehen, wie zart und dünn die Plättchen sind.

Ich komme drittens zum Eis der Gletscher. Auf seine Struktur wurde der Ausdruck körnig zuerst und ausschliefslich angewandt, weil die unregelmäfsige Umgrenzung und Orientierung der einzelnen Eiskrystalle dem Begriff körnig am besten entspricht. Auch hat man früher nur beim Gletschereis die Körner gesehen; das kam daher, dafs sie sich nur unter gewissen Schmelzbedingungen zeigen, die im allgemeinen beim Wassereis nicht vorhanden sind. Wie ich ausführte, kann man aber bei jedem Wassereis die Kornstruktur zeigen, und haben dessen Körner die erwähnte regelmäfsige Anordnung und Gestaltung, die beim Landeis zunächst nicht vorhanden ist. Dieses entsteht aus den ohne Regel aufgehäuften Schneekrystallen, welche durch das herumsickernde Schmelzwasser wachsen, und wird durch Ineinanderwachsen der einzelnen Individuen und durch Druck so fest, dafs man ebenso wie beim Wassereis die Körner nur unter besonderen Schmelzbedingungen zu sehen vermag.

Das Wachstum der Landeiskörner erfolgt anfangs sehr schnell, dann langsamer, und übersteigt nie eine gewisse Grenze. Man findet überall grofse und kleine Körner vermengt; im allgemeinen wachsen aber die Körner von der Höhe zur Tiefe, wie es den gleichzeitig wachsenden Schmelzbedingungen recht gut entspricht. Man findet grofse Körner auch schon auf den Höhen des Inlandeises, doch sind sie dort nicht die Regel, man findet sie häufiger in den Abstürzen des Inlandeises zum Meer an der Oberfläche sowohl, wie wenn man auf alten Flufsläufen unter das Inlandeis dringt. Körner von der Gröfse einer Faust sind aber schon selten, noch gröfsere direkte Ausnahmen. Das gröfste Korn, etwa doppelt faustgrofs, habe ich in einem losen

Eisblock gefunden, der in einem ausgelaufenen Randsee des Grofsen Karajak auf dem Lande lag. Ich halte es für erklärlich, dafs ein so lose und frei liegender Block die günstigsten Bedingungen für das Kornwachstum bietet.

Die Gestalt der Körner ist unregelmäfsig, und das giebt einen zweiten Anhalt zur Unterscheidung von dem Eis der Seen und Fjorde; der wichtigste Unterschied aber ist ihre Orientierung. Dieselbe ist im allgemeinen regellos; nur in den untersten Lagen des Inlandeises, wo es auf Land drückt, tritt eine regelmäfsige Anordnung ein, indem dann die Hauptaxen, wie beim Wassereis, in der Druckrichtung liegen. Doch wird man das Inlandeis auch der untersten Lagen stets von den beiden anderen Eissorten unterscheiden können; denn die regelmäfsige Orientierung ist hier mit einer gewissen Schichtung teils durch Luft, teils durch Sandschmitzen verbunden.

Was bedeuten nun diese Unterschiede, die ich Ihnen vorgeführt, für die Erforschung des Süd-Polareises?

Sie lassen an jedem Eisstück mit Sicherheit die Bildungsart desselben erkennen, und wir können mit dem Mikroskop entscheiden, ob wir es mit zusammengestautem Meereis oder mit Landeis zu thun haben. Diese Unterscheidung ist sonst auf den ersten Anblick des schwimmenden Eises nicht immer zu machen, weil zusammengestautes Fjordeis wohl die Form von Eisbergen annehmen kann.

Und haben wir Landeis erkannt, dann lehrt uns die Struktur im einzelnen, unter welchen Bedingungen es ursprünglich gelegen. Ob es auf Land drückte und auf welches Land, das zeigen die Schichten; ob es sich bewegte und wie es sich bewegte, das zeigen die blauen Bänder; ob es zerspalten war und, wie in Grönland, tiefe Klüfte darin ausgefroren sind, das zeigt die Anteilnahme des Binnenwasser-Eises an seiner Zusammensetzung, die in dem Inlandeis Grönlands stets vorhanden ist, und die man stets mit Sicherheit nachweisen kann. So ist eine ganze Reihe von Fragen, die eine Struktur-Untersuchung schon des treibenden Eises beantworten kann; wir erhalten dadurch Aufschlüsse über das Eis und über das Land, von welchem es herkommt.

Ein zweiter wichtiger Punkt, der bei der antarktischen Forschung wesentlich ist, ist die Höhe der Eisberge. Wir besitzen heute die verdienstvolle Arbeit Fricker's, welche alle antarktischen Eisberghöhen zusammengestellt hat. Diese sind sämtlich von Schiffen gewonnen, es fehlen also die Vorbedingungen für eine exakte Messung; denn kann man vom Schiff aus wohl den Erhebungswinkel des Eisbergs genau bestimmen, so braucht man zur Ermittelung der Höhe auch noch die Entfernung, und diese vom Schiff aus genau genug zu ermitteln, ist schwer. Die meisten der von Fricker zusammengestellten Eisberghöhen sind aber überhaupt nur geschätzt, und wie sehr man in der einförmigen Meeresfläche jede darüber hervorragende Höhe, z. B. die des Schiffsmastes, zu überschätzen geneigt ist, wird jeder zugeben, der eine Seefahrt gemacht hat.

Die ersten exakten Eisberghöhen rühren aus Grönland von Rink her. Mit der ihm stets eigenen Gründlichkeit hat er sich einen Überschlag über die Höhen der Eisberge gemacht und kommt zu dem Ergebnis, dafs dieselben höchstens auf etwa 200 Fufs, also etwa 70 m, zu veranschlagen sind. Steenstrup und Hammer haben dann weiteres Material geliefert; ich habe im ganzen 86 Eisberghöhen gemessen. Das Resultat lautet übereinstimmend dahin, dafs Eisberghöhen von 100 m wohl noch vorkommen, aber selten sind; die durchschnittlich gröfsten Höhen mufs auch ich auf 70–80 m bemessen.

Angesichts dieser Thatsache und der Unsicherheit der Messung antarktischer Eisberge von Schiffen kann ich einen Zweifel an den von dort her angegebenen Höhen von 300 m und darüber nicht unterdrücken. Man wird exakte Angaben gewinnen können, wenn man von Eisschollen mifst, wozu sich sicher Gelegenheit bietet; sind doch meine 86 Eisberghöhen zum gröfsten Teil vom festen Meereis aus gewonnen.

Eine genaue Kenntnis der antarktischen Eisberghöhen ist aber von weittragendem Wert. Denn wir wissen aus Grönland, dafs zur Bildung mächtiger Eisberge ein in tiefes Meer hinaustretender Inlandeisrand gehört, und so geben die Dimensionen der Eisberge gewisse Anhaltspunkte über den Ort ihrer Bildung.

Natürlich mufs man hier mit genügender Vorsicht verfahren; man wird nicht allein die Höhe, sondern auch die Form des Eisbergs zu berücksichtigen haben, um über die Tiefe des Meeres und die Mächtigkeit des Inlandeisrandes Schlüsse zu thun. Aber dafs man Gröfse und Form der treibenden Eisberge zu sicheren Schlüssen über den Charakter des Ursprungsortes verwenden kann, das ist gewifs.

Die bisher berührten Probleme lagen schon in dem treibenden Eis; aber das vornehmste Ziel einer antarktischen Expedition mufs es sein, ein Land zu erreichen, am Rand des Südpolar-Eises eine wissenschaftliche Station zu errichten und auf ihr, sei es auch nur ein Jahr, ein sicheres Fundament für den Ort selbst und für die ganze Umgebung zu schaffen. Von hier aus wird dann jede wissenschaftliche Richtung sich frei bethätigen können; die Station liefert die sichere Grundlage für all das, was man durch eine Bereisung der Umgegend gewinnt.

So können meteorologische Beobachtungen in einer am antarktischen Eisrand gelegenen Station in viel weiterem Sinn Bedeutung erlangen, als sonst Beobachtungen auf nur einer Station für das Klima des Landes besitzen. Das hängt damit zusammen, dafs sich die meteorologischen Elemente an einem solchen Ort, wie z. B. in der von uns eingerichteten Station an dem Rand des grönländischen Inlandeises, nicht in so einfacher Weise zu Mittelwerten zusammenfassen lassen, wie man es sonst thut, um das Klima der Station mit anderen Klimaten vergleichbar zu haben. Der Grund ist der, dafs Temperatur und Feuchtigkeit, von der kurzen Zeit der strengsten Kälte abgesehen, das ganze Jahr hindurch in kurzen Pausen erheblich schwanken. Wenn ein warmer Stofswind von den Höhen des Inlandeises in die Tiefe der Fjorde herunterbricht, so kann die Temperatur in wenigen Minuten um viele Grade steigen, und Mittelwerte wollen dann wenig besagen. Eine meteorologische Station in einer solchen Lage erfordert fortdauernde Thätigkeit; man mufs das Klima beschreiben, man wird es schwer in Zahlen ausdrücken können.

Diese Schwierigkeit bedingt aber einen weiteren Wert der auf einer Station gewonnenen Beobachtungen als sonst, weil dieselben für alle ähnlich gelegenen, also aus dem Inlandeis hervortauchenden Lande eine gewisse Gültigkeit haben.

Mir stehen die meteorologischen Resultate meiner Expedition heute noch nicht zu Gebote, mich an der Hand des Zahlenmaterials darüber zu äufsern, wird später Gelegenheit sein; aber die Schlittenreisen, welche mich mit Dr. Vanhöffen durch mehr als vier Breitengrade von südlich Jakobshavn bis nördlich Upernivik führten und auf denen wir dem Rand des Inlandeises an verschiedenen Stellen genaht sind, zeigten, dafs die ganze Randzone gemeinsame Züge besitzt, die sich nur aus gleichen meteorologischen Verhältnissen erklären lassen. Wie tief der Schnee an der Aufsenküste auch liegen mag, im Innern der Fjorde trifft man auf blankes und schneefreies Eis. Das ist eine Wirkung der Winde, welche jede Schneedecke erst durchlöchern, wie es eine meiner Photographien zur Anschauung bringt, und dann ganz entfernen. Draufsen an der Küste liegt der Schnee länger und tiefer.

Über den Ursprung der grönländischen Föhnwinde mich näher zu äufsern, mufs ich mir heute versagen. Die Untersuchung wird ergeben, ob immer vorüberziehende Depressionen für das Eintreten der Föhne auslösend wirken, oder ob es deren gar nicht bedarf. Soviel ist sicher, dafs ein so gestaltetes Hinterland, wie das Inlandeis Grönlands, an ihrer Entstehung wesentlich beteiligt ist; an der Westküste kommen sie von Osten, an der Ostküste von Westen, sie fallen also stets von den Höhen des Inlandeises in die Fjorde hinab. Man mufs immer mit ihnen rechnen, weil sie ganz plötzlich eintreten können; soeben hat man noch Ruhe, und dann erfolgt ein Stofs, dafs man kaum die aufgestellten Instrumente zu retten vermag.

Unwillkürlich kam mir bei den Föhnen immer der Vergleich mit dem Kalben der Gletscher. Wie das Inlandeis seine Massen in die Fjorde hinausstöfst, so stürzt die auf seinen Höhen angesammelte kalte Luft in die Fjorde hinab und wird durch ihren Fall erwärmt.

Diese Stofswinde beherrschen das Klima des Eisrandes, man kann sie an jeder Stelle studieren. Sie mildern die klimatischen Unterschiede, die auf den dänischen Stationen im Verlauf der äufseren Westküste herrschen.

Es wäre von hohem Interesse, zu wissen, ob wir ähnliche Verhältnisse auch an dem Rand des Südpolar-Eises haben; in dieser Hinsicht würde schon eine Station auch für die weitere Umgebung wertvolle Aufschlüsse liefern. Die grönländischen Föhne sind ein Problem des Eises, weil sie in direktem Zusammenhang mit dem Inlandeis stehen.

Wenn man eine Station auf dem Land an dem südpolaren Eisrand hat, findet man sicher auch die Möglichkeit, das Eis zu begehen. Unersteigliche Eismauern existieren nur bei direkter Lage im Meer. Ich vermag dem Unterschied, den Chamberlin auf Grund seiner grönländischen Erfahrungen zwischen den Gletschern unserer und arktischer Breiten hervorhebt, dafs erstere mit Wölbungen, letztere mit Steilwänden zu enden pflegen, nur bedingt zuzustimmen. Wo das Inlandeis gegen Land stöfst, findet man seinen Rand bald in Wölbungen und bald in Steilwänden enden, und ganz sicher kommt man dort auch hinauf.

Und hat man das Inlandeis erstiegen, dann eröffnet sich der Forschung jene Fülle von Problemen, die nicht allein das antarktische Dunkel erhellen, sondern die auch der ganzen Auffassung unserer Eiszeit neue Gesichtspunkte zuführen werden.

Es besteht über Natur und Entstehung des Inlandeises ein gewisser Zwiespalt der Meinungen. In Europa verfolgte man die Spuren alter Gletscher, die von Gebirgsländern ausgehen. Wo das nicht der Fall war, wie in Nord-Deutschland und in Nord-Amerika, da war man gezwungen, ein Anwachsen des zusammenhängenden Inlandeises weit über sein Ursprungsgebiet vorauszusetzen. Man brauchte zur Erklärung von unbestreitbaren Thatsachen schiebendes und nicht treibendes Eis, und man half sich mit der Annahme von dem Vordringen weiter Inlandeisränder. Immer aber hielt man dabei an einem Ursprung in einem Gebirgsland fest, wenn man sich der Thatsache auch nicht verschlofs, dafs das Gebirge zu der angenommenen Bewegung nur sehr wenig beitragen konnte.

Etwas anders als diese Auffassung war die Ansicht des ersten wirklichen Kenners eines Inlandeises, nämlich von H. Rink. Er deutet an, dafs das Inlandeis auch eine Bildung der Tiefe sein könnte. Wie noch heute in Grönland das Eis der Flüsse von unten nach oben wächst, wie es ganze Thalformen und kleinere Scheiden überquillt, so betrachtet Rink das Inlandeis wie eine Eisüberschwemmung, indem die grofsen, heute verhüllten Stromsysteme des Innern von unten nach oben ausfrierend, das Land überquollen. In dieser Ansicht ist die Möglichkeit für ein Anwachsen des Inlandeises über sein Ursprungsgebiet hinaus weit weniger geboten; ein so gebildetes Inlandeis bleibt in dem Rahmen des Landes.

Das Inlandeis Grönlands ist nach meinen Erfahrungen eine Bildung der Höhe[1]). Selbst bei dem Jakobshavner Eisstrom, der wegen seiner grofsen Länge am meisten die Auffassung eines ausgequollenen Thals erwecken kann, selbst dort sehen wir im Hintergrund in einem Halbkreis ein plötzliches Ansteigen von dem Niveau des Eisstroms zu der Höhe des Eises, und der Grofse Karajak fällt in zwei deutlichen Stufen zu dem Meeresspiegel hinab. Auch sind die meisten sichtbaren Thäler Grönlands kurz und gebrochen. Aus diesem Grund und aus den Neigungsverhältnissen der Eisoberfläche mufs man Zweifel haben, ob die grofsen Inlandeisströme tief in das Land hineingreifende Thäler bedeuten; wenn das aber nicht der Fall ist, bleibt das Inlandeis mehr eine Bildung der Höhe. Es liefse sich über diesen Punkt noch viel sagen, doch das geht über den Rahmen dieses Vortrags hinaus.

Sehr berechtigt aber bleibt in den Ausführungen Rink's der Gedanke, dafs das Inlandeis nicht notwendig eine Hochbildung zu sein braucht, und Tiefenbildungen sind sicher auch an ihm beteiligt. Daran knüpft sich dann die Frage, ob das Vordringen eines Inlandeises thatsächlich in einem Vorschieben wie bei Gletschern besteht, oder ob es auf die Weise erfolgt, dafs hier und dort, sei es in der Tiefe, sei es auf der Höhe, Eisbildungen eintreten, die sich je von ihrem Centrum ausdehnen und schliefslich zu einem grofsen Inlandeis verschmelzen.

Wir müssen durchaus mit der Annahme von zusammenhängend vorschiebenden Inlandeisrändern vorsichtig sein. Es spielen ja in einem Inlandeis gewaltige Bewegungen ab, die sich mit dem Eintreten in das Meer immer steigern, aber als zusammenhängende Inlandeisbewegung

---

[1]) Vgl. auch K. J. V. Steenstrup: Meddelelser om Grönland IV, S. 73 ff.

dort enden, wo das Eis im Meer den Boden verliert. Doch diese Bewegungen erscheinen lokal bedingt und sind von einem gleichmäfsigen Vordringen über Höhen und Tiefen hinweg wohl zu unterscheiden.

Wie wertvoll mufs es nun sein, mit dem Inlandeis Grönlands ein antarktisches Eis vergleichen zu können. Die Höhen seines Randes, die Bildung der Eisberge, die Gröfse und die Richtung seiner Bewegung, der äufsere Ausdruck derselben in Blaubändern und Spalten, seine Steinführung, seine Schichtung und Struktur —, das sind alles Fragen, welche nicht allein die Erforschung des Südpolar-Gebietes aufs kräftigste fördern, sondern die auch auf unsere hiesigen Probleme der Eiszeit neues Licht werfen werden.

Besonders die Steinführung ist da ein sehr wichtiger Punkt. Das Inlandeis Grönlands hat keine Oberflächen-Moränen, aber es hat Randmoränen und eine geringe Grundmoräne. Die Form der Randmoräne deutet stellenweise darauf hin, dafs sie eher durch Transport von dem heutigen Land zum Eis, als von dem heutigen Eis gegen das Land entstanden sind; denn sie sind manchmal konvex in das Eis hinein gekrümmt. Aus ihrem Material kann man in Grönland wenig ersehen, weil das Gestein der ganzen Gegend zu gleichförmig ist.

Die Grundmoräne ist nur gering und steht in Zusammenhang mit den untersten geschichteten Lagen des Eises; sie geht direkt aus ihnen hervor, und eine Trennung zwischen beiden wird man schwerlich durchführen können; ein Zeichen dafür, dafs das Material der Grundmoräne gröfstenteils von der Oberfläche herkommt.

Doch ich gehe auf die einzelnen Probleme des Eises an dieser Stelle nicht weiter ein; meine Aufgabe war es, ihre Bedeutung für die antarktische Forschung zu zeigen. Sie beginnen bei den ersten treibenden Schollen, sie steigern sich dort, wo diese sich zu ausgedehnteren Flächen und Bergen verdichten, sie gipfeln auf einer Station an dem Eisrand selbst. Überall führt ihre Erforschung nicht allein zu einem Verständnis des Eises, sondern auch zu einer Kenntnis des Landes, zu dem es gehört.

Es ergiebt sich von selbst, dafs es für diese Art der Südpolar-Forschung weniger darauf ankommt, von welcher Stelle man in den Eisgürtel eindringen will, und so können für die Auswahl dieser Stelle andere Gesichtspunkte mafsgebend sein. Eis trifft man sicher, also werden wir diesen Weg der Forschung einschlagen können; Land ist gesehen, also dürfen wir hoffen, es zu erreichen. So will ich denn auch bei dem praktischen Teil der Frage nicht länger verweilen; darüber Vorschläge zu machen, wird hoffentlich bald Gelegenheit sein. Nur einen Punkt noch will ich berühren, weil er schon für den ersten

Entschluſs zu einer Südpolar-Expedition von Wichtigkeit ist. Es ist die Frage, muſs eine antarktische Expedition von vornherein zwei Schiffe haben, oder ist eines genug? Es ist ja zweifellos, daſs zwei Schiffe mehr erreichen können, als eins, besonders wenn sie von verschiedenen Seiten angreifen wollen; aber ob sie so verfahren oder ob sie einander zu folgen und sich zu unterstützen bestimmt sind, damit müssen wir rechnen, daſs zwei Schiffe von vornherein zwei Expeditionen bedeuten. Es wäre richtig, wenn diese gleich von verschiedenen Seiten angreifen würden; denn Folge und Hülfe auf demselben Wege ist schwierig, weil die Schiffe durch das Eis leicht von einander getrennt werden. Zwei Schiffe von verschiedenen Seiten bedeutet eine doppelte Expedition, zwei Schiffe von derselben Stelle die doppelten Kosten, doch nicht den doppelten Erfolg. Gegenseitige Unterstützung kann des Eises wegen bald unmöglich sein, desgleichen die Aufrechterhaltung eines Verkehrs mit der Welt. Man muſs mit Zufälligkeiten rechnen. Ein Schiff findet seinen Weg; ob aber das zweite auf diesem Wege den Verkehr mit ihm zu unterhalten vermag, ist zweifelhaft.

So trete man von der Entsendung auch nur eines Schiffes nicht zurück. Dieses dringe in den Eisgürtel ein und suche ein Land zu erreichen. Die Anlage einer wissenschaftlichen Station auf dem Land am Rand des Eises, von der aus man ein Jahr zu arbeiten plant, aber, wenn es not thut, auch länger zu arbeiten gerüstet ist, das will mir als der sicherste Weg erscheinen, um die Südpolar-Frage kräftig zu fördern.

Wir sehen heute bei allen Nationen das Interesse an der polaren Forschung lebhaft erwacht und mehrfach auch praktisch bethätigt. Wir verfolgen in unseren Gedanken die kühne Fahrt Dr. Nansen's, und wir thun es in vollem Vertrauen, weil er eine neue Methode verfolgt. Wir begrüſsen aus jüngster Zeit bei J. v. Payer mit Teilnahme den Plan eines Künstlers, der sich eine künstlerische Erforschung der Polarlande zur Aufgabe stellt. Wer die polare Natur kennt, ist von Sehnsucht, sie wiederzusehen, erfüllt; mag es die Wirkung auf das Gemüt sein, die stille Harmonie zwischen Mensch und Natur im Gebiet des Eises, die diese Sehnsucht erweckt. Vielleicht hat sie nie einen tieferen Ausdruck gefunden, als in dem Plan des Künstlers. Aber es ist nicht diese Sehnsucht allein; wir sind uns auch unserer wissenschaftlichen Ziele dort sicher bewuſst, und wir dürfen nicht ruhen, ehe wir sie weiter verfolgt. Viel ist in allen Polarlanden noch zu erreichen, am meisten aber in dem noch gänzlich unbekannten Südpolar-Gebiet; das zu erforschen ist deshalb jetzt für die Wissenschaft das vornehmste und das lohnendste Ziel.

Wir tagen in der deutschen Stadt, die bei ihrem weltumspannenden Verkehr so berufen erscheint, auch zur Erforschung der noch unbekannten Gebiete des Erdballs fördernd zu helfen; wir feiern das Jubelfest jener Gesellschaft, die zur Förderung der Polar-Forschung gegründet ist, und die in den 25 Jahren ihres Bestehens unter der aufopfernden Leitung ihres Präsidenten, Herrn George Albrecht, Grofses geleistet hat. Es giebt keine würdigere Feier, als wenn von dieser Stätte aus ein wirksamer Anstofs zu neuen Thaten ergeht, wenn es heifsen kann: der Entschlufs zu einer Expedition rührt von dem Bremer Deutschen Geographentag her. Die Probleme des Südpols weisen das Ziel.

3.
Welches Interesse haben Zoologie und Botanik an der Erforschung des Südpolar-Gebietes?

Von Herrn Dr. Ernst Vanhöffen in Kiel.

(1. Sitzung.)

Gestatten Sie, dafs ich Ihre Aufmerksamkeit für ein Thema in Anspruch nehme, das bei Erörterung der Südpolar-Frage meist nur ganz flüchtig gestreift wurde. Wiederholt schon wurde die grofse Wichtigkeit betont, die die Erforschung des antarktischen Gebiets für Meteorologie, Erdmagnetismus, Oceanographie und die gesamte physische Erdkunde hat. Heute erlaube ich mir Ihnen zur Ergänzung einige biologische Fragen anzudeuten, deren Lösung durch specielle Untersuchung der Südpolar-Länder und des Antarktischen Meeres erhofft werden kann.

Es ist in erster Linie die Frage nach der Herkunft des organischen Lebens in den Polarländern. Wenn man sich den grönländischen Küsten auch auf wenige Seemeilen nähert, erscheinen dieselben kahl und verödet, und doch schliefsen z. B. die unwirtlich erscheinenden Felsen von Disko Thäler mit üppiger Vegetation ein, die zu der Sage Veranlassung gaben, dafs diese Insel von Süden heraufbugsiert und im Norden verankert wäre. So weit man auch nach Norden vorgedrungen, überall wurden noch Pflanzen und Landtiere gefunden.

Anders ist es nach den bisherigen Beobachtungen im Süden. Auf den Aukland-Inseln südlich Neu-Seeland, etwa unter 50° s. Br., beobachtete Hooker, der Rofs begleitete, nur 80 Phanerogamen, und auf der mehr isolierten Kerguelen-Insel sind 21 Phanerogamen und 7 Farnkräuter vorhanden. Zehn Grad südlicher, der Breite der norwegischen Stadt Bergen und Kap Farvel im Norden entsprechend, erscheint auf den Süd-Shetland-Inseln nur eine Grasart, *Aira antarctica* Hook. als die am weitesten nach Süden vordringende Blütenpflanze. Sie geht nicht über den 62. Breitengrad hinaus. Die letzte Spur antarktischer Vegetation wurde unter 64° 12' s. Breite auf der Cockburn-Insel gefunden.

Es sind 15 Land- und Süfswasser-Kryptogamen, Moose, Algen und Flechten. Während unter 70—80° n. Br. auf Spitzbergen noch 122 höhere Pflanzen vorkommen, zeigten sich die wenigen Stellen, die in entsprechenden südlichen Breiten der Fufs eines Menschen betrat, völlig vegetationsleer. So wenigstens schildert Dumont d'Urville die Gneifs- und Granitklippen des Adélie-Landes, und auch Rofs fand nicht die geringste Spur von Flechten und Moosen bei seinen kurzen Besuchen der vulkanischen, der Küste des Victoria-Landes vorgelagerten Inseln.

Nach diesen Ergebnissen sollte man meinen, dafs eine Erforschung der Südpolar-Länder in botanischer Hinsicht überflüssig wäre, und auch für die Tierwelt auf dem Lande bleibt bei dem Mangel aller Pflanzen nichts zu hoffen. Und dennoch, glaube ich, ist dieser Schlufs nicht berechtigt. Es ist nichts bekannt von der Ausdehnung der antarktischen Länder. Wenn auch ein Südpolar-Kontinent wegen widersprechender meteorologischer Beobachtungen nicht vorhanden erscheint, so sind doch sicher gröfsere Inseln und Inselgebiete zu erwarten, die nicht nach den Befunden auf den kleinen Inseln beurteilt werden dürfen. Je gröfser ein Land ist desto mehr Schlupfwinkel können den Organismen geboten werden, bei ungünstigen Verhältnissen sich zurückzuziehen und zu erhalten. Ein gröfserer Landkomplex bietet tiefe Fjorde oder ihnen entsprechende schmale Sunde. In ihrem Innern ist nach Beobachtungen in Grönland und Spitzbergen das Klima wärmer, das Land weniger vereist, da die Niederschläge in ihnen geringer als aufsen sind[1]). Auch sind dort nicht jene gewaltigen fast andauernden Stürme zu erwarten, die die Blüten knicken, Früchte und Samen, ja die ganzen Pflanzen ins Meer herabwehen und so die Vegetation vernichten können[2]). Die äufserste Spitze des südlichen Polarlandes ist endlich kaum 10° vom Feuerland entfernt, das eine reiche Flora beherbergt, und zwischen Kap Horn und dem unerforschten Gebiet liegen noch, diesem bis 2° genähert, Gruppen kleiner Inseln, auf denen eine Grasart und zahlreiche Kryptogamen gedeihen. Es liegt demnach keine Beobachtung vor, die das Fehlen der Pflanzen innerhalb des südlichen Polarkreises sicherstellt. Auch sprechen keine theoretischen Gründe dafür. Die weitgehende Vereisung des Gebiets bildet kein Hindernis, da überall eisfreie Felspartien beobachtet wurden. Auf den Balleny-Inseln, die fast vollkommen mit Eis und Schnee bedeckt sind, zeigen doch senkrecht abstürzende Klippen den dunklen Felsgrund. In Wilke's Land

---

[1]) s. Nathorst in Engler' Bot. Jahrb. Bd. 4. 1883.
[2]) Vgl. Forschungsreise der Gazelle. Reisebericht S. 115 Anmerk.

lagen mehrere Gebirgsketten neben einander, deren Seiten schneefrei erschienen. Die Peter-Insel wird vollständig vergletschert geschildert mit Ausnahme einiger schroffer Hänge. Die Adelaide-Insel bei Grahams Land trägt einen sehr hohen Berg und eine vier Seemeilen lange Kette von niedrigen Hügeln, die auf den Gipfeln nur eine dünne Schneelage besafsen[1]). Um so mehr sind schneefreie Gebiete nach dem Pol hin zu vermuten. Durch die Nähe des Eises aber werden die arktischen Pflanzen nicht gestört. Sie gedeihen gut dicht am Rand des Inlandeises, ja auf dem Rücken nicht mehr vorschreitender Gletscher und sollen selbst nach Meehan's Beobachtungen in Alaska unter dem Eis „unbegrenzte Zeit" ihre Lebensfähigkeit behalten können[2]).

Solche steile Abstürze, wie sie den Berichten nach überall im antarktischen Gebiet sich finden, sind besonders geeignet, den Pflanzen Schutz gegen die vorschreitende Eisbedeckung zu geben. Wo weder Schnee noch Eis in einiger Mächtigkeit haften kann, auf schmalen Felsterrassen oder Nischen, wo Möwen und andere Wasservögel sich Nist- und Ruheplätze suchen, dort siedeln sich mit Vorliebe die arktischen Pflänzchen an. Sie werden befeuchtet vom herabträufelnden Wasser überhängender Eismassen, die sie begraben würden, wenn die steile Wand sie nicht schützte.

Wenn nun auch Raum für die Vegetation vorhanden ist, so bringt doch vielleicht die Kälte und der Mangel an Sonnenlicht derselben Gefahr? Darüber sagt Hooker, der beste Kenner der antarktischen Flora, von der Cockburn-Insel nahe dem Graham's-Land[3]): „Man sollte meinen, die Vegetation einer so kalten Zone müsse schlummern mit Ausnahme weniger Tage im Jahr, wo bei gröfserer Wärme und dem Wachstum günstigerem Wetter die Pflanzen in raschen Trieb kommen müfsten. Dies ist aber keineswegs der Fall; im Gegenteil ist die Wirkung der Sonnenstrahlen, wenn sie einmal für einen Augenblick durchbrechen der Vegetation nur schädlich". — Schädlich ist den Pflanzen mit Ausnahme von Flechten ferner die grofse Trockenheit, die Hooker dort beobachtete. Immerhin werden sich die Pflanzen gegen Sonne und Trockenheit durch Auswahl geeigneter Standorte schützen können, die die zerklüfteten Felsen der Antarktis ebenso gut wie die nordischen Länder bieten.

So steht denn *a priori* der Ansicht, dafs noch Vegetation im Ant-

---

[1]) Citiert nach K. Fricker: „Ursprung und Verbreitung des antarktischen Treibeises".

[2]) Proceedings of the Academy of Natural Science of Philadelphia 1893 S. 205.

[3]) J. C. Rofs, Entdeckungsreise nach dem Südpolar-Meer in den Jahren 1839 bis 1843, deutsch von J. Seybt S. 400.

arktischen Gebiet gefunden werden kann, nichts im Weg. Man muſs eben nachsehen. Die Eisbarriere hindert nicht das Land zu betreten; denn Roſs erklärt, daſs es leicht gewesen wäre, im Frühling das Ufer zu erreichen, wenn er an der Küste des Victoria-Landes hätte überwintern können¹). Es muſs daher die Aufgabe der von vielen Seiten ersehnten Südpolar-Expedition sein, das vermeintliche Festland zu erreichen. Werden dort Pflanzen gefunden, so haben dieselben nicht allein geographisches, sondern auch hohes botanisches Interesse, da nach Engler²) „in Ländern von hohem Alter, namentlich in gebirgigen Gegenden ein reicher Endemismus herrschen muſs, wenn nicht deren Vegetation seit langem durch geologische Ereignisse vollständig vernichtet wurde". Fehlen dagegen die Pflanzen und läſst sich durch einjährige Beobachtung der klimatischen Verhältnisse, bzw. auch durch Anpflanzen der widerstandfähigsten südlichen Arten oder Aussäen geeigneter nordischer Formen nachweisen, daſs solche innerhalb des südlichen Polarkreises hätten gedeihen können, so bleibt nur die eine Möglichkeit, daſs die Eiszeit alle Vegetation, die auch in der Umgebung des Südpols in der Tertiärzeit vorhanden war, völlig zerstörte. Daraus ergäbe sich ein Argument für die Ansicht Nathorst's³), des Begleiters Nordenskiöld's in Grönland, daſs im Norden das Tier- und Pflanzenleben eventuell bis auf ganz wenige Spuren sich vor dem nachdringenden Eis der Glacialperiode zurückzog und erst sekundär über Landbrücken und mit Hilfe der Zugvögel und Strömungen sich wieder nach den arktischen Ländern ausbreitete. Da im Süden solche Landbrücken fehlen, auch Zugvögel für die Verbreitung der Pflanzen kaum in Betracht kommen, ferner nach unserer jetzigen Kenntnis nur eine einzige über die Kerguelen-Insel nach Süden herabführende Strömung existiert, die übrigens auch noch der Bestätigung bedarf⁴), so wäre dort den vertriebenen Organismen der Rückweg abgeschnitten gewesen. Nach dem, was ich in Grönland gesehen, muſs ich mich jedoch der entgegenstehenden Ansicht Warming's⁵), des erfahrenen dänischen Botanikers, anschlieſsen, daſs selbst die stärkste Vereisung die Vegetation gebirgiger Länder nicht auszurotten vermag, da das Eis nicht hohe steile Küsten am Meer zu umhüllen im Stande ist, sondern über die-

---

1) J. C. Roſs a. a. O. S. 160.
2) Versuch einer Entwicklungsgeschichte der Pflanzenwelt S. X.
3) Kritiska anmärkningar om den grönländska „vegetationens historia" Bihang til Svenska Vet. Akad. 16.
4) Fricker a. a. O. S. 107.
5) Über Grönlands Vegetation. Engl. Bot. Jahrb. X. Grönlands Natur og Historie Vidensk. Meddelelser fra den Naturhistorisk Forening 1890 S. 281.

selben herabstürzt, so dafs mindestens dort anspruchslosen Pflänzchen günstige Vegetationsplätze reserviert bleiben. Ich hoffe demnach, dafs es einer neuen Südpolar-Expedition gelingen wird, solche Relikte aus der Tertiärzeit zu konstatieren[1]).

Im Fall dafs solche gefunden werden, geben sie uns einen weiten Einblick in die Entwicklungsgeschichte der Pflanzenwelt. Sie würden wegen ihrer Isoliertheit einen interessanten Vergleich zwischen antarktischen und arktischen Arten gestatten und vielleicht beweisend sein können für den Zusammenhang der Organismen von Pol zu Pol über den Äquator hinweg zu einer Zeit, wo annähernd gleiche Temperatur über den ganzen Erdball herrschte. Hooker[2]) weist schon darauf hin, welchen grofsen Teil ihrer Pflanzen Falkland-Inseln und Kerguelen-Land mit dem Feuerland gemein haben und dafs eine Musterung der Flora von Süd-Georgien und Tristan d'Acunha dieselbe Verwandtschaft erkennen läfst. „Ein Blick auf die Karte" sagt der englische Gelehrte, „zeigt den verhältnismäfsig kleinen Raum, den diese Eilande in der grenzenlosen Wasserwüste einnehmen und die unendlichen Hindernisse, die so kleine Gegenstände wie Samen überwinden müfsten, um mit unverminderter Keimkraft an das Ziel einer so weiten Reise zu gelangen, wenn wir annehmen, dafs ihre Verteilung erst nach dem Zeitpunkt stattfand, wo Land und Wasser ihre gegenwärtige Lage erhielten". Während Hooker also geneigt ist, die gleichartige Flora dieser durch weite Meere getrennten Länder derart zu erklären, dafs ihre Verteilung schon vor der heutigen Konfiguration der Länder stattfand und Hemsley im Challenger Report sich daher für die Annahme eines ehemaligen grofsen Kontinents im Süden entscheidet, macht Engler dafür in erster Linie die antarktischen Strömungen verantwortlich. Dennoch kann er nicht umhin, sehr alte Typen zuzugeben[3]), die einst ein grofses Areal einnahmen, dann aber nur an wenigen Stellen erhalten blieben, um einzeln Fälle eigentümlicher Pflanzenverbreitung, z. B. das vereinzelte Vorkommen eines Riedgrases, *Carex pyrenaica*, auf den Pyrenäen, in Siebenbürgen, in Nord-Amerika und Neu-Seeland zu erklären. Meiner Ansicht nach ist dieses der

---

[1]) In dem nach den Schilderungen der Südpolarfahrer vegetationslosen Gebiet wurde jetzt bereits die erste Pflanze entdeckt. Herr C. Egebert Borchgrevink, der die Fahrt des norwegischen Dampfers „Antarctic" nach dem Victoria-Land mitgemacht hat (Oct. 1894 bis Febr. 1895), berichtet, dass auf der Possession-Insel etwa unter 71°25′ s Br. u. 171° ö. L. v. Gr. „eine Art Leberkraut" gefunden wurde. Verhandl. Gesellsch. f. Erdkunde zu Berlin, Bd. XII, 1895, N. 6, S. 507.
[2]) J. C. Rofs a. a. O. S. 370.
[3]) Versuch einer Entwicklungsgeschichte der Pflanzenwelt II S. 160.

wichtigere Faktor. Man kann hier im Süden ebenso wie im Norden die Verwandtschaft der Floren derselben Zone durch Ausbildung einer cirkumpolaren Flora bei der Abkühlung der Pole erklären, wodurch gleichzeitig das vereinzelte Auftreten arktischer und antarktischer Formen auf den Hochgebirgen verständlich wird. Wie weit jede der beiden Anschauungen neben den andern in Betracht kommt, wird sich vielleicht durch weiteres Studium der Südpolar-Flora entscheiden lassen, da hier die Verhältnisse weit einfacher als im Norden liegen.

Ganz ähnliche Beziehungen zwischen Arktis und Antarktis zeigen sich auch im Tierreich. Zwar sind hier die spärlichen Landtiere kaum zu nennen, da selbst auf Kerguelen nur eine Schnecke, zwei Würmer, wenige Insekten, Spinnen und Milben gesammelt wurden[1]), über deren Verwandtschaft mit nordischen Arten keine Untersuchungen vorliegen. Dagegen zeigen zahlreiche Meerestiere des Südens grofse Übereinstimmung mit nordischen Formen. „Die Ähnlichkeit der arktischen und antarktischen Fauna, obgleich sie durch die ganze Länge der Erde von einander getrennt sind", sagt Pfeffer[2]) „ist eine so aufserordentliche, dafs sie schon vor Zeiten das billige Erstaunen der Zoologen erregt hat; nur hielt man die Ähnlichkeit für eine rein äufserliche, erworbene, für gleiche Anpassung an gleiche Verhältnisse, während wir diese Ähnlichkeit als eine wirkliche und innerliche auf Blutsverwandtschaft beruhende ansehen müssen. Es sind nicht nur eine gröfsere Anzahl von Familien ganz oder fast ganz auf die polaren Zonen beschränkt; es unterscheiden sich vielmehr die vikariierenden Arten der gleichen Gattungen nur durch untergeordnete Merkmale, ja es giebt eine nicht unbeträchtliche Anzahl von Arten, namentlich unter den Amphipoden, Mollusken, Sipunculiden, Bryozoën und Hydroiden, die man nicht zu unterscheiden vermag, mögen sie aus dem hohen Norden oder aus dem hohen Süden stammen, während man sie in den dazwischen liegenden Zonen vergeblich suchen würde". Jener interessanten Beobachtung entsprechend, dafs die Pflanzen der Polarländer auf den Hochgebirgen isoliert sich wiederfinden, treffen wir die Tiere der Polarmeere gelegentlich auch in den grofsen Tiefen der Oceane zwischen den Wendekreisen zerstreut. Sehen wir ab von den Meersäugern und Wasservögeln, die ihre Verteilung eigener Bewegung verdanken können, so finden wir schon unter den Fischen merkwürdige Analogien. Nach Günther[3]) erscheinen die

---

[1]) Nach Studer: „Forschungsreise der Gazelle": 1 Schnecke, 5 Käfer, 1 Motte, 3 Springschwänze, 5 Fliegen, 2 Spinnen, 2 Würmer.

[2]) Versuch über die erdgeschichtliche Entwicklung der jetzigen Verbreitungsverhältnisse unserer Tierwelt. Hamburg 1891. S. 36.

[3]) Challenger Report I. Part VI. Report on the Shore Fishes S. 14.

nordischen Gattungen von Küstenfischen wie *Sebastes, Agonus, Spinax, Myrine*, die zwischen den Wendekreisen fehlen, im antarktischen Gebiet wieder, nur unbedeutend von ihren nordischen Verwandten verschieden. Von den 34 Anneliden-Gattungen bei Kerguelen sagt Studer[1]), dürfen wir 18 als arktische bezeichnen. Unter den Krebsen sind die Familien der Munniden und Munnopsiden, die Gattungen *Arcturus* und *Glyptonotus* charakteristisch für das arktische und antarktische Gebiet. Von den 12 Gattungen der Munnopsiden sind fünf den nordischen, vier den südlichen Meeren eigentümlich und drei beiden Gebieten gemeinsam[2]). Unter 64° s. Br. fand Rofs die bekannte nordische Walfischspeise *Clio* und *Limacina* in grofser Menge[3]), und bei der Possession-Insel unter fast 73° dretschte er Pycnogoniden, *Idotea, Chiton*, Muscheln, Schnecken, *Gammarus* und *Serpula* und fügt seiner Angabe hinzu: „Es war mir von grofsem Interesse, unter diesen Tieren mehrere zu erkennen, die ich früher unter eben so hohen nördlichen Breiten gefunden hatte[4])".

Abgesehen von diesen allgemeinen Fragen hat nun auch die antarktische Tierwelt ihrer selbst willen hervorragendes Interesse. Unsere Museen besitzen fast nichts aus dem antarktischen Gebiet. Die Sammlungen von Rofs sind nach einer Äufserung im Challenger-Bericht zerstreut und für die Wissenschaft gröfstenteils verloren. Die Challenger-Expedition erbeutete bei ihrem Vorstofs nach dem Südpolar-Meer ein reiches Material interessanter Formen. Wir finden darunter riesenhafte, fufslange Ascidien (*Ascopera gigantea*) variable, abenteuerlich gestaltete Holothurien (*Psychropotes*)[5]), ferner Echinodermen mit besonderem Apparat zur Brutpflege, wie sie sonst nur im Arktischen Meer beobachtet wurden und mit direkter Entwicklung, die allein schon eingehendes Studium verdient, da ihre Verwandten zwischen den Wendekreisen ein pelagisches Jugendstadium durchmachen müssen. Ferner finden wir dort zahlreiche eigentümliche Krebse, Polypen, Medusen und Schwämme mit vielen neuen Gattungen und Arten. Aber es lag in der Absicht des Challenger, hauptsächlich die Tiefseeformen zu sammeln; die pelagische Tierwelt, besonders die kleinere, wurde vernachlässigt.

---

[1]) Forschungsreise der Gazelle S. 169.
[2]) Pfeffer, Krebse von Süd-Georgien, Naturhistorisches Museum Hamburg 1887, S. 61.
[3]) J. C. Rofs a. a. O. S. 106.
[4]) J. C. Rofs a. a. O. S. 130.
[5]) Dieselbe Gattung wurde vom „Albatros" 1891 auch unter den Tropen, dort aber in Tiefen von 2876 und 3334 m gefunden, vergl.: Ludwig, Holothurien, Memoirs of the Museum of Comparative Zoology at Harvard College Vol. XVII Nr. 3. S. 48—53.

Und doch bieten auch diese Tiergruppen dort schon nach dem wenigen, was wir über sie wissen, des Interessanten genug. Unter den Medusen wurden im Gebiet der antarktischen Trift die beiden südlichen Vertreter, die primitivsten Arten einer im Norden weitverbreiteten Gruppe, *Tesserantha princeps* und *Tessera connectens*, gefunden. Eine andere seltene und schöne grofse Meduse, *Desmonema*, scheint im Süden die nordische Gattung *Cyanea* zu vertreten. Von kleineren pelagischen Organismen erwähnt der Challenger-Bericht[1]), dafs Copepoden, Ostracoden, Hyperiden, Euphausiden, Alciopiden, Tomopteriden, Sagitten, Pteropoden, Salpen und Appendicularien, Globigerinen, Radiolarien und Diatomeen in beträchtlicher Fülle gefunden wurden. Doch waren die Netze jener Expedition zu grob, die gröfseren Tiere unversehrt heraufzubringen und die kleineren Organismen genügend zu fangen, so dafs die Ausbeute nur mangelhaft war. Die letzteren aber, die unter dem Namen „Plankton" zusammengefafst werden, da sie willenlos treibend die Meere erfüllen, sind von ganz besonderer Wichtigkeit. Durch die Plankton-Expedition ist bekannt, dafs die nordischen Meere weit mehr organische Substanz als die gleichen Gebiete zwischen den Wendekreisen produzieren, und die antarktischen Fluten scheinen hinter jenen nicht zurückzustehen. Rofs berichtet[2]), dafs er das Meer, das Eis und den Schaum der Wellen braun gefärbt fand von mikroskopischen Wesen. Nur wenige Proben sind durch Ehrenberg und Hooker[3]) bekannt geworden. Mit den neuen Schliefsnetzen und Planktonnetzen nach Hensen's erprobter Methode gefangen und verwertet, verspricht das Plankton des Antarktischen Meeres nicht allein reiche Ausbeute dem Botaniker und Zoologen, sondern auch dem Oceanographen. Diese kleinsten Organismen, Copepoden, Peridineen und Diatomeen besonders, die überall gefunden werden müssen, zeigen mit grofser Empfindlichkeit Wechsel in der Temperatur und im Salzgehalt des Wassers an und sind so geeignet, Strömungen zu verraten. Regelmäfsige Planktonstudien, ein Jahr hindurch im gleichen Gebiet fortgesetzt, geben eine genaue Übersicht über die Produktion des Meeres. Alles was an pelagischen Organismen vorhanden ist, wird gefangen, und häufig verraten sich selbst am Boden kriechende oder festsitzende Tiere, die schwer zu finden sind, durch ihre freischwimmenden Larven.

So verspricht jeder Teil der botanisch-zoologischen Untersuchung

---

[1]) Narrative I First part S. 436.
[2]) A. a. O. S. 310.
[3]) Verhandlungen der Berliner Akademie d. Wissensch., Mai 1884. (*Flora Antarctica.*)

im antarktischen Gebiet sichere und bedeutsame Ergebnisse. Ob in den Südpolar-Ländern Pflanzen und Landtiere fehlen oder ob sie vorhanden, ob im letzteren Fall diese zu arktischen oder zu südlichen Formen gröfsere Verwandtschaft zeigen, jedes sichere Ergebnis liefert einen wichtigen Beitrag zur Entwicklungsgeschichte der heutigen Organismenwelt. Der kurze zweimonatliche Vorstofs des Challenger nach dem Antarktischen Meer ist nur geeignet, trotz der reichen Ausbeute, zu weiteren planmäfsigen Untersuchungen aufzufordern, die allein erst ein Bild von der dortigen Meeres-Fauna zu geben im Stande sind. Die Planktonfänge endlich würden ohne grofse Mühe einen Einblick gestatten in den Haushalt und die Produktivität der südlichen Meere und eine wichtige Ergänzung liefern zu den Ergebnissen der Kieler Plankton-Expedition, der Grönland-Expedition der Gesellschaft für Erdkunde zu Berlin und der in diesem Frühling ausziehenden dänischen Expedition zur Untersuchung der Davis-Strafse und der ostgrönländischen Gewässer. Beschämt müssen wir eingestehen, dafs wir das wenige, was wir von den Südpolar-Ländern und den antarktischen Meeren wissen, aufser gelegentlichen Beobachtungen, Expeditionen verdanken, die weit zurückliegen, und dafs in den letzten 50 Jahren nichts nennenswertes für die Erschliefsung der Südpolar-Länder gethan ist. Dafs wichtige Resultate für Zoologie und Botanik dort zu erreichen sind, glaube ich gezeigt zu haben, und daher ist es auch im Interesse dieser Wissenschaften zu wünschen und anzustreben, dafs möglichst bald eine neue Südpolar-Expedition ausgerüstet werde, um mit Abschlufs unseres Jahrhunderts einen einigermafsen befriedigenden Überblick über die Gesamtoberfläche des Erdballs zu erreichen.

4.
Über den Wert und die Verwendung von Anschauungsbildern im geographischen Unterricht.

Von Dr. Alwin Oppel in Bremen.

Seitdem es gebräuchlich geworden ist, die Erdkunde mehr zu den Naturwissenschaften als zu den historischen Wissenschaften zu rechnen, hat sich auch in der Methode des geographischen Unterrichtes ein bemerkenswerter Umschwung vollzogen, insofern als man begonnen hat, einen hohen Wert auf die naturtreue sinnliche Anschauung der einschlägigen Unterrichtsgegenstände zu legen. In dieser Beziehung ist allerdings der Lehrer der Geographie in einer weniger günstigen Lage als derjenige der beschreibenden Naturwissenschaften. Letzterer vermag in vielen Fällen den Gegenstand seiner Betrachtung im Lebenden vorzuführen; er kann also der Forderung der naturtreuen sinnlichen Anschauung in vollkommenem Mafse gerecht werden. Dazu ist aber der geographische Unterricht, abgesehen von Ausnahmefällen, nur bei der Behandlung der Heimatkunde imstande, im übrigen ist er auf Nachbilder angewiesen. Diese müssen also, da die Heimat im Sinne der nächsten Umgebung des Wohnortes, nur einen geringen Teil des gesamten Stoffes darstellt, im geographischen Unterricht eine sehr wichtige Rolle spielen.

Die Nachbilder zerfallen im Prinzip in zwei Hauptgruppen; die der ersten sind körperlicher Art und bestehen aus Reliefs und Gipsabgüssen. Die zweite umfafst solche Nachbilder, welche in die Ebene geworfen sind und sich entweder als Karten oder als Bilder darstellen.

Die körperlichen Nachbilder: die Reliefs für Landschaften und Ortschaften und die Gipsabgüsse für Figuren, kommen ohne Zweifel der Wirklichkeit am nächsten, namentlich dann, wenn sie in der natürlichen Gröfse und mit den natürlichen Farben oder wenigstens in einheitlichen Verkleinerungsmafsstäben ausgeführt sind. Aber der erste Fall kann nur bei Darstellung von Völkertypen — Beispiel diejenigen von Dr. O. Finsch —, der zweite nur in Beziehung auf die Heimatkunde angewendet werden. In den meisten anderen Fällen mufs dagegen aus naheliegenden Gründen der Höhenmafsstab bedeutend übertrieben werden, wodurch der Naturtreue Abbruch geschieht. Wenn nun auch immerhin das körperliche Nachbild der vollkommenste Ersatz für die Natur bleibt, so spielt es doch in dem heutigen geographischen Unterricht nur eine bescheidene Rolle, da die Anschaffungskosten guter Arbeiten zu hoch sind. Daher giebt es gewifs viele Schulen, an denen man diese Anschauungsmittel nicht findet.

Bei den in die Ebene geworfenen Nachbildern unterscheiden wir Karten und Bilder. Die Karte, der am weitesten verbreitete Ersatz für die Wirklichkeit, entspricht den Forderungen der naturtreuen sinnlichen Anschauung nur in geringem Mafse, und ihrem Wesen nach kann sie es auch kaum mehr, als bisher erreicht ist. Denn einmal ist die Karte nach dem Prinzip der Aufsenperspektive entworfen, d. h. in einer Darstellungsmanier, in der wir die Gegenstände der Natur in der Regel nicht sehen. Sodann bedient sie sich für viele Verhältnisse sogenannter konventioneller Zeichen, welche, mögen es nun Linien, Schraffen oder Farben sein, vielfach mit dem Gegenstand selbst nichts oder wenig zu thun haben. So ist z. B. die herkömmliche Gebirgszeichnung mit Hülfe von Kammbeleuchtung und Seitenschraffen strenggenommen eine Naturwidrigkeit. Auch die neuerdings mit Vorliebe angewendeten Farben treffen nicht immer das Richtige. Wenn z. B. für die Tiefländer die grüne Farbe gewählt wird, so kann dies wohl als naturtreue Darstellung der bewachsenen Gebiete zugelassen werden, bei den Wüsten dagegen wird dadurch ein Irrtum erzeugt. Dasselbe geschieht, wenn man die Höhenstufe von 2—500 m mit Weifs oder Hellbbraun und die Gebirge mit verschiedenen Abstufungen von Braun koloriert. Keine dieser Farben stimmt im Durchschnitt mit der natürlichen Färbung der dargestellten Gebiete überein. So wichtig und unentbehrlich nun auch die Karte für den geographischen Unterricht ist, so geht ihr also aus den angegebenen Gründen in der Hauptsache doch die Fähigkeit ab, die Gegenstände naturtreu, d. h. so, wie wir sie erblicken, vorzuführen.

Das vermag allein das Bild zu leisten. Denn einerseits giebt uns dieses die Gegenstände in der Abgrenzung und Verkürzung nach der Ferne zu, in der unser Auge sie sieht, anderseits kann es genau nach der Wirklichkeit mit Farben versehen werden. Aus diesen Gründen mufs das Bild, selbst im Verhältnis zu dem Relief, als der vollkommenste Ersatz für die Natur angesehen werden. Das Bild ist demnach das einzige Unterrichtsmittel, welches der Forderung der naturtreuen sinnlichen Anschauung entspricht. Daher ist das Bild als ein **notwendiges und unentbehrliches Requisit des geographischen Unterrichtes** zu erklären, das durch nichts anderes ersetzt werden kann. Namentlich auch neben der Karte hat das Bild seine volle Geltung, insofern es dieser eigentlich erst zu ihrer vollen Wirkung verhilft und zu ihrer notwendigen Ergänzung dient.

In richtiger Erkenntnis des erziehlichen Wertes der Anschauungsbilder ist man nun seit mehreren Jahrzehnten bemüht gewesen, für das nötige Material zu sorgen, und es sind namentlich die Länder deutscher Zunge, in denen eine Reihe von Bildersammlungen für die Schule geschaffen worden ist. Auf der Ausstellung des XI. Deutschen Geographentages war so ziemlich alles vereinigt, was auf diesem Gebiet erschienen ist. Da nun der Katalog der Ausstellung, welcher auf S. 86 ff. die Bunt- und Schwarzdrucke für die Schule enthält, den Verhandlungen beigefügt ist, so kann hier auf eine Aufzählung der einschlägigen Anschauungswerke verzichtet werden. Nur diese Bemerkung möge gestattet sein, dafs erfreulicherweise die Bestrebungen, gute Anschauungsbilder für den Unterricht zu schaffen, bis in die unmittelbare Gegenwart fortgesetzt worden sind, wofür u. a. die Veröffentlichungen von A. Geistbeck und Fr. Engleder („Geographische Typenbilder"), sowie von Hippolyt Haas („Wandtafeln für Geologie und physikalische Geographie") Zeugnis ablegen.

Wenn vorhin der **Wert** der Anschauungsbilder im allgemeinen darin erblickt wurde, dafs sie eine naturgetreue Darstellung der Erdoberfläche und dessen, was sie trägt, zu geben imstande sind, und dafs sie den einzig richtigen Ersatz für die Wirklichkeit ausmachen, so gilt es nun, die **Bedeutung dieses Unterrichtsmittels etwas näher zu verfolgen**. Hierbei ist zunächst dem Einwand zu begegnen, dafs der Lehrer imstande sei, an der Hand der Karte durch seine mündlichen Ausführungen bei den Schülern eine lebendige Vorstellung von den Oberflächenformen der Erde zu erzeugen. Letzteres ist in der That nicht erreichbar. Denn einerseits sind die in der Schule gebrauchten Karten so stark verkleinert, dafs nur ein rohes Gerippe der Hauptzüge gegeben wird und alle diejenigen Einzelheiten verschwinden, in denen die Besonderheiten der landschaftlichen Gestaltungen zum Ausdruck kommen; andererseits unterliegen die mündlichen Erklärungen dem Gesetz der Aufeinanderfolge. Man kann durch Beschreibung wohl die einzelnen Teile erläutern, aber man mufs eben dann ein Ganzes in seine Teile zerlegen und dessen natürliche Anordnung auflösen. Im Raum dagegen sind die Gegenstände neben einander gestellt; das Auge sieht sie auf einmal und die Phantasie fafst sie auf einmal auf, was durch keine Beschreibung, sei sie auch noch so gut, vermittelt werden kann. Dazu kommt aber der Umstand hinzu, dafs die Karten eben doch nur die physikalischen und politischen Grundzüge der Länder enthalten, für die wichtige Volkskunde aber kaum mehr als die geographische Verbreitung der Rassen darbieten. Bezüglich der Darstellung aller übrigen Gesichtspunkte versagen sie; auch hier vermag das Bild unentbehrliche Dienste nach allen denjenigen Richtungen zu leisten, wo es auf richtige Wiedergabe räumlicher Verhältnisse ankommt.

Weiterhin leistet das Bild beim Unterricht den Dienst, dafs es Gelegenheit giebt für Eigenbeobachtung des Schülers. Und dieser Umstand ist von grofser Bedeutung, namentlich im Verhältnis zu den Beschreibungen, wie sie durch den Lehrer gegeben oder aus Büchern geschöpft werden können. Bei der Beschreibung verhält sich der Schüler zunächst rein receptiv, und es wird vornehmlich sein Gedächtnis in Thätigkeit gesetzt. Ist aber Gelegenheit zu Eigenbeobachtung gegeben, so treten auch andere geistige und sinnliche Kräfte in Funktion; vor allem aber werden das Auge und die Phantasie geübt und gebildet. Und das ist ein Vorzug, der bei dem gegenwärtigen Stande unseres sogenannten höheren Unterrichtes, der namentlich das Gedächtnis und den Verstand in Anspruch nimmt, nicht hoch genug angeschlagen werden kann.

Eben dadurch aber, dafs die Betrachtung von Bildern die Selbstthätigkeit des Schülers fördert und seine Phantasie beschäftigt, wird nicht nur dem geographischen Unterricht ein hervorragender Dienst geleistet, sondern es wird auch die allgemeine Bildung gehoben, ein Umstand, der wiederum für die Würdigung der Erdkunde als eines Unterrichtsgegenstandes ins Gewicht fällt. Denn je mehr allgemein bildende Bestandteile ein solcher enthält, um so mehr verdient er betrieben zu werden. Dazu kommt der Umstand hinzu, dafs das Bild eben ein allgemeines Ausdrucks- und Darstellungsmittel ist, das jeder Gebildete richtig zu verstehen und aufzufassen imstande sein sollte, weil es im heutigen Leben eine grofse Rolle spielt und ohne Zweifel um so mehr noch an Bedeutung gewinnen wird, je mehr es der fortschreitenden Technik gelingen wird, billige und gute Vervielfältigungsverfahren ausfindig zu machen.

Endlich darf nicht unerwähnt bleiben, dafs, wenn der geographische Unterricht das Bild häufig und richtig anwendet, er seine Zöglinge in die Vorhallen der Kunst einführt, im besondern das Verständnis für Kunstgemälde vorbereitet. Selbstredend soll dadurch der geographische Unterricht nicht in den Dienst der Kunstgeschichte gestellt werden; für ihn ist und bleibt die Sache (Inhalt, Gegenstand) das Wesentliche. Aber es ist gewifs nicht zu verachten, wenn ein Nebenprodukt gewonnen werden kann, dessen erziehlicher Wert dadurch eine Steigerung erfährt, dafs es als eine reife Frucht in den Schofs fällt oder wenigstens ohne besondere Anstrengung gewonnen wird. Zudem läfst sich gar nicht leugnen, dafs zwischen der Kunst, d. h. derjenigen, welche Bilder hervorbringt, also der Malerei, und der Geographie vielseitige und feste Beziehungen bestehen, welche im Wesen der Sache begründet liegen. Beide behandeln vornehmlich Gegenstände der Natur. Der allerdings sehr bedeutende Unterschied zwischen ihnen besteht darin, dafs die Erdkunde nicht so sehr auf das Einzelne, als vielmehr auf das Ganze sieht, bei dem Einzelnen aber streng sachliche Richtigkeit verlangt, während die Kunst sich ausschliefslich mit dem Individuellen beschäftigt, bei diesem aber nicht sachliche Richtigkeit, sondern nur allgemeine Wahrscheinlichkeit zu erreichen sucht. Immerhin ist Naturtreue eines der höchsten Kunstgesetze.

Wenn nun nach dem Vorausgehenden über den Wert der Anschauungsbilder für den geographischen Unterricht wie für die allgemeine Bildung kein Zweifel bestehen kann, so ist es anderseits sicher, dafs die beabsichtigte Wirkung nur dann erreicht werden kann, wenn gewisse Vorbedingungen erfüllt werden. Diese bestehen einerseits in der richtigen Beschaffenheit der Bilder selbst, andererseits in der zweckentsprechenden Verwendung derselben im Unterricht. Jede dieser Hauptbedingungen aber ist wieder von gewissen Voraussetzungen abhängig, namentlich auch von dem Zusammenwirken einer Anzahl an sich getrennter Faktoren und verschiedener Persönlichkeiten.

Sprechen wir zuerst von der richtigen Beschaffenheit der Bilder selbst, so kommt in erster Linie der wichtige Punkt der zweckmäfsigen Auswahl derselben in Frage. Denn da die Zahl der möglichen Bilder von landschaftlichen und sonstigen Formationen eine unendlich grofse ist, ferner da sowohl die verfügbare Unterrichtszeit als auch die auf solche Gegenstände verwendbaren Geldmittel stets beschränkt, in vielen Fällen aber sehr gering sind, so ist es offenbar, dafs die Auswahl eine wohlerwogene sein mufs. Um ihr zu genügen, bedarf es ebensoviel pädagogisches Geschick wie genaue Kenntnis der Länder- und Völkerkunde, sowie auch eines gewissen künstlerischen Geschmackes. Aus den angegebenen Gründen kann die richtige Auswahl nur von einem Geographen, der praktische Erfahrung im Unterricht besitzt, getroffen werden.

Diese Auswahl mufs sich aus erziehlichen und finanziellen Gründen zunächst durchaus auf das Charakteristische und Typische richten. Dabei ist möglichst darauf zu sehen, dafs sich die nach diesem Gesichtspunkt ausgesuchten Typen einigermafsen gleichmäfsig über die Erde verteilen, wobei jedoch dem Heimatland ein besonderer Vorzug gegönnt werden mufs. Es gilt also bei der Auswahl sowohl die allgemeine Erdkunde als auch die Länderkunde zu berücksichtigen, letztere namentlich auch deshalb, weil diese in den untereren und mittleren Klassen unserer höheren Unterrichtsanstalten entweder ausschliefslich oder vorwiegend betrieben wird. Diesem Zweck gegenüber lassen die bisher erschienenen Bildersammlungen für den Wandgebrauch beträchtliche Lücken erkennen. So giebt es z. B. in den speziell geographischen Bildwerken kein einziges Bild, welches sich auf Rufsland bezieht. Ebensowenig sind Länder wie Schweden, Dänemark, Belgien, Portugal und Spanien bedacht; auch der Kontinent von Australien ist nicht vertreten.

Auch die für Völkerkunde vorhandenen Sammlungen von Wandbildern zeigen erhebliche Lücken, namentlich insofern, als die europäischen Kulturvölker gegenüber den auswärtigen Völkern vernachlässigt erscheinen. Das ist aber insofern zu beklagen, als richtige Vorstellungen von der Körperbildung, der Hautfarbe, der Tracht u. s. w. doch nur durch Vergleich des Bekannten mit dem Unbekannten gewonnen werden können. Am wenigsten aber wird in unsern Sammlungen von Wandbildern die Wirtschafts- und Ortskunde berücksichtigt, und das sind doch Dinge, für welche sich die bildliche Darstellung besonders nötig erweist.

Eine weitere Vorbedingung, um die richtige Beschaffenheit der Bilder zu erzielen, ist die richtige Ausführung derselben, wobei zunächst der zeichnende oder malende Künstler in Betracht kommt; denn in den seltensten Fällen wird der die Auswahl besorgende Geograph auch die Fähigkeit besitzen, die dafür nötige Technik zu beherrschen. Einen für instruktive Bilder geeigneten Maler oder Zeichner zu finden, ist aber nicht so leicht; denn es gilt bei dieser Arbeit auf eigentliche malerische Wirkung bis zu einem gewissen Grade zu verzichten, um vornehmlich das Wesentliche und Charakteristische hervorzuheben und zum Ausdruck zu bringen, ohne indes das Wesen des Bildes aus dem Auge zu verlieren. Das hat aber seine Schwierigkeit, namentlich bei gröfseren Landschaften.

Was nun die Vervielfältigung der auf diese Weise entstandenen Vorlage anbelangt, so stehen mehrere Arten zur Verfügung, von denen hier namentlich die Lithographie, der Holzschnitt und die Zinkätzung genannt sein mögen. Für Herstellung von Wandbildern kommt nur die Lithographie in Frage, welche zu diesem Zweck eine ausreichende Ausdrucksfähigkeit besitzt, zugleich aber auch so billig ist, um die Anschaffung der betreffenden Werke den meisten Schulen zu ermöglichen. Bei der Lithographie hat man die Wahl zwischen Schwarz- und Buntdruck. Das letztgenannte Verfahren, im Prinzip wohl das geeignetste, ist aber doch nur unter der Voraussetzung ratsam, dafs eine solche Zahl von Platten verwendet wird, welche ausreicht, das Kolorit der Bilder dem der Wirklichkeit einigermafsen zu nähern. Andernfalls ist der Schwarzdruck vorzuziehen, mit dem, wie die Kirchhoff'schen Rassenbilder und einige der Wandtafeln für Geologie und physikalische Geographie von H. Haas zeigen, immerhin ansprechende Wirkungen erzielt werden können, namentlich dann, wenn der Druck sauber ausgeführt ist. Auf den Schüler freilich werden farbige Bilder, auch wenn sie im Kolorit Mängel aufweisen, stets einen lebhafteren Eindruck als Schwarzdrucke machen. Die Färbung selbst kann entweder in Aquarell- oder Ölmanier bewirkt werden. Letztere erzielt gewifs kräftigere, sattere Farben als erstere, wie man es namentlich an Hölzel's Geographischen Charakterbildern beobachten kann. Aber die Öldrucke haben den Nachteil, dafs sie leicht blenden und nur von einem bestimmten Standpunkt aus zu richtiger Wirkung gelangen. Ein solcher aber läfst sich nur für eine beschränkte Zahl der Schüler — bei der Verwendung der Klasse — gewinnen, und die Erfahrung lehrt, dafs immer eine Anzahl Schüler klagen, die Darstellungen nicht gut sehen zu können. Aus diesem Grunde dürften gute Aquarelldrucke, wie sie in einigen Exemplaren der Lehmann'schen und Geistbeck'schen Bilder vorliegen, den Vorzug verdienen, allerdings immer in der Voraussetzung, dafs zur Herstellung der Farben eine ausreichende Zahl von Platten verwendet wird, was wiederum bei vielen Bildern der eben genannten Sammlungen von Lehmann und Geistbeck leider nicht der Fall ist. Dagegen mufs ausdrücklich anerkannt werden, dafs bei den meisten Exemplaren von Hölzel's Geographischen Charakterbildern wie auch bei der vortrefflichen Schweizer Sammlung von Benteli und Stucki das Kolorit in Bezug auf Naturtreue und künstlerische Abtönung allen mit Rücksicht auf den Zweck und den Preis zu stellenden Anforderungen Genüge leisten. Als recht empfehlenswert erweist sich für gewisse Darstellungen die Sepia-Manier, wie sie z. B. in der ausgezeichneten und reichhaltigen Sammlung von „J. Langl's Bildern zur Geschichte" angewendet ist.

Der Holzschnitt, zu dem wir nun übergehen, ist seiner Natur nach zur Herstellung von Wandbildern nicht geeignet, erweist sich aber als das beste Verfahren zur Erzeugung von Bildern für den

Handgebrauch, namentlich dann, wenn ein geschickter Zeichner die Vorlage geliefert hat. Letzteres mufs aber ausschliefslich deshalb als ein wesentliches Erfordernis bezeichnet werden, weil es heutzutage vielfach üblich geworden ist, die Arbeit des Zeichners dadurch zu umgehen, dafs die meist photographische Vorlage mittels Photographie direkt auf den Holzstock übertragen wird. Die auf diese Weise entstandenen Schnitte ermangeln in den meisten Fällen der für Schulzwecke erforderlichen instruktiven Deutlichkeit.

Gleich hier aber sei gesagt, dafs die Benutzung von Handbildern neben den bisher ausschliefslich besprochenen Wandbildern durchaus als eine Notwendigkeit zu bezeichnen ist, obwohl bei diesen aus technischen Ursachen meistens auf eine farbige Wiedergabe des Gegenstandes verzichtet werden mufs. Für die Benutzung von Handbildern sprechen verschiedene Gründe. Zunächst ist das Handbild oder die Buch-Illustration, wie man sie auch nennen kann, ein Darstellungsmittel, das gegenwärtig in aufserordentlichem Umfang angewendet wird, dem also der Schüler wie der Erwachsene auf Schritt und Tritt begegnet. Es ist daher eine unabweisbare Pflicht der Schule, und besonders des geographischen Unterrichts, die Schüler in das Verständnis dieser Bildform einzuführen; das aber will eben sowie alles andere gelehrt und geübt sein. Weiterhin kann eine Sammlung von Handbildern wegen der Billigkeit der Herstellung, namentlich auch des Druckverfahrens, viel mehr Gegenstände berücksichtigen, als es bei den Sammlungen von Wandbildern der Fall ist. Endlich sei hervorgehoben, dafs der Holzschnitt, weil auf Farben verzichtend und nur mit Linien und Punkten arbeitend, viel feinere Wirkungen zu erreichen vermag, als der auf gröfsere Entfernungen berechnete lithographische Schwarz- und Buntdruck. Namentlich wo es gilt Einzelheiten auszuführen, ist das Handbild an seinem Platz und kann durch nichts anderes vertreten werden. Weiteres über die Benutzung von Handbildern wird später gesagt werden; hier möge nur die Bemerkung Platz finden, dafs auch auf diesem Gebiet Deutschland bahnbrechend vorgegangen ist. Die betreffenden, übrigens allgemein bekannten Werke sind: F. Hirt's Geographische Bildertafeln, F. Hirt's Bilderschatz und O. Schneider's Typenatlas; vgl. Katalog Nr. 1215 ff. und Nr. 1224.

Als ein lebhafter Konkurrent des Holzschnittes erweist sich schon jetzt die Zinkätzung, welcher den Vorzug schnellerer Herstellung mit dem grofser Billigkeit verbindet. Aber die betreffenden Drucke lassen vielfach die erforderliche Deutlichkeit vermissen, und deshalb kann dieses Verfahren nur dann für Schulzwecke empfohlen werden, wenn scharf gezeichnete Vorlagen zur Verfügung stehen. Aber wenn die Zinkätzung sich so günstig wie in den letzten Jahren weiter entwickelt, so kann sie sich für die Zukunft in höherem Grad als bisher auch für Herstellung von Schulhandbildern geeignet erweisen, und das wird ohne Zweifel für den geographischen Unterricht eine beträchtliche Förderung sein, da alsdann Sammlungen von Handbildern zu einem wesentlich billigeren Preis als jetzt geliefert werden können. Dann kann das Bilderwerk als ein obligatorisches Schulbuch eingeführt werden, was bis jetzt wohl noch nirgends geschehen ist, aber als ein dringender Wunsch bezeichnet werden mufs.

Die zuletzt gemachten Bemerkungen führen uns zu der wichtigen Frage der Verwendung der Bilder im Unterricht. Im allgemeinen erscheint es notwendig, dafs die vorhandenen Bilder von den Schülern möglichst lange und möglichst oft besichtigt werden, damit sich ihr Inhalt möglichst fest der Phantasie einpräge. Ferner ist es, wie eben vorher angedeutet wurde, in hohem Grad wünschenswert, dafs neben den Wandbildern, welche zum Gebrauch in der Klasse dienen, auch Sammlungen von Handbildern, unsern Atlanten entsprechend, zur Verfügung stehen, einerseits, damit dasjenige, was in der Schule geschaut und erklärt ist, durch häusliche Wiederholung befestigt werden kann, anderseits, damit solche Formen, für welche die Wandbilder fehlen, doch an der Hand eines Bildes erläutert werden können. Hier mag nochmals darauf hingewiesen werden, dafs sowohl in dem Schneider'schen Typen-Atlas als auch in dem Hirt'schen Bilderschatz für Länder- und Völkerkunde gute und billige Hilfsmittel vorliegen, welche aber bedauerlicherweise nicht in dem Umfang benutzt werden, wie es die Wichtigkeit der Sache erheischt.

Was nun die didaktische Verwendung der Anschauungsbilder im besondern anbelangt, so kommt es zunächst darauf an, ihr Verhältnis zu dem Atlas und den Wandkarten zu erörtern. Hierbei kann im Prinzip ein verschiedenes Verfahren eingeschlagen werden. Entweder kann man die Bilder vor Benutzung der Karte behandeln, oder man kann die beiden einander ergänzenden Unterrichtsmittel neben einander gebrauchen. Das erstgenannte Verfahren bietet den Vorteil, dafs der Schüler die Gegenstände in der Form vorgeführt erhält, wie er sie sieht; dabei wird diejenige ungeheuere Abstraktion erspart, welche bei Karten so kleinen Mafsstabs, wie sie namentlich im Anfangsunterricht verwendet werden, von der geistigen Kraft des Schülers verlangt wird. Es läfst sich durchaus nicht leugnen, dafs die Schulkarten meist recht inhaltsarm sind und an die Vorstellungskraft der Anfänger Anforderungen stellen, welche im Durchschnitt nicht geleistet werden können. Daher haben es die Verfasser vieler unserer Elementar-Atlanten für notwendig gehalten, durch entsprechende Darstellungen das Verhältnis zwischen dem Bild und der Karte zu erläutern und zwischen diesen beiden Unterrichtsmitteln eine Brücke zu schlagen. Allerdings ist die Zahl solcher Doppeldarstellungen in den Atlanten stets eine beschränkte. Und weil dies so ist, so empfiehlt sich ganz entschieden, in dem Anfangsunterricht das Bild länger und öfter zu verwenden, als es gemeiniglich geschieht.

Auf der andern Seite darf aber auch bei der ausschliefslichen oder vorwiegenden Behandlung des Bildes nicht allzu lange verweilt werden, weil sonst der Hauptzweck des geographischen Unterrichts geschädigt würde. Dieser besteht aber in dem Verständnis der Karte als desjenigen Unterrichtsmittels, welches die Ausdehnung der Länder und Meere vorführt und an welchem allein die Vorstellungskraft soweit vorgebildet werden kann, um die eigentlichen Aufgaben der Erdkunde aufzufassen.

Somit unterliegt es keinem Zweifel, dafs, abgesehen von dem Anfangsunterricht, das einzig richtige Verfahren darin besteht, die Karte und das Bild neben einander zu gebrauchen, weil sie, wie früher ausgeführt wurde, sich gegenseitig ergänzen. Im allgemeinen wird man die betreffenden Länder zunächst an der Hand der Karte behandeln und bei der geeigneten Gelegenheit die vorhandenen Bilder hinzunehmen, so dafs also Karte und Bild in einander greifen. Aber man braucht nicht immer in derselben Reihenfolge vorzugehen. Geschähe dieses, so würde bei dem Schüler das Interesse erlahmen oder eine mechanische Auffassung der Dinge begünstigt werden. Im Interesse der vielseitigen Ausbildung des Schülers und zur Erzielung der nötigen geistigen Gewandtheit und Schlagfertigkeit ist es eben nötig, dafs der Unterricht nicht nur in stofflicher Beziehung, sondern auch nach der formellen und methodischen Seite hin mannigfaltig und abwechslungsvoll sei. Daher geht es sehr wohl an, dafs man bei dem einen Land zuerst mit der Karte, bei dem andern mit dem Bild anfängt. Letzteres Verfahren ist namentlich dann geboten, wenn es sich um solche Gebiete handelt, deren Erscheinungen der Vorstellung der Schüler fern liegen, also z. B. bei den auswärtigen Ländern oder bei der Einteilung der Alpen.

Bei der Vorführung der Bilder selbst empfiehlt es sich, dafs der Lehrer dieselben erklärt und seine Erklärungen von den Schülern wiederholen läfst, zunächst in der Weise, dafs sie das Bild vor sich haben, dann aber auch den Inhalt desselben aus dem Gedächtnis vortragen. In gleicher Art mufs mehrere Stunden hinter einander verfahren werden und zwar so lange, bis sich der Inhalt des Bildes in die Vorstellungskraft der Schüler in dem Mafs eingeprägt hat, dafs sie dasselbe nicht nur als Ganzes beschreiben, sondern auch die Einzelheiten desselben anführen können. Wenn nun eine Reihe von Ländern in dieser Weise behandelt ist, so empfiehlt es sich, die bisher durchgenommenen Bilder noch einmal im Zusammenhang und vergleichsweise vorzuführen. So kann man z. B. alle diejenigen Bilder neben einander stellen, welche sich auf die Mittelmeer-Länder beziehen; man kann die Aufgabe stellen, an diesen Bildern einerseits das Gemeinsame, anderseits die Verschiedenheiten der einzelnen Landschaften, Volkstypen, Städte-Ansichten u. s. w. herauszufinden. Dabei bietet sich eine treffliche Gelegenheit, den Schüler zur eigenen Beobachtung und zur Bildung eigener Urteile heranzuziehen und ihn nach und nach auf eigene Füfse zu stellen. In gleicher Weise kann man alle diejenigen Darstellungen vorführen, welche sich auf gleichartige Erscheinungen aus der allgemeinen Erdkunde beziehen, also z. B. alle vorhandenen Bilder von Gebirgen, Flüssen, Seen, Hoch- und Tiefebenen, von Völkertypen, Hausformen, Erwerbszweigen u. s. w., wofür namentlich F. Hirt's Bilderschatz eine geeignete Unterlage bietet.

Setzt man dieses Verfahren durch eine Reihe von Jahren fort, so wird das Ergebnis sowohl für den geographischen Unterricht als auch für die allgemeine Bildung ohne Zweifel ein günstiges und lohnendes sein. Einerseits nämlich wird die Karte, welche für viele sonst eine Ansammlung abstrakter Zeichen sein würde, Leben und Gestalt erhalten, und dadurch wird Lust und Liebe zur Sache bei den Schülern wachsen. Anderseits aber werden die Anschauungskraft, das Urteil und das Interesse an der Natur und an dem Volksleben in seinen verschiedenen Verzweigungen erheblich gefördert werden. Kurz, es werden den Schülern alle jene Vorteile zu Teil werden, welche, wie früher auseinandergesetzt wurde, das Bild als Unterrichtsmittel zu gewähren imstande ist.

Um aber diese Vorteile für die heranwachsende Jugend zu erzielen, müssen allerdings alle diejenigen wesentlichen Vorbedingungen erfüllt werden, von denen die richtige Wirkung des Bildes abhängt. Zwei dieser Vorbedingungen mögen nun an dieser Stelle noch besonders hervorgehoben werden.

Als erste derselben ist die ausreichende Zahl von Bildern zu bezeichnen. In dieser Beziehung sind in der einschlägigen Literatur noch erhebliche Lücken vorhanden, welche sich namentlich bei der Heimat- und Vaterlandskunde recht fühlbar machen. Unsere Sammlungen von Wandbildern, namentlich soweit sie die Volkskunde betreffen, beziehen sich vorzugsweise auf fremde Länder. So willkommen nun auch die darauf bezüglichen Bilder sind, so ist es eine dringende Notwendigkeit, das nötige Anschauungsmaterial auch für die nähere Heimat wie für das grofse Vaterland zu schaffen. An Büchern und Karten für den Handgebrauch fehlt es ja nicht; auch Handbilder hierfür sind vorhanden, z. B. in der Sammlung von Bildertafeln und Landeskunden von F. Hirt. Aber an Wandbildern ist ein wirklicher Mangel vorhanden, wie gesagt, namentlich an solchen, welche sich auf die Volkskunde im weitesten Sinne beziehen: Gesichtstypen, Trachten, Hausformen, Städtebilder, Erwerbsformen u. dgl. Diese und andere Gesichtspunkte der Volkskunde können doch nur einzig und allein in zweckentsprechender Weise durch das Bild ausgedrückt werden. Solche Unterrichtsmittel sind entschieden ein dringendes Bedürfnis, und sie würden über den nächsten Zweck, den der geographischen Belehrung, hinaus wirksam sein; denn sie würden dazu dienen, die Liebe an der Heimat und an dem gemeinsamen Vaterland zu heben und zu fördern.

Die zweite der Vorbedingungen für die gedeihliche Verwendung der Anschauungsbilder besteht aber darin, dafs sie möglichst lange vor das Auge des Schülers geführt werden. Zu diesem Zweck müssen sie so oft wie möglich in das betreffende Klassenzimmer geholt werden. Das hat allerdings gewisse Unzuträglichkeiten im Gefolge. Einmal werden die Bilder durch das wiederholte Hin- und Hertragen verhältnismäfsig schnell abgenutzt und müssen dann erneuert werden. Sodann können sie doch immer nur während der Dauer einer oder einiger Stunden gezeigt werden. Will man aber eine gröfsere Reihe neben einander vorführen, so fehlt es in den gewöhnlichen Klassenzimmern an den dazu nötigen Vorkehrungen. In der gleichen Lage ist man übrigens auch bezüglich der übrigen Unterrichtsmittel, namentlich der Karten.

Aus diesen und andern Gründen erscheint es als ein dringender Wunsch, in den Schulen geographische Lehrsäle anzulegen, wie solche vielfach für die Naturbeschreibung, die Physik, die Chemie und das Zeichnen bestehen. Ein geographischer Lehrsaal würde zugleich alle für das Fach in Betracht kommenden Unterrichtsmittel, als Karten, Reliefs, Bilder, Warenproben u. a. beherbergen, die alle in sachgemäfser Weise aufgestellt werden müfsten.

Eine solche Einrichtung würde nun den aufserordentlich schätzenswerten Vorzug bieten, dafs der Lehrer jeden Augenblick jedes Hilfsmittel, das ihm nötig erscheint, sofort zur Hand hat und ohne Zeitverlust und Gefährdung des Disciplin anwenden kann. Vor allem kann er auch dem so wichtigen Gesichtspunkt der Vergleichung und der Nebeneinanderstellung gleicher, ähnlicher oder verschiedenartigster Erscheinungsformen in der vollkommensten Weise gerecht werden. Der Schüler aber befindet sich in einer gewissermafsen rein geographischen Atmosphäre und wird daher nicht nur entsprechend raschere Fortschritte machen, sondern auch zugleich an innerem Interesse für die Sache gewinnen.

Die gegen eine solche Einrichtung zu erhebenden Einwände, die pädagogischer und finanzieller Art sein können, lassen sich leicht widerlegen. Was zunächst das Pädagogische anbelangt, so ist mit dem Vorhandensein eines geographischen Lehrsaals eine Schädigung weder an der Disciplin noch an der Unterrichtszeit verbunden. Denn dadurch, dafs die Schüler schon jetzt aus dem Klassenzimmer in die vorhandenen Spezialsäle für Zeichnen, Turnen, Naturbeschreibung, Physik u. s. w. gehen, sind sie an die peripatetische Methode gewöhnt; zudem ist es der Gesundheit nur förderlich, wenn die jungen Leute nach jeder Stunde sich eine kleine Bewegung machen; diese frischt auf und macht für den nachfolgenden geistigen Genufs empfänglicher. Auch ein Zeitverlust ist nicht zu befürchten, da ja ohnehin zwischen den Stunden eine kleine Pause gehalten wird, innerhalb deren eben der Raumwechsel vollzogen wird.

Auch der Kostenpunkt erledigt sich von selbst. Richtig ist es ja, dafs die erste Einrichtung eines geographischen Lehrsaals, sowie der Umstand, dafs dafür ein besonderer, genügend grofser Raum vorhanden sein mufs, einen bestimmten Aufwand nötig macht. Aber ein besonderer Raum mufs doch auch für die Sammlungen da sein, der bei Einführung der vorgeschlagenen Einrichtung entbehrlich wird. Sodann aber — und das ist wesentlich — werden die vorhandenen Lehrmittel dermafsen geschont und für so lange Zeit in gutem Zustand erhalten, dafs die Ersparnisse an den jährlichen Unterhaltungskosten vollauf ausreichen dürften, um das erste Anlagekapital nicht nur zu verzinsen, sondern sogar zu amortisieren. Denn durch den häufigen Transport der Lehrmittel leiden diese auch bei grofser Sorgfalt der Behandlung in hohem Mafs. Dies gilt namentlich auch von den Karten, welche durch das häufige Auf- und Zurollen leicht zerknittern und unansehnlich werden.

Diese und andere Unzuträglichkeiten lassen sich durch eine zweckentsprechende Installation des geographischen Lehrsaales leicht vermeiden, und die verschiedenen Unterrichtsmittel werden nicht nur entsprechend länger halten, sondern ihr Aussehen wird auch länger als bei den gegenwärtigen Einrichtungen gut bleiben. Und dieser

Gesichtspunkt ist nicht ohne Belang. Die Erfahrung lehrt ja, dafs die Schüler an hübschen Gegenständen ihr Gefallen finden und lieber mit in gutem Zustand befindlichen Hilfsmitteln arbeiten als mit solchen, die beschädigt und mitgenommen sind.

Aber selbst wenn die Ersparnis durch den geographischen Lehrsaal nicht sonderlich grofs wäre, so fällt doch der oben bezeichnete didaktische Vorteil so schwer ins Gewicht, dafs man schon um dieses willen die vorgeschlagene Einrichtung erstreben sollte. Denn jeder Aufwand, welcher der Jugendbildung zu gute kommt, ist eine gute Kapitalanlage!

5.
Vorläufige Ergebnisse seiner Reise quer durch Central-Afrika.
Von A. Graf von Götzen in Berlin.
(3. Sitzung.)

Hierzu Tafel 1.

Gestatten Sie mir zunächst, meinen Dank dafür auszusprechen, dafs ich als Laie in der Wissenschaft hier auf dem XI. Deutschen Geographentag das Wort ergreifen darf. Ich verdanke diese Ehre wohl dem Umstand, dafs ich das Glück hatte, auf einer Reise, die ich privatim und in dem Drang, an der Erschliefsung Afrikas mitzuarbeiten, unternahm, einen mächtigen, noch thätigen Vulkan im Herzen des dunklen Kontinents festzustellen, dann ein neues Glied in der Kette der grofsen central-afrikanischen Seen zu finden und schliefslich von der Art und Ausdehnung des grofsen Urwaldes im Kongo-Becken weitere Kunde bringen zu können.

Damit habe ich bereits die Haupt-Etappenpunkte meiner Reise gekennzeichnet. Was den Verlauf derselben anbetrifft, so verweise ich auf meinen Vortrag in der Gesellschaft für Erdkunde zu Berlin im Februar dieses Jahres.[1]) Hier will ich nur in kurzem die Resultate schildern und zwar zunächst soweit sich die Reise auf deutsch-ostafrikanischem Boden abspielte; dann werde ich auf kongo-staatliches Gebiet übergehen. Von einer genauen Beschreibung des ungeheueren, von uns in 11 Monaten und 8 Tagen durchzogenen Gebiets, vom Indischen Ozean bis zum Atlantischen Ozean reichend, mufs bei der Kürze der zur Verfügung stehenden Zeit Abstand genommen werden.

Was die wissenschaftlichen Beobachtungen angeht, so legte ich, abgesehen von meteorologischen und astronomischen Beobachtungen, besonderen Wert auf Itinerar-Aufnahmen. Dieselben liegen vor für jede 5 Minuten des zurückgelegten Weges, von Pangani an der deutsch-ostafrikanischen Küste bis Kirundu am oberen Kongo. Das kartographische Material hat das Auswärtige Amt übernommen und

---

[1]) s. Verhandlungen der Gesellschaft für Erdkunde zu Berlin 1895, S. 103 ff.

dient zur Vervollständigung oder Berichtigung der neuen Kartenblätter von Ost-Afrika im Mafsstab von 1 : 300 000, die unter der bewährten Leitung des Herrn Dr. Richard Kiepert von der Verlagsanstalt Dietrich Reimer herausgegeben werden. Die beigefügte Tafel 1 ist nur eine flüchtige Übersichtsskizze, gleich nach meiner Rückkehr nach Europa entworfen.

Meine beiden Begleiter auf der Reise waren der Assessor Dr. v. Prittwitz und der Arzt Dr. Hermann Kersting. —

Nachdem wir die parkartige und reiche Landschaft Usegua durchzogen hatten, gelangten wir, stetig ansteigend, in die Massai-Steppe, die sich bis zur Landschaft Irangi hin ausdehnt. Mein Reiseplan hatte mir bis nach Irangi ziemlich unbestimmt vorgeschwebt; die einzige Formulierung, die ich ihm gegeben hatte, bestand darin, dafs ich versuchen wollte, die nordwestlichsten Gebiete von Deutsch-Ostafrika zu erreichen. Gerade diese Länder mufsten besonders anziehend wirken, denn sie waren noch so gut wie unbekannt. Dort, wo die Wasser der mächtigsten afrikanischen Ströme sich scheiden, die Wasser des Nil und die des Kongo, da sollte wie eine Hochburg das sagenumwobene Land Ruanda liegen, dessen Bewohner von der Aufsenwelt noch unberührt waren, und in deren Gebiet ein Berg liegen sollte, der des Nachts einen Feuerschein weithin über das Land verbreitete. Dr. Franz Stuhlmann hatte früher einmal mir gegenüber geäufsert, dafs man wahrscheinlich in Ushirombo, das etwa auf dem 32.° ö. L. im Süden des Viktoria-Sees liegt, die genauesten Erkundigungen über Ruanda würde einziehen können, weil von dort aus einiger Verkehr nach Nordwesten bestände. Ich beschlofs also, als nächstes Ziel Ushirombo zu wählen. Wir haben dieses Ländchen und die dort befindliche Mission der Weifsen Väter aus Algier am 22. März v. J. erreicht.

Man sieht aus der Skizze, dafs mein Weg mich in mehreren Bogen nach Norden geführt hat. Ich zog diese Route einem direkten Weg vor, weil ich erstens den Gurui-Berg besteigen wollte, dann aber durch einen Marsch in möglichst westlicher Richtung alle die oft begangenen Wege von Ugogo oder Tabora nach dem Viktoria-See schneiden konnte. Für die Richtigstellung der Karten ist dies von Wichtigkeit gewesen.

Der Gurui-Berg hebt sich klar als Pyramide mit zackigen Formen auf der Sohle der grofsen ostafrikanischen Grabensenkung empor. Seine unteren Teile sind von dichtem Waldgestrüpp bestanden. Oben fanden wir, dafs der Berg aus mehreren, nach der Mitte zulaufenden Kratern besteht, die bis zu 3 km lang, aber nur 3 bis 4 m breit sind. Zu beiden Seiten fallen die Schluchten fast senkrecht ab;

die schmalen Rücken sind mit Gras, Erica, Rhododendron, Variationen von Alpenveilchen und Vergifsmeinicht bestanden; zahlreiche Fährten von Rhinozerossen und Elefanten fanden sich noch bei 3000 m Höhe. Die oben abgeschlagenen Handstücke sind Trachyt. Leider hinderten uns die Nacht und schlechtes Wetter, ganz auf den Gipfel hinaufzukommen. Nach Bestimmungen mit dem Hypsometer lagerten wir auf auf einer Höhe von 3010 m, und eine trigonometrische Messung von den Ebenen aus ergab eine ungefähre Höhe des Gesamtberges von 3200 m. Einen Hauptkrater am Gurui selbst haben wir nicht sehen können, wohl aber mehrere kleine Kraterkessel in der umliegenden Ebene; die vulkanische Natur hatte uns schon einige Tage vorher, am 3. Februar um 11 Uhr, ein aufserordentlich starkes Erdbeben angegeben, dessen Richtung SSW—NNO gewesen war.

Das nun folgende Plateau, vom Westrand des ostafrikanischen Grabens bis zur Salzebene des Wembere reichend, liegt durchschnittlich 2000 m hoch, ist kühl, gesund, aber fast unbewohnt. Die Wembere-Senkung liegt da, wo ich sie überschritt, ungefähr 60 m unter dem Spiegel des Viktoria-Sees. Momente, welche einen früheren Zusammenhang des Seebeckens des Viktoria-Sees mit der Wembere-Steppe wahrscheinlich erscheinen lassen, habe ich ebensowenig wie seiner Zeit Dr. Oskar Baumann finden können.

Um Ushirombo zu erreichen, haben wir dann während der Regenzeit Unyamwesi durchzogen. Land und Leute sind genugsam bekannt, und ich kann hier auf eine Schilderung derselben verzichten. Weniger bekannt hingegen dürften die kleinen Staatengebilde sein, welche früher ein einheitliches Reich bildeten, jetzt aber in die Ländchen Ushirombo, Uyovu, Ulangwa, Usambiro zerfallen. Die Bevölkerung nennt sich Wassumbwa. Sie ist als ein Übergang von den Wanyamwesi zu den Bantu-Stämmen des Zwischenseen-Plateaus anzusehen, ein hochintelligentes Volk, das unter der Leitung der französischen Missionare einer höheren Kulturstufe zugeführt wird. — In den drei Wochen unseres dortigen Aufenthaltes konnte ich einige unbestimmte Nachrichten über den Nordwesten einziehen. Wir sahen dort die ersten Individuen vom Stamm der Wahuma oder Watussi, die hier noch nicht als Herrscher, sondern nur als geduldete Hirten leben.

In der Folgezeit gab dann das Land Ussuvi Gelegenheit zu interessanten Beobachtungen. Land und Leute nehmen hier einen völlig anderen Charakter an. Wir steigen hier zum Zwischenseen-Plateau hinauf, in drei Terrassen, deren Bruchlinien scharf zu sehen sind. Urschiefer-Formationen treten auf, das Gestein wird stark glimmerhaltig. Im Voraus will ich gleich anführen, dafs wir bis über den

Kongo hinaus Thonschiefer als anstehendes Gestein gefunden haben. Ussuvi ist ein streng monarchischer Staat, dessen Oberherrn Kassussura man mit Fug und Recht den Titel „König" zugestehen kann. Er ist ebenso wie seine Unterbeamten vom Stamm der Wahuma. Sein Auftreten war wahrhaft königlich; als er mich in meinem Lager besuchte, — denn ich hatte ihm sagen lassen, es sei Sitte, dem weifsen Mann den ersten Besuch zu machen — erschien er mit einem Gefolge von 3000 schön geschmückten Kriegern, und seine Geschenke — zwei Elfenbeinzähne, 200 Ziegen und unendliche Mengen anderer Lebensmittel — bekundeten seine friedlichen Absichten. Wir verweilten jedoch nicht lange in seiner Nähe. Am 2. Mai standen wir bereits mit 400 Menschen am Kagera-Nil und erblickten drüben die kahle Hochfläche von Ruanda. Was ich bisher von Ruanda wufste, grenzte derartig an das Sagenhafte, dafs wir mit gröfster Spannung den nächsten Tagen entgegensahen. Man erzählte von ungeheueren Amazonenheeren, von grofsen Flotten auf einem See, von Leuten mit riesigen Köpfen, von Zwergen mit langem Bart, auf deren Schultern der Landesherr, dessen Titel Kigeri sei, umhergetragen würde. Bei den Arabern soll es sprichwörtlich sein, dafs es leichter ist, nach Ruanda hineinzukommen als wieder hinaus, und thatsächlich hat auch — eine Merkwürdigkeit im inneren Afrika — noch kein Araber dort festen Fufs fassen können. Rumaliza, der einzige vom Kongo-Staat noch nicht völlig besiegte Araber, hat es einmal versucht, von Süden her in das Land einzudringen. Es wird erzählt, Rumaliza habe dem König schöne Geschenke geschickt, und die Folge sei gewesen, dafs bei der Annäherung der grofsen Bootsflotille der Araber die Krieger von Ruanda sich ins Wasser stürzten und die Kanus von unten anbohrten. Stanley fand es ratsam, auf seiner letzten grofsen Reise Ruanda zu umgehen. Dr. Stuhlmann erzählt von merkwürdig stolzen Leuten aus Ruanda, die sogar Geschenke zurückwiesen, und Dr. Baumann hat zu den Waffen greifen müssen, als er auf seinem Zuge durch Urundi eine Grenzprovinz von Ruanda kurz berührte. Man kann sich also vorstellen, dafs ich auf alles Mögliche vorbereitet war.

Der Machtbereich des jetzigen Kigeri von Ruanda, der den schönen Namen Luabugiri führt, hat ungefähr folgende Grenzen: im Osten den Kagera-Nil, im Süden die Landschaft Urundi; im Westen reicht seine Macht über den Kivu-See hinaus, und im Norden liegen jenseits der Virunga-Vulkane noch Wälder, in denen die Jäger des Königs Elephanten jagen.

Die Hauptmasse des Landes bilden die höchsten Erhebungen des sogenannten Zwischenseen-Plateaus; in die Hochfläche sind durch Erosion tiefe Schluchten und meist meridional verlaufende Thäler eingeschnitten, deren Hänge mit ungeheueren Bananenhainen bedeckt sind. Die Hochflächen bilden wundervolles Weideland und sind völlig baumlos. Nach Osten und Süden hin fällt das Plateau steil zum Kagera-Nil ab. Der Kagera wendet sich ungefähr da, wo wir ihn überschritten, nach Norden und nimmt etwas oberhalb davon von Süden her den Ruvuvu auf. Dafs dieser der Hauptquellflufs des Kagera sei, wird mir schwer zu glauben; denn einmal unterscheiden die Leute von Ruanda deutlich zwischen einem Kagera und einem Ruvuvu. Ferner habe ich den Kagera etwas unterhalb und etwas oberhalb des Ruvuvu-Einflusses gesehen, ohne einen wesentlichen Unterschied in der Wassermasse zu finden, und dann ist schliefslich der Nyavarongo, der in grofsen Windungen Ruanda durchzieht und den ich zweimal überschritt, ein so mächtiger Flufs, dafs er jedenfalls zusammen mit einem anderen Flufs, dem Akenyaru, den Kagera bildet. Der Vereinigungspunkt beider wurde uns von weitem als grofse, seeartige Erweiterung gezeigt, woraus ich mir den Akenyaru-See Stanley's erklärte.

Das Plateau von Ruanda hat eine durchschnittliche Seehöhe von 1700 bis 2000 m. Nach Westen zu steigt es immer mehr an, bis zu einer Höhe von 3000 m und fällt dann steil zum grofsen centralafrikanischen Graben hin ab. Dieser ungeheuere centralafrikanische Graben, in dem der Albert-See und Albert-Edward-See, ferner der Kivu- und der Tanganyika-See liegen, markierte sich unseren Augen mit überraschender Deutlichkeit. Während beim ostafrikanischen Graben von einem östlichen Abfall nur wenig zu bemerken war und nur der Westhang uns als steile Wand sichtbar wurde, haben wir hier deutlich Ränder mit einer relativen Höhe von etwa 1500 m auf beiden Seiten. Die höchste Stelle der Sohle dieses Riesengrabens liegt an dem von mir zuerst gesehenen Kivu-See, dessen Seehöhe auf ungefähr 1485 m liegt; der Tanganyika-See hat nur 818 m Seehöhe und der Albert-Edward-See 875 m.

Nördlich des Kivu-Sees haben sich, quer vorliegend, auf der Grabensohle die Virunga-Vulkane erhoben, ohne Verbindung mit den Grabenrändern. Die Vulkane teilen also den Graben in eine nördliche und in eine südliche Hälfte. Die Leute von Ruanda nennen die ganze Kette die Virunga-Berge. Als Ufumbiro wurde uns der östlichste Berg bzw. die dortige Landschaft bezeichnet.

Am 3. Mai begannen wir unbehindert mit dem Übergang über den Kagera und kletterten an den steilen Wänden der Landschaft Kissaka empor. Die dichte Bevölkerung safs überall neugierig am Wege und versorgte uns bereitwillig mit Lebensmitteln. Überall fanden wir die prachtvollsten Kulturstrecken; Rinder mit riesigen Hörnern weideten auf mit Blumen bestandenen Hochflächen, auf denen vielfach Bohnen und Erbsen in grofsen Feldern angebaut waren. Zahllose einzelne Gehöfte lagen umher; denn Dörfer giebt es in ganz Ruanda nicht. Merkwürdig ist auch der gänzliche Mangel an Brennholz. Das wenige Holz, das man vorfand, war mühsam von den Bergen im Westen herbeigeschleppt, und im übrigen behilft man sich mit getrockneten Grasbüscheln.

Unter der Bevölkerung lassen sich zwei gänzlich von einander verschiedene Gruppen bemerken. Vor langer Zeit hat in allen diesen Gegenden eine Einwanderung von hamitischen Völkerschaften stattgefunden; ohne Mühe scheinen sie sich die angesessene Bevölkerung unterworfen zu haben, vermochten aber nicht, ihnen ihre Sprache aufzuzwingen. Die Landessprache, das Kinyaruanda, ist eine Bantu-Sprache und dem Kirundi verwandt. Die staatliche Verfassung ist eine durchaus monarchische. Während aber in Urundi eine einheitliche Regierung vollständig fehlt, während in Karagwe die Thronstreitigkeiten niemals ruhen, während König Kassussura von Ussuvi, der bereits mit Arabern und Europäern in nähere Beziehungen getreten ist, ängstlich um die Herrschaft besorgt zu sein scheint, herrscht Luabugiri von Ruanda noch unumschränkt auf seinen Bergen. Wenn die Leute schwören, so sagen sie „beim Kigeri". Seine alte Nomadennatur hat er sich bewahrt; er lebt nie länger als zwei Monate an einem Ort und hat viele Residenzen. Das ganze Land zerfällt in Provinzen; die Statthalter, Unterchefs und Gemeindevorsteher gehören alle zum Stamm der Wahuma. In jedem Hauptort einer Provinz befindet sich ein dem Kigeri gehöriger Harem, der von dem betreffenden Statthalter ängstlich behütet wird. Unter den Wahuma, die sich nur mit Viehzucht beschäftigen, lebt die eingeborene ackerbautreibende Bevölkerung, Wahutu, d. h. „Hörige", genannt. Deutlich erkennt man unter diesen untersetzten, kräftigen Negergestalten den Wahuma heraus an der langen, hageren Gestalt, den edlen Gesichtszügen, der hellen Hautfarbe. Das Festgewand der Leute von Ruanda besteht in einem langen Streifen von feingegerbtem Ziegenfell, welches um die Hüften geschlungen wird und von dem vorn eine Anzahl brauner und weifser meterlanger Schnüre herabhängt. Die Behausungen in Ruanda sind durchweg rund, Hütten mit einem hufeisenförmig verlaufenden Hofzaun; je vornehmer der Bewohner, um so schöner geflochten ist dieser Zaun. Die Ordnung im Lande halten die Statthalter durch ein Elitekorps aufrecht, das einem besonderen Stamm aus dem Nordwesten entnommen ist, der Batwas genannt wird. Diese Gensdarmen sind aber keineswegs, wie der Name Batwas glauben machen könnte, Zwerge.

Von dem jungen Sohn des Königs begleitet, drangen wir, immer höher steigend, nach Nordwesten vor. Die Gegend wurde immer romantischer, nahm fast Hochgebirgs-Charakter an, und in der Ferne zeigten sich endlich die spitzen Kegel der Virunga-Vulkane, aber noch immer ohne Rauch und Feuerschein, bis ich in der Nacht zum 26. Mai mich endlich durch den blutroten Feuerschein am Himmel überzeugen konnte, dafs wir einen Vulkan in voller Thätigkeit vor uns hatten. — Den Nyavarongo, der am Ostrand des centralafrikanischen Grabens entspringt, dann einen grofsen Bogen nach Norden durch das Gebirge macht, hatten wir zweimal zu überschreiten. Unterwegs wurde ein nur 2 km breiter, aber 80 km langer See, der Mohasi, entdeckt. Endlich standen wir vor einer Bergkette, auf deren Hängen überall brennende Hütten zu sehen waren. Es war der Kigeri, der widerspenstige Unterthanen bestrafte. Mühsam erstiegen wir den hohen Berg; ein völlig neu aufgeführter Hüttenkomplex für vielleicht 200 Menschen war alles, was sich uns zeigte. Ich begab mich sofort in die gröfste Hütte, welche der König bewohnte, liefs ihm sagen, er möge herauskommen, und als er sich nach einigem Zögern mit seinen Grofsen blicken liefs, waren wir fast betroffen von dem eigenartigen Anblick; die Einfachheit der Umgebung kontrastierte seltsam mit diesen Gestalten. Luabugiri und seine Leute gehören sicherlich zu den gröfsten Menschen, die es giebt. Sie sind von schönem und wohlproportioniertem Körperbau; fein gegerbte Ziegenfelle und überreiche Perlenstickereien in geschmackvoller Farbenanordnung waren die einzige Kleidung. Luabugiri trug auf dem Kopf einen Kranz aus grünen Blättern. Unsere Unterhaltung war kurz. Meine Absicht, den Feuerberg zu besteigen, belächelte er mitleidig, und unsere weifse Hautfarbe erregte sein gröfstes Erstaunen.

Drei Tage blieben wir in der Nähe seiner Behausung; dann bestiegen wir unter unsäglichen Schwierigkeiten den Ostrand des grofsen Grabens. Der Kamm des Gebirges ist mit dichten Bambuswäldern bestanden, die so dicht bewachsen sind, dafs die Sonne nicht hindurchdringen kann. Die dunkelgrünen Stämme erreichen eine Höhe von 20 — 30 m. Völlig erschöpft erreichten wir das fruchtbare Land Bugoye und bezogen östlich vom Vulkan ein Lager. Der Kirunga tscha Gongo — so nennt sich der Feuerberg — lag frei vor uns; die Gipfel seiner östlichen Nachbarn hingegen wurden nur selten unseren Augen sichtbar. Die Besteigung des Berges wurde sogleich in Angriff genommen. Wir waren genötigt, uns Schritt für

Schritt 3½ Tage lang durch Urwald hindurchzuarbeiten. Endlich gelangten wir auf eine Art Einsattelung; eine niedrige alpine Flora bedeckt dort den schwarzen Lavaboden, und vor uns lag der Hauptkraterkegel. Wir kletterten nun, oft mit Hülfe der Hände, ein bis zwei Stunden aufwärts und standen schliefslich am Rand des riesigen Kraters. Leider fehlt mir die Gabe, das zu schildern, was wir beim Anblick dieses grofsartigsten aller Naturschauspiele empfanden. Die gewaltigen Formen des Kraterkessels bilden kohlschwarze, mit rosafarbenen Adern durchzogene Wände, die senkrecht wohl 200 m tief herabstürzen. Der Boden, ein erkalteter sogenannter Lavasee, sieht aus, als wäre er völlig eben und in den schönsten Farben marmoriert. Zwei gewaltige, brunnenähnliche Öffnungen, so regelmäfsig, als wären sie von Menschenhänden hineinzementiert worden, befinden sich in der Mitte, und der einen entströmt mit Donnergetöse eine gewaltige Dampfwolke. Der Rand des Kraters ist so steil und nach aufsen zu abfallend, dafs man schwindelfrei sein mufste, um den Rundgang um den Krater zu machen, zu dem wir zwei Stunden Zeit gebrauchten.

Was die von mir gesammelte Flora des Virunga angeht, so ist dieselbe im Königlichen Botanischen Museum zu Berlin durchgesehen worden. Es lassen sich hierbei auffällige Beziehungen zur Flora des Kilima-Ndjaro und in zweiter Linie zu der Abyssiniens nachweisen, nur geringfügig zu der des Runssoro. Aufser mehreren neuen Arten haben sich auch solche vorgefunden, die bisher als charakteristisch für den Kilima-Ndjaro angesehen werden konnten; die Komposite *Senecio Johnstonii* kommt vielfach vor.

Zwei Tage nach der Virunga-Besteigung marschierten wir am Südhang desselben weiter und standen plötzlich zu unsrer grofsen Überraschung am Ufer eines mächtigen Sees; wie am Meeresstrand toste die Brandung an seinem Ufer, und nach Süden zu dehnte sich unabsehbar die Wasserfläche aus. Das Nordufer wird aus Basalten gebildet. Das Wasser ist von wundervoller Klarheit und wohlschmeckend süfs. Von Fischen fanden wir nur eine Welsart. — Während Dr. v. Prittwitz die Karawane an das Westufer des Sees führte, unternahm ich eine Fahrt auf seiner Nordhälfte mit 4 Kanus. Paradisisch schöne Inseln liegen mitten im See, der 30 bis 40 km breit und mindestens 80 km lang. Die Uferformation erinnerte mich lebhaft an die oberitalienischen Seen. Eine Triangulation der Nordhälfte des Sees hinderte mich, auch die Südhälfte zu befahren und den Lauf und Ursprung des Russisi festzustellen, der nach aller Aussagen aus dem Kivu in den Tanganyika-See fliefst. Merkwürdigerweise soll er jedoch an seiner Einmündung in den Tanganyika-See verschilft sein und dort nicht ahnen lassen, dafs er ein sehr starkes Gefälle haben mufs; denn der Niveau-Unterschied zwischen Tanganyika und Kivu beträgt ungefähr 670 m. Diese Sache ist mir vollständig räthselhaft geblieben, da die Luftlinie vom Südende des Kivu bis zum Nordende des Tanganyika nur etwa 90 km lang sein kann.

Bei meiner Rückkehr zur Karawane erfuhr ich dann, dafs Dr. Kersting mehrere Kilometer nordwestlich vom Hauptvulkan eine Ausbruchstelle von flüssiger Lava gesehen habe, die uns nun den allabendlichen Feuerschein erklärlich machte.

Das Interessanteste an der Auffindung des Virunga scheint mir der Umstand zu sein, dafs er weitab vom Meer im Herzen eines Kontinents liegt; denn fast alle uns bekannten, noch thätigen Vulkane liegen in der Nähe des Meeres. — Analog den zahlreichen Vulkanen im ostafrikanischen Graben ist auch diese Reihe von Vulkanen einer gewaltigen geologischen Störungslinie gefolgt. —

Für den Weitermarsch stand ich nunmehr vor der Frage, ob der Marsch um den Kivu-See herum und wieder zur ostafrikanischen Küste zurück ausgeführt werden sollte, oder ob wir uns nach dem grofsen, centralafrikanischen Urwald wenden sollten, wobei freilich ein Zusammenstofs mit den Arabern, die mit den Belgiern am Kongo erbittert kämpften, wahrscheinlich war. Nach Überzählung meiner Patronen — ich hatte noch 15 000 — entschied ich mich für den Kongo, und so begannen wir abermals den hohen Grabenrand — diesmal den westlichen — mit seinen dunklen Bambuswäldern zu erklimmen. Vom Kongo und vom Oso-See, von dem Stanley erzählt hat, wufste uns niemand etwas zu berichten; vor uns läge das bergige Grasland Butembo. — Ein Lichtblick für mich war es, als ein Mann den Namen „Lowa" aussprach, jenes grofsen Zuflusses des Kongo, der mir bekannt war.

In den nächsten Wochen wurden die Anstrengungen fast übermenschlich. Die geringe Nahrung und das fortwährende Hinauf- und Hinabklettern auf kaum sichtbaren Pfaden war weit mühsamer, als der spätere Marsch durch die sumpfige Urwaldzone. Das Land fanden wir ganz dünn bevölkert. Die Sklavenjäger aus Manyema-Land hatten ihre Raubzüge bis hierher ausgedehnt, und die spärlichen Reste der Bevölkerung ergriffen oft die Flucht, wenn wir uns näherten. Verpflegung und Wegeführer waren schwer erhältlich. Unsere Nahrung bestand meist aus verwilderten Bananen, aus deren Vorkommen man stets auf alte Niederlassungen schliefsen kann. Die Wegrichtung nahmen wir immer der untergehenden Sonne nach, und ich konnte meinen ängstlichen Leuten mit gutem Gewissen versichern, dafs dort im Westen ein mächtiger Strom flösse mit weifsen Männern, Booten und Dampfern.

Butembo ist ein Hügelland mit Urwald in den Thälern und 3 bis 4 m hohem Gras auf den Kuppen. Überall steht Thonschiefer an. Das Land senkt sich allmählich nach Westen zu, und wenn man die Grenze der Walegga überschritten hat, so betritt man die gewaltige Niederung, die vom Kongo entwässert wird und die thatsächlich von geschlossenem Wald bedeckt ist. Die Vermutung, dafs der von Stanley durchzogene Wald nur eine Galleriewaldzone am Aruwimi sei, ist falsch. Ich habe mich nie an dem Flufslauf entlang bewegt und habe überall denselben langweiligen Laubwald vorgefunden. Von dem Dritten, der dieses Gebiet durchzogen hat, von Emin Pascha, haben wir leider nur geringfügige Nachrichten.

Was den Wald selbst anbetrifft, so mufs ich gestehen, dafs wir nach den Schilderungen, die uns Stanley in seinem Reisewerk giebt, sehr enttäuscht gewesen sind. Schrecklich waren diese Waldmärsche mit grofsen Menschenmassen durch die Unsicherheit der Wege, durch die vielen Hungertage und die endlosen versumpften Strecken, die man täglich passieren mufste; aber den Eindruck majestätischer Grofsartigkeit haben wir nicht gewinnen können. Wir haben uns oft gefragt, ob wir denn schon eigentlich in dem undurchdringlichen Urwald seien, in den kein Sonnenstrahl einzudringen vermag, und wo die lange Dunkelheit dem Reisenden Grausen erregt. Es mag sein, dafs am Aruwimi der Wald einen anderen Charakter hat, als im Stromgebiet des Lowa; es erscheint mir aber in Anbetracht der geologischen und orographischen Verhältnisse des Kongo-Beckens nicht wahrscheinlich.

Von den Zwergen haben wir nichts zu sehen bekommen. Nach übereinstimmenden Aussagen leben sie weiter im Norden, als unser Weg uns führte. Allerdings sind die Einwohner von Butembo und auch die von Bulegga meist Leute unter Mittelgröfse; jedoch fehlen ihnen die für die Zwerge charakteristischen Merkmale, wie die hellere Farbe, die sammetartige Haut u. s. w. Die Hütten im Waldgebiet sind durchweg von eiförmiger Gestalt, mit *Phrynium*- oder *Amomum* - Blättern gedeckt. Um die Dörfer herum, auf Lichtungen, findet man Bananen- und Bohnenkulturen. In Butembo sah ich einzelne Dörfer, die festungsartig auf hohen Kuppen lagen. Wie zu mittelalterlichen Burgen führt ein ganz schmaler Hohlweg als einziger Zugang hinauf, und oben sind hohe Wartthürme weit vorgebaut, von denen die Verteidiger zugespitzte Balken und Steine hinabwerfen. Speere und Pfeile mit Eisenspitzen haben wir dort nicht finden können.

Ehe wir den Lowa erreichten, stiefsen wir am 7. August auf eine grofse, inmitten grofser Reiskulturen liegende Manyema-Ansiedelung, von etwa 5000 Menschen bewohnt. Aus dem völlig unterwürfigen

Benehmen ihres Chefs Kaware-Ware oder Msenge konnte ich entnehmen, dafs am Kongo die Araberkriege endgültig zu Gunsten der belgischen Waffen entschieden waren.

Nachdem wir uns erholt und verproviantiert hatten, überschritten wir den reifsenden, in felsigen Ufern hinströmenden Lowa mit Hülfe eines Kanus und einer Übersetzmaschine, die ich aus aufgeblasenen Ziegenhäuten herstellen liefs. Noch einmal, ehe wir den Kongo erreichten, konnten wir uns einer ausreichenden Verpflegung erfreuen und zwar in der Manyema-Ansiedelung Tupalo. — Für eine längere Verproviantierung bot sich jedoch keine Gelegenheit, und die Märsche zwischen dem Oso-Flufs und dem Luvuto waren schrecklich durch die vielen Hungertage. Die Araberkriege hatten ihren Einflufs bis hierher ausgeübt; die Manyema-Ansiedelungen waren verlassen, und die wenigen Bananen waren von flüchtigen Sklavenjägern bereits genommen worden.

Als der Luvuto erreicht war, hatte die Not für uns ein Ende. Die letzten Tage hatten uns 30 Menschenleben gekostet; allerdings waren es meist leichtsinnige Burschen, die trotz strenger Strafen ihren mehrtägigen Proviant vergeudeten, aus Leichtsinn oder aus muhammedanischem Fatalismus.

Wir sind gerade zwei Monate durch ununterbrochenes Waldgebiet marschiert. Am 21. September 1894, also genau neun Monate nach unserem Abmarsch von der Küste, erblickten wir den Kongo gegenüber der jetzt aufgegebenen Station Kirundu. Dem Erstaunen der belgischen Herren bei unserem Erscheinen kam nur ihre grofse Liebenswürdigkeit gleich, der ich es verdanke, dafs wir 2½ Monate später den Atlantischen Ozean erblicken konnten.

Die Fahrt auf dem Kongo, die beschwerlichen Märsche am Unter-Kongo von Leopoldville bis Matadi boten mir keine Gelegenheit mehr zu geographischen Beobachtungen.

Am Ober-Kongo hat der Staat mit energischer Hand die Macht der Araber gebrochen. Man scheint aber nicht zu verkennen, ein wie wichtiges Kulturelement die Araber trotz allen Sklavenhandels sind. Eine blühende Kultur entsteht um jede Araberansiedelung, und man thut gut daran, dem Rest der Araber in der Nähe der europäischen Stationen eine Ansiedelung zu gestatten. — In Leopoldville traf ich mit dem Gouverneur des Kongo-Staates, Herrn Wahis zusammen, der mir bei der Verpflegung für die beschwerliche Reise von Leopoldville bis zur Kongo-Mündung in der entgegenkommendsten Weise helfen liefs.

Matadi, ein Ort, bis zu welchem die Seedampfer heranfahren, erreichten wir am 29. November 1894. Sechs Tage später erblickte ich den Atlantischen Ozean. In Banana konnte ein englischer Dampfer gechartert werden, der meine Leute, 207 Menschen, die sich von ihren Strapazen völlig erholt hatten, nach ihrer Heimat Ost-Afrika zurückbringen sollte. Herr Dr. Kersting hatte die Führung dieses Transports übernommen und ist gleich nach Ablohnung der Leute in Pangani nach Deutschland zurückgekehrt. Herr Dr. v. Prittwitz und ich langten am 8. Januar d. J. in Lissabon an.

Die soeben in aller Kürze geschilderte Reise habe ich in einem früheren Vortrag[1]) eine Urlaubs- und Vergnügungsreise genannt, und ich glaube mit einigem Recht; denn eine Vergnügungsreise charakterisiert sich ja hauptsächlich dadurch, dafs sie angenehme Erinnerungen in unserem Gedächtnis zurückläfst, und das thut sie in hohem Mafs. Die Erinnerung aber an die erlittenen Entbehrungen, Strapazen und an die trüben Stunden wird durch die Hoffnung verwischt, dafs wir unserer schwarz-weifs-roten Expeditionsflagge keine Unehre gemacht haben.

---

[1]) s. S. 53.

6.

Das Rätsel der Kompaſskarten im Lichte der Gesamtentwickelung der Seekarten.

Von Geh. Reg.-Rat Prof. Dr. Hermann Wagner in Göttingen.

(3. Sitzung.)

Hierzu Tafel 2.

Am 2. December 1894 waren es 300 Jahre, dafs einer der bedeutendsten Geographen aller Zeiten sein an Arbeit und Erfolgen reiches Leben beschlofs: Gerhard Mercator. Man hat dieses Tages in manchen geographischen Vereinen Deutschlands und des Auslandes gedacht und in Tagesblättern seine Verdienste rühmend gepriesen. Aber es schien uns geboten, dafs auch der eigentliche Repräsentant sämtlicher Geographen Deutschlands, der Deutsche Geographentag, bei seinem ersten Zusammentreten nach jenem Gedenktag, das unvergängliche Werk dieses Mannes in geeigneter Weise feiere. Nicht indem wir von neuem wiederholen, was wir über sein Leben und seine einzelnen Arbeiten wissen, und was jetzt in Dutzenden von Schriften zu lesen ist, sondern indem wir, anknüpfend an den Ort, der uns vereint, an den grofsartigen Seeplatz mit seinen intelligenten Schiffsführern und hervorragenden nautischen Instituten, durch eine historische Ausstellung von Seekarten dem Gedanken Ausdruck geben, dafs die von Mercator zuerst in konkrete Form gebrachte Idee eines winkeltreuen Cylinderentwurfs für die Zwecke der Nautik sich zwar äufserst langsam, aber schliefslich doch siegreich die Welt der Schiffahrt erobert hat.

Aber Bremen hat noch eine andere Veranlassung, dafs man heute, wo diese alte Hansestadt zum ersten Mal den Deutschen Geographentag gastlich aufnimmt, Mercator's gedenke. Hier hat durch lange Jahrzehnte ein Mann gewirkt, dem es zur halben Lebensaufgabe geworden war, die Verdienste Mercator's um die mathematische Geographie und die Nautik ins hellste Licht zu stellen, seine Errungenschaften als die Erzeugnisse eines deutschen Geistes zu kennzeichnen. Freilich war dieser Punkt nur ein Glied in der Kette kritischer Forschungen und geistreicher Untersuchungen, welche wir dem langjährigen Leiter der hiesigen Seefahrtsschule, Arthur Breusing, verdanken. Und somit gilt jene Ausstellung, gilt auch das Thema, das ich vor Ihnen zu entwickeln mich anschicke, den Manen dieses trefflichen Mannes. Ich trage damit gewissermafsen selbst einen Teil der Dankesschuld ab, die ich einst ausschliefslich in folge des Studiums seiner gedankenreichen historischen Arbeiten, später auf Grund zahlloser mündlicher und schriftlicher Anregungen und Winke für den bedeutenden Mann empfand und für immer auf das wärmste empfinden werde.

Nichts würde mich mehr beglücken, als heute die mächtige Persönlichkeit Breusing's unter meinen Zuhörern erblicken, mit ihm debattieren zu können, — freilich nicht ohne vorauszusehen, dafs er die Schale kritischer Schärfe mit der ihm eigenen, herzerquickenden Derbheit über mich ergiefsen würde, wenn ich es nunmehr wage, das ganze Gebäude von Spekulationen umzustürzen, die Breusing dereinst über eine wichtige Spezialfrage, die Entstehung der sogenannten Kompafskarten, in scheinbar unwiderlegbarer Klarheit entwickelt hatte. Aber gerade dadurch, dafs ich ihm nicht blindlings folge, sondern seine Behauptungen mittelst der von ihm geübten Methode erneuter Prüfung unterziehe, glaube ich mich am besten als sein gelehriger Schüler zu bekennen.

Wenn mir nun auch die völlig abweichenden Resultate, zu denen ich gekommen bin, seit Jahren feststanden, so fehlte es mir doch noch an schlagenden Einzelbeweisen, um den Feldzug gegen einen so gewichtigen Gegner, wie meinen Freund Breusing, zu eröffnen. Dazu bedurfte es noch langer Studien. So kommt es, dafs ich mit den Ergebnissen erst jetzt hervortreten kann, — mit wahrem Schmerz mufs ich es aussprechen, — wo sich die überzeugungstreuen Lippen des kernigen Mannes für immer geschlossen haben.

I.

M. H. Man spricht von einem wissenschaftlichen Rätsel, wenn eine Frage die verschiedenartigsten Lösungsversuche erfahren hat, ohne dafs eine derselben als die richtige allgemein anerkannt ist. Der Ursprung und das Wesen der mittelalterlichen Seekarten der Italiener galt lange als ein solches, bis nach der fast allgemein in Deutschland verbreiteten Ansicht Arthur Breusing dasselbe endgültig gelöst hat.

Seekarten oder nautische Küstenkarten sind uns bekanntlich aus dem Altertum nicht überliefert. Über die nähern Beziehungen der wissenschaftlichen Geographie, wie sie in dem Werk des Ptolemaeus verkörpert ist, mit der Nautik im Altertum wissen wir nichts.

Es ist aber anzunehmen, dafs diese beiden Zweige menschlicher Erkenntnisse, welche sich die Erforschung des Erdantlitzes zum Ziel setzen, oder besser darauf hinaus laufen, damals ebenso lose gewesen sind, wie in späteren Zeitaltern auch; wie im Mittelalter, wie im 16. Jahrhundert und —, wie es mit Recht auch Breusing für unsere Zeit als verhängnisvoll beklagt. Es sollte unser eifrigstes Bestreben sein, die von ihm von neuem geknüpfte Verbindung dauernd aufrecht zu erhalten.

Das patristische und scholastische Mittelalter kennt fast nur Welt- oder Länderkarten äufserst roher Form, auf denen Küsten, Inseln, Flüsse, Städte in ihrer gegenseitigen Lage zumeist nach wenigen Überlieferungen und vagen Erkundigungen dargestellt wurden. Weder astronomische Ortsbestimmungen, noch geodätische Entfernungsmessungen bilden die Grundlage. Da „treten nun plötzlich" — ich zitiere die Worte eines Mannes, der eingehend über diese Karten geschrieben, — „um das Jahr 1300 bei den Italienern zierlich gezeichnete Seeatlanten und Generalkarten des Mittelmeers, sowie der atlantischen Gestade von England bis Marokko auf, welche die Küstenlinien und Umrisse der Inseln in überraschender Treue wiedergeben". Ja, so wird behauptet, „in derartiger Vollendung, dafs eine Verbesserung im einzelnen für drei Jahrhunderte nicht nachgewiesen werden kann."

Die älteste datierte Karte stammt von den Genuesen Pietro Vesconte vom Jahr 1311. Sie finden das Wiener Original des etwas jüngern Seeatlas von Vesconte vom Jahr 1318 auf der Ausstellung und einige Dutzend spätere in Originalen oder getreuen Reproduktionen gleichfalls. Man sieht das Bild niemals ohne eine Bedeckung mit einem aus zahllosen Maschen gesponnenen Liniennetz. Bei näherer Betrachtung ordnet es sich leicht in ein richtiges System von Linien, ausgehend von einer Centralrose von Windstrichen und einem Kranz von 16 regelmäfsig geordneten Nebenrosen. Das ist nun das Liniensystem, welches mindestens seit dem 13. Jahrhundert genau in der gleichen Anordnung (nur dafs seit dem 16. Jahrhundert auch die Centralrose eine 32strahlige wie die Nebenrosen wird) sich bis über die Mitte des vorigen Jahrhunderts auf allen Seekarten mit Ausnahme der Mercator-Karten erhalten hat. Es zeugt von seltsamer Unkenntnis, wenn E. Gelcich[1]) behauptet, man habe nur die ersten graduierten Karten des 16. Jahrhunderts noch damit versehen.

Der auffallendste Unterschied gegen unsere heutigen Karten ist,

---

[1]) Siehe den Abschnitt „Kompafs und Seekarten" seines Beitrages zur Hamburger Festschrift der Amerika-Feier, der überhaupt viele irreführende Darlegungen enthält. 1892. S. 36.

dafs die westöstliche Hauptaxe des Mittelmeers etwa um einen Kompafsstrich gedreht erscheint. Die Orte im Westen und Osten auf gleicher geographischer Breite und in gleicher Entfernung von der Kartenmitte liegen nicht in gleichem Abstand von der mittlern Querlinie der Blätter. Die östlichen sind höher gerückt.

Es ist bekannt, dafs O. Peschel trotz seiner Bewunderung der Karten ihnen dennoch den wissenschaftlichen Wert absprach, weil ihnen eine richtige mathematische Projektion nicht zu Grunde liege. Wolle man ein Gradnetz nachträglich auflegen, so könne allein von einem walzenförmigen die Rede sein. Diese letztere Ansicht hatte schon früher d'Avezac ausgesprochen.

Es dürfte in diesen Kreisen ebenso bekannt sein, dafs Breusing mit beifsender, aber gröfstenteils völlig berechtigter Schärfe gegen alle die Ungereimtheiten zu Felde zog, welche der geistreiche Peschel mit schwer begreiflicher Unbefangenheit über die Herstellung und vor allem über die Benutzung dieser Karten durch den Seemann ausgesprochen hat. Breusing hat seinerseits die höchste Meinung von der kartographischen Einsicht der Italiener des Mittelalters. Er hält sie allein für die Erfinder oder Erzeuger dieser Karten. Es steht für ihn unerschütterlich fest, dafs Italiener und Katalanen sie aus dem Material zusammengetragen und konstruiert haben, welches ihnen die Praktiker zur See seit Einführung des Kompasses boten. Beachten Sie, m. H., nach dieser Auffassung keine nautische Karte des Mittelalters ohne den Einflufs des Kompasses! Aber es bestehe ein Unterschied, — und dies hat Breusing zuerst in solcher Schärfe betont, — zwischen den Karten des Mittelmeers selbst und denen der atlantischen Gestade und zwar trotz des ganz gleichen Liniengewandes, welches den Laien täusche. Im Mittelmeer seien sie gezeichnet ohne alle Berichtigungen durch astronomische Bestimmungen. Wie man durch spätere Jahrhunderte, bis in das unsere hinein, das Mittelmeer befuhr ohne den Kurs durch Sonnen- oder Sternhöhen zu berichtigen, so auch damals; allein mittelst Kurs und Distanz habe man die Punkte festgelegt. Und da man den Kurs mittelst des Kompasses bestimmte, so habe man den sogenannten loxodromischen Kurs, d. h. den Weg, welcher alle Meridiane unter dem gleichen Winkel schneidet, in eine grade Linie streckend diese Karten erzeugt. Die Italiener seien die Erfinder „loxodromischer Karten", einer Kategorie, welche man beiläufig vor Breusing's Arbeiten in der Geschichte der Nautik bzw. der mathematischen Geographie überhaupt nicht kannte.

Ganz anders aufserhalb der Pforten des Herkules. Dort soll Heinrich

der Seefahrer († 1460) den Seeleuten zuerst gelehrt haben, Breiten zur
See oder mindestens an der Küste zu bestimmen, um damit die gekoppelten
Kurse durch Breitenmessungen zu berichtigen. Von seiner
Schule von Sagres aus, die möglicher Weise schon im Jahr 1418 gegründet
ist, sollen alsdann die Plattkarten ausgegangen sein. Bei
diesen wird die Erdoberfläche oder ein Stück derselben auf einer
Walze aufgerollt. Ihr Princip war bereits im Altertum bekannt, aber
das Verdienst sie in die Nautik als sogenannte graduierte, d. h. mit
einer Breitenskala versehene Karte eingeführt zu haben, wird von
Breusing im Verein mit manchem Vorgänger dieser Ansicht jenem
portugiesischen Prinzen zugeschrieben.

Diesen Plattkarten läfst sich nun ein System rechtwinkelig sich
schneidender Längen- und Breitenlinien mit Leichtigkeit auflegen, niemals
aber nach Breusing's Meinung den Mittelmeer-Karten. Hätten die
Italiener des 13. und 14. Jahrhunderts — und dies ist Breusing's Grundgedanke
— schon die magnetische Deklination gekannt, so würden
sie folgerichtig bereits zur berühmten winkeltreuen Cylinderprojektion
gelangt sein, die wir dem Scharfsinn des Mercator erst um das Jahr
1569 verdanken. Da sie aber in mifsweisenden Loxodromen fuhren,
d. h. in Kursen, welche die magnetischen, im Osten stärker von der
Nordrichtung abweichenden Meridiane unter gleichem Winkel schneiden,
so könne allein ein konisches Netz mit konvergierenden Meridianen
und gekrümmten Breitenparallelen den Mittelmeer-Karten jener Zeiten
angepafst werden.

Diese an sich geistreiche Auffassung, gestützt durch eine bestechende
schematische Figur[1]), hat nun in Deutschland rückhaltlosen Beifall gefunden,
und ich selbst war, ehe ich mich mit der Sache näher befafste,
von ihrer Richtigkeit überzeugt.

Nicht so im Heimatland jener Karten, in Italien. Dort ist der
ausgezeichnete Geodät Matteo Fiorini der mafsgebende Führer in
dieser Sache geworden. In dem Bestreben, die diesen Karten zu
Grunde liegende mathematische Projektion zu ergründen, gelangt er
zu der Auffassung, dafs man möglicher Weise von einer äquidistanten
Azimutalprojektion ausgegangen sei. Das bedarf wohl in diesem Kreis
einer kurzen Erläuterung. Fahre ich von einem bestimmten Punkt,
den ich mir in den Mittelpunkt einer Centralrose auf einer beliebigen
Seekarte denken mag, nach den verschiedenen Richtungen der Strichrose,
ohne die ursprüngliche Richtung, d. h. den Winkel, welchen
mein Kurs mit dem Meridian meines Ausgangspunktes bildet,

---

[1]) Zeitschr. f. wiss. Geogr. II. 1881. S. 187.

zu ändern, so bewege ich mich bekanntlich auf lauter gröfsten Kreisen der Erdkugel, ich fahre in orthodromer (rechtläufiger) Richtung. Diese Kurse erscheinen auf einer Karte, welche die Erde im Mittelpunkt berührt, als die geraden Strahlen einer Windrose und führen damit geradlinig zu den Nebenrosen hin. Alle Punkte, die auf der Erdkugel gleichweit von jener als Mittelpunkt angenommenen Rose sind, liegen bei dieser Entwurfsart auf konzentrischen Kreisen rings um jenen Mittelpunkt. —

So stehen sich denn in der That ganz unvermittelt die Ansichten der bedeutendsten Forscher auf diesem Gebiet gegenüber. Der eine geht vom loxodromischen, der andere vom orthodromischen Kurs aus. Wird es weiterer Beweise bedürfen, wenn ich das Problem als ein auch jetzt noch ungelöstes Rätsel bezeichne?

II.

M. H. In der gesamten Naturforschung gilt ein Gesetz, das die Theorie zur Erklärung der Erscheinungen ersonnen, nur dann für erwiesen, wenn es sich an der Hand der Erfahrung und des Experimentes bewährt hat. Liegt es darum nicht nahe, jene Karten einmal selbst sprechen zu lassen, und sie zu fragen, wie verhalten sich denn die uns erhaltenen Dokumente jenen Theorien der loxodromischen Karten, der äquidistanten Azimutalprojektion gegenüber? In der That fordert Breusing selbst dazu auf. Aber alles, was er an positiven Beweisen seines gesamten Systems uns bietet, ist in dem einzigen Satz zusammengefafst: Will man die loxodromischen Karten mit einem Gradnetz überziehen, so ist das einzige, welches sich dazu eignet, ein solches in konischer Projektion. Man braucht nur den Versuch zu machen, um überrascht zu werden, wie genau sich dann die Lage aller Orte nach Breite und Länge einordnet"[1]). Aber er teilt uns einen solchen Versuch nicht mit. Er bleibt bei der nackten Behauptung stehen, ohne irgend einen sinnfälligen Beweis, sei es durch über einander gezeichnete Karten, durch Einzeichnung einer Kegelprojektion in eine Kompafs-Karte, sei es durch Auswahl charakteristischer Beispiele über den Verlauf einer gebogenen Breitenparallele und dergl.

Fiorini vermag ebenso wenig eine Übereinstimmung der wirklichen Karten mit einer Darstellung in Mercatorprojektion nachzuweisen, ja er resigniert zuletzt und meint, es sei überhaupt vergebliche Mühe, die Lösung des Problems von mathematischer Seite zu versuchen[2]).

Und so komme ich zu dem ersten der methodischen Ge-

---
[1]) Zeitschr. f. wiss. Geogr. II. 1881, S. 187.
[2]) Le projezioni delle carte geografiche. Bologna 1881, S. 698.

sichtspunkte, die auszusprechen mir ein wissenschaftliches Bedürfnis ist, zu dem Grund, weshalb ich bat, dieses Thema im mündlichen Vortrag mit Unterstützung der Veranschaulichung zur Sprache bringen zu dürfen. Es handelt sich für mich darum, zu einer zwar keineswegs neuen, aber doch in weiten Kreisen arg vernachlässigten Methode der Forschung anzuregen. Dieselbe ist zwar ungleich mühsamer zu handhaben, führt aber weit sicherer zur Entscheidung streitiger Fragen aus der Geschichte der Kartographie, als die bisher beliebte der rein theoretischen Erörterung oder auch die der blofsen Anschauung der Formen, der vergleichenden Betrachtung von Karten ohne Ausmessung derselben.

Der Kartometrie also rede ich das Wort. Sie mufs ergänzend zu den übrigen Methoden hinzutreten. Ein messender Geograph, der den Zirkel als wichtigstes Hülfsmittel des Kartenstudiums niemals aus der Hand legt, ist besonders unter der nicht geringen Zahl mathematisch gründlich gebildeter Forscher oder besser Schriftsteller im Gebiet der Geschichte der mathematischen Geographie eine *rara avis*. Ein messender Geograph war auch Arthur Breusing nicht, trotzdem er das Verhältnis des Wachstums der Breiten auf Mercator's Karte mit dem Zirkel ausmafs. Sonst hätte er nicht jene dupierende Behauptung von dem konischen Netz der loxodromischen Karten ohne alle positiven Beweise aufstellen können. Die Zeit reicht nicht aus, auf andere Autoritäten hinzuweisen, um zu zeigen, dafs, so oft sie den schüchternen Versuch einer Messung auf einer jener alten Karten machten, sie fast immer zu einem völlig widersinnigen Ergebnis gelangten, — und zwar merkwürdiger Weise ohne sich über dasselbe irgendwie aufzuregen.

Ich kann die Lage, meine ich, nicht besser bezeichnen, als durch den Hinweis darauf, dafs Peschel's Ausspruch, den meisten Kompafskarten fehle es an Wegemafsstäben, sich von Schrift zu Schrift bis auf unsere Tage wiederholt, obwohl er auf voller Unkenntnis des Wesens aller Kartographie ohne Gradnetz beruht. Wie sich jeder an der hiesigen Ausstellung leicht überzeugen kann, fehlt jenen Karten im Original niemals ein Meilenmafsstab, seit den ältesten Zeiten nicht. Das Liniennetz der Kompafsrosen trägt in sich kein Mittel, keinen Mafsstab zur Abschätzung irgend einer Entfernung, einer Distanz, wie es ein Gradnetz *eo ipso* an die Hand bietet. Ohne den Meilenmafsstab wären jene Karten für die Seeleute also fast wertlos gewesen. Wozu hätten sie denn den „Kompafs", den Zirkel, nötig gehabt, den schon Raimundus Lullius im 13. Jahrhundert zu ihren unentbehrlichsten Utensilien rechnet? Wer an dieser einzigen richtigen Übersetzung von „Compassus" als Zirkel, die Breusing zuerst gegeben[1]), noch zweifelt, den weise ich auf die allbekannten niederdeutschen nautischen Ausdrücke, des Passer als Zirkel und der „Pafskarte" als Seekarte im Gegensatz zur Gradnetzkarte hin.

Aber nicht minder seltsam ist es, dafs die bekanntesten Autoren im Felde der Geschichte der Nautik sich über den jeweiligen Begriff der Seemeile im Unklaren befinden, oder von irrtümlichen Voraussetzungen ausgehen, ja dafs diese wichtige Grundfrage überhaupt kaum erörtert wird.[2])

So begeht kein geringerer als Alexander von Humboldt[3]) den gleichen Fehler wie der bekannte F. A. von Varnhagen[4]), die Zahl der auf einen Erdgrad angenommenen Meilen für das Zeitalter der Entdeckungen mit der Gröfse des Grades, wie sie sich nach unsern heutigen exakten Kenntnissen stellt, in Beziehung zu setzen, während man sich doch damals über die Gröfse der Erde und damit des Grades noch völlig im Unklaren befand. So hat sich Breusing in zwiefacher Täuschung über die Gröfse der Seemeile befunden. Denn einmal setzt er das Seestadium der Alten *eo ipso* dem attischen Stadium gleich[5]) und andererseits behauptet er[6]), die „Mylen" der ältesten niederdeutschen Seebücher entsprächen stets den englischen Sealeagues: $20 = 1°$. So befindet sich der Nautiker E. Gelcich, der vielen als eine Autorität ersten Ranges gilt, in dem unbegreiflichen Irrtum, dafs die italienische Schiffsmiglie im Zeitalter der Entdeckungen identisch sei mit dem, was wir heute die Seemeile oder die Breitenminute nennen[7]), obgleich doch die Nautiker erst seit den letzten 50—100 Jahren nach dieser rechnen, und erst die allgemeinere Einführung der Mercatorprojektion sie dazu veranlafste.

Ich führe diese Beispiele nur an, um anzudeuten, wo der Hebel zunächst einzusetzen hat, in jenem vernachläfsigten Punkt der Meilen-

---

[1]) Zeitschr. f. wiss. Geogr. II. 1881. S. 190.
[2]) Kein Wort über die Seemeile findet sich z. B. in Ernst Mayer's Geschichte der Seekarten (Mitteil. aus dem Gebiet des Seewesens 1879).
[3]) Kritische Untersuchungen I. Berlin 1834. S. 83.
[4]) Vgl. die Kontroverse zwischen Varnhagen und d'Avezac, die sich durch die Bände 1858 und 1859 des Bull. de la Soc. de Géogr. de Paris hindurchzieht, bes. Ser. IV. Vol. 16, S 238.
[5]) Nautik der Alten. Bremen 1886, S. 7.
[6]) Koppmann, Das Seebuch. Bremen 1876. Nautische Einleitung von A. Breusing. S. XL.
[7]) Statt vieler Stellen mag auf die „Mitt. der k. k. Geogr. Ges.", Wien 1893, S. 583, hingewiesen werden.

frage, oder um deutlicher zu sein, in dem der Distanz. Jedermann weifs, dafs Kurs und Distanz die Elemente der Ortsbestimmung für den Seemann sind. Sie waren es ebenso in dem Wiegenalter der Nautik. Für Abschätzung der Kursrichtung standen ihm vor Erfindung des Kompasses wenig Hülfsmittel zur Verfügung. Es ist nicht anzunehmen, dafs man im Mittelalter zur See vor Einführung dieses Instruments die Windrose bereits in mehr als 16 Teile — ganze und halbe Winde — geteilt habe. Aber auch als man die 16 Viertelwinde hinzugefügt hatte und in den Portulanen noch Zwischenrichtungen unbestimmter Art — *un poco di quarto di vento* u. dergl. — zu Hülfe nahm, bleibt der Bestimmung der Richtung doch immer noch ein Spielraum von 4—5°. Das sollten diejenigen nicht vergessen, die der Bussole bei Entwurf jener nautischen Karten ein so grofses Gewicht beilegen.

Es ist nun ein hohes Verdienst Breusing's, in allen Schriften den Begriff der Richtung bei der Orientierung auf der Oberfläche, bei der Kartenprojektion, in der Nautik in den Vordergrund geschoben zu haben, — aber er vernachlässigt dagegen über Gebühr die Distanz, die Entfernungsmessung, das Entfernungsmafs.

Es ist aber bedeutungsvoll darauf hinzuweisen, dafs in der Abschätzung der Länge des zurückgelegten Weges zur See, in der Gissung, seit den Zeiten des Altertums bis über das gesamte Mittelalter hin kein Fortschritt gemacht ist. Die Italiener des Mittelalters besafsen, so viel wir wissen, kein Verfahren, die Gissung gegen früher in sicherer Weise auszuführen, wie es erst durch Einführung der Logge im 16. Jahrhundert ermöglicht ward. Mit Einführung der Bussole ist an sich eine gröfsere Präzision in Abschätzung der Entfernungen nicht verbunden. Ein annähernd richtiges System von Entfernungsangaben und dementsprechend ein richtiges Kartenbild kann damals also nur durch zahllose Einzelerfahrungen gewonnen sein. Diesen wichtigen Punkt lassen meines Erachtens diejenigen aufser Acht, welche den Ursprung der Kompafskarten in die kurze Zeitspanne von Einführung des Kompasses bis zum Auftreten der ersten Seekarten um das Jahr 1300 verlegen. Wir wissen zwar wenig über diese erste Geschichte der Bussole, aber mich wundert, dafs der Mann, der dem Flavio Gioja die Erfindung des Schiffskompasses um 1300 zuschreibt[1]), an dem Widerspruch keinen Anstofs nahm, dafs bereits ums Jahr 1311 eine so vollkommene Karte des östlichen Mittelmeers in aller Hände war, wie sie sich in der Vesconte'schen als einem Typus darstellt.

---

[1]) Breusing in Zeitschr. f. Erdk. IV. 1869. S. 31 ff.

Damit komme ich zur zweiten meiner methodischen Anforderungen, die mir die Forscher bisher zu sehr vernachlässigt zu haben scheinen. Mein Bedenken richtet sich gegen die zu isolierte Betrachtung der Einzelerscheinung, statt sie als ein Glied einer Gesamtentwickelung anzusehen. Kann man den Ursprung einer Thatsache nicht sofort feststellen, so wirft der Verfolg der Entwickelung, wie in diesem Fall der Seekarten, in eine neue Periode hinüber, in die Phase des Absterbens und Verschwindens älterer Methoden, das Studium des langsamen Gangs dieser Entwickelung oft überraschende Lichtblicke in die dunkeln Partien unserer Untersuchungen.

Von diesem Standpunkt erinnere ich an den aufserordentlich konservativen Sinn der Nautiker aller Zeiten, erinnere ich an die bisher kaum betonte Thatsache, dafs die 1569 zuerst im konkreten erfundene Seekartenprojektion Mercator's fast zweiundeinhalb Jahrhunderte gebraucht hat, um sich in der Nautik allgemeine Geltung zu verschaffen; ich erinnere daran, dafs der Übergang von den Seekarten der atlantischen Küsten, wie sie uns seit 1318 überliefert sind, bis zur regelrechten gleichgradigen Plattkarte ein völlig unmerklicher, sich durch vier Jahrhunderte erstreckender ist.

Stellen wir also zunächst den bisherigen Theorien diese Erfahrungen späterer Jahrhunderte gegenüber, so sprechen letztere durchaus dagegen, dafs ein so überaus wichtiges Kartenbild des Mittelmeers, wie es uns, von der Drehung der Hauptaxe abgesehen, in jenen mittelalterlichen Karten vorliegt, in dem Zeitraum weniger Jahrzehnte oder auch eines Jahrhunderts hätten entstehen können, wenn nicht viel ältere Karten, seien sie auch mit groben Fehlern behaftet gewesen, als Grundlagen vorgelegen hätten. *A priori* ist also der Gedanke, die Mittelmeer-Karten seien ein plötzlich um 1300 auftretendes Erzeugnis italienischen Scharfsinns, entschieden zurückzuweisen. Was für das heutige, für das Zeitalter der Vermessungen gilt, dafs ein bisher völlig unbekanntes Gebiet der Erde nach wenigen Jahrzehnten bereits in verhältnismäfsig richtigen Zügen mappiert ist, dürfen wir unmöglich auf die früheren Perioden mit ihren unvollkommenen Mitteln der Ortsbestimmung übertragen. In der That haben ja auch verschiedene Forscher die Ansicht ausgesprochen, dafs man jene Kompafskarten auf Byzanz und das Griechentum zurückzuführen habe, aber man ist bisher über die blofse Vermutung nicht hinausgekommen. Noch hat kein Fund uns Seekarten aus älteren Zeiten oder dem Altertum als unzweifelhaften Beweis dieser Anschauungen gebracht, noch hat man keine direkte Beziehung zwischen Karten des Altertums und Seekarten des Mittelalters aufgedeckt. Eben deshalb, meine ich, müfsten die Karten selbst in solchem Fall die Spuren eines älteren Ursprungs an sich tragen. Und ich erblicke sie in erster Linie in den bisher gänzlich unbeachtet gebliebenen Meilenmafsstäben jener Karte. Darüber kann ja gar kein Zweifel sein, dafs diese Karten von der falschen Orientierung abgesehen, einen Triumph geodätischer Vermessung zur See vor den astronomischen Ortsbestimmungen des Altertums wie des Mittelalters oder den schwachen Versuchen von Aufnahmen zu Land darstellen. Die Gegengestade sind in einem sehr richtigen Verhältnis zu einander gezeichnet. Von einer einseitigen Verzerrung, wie z. B. bei dem Ptolemaeischen Mittelmeer, kann in keinem jener Meeresbecken die Rede sein. Gerade wenn wir jedes einzelne derselben für sich betrachten, sind wir überrascht von der Ähnlichkeit der Umrisse im grofsen ganzen mit der heutigen Karte.

Beginnen wir nunmehr die Ausmessung im einzelnen, so erinnere ich an die mifsliche Thatsache, dafs den Meilenmafsstäben der Karten des 14. und 15. Jahrhunderts jede Legende fehlt, welche uns einen Anhalt über die absolute Gröfse dieser Meilen böte. Auch die Portulane schweigen sich darüber aus. Ohne die Kartenmessung sind wir auf blofse Vermutungen angewiesen, die kartometrische Methode vermag uns jedoch in Meeresbecken; die damals schon so genau festgelegt waren, darüber Aufschlufs und Gewifsheit zu geben. Die Ausmessung mufs nur eine systematische und gründliche sein. Ich sage, beginnen wir dieselbe, indem wir Dutzende von Distanzen nach eben den Miglien, wie sie die Meilenmafsstäbe jener Karten uns selbst bieten, bestimmen und dieselben Distanzen durch die ganze Serie der uns zur Verfügung stehenden Karten nachmessen, um sie schliefslich mit den wirklichen Entfernungen nach heutigen Karten zu vergleichen, so werden wir zunächst überrascht sein, wie zahlreich die Abweichungen im einzelnen bei aller Übereinstimmung im ganzen auf den Karten des 14.—16. Jahrhunderts sind. Sodann gelingt es uns aber eine Reihe von typischen Fehlern zu erkennen, die sich auf allen Karten zeigen, aber nicht unwesentlich zur Entstellung des Gesamtbildes beitragen. Diese Partien haben wir selbstverständlich zunächst von der Betrachtung auszuschliefsen, wenn wir die Gröfse der zu Grund gelegten Meile bestimmen wollen.

Noch besser als die beliebig herausgegriffene Distanzmessung führt es zum Ziel, wenn wir die nautische Karte mit einem Netz von Meridianen und Parallelen versehen, die sich möglichst an die auf den Karten verzeichneten Küstenpunkte halten. Auch hierbei treten die Ungereimtheiten jener alten Kartenbilder aufs deutlichste in die Erscheinung. Ich weise Sie beispielsweise nur hin auf die beträchtlich zu tiefe Position der südlichen Küste Sardiniens, welche durch fünf Jahrhunderte die Entfernung von Cagliari nach Tunis wesentlich zu klein darstellte; auf den gewaltigen Sprung, den die Parallelen der griechischen Gewässer nach der Westküste von Hellas zu machen, wo das Kap Linguetta statt gegenüber dem Golf von Saloniki vielmehr in einer Westostlinie mit dem Golf von Volo (vgl. Tafel 2 Karte des Vesconte F) liegt. Wir kommen auf diesen Punkt zurück.

Bestimmt man nun die mittlere Größe der Längen- und Breitengrade aus zahlreichen Einzelmessungen in Miglien, so tritt das überraschende Resultat hervor, dafs diese gleich grofs gezeichneten Meilen einem wesentlich anderen Wert im Becken des Mittelmeers entsprechen, als an den atlantischen Gestaden. Die bekannte Gröfse der römischen Meile von 1480 m oder rund 1½ km, die im Zeitalter der Entdeckungen unzweifelhaft auch der Schiffsmiglie schlechtweg zu Grund liegt, pafst nur zur Abmessung der atlantischen Küsten, während sie viel zu grofs ist für das Mittelmeerbecken.

Die Westküste Spaniens, in gerader Linie gemessen 750 km lang, entspricht, um ein leicht überschaubares Beispiel zu wählen, der geraden Entfernung von der Nordspitze Afrikas unweit Tunis (Kap Bon) bis zum Hafen von Spezzia. Aber während die erste Linie auf den meisten mittelalterlichen Karten zu 500 „Miglien" gefunden wird, mifst man die zweite stets zu 670-680. Die Entfernung des Ufers der Grofsen Syrte bis zur Nordküste des Adriatischen Meeres findet sich stets zu rund 1500 Miglien. Das sind, bei Annahme von 1480 m für die Miglie, etwa 2200 km, aber die Entfernung beträgt in Wahrheit nur 1800 km, ein Beweis, dafs diese römische Meile zu jenen Mittelmeer-Karten nicht pafst.

Es ist klar, dafs ich Sie mit Zahlenbeispielen nicht ermüden darf. Führen wir aber solche Messungsreihen durch, so zeigt sich, dafs die Miglie jener Mittelmeer-Karten im Mittel wenig von 1200 bis 1250 m entfernt ist und daher um $^1/_5$—$^1/_6$ hinter der römischen Miglie zurückbleibt.

Nun höre ich im Geist an dieser Stelle den Zwischenruf des Erfinders der „loxodromischen" Karten: „Wenn, wie du sagst, die nord-südlichen Strecken im Mittelmeer viel zu grofs genommen sind im Verhältnis zu den atlantischen Gestaden, so ist dies ja der beste Beweis, dafs es Karten mit vergröfserter Breite, wie ich sie annehme, sind". Aber gemach! Nicht in dieser Richtung allein findet sich das angedeutete Verhältnis, sondern ganz im gleichen Mafs in allen andern, speziell in westöstlicher Richtung. Die Axe des Mittelmeers von Gibraltar bis Alexandrette ist auf allen nautischen Karten des Mittelalters etwa 3000 Miglien lang. Das ergiebt, wenn als römische Meile aufgefafst, 4440 km. Es ist aber diese Linie in Wahrheit nur 42 × 90 oder rund 3800 km lang, wir erhalten also genau dasselbe Resultat, wie in nordsüdlicher Richtung. Als Miglienwert resultiert auch bei dieser Messung eine Zahl von etwa 1250 m, niemals eine solche von 1480 m.

Lassen wir indessen lieber das Bild sprechen. In Taf. 2 Abb. B sehen Sie die richtigen Umrisse der in Frage kommenden Küsten zunächst mittelst schwarzer Farbe in das Netz einer rechtwinkeligen Plattkarte für die Mittelbreite von etwa 38° eingetragen. Ohne eine einzige Linie zu verrücken, ward dann die Karte Benincasa's vom Jahr 1480 nach dem Wiener Original[1]) mit dem entsprechenden Plattkartennetz überzogen, indem man die gerade Verbindungslinie von Gibraltar bis Malta als 36. Breitenparallele betrachtete und die Entfernung von Gibraltar bis zur Südostspitze Siciliens — wie auf der heutigen Karte — in 15 Längengrade teilte, endlich 5 Längengrade = 3,94 Breitengrade machte. Mittelst der roten Linien sind ihre Konturen alsdann auf unsere Übersichts-Karte, Masche für Masche lediglich durch Reduktion des Mafsstabes, übertragen. Was ist das Resultat? Es zeigt sich eine ausgezeichnete Übereinstimmung der Umrisse im ganzen westlichen Mittelmeerbecken, dagegen bleiben die atlantischen Küsten der nautischen mittelalterlichen Karte stark hinter denen der heutigen Karte zurück. Das heifst nichts anderes, als dafs Karten verschiedenen Mafsstabes zu einem einzigen Bild vereinigt sind. Die Westküste Spaniens, auf allen Kompafskarten fast genau so lang als die Strecke von Tunis nach Spezzia, ist trotzdem um 1/5 kürzer als die letztere gezeichnet, und es summiert sich diese Differenz nach Norden um so mehr, so dafs von einem Zusammenfallen der Umrisse in den Breiten von Frankreich und England nicht mehr die Rede ist.

Überträgt man aber jene Umrisse der altantischen Küsten für die Mittelbreite von etwa 38° auf ein um 1/6 kleineres Netz von derselben Plattkarten-Gestalt (Taf. 2, Abb. A), so ergiebt sich die nämliche

---

[1]) Die Karte Benincasa's von 1480 ist ein Seeatlas in der beträchtlichen Gröfse von etwa 1 : 5 000 000. Die Blätter sind sämtlich ohne jegliches Übergreifen der Umrisse gezeichnet. Es bedurfte also nach Herstellung einer sorgfältigen Kopie (mittelst Einzeichnung in ein ganz gleich grofses und gleichmaschiges Netz von Kompafsrosen) erst der Zusammensetzung der Blätter zu einer Gesamtkarte des Mittelmeers. Eine solche enthält, wie gesagt, das Original der Wiener Hofbibliothek nicht.

Übereinstimmung der alten und neuen Karten, wie im Ponente-Becken[1]). Auf der andern Seite gewahren wir, dafs das für dieses letztere gewählte Gewand dem östlichen Becken des Mittelmeers zu eng ist. Die roten Linien greifen nach Süden, Osten, Norden über die schwarzen hinweg. Ungleich besser wird schon die Übereinstimmung, sobald wir breitere Maschen wählen, wie sie der Plattkarte für eine Mittelbreite von etwa $33°$ entsprechen, aber wohlverstanden ohne irgendwie die Breitengrade zu vergröfsern (Taf. 2, Abb. C)[2]).

Das Resultat ist, dafs eine einheitliche Plattkarte allerdings der Mittelmeer-Karte jener Jahrhunderte nicht aufgezwängt werden kann, dafs jedes Einzelbecken besondere Betrachtung erheischt. Was aber zur Genüge durch diese Übertragung erwiesen werden kann, das ist die völlige Grundlosigkeit der Annahme, dafs diese Karten nach mifsweisenden Loxodromen entworfen seien. Ich wiederhole, die Skizzen geben die Landumrisse genau nach Benincasa wieder, nicht in Umzeichnung und Verschiebung in ein anderes Gradnetz.

Wo ist zunächst das konische Netz mit den gekrümmten Breitenparallelen und konvergierenden Meridianen? Überzieht man eine jener Karten im möglichsten Anschlufs an die Küstenpunkte mit einem Gradnetz[3]), so zeigen allerdings die senkrechten Linien der Kompafskarten im westlichen Becken eine etwas geringere Neigung zu den eingezeichneten Meridianen, als im Osten, hier etwa $7-8°$, dort $8-10°$, und dadurch neigen sich beide Systeme von astronomischen Meridianen ein wenig gegen einander. Die Gründe werden uns sofort beschäftigen. Aber innerhalb des Einzelbeckens ist auch nicht eine Spur von einer solchen Konvergenz zu bemerken. Von einigen deutlichen Fehlern abgesehen laufen die Meridiane durchaus parallel wie bei der Plattkarte.

Und noch weniger läfst sich irgendwo eine Krümmung der Breitenparallelen feststellen, es sei denn in der Nähe von Sardinien, wo ein offenbarer Positionsfehler schuld ist, denn wenn der $38°$ diese Krümmung zeigen sollte, so ist der $37°$ Parallel, der die Küste von Tunis berührt, von jener Krümmung wieder gänzlich frei. Und wo zeigt sich

---

[1]) Man erkennt, dafs die Reduktion um $1/6$ in diesem Fall vielleicht schon zu grofs ist und eine solche um etwa $1/7$ (auf $1 : 23\,333\,333$) noch bessere Übereinstimmung der Konturen erzielt hätte.

[2]) Den Fehler einer unabhängigen, verhältnismäfsig zu grofsen Ausdehnung des Schwarzen Meeres teilt Benincasa mit allen nautischen Karten der Italiener — und wie ich annehme mit den Überlieferungen des Altertums.

[3]) Dies ist bei der grofsen Zahl von benannten Küstenpunkten auf den meisten mittelalterlichen Seekarten mit ausreichender Genauigkeit möglich. Im vorliegenden Fall begleitete eine Ausführung auf einer zur Wandkarte vergröfserten Skizze der Benincasa-Karte den Vortrag.

eine Vergröfserung der Breitengrade nach Norden, wie sie die loxodromische Karte nach Breusing's ausdrücklichem Verlangen sowohl für rechtweisende wie für mifsweisende Loxodromen erforderte? Bekanntlich streift der 30. Parallel die südlichste Bucht der Syrte, der 46. zieht nördlich von Aquileja hin. Diese 16 Breitengrade müfsten, nach den Gesetzen der Mercatorprojektion allmählich gröfser werdend, insgesamt auf etwa 20 Grade anwachsen. Es müfste diese Entfernung auf jenen Karten zu rund 1800 Miglien ausgezogen sein, da der Grad sich im Mittelmeerbecken zu annähernd 88—90 Miglien ergiebt. Faktisch mifst man auf keiner der zahlreichen Karten mehr als 1500 Miglien. Ebenso wenig läfst sich irgendwo eine Zunahme der Einzelgrade nachweisen, die im Norden schon um $^1/_4$ gröfser sind als im Süden[1]).

[1]) Nur einem möglichen Einwand will ich nachträglich hier begegnen. Bekanntlich unterscheidet sich das Netz eines schmalen Streifens einer Mercatorkarte nur wenig von einer Plattkarte für die Mittelbreite dieses Streifens, wenn man den Äquatorgrad (Längengrad) der Mercatorkarte im zweiten Fall als Längengrad der betreffenden Mittelbreite ansieht und also die Meridiane beider Entwürfe zusammenfallen. Die Mafsstäbe beider Karten sind jedoch dann wesentlich verschieden, nämlich im Verhältnis von $\cos \varphi : 1$. Die Plattkarte der Tafel 2, Abb. B für die Mittelbreite von 38° im Mafsstab von 1 : 20 000 000 (88 km : 20 000 000 = 4,4 mm) unterscheidet sich, um anschaulicher zu sprechen, zwischen 31° Br. und 45° Br. nur unwesentlich von einer Mercatorkarte, deren Äquatorgrad (Längengrad) = 4,4 mm ist, deren mittleren Mafsstab man alsdann aber zu 1 : 25 400 000 (= 4,4 : 111 300 000) annehmen müfste. Man könnte also sagen, weil jene nautischen Karten des Mittelmeers über den Mafsstab keine Andeutungen geben und die Ungenauigkeit der Zeichnung die Entscheidung durch Abmessungen verhindert, so ist man ebenso gut berechtigt, sie als Mercatorkarten (oder solche mit vergröfserter Breite) anzusehen entsprechend der Theorie der loxodromischen Karten, wie als Plattkarten; und es stände sich Behauptung gegen Behauptung wie bisher gegenüber. Indessen gerade in diesem Punkt giebt uns der bisher vernachlässigte Meilenmafsstab die Entscheidung. Man mufs sich die Konsequenzen veranschaulichen. Zunächst, dafs die Italiener den Äquatorgrad schon früh im Mittelmeer zu etwa 70 Miglien berechnet haben müfsten (3000 Miglien geteilt durch 42 Längengrade), und hiermit scheint ja zu stimmen, dafs man der Zahl von 70 Miglien bei den Nautikern zu Anfang des 14. Jahrhunderts begegnet, bis sie später allgemein herrschend wird. Aber die weitere Konsequenz würde sein, dafs man sofort beim Übergang an die atlantischen Küsten bewufstvoll die quadratische Plattkarte eingeführt habe, da man von Anfang an zwischen Kap St. Vincent (37°) und Kap Lizard (50°) den Breitengrad etwa zu 70 Miglien findet (Abstand = 930 Miglien bei Vesconte i. J. 1318). Was aber sollte die Italiener des 14. Jahrh. zu diesem Übergang (zur quadratischen Plattkarte) veranlafst haben, welcher in mittleren und höheren Breiten bei jedem Ost-Westweg zwingt, die Distanzen entsprechend zu reduzieren? Dies alles ist völlig unwahrscheinlich gegenüber der unzweifelhaften Thatsache, dafs die Nautik des 16. Jahrhunderts bei den europäischen Küsten des Atlantischen Ozeans nur die rechtwinkelige Plattkarte für die Mittelbreiten

Ich beschränke mich an dieser Stelle auf diese Andeutungen. Ich kann hier ebenso wenig auf den Nachweis eingehen, dafs auch die äquidistante Azimutalprojektion den Kompafskarten nicht aufgelegt werden kann. Denn diese zeigt im Rahmen der gröfseren Mittelmeer-Becken bereits deutlich gekrümmte Meridiane und Breitenparallelen. Aber ich wiederhole, gerade von letzteren finden wir im Durchschnitt der Einzelprüfung nichts. Es ergiebt sich beim Verfolg dieser Linien neben der völlig geraden Erstreckung mitunter beim Übergang von einem Meeresbecken zum andern eine sprungweise Unregelmäfsigkeit des geradlinigen Verlaufs, die man aber niemals mit jener gleichmäfsigen Krümmung verwechseln kann und darf, wie sie die Fiorini'sche Hypothese erfordern würde.

III.

Die einzige plausible Erklärung für die unzweifelhafte Thatsache, dafs in sich sehr richtige Küstenumrisse verschiedenen Mafsstabes in ein und dieselbe Karte gezeichnet sind, — oder was dasselbe ist, für die Thatsache, dafs der Wert der Miglie auf jenen Karten ein völlig von einander verschiedener ist jenseits und diesseits des Kaps von St. Vincent, — ich sage, die einzige plausible Erklärung ist eine zeitlich weit auseinander liegende Entstehung jener Karten und der sie begleitenden Portulane oder Segelanweisungen. Diejenigen des Mittelmeers müssen zu einer Zeit entstanden sein, in der die italienische Schiffsmiglie von 1000 römischen Schritt noch nicht das gebräuchliche Mafs zur Schätzung des Seeweges war, sondern wo man sich einer weit kleineren Seemeile bediente. Es ist kein plausibler Grund vorhanden, warum die Italiener verhältnismäfsig so richtige Vermessungen der gegenseitigen Küstenlinien des Mittelmeers wie der atlantischen Küsten gleichzeitig, etwa im 13. Jahrhundert, hätten entwerfen sollen, um dabei durchweg im Mittelmeer die Distanzen um 1/6 zu überschätzen. Der Ursprung der Mittelmeer-

---

von 37°, 41°, 48° u.s.w. anwendet. Bleibt man andererseits bei der rechtwinkeligen Plattkarte für die atlantischen Küsten stehen, während man für das Mittelmeer die Mercatorprojektion annimmt, so ist wiederum die bedeutende Verkleinerung des Breitengrades von etwa 90 Miglien im Mittelmeer auf 75—77 Miglien an der atlantischen Küste unerklärbar. Vielmehr müfsten die Breitengrade bis zum 46.° fast gleich sein. Beispielsweise steht unter den obigen Voraussetzungen der 46° Br. auf einer Plattkarte für die Mittelbreite von 38° im Mafsstab von 1 : 20 000 000 um 44,4 mm (= 8 × 5,55) vom 38° ab, bei einer Mercatorkarte in 1 : 25 400 000 um 47,2 mm (= 10,7° × 4,4). Das macht einen Unterschied von nur 2,8 mm oder etwa ⅛° der Plattkarte, wogegen in Wirklichkeit auf den nautischen Karten der 46° Br. an der atlantischen Küste um mehr als 1⅓° hinter dem Verlauf desselben im Mittelmeer zurückbleibt (s. Taf. 2, Abb B).

Karten mufs also weit zurückverlegt werden, und sie beruhen in ihren Grundlagen gewifs bereits auf solchen, deren sich die Seeleute des Altertums und frühen Mittelalters bedienten.

Es kommt nun alles darauf an, dieser kleineren Seemeile der Mittelmeer-Länder nachzuspüren. Das ist leichter für die späteren Jahrhunderte bis in unsere Zeit hinein. Schon als man im 16. und 17. Jahrhundert in Italien *L'errore delle carte del mare Mediterraneo* erkannte, wie er, so heifst es bei Bart. Crescentio, nicht nur den Kosmographen und Piloten, sondern jeder Sorte von Seeleuten bekannt sei, wird hingewiesen auf die gröfsere Zahl von Miglien, die man im Mittelmeer auf den Erdgrad rechne, nämlich meist 87, während draufsen im Ozean allgemein von 70 Miglien gesprochen werde.[1]) Und seit Mitte des vorigen Jahrhunderts wird auf zahlreichen Karten und in entsprechenden Werken von einer besonderen Seemeile gesprochen, die bei den Seeleuten des Mittelmeers im Gebrauch sei und deren 86 $\frac{1}{6}$ auf den Erdgrad gingen. Sie wird auch griechisch-italienische oder griechische Seemeile genannt, und immer dreht es sich um einen Wert von $\frac{1}{86}$ – $\frac{1}{90}$ des Erdgrades, also etwa einen solchen von 1250 m. Ist es unter diesen Umständen denkbar, dafs diese in der Neuzeit nachgewiesene griechische Seemeile auch eine Schöpfung der Neuzeit ist, oder nicht vielmehr, dafs es ganz die nämliche, welche ich, wie angedeutet, von den Karten des Mittelalters abgelesen habe, ehe ich überhaupt etwas von dieser griechischen Seemeile des letzten Jahrhunderts kannte?

Gehen wir rückwärts, so versagen allerdings bis jetzt die direkten Quellen. Aber ich erinnere daran, dafs fast alle Autoren, die die Periplen der Alten mit wirklich geographischem Verständnis zu interpretieren versuchten, zu dem Resultat gekommen sind, dafs das attische Stadium jene Strecken bedeutend zu grofs erscheinen lasse. Die Annahme eines kleineren Seestadiums wird, wie ich nicht zweifle, mit der Zeit auch im Kreis der klassischen Philologen und Altertumsforscher zum Durchbruch kommen und dann endlich auch die Überzeugung, dafs der Eratosthenischen Erdmessung gleichfalls das kleinere Stadium zu Grunde gelegen habe. Ohne auf diese interessante Kontroverse einzugehen, behaupte ich, dafs sich in jener mittelalterlichen Schiffsmiglie, die als griechische Seemeile in der Literatur des 18. Jahrhunderts wieder auftaucht, das Eratosthenische Grundmafs indirekt erhalten hat. Nicht dafs die Nautik es dem Eratosthenes entnommen, sondern dafs dieser die auf 5000 Seestadien abgeschätzte Entfernung von

---

[1]) Nautica mediterranea. Roma 1607. 4°. S. 175.

Alexandria nach Rhodos und ähnliches zum Ausgangspunkt seiner summarischen Berechnungen für die Gröfse der Erde genommen hat. Treten wir nun in den Ozean hinaus. Für die Karten dieser Küsten passen jene griechisch-italienischen Seemeilen nicht mehr, wohl aber diejenigen, welche der römischen Landmeile entsprechen. Der Gedanke liegt nahe, wieder Heinrich den Seefahrer und seine Schule von Sagres vorzuschieben, welcher ja auch die Plattkarte in die Nautik eingeführt haben soll.

Indessen, was letzteren Punkt betrifft, so liegt hier wieder einer jener wissenschaftlichen Mythen vor, für den man, obwohl seit Jahrhunderten wiederholt, bis heute nicht einen Schatten eines positiven Beweises erbracht hat. Noch ist nicht eine einzige graduierte, mit einer Breitenskala versehene Karte jener Küsten aus dem fünfzehnten Jahrhundert, oder gar eine frühere nachgewiesen. Ich frage, wie kommt es, dafs noch Columbus sich Kap Verde auf dem 9° statt auf dem 15° vorstellt, dafs Martin Behaim 1492 St. Vinzent auf den 40° statt 37°, Ferro auf den Wendekreis statt den 28°, Kap Palmas auf den 2° statt den 5° verlegte, wenn die Portugiesen schon seit Anfang des 15. Jahrhunderts ihre Karten durch Breitenbestimmungen berichtigten? Und wie steht es mit den nördlichen Küsten bis Frankreich, England, Flandern? Man vergifst, dafs diese Küsten mit ganz geringen Modifikationen ebenso schon auf den Karten des vierzehnten Jahrhunderts, wo von einer Seetüchtigkeit der Portugiesen noch nicht die Rede ist, erscheinen. Nein, hier liegen meines Erachtens ebenso die Errungenschaften der Italiener vor, als sie nach Beendigung der Kreuzzüge ihre Blicke westwärts wandten und mit England und Flandern direkte Seeverbindungen anknüpften. Möglich, dafs die Katalanen ihnen dabei zuvorgekommen oder behilflich gewesen sind.

Heinrich der Seefahrer kann also auch nicht die römische Meile zuerst eingeführt haben. Zeit und Ursache dieses Übergangs von der kleineren Mittelmeermeile bleibt freilich noch näher zu untersuchen. Möglich, dafs man bereits Streckenangaben in römischen Meilen längs der portugiesischen Küste vorfand.[1]) Wir halten uns für jetzt an die Thatsache, dafs diese Aufsenküsten zur See mit der römischen Meile

---

[1]) Voraussichtlich bringt A. von Nordenskiöld, der sich zur Zeit erfreulicher Weise mit ganz ähnlichen Studien beschäftigt, über diesen Punkt weitere Aufklärung. Da seine durch Cl. Markham in London beim Internat. Geographen-Kongrefs am 2. August 1895 verlesene Mitteilung mir nicht im Wortlaut vorliegt, wage ich ihren Inhalt in einem so schwierigen Punkt nach dem Gedächtnis nicht wieder zu geben, sondern beschränke mich auf diesen Hinweis.

als Miglie vermessen sind und dafs also für diese Karten ältere Grundlagen, wie für das Mittelmeer, nicht vorlagen¹).

Aber weiter folgt aus diesen Betrachtungen, dafs ein Unterschied in der Entwurfsart jener Karten im Mittelmeer und an den Aufsenküsten sich in keiner Weise nachweisen, ja annehmen läfst. Das Seltsamste an der ganzen Schlufsfolgerung Breusing's ist, dafs die Entwickelung der Seekarten durch den Übergang von der loxodromischen zur Plattkarte einen thatsächlichen Rückschritt gemacht haben müfste. Indem wir nachwiesen, dafs die Karten der atlantischen Küsten voraussichtlich auch italienischen Ursprungs sind, müfste jenen Rückschritt dieselbe Nation gemacht haben, der man die hohe Errungenschaft loxodromischer Karten zuschreibt. Das sind innere Widersprüche, welche die Hypothese an sich zu Fall bringen.

IV.

Aber es bleibt neben dem Unterschied des Meilenmafses ein weiterer bestehen. Die atlantischen Karten des Westens sind nur unbedeutend falsch orientiert. Ihre westöstliche Erstreckung ist auch zu kurz, als dafs die Wirkung dieser falschen Orientierung in die Augen spränge. Im westlichen Becken des Mittelmeers dagegen steigen die Breitenparallelen, wenn eingetragen, in deutlichem Winkel ostwärts bergan die eingezeichneten Meridiane neigen sich nach Westen. Man hat dies stets auf die Thatsache zurückgeführt, dafs die Karten und Portulane für diese Gewässer entworfen sein müssen in Zeiten, wo östliche Mifsweisung in denselben herrschte. Nun besitzen wir leider wenige Anhaltspunkte, um Isogonen-Karten für die Jahrhunderte vor der Entdeckung Amerikas zu zeichnen. Da aber im 16. Jahrhundert sicher östliche Mifsweisung im Mittelmeer bestand, seit Mitte des 17. westliche, so ist der Schlufs gerechtfertigt, dafs auch im 12., 13. und 14. Jahrhundert eine Periode westlicher Mifsweisung im Mittelmeer geherrscht habe. Das ist dieselbe Zeit, aus der uns die ersten datierten Karten erhalten sind.

Wenn nun der magnetische Meridian in seiner Einwirkung auf den Kompafs bei Entwurf jener Karten eine so grofse Rolle gespielt hat, wie die meisten annehmen, dann führt die eben hervorgehobene Thatsache notwendig zu dem Schlufs, es müssen die Karten in einer noch früheren Periode entstanden sein, in der gleichfalls östliche Mifsweisung im Mittelmeer bestand, ähnlich wie im 14. bis 16. Jahrh. In der

---

[1] Als Mittel von 13 Messungen bei Vesconte (1318) ergiebt sich 1,58 km, als Mittel von 16 Messungen bei Pizzigani (1373) 1,55 km, auf der katalanischen Karte (1385) 1,48 km für die Seemiglie, bei den späteren seit Bianco meist 1,42 km.

6*

That verlegt denn auch der bekannte Padre Timoteo Bertelli[1]), der sich viel mit der Geschichte der Bussole beschäftigt hat, ihre Entstehung in das 10.—11. Jahrhundert.

Wir kommen mit dieser Rückverschiebung allerdings immer mehr ins Gedränge, sobald wir an dem hervorragenden Anteil des Kompasses festhalten. Denn dafs die Seefahrer im 10. und 11. Jahrhundert diesen bereits als wichtigstes nautisches Hilfsmittel benutzt haben sollten, um damit den loxodromischen Kurs festzuhalten, erscheint von vornherein ungereimt.

Anders liegt die Sache, wenn wir dem Kompafs nur eine sekundäre Rolle zuweisen und die schöpferischen Leistungen der italienischen Kartographen zunächst auf die Berichtigung und Zusammenfügung älterer Karten der Einzelbecken zu einem Gesamtbild beschränken. Dafs dies ein hohes Mafs von Kombinationsgabe erforderte, wird jeder erkennen, welcher sich die Mühe genommen, die Karten eines jener alten Seeatlanten in gleicher Weise zusammenzufügen, wenn sie allein Küstenstriche der einzelnen Becken enthalten, ohne irgendwie auf das Nebenblatt überzugreifen. Die ersten Versuche werden stets beträchtlich fehlerhaft sein und mufsten es im Mittelalter ebenso sein.

Es ist uns nun zum Glück eine Karte erhalten geblieben, die für alle die Fragen, die uns hier beschäftigen, vom äufsersten Wert ist — die sogenannte Pisanische Weltkarte, so benannt, weil sie lange im Besitz einer Familie Pisa's war, jetzt aber zu den Schätzen von Paris gehört. Sie mufs unbedingt heute als die älteste uns erhaltene Seekarte des Mittelalters angesehen werden, wie dies vom historischen Standpunkt Theobald Fischer schon sehr eingehend hervorgehoben hat.

Sie sehen eine rohe Vergröfserung der Karte auf nebenstehendem Blatt.[2]) Dort mufs auf den ersten Blick die aufserordentliche Breite der Halbinsel Italien auffallen. Bei näherer Betrachtung ergiebt sich sofort, dafs hieran die Orientierung der Adria schuld ist. Ihre Axe läuft von Venedig aus nach SüdostzuOst, auf allen späteren nach Südost, sie ist also auf der Pisanischen Karte um einen vollen Strich steiler gegen den Meridian gestellt. Tragen wir ferner die Meridiane und Parallelen in die Karte hinein[3]), so erkennen

---

[1]) Studi storici intorno alla bussola nautica in Mem. della Pont. Accademia dei Nuovi Lincei Vol. IX, S. 138—148 u. Revista marittima. Luglio 1893 (Estr.) S. 8.

[2]) Es erwies sich als unmöglich, diesem Abdruck auch noch eine Skizze der Pisanischen Karte beizufügen.

[3]) Auch auf diese unmittelbare Veranschaulichung mufs an dieser Stelle verzichtet werden.

wir, dafs die Adria normal gerichtet ist, dafs sie an der allgemeinen Drehung der Mittelmeer-Axe auf der Pisanischen Karte noch keinen Anteil nimmt.

Darin liegt sofort ein zwingender Beweis, dafs bereits verhältnismäfsig recht genaue Karten dieses Beckens existierten vor Einführung des Kompasses auf diesem Meer, und dafs man erst nachmals die Drehung der Karte (dieses Meeres) um etwa einen Strich vollzogen hat.

Ein näheres Studium der Karten in ihrer Entwickelung ergiebt überhaupt, dafs die eigentliche Crux der Übergang von einem geschlossenen Becken zum andern war. Man sollte denken, je mehr Inseln, um so gröfser die Anzahl der Fixpunkte für eine richtige Küsten-Vermessung. Im Gegenteil. Alle gröfseren offenen Becken sind durch den Reichtum von Querkursen in bewunderungswerter Weise festgelegt. Keine mittelalterliche Karte ist so mangelhaft als die des Griechischen Archipels.

Hier finden wir nun den typischen Fehler, der uns den Fingerzeig rückwärts, bis ins Altertum hinein, gewährt. Die Ostküste Griechenlands von Saloniki bis Kap Malea ist auf allen jenen Karten bis ins 17. Jahrhundert hinein viel zu lang ausgedehnt im Verhältnis zur Westküste längs der Adria und dem Jonischen Meer. Hier hilft auch die einfache Drehung der Karte nichts, um Kap Linguetta in dieselbe Kartenhöhe, wie den Golf von Saloniki, zu bringen. Es liegt ein Grundfehler in der Zeichnung vor, der gänzlich unabhängig von der Mifsweisung ist.

Und siehe, ganz denselben Fehler mit allen seinen Konsequenzen zeigt uns — die Karte des Ptolemaeus.

M. H. Dafs man im Altertum die nahe gelegenen Punkte Rhodos und Argos unter gleicher Breite annahm, obwohl beide um mehr als einen Breitengrad verschieden liegen, ist einer der auffallendsten Richtungsfehler der Ptolemaeischen Karte. Und genau der gleiche kehrt auf den nautischen Karten des Mittelalters wieder, trotzdem zahlreiche andere Fehler ausgemerzt sind. Der Berg Athos liegt einen vollen Grad östlich von der Südostspitze des Peloponnes, Kap Malea; aber bei Ptolemaeus auf ein und demselben Meridian, und genau das Gleiche ist auf der Karte Pietro Vesconte's von 1318 der Fall. So sind also zwei Hauptorientierungslinien jener Karte, die vollkommen von den richtigen abweichen, im Mittelalter und Altertum die gleichen, und erst das 18. Jahrhundert hat Wandel geschaffen. Aber selbst wenn man die Athos-Malea-Linie wegen der sonstigen Abweichungen der beiden Karten nicht gelten lassen wollte, so bleibt doch die völlig gleich falsche Orientierung des südlichen Beckens des Archipels bestehen (vergl. Tafel 2, Abb. D und E).

Darf dies Beispiel nicht als ein vollgültiger Beweis angesehen werden, dafs es zum Teil uralte Überlieferungen und zwar in Kartenbildern sind, welche die italienischen Kartographen zur Grundlage der ihrigen nahmen und zu nehmen gezwungen waren?

In gleicher Weise liefsen sich noch eine ganze Reihe von Eigentümlichkeiten der nautischen Karten des Mittelmeers auf fehlerhafte Anschauungen des Altertums zurückführen, wie vor allem die grofse westöstliche Ausdehnung des Schwarzen Meeres und ebenso die Drehung der Längsaxe desselben. Ich führe bei der Kürze der Zeit hauptsächlich nur solche Beispiele an, welche das weit höhere Alter der falschen Orientierung der Karten beweisen, als es der Anwendung des magnetischen Kompasses bei der Schiffahrt zukommt.

V.

So komme ich also zu dem Ergebnis, dafs diese nautischen Karten keineswegs wie ein exotisches Gewächs in der Pflanzschule der nautischen Kartographie anzusehen sind; ein solches sind sie für den, welcher die Spezies der loxodromischen Karten zwischen die rohen Plankarten des Altertums und die graduierten Plattkarten der Renaissancezeit einschiebt. Von loxodromischen Karten wird man höchstens im eigentlichen Zeitalter der Entdeckungen, den ersten Jahrzehnten des 16. Jahrhunderts, als einer vorübergehenden Phase der Entwickelung ohne Dauer sprechen können.

Damals ist in der That vielfach jene Erscheinung auf den Karten zu konstatieren, dafs, indem man nach mifsweisenden Loxodromen über den Ozean fuhr, die jenseitigen Orte in zu hohe Breite rückten, weil die Mifsweisung westlich zunahm, ohne dafs man den Betrag dieser Zunahme schon kannte. Für jene Zeit pafst die schematische Figur Breusing's vom Jahr 1881[1]). Diese Erscheinung ist es, die er fälschlich auf das Mittelmeer übertrug. Er hat sich nicht den geringen Betrag der Deklinationsänderung im Mittelmeer, den man auf höchstens $^1/_2$ Strich (5—6°) annehmen darf, vergegenwärtigt. Es ist ihm ferner entgangen, dafs die Portulane des Mittelmeers ausschliefslich die Kurse für die 6—8 kleineren Becken zusammenstellen und fast nie mit denselben von einem Becken in das andere übergreifen. Ich glaube nun auch der Quelle seines Irrtums auf die Spur gekommen zu sein. Kein anderer als sein hochgepriesener Mercator war es, welcher eine durchaus richtige Schlufsfolgerung über die Wirkung der misweisenden Loxodromen zwischen der Schelde-Mündung und Danzig

---

[1]) Zeitschr. f. wiss. Geogr. II. 1881. S. 187.

auf das Mittelmeer übertrug[1]). Es ist Breusing entgangen, dafs Mercator damit einen direkten Fehler in die Mittelmeer-Karte brachte, indem er aus besagten Gründen isoliert die Nordwestküste Afrikas um einen halben Strich drehte, sie streng von West nach Ost verlaufen liefs.[2])

Meine Zeit ist abgelaufen. Ich kann nicht mehr die fraglichen Punkte berühren, wie die Italiener dazu kommen konnten, die verschiedenartigen Meilen, obwohl sie um etwa $1/6$ differierten, auf Karten und in Portulanen gleich zu setzen. Ich bemerke nur, dafs mir die ursprünglichen Zweifel an dieser Thatsache erst dann geschwunden sind, als ich erkannte, dafs in der That einige jener Kartographen, wie z. B. Giac. Giraldi (1426), Beccario (1436), der Verfasser der Luzerner Weltkarte u. s. w., versucht haben, den Fehler zu berichtigen, indem sie die atlantischen Küsten beträchtlich streckten[3]). Sie sind aber nicht durchgedrungen. Mehr noch ist mir die Sache verständlich geworden, seit ich die niederdeutschen Seebücher zu studieren anfing und hier erkannte, dafs man zuerst einfach fünf italienische Miglien der deutschen Meile gleichsetzte, um erst allmählich zu richtigeren Umrechnungen auf Grund von Einzelerfahrungen überzugehen.

So wenig das Mittelalter die magnetische Deklination gekannt hat, so wenig hat es die Unterschiede in den Meilenangaben im Grunde empfunden. Wir können uns die Genügsamkeit der Nautik jener Tage in Bezug auf Schärfe in Richtungs- und Entfernungsbestimmungen nicht grofs genug vorstellen. Das lehrt uns indirekt, aber in zwingender Weise erst die Nautik im Zeitalter der Entdeckungen, nicht minder aber die des 16. und 17. Jahrhunderts. In unseren deutschen Meeren haben sich unter Führung der niederländischen Nautiker damals ganz ähnliche Verhältnisse abgespielt. Diese sind zur Lösung des Rätsels der Kompafskarten des Mittelmeers in erster Linie heranzuziehen. Man mufs diese Frage im Licht der Gesamtentwickelung der Seekarten betrachten.

---

[1]) In dem bekannten Brief Mercator's an den jüngeren Granvella vom 23. Febr. 1546, s. Breusing, Gerh. Krämer gen. Mercator, Duisburg 1868, S. 14.

[2]) S. die grofse Karte Europas v. J. 1554.

[3]) Die Messungen auf den Karten derselben ergeben daher auch auf der atlantischen Seite durchschnittlich einen Wert von 1250—1300 m für die Miglie.

7.
Über die Nutzbarmachung der nautischen Institute für die Geographie.

Von Prof. Dr. O. Krümmel in Kiel.

(3. Sitzung.)

Die Meereskunde als exakte Wissenschaft, die nach empirischer Methode arbeitet, empfängt ihr Material nur auf dem Weg der Beobachtung und der instrumentalen Messung. Ein bedeutsamer Teil des Stoffes, nämlich der auf die eigentliche Tiefsee-Forschung bezügliche, und aufserdem eine Anzahl von Daten, die zugleich die allgemeine Erdphysik betreffen, wird fast ausnahmslos von wissenschaftlichen Expeditionen oder von eigens dazu ausgerüsteten Fahrzeugen der Kriegsmarine geliefert und in der Regel vollständig veröffentlicht, sodafs es der späteren Ausbeutung und wissenschaftlichen Diskussion unverkürzt zur Verfügung steht. Von der grofsen Masse aller ozeanographischen Beobachtungen, die sich auf die Beschaffenheit der Meeresoberfläche sowie der darüber liegenden Luft beziehen, aber ist bekannt, dafs wir sie der Handelsflotte verdanken, deren Schiffsführer und Offiziere sich in durchaus freiwilliger Thätigkeit mit der Ausfüllung der meteorologischen Schiffsjournale befassen und damit der Wissenschaft die Möglichkeit geben, die Gesetze der Bewegungen und Zustände der Meeresoberfläche wie der darüber liegenden Luft, und zahlreiche andere für die eigentliche Nautik wichtige Probleme zu ergründen, sodafs diese Arbeit in vieler Hinsicht wieder der praktischen Seeschiffahrt zugute kommt. Die Formulare für diese Schiffsjournale, die Anleitung für richtige Ausfüllung derselben und für zweckmäfsige Behandlung der Instrumente empfangen die Schiffsoffiziere von gewissen nautischen Central-Instituten, denen auch die Prüfung aller in Betracht kommenden Instrumente, vom Kompafs, Sextanten und Chronometer an bis zum Barometer, Thermometer und Aräometer hin, obliegt. Seit den Abmachungen der internationalen Konferenzen in Brüssel (1853) und London (1873) sind die in den Schiffsjournalen vorgesehenen Rubriken im ganzen und grofsen überall dieselben.

Was diese nautischen Central-Institute selbst betrifft, so haben wir in fast allen seefahrenden Staaten sogenannte hydrographische Ämter, die zur Kriegsmarine gehören und von höheren Seeoffizieren geleitet werden: diese hydrographischen Ämter finden in erster Linie und vielfach ausschliefslich ihre Aufgabe in der Vermessung der Küsten, Herstellung von Seekarten und Küstenbeschreibungen, aufserdem dienen sie als technische Behörde, welche Fragen der praktischen Nautik zu bearbeiten, u. a. auch die Prüfung der nautischen Instrumente für die Kriegsfahrzeuge vorzunehmen, und überhaupt alle neuen Errungenschaften auf diesem Gebiet für die Kriegsmarine nutzbar zu machen hat. Mit der Handelsflotte treten sie im übrigen noch ausnahmslos in Berührung durch Veröffentlichung der Nachrichten für Seefahrer, kurzer Bulletins, die alle Veränderungen im Fahrwasser, in der Betonnung und Beleuchtung der heimischen und fremden Küsten schleunigst zur Kenntnis der Schiffsführer ihrer Nation bringen. Soweit ich unterrichtet bin, sind jetzt nur in den Vereinigten Staaten und in Frankreich diese hydrographischen Ämter auch aufserdem für die Handelsflotte in der Weise thätig, dafs sie Schiffsjournale austeilen und ausgefüllte in Verwahrung nehmen. In den übrigen gröfseren Seestaaten liegt dies Civil-Instituten ob. In Grofsbritannien fungiert in dieser Richtung das Meteorological Council der Royal Society in London, wenigstens seit der Reorganisation im Jahr 1867. Dieses Council ist auch die Central-Instanz für alle meteorologischen Beobachtungen und Publikationen auf den Britischen Inseln selbst, sowie auch für die Wettertelegraphie und Sturmwarnung. In den Niederlanden und Dänemark sind die staatlichen meteorologischen Institute in Utrecht und Kopenhagen dafür bestimmt. Bei uns im Deutschen Reich aber, wo ein einheitliches meteorologisches Central-Institut ohne Änderung des Artikels 4 der Reichsverfassung nicht möglich zu sein scheint, ist zur Förderung der Handelsmarine ein besonderes nautisches Institut dieser Art in Gestalt der Deutschen Seewarte im Jahr 1875 begründet worden. Somit stehen uns für das Studium der Ozeanographie im weitesten Sinn (d. h. der vollständigen Geographie der Meere analog der Länderkunde), Schiffsjournale zur Verfügung in Washington, London, Paris, Utrecht, Kopenhagen und Hamburg; einige Urkunden der Art liegen dann noch in den Marine-Archiven aller Seestaaten. — Wenn ich nun kurz auf die ozeanographischen Leistungen dieser Institute eingehe, so betone ich ausdrücklich, dafs ich keinerlei Vollständigkeit dabei anstrebe, sondern nur einiges Charakteristische hervorheben will.

Es ist bekannt, wie glänzende Erfolge Maury auf Grund eines noch unvollkommenen Materials alsbald erzielte, wie er die meteorologischen Beobachtungen der Seeleute dazu verwandte, daraus die zweckmäfsigste Lage der Hauptsegelrouten zu konstruieren. Mit berechtigtem Stolz hat er selbst darauf hingewiesen, dafs, durch seine Bestrebungen und die Mitarbeit der Seeleute selbst, die durchschnittliche Fahrtdauer der Segler von Europa nach Kalifornien um das gefürchtete Kap Horn von 183 auf 135 Tage, also um 48 Tage abgekürzt worden sei; ebenso die Fahrt zwischen England und Australien von 124 auf 97 Tage. Das sind Ersparnisse an Frachtgeldern, die sich schon im Jahr 1854 nach sachkundiger Berechnung auf 9 Millionen Mark für die englische Flagge allein beliefen. Ähnlich grofse Leistungen sind in der Folge von dem Hydrographischen Amt der Vereinigten Staaten nicht wieder zu verzeichnen gewesen, und die regelmäfsigen Veröffentlichungen beschränken sich in den letzten Jahren, von der Bearbeitung der Spezial-Küstenbeschreibungen und Seekarten u. s. w. abgesehen, auf die Ausgabe nautischer Bulletins und Nachrichten für Seefahrer, welch letztere durch zahlreiche Berichte über Tiefsee-Lotungen dem Ozeanographen unentbehrlich geworden sind. Dazu kommt die regelmäfsige Ausgabe der Pilot Charts oder Segelkarten für den Nord-Atlantischen und neuerdings auch für den Nord-Pazifischen Ozean, die jeden Monat erscheinen und die dann herrschenden Windrichtungen, Meeresströmungen, Regenfälle, Nebelgebiete u. s. w., daneben aber auch die Positionen der die Schiffahrt sehr störenden treibenden Wracks sowie der Eisberge bei Neu-Fundland vorführen.

Das Niederländische Meteorologische Büreau hat schon früh Übersichtskarten der Wassertemperaturen und der Windrichtungen für den Atlantischen und Indischen Ozean veröffentlicht und ist in den letzten Jahren mit der Bearbeitung eines grofs angelegten physikalisch-nautischen Atlas des Indischen Ozeans beschäftigt, von dem zwei Lieferungen, die Monate December bis Mai umfassend, vorliegen.

Das Dänische Meteorologische Büreau hat schon sehr früh unter Hoffmeyer's Leitung den Versuch gemacht, tägliche synoptische Wetterkarten für den Nord-Atlantischen Ozean zu bearbeiten und giebt jetzt, gemeinsam mit der Deutschen Seewarte, eine neue Serie solcher Karten heraus, worauf noch zurückzukommen ist.

Das Pariser Büreau hat ebenfalls durch Bearbeitung von Karten der herrschenden Windrichtungen (man kennt insbesondere die originellen Windsterne von Brault) und neuerdings durch zwei Karten der nordatlantischen Meeresströmungen (von Simart) die Meereskunde gefördert.

Ungleich gröfser ist, wie nicht anders zu erwarten, die Thätigkeit des Meteorological Council auf ozeanographischem Gebiet. Von ihm erfahren wir auch, durch die regelmäfsigen Berichte an die Royal Society, wie grofs die Zahl der einlaufenden Schiffsjournale ist, wir wissen, dafs bei der Neuorganisation im Jahr 1867 bereits 2270 brauchbare Journale vorhanden waren, und wir können die Ende 1894 vorhandene Zahl derselben auf fast 6000 angeben[1]): eine an sich imponierende Zahl, deren wahre Bedeutung jedoch bald ins rechte Licht gesetzt werden soll. Eine grofse Zahl von Publikationen rein ozeanographischen Inhalts liegen vor: Darstellungen des herrschenden Luftdrucks und der Windrichtungen, der Oberflächen-Temperaturen, der Meeresströmungen, auch des spezifischen Gewichts teils für alle Ozeane in grofsen Übersichtskarten, teils in Spezialkarten und Tabellenwerken für enger begrenzte Teile der Meere (für die Gewässer um Kap Horn, um die Südspitze von Afrika, für den Bengalischen und Arabischen Golf u. dergl.). Ein ganzer Atlas der Meeresströmungen für alle Ozeane für die zwölf einzelnen Monate ist gegenwärtig in Arbeit, und man hat dazu eine grofse Anzahl von Strombeobachtungen auch von auswärtigen Instituten erbeten und erhalten. Am bekanntesten sind wohl die vor zwanzig Jahren erschienenen Arbeiten über die sogenannten Quadrate oder Zehngradfelder des Atlantischen Ozeans zwischen 20° n. und 10° s. Br., von der afrikanischen Küste nach Westen bis 40° w. L.. Die finanzielle Dotierung dieses englischen Instituts ist sehr reichlich, sodafs die Publikationen zu einem verhältnismäfsig sehr wohlfeilen Preis in den Handel kommen und damit unschätzbare wissenschaftliche Anregungen in weiten Kreisen der Meteorologen und Ozeanographen gewährt haben.

Wir wenden uns nun zu dem Institut, das uns am meisten interessieren mufs, der Deutschen Seewarte in Hamburg. Schon in ihren kleinen Anfängen als „Norddeutsche Seewarte", unter der Leitung des verstorbenen Herrn v. Freeden, hat sie in der Zeit von sieben Jahren bis 1874 doch schon 680 vollständige Schiffsjournale aus allen Ozeanen gesammelt. Die Zahl derselben aber ist seit der Umbildung zur jetzigen Seewarte, also in nunmehr gerade zwanzig Jahren, so gewaltig angewachsen, dafs von der Handelsflotte allein 6951, von der Kriegsmarine 1039, also zusammen 7990 vollständige Journale vorliegen, wozu dann noch 4247 sogenannte abgekürzte Journale kommen, wie sie an Bord der meisten Postdampfer auf allen überseeischen Linien

---

[1]) Ich zähle: Zuwachs von 1867 bis 1876 = 829; von 1887 bis 1891 = 865; von 1892 bis 1894 ult. März = 450. Für 1877 bis 1886 fehlen mir die Berichte, die graphische Interpolation giebt rund 1400. Daraus die Summe = 5814; wozu für neun Monate des Jahres 1894 noch 130 kämen, also 5944 Journale Ende 1894.

geführt werden (mit Eintragungen nur um 8 Uhr morgens und abends)[1]: das sind also in Summa für Ende 1894 über 12000 deutsche Journale! Nehmen wir nur die vollständigen heraus, also 7990, so ist darin, wie man sieht, unsere Seewarte dem Archiv in London mit seinen 6000 Journalen um 2000 oder ein Drittel voraus, und dieser Vorsprung wird mit jedem Jahr gröfser, da die Seewarte jetzt jährlich 425 (ohne Marine-Journale), das Meteorological Council dagegen nur 175 (einschliefslich der Marine-Journale) empfängt. Wieviel höher aber müssen wir diese Überlegenheit einschätzen, wenn wir uns vergegenwärtigen, wie sehr die deutsche Handels- und Kriegsflotte an Zahl ihrer Schiffe zurücksteht hinter der britischen. Man kann rechnen, dafs jährlich rund 20000 britische Schiffe in See sind, gegen 3500 deutsche. Läge auf englischer Seite die gleiche Leistung vor, so müfsten nicht 6000, sondern über 45000 Journale im Archiv des Meteorological Council liegen. Da übrigens die britischen Schiffe in den letzten 25 Jahren nur 3780 Journale eingeliefert haben, ist relativ die Leistung der deutschen, wie man sieht, reichlich zwölfmal gröfser. Und was die Qualität der Journale betrifft, so sind sie den englischen mindestens ebenbürtig. Auch die Verteilung über die einzelnen Ozeane ist bei aller Ungleichmäfsigkeit doch jetzt so günstig, dafs wahrscheinlich in keinem befahreneren Gebiet des Weltmeers die britischen Journale an Zahl den deutschen überlegen sein werden.

Das ist ein glänzendes Zeugnis für das Interesse, die Gewissenhaftigkeit und die Ausdauer unserer braven deutschen Seeleute, die inmitten ihres schweren Berufs auch für die Meereskunde solch imponierende Erfolge errungen haben; ihnen dafür einmal öffentlich den Dank der Nächstbeteiligten, wie sie ein deutscher Geographentag hier vereinigt, ausgesprochen zu sehen, dürfte nicht nur mir ein Herzensbedürfnis sein. Insbesondere sind es die die transatlantische Fahrt beherrschenden Schiffsführer von der Nordsee, die fast ausschliefslich (zu 94 Procent) die Beobachtungen gestellt haben, und es ist mir besonders erfreulich, vor einer Versammlung in Bremen hervorheben zu können, dafs das Kontingent an Beobachtern von der Weser mehr als die Hälfte, nämlich 52 Procent, aller Daten beschafft hat, gegen 41 Procent von Schiffen der Reedereien an der Elbe. — Übrigens ist mir kein anderer Berufszweig bekannt, der in durchaus freiwilliger

---

[1] Ich bemerke dazu, dafs ich diese Zahlen einer ausführlicheren Statistik entnehme, die mir der Direktor der Deutschen Seewarte, Herr Geh. Rat Dr. Neumayer, auf meinen Wunsch mitgeteilt hat, wofür ich auch an dieser Stelle meinen ergebensten Dank zu sagen nicht unterlasse. Die Publikation der Zahlen im einzelnen hat sich die Direktion der Seewarte vorbehalten.

Leistung so gewaltiges Material, das auch für die Wissenschaft unschätzbar ist, beigebracht hätte: eine Parallele mit der Landwirtschaft läge da vielleicht nahe, soll aber nicht weiter ausgeführt werden. Aber auch der Deutschen Seewarte selbst, die dieses Interesse bei unseren Seeleuten geweckt und rege zu halten verstanden hat, mufs hier mit aller Anerkennung gedacht werden. Freilich hat die Seewarte ihren Mitarbeitern zur See den Dank für ihre Unterstützung in einer Form abtragen können, die auch dem gröfsten Banausen die praktische Bedeutung dieser Bestrebungen klar macht: nämlich durch Ausarbeitung von Instruktionen für die Wahl der Segelrouten, deren Befolgung die mittlere Reisedauer erheblich vermindert hat. So haben unsere deutschen Segler in den Jahren 1876 bis 1880 für die Fahrt vom Kanal nach Valparaiso um das gefürchtete Kap Horn durchschnittlich 102 Tage gebraucht, dagegen 1889 bis 1892 nur noch 83 Tage, also um $^1/_5$ der Zeit weniger, und Fahrten von nur 65 bis 70 Tagen kommen gar nicht selten vor. Ähnlich sind die Erfolge auf der Fahrt nach Australien und den Reishäfen, und wenn unsere grofsen, 2000 oder 3000 Tons messenden Viermaster jetzt die Konkurrenz mit den Dampfern auf den genannten Linien halten können, so verdankt die deutsche Reederei dies sehr wesentlich auch der Thätigkeit der Deutschen Seewarte.

Aus ihrem reichhaltigen Archiv hat die Seewarte auch für wissenschaftliche Studien unmittelbar verwertbare Arbeiten hervorgehen lassen, die denen der andern nautischen Institute mindestens ebenbürtig sind. Solche Segelhandbücher, wie sie jetzt in deutscher Sprache für den Atlantischen und Indischen Ozean vorliegen, mit den schönen Atlanten dazu, haben auch die Engländer nicht aufzuweisen, die gewohnt sind, solche Arbeiten der privaten Schriftstellerei zu überlassen. Die Meteorologie des Nordatlantischen Ozeans wird bedeutend gefördert durch die synoptischen Wetterkarten, die weitaus zum gröfsten Teil auf den deutschen Schiffsbeobachtungen beruhen, und welche die Seewarte in gemeinsamer Arbeit mit dem Meteorologischen Institut in Kopenhagen zusammen herausgiebt und in der eigenen Druckerei in der kleinen Auflage von 100 Exemplaren herstellt. — In den jetzt vorliegenden 14 Heften meteorologischer Beobachtungen für ebenso viele Zehngradfelder des Nordatlantischen Ozeans zwischen 20° und 50° n. Br. (den sogenannten Quadratheften) ist schon ein gewaltiges Material verarbeitet, ohne jedoch das im Archiv der Seewarte jetzt vorhandene zu erschöpfen; für die Physik des Meeres ist mannigfaltige Belehrung daraus zu schöpfen. Dafs die Seewarte tägliche Wetterkarten für Mittel-Europa zum Zweck der Sturmwarnungen bearbeitet, ist allbekannt, weniger, dafs sie auch meteorologische Beobachtungen von auswärtigen Küsten, wie z. B. von Labrador oder von den deutschen Kolonien, der Wissenschaft zugänglich macht. Eine sowohl für die Theorie der Navigation wie für Meteorologie und Ozeanographie gleich bedeutsame periodische Publikation ist „Aus dem Archiv der Seewarte" betitelt und erscheint in jährlichen Bänden, worin auch Arbeiten von Nichtmitgliedern der Seewarte Gelegenheit zur Veröffentlichung gefunden haben, namentlich für umfangreichere Abhandlungen, die in den „Annalen der Hydrographie" zu viel Raum beansprucht haben würden.

Dies alles und noch manches, worauf ich nicht eingehe, zeigt, wie unsere Seewarte in der Herbeischaffung von Beobachtungsmaterial und in der wissenschaftlichen Verwertung desselben für die Meereskunde bereits ganz Erhebliches geleistet hat. Von sachkundigen Ausländern, namentlich von solchen, die persönlich Einblick in die Schätze und den Betrieb der Seewarte genommen haben, wird auch mehr oder weniger zugestanden, dafs die Seewarte die ähnlichen Institute des Auslands, namentlich auch das britische in London, unzweifelhaft überflügelt hat. Wie sehr die wissenschaftliche Meereskunde in Deutschland von der Seewarte angeregt und zu ihren jetzigen Erfolgen emporgehoben worden ist, zeigt die Literatur der letzten 15 Jahre aufs deutlichste. Um so unbegreiflicher ist es für einen deutschen Fachmann, in England der Auffassung zu begegnen, als ob die Meereskunde eine wesentlich englische Wissenschaft wäre, die so gut wie ausschliefslich in England entstanden sei und nur von dort aus gefördert werden könne. So hat noch auf der britischen Naturforscher-Versammlung in Oxford im Jahre 1894 der Leiter des Hydrographischen Amts der britischen Admiralität einen Vortrag über den gegenwärtigen Stand der Meereskunde gehalten, von einem Standpunkt aus, als ob aufser englischen Leistungen auf diesem Gebiet nichts wesentliches vorliege; von deutschen spricht er gar nicht. Der Vortrag ist mehrfach in deutscher Übersetzung erschienen, sodafs man sich leicht von dieser uns deutschen Gelehrten unbegreiflichen Einseitigkeit überzeugen kann. Es mag sein, dafs der Glanz der Challenger-Expedition die Blicke jenseits des Kanals etwas geblendet hat; aber das darf doch nicht in einem solchen Grad geschehen, wie dies ganz vor kurzem bei einem geschulten Gelehrten zu Tage getreten ist, der kein Autodidakt oder Dilettant ist wie der vorher erwähnte höhere Seeoffizier. In dem vor wenigen Tagen erschienenen letzten Bande des Challenger-Werks versucht der als Meteorologe wohlbekannte Alexander Buchan die ozeanische Cirkulation darzustellen und benutzt dabei alle englischen Tiefsee-

Beobachtungen und daneben auch allerlei amerikanische, norwegische, russische: aber die der deutschen Gazelle-Expedition kennt er nicht, von deutschen Leistungen sind in dem ganzen Buch nur die Quadrathefte der Seewarte erwähnt, sonst nichts. Diese Ignorierung der deutschen Leistungen läfst natürlich klaffende Lücken in seiner Darstellung, worüber ich mich an anderer Stelle äufsern werde. Ein solches unwissenschaftliches Verfahren braucht ja nur mit schlichten Worten aufgedeckt zu werden, um damit der allgemeinen Verurteilung überliefert zu sein[1]).

Bei der Fülle des Stoffs, der sich in den Archiven der nautischen Institute, namentlich in Hamburg und London, angehäuft hat, ist die Ausbeutung für rein wissenschaftliche Zwecke vorläufig noch unvollständig zu nennen. Die Seewarte ist genötigt gewesen, bei den vorher erwähnten Quadratheften sich auf die Benutzung eines Bruchteils ihrer Schiffsjournale zu beschränken, nur um die Arbeit abschliefsen zu können. So sind für das erste Quadratheft, welches das Zehngradfeld vor der Biskaya-Bai darstellt und im Jahr 1880 erschienen ist, nur Journale aus der Zeit von 1868 bis 1878 verwendet; heute würde etwa das vierfache Material zur Verfügung stehen[2]). Und doch war schon damals der Stoff reichlich genug, um gute Mittelwerte für die Hauptthatsachen der Klimatologie und den Zustand der Meeresoberfläche geben zu können. Bei den neueren Quadratheften hat man mit dem 31. December 1884 abschliefsen müssen, d. h. die gröfsere Hälfte mufste vorerst unbenutzt bleiben. Die Beschränktheit der finanziellen Mittel und der Arbeitskräfte ist hierauf ebenfalls nicht ohne Einflufs. Dementsprechend hat denn auch die Bearbeitung einzelner specieller Probleme daneben her gehen müssen, namentlich für gewisse Abschnitte der Segelhandbücher, wo z. B. für die Darstellung der tropischen Orkane oder die Verbreitung der antarktischen Eisberge möglichst alles vorhandene Material ausgebeutet wurde. Überhaupt wird man jedesmal, wenn irgend eine speciellere Frage auch für das in den Quadratheften dargestellte Gebiet auftaucht und gründlich bearbeitet werden soll, das Archiv selbst befragen müssen, und die darüber in den publizierten Heften enthaltenen Daten mehr zu einer vorläufigen Rekognoszierung des Problems verwenden dürfen: zu den Gegenständen dieser Art gehörte, um aus der Fülle nur zwei herauszugreifen, z. B. die Verbreitung

---

[1]) Es giebt jüngere englische Ozeanographen, die, entsprechend ihrer besseren Literatur-Kenntnis, von solcher Überschätzung der englischen Arbeiten vollkommen frei sind.

[2]) Gesamtzahl der im Archiv vorhandenen Schiffsbeobachtungen aus der Zeit vor Ende 1878 — 1 390 270, von 1879 bis Ende 1894 — 5 354 399.

des treibenden Sargassums und die der fliegenden Fische im Nordatlantischen Ozean.

Wir sind somit gegenwärtig ungefähr in derselben Lage, wie die Historiker bei der Erforschung der neueren Geschichte. Wohl publizieren die Archiv-Verwaltungen eine Auswahl oder auch vollständige Reihen der wichtigeren Urkunden, aber sobald ein Historiker ein Specialproblem gründlich behandeln will, so mufs er doch die Akten in den Archiven selbst einsehen. Die Meereskunde einschliefslich der maritimen Meteorologie ist gegenwärtig soweit gefördert, dafs die Grundzüge ihrer Lehren wohl schon ziemlich feststehen; aber im Einzelausbau ist noch eine Fülle von Arbeit zu leisten. Diese aber kann fortan nur in unmittelbarer Berührung mit den vorhandenen, in den Archiven niedergelegten Original-Beobachtungen geschehen. So hat sich die Praxis bei uns in Deutschland auch ganz von selbst gestaltet. Nicht nur Beamte der Seewarte selbst haben zahlreiche Einzelprobleme aus der maritimen Meteorologie bearbeitet, auch jüngere Gelehrte, Doktoranden von verschiedenen Universitäten, sind in den letzten Jahren in Hamburg thätig gewesen und haben schöne Erfolge gehabt. Ohne anderen Arbeiten das Verdienst kürzen zu wollen, nenne ich hier nur zwei: die Untersuchung der ostasiatischen Gewässer durch Herrn Dr. Gerhard Schott und die Darstellung der Windverhältnisse im tropischen Indischen Ozean von Dr. W. Meinardus. Die Direktion der Seewarte und ihre Beamten haben diesen Bestrebungen gegenüber ein weites Entgegenkommen bewiesen, wofür die Wissenschaft nur dankbar sein kann. Also in dieser Richtung vor allem sollte fortgefahren werden; möglichst viele strebsame und gut vorgebildete Jünger der Geographie mögen sich nach Hamburg begeben, um dort im Archiv der Seewarte zu arbeiten und dabei die höchste Freude des Gelehrten geniefsen, nämlich aus noch unberührten Schätzen der Wissenschaft Wahrheiten zu schöpfen, die dem menschlichen Geist bis dahin verhüllt gewesen sind. Andererseits aber erfüllen sie eine Pflicht der Dankbarkeit als Vertreter der Wissenschaft gegenüber unseren braven deutschen Seeleuten, denen wir ein so wohlgefülltes nautisches Archiv verdanken, wie es so stolz die Welt noch nicht gesehen hat. Endlich wird unserer jüngeren geographischen Generation der Aufenthalt auf einem Institut wie die Seewarte auch sonst von gröfstem Nutzen sein; man lernt dort die Instrumente kennen und die Technik der Beobachtungen an Bord, und gewinnt damit und durch den persönlichen Verkehr mit den seebefahrenen Beamten der Seewarte ein Verständnis für das an Bord überhaupt Erreichbare, soweit das ohne eigene Erfahrung überhaupt möglich ist.

Ein von mir persönlich hochverehrter Ozeanograph, Herr Admiral Makaroff, hat kürzlich eine Denkschrift an Gelehrte aller Nationen verschickt: „Über die Notwendigkeit einer internationalen Vereinbarung in Betreff des in den Meteorologischen Schiffsjournalen enthaltenen Beobachtungsmaterials". Dem Herrn Admiral genügen die Publikationen aus den Schiffsjournalen, wie sie bisher namentlich von den grofsen Instituten geübt werden, nicht: er möchte am liebsten alle zuverlässigen Schiffsjournale vollständig publiziert sehen. Da dies aber an der Finanzfrage scheitern müsse, so empfiehlt er, wenigstens für die beiden Jahre 1882 und 1883, in welche das bekannte „Polarjahr" fällt, die Publikation nach einem vereinfachten Schema durchzuführen. Das würde allerdings immer noch sehr bedeutende Mittel erfordern (die Seewarte allein hätte an 700 vollständige und 400 Auszugs-Journale mit etwa 600 000 Beobachtungen zu veröffentlichen) und gewifs ein an sich wertvolles Material abgeben: aber das würde doch zur Lösung der jetzt der Wissenschaft vorliegenden Probleme nicht mehr genügen. Zur Verschärfung der klimatologischen Mittelwerte ist ein Zeitraum von zwei Jahren kaum ausreichend, und zur Aufhellung unperiodischer Vorgänge kann das Material gar nicht reichhaltig genug sein. So möchte ich bezweifeln, dafs der Vorschlag des Herrn Admirals einen Erfolg haben wird.

Ein dritter Weg erweiterter Ausnutzung dieser Schätze der nautischen Archive ist schon durch die Londoner Konferenz vom Jahr 1873 angebahnt: der Austausch eines gewissen Teils des Beobachtungs-Materials unter den einzelnen Instituten in Kopien. So empfängt das Niederländische Meteorologische Institut in Utrecht von der Seewarte alle deutschen Beobachtungen aus den australasiatischen Gewässern und dafür die Seewarte die niederländischen Beobachtungen aus dem Nordatlantischen Ozean. Das Meteorological Council in London hat mehrfach für seinen in Vorbereitung begriffenen grofsen Atlas der Meeresströmungen Material aus den deutschen Schiffsjournalen erhalten (so noch im letzten Jahr 2000 Strombeobachtungen aus dem Pacifischen Ozean). Eine Mitteilung des englischen Materials aus dem Nordatlantischen Ozean für die Quadrathefte der Seewarte, die vor 15 Jahren einmal erwogen wurde, mufste schliefslich unterbleiben, da es sich um rund 200 000 Beobachtungen (für die ganze Zone zwischen $20°$ und $50°$ n. Br.) handelte, was an Abschreibgebühren allein einen Kostenaufwand von mehr als 33 000 Mark erfordert haben würde. — Ob diese fremden Archive den heimischen oder ausländischen Gelehrten geöffnet worden sind, wie das bei unserer Seewarte in so liberaler Weise geschieht, ist mir nicht bekannt, mag aber wohl vorgekommen sein.

Nach allem Gesagten aber scheint es mir, als ob die Wissenschaft sich am besten dabei stehen würde, wenn fortan zum Studium der Specialprobleme der eigentlichen Ozeanographie, wie auch insbesondere der maritimen Meteorologie, nicht allein das publizierte Material, sondern vornehmlich das handschriftliche der Archive selbst in erhöhtem Mafse zu Rate gezogen würde, nachdem sich unsere deutsche Praxis so ausgezeichnet bewährt hat. Wie weit die nautischen Institute daneben ihrerseits mit Publikationen fortfahren, mufs den einzelnen Leitern zu bestimmen überlassen bleiben. Man darf annehmen, dafs auch in Zukunft die Veröffentlichungen nicht verringert werden: wenn auch die leidige Finanzfrage hier wie so oft ein Hindernis für die schönsten wissenschaftlichen Pläne bildet. Die möglichst ergiebige Ausbeutung des durch die aufopfernde Thätigkeit der Seeleute aller Nationen aufgehäuften Beobachtungsmaterials wird nicht nur dem weiteren Ausbau der Wissenschaft vom Meere, sondern auch damit der allgemeinen Physik der Erde zugute kommen. Das Antlitz der Erde ist nun einmal überwiegend ozeanisch: die Erforschung des Ozeans als des räumlichst bedeutendsten Teils der Erdoberfläche wird immer eine der vornehmsten Pflichten der wissenschaftlichen Geographie bleiben.

S.
Über die Gezeiten.

Von Prof. C. Börgen in Wilhelmshaven.

(3. Sitzung.)

Als der Vorsitzende des Central-Ausschusses Herr Geheimrat Neumayer mich aufforderte, in dieser hochansehnlichen Versammlung einen Vortrag über die Gezeiten zu halten, war ich mir wohl bewufst, dafs ich damit ein gewisses Wagnis übernahm. Denn so grofs auch das Interesse ist, welches die Erscheinung der Flut und Ebbe Jedem, der sie aus eigener Anschauung kennt, einflöfst, so mufste ich doch fürchten, dafs ein Vortrag, welcher theoretische Ergebnisse, ohne die mathematische Begründung geben zu können, darstellen wollte, etwas trocken und langweilig ausfallen werde. In Lehr- und Handbüchern wird mit wenig Ausnahmen eine Darstellung der Flut und Ebbe gegeben, welche wenig geeignet ist, eine zutreffende Vorstellung der theoretischen Kenntnisse zu gewähren, welche wir thatsächlich von dem Gegenstand besitzen. Meine vieljährige Beschäftigung mit dem Gegenstand hat mir die Überzeugung gegeben, dafs nur eine Theorie imstande ist, eine wirkliche Grundlage für theoretische Studien zu gewähren, und ich möchte mir erlauben, Ihnen diese Theorie, die von Airy aufgestellte Wellentheorie der Gezeiten, in ihrer Leistungsfähigkeit vorzuführen.

Die Erscheinung der Ebbe und Flut, das periodisch zweimal im Tage wiederkehrende Anschwellen und Zurücktreten des Wassers, wird Ihnen allen wohlbekannt sein, wenn Sie sich auch wohl nicht gerade der Mühe unterzogen haben, dieselbe messend zu verfolgen. Ebenso wohlbekannt ist Ihnen, dafs das regelmäfsige An- und Abschwellen des Meeres seine Ursache hat in der Anziehung, welche Sonne und Mond auf das Wasser des Meeres ausüben, und Sie wissen auch, dafs die von Newton, Bernouilly und Laplace aufgestellten mathematischen Theorien zwar die Erscheinung in vollkommener Weise auf ihre kosmischen Ursachen zurückführen, dafs sich die Änderungen der Ent-

fernung der Gestirne von der Erde und ihrer Stellung zum Himmels-
äquator genau nach den durch die mathematische Theorie geforderten
Gesetzen in den Gezeiten widerspiegeln, dafs aber trotzdem keine
dieser Theorien imstande ist, die Mannigfaltigkeit der Gezeiten-Erscheinungen, wie sie auf der Erde beobachtet werden, vollständig zu erklären und durch mathematische Formeln wenigstens dem Charakter
nach darzustellen.

Ich möchte mir nun erlauben, meine Herren, hier eine Auffassung
vorzutragen, welche geeignet ist, sämtliche Erscheinungen, soweit bis
jetzt übersehen werden kann, ohne Ausnahme, zu erklären, wenigstens
nachzuweisen, dafs die Erscheinungen aus den angenommenen Ursachen
fliefsen können, wenn freilich auch hier, vorläufig wenigstens, in
vielen Fällen darauf verzichtet werden mufs, dieselben rechnerisch darzustellen. Das liegt an der übergrofsen Mannigfaltigkeit und Unregelmäfsigkeit der für viele Erscheinungen mafsgebenden terrestrischen
Verhältnisse wie Wassertiefe, Form der Küsten u. s. w., welche sich
nicht in mathematische Formeln zwängen lassen.

Die Auffassung, welche ich mir hier vorzutragen erlauben werde,
beruht auf der von dem berühmten Greenwicher Astronomen Sir George
Biddell Airy aufgestellten Wellentheorie der Gezeiten, und sie ist auch
schon von ihm angedeutet, wenn auch nicht näher ausgeführt worden.
Airy beschränkte sich hauptsächlich darauf, die in engen Gewässern,
Flüssen, ins Land einschneidenden Buchten u. s. w. auftretenden Erscheinungen näher zu studieren und nach seiner Theorie mathematisch
zu behandeln. Er konnte nachweisen, dafs alle unter diesen Verhältnissen auftretenden Erscheinungen sich zwanglos aus seiner Theorie,
wenigstens dem Charakter nach, ableiten liefsen. Er lehrte zuerst den
grofsen Einflufs, welchen die Gestaltung des Meeresbodens oder, anders
ausgedrückt, die Wassertiefe und die Gestaltung der Küste auf die
Form und Fortpflanzung von Wellen ausüben, mathematisch darstellen;
er gab die mathematische Erklärung für Erscheinungen, welche sowohl
experimentell in der Wellenrinne von den Gebrüdern Weber und Scott
Russell, als auch in der Natur beobachtet worden waren.

Indem er die Ergebnisse dieser Untersuchungen auf die Gezeiten
anwendete, konnte er nachweisen, dafs seine Theorie die Gezeiten-
Erscheinungen in Flüssen und engbegrenzten Gewässern, d. h. überall
da, wo die Breite der Wasserfläche gegenüber ihrer Länge klein ist,
vollständig beherrscht. Er konnte sowohl die riesigen Fluten in der
Fundy-Bay, im Severn und in der Bucht von St. Malo, als auch das
doppelte Hochwasser in den Solent-Häfen und im Helder, wie das
dreimalige Hochwasser, welches während jeder Tide im Firth of Forth

vorkommt, als notwendige Folgen lokaler Verhältnisse und des Umstandes nachweisen, daſs die Höhe der Welle im Vergleich zu der Wassertiefe nicht verschwindend klein ist, wodurch bewirkt wird, daſs sekundäre Wellen auftreten, deren Perioden die Hälfte, ein Drittel u. s. w. derjenigen der ursprünglichen Welle betragen. Die neueren Untersuchungen von stündlichen Wasserstands-Beobachtungen haben in der That das Vorhandensein dieser Wellen nachgewiesen.

Es ist aber auch möglich, die in begrenzten Gewässern, wo die Bedingung, daſs die eine Dimension die andere weit übertrifft, nicht zutrifft, auftretenden Gezeiten-Erscheinungen nach Airy's Untersuchungen zu erklären. Hat die Flutwelle zu einem Ort auf zwei Wegen Zutritt, wie das z. B. im Englischen und Irischen Kanal und der Nordsee der Fall ist, so treten zwischen diesen zwei Wellen, welche sich in verschiedenen Gegenden unter verschiedenem Winkel durchkreuzen und deren Höhen in verschiedenen Gegenden ein verschiedenes Verhältnis zu einander haben, Interferenzen auf, deren mathematische Verfolgung auf die Erklärung einer grofsen Menge von beobachteten merkwürdigen Erscheinungen führt. So ergiebt sich bekanntlich als eine der einfachsten Wirkungen der Interferenz von Wellen, daſs der Flutwechsel an verschiedenen Orten verschieden und zwar dort am gröfsten sein muſs, wo die Wellen mit gleichen, am kleinsten, wo sie mit entgegengesetzten Phasen zusammentreffen. Ebenso ergiebt sich, daſs auch die Strömungs-Geschwindigkeit derartigen örtlichen Schwankungen unterliegt und gröfste Geschwindigkeit mit kleinstem Flutwechsel und umgekehrt zusammentreffen müsse. Dies wird auch thatsächlich durch die Beobachtung bestätigt. Es finden aber noch andere Erscheinungen, die viel merkwürdiger sind als diese wohlbekannten Thatsachen, durch die Verfolgung der Konsequenzen der Interferenz zweier Wellen ihre Erklärung. Es wird z. B. beobachtet, daſs zur Zeit des Hochwassers bei Dover, sowohl südlich von der Insel Wight, auf einem grofsen Gebiet, als auch in der Nordsee zwischen der Themse-Mündung und der Linie Great Yarmouth-Helder Stromstille stattfindet, während auf der Strecke von dem Meridian von Greenwich bis zur Themse-Mündung gleichzeitig starker Strom stattfindet. Diese gewiſs sehr merkwürdige Thatsache stellt sich ebenso wie die ähnliche, daſs im Irischen Kanal die Stromstille in der ganzen Ausdehnung desselben zu derselben Zeit, und zwar zur Zeit von Hochwasser, in der Morecambe-Bai nördlich von Liverpool stattfindet, trotzdem die Hochwasserzeit innerhalb des Gebietes um etwa 6 Stunden wechselt, als eine ganz einfache Folgerung der Interferenz zweier Wellen dar, die sich unter einem Winkel kreuzen. Dasselbe ist der Fall mit dem merkwürdigen Gang der Hochwasserzeiten in diesen Gebieten, welche von zwei Seiten bis zu einem Maximum wachsen; doch würde es zu weit führen, dies hier näher auseinander zu setzen. Es genüge zu sagen, dafs in ähnlicher Weise alle Erscheinungen in kleineren begrenzten Meeresteilen erklärt werden können.

Ehe ich nun zu der Auffassung der Gezeiten in den grofsen Ozeanen übergehe, wird es nötig sein, kurz die zu erklärenden Thatsachen zu kennzeichnen.

Die astronomischen Theorien und selbstverständlich auch die Wellentheorie Airy's lehren, dafs durch die Anziehung eines Gestirns im Ozean drei Arten von Gezeiten entstehen, von denen wir die erste Art, welche einen langsamen Verlauf hat, hier unberücksichtigt lassen. Diese Gezeiten repräsentieren thatsächlich nur eine leichte Schwankung des mittleren Wasserstandes, die sich in einem halben oder ganzen Monat oder Jahr vollzieht und vielfach erst dadurch merklich wird, dafs meteorologische Einflüsse, wie die Monsun-Winde u. dgl., welche gleiche Perioden haben, sie verstärken. Uns interessieren hier vor allem die beiden Arten von Gezeiten, welche sich innerhalb kurzer Zeiträume wiederholen, wie in einem ganzen oder halben Tage; denn diese sind es, welche die uns unter dem Namen Flut und Ebbe bekannte Erscheinung hervorbringen. Unter dem Einflufs dieser beiden Gezeiten gestaltet sich der Verlauf der Flut und Ebbe etwa folgendermafsen: das Wasser möge seinen höchsten Stand erreicht haben, es sei Hochwasser; dann fällt es in etwa sechs Stunden bis zu seinem niedrigsten Stande, steigt wieder in etwa sechs Stunden zu dem zweiten Hochwasser an, welches aber nicht die Höhe des ersten erreicht und zum zweiten Niedrigwasser ab, das ebenfalls nicht so tief abfällt wie das erste Niedrigwasser. Diesen Unterschied in der Höhe der Extremphasen, zu dem sich ein ähnlicher in der Eintrittszeit gesellt, nennt man die tägliche Ungleichheit.

Da nun jedes der Gestirne, Sonne und Mond, Gezeiten hervorrufen, welche verschiedene Perioden haben, so treten Interferenzen auf, infolge deren sie sich bald unterstützen, bald sich entgegenwirken und so gewisse Schwankungen der Höhe und Eintrittszeit der Extremphasen verursachen, welche mit dem Namen der halbmonatlichen Ungleichheit bezeichnet werden, weil sie sich im Lauf eines halben Monats vollziehen.

Die Theorie verlangt nun, dafs die durch den Mond hervorgerufenen Gezeiten etwa 2,2 mal so grofs sein sollen, wie die von der Sonne herrührenden. In Wirklichkeit aber finden wir dieses Verhältnis fast nirgends auf der Erde. Es wird annähernd erreicht an der europäischen Küste, wo es etwa 1 : 2,4 bis 2,6 beträgt; dagegen wird es an der atlantischen Küste der Vereinigten Staaten über doppelt so grofs, nämlich ungefähr 1 : 5 bis 6, gefunden, d. h. die Mondwellen haben dort gegenüber den Sonnenwellen einen doppelt so grofsen Einflufs wie auf der europäischen Seite und die halbmonatliche Ungleichheit ist dort nur halb so grofs wie hier. An anderen ganz isolierten Punkten finden wir umgekehrt Sonnen- und Mondwellen gleich oder sogar die ersteren gröfser als die letzteren, und das Verhältnis beider ist 1 : 1 oder 1 : 0,8, anstatt wie theoretisch gefordert 1 : 2,2. Dies ist der Fall in Courtown am Irischen Kanal und auf Tahiti, während Mauritius und Ceylon im Indischen Ozean eine Zwischenstellung einnehmen, da das Verhältnis der Sonnen- zu den Mondtiden nur 1 : 1,2 bis 1,3 ist.

Was für die halbtägigen Gezeiten gilt, kann natürlich auch für die eintägigen Tiden erwartet werden, und in der That finden wir auf Neu-Guinea (Finschhafen) und im Bismarck-Archipel Eintagsfluten, welche von dem Sonnenstande beherrscht werden, was darauf hindeutet, dafs die Sonnentiden die gröfseren sind.

Ferner sollen nach der Theorie die halbtägigen Gezeiten die eintägigen in Gröfse bei weitem übertreffen, die letzteren sollen nur höchstens 0,4 der ersteren betragen. In Wirklichkeit finden wir auch hier ganz andere Verhältnisse. Während sich die eintägigen Gezeiten an der europäischen Küste fast gar nicht bemerklich machen, sind sie an der Küste der Vereinigten Staaten schon recht merklich und beherrschen im Golf von Mexiko die Gezeiten vollständig. Im ganzen Indischen und Grofsen Ozean spielen die eintägigen Gezeiten eine grofse Rolle, aber in verschiedenen Gegenden in sehr verschiedenem Grade. Während in einigen Gegenden ihr Einflufs nicht gröfser ist als an der atlantischen Küste der Vereinigten Staaten, herrschen sie in anderen derart vor, dafs sie ganz oder teilweise den Verlauf der Gezeiten bestimmen, so an der Westküste von Australien, im Malayischen Archipel bis Neu-Guinea, in welchen Gebieten fast ausschliefslich Eintagsfluten vorkommen, während an anderen Punkten ihr Einflufs nur so weit geht, dafs Eintagsfluten nur an einzelnen Tagen stattfinden, sonst aber die regelmäfsigen, jedoch stark mit täglicher Ungleichheit behafteten vier Extremphasen eintreten.

Wenn man die Hafenzeiten, d. h. die Eintrittszeiten des halbtägigen Hochwassers, an den Tagen, wo Neu- und Vollmond genau um Mittag bzw. Mitternacht stattfindet, auf die Zeit des Anfangs-Meridians reduziert und ihren Verlauf längs einer Küste näher betrachtet, nachdem man so gut es geht den Einflufs der Fortbewegung der Welle über das seichtere Küstenwasser eliminiert hat, so findet man in manchen Gegenden eigentümliche Verhältnisse. Längs der

Ostküste von Neu-Seeland z. B. wachsen die Hafenzeiten von Süden nach Norden, während sie längs der Westküste von Norden nach Süden zunehmen; an der Ostküste Australiens tritt Hochwasser über eine Strecke von etwa 13 Breitengraden oder etwa 1500 km in demselben Augenblick ein, und ähnliches finden wir an der atlantischen Küste der Vereinigten Staaten. Solcher Eigentümlichkeiten könnten noch manche aufgezählt werden, es möge aber mit diesen Beispielen genug sein.

Wenn man derartige Erscheinungen überblickt, so wird man in erster Linie an Interferenz-Erscheinungen zwischen mehreren Wellen denken, und in der That ist dieser Gedanke auch schon öfter ausgesprochen worden. Man scheint aber mehr daran gedacht zu haben, dafs dieselbe Welle durch die geographische Gestaltung gezwungen werde, auf mehreren Wegen an einen bestimmten Ort zu gelangen, als dafs man die Existenz mehrerer durch kosmische Ursachen hervorgerufener Wellen, die sich in verschiedener Richtung im Ozean bewegen, angenommen hätte. Dieser letztere Gedanke ist zuerst von Airy als möglich ausgesprochen worden, und wenn man denselben weiter verfolgt, so ergiebt sich, dafs dadurch in der That alle Erscheinungen in ungezwungener Weise dargestellt werden können. Die erstgenannte Auffassung, welche in vielen Gegenden unzweifelhaft die richtige ist, versagt überall da, wo die geographischen Verhältnisse es unmöglich machen, dafs die Welle auf zwei hinreichend verschiedenen Wegen an einen Ort gelangen kann.

Airy legt seinen Untersuchungen die Voraussetzung zu Grunde, dafs das Wasser in einem Kanal enthalten sei, dessen Breitenausdehnung im Vergleich zu seiner Länge sehr klein ist, dessen Gestalt und Lage auf der Erde aber beliebig sein kann. Er weist nach, dafs durch die Anziehung eines Gestirns in diesem Kanal Wellen erzeugt werden, welche sich in der Richtung seiner Länge bewegen, deren Periode derjenigen der erzeugenden Kraft gleich und deren Höhe der Wassertiefe und der auf die Wasserteilchen ausgeübten Anziehung proportional sind. Die Länge dieser Wellen, sowie die Lage ihres Kammes im Vergleich zu dem Stundenwinkel des Gestirns sind nur abhängig von der Länge des Kanals und seiner Lage auf der Erde, aber ganz unabhängig von der Wassertiefe. Dies sind also sogenannte gezwungene Wellen. Gleichzeitig mit diesen gezwungenen Wellen und als Folge ihres Bestehens können und werden aber andere Wellen auftreten, welche mit den ersteren gleiche Periode haben, deren sonstige Verhältnisse (Länge, Höhe, Fortpflanzungs-Geschwindigkeit u. s. w.) aber nur von den äufseren Bedingungen (Tiefe, Breite u. s. w.) des Kanals abhängen und sich mit diesen ändern. Diese Wellen werden freie Wellen genannt.

Da die gezwungenen Wellen der Wassertiefe proportional sind, so werden sie in seichtem Wasser unmerklich, und es sind daher nach Airy's Auffassung die freien Wellen, welche an den Küsten beobachtet werden und hier allen den Veränderungen unterworfen sind, welche die Bodengestaltung des Meeres und die Form der Küsten bedingen, wobei nur die Periode der Wellen unverändert und gleich derjenigen der erzeugenden Kräfte bleibt. Es wurde schon erwähnt, dafs Airy diese Veränderungen in ausgedehntem Mafse studiert hat, und dafs sich, soweit es die grofse Mannigfaltigkeit der natürlichen Verhältnisse zuläfst, die schönste Übereinstimmung zwischen Natur und Theorie herausgestellt hat.

Die Voraussetzung dieser Untersuchungen, dafs sich das Wasser in einem schmalen Kanal befinde, trifft streng nur bei Flüssen und engen Buchten zu, aber sehr viele Ergebnisse dieser Untersuchungen dürfen ohne weiteres auch auf andere Verhältnisse übertragen werden. Die Ausdehnung der Untersuchungen auf die thatsächlichen Verhältnisse der Erde, wo wir es meist mit grofsen Ozeanen zu thun haben, ist ein sehr schwieriges mathematisches Problem, welches von Airy nur andeutungsweise behandelt worden ist, und welches eine allgemeine Lösung, auch wenn man vereinfachende Voraussetzungen einführt, vielleicht überhaupt nicht zuläfst. Wir sehen uns daher vorläufig darauf angewiesen, eine mehr oder minder wahrscheinliche Hypothese aufzustellen, die durch die Beobachtungs-Thatsachen gestützt oder verworfen werden mufs. Wir nehmen daher an, dafs entsprechend der Zerlegung der an einem Punkt wirkenden störenden Kraft der Gestirne in zwei Komponenten, welche bzw. parallel dem Meridian und dem Breitenparallel wirken, in diesen beiden Richtungen gezwungene und freie Wellen erzeugt werden, welche sich den von Airy abgeleiteten Gesetzen gemäfs verhalten. Unter dieser Annahme ist es ohne Schwierigkeit möglich, alle beobachteten Erscheinungen zu erklären. Freilich mufs sofort hinzugefügt werden, dafs es sich dabei nicht um den Nachweis handeln kann, dafs eine Erscheinung an einem bestimmten Ort auftreten, an einem anderen aber fehlen müsse; dazu ist das Beobachtungsmaterial, sowohl der Gezeiten selbst als auch der Wassertiefen, deren genaue Kenntnis dazu unumgänglich notwendig wäre, eine viel zu mangelhafte. Es kann sich nur darum handeln, zu zeigen, dafs die Erscheinungen, welche wir durch die Beobachtung kennen, ganz ungezwungen aus dieser Annahme abgeleitet werden können. Auch die gemachte Voraussetzung, dafs ein System von Wellen sich in der Richtung der Meridiane, ein zweites in der der Breitenparallele fortpflanze, ist nur als eine vereinfachende für die bequemere mathematische Behandlung gemachte Hypothese anzusehen. In Wirklichkeit werden die Fortpflanzungsrichtungen der beiden Wellensysteme an einem gegebenen Punkt irgend einen Winkel mit einander bilden können, weil die Fortpflanzungsrichtung einer Welle zum Teil abhängig ist von den auf ihrem Weg vorhandenen Wasserstrafsen.

Um wenigstens den Weg anzudeuten, auf welchem man unter der gemachten Hypothese die Gezeiten-Erscheinungen sich klar machen kann, möge man sich in einem ausgedehnten Wasserbecken von gleichmäfsiger Tiefe zwei sich unter einem rechten Winkel kreuzende Wellen von gleicher Periode denken. Wenn man dann die Folgen dieser Interferenz ableitet, so ist das erste wichtige Ergebnis das, dafs der Phasenunterschied der beiden Wellen an einem gegebenen Ort nur von der Entfernung dieses Ortes von dem Punkt, wo sich die Wellen in gleicher Phase befinden, und von dem Winkel, unter dem sich die Wellen kreuzen, abhängt, also für einen gegebenen Ort eine konstante Gröfse ist. Denkt man sich nun die in einem gegebenen Augenblick stattfindende Lage der Dinge fixiert und geht man dem Kamm der einen Welle nach, so übersieht man leicht, dafs dieser nach und nach mit ganz verschiedenen Phasen der anderen Welle zusammentrifft. An einem Punkt treffen die Kämme beider Wellen zusammen, der Phasenunterschied ist Null, die Höhen der beiden Wellen addieren sich und der Flutwechsel ist grofs; eine halbe Wellenlänge weiter trifft der Kamm der einen Welle mit dem Thal der anderen zusammen, der Phasenunterschied ist 180°, und die Höhe der beobachteten resultierenden Welle ist die Differenz der Höhen der beiden Wellen in dem gegebenen Augenblick, und da der Phasenunterschied konstant ist, so ist auch der Flutwechsel an dem Ort klein, und analog für andere Orte.

Die Anziehung der Gestirne erzeugt nun, wie wir vorhin gesagt haben, zwei Arten von Wellen, halbtägige und eintägige, und für beide gilt natürlich das eben Gesagte in gleicher Weise. Da aber die beiden Wellenarten ganz unabhängig von einander sind und überdies die Länge der eintägigen Wellen das doppelte von derjenigen der halbtägigen beträgt, so ist es klar, dafs die Phasen-Unterschiede der beiden eintägigen und der beiden halbtägigen Wellen an verschiedenen Punkten ganz verschieden von einander sein werden. Wäre z. B. an irgend einem Punkt der Phasenunterschied der beiden halbtägigen sowohl wie der beiden eintägigen Wellen gleich Null, so ist die Höhe beider grofs; in der Entfernung einer halbtägigen Wellenlänge von diesem Ort ist dann zwar der Phasen-Unterschied der halbtägigen Wellen wieder Null, derjenige der eintägigen aber 180°: wir haben daher hohe halbtägige, aber fast verschwindende eintägige Wellen. Dies würde den Verhältnissen der europäischen Küsten entsprechen, wo die eintägige Gezeit sehr klein ist. An einem anderen Punkt kann das umgekehrte eintreten, indem die halbtägigen Wellen mit entgegengesetzten, die eintägigen aber mit gleichen Phasen zusammentreffen; in diesem Falle haben wir fast reine Eintagsfluten wie innerhalb des Malayischen Archipels. Zwischen diesen Extremen können alle möglichen Zwischenzustände vorhanden sein, durch welche alle an den Küsten irgendwo beobachteten Erscheinungen erklärt werden können.

Wir haben es aber nicht nur mit einem anziehenden Gestirn zu thun, sondern mit zweien, und so werden wir auch annehmen müssen, dafs in beiden Richtungen Wellen entstehen werden, die von der Attraktion der Sonne und von der des Mondes herrühren. Es ist nun eins der Ergebnisse der Airy'schen Untersuchungen, dafs die Fortpflanzungs-Geschwindigkeit einer Welle, deren Länge viel gröfser ist als die Wassertiefe, was für die Flutwelle zutrifft, lediglich von der Wassertiefe abhängt, und zwar gleich der Quadratwurzel aus dem Produkt der Gravitationskonstante und der Tiefe ist. Andererseits ist die Länge der Welle gleich dem Produkt der Fortpflanzungsgeschwindigkeit und der Periode der Welle. Hieraus folgt, dafs zwar die Fortpflanzungs-Geschwindigkeit der Sonnen- und Mondwelle über den Ozean dieselbe ist, dafs aber ihre Längen sich verhalten wie 57 : 59, weil ihre Perioden in diesem Verhältnis stehen. Treffen demnach an irgend einem Punkt die in derselben Richtung fortschreitende Sonnen- und Mondwelle mit gleicher Phase zusammen, so wird dies an einem in der Fortpflanzungsrichtung der Wellen um die Länge der Sonnenwelle von dem ersteren entfernt liegenden Punkt nicht mehr der Fall sein, vielmehr ist hier die Phase der Mondwelle um nahe $^1/_{30}$ der Periode oder 12° gegen die Sonnenwelle zurück. Dies ist natürlich ebenso der Fall für die Wellen, deren Fortpflanzungsrichtung senkrecht zu der des ersten Wellensystems liegt, und man sieht, dafs an verschiedenen Orten die einander kreuzenden Sonnenwellen einen ganz anderen Phasenunterschied haben können, wie die an denselben Orten sich kreuzenden Mondwellen. Die Folge davon ist, dafs an verschiedenen Punkten der Erde die Sonnen- und Mondwellen in den allerverschiedensten Verhältnissen zu einander stehen können, dafs bald die ersteren, bald die letzteren überwiegen können, Verhältnisse, wie sie thatsächlich beobachtet werden und für die ich bereits einige Beispiele angeführt habe.

Dies wäre das Schema des Wellensystems, durch welches die Gezeiten-Erscheinungen erklärt werden können. In der Natur sind die Verhältnisse allerdings nicht so einfach; da spielen die Wassertiefe, die Richtung und die Gliederung der Küsten eine bedeutende Rolle, welche sich nur durch eine viel genauere Kenntnis als wir sie heute besitzen, sowohl des Bodenreliefs des Meeres als auch der Gezeiten-Erscheinungen selbst werden ermitteln lassen.

Auf tiefem Ozean beträgt die Wellenlänge Tausende von Seemeilen, daher ändert sich der Phasenunterschied der sich kreuzenden Wellen auf kürzeren Strecken von einigen Hunderten von Seemeilen nicht sehr viel. Diese Bemerkung erleichtert die Untersuchung kleinerer Meeresteile, weil man hier die resultierende Welle im allgemeinen als eine einheitliche ansehen und behandeln kann. Wie schon erwähnt, ist nach ähnlichen Gesichtspunkten eine solche eingehende Untersuchung der Gezeiten des Irischen und Englischen Kanals und der Nordsee von mir ausgeführt worden, und zwar ergab sich die vollkommenste Übereinstimmung selbst in den unbedeutendsten Einzelheiten zwischen den theoretisch abgeleiteten und den beobachteten Thatsachen. Als Beispiel darf ich vielleicht noch anführen, dafs die Theorie ergiebt, dafs die Zeit der Stromstille unbestimmt wird, wenn die Höhen der sich kreuzenden Wellen einander gleich sind und ihr Phasenunterschied 90° oder ein Viertel Periode beträgt. Aus anderen Gründen ist es nun höchst wahrscheinlich, dafs dies vor der Mündung der Themse der Fall ist, und in der That giebt es hier einen Punkt, wo der Strom, ohne in Intensität, die übrigens gering ist (wie es auch die Theorie will), viel zu variieren, nach und nach aus allen Strichen der Kompafsrose kommt, was eben nichts anderes heifst, als dafs die Zeit der Stromstille unbestimmt ist. Sind zwar die Höhen gleich, der Phasenunterschied aber eine halbe Periode oder 180°, so findet keine Änderung des Wasserstandes, wohl aber eine kräftige Strömung erst aus der einen, nach sechs Stunden aus der entgegengesetzten Richtung statt. Es ist auch ein solcher Punkt durch Beobachtung nachgewiesen, und zwar halbwegs auf der Linie Great Yarmouth-Texel, ein Punkt, wo aus anderen Gründen gerade die theoretisch geforderten Beziehungen der Wellen wahrscheinlich sind.

Das Material fehlt bisher, um derartig eingehende Untersuchungen auf die Gezeiten der Ozeane auszudehnen; es ist aber nach dem Erfolg im kleinen nicht zu bezweifeln, dafs derselbe Erfolg auch im grofsen eintreffen werde, wenn erst einmal die Gezeiten auf der Grundlage der hier vorgetragenen Ansicht ausgearbeitet sein werden.

In dem, was ich mir erlaubt habe, Ihnen heute vorzutragen, sind viele Punkte nicht berührt worden, die wohl der Erwähnung wert gewesen wären, der Kürze der Zeit wegen habe ich mir leider versagen müssen, darauf einzugehen. Ich hoffe jedoch, dafs Sie aus meinem Vortrag, so unvollkommen er auch gewesen ist, entnehmen werden, dafs wir in der von Airy begründeten Wellentheorie der Gezeiten eine Theorie und die einzige besitzen, welche zur wissenschaftlichen Erklärung der Gezeiten-Erscheinungen im höchsten Grad geschickt ist, und die daher die bisher üblichen Darstellungen der Gezeitenlehre in den geographischen Lehrbüchern ersetzen sollte.

9.
Die Unter-Weser und ihre Korrektion.

Von Baurat H. Bücking in Bremen.

(4. Sitzung.)

Nur dem Umstand, dafs Herr Oberbaudirektor Franzius am Erscheinen behindert ist, danke ich es, vor Ihnen, meine geehrten Herren, sprechen zu dürfen. So sehr ich für mich die Ehre schätze, mit dem Vortrag über die Korrektion der Unter-Weser betraut zu sein, ebenso sehr bedauere ich es in Ihrem Interesse, dafs nicht der Meister selbst Ihnen Aufschlufs über das grofse Werk geben kann, und dafs Sie sich mit meinen Ausführungen, denjenigen des Mitarbeiters, genügen lassen müssen; doch was in meinen Kräften steht, will ich thun, gelingt es nicht nach Wunsch, so bitte ich, den guten Willen für die That zu nehmen.

Bevor ich zu der Beschreibung der Unter-Weser übergehe, verlohnt es sich, einen Blick auf das ganze Weser-Gebiet zu werfen. Die Weser wird bekanntlich gebildet aus den beiden Flüssen Fulda und Werra, die sich bei Münden vereinigen, von wo ab der Flufs den Namen Weser führt. Die Werra entspringt im Thüringer Wald, die Fulda in der Rhön, die Quellen beider Flüsse liegen etwa 100 km auseinander; die Flüsse haben bis zu ihrer Vereinigung nahezu parallelen Lauf. Die Weser hat von Münden bis Geestemünde eine Gesamtlänge von 436 km.

Diese Strecke wird eingeteilt in Ober- und Unter-Weser. Erstere reicht von Münden bis Bremen, letztere von Bremen bis zur Geeste-Mündung. An die Unter-Weser schliefst sich die Aufsen-Weser an.

Die Ober-Weser ist von Münden bis Minden als ein Flufs des Hügellandes, von Minden ab als Flufs im Flachland anzusehen, was auch die verschiedenen Gefällverhältnisse auf den bezeichneten Strecken erkennen lassen. Auf der oberen Strecke von Münden bis Minden wechselt das Gefälle von 1 : 1800 bis 1 : 3000; sie enthält sogar Stromschnellen, bei denen Gefälle von 1 : 300 vorkommen, während von

Minden abwärts ein fortwährend abnehmendes Gefälle von 1 : 4000 bis 1 : 6000 vorhanden ist.

Von den Nebenflüssen der Ober-Weser kommt als bedeutendster die Aller, die das vom Harz durch Oker und Leine abströmende Wasser der Weser zuführt, in Betracht.

Die Nebenflüsse der Unter-Weser sind Ochtum, Lesum und Hunte.

Das Gesamt-Niederschlagsgebiet der Weser umfafst eine Fläche von 47 000 qkm.

Genauere Angaben über die durch die Weser abströmenden Wassermengen können nur für Bremen gemacht werden. Bei kleinem Sommer-Wasserstand geht die Wassermenge hier bis zu 80 cbm in der Sekunde zurück und steigt bis zu 3150 cbm bei dem bisher beobachteten höchsten Wasserstand von 5,53 m am Pegel der grofsen Weser-Brücke. Hierbei ist jedoch zu beachten, dafs im Jahr 1881, in dem der höchste Wasserstand beobachtet werden konnte, infolge von Deichbrüchen bei Hoya etwa 1000 cbm in der Sekunde der Ochtum zugeführt worden sind, und dafs daher für die Ableitung des höchsten Wassers durch die Stadt mit einem oberen Zuflufs von rund 4200 cbm in der Sekunde gerechnet werden mufs.

Während bei der Ober-Weser für jede Strecke bei jedem beliebigen Wasserstand, nach eingetretenem Beharrungszustand, eine bestimmte, sich in der Zeiteinheit gleichbleibende Wassermenge abgeführt wird, ist die Wassermenge auf der der Einwirkung von Ebbe und Flut ausgesetzten Unter-Weser eine fortwährend sich ändernde, und je nachdem Ebbe oder Flut herrscht, auch in der Stromrichtung wechselnde.

Einer Korrektion der Ober-Weser kann daher eine bestimmte Wassermenge zu Grunde gelegt werden, für die unter Berücksichtigung der Gefällverhältnisse der nötige Querschnitt sich nach feststehenden Formeln ermitteln läfst; für die Unter-Weser kann dies für die Ober-Weser benutzbare Verfahren nicht angewendet werden, es mufs hier die sich im Flufsschlauch bewegende Wassermenge durch Berechnung des während der Flut für gewisse Strecken sich füllenden und bei Ebbe sich entleerenden Flufsschlauches ermittelt werden. Nach Ermittelung der sich während Flut und Ebbe in bestimmten Strecken des Stromschlauches bewegenden Wassermengen kann die in der Zeiteinheit sich bewegende durchschnittliche Wassermenge für bestimmte Querschnitte festgestellt werden, wobei die Dauer der Ebbe und Flut, die Fortschrittsgeschwindigkeit u. s. w. gebührend Rechnung finden müssen. Diese Ermittelungen lassen sich nur mit Zuhülfenahme genauer Pegel-Beobachtungen anstellen. Da jedoch der Wasserstand infolge Einwirkung von Ebbe und Flut ein fortwährend wechselnder ist, so können für das Flutgebiet nur selbstschreibende Pegel, die den jeweiligen Stand des Wassers kontinuierlich aufzeichnen, in Frage kommen. Die Weser von Bremen bis Bremerhaven war zur Beschaffung der für die Bearbeitung notwendigen Wasserstands-Beobachtungen mit sieben solcher Pegel ausgerüstet, bei denen die Bewegungen eines den jeweiligen Wasserstand anzeigenden Schwimmers auf einem durch ein Uhrwerk gedrehten Papierstreifen aufgezeichnet werden. Diese Pegel lieferten die sogenannten Flutkurven. Später, während des Baues, ist die Zahl der selbstschreibenden Pegel an der Weser auf zwölf gebracht.

Zur allgemeinen Beschreibung der Unter-Weser übergehend, ist zunächst darauf hinzuweisen, dafs bei derselben, wie bei allen im Ebbe- und Flutgebiet liegenden Flufsmündungen, von der Flutgrenze, d. h. von dem Punkt aus, wo eine Einwirkung der Flut auf den Wasserspiegel bei gewöhnlichem niedrigem Wasserstand nicht mehr bemerkbar ist, bis zur Mündung in das Meer, die Wassermenge, die sich in der Zeiteinheit im Flufsschlauch bewegt, eine stets gröfsere wird. Dieser Wasserzunahme entspricht die Form des Flusses insofern, als dieselbe im allgemeinen als trichterförmig gestaltet bezeichnet werden mufs.

Die Trichterform des Flufsschlauches im Ebbe- und Flutgebiet wird jedoch durch die bei den meisten unkorrigierten Flüssen im Unterlauf vorhandenen Stromspaltungen mehr oder weniger verwischt.

Auf diejenigen Berechnungen und Ermittelungen, die für die Bestimmung der in den einzelnen Strecken der Unter-Weser nötigen Querschnittgröfsen erforderlich waren, vermag ich nicht einzugehen, weil mich das zu weit führen würde; ich beschränke mich auf die Erwähnung der hauptsächlichsten Gesichtspunkte, die für die Ausgestaltung der Unter-Weser bei Aufstellung des Projekts mafsgebend gewesen sind.

Eine gröfsere Fahrwassertiefe war naturgemäfs nur durch eine Senkung der Flufssohle zu erzielen. Die Senkung der Flufssohle mufste jedoch eine Senkung des Ebbespiegels zur Folge haben. Durch die mit der Sohlenvertiefung verbundene Senkung des Ebbespiegels würde eine Vergröfserung des Flutintervalls und eine Vergröfserung der nutzbaren Fahrwassertiefe der Sohlensenkung entsprechend nur dann erreicht werden, wenn das Hochwasser an den einzelnen Stellen dieselbe Höhe erreichte, wie vor Senkung der Sohle und des Ebbespiegels. Bei Berechnung der erforderlichen Querschnittgröfsen kam es daher darauf an, diese so zu bemessen, dafs während der Flutdauer an den einzelnen Stellen soviel Wasser nach oben strömen konnte, dafs die Fluthöhe überall dieselbe blieb wie vor der Korrektion, dafs also der jedesmal oberhalb einer gewissen Stelle liegende, zwischen Ebbelinie und Hochwasserlinie befindliche Raum im Stromschlauch während der Flutzeit vollständig mit Wasser gefüllt werden konnte. Um dies zu erreichen, mufsten thunlichst alle dem Aufdringen der Flut sich entgegenstellenden Hindernisse im Stromschlauch beseitigt und dieser so glatt wie möglich ausgestaltet werden, damit die Flut ungehindert und so weit wie möglich nach oben strömen konnte; technisch ausgedrückt, mufste das hydraulische Vermögen des Stromes vergröfsert werden. Dabei wirkte das von der Ober-Weser fortwährend zuströmende Wasser bei Flut in günstigem Sinn ein; bei Ebbe mufste dasselbe mit abgeführt werden, sodafs die bei Ebbe abzuführende Wassermenge an allen Punkten um das während einer Tide von oben zufliefsende Oberwasser vermehrt wurde.

Von der Vergröfserung des Flut-Intervalles auf der oberen Strecke hängt die nutzbare Fahrwassertiefe ab; da gröfsere tiefgehende Schiffe nur bei Flut kurz vor Hochwasser die Fahrt nach oben oder unten ausführen, so ist die nutzbare Fahrtiefe an jeder Stelle gleich dem Intervall plus der Tiefe bei Niedrigwasser.

Da nun erfahrungsgemäfs durch Stromspaltungen im Flutgebiet das hydraulische Vermögen eines Flusses sehr wesentlich beeinträchtigt wird, so mufsten bei Aufstellung des Projektes die Beseitigung von Stromspaltungen, soweit das irgend angängig war, als erster Grundsatz hingestellt werden. Die Abschneidung eines der beiden bei Stromspaltungen vorhandenen Armes sollte thunlichst am oberen Ende erfolgen, um denselben, der sich bei Flut füllte, durch Aufspeicherung von Flutwasser für die Spülung unterhalb belegener Flufsstrecken nutzbar zu machen; denn das in den abgeschnittenen Armen bei Flut aufgespeicherte Wasser mufste naturgemäfs bei Ebbe wieder nach unten abströmen und die auf der unterhalb belegenen Flufsstrecke sich bei Ebbe bewegende Wassermenge entsprechend vermehren und die Spülkraft des Ebbestromes daher entsprechend verstärken. Dadurch, dafs die abgeschnittenen Arme Wasser bei Flut aufnehmen, mufste durch den unterhalb dieser Arme liegenden Stromteil auch entsprechend mehr Flutwasser sich bewegen. Die Offenhaltung der abgeschnittenen Arme an ihrem unteren Ende war daher für die Entwickelung des Flusses von gröfster Bedeutung.

Als zweiter Grundsatz, der bei der Projektierung mafsgebend war, ist der hinzustellen, dafs die Korrektion sich nur auf das Niedrigwasserbett zu beschränken habe, einesteils, um die Kosten nach Möglichkeit zu verringern, andernteils, weil ein regelmäfsig ausgebildetes Niedrigwasserbett die beste Gewähr für die Erhaltung desselben durch die Stromkraft selbst bot, auch die Querschnitte für das Hochwasser fast überall in mehr als ausreichendem Mafs vorhanden waren.

Da in den Strom einspringende Werke stets eine Querschnittsverminderung an der betreffenden Stelle herbeiführen, so bildet sich vor denselben ein Aufstau, wodurch ein Teil der lebendigen Kraft des Wassers zerstört wird. Bei der Ober-Weser wird die durch die einspringenden Werke, Buhnen genannt, herbeigeführte Zerstörung der lebendigen Kraft durch das Stromgefälle wieder gewonnen; im Flutgebiet jedoch kann die durch Einbauten zerstörte lebendige Kraft nicht wieder gewonnen werden, weil der Flutstrom eine dem natürlichen Gefälle des Flusses entgegengesetzte Richtung besitzt und dieser lediglich dadurch erzeugt wird, dafs am unteren Ende des Flusses nur eine periodische Hebung des Wassers eintritt, die regelmäfsig mit einer Senkung abwechselt.

Die bei Flüssen im Oberlauf mit Vorteil angewendeten Buhnenbauten können daher ohne Schädigung der Flutwirkung im unteren Lauf nicht angewendet werden. Die Uferbegrenzung an den Stellen, an denen dieselbe notwendig war, mufste eine möglichst glatte sein; es wurden daher grundsätzlich nur Leitdämme, an denen die Flut und Ebbe ohne lokalen Aufstau entlang strömen konnte, zur Ausführung gebracht.

Die allgemeinen Verhältnisse der Unter-Weser vor der Korrektion gehen aus der Übersichtskarte des Jahres 1887 hervor. Diese Karte zeigt die Tiefenverhältnisse auf Grund von genauen Peilungen, die quer zum Flufs in Abständen von 125 m bis 250 m genommen worden waren. Dabei sind die gleichen Tiefen unter dem Ortsniedrigwasser in Abständen von 1 m durch Kurven miteinander verbunden und die durch diese Kurven eingeschlossenen Flächen der Tiefe entsprechend abgetönt. Je dunkler die Farbe, um so gröfser ist die Tiefe an der betreffenden Stelle.

Die Unter-Weser besafs, wie aus der Karte hervorgeht, eine grofse Zahl von Stromspaltungen. Von oben beginnend, ist zunächst diejenige beim Warflether Sand zu erwähnen; der sogenannte Warflether oder Oldenburgische Arm und der sogenannte Rönnebecker oder Preufsische Arm umfafsten diesen Sand. Beide Arme waren mehr oder weniger ausgebaut. Die durch den Harrier-Sand in der Gegend von Brake herbeigeführte Stromspaltung hatte auf die Fahrwasserverhältnisse den allerungünstigsten Einflufs, weil bei dem zu grofsen Querschnitt der verschiedenen Arme der Verwilderung Thür und Thor geöffnet war. Die Aufnahme von 1887 läfst auch erkennen, dafs keine Stelle des Flusses eine ähnliche ungünstige Barrenbildung aufweist. Die Strohauser und Dedesdorfer Plate bilden weitere Spaltungen, und zwar waren in denjenigen Armen, die abgeschnitten werden mufsten, Tiefen von 10 und 13 m unter Niedrigwasser vorhanden. Anschliefsend seien gleich die Verhältnisse der Aufsen-Weser zwischen Bremerhaven und der Jungfernbake erwähnt. Die übermäfsige Strombreite unterhalb Bremerhaven hatte eine Stromspaltung zur Folge; während in den sechziger Jahren noch das Fahrwasser [dicht unter Langlütjen Sand lag, hatte sich dasselbe Ende der siebziger Jahre nach Osten an das rechte Ufer verschoben. Es lag die Befürchtung nahe, da am Ende der achtziger Jahre das östliche Fahrwasser bedenkliche Verschlechterungen zeigte, dafs der Strom das westliche mehr vertiefen würde, und es konnte während der Übergangszeit voraussichtlich ein Zeitpunkt eintreten, in dem beide Fahrwasser für tiefergehende Schiffe nicht benutzt werden konnten. Es wurde daher das Korrektionsprojekt auf die Aufsen-Weser ausgedehnt und die erforderlichen, sich hauptsächlich auf Ziehung von Leitdämmen erstreckenden Arbeiten 1891 begonnen.

In der Karte aus dem Jahr 1892 sind durch rote Streifen diejenigen Strombauten angedeutet, die seit 1887 zur Ausführung gebracht worden sind, auch fällt bei aufmerksamer Beobachtung der Unterschied in den Tiefenverhältnissen des Stromschlauches deutlich in die Augen. Dabei ist zu bemerken, dafs es leider nicht möglich war, den rechtsseitigen Nebenarm hinter dem Harrier Sand, wie im Projekt vorgesehen war, gänzlich zu schliefsen, vielmehr mufs derselbe im Interesse der preufsischen auf diesen Arm mündenden Sieltiefe, wenn auch in beschränktem Umfang, dauernd offengehalten werden. Auch unterhalb Dedesdorf hat die Ausbildung des Hauptstromes dem Projekt entsprechend, noch nicht vorgenommen werden können, weil Rücksichten auf den Lune-Arm zu nehmen waren, dessen raschere Verlandung durch Ausbau des rechten Ufers seitens der preufsischen Interessenten befürchtet wurde.

Die Übersichtskarten im Mafsstab 1 : 25 000 aus den Jahren 1887, 1890 und 1893 lassen die Fortschritte, namentlich wenn gleichzeitig das Längenprofil des Stromes gebührende Berücksichtigung findet, erkennen; es ist jedoch wegen der in diesen Karten angegebenen Tiefenzahlen zu bemerken, dafs sie sich nicht auf das Ortsniedrigwasser, sondern auf einen gleichen Horizont in der Höhe von Bremer Null beziehen, um die absolute Tiefenzunahme deutlicher in die Augen springen zu lassen. —

Die Unter-Weser hat im wesentlichen ein einheitliches Bett bekommen, starke Krümmungen, wie diejenigen der Langen Bucht, sind beseitigt und nimmt die Breite von oben nach unten stetig zu; bei

Niedrigwasser beträgt dieselbe in Bremen beim Freihafen 130 m, bei Bremerhaven 1200 m.

Die Arbeiten begannen im Juni 1887 und zwar mit Schliefsung zweier Öffnungen beim Harrier Sande und Baggerungen an der Hunte-Mündung. Von Jahr zu Jahr wurde die Arbeitsthätigkeit eine lebhaftere und erreichte im Jahr 1890 die gröfste Höhe. Während die Strombauwerke durch Unternehmer, denen die erforderlichen Materialien seitens der Verwaltung geliefert wurden, in der Hauptsache zur Ausführung gelangten, wurden die Baggerungen fast auschliefslich in Regie ausgeführt. Es war dies notwendig, um die Kosten möglichst herabzudrücken, namentlich aber auch, um freie Hand in der Verwendung der Geräte zu haben; infolge dessen wurden die notwendigen Bagger, Schleppdampfer und Schiffe zur Fortschaffung des Bodens seitens der Verwaltung angeschafft und dafür im ganzen 6 000 000 Mark verausgabt. Die schliefslich vorhandenen Bagger förderten in jeder Stunde 1100 cbm Boden, auch waren dieselben Tag und Nacht in ununterbrochenem Betrieb.

Die zur Fortschaffung des gebaggerten Bodens benutzten Schiffe, Prahme genannt, besitzen je einen Laderaum, dessen Boden durch Klappen, die von Deck aus bedient werden können, geschlossen ist. An der Entladestelle werden nur die Bodenklappen geöffnet und der Boden stürzt selbstthätig aus dem Laderaum heraus.

Es sind bis einschliefslich 1894 rund 28 Millionen Kubikmeter gebaggert. Die ausgeführten Leitdämme haben eine Länge von 44 000 m. Die beiden schwierigen Durchschläge im Strohauser und Dedesdorfer Arm wurden bei Wassertiefen von 10 m bzw. 13 m ausgeführt. Es sind zu den Strombauwerk 2 432 000 cbm Busch verwendet worden.

Bei den Baggerungen sind zuerst in Deutschland Apparate in grofsem Umfang zur Anwendung gekommen, durch die der gebaggerte Boden unter Zusatz von Wasser auf Land geprefst worden ist. Es sind dies Apparate mit grofsen Centrifugalpumpen, denen der Boden vermischt mit Wasser im Verhältnis von 1 : 10 zugeführt wurde; die Pumpen prefsten das Gemisch aus Boden und Wasser durch Rohrleitungen bis zu 800 m Länge auf die Flächen, auf denen dasselbe so abfliefsen konnte, dafs der mitgeführte Boden sich aus dem Gemisch absetzte.

Wenn auch die Selbstthätigkeit des Stromes nicht denjenigen Umfang erreicht hat, wie dies im Projekt vorgesehen war, so ist sie doch eine bedeutende gewesen. Beispielsweise ist die Barre oberhalb Brinkamahof auf einer Länge von 2 km innerhalb vier Jahre um 0,74 m vertieft worden, wobei durch die Strömung in der erwähnten Zeit 2 600 000 cbm Boden abgespült worden sind.

Die Selbstthätigkeit des Stromes würde im allgemeinen größer gewesen sein, wenn die zu beseitigenden Bänke und Untiefen aus reinem Sand bestanden hätten. Dies war jedoch nicht der Fall, vielmehr wurde auf der oberen Strecke bis etwa Rekum überall in bestimmter Tiefe eine feste Thonschicht gefunden; in der Nähe von Farge traten Urschichten auf, die nur mit grofser Mühe durchbrochen werden konnten, aufserdem wurden von Fähr bis Rekum eine grofse Anzahl Findlinge, darunter solche von bedeutendem Inhalt, deren Beseitigung ungemeine Schwierigkeiten verursachte, gefunden. Von der Hunte-Mündung abwärts waren die zu beseitigenden Bänke sehr stark mit Schlick durchsetzt, sodafs die Stromkraft nur wenig Einwirkung auf dieselben ausüben konnte. Auf der Aufsen-Weser bestehen die Bänke fast aus reinem Seesand, der von der Strömung, wenn auch nur langsam, in Bewegung gebracht wird.

Es kann angenommen werden, dafs in dem nunmehr einheitlichen Strom die Selbstthätigkeit desselben eine fortdauernde, sich mehr und mehr entwickelnde sein wird, die nicht allein zur weiteren Vertiefung und Verbesserung des Stromes beiträgt, sondern auch die ungünstige Ablagerung der von oben stetig zutreibenden Sinkstoffe verhindern wird.

Bis Ende 1894 war eine nutzbare Fahrwassertiefe von 5,4 m erreicht, gegenüber einer solchen von 2,5 m im Jahr 1887.

Veranschlagt waren die Kosten für die Unterweser-Korrektion unter Zugrundelegung einer nutzbaren Fahrwassertiefe von 5 m mit 30 000 000 Mark, für die Aufsen-Weser mit 3 000 000 Mark. Diese Summen sind bis jetzt nicht verausgabt, vielmehr steht noch ein ganz erheblicher Rest für die weiter erforderlichen Arbeiten zur Verfügung.

Der Erfolg ist vor vollständiger Ferstigstellung aller im Projekt vorgesehenen Arbeiten eingetreten und hat die Schiffahrt sich die Verbesserung der Fahrwasserverhältnisse von Jahr zu Jahr mehr zu Nutze gemacht, wie aus den jährlichen Übersichten über den Schiffsverkehr sich ergiebt.

Als Beispiel mögen einige Zahlen über die Zunahme der tiefgehenden Schiffe, welche von See nach Bremen Stadt kamen, dienen. Im Jahr 1891 hatten von 1530 Seeschiffen nur 1 einen Tiefgang von 4,5 bis 5 m, im Jahr 1892 hatten von 1610 Schiffen 22, 1893 von 1808 Seeschiffen 51, 1894 von 1709 Seeschiffen 115 diesen Tiefgang, im letzten Jahr, also 1894, hatten 47 Seeschiffe einen Tiefgang von über 5 m.

Diejenigen, welche weitere Einzelheiten über die Korrektion zu erfahren wünschen, werden auf das inzwischen erschienene Werk: „Die

Korrektion der Unterweser vom Oberbaudirektor Franzius", verwiesen.

Der Erfolg ist ein vollkommener und ein technisch grofser, er übersteigt die Zusage des Projektaufstellers, des Oberbaudirektor Franzius. Möchten auch die Erwartungen, die Bremens Bevölkerung mit Recht an die Korrektion knüpft, in fortwährend steigendem Mafs in Erfüllung gehen: das ist vor allem auch der Wunsch derjenigen, die die Ehre hatten, neben und unter dem Meister an diesem grofsen Werk mitwirken zu können.

10.
Die nordwestdeutschen Moore, ihre Nutzbarmachung und ihre volkswirtschaftliche Bedeutung.

Von Dr. Br. Tacke in Bremen.

(4. Sitzung.)

An der Oberflächen-Gestaltung des deutschen Nordwestens nehmen die Moore einen hervorragenden Anteil. Nach der vorliegenden, allerdings nicht sehr genauen Statistik besitzt die Provinz Hannover etwa 101,4 Quadratmeilen Moor, entsprechend 14,6 % der Gesamt-Bodenfläche, das Grofsherzogtum Oldenburg 17,2 Quadratmeilen, entsprechend 18,6 % der Gesamtfläche, so dafs die in den bezeichneten Gebieten vorhandenen Moorflächen insgesamt einen Raum von rund 119 Quadratmeilen einnehmen.

Aus der gewaltigen räumlichen Entwickelung dieser Bodenformation, die weiten Landstrichen des Nordwestens ihr eigentümliches Gepräge verleiht, ihrer Eigenart in naturwissenschaftlicher Beziehung und ihrer Bedeutung für die Landeskultur und für die Volkswirtschaft darf daher wohl die Berechtigung genommen werden, das Interesse einer Gesellschaft von Geographen auf eine kurze Zeitspanne für dieselbe in Anspruch zu nehmen.

Im Anschlufs an die hydrographischen und orographischen Verhältnisse lassen sich folgende Hauptmoor-Gebiete im nordwestlichen Deutschland unterscheiden:

1. Die Moore im Flufsgebiet der Elbe auf deren linkem Ufer.
2. Die Moore im Gebiet der Weser auf dem rechten Ufer.
3. Die Moore im Tiefland zwischen Weser und Ems.
4. Die Moore auf dem linken Ems-Ufer, im mittleren Ems- und Vechte-Gebiet, an die sich die weit ausgedehnten holländischen Moore anschliefsen.

Die 2. Gruppe zerfällt in die Moore südlich des Aller-Thales und nördlich des Aller-Thales auf dem südwestlichen Abhang der Lüneburger Heide und deren Fortsetzung im unteren Weser-Gebiet, die 3. Gruppe in die Moore auf dem nördlichen Vorland des Weser-Gebirges und den in die Niederung vorspringenden Höhenrücken (Kloppenburger Geest, Hümling) und in die Moore des Küstengebietes zwischen Weser und Ems (Moore auf dem linken Weser-Ufer, im Ammerland, auf der ostfriesisch-jeverländischen Halbinsel).

Obwohl das Moor sich den beiden bedeutsamsten Bodenformationen des Nordwestens, der diluvialen Geest und den alluvialen Marschen als dritte ebenbürtig anreiht, so ist es, als geologische Formation betrachtet, denselben nicht gleichwertig; unsere Moore dürften vorwiegend alluvialen Ursprungs sein, die mineralischen Untergrundschichten dagegen, auf denen sie aufgewachsen sind, können ein sehr verschiedenes Alter und sehr verschiedene Beschaffenheit haben. Moore sind eben überall dort entstanden, wo stagnierendes Wasser den moorbildenden Pflanzen günstige Vegetationsbedingungen geboten hat, und sie entstehen auch heute noch, wo derartige Bedingungen ungestört obwalten. Die Art der Moorbildungen ist jedoch je nach der Lage des Ortes, an dem sie aufwuchsen, dem gröfseren oder geringeren Pflanzennährstoffgehalt des Untergrundes und der aus demselben oder seitlich zuströmenden Wasser eine verschiedene. Man unterscheidet in botanischer und chemischer Hinsicht die folgenden hauptsächlichsten Moorbodenarten:

1. Die vorwiegend aus den Resten von Gräsern, Scheingräsern, Moosen (nicht Torfmoosen) und Sumpfwiesenpflanzen gebildeten, an wichtigen Pflanzennährstoffen, namentlich an Stickstoff und Kalk reichen Grünlands-Wiesen- oder Niederungsmoore.

2. Die hauptsächlich aus Torfmoosen (*Sphagnum*), Wollgräsern (*Eriophorum*) und Heidekräutern entstandenen, verhältnismäfsig kalk- und stickstoffarmen Hochmoore oder Moostorf-Heidemoore.

3. Die zwischen den beiden ausgesprochenen Moorbodenarten stehenden sogenannten Übergangsmoore, die bald den Hochmooren, bald den Niederungsmooren näher stehen.

Die erstgenannte Gruppe der Niederungsmoore konnte naturgemäfs nur dort entstehen, wo die für das Gedeihen der anspruchsvolleren Gewächse, aus denen sie gebildet sind, nötigen Nährstoffe in ausreichender Menge zuflossen. Daher finden wir sie vornehmlich in den Niederungen, den Thälern träge fliefsender Gewässer, die zur Versumpfung des Geländes Anlafs gaben. In vertikaler und horizontaler Richtung ist ihre Ausdehnung dadurch begrenzt, dafs die Sumpfvegetation, denen sie ihr Dasein verdanken, nur so lange gedeiht, als sie mit ihren Wurzeln das ernährende Wasser zu erreichen vermag oder solange dasselbe durch kapillare Hebung durch das Moor selbst der Vegetationsdecke zugeführt wird. Diese Moorbildungen erheben sich nur wenig über das Niveau des Wasserspiegels. Moorgebilde dieser Art sind in den weiten Flufsthälern des Nordwestens bisweilen in grofser Ausdehnung vorhanden, so in unserer nächsten Nähe in dem Gebiet der Wümme und Hamme, die vereinigt als Lesum in die Weser strömen. In unkultiviertem Zustand stellen sie ungeheure, sumpfige, ebene Wiesenflächen dar, von einer charakteristischen, nicht selten aufserordentlich üppig entwickelten Vegetation von Gräsern, Halbgräsern und Sumpfpflanzen bedeckt, je nach dem Grad der Zersetzung der moorbildenden Pflanzen in ihren Schichten von faserigem, schwammigem, sperrigem Gefüge, mit mehr oder weniger deutlich erkennbaren Pflanzenresten, dem menschlichen Fufs nur einen trügerischen Halt bietend, oder in einem weiter vorgeschrittenen Zustand der Humifikation von erdigen, humosen, krümeligen organischen Massen gebildet, in denen Pflanzenreste mit unbewaffnetem Auge nur vereinzelt erkennbar sind. Nicht selten ruhen in diesen Mooren, ebenso in den Hochmooren die Überreste ganzer Wälder, die durch die Versumpfung zu Grunde gingen und von dem stetig weiter aufwachsenden Moor eingeschlossen wurden.

Bei sachgemäfser Behandlung, namentlich ausreichender Entwässerung und Düngung, liefern diese Niederungsmoore einen Kulturboden von ganz hervorragendem Wert. An dem land- wie volkswirtschaftlich wichtigsten Nährstoff, dem Stickstoff, dem „Gerüst des Eiweifses", sind sie in der Regel so reich, dafs selbst die anspruchvollsten Pflanzen, wenn sie auf denselben angebaut werden, keiner Zufuhr dieses kostbaren Nährstoffes bedürfen, für dessen Ankauf in Form von Chilisalpeter die deutsche Landwirtschaft alljährlich viele Millionen an das Ausland zahlt. Für die Verwendung der sogenannten künstlichen Düngemittel sind die Moorböden dieser Art aufserordentlich dankbar. Durch ein von dem Rittergutsbesitzer Rimpau in Cunrau erfundenes Verfahren, die sogenannte Moordamm-Kultur oder Sanddeck-Kultur, die in einer Bedeckung des Moors mit einer Sandschicht von bestimmter Mächtigkeit bei genügender Entwässerung besteht, in der die Bodenbearbeitung und Düngung stattfindet und die Pflanzen wurzeln, werden gewisse für den Anbau von Ackerfrüchten ungünstige Bodenverhältnisse und Vegetationsbedingungen, wie sie auf dem nicht besandeten Niederungsmoor herrschen, so günstig umgestaltet, dafs diese Böden sich dann nicht nur bezüglich der Höhe, sondern auch der Sicherheit der Erträge mit den wertvollsten Bodenarten messen können.

Diese im Lauf der drei letzten Jahrzehnte namentlich in Deutschland weit verbreitete Kulturmethode, durch die früher fast ertraglose Moorflächen in Ackergefilde von gröfster Fruchtbarkeit umgewandelt werden, gewinnt allmählich auch hier im Nordwesten weitere Verbreitung.

Weniger reich von der Natur ausgestattet ist die zweite Hauptmoorbodenart, das Hochmoor oder Heide-Moostorfmoor, mit dem wir es vornehmlich hier im Nordwesten zu thun haben und das auch nach seiner räumlichen Ausdehnung die erste Stelle in unserem Gebiet einnimmt. Es sind vorwiegend Sphagneen (Torfmoose), daneben einzelne grasartige Pflanzen (Simsen, Wollgräser) und heidekrautartige Gewächse, denen diese Moorbildungen von oft grofser Mächtigkeit ihr Dasein verdanken, eine überaus eintönige und anspruchslose Vegetation. Sie konnte in unserem Klima überall dort gedeihen, wo es nicht an dem nötigen Wasser gebrach, selbst wenn dieses weder aus dem Untergrund noch aus der Umgebung Pflanzen-Nährstoffe in erheblicher Menge zuführte; gewisse Pflanzen des Hochmoors scheinen sogar durch einen höheren Gehalt des Wassers an bestimmten Stoffen (z. B. Kalk) in ihrer Entwickelung gehemmt zu werden. Es sind hier allerdings noch eine Reihe physiologisch und biologisch wichtiger Fragen zu lösen. So sind ungeheure Flächen mit Hochmooren bedeckt, sowohl auf den Höhen als auch an den Rändern der diluvialen Erhebungen und häufig weit in das Gebiet der alluvialen Bodenbildungen übergreifend, nicht selten Niederungsmoore überwachsend, nachdem das Wachstum der niederungsmoorbildenden Pflanzen aus Mangel an nährstoffreichen Zuflüssen sein Ende erreicht. Die Hochmoore zeigen eine gewisse Schichtung, die unteren Lagen sind gewöhnlich dicht, kompakt, ziemlich stark zersetzt, dunkel gefärbt, nicht selten reich an Holzresten die oberen häufig hell, locker und faserig und mit blofsem Auge schon vorwiegend als Reste von Torfmoosen erkennbar. Letztere besitzen ein aufserordentlich hohes Vermögen, Wasser aufzusaugen und festzuhalten, sie bilden einen ungeheuren, wassererfüllten Schwamm. Generationen auf Generationen wachsen empor, so lange die Feuchtigkeit ausreicht, und gehen unter, um dem eigentümlichen Prozefs der Vertorfung zu verfallen; nicht selten erheben sich die centralen Teile des Hochmoors merklich über die Umgebung, was zur Entstehung des Namens Veranlassung gegeben haben mag. Die Moore dieser Art sind einer landwirtschaftlichen Nutzung allerdings schwerer zugänglich als die schon besprochenen Niederungsmoore, einmal wegen ihrer in der Regel grofsen Flächenausdehnung und der damit verbundenen Erschwerung der Kommunikation und Entwässerung, dann wegen des gröfseren Bedürfnisses der Hochmooräcker nach Pflanzennährstoffen

zur Hervorbringung befriedigender Erträge. Und trotzdem ist es gelungen, das Hochmoor mit solchem Erfolg in landwirtschaftliche Kultur zu bringen, dafs es in dieser Richtung mit den besseren Bodenarten den Vergleich nicht zu scheuen braucht. Die Geschichte der Hochmoor-Kultur und Hochmoor-Besiedelung im deutschen Nordwesten ist eins der lehrreichsten Kapitel im Gebiet der innern Kolonisation. Es möge betont werden, dafs die landwirtschaftliche Nutzung der Hochmoore im nordwestlichen Deutschland weitaus im Vordergrund des Interesses steht; eine technische Ausbeutung derselben spielt bislang eigentlich, von der Brenntorf- und Torfstreu-Gewinnung abgesehen, die jedoch vielfach in enger Beziehung zum landwirtschaftlichen Betriebe steht, keine Rolle.

In unberührtem, jungfräulichem Zustand trägt die Oberfläche unserer Hochmoore ein dichtes üppiges Torfmoospolster, in dem spärlicher oder zahlreicher Simsen und Wollgräser und nach dem Grade der natürlichen Abwässerung Heidekräuter eingestreut erscheinen. Hin und wieder fristet eine Kiefer oder eine Birke ein kümmerliches Dasein. In unzähligen Lachen und Rinnsalen steht das braune Moorwasser; ein Beschreiten des schwankenden Bodens ist unmöglich oder mit grofser Vorsicht nur zu sehr trockener Zeit oder im Winter bei Frost ausführbar. Am Rande der Moore oder dort, wo durch menschliche Eingriffe die Entwässerung etwas stärker ist, wird das Moor von einem dichten Heiderasen überzogen, unter dem sich eine mehr oder minder mächtige, besser humifizierte, an Nährstoffen reichere, gewöhnlich als Heidehumus bezeichnete Schicht bildet. Diesen Zustand mögen vor Jahrhunderten alle unsere nordwestdeutschen Hochmoore gezeigt haben; jetzt ist er nur noch bei wenigen zu finden, und auch diese werden in nicht allzuferner Zeit den Stempel der Ursprünglichkeit verloren haben. Grund hierfür war eine Art der Moornutzung, die von Holland zu uns herübergekommen ist, das Moorbrennen oder die Moorbrand-Kultur, deren Wirkungen sich in weitem Umkreis durch den Moorrauch (Höhenrauch, Heerrauch) in so unangenehmer Weise bemerkbar machen und die sehr wenig segenbringend gewirkt hat. Bei derselben wird das vorher notdürftig entwässerte Moor in seiner Oberflächenschicht durch Hacken gelockert und im Frühjahr gebrannt. Der im Moorboden vorhandene Nährstoffvorrat wird dadurch zum Teil in für die Pflanzen aufnehmbare Form übergeführt, zum Teil allerdings vernichtet. In der Asche wird ohne weitere Düngung meistens Buchweizen gesäet, seltener Hafer. Wenn das Brennen auch in dem Mafse, wie sich die Moorbewohner rationelleren Wirtschaftsmethoden zuwenden, abnimmt, so kommt es doch bisweilen vor, dafs an einem schönen Frühlingstage in kürzester Zeit die Atmosphäre von dichtem übelriechendem Rauch erfüllt ist, der die Sonne nur als trübe rote Scheibe erscheinen läfst. Für die dem Moorrauch nachgesagten unmittelbar schädlichen Wirkungen ist bis heute ein Beweis nicht geliefert und der Natur der Sache nach auch schwer zu erbringen; unheilvoll ist die Brandkultur für das Moor selbst, da durch das Brennen die Humusschicht zerstört wird und nach dem Verschwinden derselben das Brennen der darunter lagernden unzersetzten Moostorfschichten schwierig und wenig lohnend ist; es ist daher das Moorbrennen ein Raubbau schlimmster Art. Die Bestellung der gebrannten Äcker und das Gedeihen der Hauptfrucht, des Buchweizens, ist zudem sehr unsicher, so dafs die Moorbrand-Kultur ein Lotteriespiel ist, das unter Umständen hohen Gewinn abwirft und deshalb etwas sehr verlockendes hat, das anderseits jedoch dadurch alle die Nachteile bringt, die ein derartig unsicherer Erwerb namentlich für wirtschaftlich untüchtige Menschen hat. Das ausgebrannte, "totgebrannte" Moor mufs Jahrzehnte dann der Ruhe überlassen werden, damit wiederum auf demselben ein Heiderasen und unter demselben eine das Brennen lohnende Humusschicht entstehe.

Doppelt unheilvoll hat das Moorbrennen dort gewirkt, wo man glaubte in ihm ein wohlfeiles Mittel gefunden zu haben, die weiten, ertraglosen Hochmoorflächen in Kultur zu bringen und dadurch die Ausfälle zu heben, die den Staats- und Landeseinkünften aus der Unnutzbarkeit dieser Flächen erwuchsen, wo Hochmoor-Siedelungen lediglich auf der Grundlage des Moorbrennens angelegt wurden, ohne vorherige Aufschliefsung der Moore durch Kanäle und Wege, ohne Einrichtung des Landwirtschaftsbetriebes auf vernünftiger technischer Grundlage. Diese Kolonien verfielen in kurzer Zeit dem allergröfsten Elend, und die Nachricht über das Geschick derselben wird zum Teil dazu beigetragen haben, das Bild, das man sich vielfach von den nordwestdeutschen Hochmoor-Siedelungen macht, zu verzerren.

Eine zweite Form der Hochmoor-Kultur, ebenfalls holländischer Herkunft, hat dagegen sehr segensreich gewirkt, die sogenannte Veen-Kultur oder Sandmisch-Kultur, die auch vielfach in den Moorkolonien in der Nähe von Bremen geübt wird. Dieselbe besteht darin, dafs das Moor zur Gewinnung von Brenntorf abgetorft wird, die lockeren, oberen, für die Torfbereitung nicht geeigneten Moostorflagen abgeräumt, nach dem Ausstechen des darunter lagernden schwarzen, schweren Torfes auf den Grund des abgetorften Moores gebracht werden und die zukünftige Kulturschicht liefern. Die neue Oberflächenschicht wird auf 15 bis 20 cm mit einer gleich mächtigen, aus dem Untergrund des Moores stammenden Sandschicht innigst gemischt und unter Zufuhr reichlicher Mengen animalischen Düngers in Kultur gebracht. Durch die Sandbeimischung werden die Vegetations-Bedingungen auf dem Hochmoorboden in ähnlich günstiger Weise wie bei der Rimpau'schen Moordamm-Kultur auf Niederungsmoor verbessert, namentlich wird die Frostgefahr gemildert. In Holland, wo die Kultivierung der düngerbedürftigen Hochmoore durch die seit Jahrhunderten dort in mustergültiger Weise aufbereiteten städtischen Abfallstoffe und die Möglichkeit eines bequemen und billigen Transportes derselben zu den Mooräckern auf dem das Land durchziehenden Kanalnetz erleichtert wurde, hat diese Kulturform eine blühende Entwickelung erreicht; in den früher unwirtlichen Mooren sind reiche Niederlassungen von städtischem Aussehen entstanden, mit regem landwirtschaftlichem und technischem Betrieb, Schiffahrt und Handel. In unserem Vaterland haben diese Veen-Kulturen allerdings bei weitem nicht die Ausdehnung gewonnen wie in Holland, aber wir haben blühende Veen-Kolonien hier in unserer nächsten Nähe. Notwendige Grundbedingung für dieselben ist die Möglichkeit Torf abzusetzen, um das Moor abtorfen zu können, die meistens nur in der Nähe grofser Städte oder brennstoffbedürftiger Landstriche besteht, sowie den mineralischen Untergrund des Moores gewinnen zu können, da eine Herbeischaffung von Sand von aufserhalb des Moores sich wegen der Ausdehnung der Moore verbietet.

Vor allem hat die Kenntnis der holländischen Hochmoor-Besiedelung den wertvollen und heilsamen Einflufs ausgeübt, dafs bei den späteren Besiedelungsbestrebungen auf die allein vernunftgemäfsen Grundlagen zurückgegangen wurde, erst nach einheitlichem Plan die Entwässerung und Zuwegung der Moore zu bewerkstelligen, ehe die Besiedelung begonnen wurde und diese nicht auf Moorbrand-Kultur, sondern auf rationellen Acker- und Wiesenbau zu gründen. Nach diesem Prinzip ist im Nordwesten, namentlich im Gebiet der ehemaligen Bistümer Bremen und Verden, staatsseitig ein Kolonisationswerk begonnen und vollendet worden, das in der Geschichte der Hochmoor-Siedelung einzig dasteht. Innerhalb der zweiten Hälfte des vergangenen Jahrhunderts wurden allein in dem genannten Gebiet 50 Kolonien angelegt, zu denen im ersten Drittel dieses Jahrhunderts noch etwa 30 hinzugekommen sind. Es handelt sich hierbei um die Schaffung von Kleinbetrieben von 10 bis 12 ha Gröfse. Mit diesem grofsen Werk wird der Name des Königlichen Moorkommissars Findorff, des Schöpfers des Generalplanes, dem die dankbare Nachwelt ein Denkmal auf dem aus weitem Moorgebiet hervorragenden Weiherberg bei Worpswede gesetzt hat, immer verknüpft bleiben. Man lernte nun auch, wenn ein gewinnbringender Absatz von Brenntorf nicht möglich war, das Hochmoor ohne die Verwendung von Sand in nutzbringende Ackerkultur zu nehmen. Je nach der Lage, den Absatzverhältnissen, der Art ihrer Bewohner haben die Hochmoor-Siedelungen eine gröfsere oder geringere Entwickelung erreicht; eine Vorstellung von ihrer Einrichtung, den Verrichtungen ihrer Bewohner bei der landwirtschaftlichen Bearbeitung des Moores und bei der Bereitung und Verfrachtung des Brenntorfes sollen die photographischen Darstellungen in der Ausstellung der Moor-Versuchs-Station bieten.

Aber selbst unter günstigen Umständen erreichte die Entwickelung dieser Hochmoor-Kolonien bald eine Grenze, über die hinaus mit den bis dahin bekannten Hilfsmitteln der Hochmoor-Kultur kein Fortschritt möglich war. Diese Grenze wurde durch das Quantum von Dünger gezogen, das in den einzelnen Hochmoor-Betrieben, Kolonate genannt, erzeugt werden konnte und das wegen Mangels eines einträglichen Futterbaues auf dem Hochmoor mehr oder weniger beschränkt war. Dazu kam die Konkurrenz der Kohle, welche die Torfpreise drückte. Unter diesen Umständen gelangten die Hochmoor-Siedelungen, die einen früher, die anderen später auf einen toten Punkt. Es war eine der vornehmsten Aufgaben der von dem Preufsischen Landwirtschafts-Ministerium gegründeten und ressortierenden Moor-Versuchs-Station, die hier in Bremen unter verständnisvoller Beteiligung und allzeit bereiter Mitwirkung der Bremischen Behörden ein würdiges Heim gefunden hat, durch wissenschaftliche Forschungen über die Eigenschaften und Eigenart des Hochmoorbodens und durch praktische Versuche in den Mooren selbst neue Hilfsmittel für die Hochmoor-Kultur zu schaffen. Namentlich durch die Anwendung von Kunstdüngemitteln, Kalk, Mergel und Seeschlick, die Einführung des Klee- und Leguminosenbaues und rationeller wirtschaftlicher Betriebsweisen, durch die Steigerung der Erträge der Hochmoorwiesen nach Qualität und Quantität durch kali- und phosphorsäurehaltige Kunstdüngemittel und andere wichtige Erfahrungen der Hochmoor-Kultur ist es gelungen, derselben ganz neue Bahnen zu eröffnen. Von diesen neuen Hilfsmitteln machen die Bewohner der nordwestdeutschen Moorkolonien immer ausgiebigeren Gebrauch, zunächst die Kolonisten der weiter fortgeschrittenen Siedelungen, die naturgemäfs am ehesten die Mittel für die Einführungen der neuen Wirtschaftsform aufbringen können, jedoch wenn auch langsamer so doch stetig fortschreitend die Bewohner fast sämtlicher im Arbeitsgebiet der Station befindlichen Moorsiedelungen.

Von besonderer Bedeutung ist es nun, dafs die neueren Mittel der Hochmoor-Kultur nicht allein einen Fortschritt der Landeskultur in den schon bestehenden Siedelungen ermöglichen, sondern dafs es mit ihrer Hilfe gelingt, neue Hochmoor-Siedelungen anzulegen und in denselben gleiche oder selbst höhere Erträge durch künstliche Düngemittel zu erzielen als in den alten Hochmoor-Kolonien bei Anwendung animalischen Düngers. Die praktische Probe auf die Anwendbarkeit des neuen Kulturverfahrens, namentlich auch nach der Seite der Rentabilität, wird seit Jahren in kleineren Versuchswirtschaften der Moor-Versuchs-Station mit gutem Erfolg gemacht, eine endgültige Entscheidung können nur Versuche im grofsen liefern, Ansiedelungs-Unternehmungen nach Art der im vorigen Jahrhundert ausgeführten, die der Natur der Sache nach entweder vom Staat oder von gröfseren Verwaltungen in die Hand genommen werden müssen. Die übrigen Umstände sind derartigen Unternehmungen günstig, nachdem grofse Moorflächen, wie die ostfriesischen und die links-emsischen, von der Preufsischen Staatsregierung durch Kanäle, den Ems-Jahde-Kanal und den Süd-Nord-Kanal erschlossen sind, deren Kosten sich auf etwa 15 Millionen Mark belaufen. Aufserdem sind für die Förderung der Hochmoor-Kultur und die Kolonisation in gröfserem Mafsstab die Ausführung der Markenteilungen und der Servitutablösungen, sodann das Rentengutsgesetz von hervorragender Bedeutung. Durch die erstgenannten wurden die merkwürdig verwickelten Rechts- und Besitzverhältnisse, die in den Hochmooren des Nordwestens herrschten und die Kolonisation häufig schwer behinderten, geklärt, durch das Rentengutsgesetz eine gesetzliche Form geschaffen, welche die Erwerbung eines Siedelungsplatzes, eines Kolonats als Rentengut auch weniger kapitalkräftigen Anbauern möglich machte, und dadurch ihm und seinen Rechtsnachfolgern die Früchte der auf die Urbarmachung des Kolonats verwendeten Arbeit sichert, andererseits dem Leiter der Kolonisation ein Mittel giebt, auf den Kolonisten für längere Zeit einen heilsamen Einflufs auszuüben, wodurch erst der Erfolg des Unternehmens gesichert wird.

Die Hannoversche Provinzial-Verwaltung ist in weitschauender Erkenntnis der Wichtigkeit der Hochmoor-Kolonisation neuerdings zuerst an dieselbe herangetreten durch Ankauf einer nahezu 4½ hundert Hektar grofsen Moorfläche am Süd-Nord-Kanal, im grofsen Bourtanger Moor, die mit Hülfe der neueren wissenschaftlichen und technischen Erfahrungen kolonisiert wird. Die einzelnen Kolonate sind 10 ha grofs, sie werden von seiten der Verwaltung mit Wohn- und Wirthschaftsgebäuden versehen und unter entsprechenden Bedingungen zunächst in Zeitpacht ausgegeben; die Ansiedler können später das Kolonat käuflich oder als Rentengut erwerben.

Im Jahr 1890 ist die Preufsische Staatsverwaltung dem Beispiel der Provinz Hannover gefolgt und hat im sogenannten grofsen Wiseder Moor in Ost-Friesland an dem den Jahde-Busen mit dem Dollart verbindenden Ems-Jahde-Kanal ein ähnliches Ansiedelungswerk eingeleitet, dem zur Erinnerung an den um die Hochmoor-Kolonisation hochverdienten verstorbenen Unter-Staatssekretär von Marcard der Name Marcardsmoor beigelegt worden ist, und augenblicklich wird ein drittes Kolonisationsprojekt in einem grofsen Hochmoor auf dem linken Elb-Ufer im Lande Kehdingen unter Leitung der General-Kommission in Hannover vorbereitet.

Wenn die bei den beiden erstgenannten grofsen Besiedelungswerken erreichten Ergebnisse wegen der Kürze der Zeit auch noch kein endgültiges Urteil gestatten, so berechtigen sie doch zu den allerbesten Hoffnungen. Die neuen Siedelungen sind kräftig gewachsen und haben sich freudig entwickelt unter Verhältnissen, die zunächst nur eine landwirtschaftliche Nutzung des Moores ermöglichen und vor der Hand eine technische Verwertung des Moores (Torfstreu und Torfgewinnung) ausschliefsen. Die wirtschaftlichen Verhältnisse der Ansiedler, die sich sparsam einrichten und fleifsig und ausdauernd sind, haben sich von Jahr zu Jahr verbessert; an tüchtigen und nicht ganz mittellosen Kolonisten hat es bislang nicht gefehlt. Inmitten des öden, durch Brandkultur ausgesogenen Hochmoors sind auf diese Weise in kurzer Zeit fruchtbare Gefilde mit freundlichen Wohnstätten geschaffen worden, die fleifsigen und nüchternen Menschen eine sichere Existenz bieten. Wenn auch noch manche schwierige Frage der Beantwortung harrt, so ist namentlich im Hinblick auf die kolonisatorische Tüchtigkeit des Volksstammes, in dessen Gebiet diese Ansiedelungswerke vor sich gehen, und im Hinblick auf den stetigen Fortschritt der Landwirtschafts-Wissenschaft und -Technik die Hoffnung wohl gerechtfertigt, dafs in nicht allzuferner Zeit auf diesem Weg nicht nur die neuen Siedelungen eine blühende Entwickelung erreichen, sondern auch viele bis jetzt ertraglose Hochmoor-Ödflächen im Westen und Osten einer segensreichen Zukunft entgegengehen, einem thätigen und arbeitsamen Volk ein sicheres und befriedigendes Dasein gewähren zum Heil und Segen des Vaterlandes, dem dadurch vielleicht gerade ein Teil seiner besten Kinder erhalten bleibt, der andernfalls in fremden Ländern sein Glück suchen würde:

„Grün das Gefilde, fruchtbar, Mensch und Herde,
Sogleich behaglich auf der neuesten Erde."

11.
Über die Ostfriesischen Inseln und ihre Flora.

Von Prof. Dr. F. Buchenau in Bremen.

(4. Sitzung.)

Es ist eine hocherfreuliche Folge der Einigung Deutschlands, dafs das Interesse an unseren Küstenländern und unserem Seeverkehr in viel weitere Kreise der binnenländischen Bevölkerung eingedrungen ist als jemals zuvor. Die an den Meeren sich hinstreckenden Gebiete und die eigentümlichen Lebensverhältnisse ihrer Bewohner finden im übrigen Deutschland weit gröfsere Beachtung als früher. Jeder Aufschwung unseres Handels wird freudig begrüfst, und bei jedem schweren Unglück, welches die Seefahrt betrifft, erzittern mit uns zusammen die Herzen bis tief hinein in die entlegensten Alpenthäler. Daher wird ein Vortrag über eine Gruppe deutscher Inseln heutzutage wohl überall in Deutschland auf freudiges Entgegenkommen rechnen können. Für einen Kreis von Zuhörern, wie der hochansehnliche ist, vor welchem ich heute zu sprechen die Ehre habe, bedurfte es freilich nicht der politischen Einigung, um das Interesse für Küsten und Inseln wachzurufen. Die Geographen haben seit langer Zeit die Wichtigkeit der Inseln für das Studium der Erdoberfläche erkannt. Mag eine Insel oder Inselgruppe der letzte Rest eines sinkenden Festlandes sein, mögen sie, wie wir es auszudrücken pflegen, ozeanischen Charakter haben, oder mögen sie endlich, wie es bei den meisten unserer deutschen Nordsee-Inseln der Fall ist, kleine abgerissene Stücke des Festlandes sein —, immer wird ihr Studium wichtige Resultate in betreff des Aufbaues des festen Landes, in betreff der Wirkung der Meereswogen und des Windes, endlich in Beziehung auf Verbreitung von Pflanzen und Tieren, sowie die Entstehung neuer Formen in abgeschlossenen Gebieten liefern. Ich brauche ja nur die Namen Peschel, Hahn, Wallace und Darwin zu nennen, um die reichen Früchte, welche das Studium der Inseln ergeben hat, in Jedermanns Erinnerung zurückzurufen.

Von diesem Interesse nehmen denn auch, wenn auch nur in bescheidenster Weise, die kleinen Inseln einen Teil in Anspruch, welche den deutschen Nordsee-Küsten vorgelagert sind, und der Ortsausschufs für den in Bremen tagenden Geographentag hat geglaubt, die uns zunächst liegenden Inseln: die Ostfriesischen (einschliefslich Wangeroog) in den Kreis unserer Betrachtungen ziehen zu sollen.

Die deutschen Nordsee-Inseln zerfallen bekanntlich in vier Gruppen: Helgoland, die Nordfriesischen Inseln, Neuwerk und die Ostfriesischen Inseln. Aufser ihnen wären allerdings noch zu nennen: Arngast und die Oberahnschen Felder im Jahde-Busen. Arngast, die direkte Fortsetzung des Vorgebirges von Dangast, war ursprünglich von diluvialer Geest gebildet, und ich hatte das Glück, die Insel noch zweimal im Anfang der siebenziger Jahre besuchen und eine Schilderung von ihr in den Abhandlungen unseres Naturwissenschaftlichen Vereins geben zu können, ehe die Stürme die alte Oberfläche fast ganz zerstörten und die Insel nahezu in eine Sandbank verwandelten. Die Oberahnschen Felder dagegen sind kleine uneingedeichte Schollen alter Marschen, echte Halligen, im Winter völlig unbewohnt und nur im Sommer von Schafherden und ihren Hirten besucht. Wir können daher diese winzigen Flecken Landes wohl aufser Betracht lassen.

Helgoland, die jedem Deutschen theure Felseninsel, ist bekanntlich aus Schichten der Trias- und Kreide-Formation gebildet und steigt aus verhältnismäfsig gröfserer Meerestiefe empor. Die Gesteine der Kreide-Formation treten dann zwischen Elbe und Weser erst wieder in der Wingst unfern Stade nahe an die Erdoberfläche heran, wo die grofsartige Cementfabrikation von Hemmoor auf ihnen beruht. Über das Niveau aber erheben sich zuerst die Gesteine der Kreide und die wahrscheinlich wesentlich älteren Gipse von Lüneburg und von Segeberg in Holstein. — Die Hamburgische Insel Neuwerk, der oberste Rücken eine Sandbank, auf dem sich erst seit kurzem im Anschlufs an die Festigung der Insel durch den Menschen kleine Anfänge von Dünen gebildet haben, wird noch gelegentlich zu erwähnen sein. Es bleiben also hauptsächlich die Nordfriesischen Inseln an der Küste von Schleswig und die Ostfriesischen Inseln an den Küsten von Hannover und Oldenburg zu betrachten übrig. Es sei mir gestattet, die letzteren eingehender zu schildern, aber häufig vergleichende Blicke auf die Nordfriesischen Inseln zu werfen.

Die Ostfriesischen Inseln erstrecken sich in einer Länge von 50 km von Osten nach Westen, erst die beiden letzten: Juist und Borkum, weichen von dieser Linie deutlich nach Süden ab; mit ihnen zusammen hat die Inselkette eine Länge von 90 km. Die sich an sie anschliefsenden, sie an Gröfse bei weitem übertreffenden Westfriesischen Inseln wenden sich immer mehr nach Südwesten, bis die Richtung zuletzt in Texel fast rein südlich geworden ist. Die Ostfriesischen, deutschen, Inseln reichen bis an die Hauptmündung der Ems, welche auch hier die Grenze von Deutschland gegen die Niederlande bildet. Es sind ihrer bekanntlich sieben, die oldenburgische, zum Wangerlande gehörige Insel Wangeroog und die sechs preufsisch-hannoverschen: Spiekeroog, Langeoog, Baltrum, Norderney, Juist und Borkum. Sie sind alle durch schmale, aber tiefe Seegatte, die Ausmündungen festländischer Wasserläufe, von einander getrennt. Ihre Gröfse ist schwierig anzugeben und fällt natürlich sehr verschieden aus, je nachdem man nur die Dünen und das bewachsene Grünland dabei in das Auge fafst oder den oft weitgedehnten Strand einbezieht, welcher selbst ja bei niedrigem Wasserstande viel weiter entblöfst ist, als zur Hochwasserzeit. Daher schwanken denn auch die Angaben in den geographischen Werken ungemein. Während Ritter's Geographisch-statistisches Lexikon ihnen im Ganzen einen Flächenraum von etwa 90 qkm zuschreibt, besitzen sie nach dem bekannten Werk von Guthe: „Die Lande Braunschweig und Hannover" nur eine Oberfläche von 41 qkm oder mit dem Strande von 80 qkm. Letztere Zahlen dürften die zutreffenderen sein, wenn man als Strand die bei gewöhnlichem Hochwasser noch entblöfste Fläche betrachtet.

Von den Nordfriesischen Inseln werden die unserigen an Gröfse bedeutend übertroffen; denn jene erstrecken sich (die zwischen sie eingreifenden Meeresteile eingerechnet) über ein Areal von 90 km Länge bei 20 bis 30 km Breite und mehrere von ihnen, wie Sylt, Föhr, Nordstrand und Pellworm sind bedeutend gröfser als Borkum, die gröfste der Ostfriesischen Inseln.

Für den geognostischen Aufbau der Ostfriesischen Inseln ist es von entscheidender Wichtigkeit, dafs nirgends mehr auf ihnen noch intakte Ablagerungen der Eiszeit, also Diluvialbildungen, vorhanden sind. Versuchen wir uns ein Bild zu machen von dem Zustande unserer Küstenlandschaften während der letzten geologischen Epochen. Am Ende der Tertiärzeit waren bei uns zweifellos ausgedehnte Schichten der Kreide und der Tertiär-Formationen vorhanden. Die nun beginnende erste Eis-Periode bedeckte Nordwest-Deutschland wohl wesentlich mit Drifteis, welches massenhaften Gletscherschutt mit Kies und erratischen Blöcken aus dem skandinavischen Norden herbeiführte. Die Eismassen und die Wogen zerrieben jene weichen Schichten der Kreide-Formation, wie sie es heute noch an den englischen Küsten thun; aber als untrügliche Beweise von deren früherer Anwesenheit blieben die Feuersteine zurück, welche sich überall auf dem Diluvium, der von uns Norddeutschen sogenannten Geest, zwischen die nordischen Granit- und Syenittrümmer mischten. Dafs dieser Diluvialkies sich in Form flacher geschliffener Geschiebe noch jetzt auf vielen Sandbänken und an vielen Stellen der Inseln findet, beweist mit Sicherheit, dafs auch hier das nordische Eis seine durch die Feuersteine vermehrten Schuttmassen ablagerte. Ob am Ende der ersten Eis-Periode unsere Küstengegenden über das Meeresniveau hervortraten, ob sie von einem niederen Meere bedeckt blieben, ist wohl nicht zu entscheiden. Von der letzten (zweiten oder wahrscheinlich dritten) Eisbedeckung durch enorme Gletscher, welche dem nordöstlichen Deutschland eine so viel reicher modellierte Oberfläche und gröfsere Fruchtbarkeit verlieh, wurde das nordwestliche Deutschland überhaupt nicht erreicht; jene Gletscher drangen westlich nur etwa bis zu der Linie Stade-Uelzen-Bergen an der Dumme vor. Während der ganzen Zeit ihrer Dauer blieb der deutsche Nordwesten der verarmenden Ausspülung eines flachen Meeres oder der Auslaugung und Auswehung durch die atmosphärischen Gewässer und den Wind ausgesetzt.

Nach der Beendigung der letzten Eis-Periode, also während der ältesten Alluvialzeit, bildete die ganze Fläche von der heutigen oldenburgisch-ostfriesischen Geest an über die Moore, die Marsch und das Wattenmeer hin bis zur Linie der heutigen Inseln vermutlich ein einziges zusammenhängendes, von Diluvium bedecktes Festland. Wahrscheinlich lag aber die Gegend der Marschen und Watten schon damals niedriger als die Hohe Geest und als der nördliche Uferrand; dies wird durch die Bildung der ausgedehnten Moor- und Darglager (auf welche letzteren sich vielfach die Marschen ablagerten) bewiesen. Sicher ist, dafs zu keiner Zeit der Rand des Landes, also die Aufsenküste, wesentlich weiter nördlich gelegen haben kann, als die Linie der heutigen Inseln liegt. Aus den Seekarten der Nordsee geht nämlich hervor, dafs die Tiefenlinie von 10 m nur 5, die von 20 m nur 10—11 km nördlich von der Inselreihe Spiekeroog bis Norderney liegt. Beide Linien verlaufen ganz regelmäfsig ost-westlich und behalten diese Richtung auch noch nördlich von Juist und Borkum bei, während diese Inseln selbst bereits bedeutend südlicher liegen; dies bewirkt bekanntlich, dafs man von Borkum aus von dem grofsen Weltverkehr gar nichts mehr erblickt, und dafs das Feuerschiff „Borkumriff" mehr als 30 km von der Insel entfernt liegt.

Werfen wir einen kurzen vergleichenden Blick auf diese Verhältnisse bei den Nordfriesischen Inseln. Welche grofse Verschiedenheit finden wir da! Die Tiefenlinie von 20 m bleibt von Sylt und Amrum

30—35, von Pellworm aber über 45 km entfernt, die von 10 m verläuft geschlängelt, liegt aber doch nur selten näher als 10 km. Nur langsam senkt sich der Meeresboden hinab, gefährliche Untiefen bildend, ja die Amrum-Banken steigen jenseits (westlich) der 10 m-Linie nochmals zu gefahrdrohender Höhe auf. An vielen Stellen erhebt sich der Grund so langsam gegen die Küste, dafs die Küstenorte nicht als Seebäder benutzt werden können. Auf Föhr, Sylt und Amrum nimmt der alte Diluvialboden (die Hohe Geest) noch sehr grofse Strecken ein und ist zum nicht geringen Teil sogar noch dicht mit schwarz-grüner Heide bedeckt, deren schwermütiger Charakter durch die zahlreichen ihr aufgelagerten Hünengräber erhöht wird. An vielen Stellen stürzt im Westen die Geest steil zum Strande ab (ich erinnere nur an das Rote Kliff auf Sylt), und die Dünen bilden nur einen schmalen, dem Westrande der Geest aufgelagerten Streifen. Vergessen wir überdies nicht, dafs auf der nach Osten vorspringenden Halbinsel von Sylt (im Morsumkliff bei Keitum) Tertiärbildungen in grofser Mächtigkeit zu Tage treten. — Die südlichen Inseln dagegen sind nichts als zerrissene Stücke schwerer Marsch, einerlei, ob sie, wie Nordstrand und Pellworm, so grofs geblieben sind, dafs sie die Eindeichung noch lohnten, oder, dafs sie, wie die Halligen, solche Lasten nicht mehr zu tragen vermochten und daher lediglich söhlige Platten von schwerem Kleiboden darstellen, über welche die Sturmfluten hinwegbrausen, und an denen selbst die tägliche Flut und Ebbe unaufhörlich nagen. — Mit unsern Ostfriesischen Inseln lassen sich nur die Halbinseln Hörnum und List von Sylt und die Hörner, in welche Amrum ausläuft, vergleichen.

Auf den Ostfriesischen Inseln fehlen, wie bereits erwähnt, die unveränderten Diluvial-Ablagerungen durchaus; die früher vorhanden gewesenen sind längst von den Wogen zerspült und vom Winde auseinander geweht. Der Körper der Inseln besteht aus einem sehr gleichmäfsigen, feinen Sand von gelblich-weifser Farbe. Er enthält keine Glimmerschuppen, dagegen zahlreiche schwarze Titaneisenkörner, welche letztere nicht selten schwarze Linien zwischen den durch Wind aufgewehten Sandkanten bilden. Aufserdem ist der Sand reich an Kalk, welcher von den zerriebenen Muschelschalen herrührt. Auf diesem Kalkgehalt beruht das üppige Gedeihen des Dünenhafers, des sog. Helms, der Zwergweide und der zahlreichen anderen Gewächse, welche den Sand überall da bekleiden, wo er genügenden Halt und Feuchtigkeit darbietet. Der Sand wird von den Fluten auf den Strand gespült, und von hier nach erfolgter Austrocknung durch den Wind landeinwärts geführt. Die gesamte Sandmasse lagert entweder auf alten Sandbänken oder auf dem kleiigen Wiesenboden der Wattwiesen.

Inseln, welche auf früheren Sandbänken lagern, sind z. B. der Memmert bei Juist (durch die Weihnachtsstürme von 1894 fast ganz wieder in eine Sandbank verwandelt), die Flinthören bei Langeoog und Neuwerk an der Elb-Mündung. Dieser Untergrund verrät sich noch jetzt an manchen Stellen. Ist irgendwo der Sand völlig weggeweht, so tritt an die Stelle eines muldenförmigen Dünenthales, wie wir sie überall in den Dünen durchwandern, ein solches mit völlig horizontalem, plattem Boden und scharf gegen den Boden abgesetzten Wänden. Wird der Boden von dem thonig-kleiigen Wiesenboden gebildet, dann ist der Boden dieses Dünenthales kahl, verfällt aber sehr bald der Versumpfung und reifst bei trockenem Wetter vielfach auf. Bildet aber eine Bank die Unterlage, so ist der Thalboden meist entweder mehr oder weniger dicht bedeckt mit geschliffenen platten Steinen, welche zuweilen geradezu ein wirkliches Pflaster bilden, oder aber mit ausgebleichten, mehr oder weniger zerriebenen Muschelschalen. Jene geschliffenen Steine (untermischt mit ungeschliffenen, weil zu harten Feuersteinbrocken), diese halbverwitterten Muschelschalen bedecken auch heute noch in Menge die Oberfläche zahlreicher bis in die Nähe des Meeresniveaus ragender Sandbänke des Meeres.

Der mehrerwähnte Wiesenboden aber bildet sich auf folgende Weise. Überall auf der Wattseite der Inseln findet — zum Teil unter Mitwirkung von Gewächsen — ein Schlickfall statt. Da diese weiten Flächen in Lee der herrschenden Winde liegen, so mischt sich viel herbeiwehender Sand mit dem Schlick, und es entsteht nach und nach ein fester Wiesenboden, welcher aber wesentlich weniger zäh und fett als der Schlick der Festlandmarschen ist. Über diesen Wiesenboden wandert allmählich die Sandmasse der Insel in der Richtung von NW nach SO hin. Bricht die Insel am Aufsenstrande ab, so kommt dieser alte Wiesenboden, welcher so lange unter der Insel begraben lag, wieder in grofsen, festen Schollen zu Tage. In ihm lagen denn auch die Reste alter Kultur (Brunnengräber und Hausplätze), welche vor mehr als hundert Jahren bei ungewöhnlich tiefer Ebbe nordwestlich von der Insel Borkum zu Tage traten.

Da unsere Inseln also fast ganz aus Sand bestehen, so bilden sie auch sehr geeignete Objekte zum Studium des Dünenphänomens. Dafs die Dünenbildung auf langsam sinkenden Küsten und namentlich dann, wenn diese Küsten vorzugsweise den Seewinden ausgesetzt sind, am grofsartigsten ist, bestätigt sich bei uns durchaus. Aber auch alle Einzelheiten des Dünenphänomens, wie sie in dem klassischen Werke von Sokolow geschildert sind, können hier verfolgt werden. Ich erinnere nur an den Gegensatz zwischen den Sandaufhäufungen auf dem

Strande hinter festen Körpern, wie sie, hinter dem Körper am höchsten beginnend, ganz allmählich flacher werden — und den echten Dünen, welche umgekehrt dem Winde eine sanft ansteigende Seite darbieten, dagegen nach Lee hin steil, oft geradezu senkrecht, abstürzen. Ich lenke die Aufmerksamkeit auf die Bildung tiefer, steiler Gräben vor Bretterzäunen oder Mauern, welche senkrecht zur Hauptwindrichtung stehen. Hier staut sich der Wind und bläst den Sand nach den Seiten hinaus. Gewifs spielt die Vegetation des Dünengrases eine bedeutende Rolle bei dem Auffangen des Sandes; aber es geht viel zu weit, wenn Borggreve die Dünenbildung ausschliefslich dieser Pflanze zuschreibt. Die Dünen sind eine äolische Bildung, wie ja auch die mächtigen vegetationslosen „witten Dünen" beweisen, welche sich auf mehreren unserer gröfseren Inseln an deren Ostende finden. — Für den denkenden Naturforscher bildet die Beobachtung der Entstehung der Dünen und ihrer Zerstörung durch Fluten und Stürme ein höchst fesselndes Schauspiel. —

Dem mannigfaltigen Aufbau der Dünen entsprechend ist denn auch der Anblick unserer Inseln ein überraschender. Er bietet sich am besten auf dem Watt von einem Fährschiff aus dar. Die Insel mit ihren mannigfach eingeschnittenen Erhebungen gleicht dann einem fernen Hochgebirge, und die Schwierigkeit der Schätzung von Entfernungen und Höhen auf der Wasserfläche verstärkt diesen Eindruck für den Landbewohner noch sehr. Das Gewirre der Sandhügel ahmt steile Gipfel und ausgedehnte Schneefelder, schroffe Einschnitte und plötzliche Gletscherabstürze nach, und vor ihnen dehnen sich scheinbar bewaldete Berge und die flache Kulturebene aus.

Über die geologische Geschichte der Inseln ist nur wenig zu sagen. Als nach Beendigung der Eiszeit der Boden sich hob, müssen sich auf dem Küstenrande, welcher, wie ich oben hervorhob, nur wenige Kilometer weiter nördlich als die jetzigen Inseln lag, die ersten Dünen gebildet haben. Sicher wird jener Rand noch nicht so stark zerrissen gewesen sein, wie heutzutage. Dürfen wir annehmen, dafs zuerst die Hohe Geest sich von unseren Gegenden aus ununterbrochen bis zu den heutigen Inseln erstreckte, so lagen die Dünen dem äufsersten Küstensaum eines hohen Heidelandes auf. Man hat vielfach in der Vegetation der Inseln, in dem Auftreten zahlreicher Elemente der Heide-, Moor- und selbst der Wald-Flora einen Beweis dafür sehen wollen (und ich selbst habe früher zugestimmt), dafs dem so gewesen. Nachdem ich aber die grofse Wanderfähigkeit der Pflanzen kennen gelernt habe, mufs ich anerkennen, dafs diesen Thatsachen nicht die angenommene Beweiskraft zukommt. Es ist vielmehr ebenso wohl möglich, dafs hinter dem höheren Küstenrand sich von vornherein eine weite Einsenkung, das Gebiet der heutigen Marschen und des Wattenmeeres, befand.

Das Eine aber ist gewifs, dafs nach der Vollendung der Eiszeit, also während der ersten Alluvialzeit, das Meer und das Wetter an unseren Küsten einen wesentlich ruhigeren Charakter haben mufste, als heutzutage. Die ausgedehnten Marschen unserer und der holländischen Küstenprovinzen konnten sich in jenen Zeiten, in denen der Mensch noch nicht für die Küstenbefestigung oder gar für die Landgewinnung in Betracht kam, nur am Rande eines ruhigeren Meeres bilden. Sie sind zum Teil auf ausgedehnten Rohrfeldern abgelagert, zum Teil aus schwimmenden Wiesen (Dobben oder Fledderwiesen) hervorgegangen, zum gröfsten Teil aber wohl durch direkte Anschlickung entstanden, wie sie noch heute stattfindet. Bei den heutigen Verhältnissen, bei der Wildheit unseres Meeres, bilden sich neue Marschen fast nur noch durch planmäfsige Thätigkeit des Menschen. Die freilich nur kurze Spanne historischer Erinnerungen (neunzehn Jahrhunderte seit den ersten Berichten der Römer) umfafst nur eine beständige Leidensgeschichte von Zerstörungen durch Wind und Wellen. Wird doch dem alten Borkum, der Fabaria des Drusus, der Burkana des Plinius, ein Flächenraum von etwa 1000 qkm zugeschrieben, von welchem heute in den Inseln Borkum und Juist nur noch Reste von 30 und 10 qkm übriggeblieben sind.

Es wird notwendig sein, hier ein Wort über die vielbesprochene Senkung unserer Küsten zu sagen. Dafs eine solche noch in historischen Zeiten stattgefunden hat, ist wohl nicht zu bezweifeln; dafs sie aber regelmäfsig vor sich gehe, ist ebenso wenig bewiesen, wie die vielfach ausgesprochene, aber jedenfalls viel zu hohe Zahl von $\frac{1}{2}$ Fufs im Jahrhundert. Bedenkt man aber, dafs die stärksten Landverluste historischer Zeit im zwölften und dreizehnten Jahrhundert unserer Zeitrechnung stattfanden, so erscheint es nicht unwahrscheinlich, dafs im elften Jahrhundert ein vorübergehendes, stärkeres Sinken stattfand. —

Ich lenke Ihre Aufmerksamkeit darauf, dafs sichere Beobachtungen über diesen hochwichtigen Gegenstand für die deutschen Nordsee-Küsten noch nicht angestellt sind. Unsere Inseln mit ihrem beweglichen Sandboden, unsere Marschen, welche vielfach auf einem schwammigen oder sogar direkt schlammigen Untergrund ruhen, sind für dieselben höchst ungeeignet. Am südlichen Rand der Nordsee tritt aber die Hohe Geest, also der alte Diluvialboden, an zwei Stellen unmittelbar an die See heran: es sind dies das Vorgebirge von

Dangast und die Landspitze bei Duhnen unweit Cuxhaven. Es wäre im hohen Grade wünschenswert, dafs diese Punkte ebenso wie der Westrand von Sylt mit besonderen, einnivellierten Landmarken oder Pegeln versehen würden, deren längere Beobachtung dann Gewifsheit über die Veränderung der Lage des Landes gegen den Meeresspiegel bringen würde. Eine solche Einrichtung wäre im Anschlufs an die vortrefflichen Nivellements unseres Generalstabes gewifs leicht anzubringen.

Die Bildung der Marschen verlangte ein ruhigeres Meer. Es liegt nahe, die heutige Wildheit unserer Nordsee mit dem Durchbruch der Strafse von Dover in genetische Verbindung zu setzen. Vorher war der südliche Teil der Nordsee ein verhältnismäfsig ruhiges Meer, und es ist höchst charakteristisch, dafs die Marschen von Nord-Friesland an über Ost-Friesland bis zu den Niederlanden hin an Ausdehnung beständig zunehmen. Erst als — viele Geologen verlegen dieses Ereignis etwa auf das Jahr 1000 vor Christus — der Kreiderücken, welcher sich früher von Dover nach Boulogne erstreckte, von den anprallenden Fluten durchnagt worden, als die Strafse von Dover durchgebrochen, und damit Grofsbritannien in eine Insel verwandelt worden war, erst dann erhielt die Nordsee ihren heutigen Charakter. Der Flutstrom nahm nun in der südlichen Nordsee die fast rein östliche, der Ebbestrom die westliche Richtung an, welche das Wattenmeer so sehr verbreiterte. Von jener Zeit aber datiert auch die beständige Leidensgeschichte unserer Küsten und Inseln, welche noch heute nicht abgeschlossen ist. Charakteristischer Weise waren nun auch die Landverluste in den Niederlanden, da wo früher die ruhigste Bucht der Nordsee gewesen war, die gröfsten. Erst der planmäfsig arbeitende Mensch vermochte einen Teil des angerichteten Schadens wieder einzubringen; aber selbst der heutige Grofsstaat mit allen Mitteln der modernen Technik vermag nicht, Schutzmafsregeln zu treffen, welche Zerstörungen verhindern, wie die Weihnachtsflut von 1894 sie namentlich auf Juist anrichtete.

Und nun habe ich noch einige Worte über die Pflanzendecke der Ostfriesischen Inseln zu sagen. Ihr drückt — wie der ganzen Natur und auch den Inselbewohnern — der Sturm seine Signatur auf. Bäume vermögen auf den Inseln nur im unmittelbaren Schutze der Häuser und Dünen zu gedeihen. Jede Zweigspitze, welche sich über diesen Schutz hinauswagt, wird durch die mechanische Gewalt der Stürme (viel weniger durch den etwa fortgerissenen Staub salzigen Wassers) getötet. Die Gemüsegärten der Inselbewohner müssen (obwohl sie nur in den Dünenthälern angelegt werden können), zum gröfseren Schutz gegen den Wind, noch in den Sand eingegraben werden. Alle Charakterpflanzen der Dünen haben unterirdisch stark verzweigte Grundachsen mit sehr reichfaserigen Nebenwurzeln, wodurch sie in den Stand gesetzt sind, die Sandkörner festzuhalten, ihnen das in den Zwischenräumen befindliche Wasser zu entziehen und ausdörrenden Winden sowie vorübergehendem Sonnenbrand zu widerstehen; hierzu trägt eine dicke, oft durch Kiesel-Einlagerung verhärtete Oberhaut noch das Ihrige bei. Eine besondere Erwähnung verdienen hierbei die Dünengräser: der Dünenweizen, die Dünengerste und besonders der sogenannte Dünenhafer oder Helm. Das wichtigste derselben, der Helm (*Ammophila*) ist dem Leben auf Meeresdünen in geradezu wunderbarer Weise angepafst. Im Sommer und Winter ist sein Aussehen fast ganz dasselbe; seine Vegetation wird nur durch die eigentlichen Frostperioden unterbrochen. Seine Stöcke gleichen dichten, in den Sand gesteckten Bündeln äufserst zäher Blätter, über welche sich im Sommer der weifse, fast cylindrische Blütenstand erhebt, welcher im Herbst eine Fülle kleiner Samen ausstreut und erst im Lauf des Winters verwittert. Im dichtesten Schlufs wachsen die Seitentriebe senkrecht neben der Mutterachse in die Höhe, sich mit ihr zu einem dicken Quast vereinigend. Die Blätter sind oben mit mehreren Reihen kurzer Samthaare besetzt, haben aber unten eine feste glatte Epidermis. Sie sind so übergekrümmt, dafs sie diese glatte Haut nach oben wenden; überdies rollen sie sich bei trockenem Wetter von der Seite her ein und sind dann völlig drahtförmig. Auf diese Weise wird die assimilierende Oberseite auf das wirksamste gegen das Vollstauben mit Sand geschützt. Winter und Sommer ist die Pflanze gleichmäfsig bereit, die Kraft des über die Düne streichenden Windes zu brechen und den mitgeführten Sand aufzufangen; dabei gedeiht sie um so besser, je stärker die Düne „aufstaubt".

Während so die Pflanze über der Erdoberfläche thätig ist, die Düne zu erhöhen, arbeitet sie ebenso beständig unterirdisch an ihrer Befestigung. Von jedem Exemplar aus wachsen nach allen Seiten hin gelbliche, mit Niederblättern besetzte und äufserst zähe Ausläufer aus, welche die erstaunliche Länge von 3½, 4, ja selbst 5 m und darüber erreichen und sich dann erst zu neuen Exemplaren aufrichten. Da sie sich viele Jahre hindurch frisch erhalten, so ist jede vom Helm bewachsene Düne von einem ganzen Gewirr zäher, bindfadenartiger Stränge durchzogen, welche überdies nicht selten auch noch verzweigt sind. Ihre volle Bedeutung erhalten die Ausläufer aber erst durch die Bildung der zahlreichen geschlängelten Nebenwurzeln aus ihren

Knoten. Auch diese wirklichen Wurzeln erreichen Längen von 3 bis 5 m, durchziehen den Sand nach allen Seiten und festigen ihn auf diese Weise. Nahe hinter ihrer Spitze sind sie auf eine Strecke weit dicht mit Saughaaren besetzt, welche geradezu mit den Sandkörnern ihrer Umgebung verwachsen. — Liegt dann später eine gut mit Helm bewachsene Düne im Abbruch, so hängen die freigewehten Ausläufer in wildem Gewirr von der Bruchfläche herab, den wirren Haaren eines schlecht gepflegten Greisenhauptes vergleichbar.

In ähnlicher Weise ist in anderen Gegenden der blaue Helm (*Elymus arenarius*) thätig. Seine Laubblätter, von blaugrauer Farbe, sind viel breiter als die des echten Helms, aber sparrig ausgebreitet. Die Laubtriebe vereinigen sich nicht zu dichten Bündeln; aber an unterirdischer Sprossung, an Bildung von Ausläufern und Nebenwurzeln übertrifft er den echten Helm womöglich noch. Zu beiden Pflanzen gesellen sich dann, minder wichtig, aber doch auch unablässig an der Befestigung des Sandes arbeitend, der Dünenweizen (*Triticum junceum*), die Sandsegge (*Carex arenaria*), das Labkraut (*Galium verum*), der Hornklee (*Lotus corniculatus*), der Wundklee (*Anthyllis*) und zahlreiche andere Pflanzen, welchen es bei einiger Ruhe der Atmosphäre zuletzt gelingt, die Düne mit einer Vegetationsdecke zu überziehen, der es auch an angenehmen Farbentönen nicht fehlt. Im Frühjahr sind einzelne Dünen ganz blau angehaucht von den Blüten des Dünenveilchens; auf andern zeigt sich das zarte Rötlichweifs der Dünenrose. Der Vorsommer bringt die bunten Blumen des Stiefmütterchens, des Hornklees und Wundklees, während im Nachsommer das grelle Gelb der Kompositen (Habichtskraut, Löwenzahn u. a.) oft geradezu blendend wirkt.

Die Pflanzen der Wattwiesen und Weiden bleiben (nicht nur wegen des weidenden Viehs, sondern wegen des fast beständig ungebrochen über die ebenen Flächen streichenden Windes) sehr niedrig. Sie teilen diese Eigentümlichkeit mit den Gewächsen aller dem Winde stark ausgesetzten Flächen, z. B. auch der welligen Hügel bei Brighton und der Südwest-Abhänge der Insel Wight. — Auf den Wattweiden bilden die dichten Horste der Meerstrandbinse (*Juncus maritimus*), welche ihrer stechenden Blattspitzen wegen vom Weidevieh nicht berührt werden, die Zufluchtsstellen für manche zartere und zugleich seltene Gewächse. Der Flut am weitesten entgegen gehen einige Ausläufer treibende Pflanzen, welche Sand und Schlick auffangen, und zuletzt ein paar Chenopodiaceen, von denen der seltsame Krückfufs (*Salicornia*) im Bereich der täglichen Flut am weitesten vordringt und dabei so sonderbar gesellig wächst, als sei jede Pflanze einzeln in den Schlickboden des Watts eingepflanzt worden.

Den vollen Reichtum der Vegetation aber entfalten die gröfseren Dünenthäler. Hier bilden die beiden einzigen Holzpflanzen der Inseln: die Zwergweide (*Salix repens*) und der stachelige Sanddorn (*Hippophaës*) dichte Gebüsche, denen sich zahlreiche und zum Teil schön blühende Pflanzen anschliefsen. Hier wächst die reizende *Parnassia*, die beiden Wintergrün-(*Pirola*-)Arten, die herrlich duftende *Gymnadenia*. Nicht wenige von diesen Pflanzen (und gerade die besonders charakteristischen) bilden eine Gemeinschaft, welche sich mit geringen Abänderungen von den Dünen des Meerbusens von Biscaya bis hin zum Kap Skagen getreu bleibt. Ihnen gesellen sich dann bei uns Pflanzen zu, welche für die Flora der Geest oder der Moore des deutschen Nordwestens charakteristisch sind. Als merkwürdigste derselben müssen wir den gelben, nur mit Schuppenblättern besetzten Fichtenspargel betrachten, eine schmarotzende oder doch wenigstens saprophytische Pflanze, welche auf dem Festland nur im Waldhumus und Waldschatten vorkommt, hier aber in den kaum meterhohen Dickichten der Zwergweide oder des Sanddornes die Bedingungen zu üppigem Gedeihen findet. — Die Gesamtzahl der auf den Inseln einheimischen höheren Gewächse beträgt etwa 400.

Die Tierwelt, welche ja direkt abhängt von der Pflanzenwelt eines Gebietes, ist in einigen Klassen, wie z. B. den Landmollusken und den Amphibien und Kriechtieren sehr schwach vertreten. Reich und mannigfaltig dagegen ist nach Arten und Anzahl der Individuen das Insekten-Leben auf den Inseln, was ich gegenüber einigen gegenteiligen Angaben besonders hervorhebe, und wofür ja auch schon die ungewöhnliche Häufigkeit des Kukuks spricht. Von den Vögeln sind Strand- und Wasservögel natürlich reich vertreten, überdies liegen die Inseln in der Richtung des Zuges der Zugvögel, deren Menge aber in den letzten Jahrzehnten sehr abgenommen hat. Die Regierung hat seit reichlich 25 Jahren mehrere Brutkolonien von Seeschwalben und Möwen geschützt, um durch deren Dünger den Wuchs des Dünengrases zu befördern. Gewifs gewähren die herrlichen Tiere einen schönen Anblick; aber durch die enorme Gefräfsigkeit der grofsen Möwen, der sogenannten Kobben, verödet das an die Inseln anstofsende Meer immer mehr an Fischen, und es wird für die Inselbewohner immer schwerer, sich ein Gericht Fische zu fangen[1]). Da gleichzeitig den Inselbewohnern das

---

[1]) Selbstverständlich sind die Möwen zur Ernährung ihrer äufserst gefräfsigen Jungen vorzugsweise auf die Krabben, Muscheln und Seesterne des flachen Meeresgrundes angewiesen, und deren Schalen findet man denn auch in den Gewöllen neben den Nestern ausgespieen. Woher sollten wohl die Fische zur Aufzucht einer solchen

früher gestattete Sammeln der Kobben-Eier verboten worden ist (während doch das Wegnehmen des ersten Geleges der Vermehrung der Vögel in keiner Weise schadet), so hat die Versorgung der armen Bewohner der Inseln mit Fleischnahrung in doppelter Weise gelitten. — Die Säugetiere beschränken sich auf Fledermäuse, die höchst schädlichen Wühlmäuse und einige wirklichen Mäuse, darunter in den Dünen die interessante Waldmaus; der Strand wird natürlich vielfach von Seehunden besucht. Ganz einzeln verirren sich Igel und Fuchs über das Eis nach den Inseln. — Das Kaninchen, ursprünglich in Deutschland nicht wild, sondern zuerst 1149 aus Flandern oder Frankreich eingeführt, ist seit etwa 1875 regierungsseitig nahezu ausgerottet worden, obwohl nicht wenige Beobachter behaupten, dafs es, weil nur in den innersten Dünen lebend, dem Bestande der Inseln nicht schade. Früher lieferte es den Inselbewohnern manches nahrhafte Fleischgericht, was jetzt nun auch weggefallen ist. Die Einführung des Hasen, der sich auf einigen Inseln, z. B. Langeoog, bereits aufserordentlich vermehrt hat, bietet den Bewohnern keinerlei Ersatz, da der Hase als jagdbares Tier durch Gesetze geschützt ist, und sie sich seiner nicht einmal dann erwehren können, wenn er, im Winter vom Hunger getrieben, ihnen die Kohlgärten in der unmittelbaren Nähe der Häuser verwüstet.

Die Bewohner der Inseln sind echte Friesen, blondhaarig und von bräunlich-gelber Hautfarbe, hart und knochig-eckig, mit allen Eigentümlichkeiten, Vorzügen und Schwächen des friesischen Volksstammes. Ihre Erhaltung als die äufserste Küstenwacht, als die Hoffnung und Zuflucht der Schiffbrüchigen, als eine Quelle, welche unserer Handels- und Kriegsmarine immer neue Mannschaften zuführt, ist ein nationales Interesse. Möge sie unserer wohlwollenden und erleuchteten Regierung besonders an das Herz gelegt sein.

gierigen Brut kommen? Aber der Fischlaich und die Fische selbst bilden eine wahre Delikatesse für diese Wölfe des Meeres. Man braucht sie nur einmal bei der Zerreifsung eines gestrandeten Fisches zu beobachten, um ihre unglaubliche Gefräfsigkeit und ihre Vorliebe für solche Nahrung kennen zu lernen.

12.
Bericht der Central-Kommission für wissenschaftliche Landeskunde von Deutschland über die zwei Geschäftsjahre von Ostern 1893 bis Ostern 1895.

Von Prof. Dr. A. Penck in Wien.

(4. Sitzung.)

Der Deutsche Geographentag hat eine seiner Aufgaben, die Pflege der wissenschaftlichen Landeskunde Deutschlands, einer besonderen Kommission übertragen, aus welcher sich die Central-Kommission für wissenschaftliche Landeskunde von Deutschland entwickelt hat. Treu ihres Ursprungs eingedenk, erstattet diese hiermit dem Deutschen Geographentag als ihrem Urheber, Bericht über ihre Thätigkeit und legt damit zugleich Rechenschaft über ihr Wirken während der Jahre 1893 bis 1895 ab.

Bereits 1891 auf dem IX. Geographentag in Wien hat die Central-Kommission das angeregt, was nach ihrer Ansicht die beste Förderung ihrer Aufgaben ermöglicht, nämlich die Begründung eines Vereins für deutsche Landeskunde. Infolge eines dort gefafsten Beschlusses hat die Kommission Statuten eines solchen Vereins ausgearbeitet und gelegentlich des X. Geographentages in Stuttgart 1893 eingeladen, sich demselben anzuschliefsen. Der lebhafte Anklang, welchen der Plan bei beiden Geographentagen fand, vergewisserte ebenso wie manche briefliche Zustimmung darüber, dafs der Gedanke ein richtiger ist, die Erforscher des deutschen Landes mit den Freunden der Forschung durch ein festes Band zu einen. Aber die Zahl der Anmeldungen genügte in Stuttgart nicht, um den Verein sofort zu sichern. Auch liefs sich daselbst keine gemeinschaftliche Beratung des Planes durch den Central-Ausschufs des Geographentages und die Kommission bewerkstelligen; die Central-Kommission aber konnte nicht allein die Begründung des Vereins übernehmen. Seither hat die Sache geruht, ohne dafs der Plan seitens der Kommission aufgegeben worden wäre. Vielmehr bringt ihn die Kommission dem Geographentag erneut in Erinnerung und erhofft von demselben thatkräftige Förderung eines Unternehmens, über dessen Notwendigkeit kein Zweifel besteht.

Während der verflossenen beiden Geschäftsjahre hat sich die Central-Kommission darauf beschränkt, ihre früher begonnenen Arbeiten zu fördern, Interesse für die deutsche Landeskunde zu erwecken und das erwachte zu pflegen. Entsprechend der ihr vom Stuttgarter Geographentag gegebenen Ermächtigung der Zuwahl hat sie zunächst die Lücken geschlossen, welche in ihrer Mitte durch Austritte entstanden waren. Sie gewann Herrn Prof. Dr. Nordhoff in Münster (Westfalen), als Obmann für die westfälischen Lande, Herrn Dr. Pahde in Krefeld, als Obmann für die Rheinlande, sodafs nunmehr alle deutschen Gaue in ihr wiederum Vertreter haben.

Fortgesetzt wurde die Herausgabe der Forschungen zur deutschen Landes- und Volkskunde in opferwilligster Weise durch ihr Mitglied Herrn Prof. Dr. Kirchhoff in Halle. Seit der Stuttgarter Tagung sind erschienen:

Bd. VII. Heft 5. Rügen. Eine Inselstudie. Von Prof. Dr. Rudolf Credner.
Bd. VIII. Heft 1. Klimatographie des Königreichs Sachsen. I. Von Prof. Dr. Paul Schreiber.
Heft 2. Die Vergletscherung des Riesengebirges zur Eiszeit. Von Prof. Dr. Joseph Partsch.
Heft 3. Die Eifel. Von Dr. Otto Follmann.
Heft 4. Die landeskundliche Erforschung Altbayerns im 16., 17. und 18. Jahrhundert. Von Dr. Christian Gruber.
Heft 5. Verbreitung und Bewegung der Deutschen in der französischen Schweiz. Von Dr. J. Zemmrich.

Mit Genugthuung blickt die Kommission auf die vielfältige Anerkennung der Forschungen. In Frankreich wurden sie als Muster landeskundlicher Arbeiten bezeichnet. Sie dienen der National Geographical Society in Washington als Vorbild bei Herausgabe ähnlicher Arbeiten. Auch in Deutschland sind sie häufig ebenso anerkennend, wie empfehlend besprochen worden. Aber an der klingenden Anerkennung fehlt es immer noch. Ihr Absatz bewegt sich in beschämend engen Grenzen. Damit ist die Ursache ihres mehrfach beklagten hohen Preises dargelegt. Die Forschungen müssen sich selbst erhalten, die Central-Kommission kann keine Zuschüsse leisten; Bemühungen von Seiten der Regierungen und grofser Gesellschaften, Unterstützungen zu erlangen, sind gescheitert. Möchte man darum das als nützlich anerkannte Unternehmen durch Bezug fördern. Möchten die zahlreichen geschichtlichen und naturwissenschaftlichen Vereine Deutschlands die

Forschungen für ihre Bibliotheken erwerben, in die sie gehören, möchten sie in den häuslichen Büchereien aller Freunde deutschen Landes und Volkes den ihnen gebührenden Platz finden. Tritt aber erst ihr Absatz aus seinen bisherigen bescheidenen Grenzen, so wird es auch möglich werden, ihren Preis entsprechend herabzusetzen.

Nach Vollendung des ersten Bandes von Lepsius' Geologie von Deutschland ist eine Pause in der Herausgabe der Handbücher zur deutschen Landes- und Volkskunde eingetreten. Der Verfasser des grofsen Werkes hat seither, wie bekannt, die Herausgabe einer grofsen geologischen Übersichtskarte des Deutschen Reiches begonnen. Es liegen von derselben die Blätter vor, welche die im ersten Band der Geologie von Deutschland behandelten Gegenden betreffen. Es ist zu hoffen, dafs Werk und Karte nunmehr in gleichem Schritt dem Abschlufs entgegengeführt werden.

Das grofse, seitens der Kommission seit fünf Jahren geförderte Unternehmen einer „Bibliotheca Geographica Germaniae" geht nunmehr seiner Herausgabe entgegen. Mit unendlichem Fleifs hat Herr Bibliothekar Richter in Dresden die Titel sämtlicher, seit Mitte des vorigen Jahrhunderts über das Gebiet des Deutschen Reiches erschienenen selbstständigen Werke gesammelt. Ihre Zusammenstellung ist bereits dem Druck übergeben. Im Sommer wird die Arbeit in Gestalt eines stattlichen Bandes bei W. Engelmann in Leipzig erscheinen.

Die landeskundlichen Literatur-Übersichten, welche infolge der von der Central-Kommission ausgegangenen Anregung von einzelnen deutschen Gauen seitens verschiedener Gesellschaften herausgegeben werden, haben in den beiden letzten Jahren eine weitere Vermehrung erfahren. Jährlich wird ein Literatur-Bericht zur „Landes- und Volkskunde der Provinz Sachsen nebst angrenzenden Landesteilen" seitens des Vereins für Erdkunde zu Halle a. S. erstattet. Die Jahrgänge 1893 und 1894 sind bereits erschienen. A. P. Lorenzen hat einen „Literaturbericht für das Jahr 1892, ein Verzeichnis der A. Schleswig-Holstein betreffenden, B. aus Schleswig-Holstein hervorgegangenen naturwissenschaftlichen-geographischen Literatur" in den Schriften des Naturwissenschaftlichen Vereins für Schleswig-Holstein (Bd. X. Heft 1. S. 119—130) veröffentlicht. Ferner sammelte, wie regelmäfsig schon für frühere Jahre, Christian Gruber die in den Jahren 1892 und 1893 zur Landeskunde Bayerns erschienene Literatur. Seine Zusammenstellungen finden sich in der Festschrift der Geographischen Gesellschaft in München zur Feier ihres fünfundzwanzigjährigen Bestehens (S. 181—194), neben manchen anderen landeskundlichen Arbeiten, unter welchen hier besonders hervorzuheben ist (S. 195—227) die Bibliographia

Geographica Bavarica von Henry Simonsfeld, eine sorgfältige Zusammenstellung der auf Bayern bezüglichen landeskundlichen Gesamt-Darstellung und Reisewerke. Wie in früheren Jahren erschienen die Bibliographien zur Landeskunde von Nieder-Österreich zusammengestellt von Dr. W. Haas in den Blättern des Vereins für Landeskunde von Nieder-Österreich für die Jahre 1893 und 1894; gleichfalls fortgesetzt wurden 1892 und 1893 die Zusammenstellungen der botanischen, geologischen und palaeontologischen, der mineralogischen und petrographischen Literatur der Steiermark in den Mitteilungen des Naturwissenschaftlichen Vereins der Steiermark. Ebenso wurden die Verzeichnisse neuer Literatur in den Mitteilungen des Vereins für die Geschichte der Deutschen in Böhmen 1892 und 1893 weitergeführt. Seit 1892 endlich werden in den Verhandlungen der k. k. Geologischen Reichsanstalt in Wien Verzeichnisse der jährlich „erschienenen Arbeiten, geologischen, palaeontologischen, mineralogischen und montanistischen Inhalts, welche auf das Gebiet der österreichischen und ungarischen Monarchie Bezug nehmen" veröffentlicht.

Von den bereits früher begonnenen Bibliographien hat die „Bibliotheca Hassiaca" von Ackermann einen vierten und fünften (wahrscheinlich letzten) Nachtrag in dem XXXVIII und dem XXXIX. Bericht des Vereins für Naturkunde in Kassel (1892 S. 53, 1894 S. 1) erhalten. J. Partsch hat das zweite Heft seiner „Literatur der Landes- und Volkskunde der Provinz Schlesien" als Ergänzungsheft zum 70. Jahresbericht der Schlesischen Gesellschaft für vaterländische Kultur herausgegeben. Zwei Nachträge zur „Literatur der Landes- und Volkskunde des Königreichs Sachsen" von P. E. Richter gab der Verein für Erdkunde in Dresden heraus.

Eine Zusammenstellung der Literatur über das ferne Buchenland lieferte Polek in seinem „Repertorium der landeskundlichen Literatur des Herzogtums Bukowina" (Mitteilungen des Statistischen Landesamtes des Herzogtums Bukowina. I. Heft 1892). Jährliche Übersichten der Literatur über dies ferne österreichische Kronland giebt seit 1891 Friedrich Kaindl in der zu Wien erscheinenden Romanischen Revue. Baron Doblhoff stellte „Beiträge zum Quellenstudium salzburgischer Landeskunde" zusammen (bis 1895 7 Hefte). Die mineralogische, geologische und palaeontologische Literatur über die Provinz Pommern sammelte W. Deecke (Mitteilungen des Naturwissenschaftlichen Vereins für Neuvorpommern und Rügen. XXIV. 1894. S. 54–92). K. Keilhack arbeitete eine „Zusammenstellung der geologischen Schriften und Karten über den ostelbischen Teil des Königreichs Preufsens" aus, welche die Königlich Preufsische Geologische Landesanstalt in ihren Abhandlungen (Neue Folge, Heft 14, 1893) herausgab. S. A. Poppe stellte die „zoologische Literatur über das nordwestdeutsche Tiefland von 1884—1891" in den Schriften des Naturwissenschaftlichen Vereins zu Bremen (1892, S. 237—268), J. Fickel die Literatur über die Tierwelt des Königreichs Sachsen im Programm des Wettiner Gymnasium zu Dresden (1893, 4°, 44 S.) zusammen. Eine Gesamt-Übersicht der ganz Deutschland betreffenden landeskundlichen Literatur endlich enthält die von Otto Baschin bearbeitete „Bibliotheca Geographica" der Jahre 1891 und 1892, durch deren Herausgabe die Gesellschaft für Erdkunde zu Berlin sich ein grofses Verdienst erworben hat. Das Werk zählt aus den beiden genannten Jahren für das Gebiet des Deutschen Reiches nicht weniger als 709 Bücher und Aufsätze sowie 211 Karten auf.

Es ist hier der Ort auch zweier wichtiger ausländischer landeskundlicher Bibliographien zu gedenken. Rüstig ist die umfangreiche Bibliographie der schweizerischen Landeskunde fortgeschritten, und mehr und mehr gestaltet sich das Werk zu einer Gesamt-Bibliographie der Schweiz. Wir beglückwünschen die Central-Kommission für schweizerische Landeskunde zu ihrem grofsen Werk und zu dem schönen Erfolg, den sie mit der Anregung zur Begründung einer schweizerischen Nationalbibliothek hatte. Ferner begrüfsen wir das Erscheinen der „Bibliotheca Geographica Hungarica" von Havass.

Die Central-Kommission für wissenschaftliche Landeskunde von Deutschland verfügt noch immer nicht über eine regelmäfsige Einnahme. Früher wesentlich gefördert durch die ihr teilweise zugewiesenen Überschüsse einzelner Geographentage, hat sie diese Quelle seit dem Hamburger Geographentag leider versiegen sehen. Eine jährlich wiederholte Zuwendung von 500 Mark durch das Kgl. Preufsische Kultus-Ministerium hat seither ihre Haupteinnahme gebildet. Dazu gesellte der Naturwissenschaftliche Verein zu Krefeld bei Beginn dieses Jahres eine Spende von 100 Mark, sodafs die Kommission nicht blofs ihre allerdings recht bescheidenen laufenden Auslagen bestreiten, sondern auch Herrn Bibliothekar Richter einen Ehrensold für die von ihm ausgeführte mühevolle Literatur-Zusammenstellung gewähren konnte. Sie vermochte ferner einem jungen strebsamen Forscher, dem stud. phil. W. Remer in Breslau, eine Unterstützung für Studien auf dem Gebiet der Landeskunde Schlesiens zu geben.

Im Namen der Central-Kommission dem Königlich Preufsischen Ministerium für die erneut gewährte Beihilfe ehrerbietigst dankend, gebe ich mich der Hoffnung hin, dafs auch andere deutsche Regierungen unsere Thätigkeit durch Gewährung von Unterstützungen fördern werden. Ich danke ferner dem Naturwissenschaftlichen Verein zu Krefeld für seine Spende, und hoffe, dafs das damit von ihm gegebene Beispiel Anklang und Nacheiferung finden möchte.

Zugleich lege ich einen Überblick über die Gebahrung der von Herrn Rentner Robert Thieme in Dresden sorgfältigst verwalteten Kasse der Kommission vor:

Einnahmen:

Kassenbestand 1892	M.	253.95
Beihilfen des Königlich Preufsischen Kultus-Ministeriums für 1893 und 1894 . . . . . ,	„	1000.—
Spende des Naturwissenschaftlichen Vereins zu Krefeld	„	100.—
Zinsen	„	32.70
	M.	1386.65

Ausgaben:

Wissenschaftliche Arbeiten	M.	200.—
Bibliotheca Geographica Germaniae	„	600.—
Herstellung des Jahresberichtes von 1893 . .	„	99.60
Porto, Zoll, Buchbinder	„	43.70
	M.	943.30
Bleibt Kassenbestand	M.	443.35

Mit Dank bestätige ich endlich die freundlichen Zusendungen folgender Vereinsschriften und Werke, welche für die Kommission eingelaufen und auf der Königlichen Bibliothek in Dresden aufbewahrt sind:

Zeitschrift der Gesellschaft für die Geschichte Posens, Bd. VII.

Schriften des Naturwissenschaftlichen Vereins für Schleswig-Holstein, Bd. X, Heft 1.

Mitteilungen der Geologischen Landesanstalt von Elsafs-Lothringen, Bd. IV, Heft 2.

Mitteilungen der Geographischen Gesellschaft in Lübeck, 2. Reihe, Heft 4 – 6.

Sitzungsberichte und Abhandlungen der Naturwissenschaftlichen Gesellschaft Isis. Dresden, 1893, I.

Jahrbücher des Nassauischen Vereins für Naturkunde. Jg. 46.

Havafs, Bibliotheca Geographica Hungarica. Budapest 1893.

Partsch, Literatur der Landes- und Volkskunde Schlesiens, Heft 2.

Ackermann, Bibliotheca Hassiaca, 5 Lieferungen.

Jahresbericht des Naturwissenschaftlichen Vereins zu Krefeld, 1893/94.

78. Jahresbericht der Naturforschenden Gesellschaft in Emden für 1892/93.

Jahresbericht des Städtischen Museums Carolino-Augusteum zu Salzburg für 1883.

Archiv der Brandenburgia, Gesellschaft für Heimatkunde der Provinz Brandenburg, I. 1894.

A. P. Lorenzen, Literaturbericht für Schleswig-Holstein, Hamburg und Lübeck, 1892. Beilage zur Heimat. Monatsschrift des Vereins zur Pflege der Natur- und Landeskunde in Schleswig-Holstein, Hamburg und Lübeck.

Wie schon im letzten Bericht erwähnt, hat die Thätigkeit der Central-Kommission namentlich auch im Auslande anregend gewirkt. In der Schweiz hat sich eine Central-Kommission für schweizerische Landeskunde gebildet, deren Erfolge bereits erwähnt werden. Welch' herzliche Beziehungen zwischen beiden Kommissionen herrschen, erhellt am besten wohl daraus, dafs der dermalige Präsident der Deutschen zum Ehrenmitglied der Schweizerischen ernannt wurde. Die schweizerische Kommission hat die vom Internationalen Geographen-Kongrefs zu Bern 1891 empfohlene Errichtung von ähnlichen Central-Kommissionen für weitere Länder kräftig gefördert und hat seither die Schaffung von einheitlichen Bibliographien der Landeskunde für alle Kulturstaaten befürwortet. Ich freue mich, ein greifbares Ergebnis des Berner Kongrefs-Beschlusses berichten zu können. Das Kaiserlich Königliche Ministerium für Kultus und Unterricht ist der Herausgabe einer österreichischen Bibliographie nähergetreten und hat auf Antrag der österreichischen Universitäts-Professoren der Geographie zunächst die Mittel für einen „Geographischen Jahresbericht für Österreich" bewilligt. Dr. Robert Sieger hat die Leitung des neuen Unternehmens übernommen und bereits die Vorarbeiten für Herausgabe des Berichtes von 1894 getroffen. Jeder Österreicher, welcher sich bemüht hat, der vielsprachigen und äufserst zersplitterten Literatur über sein Vaterland zu folgen, wird dem hohen K. K. Ministerium aufrichtig Dank wissen um die Förderung eines langersehnten Central-Organs für die Geographie von Österreich. Nicht weniger wird man aber auch aufserhalb Österreichs ein Unternehmen begrüfsen, welches die mannigfachen Fortschritte auf dem Gebiete von der Landeserforschung treu und unparteilich verzeichnen soll. Dem hohen K. K. Ministerium für die Schaffung des geographischen Jahresberichtes zu danken, ziemt aber auch der Central-Kommission für wissenschaftliche Landeskunde von Deutschland und mit ihr dem Deutschen Geographentag, und zwar um so mehr, als von ihnen der Anstofs zur erneuten Pflege wissenschaftlicher Landeskunde in den Kulturstaaten ausgegangen ist.

Der Wunsch nach Zusammenstellung wissenschaftlicher Bibliographien hat sich von der Geographie auch der Schwesterwissenschaft, der Geologie, mitgeteilt. Der Internationale Geologen-Kongrefs hat eine bibliographische Kommission eingesetzt, und wenn bei der letzten Tagung derselben in Zürich auch der damalige Präsident der Central-Kommission für wissenschaftliche Landeskunde von Deutschland als Repräsentant für das Deutsche Reich und Österreich beigezogen wurde, so liegt darin die Würdigung der Impulse, welche von unserer Kommission ausgegangen sind.

So werden denn die Aufgaben, welche sich unsere Central-Kommission für Deutschland allein setzte, auch in anderen Ländern aufgenommen und von anderen Wissenschaften gepflegt. Darin liegt für unsere Kommission eine von ihr selbst freudig empfundene Anerkennung der Richtigkeit ihrer Ziele.

Mit Stolz sieht sie in der Schweiz, in den Niederlanden, in Ungarn und nun auch in Österreich ihre bibliographischen Aufgaben gefördert, ihre Forschungen im fernen Amerika als Vorbild dienen. Es erfüllt sie auch mit Genugthuung, dafs das, was sie für ihre Aufgaben als das zweckmäfsigste hingestellt hat, in anderen Ländern zur Ausführung gelangt. Sie begrüfst daher mit aufrichtiger Sympathie die im letzten Winter erfolgte Begründung eines Vereins für österreichische Volkskunde in Wien. Von thatkräftigen Händen getragen, wird dieser Verein wenigstens einen Teil dessen für Österreich leisten, was der Verein für deutsche Landeskunde für Alldeutschland zu thun bestimmt ist. Möchte aber das Land, welches der Ausgang aller dieser Bewegungen war, nicht zurückbleiben! Möchten die Leistungen unserer Kommission nicht blos akademisch, sondern auch thatkräftig gewürdigt werden. Möchte der Verein für deutsche Landeskunde verwirklicht werden können!

13.
Deutsche Kolonisation in Süd-Amerika.

Von Dr. H. Wiegand, Direktor des Norddeutschen Loyd in Bremen.

(5. Sitzung.)

Geehrte Herren! Sie werden den angekündigten Vortrag „Deutsche Kolonisation in Süd-Amerika" nicht mit Unrecht als ein etwas gewagtes Unterfangen ansehen, einmal schon deshalb, weil ein Laie es wagt, in einer so gelehrten Versammlung wie die des Deutschen Geographentages ein derartiges Thema zur Erörterung zu bringen, vor allem aber, weil sich in dem letzten Jahrzehnt das Interesse Deutschlands, soweit es sich um deutsche Kolonisation handelt, in so hervorragendem Grade dem in voller Aufschliefsung befindlichen Afrika zugewandt hat, dafs Süd-Amerika als Land für deutsche Kolonisation in Deutschland nahezu in Vergessenheit geraten ist. Die Thatsache, dafs Deutschland seit Mitte des vorigen Jahrzehntes begonnen hat, auf Grund von Landbesitzergreifung praktische Kolonialpolitik zu treiben, und dafs diese Landbesitzergreifung, wie die Verhältnisse nun einmal lagen, sich fast ausschliefslich auf Gebietsteile Afrikas beschränken mufste, hat diesem Erdteil nicht nur das thatkräftige Eingreifen unserer Reichsregierung, eine subventionierte Postdampferlinie und damit verbunden die Mitwirkung des deutschen Kapitals zugeführt, das sich neuerdings wiederum thätig zeigt in den Vorbereitungen zur Aufnahme des Baues afrikanischer Eisenbahnen, sondern ihm auch das Interesse deutscher Forschungsreisender fast ausschliefslich zugewandt. Für Süd-Amerika zeigt sich dagegen ein so geringes Interesse, dafs meines Wissens aus den letzten zwei Jahrzehnten lediglich die beiden von den Steinen'schen Reisen und Güfsfeldt's Anden-Durchforschung als Beitrag deutscher Wissenschaft für die Erforschung Süd-Amerikas genannt werden können. Diesem offenbar vorhandenen geringen Interesse der deutschen Wissenschaft entspricht die kühle Haltung, welche, von wenigen Ausnahmen abgesehen, im grofsen und ganzen die kolonialpolitischen und volkswirtschaftlichen Kreise Deutschlands Süd-Amerika gegenüber einnehmen.

Und doch ist, was Verbreitung des Deutschtums anbetrifft, Afrika noch lange Jahrzehnte hinaus Land der Zukunft, Süd-Amerika aber Land der Gegenwart. Diese letztere Thatsache, welche sich immer wiederum dem deutschen Auge verhüllt, wenngleich bald von dieser bald von jener Seite der Versuch gemacht wird, die Kenntnis der thatsächlichen Verhältnisse in Deutschland zu verbreiten, bei einer Versammlung des Geographentages in einer Stadt, welche mit tausend Fäden durch ihre Handelsbeziehungen an der Entwickelung des Deutschtums im Ausland und an der richtigen Würdigung desselben im Inland interessiert ist, klarzustellen, ist die Aufgabe, deren ich mich hier innerhalb der kurzen mir für diesen Vortrag zur Verfügung stehenden Zeit unterziehen möchte.

Lassen Sie mich zunächst die Aufgabe dieses Vortrages räumlich und begrifflich etwas beschränken. Räumlich zunächst auf diejenigen Gebiete Süd-Amerikas, deren klimatische Verhältnisse unbedenklich die wirtschaftliche Bebauung des Landes durch deutsche Arbeitskraft gestatten. Damit scheiden für unsere Betrachtung im grofsen und ganzen aus die gesamten tropischen Gebiete Süd-Amerikas, insbesondere auch die in Central-Brasilien in den 40er und 50er Jahren gegründeten deutschen Kolonien, gleichzeitig aber auch die Handelskolonien der Hafenplätze, welche, so wichtig sie für die Verbreitung der Kultur sind, ein besonderes Interesse um deswillen nicht erwecken, weil sie sich in ihrer Art kaum unterscheiden von den Handelsniederlassungen deutscher Kaufleute in den Hafenplätzen des fernen Ostens, Australiens oder wo sonst immer.

Das Deutschthum in Brasilien, ein soviel besprochenes und erörtertes Thema, und doch wie fremd der Anschauung unseres Volkes! Unsere Geographiebücher führen die deutsche Jugend ein in die genaueste Kenntnis des deutschen Vaterlandes, sie bringen ihm alles Wesentliche der europäischen und der fremden Erdteile; die Pflanzstätten deutscher Kultur aber in Brasilien: ihr Klang schlägt selbst noch dem erwachsenen Deutschen fremd ans Ohr. Vielleicht entsinnt sich der eine oder andere einer Schilderung deutscher Kolonisation bei dem Namen „Blumenau", aber Namen wie San Leopoldo, Sao Lorenço, Santa Cruz, Taquary oder gar Joinville und San Bento, sie bringen ihm schwerlich die Vorstellung nahe, dafs es sich hier um deutsche Plätze mit vollständig deutscher Bevölkerung handelt, in denen viele Tausende von Deutschen die gesunde Grundlage wirtschaftlicher Existenz gefunden haben und in denen noch Tausende von Herzen in warmer Liebe für die deutsche Heimat schlagen. Und was Wunder auch, können wir doch kaum den Namen Brasilien nennen, ohne dafs unsere Phantasie damit die Vorstellung von einem tropisch schönen, aber fieberverseuchten Lande verbinde, von einem Lande, bei dem gelbes Fieber stets die Gesundheit, blutige Revolution ununterbrochen die wirtschaftliche Existenz bedrohe. Und wie ganz anders die Wirklichkeit! Wohl leiden die Hafenplätze des nördlichen und centralen Brasiliens zeitweilig unter den Schrecknissen des gelben Fiebers. Aber wenn Sie die Küstenserra hinaufwandern und den Fufs in das Innere setzen, finden sie ein zwar noch zum grofsen Teil von tropischem Urwald bestandenes, aber durchaus gesundes Land. Die deutschen Bewohner der Kolonie Pedro Secundo bei Juiz de Fora, noch etwas nördlicher als Rio de Janeiro, klagten mir wohl über die wirtschaftlichen Verhältnisse der inmitten der Kaffee-Provinz Minas Geraes auf ungünstigem Boden gelegenen Kolonie, aber die klimatischen Verhältnisse mit denen der deutschen Heimat vergleichend, hatte jeder nur das eine Wort, dafs das Klima doch unendlich viel besser sei als das der deutschen Heimat, da es des harten Winters entbehre.

Ganz anders aber noch, wenn Sie mich begleiten wollen aus der zauberhaften Schönheit der weiten Bucht von Rio de Janeiro, vorbei an der schroffen Höhe des Corcovado und der pittoresken Form des Zuckerhutes, die gebirgige Küste entlang nach dem Süden, nach der schönen Bai von San Francisco und aus dem malerischen Rundgemälde dieses Hafenplatzes den schmalen Flufsauslauf des Cachoeira hinauf nach Joinville in der Kolonie Dona Francisca. Noch voll von den Eindrücken der übermächtigen Tropennatur Rios, treten Sie hier, kaum einen Tag nachdem Sie Rio verlassen, plötzlich ohne jeden Übergang in ein Gebiet so deutsch, dafs Sie, wenn nicht hier und da die reiche Tropennatur mit ihren Palmen, mit Bambus und Orangen sich hervordrängte, vergessen würden, dafs viele tausend Meilen Sie von der deutschen Heimat trennen. Vergegenwärtigen Sie sich für einen Augenblick an der Hand der Karte die Bodengestaltung des Landes, das wir betreten. Parallel mit der im allgemeinen von Nordosten nach Südwesten laufenden Küste zieht sich als Ausläufer der centralbrasilianischen Küstengebirges die Serra Geral in einer Höhe von 1000 bis 1400 m, nach Osten zu ziemlich steil abfallend und zwischen dem Fufs des Gebirges und der Küste einen wenige Meilen breiten, hier und da von niedrigen Hügelketten durchzogenen Saum lassend, während nach Westen das Gebirge in eine hügelige, hier und da von Gebirgszügen durchzogene Hochebene übergeht, welche sich allmählich nach dem Uruguay und Parana zu abflacht. Kurze Flufsläufe bringen die reichen Wassermassen der tropischen Waldvegetation des Küstengebirges nach Osten zu, während von der Höhe der Küstenserra aus zahlreiche, zum Teil mächtige Flüsse, wie der Uruguay und der Iguassu, ihren Weg nach Westen nehmen, um ihre Wassermassen schliefslich den La Plata-Ländern zuzuführen. In der Höhe des 30. Breitengrades etwa biegt sich das Küstengebirge nach Westen ein und giebt gröfseren Raum für nach dem Osten zu ausmündende Flufsgebiete, während südlich davon das Land in den wellenförmigen Kamp übergeht. Während der Küstensaum noch einen subtropischen Charakter hat, in welchem die Pflanzenwelt ihr charakteristisches Gepräge durch die Palme erhält, ist das Klima des Hochlandes bereits ein gemäfsigtes. In der äufseren Erscheinung des Urwaldes überragt die pinienartige Krone der Araucarie, hin und wieder macht der Wald weiten Kampflächen Platz, an den zahlreichen mehr oder weniger tief eingeschnittenen Flufsläufen aber entwickelt sich wiederum die reiche Pracht des brasilianischen Urwaldes.

Der so geschilderte Boden bildet den Bestandteil der drei Südprovinzen Parana, Santa Catharina und Rio Grande do Sul, deren Gesamtfläche von 532 000 qkm ungefähr der des Deutschen Reiches entspricht. In die kleinste dieser Provinzen, in Santa Catharina, hat uns unser Weg geführt, dort, wo die Insel San Francisco dem Festland vorlagert, eine Bucht bildend, welche den Flufs gleichen Namens aufnimmt.

Hugo Zöller hat einst bei der Schilderung der hier gelegenen Kolonie Dona Francisca, deren hauptsächlichste städtische Niederlassung Joinville ist, diese ein modernes Phäakenland genannt. Dicht an der Meeresküste gelegen, bei einem Hafen, der, so klippenreich sein Eingang ist, den gröfsten Seeschiffen sicheren Ankergrund gewährt, liegt die Kolonie noch in stiller Weltabgeschiedenheit. Viele Meilen durch das Land ziehen sich die Niederlassungen der deutschen Bauern. Kein deutscher Volksstamm, der hier nicht vertreten wäre. Der Einzelne hat nach jahrelanger harter Arbeit sich seine sichere Existenz auf eigener Scholle erworben; kein Reichtum, aber auch keine Armut. An unser Ohr schlägt der Klang einer reinen dialektfreien Sprache, wie sie merkwürdig genug aus der Mischung dieser deutschen Stämme der Pommern, Schlesier, Rheinländer, Schwaben, Bayern und Altmärker hervorgegangen; unser Auge aber erfreut sich an einer kräftigen flachshaarigen Jugend, und wir meinen, dafs wir ein so blondes Germanentum kaum irgendwo in Deutschland gesehen. Verweilen wir einen Augenblick bei der Frage: wie erringt sich der deutsche Kolonist hier seine Existenz? Joinville verdankt seine Gründung der Thätigkeit des Hamburger Kolonisationsvereins von 1849. Diese Kolonisations-Gesellschaft, welche leider zur Zeit ihre Thätigkeit fast gänzlich eingestellt hat, weist dem einwandernden Kolonisten von

dem ihr gehörigen, teils von der Regierung, teils von dem Prinzen von
Joinville erworbenen Land einen Landanteil in Gestalt von Urwald zu,
in der Regel 25 ha. Von dem Urwald macht er zunächst soviel urbar,
um den notwendigen Lebensunterhalt für sich und die Seinen zu
bauen, während er sich von dem leicht zu bearbeitenden Holz der
Palmite, welche er im Urwald fällt, sein Haus baut und mit den
Blättern der Palmite deckt. Erst im Lauf der Jahre weicht dieses
Palmitenhaus dem Steinhaus. Noch heute sieht man vielfach in
Niederlassungen, welche 10 bis 15 Jahre alt sind, trotz der augen-
scheinlichen Wohlhabenheit der Bewohner, diese Palmitenhäuser als
Wohnhäuser benutzt, die dann mit schmucken, weifsen Gardinen vor
den Fenstern einen höchst fremdartigen und doch freundlichen Eindruck machen. Der deutsche Bauer ist eben auch hier konservativ
und hält fest an dem, was er gewohnt geworden. Während so der
neue Anbauer kulturbares Land herstellt, findet er in der Zeit, wo ihn
seine eigene Arbeit nicht in Anspruch nimmt, lohnende Beschäftigung
an dem Bau der Strafsen, welche die Gesellschaft nach und nach
durch die neuen Niederlassungen herstellt. Im zweiten Jahr pflegt der
neue Anbauer soviel aufgerodet zu haben, dafs er sich ein Stück Vieh
anschaffen kann. Ist der Mann fleifsig, benutzt er die Zeit, die ihm
sein eigener Anbau läfst, um sich durch anderweitige Arbeit baar Geld
zu verdienen; so kann er, wenn er daneben nur einen Teil seiner
Produkte verkauft, erfahrungsmäfsig im vierten oder fünften Jahr
darauf rechnen, dafs er, während inzwischen sein übriger Viehstand
sich vermehrt hat, sich Pferd und Wagen anschaffen kann. Diese ersten
Jahre des Kolonistenlebens sind zweifellos harte Arbeitsjahre. Mancher,
der harte körperliche Arbeit nicht gewohnt ist oder der hier auf
schnelles Reichwerden gerechnet hatte, verliert dabei den Mut oder
mag auch körperlich dabei zu Grunde gehen. Die ganz überwiegende
Mehrzahl aber arbeitet sich, namentlich wo eine tüchtige Hausfrau mit
eingreift, oder halbwüchsige Kinder die Arbeitsleistung vermehren,
durch und gewinnt in wenigen Jahren eine Existenz, bei der infolge
der überaus grofsen Fruchtbarkeit des Bodens, bei verhältnismäfsig
geringer körperlicher Arbeitsleistung, das Resultat der Arbeit jährlich
einen mehr oder minder grofsen Spargewinn läfst.

Die Erweiterung des Grundbesitzes geschieht vorwiegend aus
Spekulationszwecken oder um den heranwachsenden Kindern das zukünftige Heim zu sichern. Eine Ausdehnung des eigenen landwirtschaftlichen Betriebes ist, abgesehen von einer gewissen Ausdehnung
der Viehzucht, ausgeschlossen, da es an den erforderlichen Arbeitskräften fehlt. Wem das langsame, wenn auch sichere Gedeihen nicht

genügt, mufs sich andere Quellen schnelleren Wohlstandes suchen. Dazu bietet vor allem der Besitz einer Venda Gelegenheit, eines Kram- und Schenkladens, oder der Bauer benutzt zur Vermehrung seiner Arbeitskraft die Kraft des Wassers eines der zahlreichen Flüsse, Flüfschen oder Bäche, welche mit ihren Wasserzügen das ganze Land durchziehen, um eine Schneidemühle, Maismühle oder Arrowroot-Mühle anzulegen. Der Anbau umfafst Kaffee, der vor allem auf hügeligem Terrain gedeiht, Mais, Zuckerrohr, vor allem in den Flufsniederungen, Südfrüchte, namentlich die Apfelsine, die hier in vorzüglicher Qualität wächst, daneben Knollengewächse der verschiedensten Art und alle europäischen Gemüse. Für alle diese Produkte bieten die grofsen Hafenplätze von Rio und Santos guten Absatz, doch fehlt es leider an genügenden Verbindungen. Die Hauptausfuhr der Kolonie aber bildet der Maté, das gedörrte Blatt einer Ilex-Art, der Herva Maté, welcher von hier in kleinen Segelschiffladungen seinen Weg nach dem La Plata und der Küste des Stillen Ozeans nimmt, um im argentinischen Kamp wie in den Gebirgsthälern Chiles zur Bereitung des Maté-Getränkes zu dienen.

Ein Grofsbetrieb hat sich noch nirgends entwickelt, auch nicht auf dem Gebiet der Gewerbethätigkeit, in den Gerbereien und in der Möbelfabrikation, und zwar namentlich deshalb, weil es an Arbeitskräften fehlt. Als solche bieten sich nur die jungen Burschen der Kolonie und neue Ankömmlinge, erstere, bis sie sich verheiraten und dann sich eine selbständige Existenz auf eigener Scholle schaffen, letztere, bis ihnen die Einsicht kommt, dafs es hier auch dem Unbemittelten, wenn er rüstige Arbeitskraft besitzt, leicht ist, sein eigener Herr zu werden.

Das Bild der Stadt Joinville vergegenwärtigt einen gewissen ländlichen Charakter der Stadt, aber die Bewohnerschaft zeigt bereits ein urbanes Gepräge in weit höherem Mafs, als es bei einer deutschen Stadt gleicher Gröfse der Fall sein wird. Überwiegend besteht die Einwohnerschaft dieser im Jahr 1849 gegründeten Kolonie bereits aus dem Nachwuchs der ersten Einwanderer, und wenn ich oben erwähnt habe, welch ein blondes, kräftiges Geschlecht in diesem Nachwuchs heranwächst, so gilt dies ganz besonders von der Frauen- und Mädchenwelt Joinvilles. Über dem Ganzen waltet ein froher, harmloser Geist, der sich ergeht in den zahllosen geselligen Vereinigungen, ein Geist, der sich weder sorgt um grofse Fragen der Politik, noch um die Lösung schwerer sozialer Probleme; denn für das erstere ist kein rechter Raum, da weder die grofse Politik in Rio de Janeiro noch die kleinere der Provinzialhauptstadt Desterro merkbar in den

Organismus der bescheidenen Selbstverwaltung dieses Gebietes eingreift. Für die Lösung sozialer Probleme aber fehlt der Boden, da hier jedem noch die Möglichkeit gegeben ist, mit der eigenen Hände Arbeit sich die unabhängige Existenz auf eigener Scholle zu erwerben. Vielleicht ist dieses Joinville, trotz seines fremdartigen Namens, heute das schönste Idyll, das deutsche Volkskraft irgendwo auf dem Erdenrund geschaffen hat.

Ich habe Sie, meine geehrten Herren, mit diesem kurzen Ausflug mitten hinein versetzt in die deutsche Kolonisation Süd-Brasiliens. Was Sie in Joinville sehen, ist vielleicht ihre schönste, aber nicht ihre fruchtbarste Blüte; weit bedeutender ist die etwa 100 km südlich gelegene Kolonie Blumenau, von Joinville noch getrennt durch dichten Urwald, durch welchen nur ein schmaler Reitweg die Verbindung herstellt; weit aussichtsreicher aber die Ackerbau-Kolonie San Bento, die Zweigkolonie von Joinville, auf der Höhe der Serra, wo die klimatischen Verhältnisse bereits den Anbau von Roggen gestatten; weit entwickelter aber ist der reiche Kranz von deutschen Kolonien, der sich in der Provinz Rio Grande do Sul westlich und nördlich von Porto Alegre, dem fast ausschliefslich auf deutschem Handel beruhenden Hafenplatz, hinzieht. Der Charakter ist bei allen mehr oder weniger derselbe, Kolonien, hineingepflanzt in den brasilianischen Urwald, gegründet mit Beil und Hacke, Kolonien, ausschliefslich beruhend auf kleinbäuerlichem Besitz, bei denen die einzelne Scholle selten über den Umfang von 60—100 Morgen hinausgeht. Nirgends ein Körnerbau in grofsem Umfang, sondern vielseitiger landwirtschaftlicher Anbau, Taback und Wein, Erbsen und Bohnen neben Bananen, Citronen und Apfelsinen, Mais und Zucker neben Knollengewächsen der verschiedensten Art, der europäischen Kartoffel wie des Mandiok, der Caja und der Batate, auf der Höhe der Serra Roggen, Gerste, Hafer und Weizen neben dem europäischen Obstbaum, neben Pfirsich, Aprikose, Kirsche, Apfel und Birne, ein seltener Reichtum der verschiedensten landwirtschaftlichen Produkte. Daneben Viehzucht, welche dort einen gröfseren Umfang einnimmt, wo ausgedehnte Kampflächen Raum für Viehweiden bieten. Hier und da die Anfänge kleiner industrieller Betriebe, Zuckerrohrbrennerei, Mühlen zur Herstellung des Mandiokmehls wie der Maté. Die Kolonisten, nicht in geschlossenen Dörfern, sondern inmitten ihres Grundstückes lebend, die Kolonisten-Niederlassung lediglich bestehend aus dem kleinen, mit den Blättern der Palmite oder auch mit Ziegeln bedeckten Wohnhaus und der Wagenremise, aber weder Stallung, noch Speicher und Scheunen; denn das Vieh bleibt bei der Milde der Witterung stets im Freien, und die reiche, ununterbrochen produzierende Natur enthebt den Bauer der Sorge des Winterbedarfs. Reiche Vegetation aber bedeckt jeden Fufsbreit Erde, der nicht momentan für Anbauzwecke dient oder dafür freigehalten wird. Palmenarten aller Art, Ilex und Myrthe, Bambus und die unzähligen Baumarten des brasilianischen Urwaldes umziehen mit ihrem Grün jede Niederlassung. So reich die Natur ist, so gering ist noch, was Menschenhand hier geschaffen. Das Gebiet der drei brasilianischen Südstaaten Parana, Santa Catharina und Rio Grande do Sul umfafst heute vielleicht noch nicht einmal eine Million Menschen, die sich ganz überwiegend in der Nähe der Meeresküste angesiedelt haben. Der Eisenbahnbau ist erst in den Anfängen vorhanden; in Parana eine Bahn von Paranagua aus über Curityba in das Innere, eine kurze Bahn im Süden von Santa Catharina und zwei gröfsere, zum Teil noch in der Ausführung begriffene Bahnstrecken in Rio Grande do Sul. Innerhalb der Kolonien, namentlich in der Provinz Santa Catharina, sind leidlich gute Strafsen; von gröfseren Heerstrafsen ist aber wohl nur die eine von Joinville nach San Bento, die schön angelegte Serra-Strafse, zu nennen. Der schwachen Kommunikationsmöglichkeit entspricht der lockere Zusammenhang der Kolonien unter einander, wie der Mangel einer straffen Verwaltung. Die Lebenskraft deutscher Kolonien, deren Gesamteinwohnerzahl etwa 200 000 beträgt, aber, wenn auch zurückgehalten durch den Mangel der Verbindungs- und Absatzwege, ist doch schon weit genug entwickelt, um dem Deutschen weithin Achtung im Land zu verschaffen. Diesem Umstand haben es die deutschen Kolonien zu verdanken, dafs die Schrecken der letzten Revolution, welche annähernd einundeinhalb Jahre im Süden gewütet hat, an den deutschen Kolonien nahezu spurlos vorübergegangen sind.

Sie werden die Frage aufwerfen, wie sind diese deutschen Kolonien entstanden und wie kommt es, dafs Deutschland ihnen so fremd geworden; denn hier auf dieser Seite des Ozeans liegt die Entfremdung, nicht drüben im brasilianischen Urwald, wo heute die zweite und dritte Generation noch deutsch fühlt und denkt wie einst die einwandernden Voreltern. Der Anfang der deutschen Kolonisation geht zurück auf den Anfang des selbständigen brasilianischen Staatslebens. Als der junge Staat Brasilien seine Unabhängigkeit erklärte von der Krone Portugal, war sein erster Gedanke die Entfaltung der reichen Naturkräfte des Landes durch europäische Kolonisation, und richtig erkannte man, dafs von allen europäischen Völkerstämmen der deutsche seiner Art nach am ersten berufen sei, dieses reiche Land zu erschliefsen. Das nämliche Jahr 1825, in welchem Portugal die

Unabhängigkeit Brasiliens anerkannte, sah bereits die Gründung der ersten deutschen Kolonie in Rio Grande do Sul, San Leopoldo. Von jenem Jahr ab bis zum Jahr 1858 ist dann eine Kolonie nach der anderen gegründet worden, teils von der Centralregierung auf Regierungsland und mit Unterstützung der Regierung, teils von den Provinzialregierungen, die besten aber, wie Sao Lorenço, Blumenau und Joinville, von deutschen Unternehmern, jene von Rheingantz bzw. Dr. Blumenau, diese von dem Hamburger Kolonisationsverein von 1849. So viele Mifsgriffe bei diesen Koloniegründungen vorgekommen sein mögen, so giebt es doch unter all den deutschen Kolonien der drei Südstaaten keine einzige, die sich nicht lebenskräftig entwickelt hat. Nur die in den centralen Provinzen Brasiliens gegründeten, wie die oben erwähnten bei Juiz de Fora, haben bei den besonderen landwirtschaftlichen Verhältnissen zu keiner rechten Entwickelung kommen können, mit Ausnahme von Petropolis, das als kaiserliche Sommerresidenz und als Sommerwohnsitz der wohlhabenden Kreise Rios aus diesem Aufenthalt des Kaisers und seiner Umgebung sich reiche Einnahmequellen erschlossen hat. Im Jahr 1859 unterbrach das von der Heydt'sche Reskript den Weiterfortschritt der deutschen Kolonisation Süd-Brasiliens und hat solche bis zum heutigen Tag hintangehalten. Die Wirkung dieses von der Heydt'schen Reskripts, das eine Berechtigung nur hatte, soweit es sich um die Erschwerung deutscher Auswanderung nach Central-Brasilien handelte, ist verstärkt worden durch die stetig sich wiederholenden Schreckensnachrichten des gelben Fiebers, das im Jahr 1850 nach Rio eingeschleppt wurde und sich seitdem dort fast alljährlich wiederholt. Der Mangel geographischer Kenntnisse der südamerikanischen Verhältnisse in allen Kreisen Deutschlands, der einen Unterschied nicht kennt zwischen Central- und Süd-Brasilien, hat bis zum heutigen Tag in verhängnisvoller Weise auch Süd-Brasilien regelmäfsig hinter dem Schreckbild dieses Fiebers verschwinden lassen. Andererseits hat das Heranwachsen des Deutschtums in Süd-Brasilien, das man heute, wie bereits gesagt, bei einer Gesamtbevölkerung von einer Million auf reichlich 200 000 Köpfe veranschlagen darf, die brasilianische Regierung nach der Richtung hin besorgt gemacht, als könne dieses heranwachsende Deutschtum zu einer Losreifsung der Südprovinzen von den übrigen Provinzen führen. Allerdings sehr mit Unrecht, denn für die weitere politische Gestaltung wird in erster Linie mafsgebend bleiben das wirtschaftliche Interesse. So lange aber, was in Zukunft noch in zunehmendem Mafs der Fall sein wird, die Südprovinzen in den Absatzverhältnissen für ihre Produkte fast ausschliefslich angewiesen sind auf den Konsum der cen-

tralen und nördlichen Provinzen Brasiliens, ist dieses wirtschaftliche
Interesse stark genug, um das politische Band stets neu zu knüpfen.
Die südliche Grenze der Provinz Rio Grande do Sul überschreitend, gelangen wir in die Fortsetzung jenes wellenförmigen Kampterrains, welches bereits einen Teil der südlichen Distrikte der Provinz Rio Grande do Sul ausmacht. Vielfach von kleinen Flufsläufen durchzogen, welche an ihren Rändern dichten Baumwuchs zeigen, dehnt sich dieses Terrain über die gesamte Fläche der Banda Oriental del Uruguay aus, in den nördlichen Teilen dieses Staates ausschliefslich für Viehzucht benutzt, während, wenn wir uns der Stadt Montevideo nähern, uns unser Weg bereits durch wogende Weizenfelder und junge Wein-Anpflanzungen führt. Auf der Südseite des La Plata ändert sich dieses wellenförmige Kampterrain insofern, als es den Charakter der vollständig flachen, baum- und strauchlosen Ebene annimmt, welche nur an den tief eingeschnittenen Flufsläufen landschaftliche Abwechselung erhält. Wir befinden uns auf dem Kamp Argentiniens, welcher nahezu von der Südgrenze Paraguays und Brasiliens bis in die Nähe des Rio Negro im Süden reicht, im Norden begrenzt von den Waldgebieten des Chaco und der Provinz Corrientes, welche Ausläufer hinabsenden bis in die Provinzen Entre Rios, Santa Fé und Cordoba, im Westen begrenzt von den Kordilleren von Cordoba und San Luis, im Süden von dem niedrigen Küstengebirge, das sich, von Nordost nach Südwest streichend, an der südlichen Küste von Buenos Aires entlang zieht. Diese weite Ebene, welche nur in der Provinz Cordoba zum Teil in ein welliges, in der Provinz Entre Rio in ein hügeliges Terrain übergeht, besteht überwiegend aus schwerem Lehmboden, auf welchem eine etwas leichtere Humusschicht von einem halben bis einem Meter Stärke liegt. Es ist das uralte Überschwemmungsgebiet der Wassermassen, welche aus den tropischen regenreichen Teilen Central-Brasiliens ihren Ausweg suchten nach dem Meer und ihn noch heute finden in den mächtigen Strömen des Parana, des Paraguay und des Uruguay. Die reichen Feuchtigkeitsentwicklungen des tropischen Brasiliens sind es aber auch gleichzeitig, welche, in Verbindung mit der Wasserverdunstung der genannten Ströme, die Feuchtigkeitsniederschläge erzeugen, denen, in Verbindung mit den Jahrtausend alten Überschwemmungsablagerungen seines Bodens, Argentinien seine Fruchtbarkeit verdankt. Während noch vor einem Jahrzehnt der argentinische Kamp fast ausschliefslich der Viehzucht diente, die hier auf den Estancias der Grofsgrundbesitzer in gewaltigstem Mafsstab betrieben wurde, hat sich seitdem, vom Centrum der Provinz Santa Fé ausgehend, der Anbau von Körnerfrüchten, insbesondere von Weizen und Mais, in

schnell steigendem Mafs über den Kamp verbreitet, über die Provinzen Santa Fé, Entre Rios, Cordoba und Buenos Aires, d. h. über dasjenige Gebiet, welches neben der geschilderten Bodenbeschaffenheit genügende Feuchtigkeitsniederschläge für den Anbau von Getreide besitzt. Gleichzeitig hat sich, nach allen Richtungen den Kamp durchschneidend und ihn in Verbindung mit den Hafenplätzen bringend, ein lebhafter Eisenbahnbau entwickelt, dessen Linien nach Norden bis in die äufsersten Grenzen des Weizenbaues, ja darüber hinaus bis in das Centrum der Zuckerprovinz Tucuman reichen, während nach Westen der eiserne Schienenstrang bereits in das Herz der Kordilleren eingedrungen ist. Aufserordentlich günstige Boden-, Klima- und Verkehrsverhältnisse sind dem europäischen Getreideanbau im argentinischen Kamp zu statten gekommen: ein überaus fruchtbarer Boden, der jahrelange Raubwirtschaft verträgt und dessen Gestaltung die Verwendung landwirtschaftlicher Maschinen im weitesten Umfang zuläfst, ein Klima, das dem Bauer die höchstmögliche Ausnutzung seiner individuellen Arbeitskraft ermöglicht, da ihm der südliche Winter während seiner ganzen Dauer das Pflügen und die Aussaat von Getreide gestattet und ein Ansammeln von Wintervorräten hier so wenig wie in Brasilien in Frage kommt, endlich die Leichtigkeit der Verschiffung mittelst der tief in das Land hinein für Seeschiffe fahrbaren Stromflächen des Parana und des Uruguay. Unter dem Einflufs dieser günstigen Umstände vollzieht sich hier auf dem argentinischen Kamp zur Zeit die Bildung eines bäuerlichen Grofsgrundbesitzes in grofsartigstem Mafsstab, der allmählich den Viehbetrieb der Estancien verdrängt, und wenn er auch selbst auf dem so günstigen Boden einen Teil des landwirtschaftlichen Betriebes der Viehzucht widmet, doch den überwiegenden Teil seines Besitzes unter den Pflug bringt zum Anbau von Mais, Weizen und Leinsaat. Man schätzt, dafs der einzelne Anbauer mit seiner eigenen Arbeitskraft ohne fremde Hilfe ein Areal von 100 ha, also 400 Morgen, und zwar vorwiegend Ackerland, zu bewirtschaften vermag, wobei er nur in der Erntezeit der Hilfe fremder Arbeitskräfte zur Bedienung der landwirtschaftlichen Maschinen, welche hier in Argentinien in dem weitesten Umfang Verwendung finden, bedarf. Während in Süd-Brasilien die Landwirtschaft sich auf kleinbäuerlichem Besitz von 15 bis 20 ha, selten von 40—50 ha aufbaut, ist hier der Bauernhof von 100—200 ha und darüber hinaus die Regel, sind bäuerliche Besitzungen von 300—400 ha häufig und solche von 600, 800, ja 1000 ha keine Seltenheit. Da ist es denn nicht überraschend, wenn man bei der Reise durch die Weizenfelder des argentinischen Kamps unter dem Eindruck steht, als sei das Land überhaupt noch nicht bevölkert, selbst

Deutsche Kolonisation in Süd-Amerika. 161

da, wo sich eine Kolonie an die andere reiht. Meilenweit schweift das Auge über die grünen Getreidefelder der baum- und strauchlosen Ebene, nur selten Ruhepunkte findend an den weit zerstreut liegenden, nur aus dem kahlen Wohnhaus und einigen Schuppen bestehenden Niederlassungen der Kolonisten. In welcher Weise sich die Bebauung des Kamps vollzieht, wird am besten ein Vergleich zeigen mit einer uns naheliegenden Anbaufläche Deutschlands, der des Bremer Gebietes. Wir zählen auf dem etwa 41 Quadratmeilen grofsen Gebiet Bremens 35 Dörfer, darunter 11 Kirchdörfer, mit einer Bevölkerungsziffer von 26000 Köpfen. In der Getreideregion des argentinischen Kamps wird eine gleiche Fläche im Durchschnitt mit 80—100 Kolonistenfamilien vollständig besetzt sein. Da darf es denn nicht überraschen, dafs diese etwa 260000 bis 300000 ha umfassenden, für den Getreidebau im allgemeinen geeigneten Landstriche Argentiniens in einer verhältnismäfsig kurzen Zeit von Getreidebauern besetzt sein werden.

Dieser argentinische Getreidebau verdankt seine erste Entstehung deutschem Arbeitsfleifs; deutsch-schweizerische Kolonisten waren es, welche in Verbindung mit deutschen Auswanderern, namentlich Hessen und Rheinländern, zuerst in den Kolonien Esperanza, Don Carlos und Humboldt in der Nähe von Santa Fé in den sechziger Jahren das Samenkorn in die Erde legten, das jetzt millionenfache Frucht trägt. Heute freilich hat die italienische Einwanderung sich über die weiten Flächen des Kamps verbreitet, wenn auch stark durchsetzt mit Belgiern, Südfranzosen und Deutschen. Schätzt man doch heute die Zahl der in Argentinien lebenden Italiener auf 6—700000, von denen vielleicht die Hälfte auf die Kamp-Kolonien entfallen mag, während die Gesamtziffer der Deutschen Argentiniens einschliefslich der Deutsch-Schweizer und Deutsch-Österreicher 60—70000 nicht übersteigen dürfte. Aber auch hier inmitten der spanischen und italienischen Bevölkerung bewahrt der Deutsche im grofsen und ganzen bis in die zweite, und wo er, wie in den genannten schweizerischen Kolonien, in gröfserer Zahl zusammenlebt, auch durch die weiteren Generationen hindurch seine Eigenart, nirgends der schnelle Übergang zu der fremden Nationalität, den wir überall beobachten, wo der Deutsche mit anglikanischer Bevölkerung zusammenstöfst. Auch hier bleibt der deutsche Kolonist ein Pionier deutscher Kultur inmitten seiner romanischen Umgebung, und tief zu beklagen ist es, dafs nicht an dem Aufschlufs des argentinischen Kamps national deutsche Kolonien die Thätigkeit fortgesetzt haben, welche schweizerischer Unternehmungsgeist so glücklich begonnen hatte. Einen schwachen Ersatz bieten in dieser Richtung die deutsch-russischen Kolonien, welche in ihren dicht gedrängten Dorfgemeinden treu die Eigenart bewahren, welche sie einst aus der schwäbischen Heimat an die Wolga verpflanzt und von dort wiederum in den argentinischen Kamp hinübergetragen haben. Es sind Nachkommen der deutschen Kolonisten, welche von der Kaiserin Katharina in der zweiten Hälfte des vorigen Jahrhunderts in den Gouvernements Samara und Saratow angesiedelt wurden, und die infolge der Aufhebung ihrer Privilegien seit der zweiten Hälfte der siebziger Jahre ihre Kolonie-Niederlassung an der Wolga zum Teil verlassen haben, um sich eine neue Heimat in Argentinien zu suchen. Solche haben sie gefunden in den südlichen Teilen der Provinz Buenos Aires, wo sie drei blühende, zur Zeit allerdings im Rückgang befindliche Gemeinden errichtet haben, sowie in Diamante in der Provinz Corrientes. Neue Deutsch-Russen-Kolonien entstehen zur Zeit im südlichen Cordoba. Noch heute deutsch in ihrer Erscheinung, ihrer Sprache und ihren Lebensgewohnheiten, können sie doch kaum noch als Vertreter des Deutschtums bezeichnet werden, da ihnen jede geistige Gemeinschaft mit dem deutschen Vaterland verloren gegangen ist. Aber die Deutsch-Russen nehmen doch thätigen Anteil an der Bildung und Entwickelung des argentinischen Bauernstandes, welcher an Stelle der Estancienbesitzer nach und nach Besitz ergreift von den fruchtbarsten Gebieten Argentiniens.

Eine Wegstrecke von 110 km trennt den Endpunkt der argentinischen Eisenbahn von Salto del Soldado, der ersten Eisenbahnstation auf chilenischer Seite. Unwirtliche Hochgebirgsthäler, ein steiler Gebirgspaſs, bieten heute noch dem Schienenstrang schwer besiegbare Hindernisse, welche bei dem langsamen, durch stetige Finanzschwierigkeiten unterbrochenen Fortgang der Arbeiten erst im Lauf einer Reihe von Jahren überwunden werden dürften. Bis vor wenigen Wochen noch war das Maultier der einzige Verkehrsvermittler zwischen Argentinien und der mit mächtiger Energie vorwärts arbeitenden Schwesterrepublik Chile, seit Mitte des verflossenen Monats aber ist eine bequeme Straſse fertig gestellt, welche, wenigstens für die Sommermonate, von November bis Mitte März, den Verkehr von Fuhrwerk zwischen den beiden Eisenbahnstationen gestattet und Handelsbeziehungen zwischen Argentinien und Chile einen neuen Impuls geben wird. Auf der westlichen Seite der Kordilleren betreten wir das schmale Küstengebiet am Strand des Stillen Ozeans, das im Norden bis in das Gebiet der Tropen reichend, im Süden die Gletscher in das Meer hinabsteigen sieht. Schon wenn wir von der Paſshöhe hinuntersteigen, erfreuen wir uns an der reichen Kultur des Landes, die hier fast ausschliefslich auf künstlicher Bewässerung beruhend,

Zeugnis ablegt von der rührigen Thätigkeit der Bewohner, wie von dem umsichtigen Schaffen einer vernünftigen Verwaltung. Unsere Freude steigert sich, wenn wir sehen, welch lebhaften Anteil an dieser Entwickelung des chilenischen Landes das Deutschtum genommen, und wenn wir aus chilenischem Mund hören, mit welchem Stolz man hier von den Deutschen in Valdivia spricht. Und in der That, was die deutschen Kolonien in Santa Catharina an der Ostküste Süd-Amerikas, das sind die deutschen Kolonien in Valdivia und Llanquihue an der Westküste. Blühende Pflanzstätten deutscher Kultur, fast ebenso wenig bekannt und gewürdigt im Vaterland daheim wie ihre Existenz und Entwickelung bedeutungsvoll ist für die Gebiete der romanischen Länder Süd-Amerikas. In den Waldgebieten in den gemäfsigten Teilen des südlichen Chile in der Mitte der vierziger Jahre als Ackerbaukolonien von deutschen Kolonisatoren auf Landstrecken gegründet, welche diese von der araukanischen Urbevölkerung des Landes erworben, haben diese Kolonien in Valdivia, Puerto Montt und Osorno sich in einer von den übrigen deutschen Kolonien in Süd-Amerika vollständig abweichenden Weise entwickelt. Verhältnismäfsig klein an Zahl ihrer Bewohner, haben sie ihre Thätigkeit in zunehmendem Mafs industrieller Arbeit zugewandt und insbesondere Valdivia zu einem rührigen Sitz deutschen Gewerbefleifses verwandelt; Bierbrauereien, Leder- und Schuhfabrikation, Holzindustrie und Spiritusbrennereien, das sind die Zweige gewerblicher Thätigkeit, deren Produkte ihren Absatz durch ganz Chile und darüber hinaus an der Westküste finden und den Ruf der Valdienser Deutschen begründet haben. Was die lebenskräftige Entwickelung Valdivias verursacht hat, ist nicht Begünstigung der Regierung, weder auf dieser Seite des Ozeans, noch drüben in Chile selbst, sondern die rührige Thätigkeit seiner Bewohner, denen weitblickende Männer, wie Carl Anwandter und Kindermann, die Wege bahnten, und die guten Verbindungen, welche die Hamburger nach der Westküste fahrenden Dampfergesellschaften, sowie eigene Rhedereibetriebe den Valdiviensern geschaffen haben. Hier zeigt sich so recht, was die Herstellung guter Verkehrsbeziehungen, und zwar nicht nur mit der deutschen Heimat, sondern mit den Absatzgebieten des betreffenden überseeischen Landes, für die Entwickelung deutscher überseeischer Kolonien bedeutet. Gleichzeitig aber zeigt sich hier bei den Valdivienser Deutschen, wie die Liebe zu der angestammten Heimat, die treue Pflege deutscher Sprache und Sitte durchaus vereinbar ist mit einem engen Anschlufs an die neue Heimat; denn die Valdivienser Deutschen haben sich den Ruf erworben, dafs sie, obgleich deutsch im besten Sinn des Wortes, dennoch dem chilenischen Staat jeder Zeit in Krieg und Frieden treue Dienste geleistet haben. Auch hier stehen wir vor der Frage, weshalb es Deutschland nicht möglich gewesen ist, diese deutschen Kolonien in den fünfzig Jahren ihres Bestehens mit neuem, starkem Zufluſs deutschen Blutes zu versehen, der dem Deutschtum an der Westküste nicht nur eine einfluſsreiche, sondern eine ausschlaggebende Stellung gesichert hätte, und auch hier die Antwort, daſs Deutschland es nicht verstanden hat, die Kenntnis der Verhältnisse dieser deutschen Kolonien genügend im deutschen Volk zu verbreiten.

Lassen Sie mich diesen Überblick über die deutsche Kolonisation Süd-Amerikas, der bei der Kürze der mir zur Verfügung gestellten Zeit ja nur ein sehr summarischer sein konnte, mit einigen Bemerkungen allgemeiner Natur schlieſsen.

Die deutsche Kolonisation Süd-Amerikas zeigt, in welch hohem Maſs dem germanischen Volksstamm die Kraft und die Gabe zur Kolonisation fremder Gebiete gegeben ist. Überall aber in Süd-Amerika bleibt der eingewanderte Deutsche nicht nur für die eigene Person, sondern auch in der Nachkommenschaft, abgesehen von denjenigen Fällen, wo er vereinzelt inmitten romanischer Umgebung wohnt, bis in die jetzt heranwachsende dritte Generation deutsch in der Sprache und in den Lebensgewohnheiten, deutsch auch in der Befriedigung seiner Kulturbedürfnisse, deren Kenntnis er gleichzeitig der romanischen Umgebung vermittelt. Nichts ist hierfür bezeichnender, als der Umfang, in welchem der Absatz deutscher Artikel sich nach den hier in Frage kommenden Gebieten Süd-Amerikas vollzieht. Man wird nicht allzu fehl gehen, wenn man die Gesamtzahl der in Brasilien, Argentinien und Chile lebenden Deutschen auf 300 000 Köpfe veranschlagt; die jährliche Ausfuhr von Deutschland nach diesen Ländern wird unter Mitberücksichtigung der indirekten Ausfuhr einen Wert von 150 bis 200 Millionen Mark repräsentieren. Vergleichen wir damit die Thatsache, daſs in den Vereinigten Staaten von Nord-Amerika an deutsch redender Bevölkerung die zehnfache Zahl, vielleicht drei Millionen, leben, ganz abgesehen von der vielleicht die doppelte Zahl betragenden, jetzt englisch sprechenden deutschen Nachkommenschaft, und vergleichen wir damit die Ausfuhrziffer von noch nicht 400 Millionen Mark, welche Deutschlands Verkehr mit den Vereinigten Staaten von Nord-Amerika zeigt, so springt mit überraschender Schärfe in die Augen, was die zur Zeit noch verhältnismäſsig so geringe deutsche Kolonisation in Süd-Amerika für Deutschlands Handel und Industrie bedeutet.

Aber auch abgesehen davon. Wenn in unserem Volk bei seinem

heifsen wirtschaftlichen Ringen, bei seinen Bestrebungen, grofse soziale Aufgaben in seiner inneren Entwickelung zu lösen, immer wiederum der Gedanke sich Bahn bricht, dafs damit sich seine Kulturaufgaben nicht erschöpfen, dafs es sein Recht und seine Pflicht ist, um auch in den übrigen Weltteilen an der Entwickelung der Menschheit mitzuarbeiten, dann ist es an dieser Stätte vielleicht gestattet, darauf hinzuweisen, dafs von all den Gebieten gemäfsigter Zonen der verschiedenen Erdteile nur diejenigen Süd-Amerikas es sind, wo es seine eigene Volkskraft eingesetzt hat, ohne diese selbst einzubüfsen, und dafs auch nur die Gebiete Süd-Amerikas, wo englisches Volkstum sich nicht in verhängnisvoller Weise mit dem unseren zu vermischen vermag, in absehbarer Zeit, so lange noch nicht anbaufähige Gebiete Afrikas dem Deutschtum geöffnet sind, deutsche Kolonisation den Einflufs deutscher Kultur in einer für die Weiterentwickelung der betreffenden Staaten entscheidenden Weise zu fördern vermag. Und die Aufgaben, welche Deutschland hier zu lösen berufen ist, hat dieses nach Abbruch seiner so erfolgreich begonnenen Kolonisationsthätigkeit seit nahezu vier Jahrzehnten zu erfüllen versäumt.

14.
Die Stellung Afrikas in der Geschichte des Welthandels.
Von Dr. Eduard Hahn in Berlin.

(5. Sitzung.)

Handel und Verkehr haben seit den ältesten Zeiten nicht nur den Austausch von Konsumartikeln vermittelt, es sind vielmehr stets mit dem Verkehr der Gebrauchsartikel von Hand zu Hand auch die Dinge gewandert, welche die wertvolleren, zum teil unvergänglichen Güter der Menschheit darstellen sollen. Durch den Kaufmann sind nicht nur Gold und Silber von Hand zu Hand gegangen, sondern ebenso gut hat er in seinem Besitz neue Haustiere, in seinem Gepäck die Wurzel eines neuen Gemüses oder das Korn eines neuen Getreides mit sich geführt, und ebenso gut brachte er in seinem Kopf neue Gedanken und neue Vorstellungen mit, wie vielleicht in seinem Herzen die Idee einer neuen Religion. Das ist immer die Aufgabe des Kaufmanns gewesen seit den ältesten Zeiten, und für jemanden, der sich, wie ich, viel mit den ältesten Zeiten beschäftigt, tritt bei der Betrachtung der Endergebnisse langer Zeiträume die Rolle, die gerade der kaufmännische Verkehr und der Händler dabei gespielt hat, bedeutungsvoll und scharf umrissen hervor.

Afrika ragt bis in die neueste Zeit, obgleich es seit 400 Jahren in seiner ganzen Ausdehnung vom Weltverkehr umspült wird, doch als eine zusammenhängende, scheinbar in ihrer Unzugänglichkeit kompakte Masse in das Leben und Treiben der übrigen Welt hinein. Der dunkle Weltteil hat seine Rätsel der geographischen Forschung erst in den letzten Jahrzehnten herausgeben müssen. Jetzt aber liegt das geographische Relief nahezu ganz erschlossen vor unseren Augen, und die Forschung wird sich bald andern Aufgaben zuwenden müssen, als der, die weifsen Flächen Afrikas mit Flüssen und Seen zu erfüllen. Wird dann endlich das wissenschaftliche Interesse sich den wirtschaftlichen Fragen zuwenden, die trotz aller ihrer Wichtigkeit bis dahin so ungenügend beachtet sind? Wird dann endlich jene Summe von Erkenntnis sich finden, die den europäischen Nationen, den Trägern der Kultur, den Grund und somit auch das Recht giebt, sich als Herren über den Neger zu setzen, und die Besitznahme Afrikas nicht mehr, wie das jetzt noch der Fall ist, als einen sinnlosen Sprung ins Dunkle erscheinen läfst?

Afrika barg für die Anschauung der Wissenschaft vor wenigen Jahrzehnten noch mehr Rätsel, als sie der Mangel geographischer Kenntnis allein mit sich brachte. Vor hundert Jahren war man sehr geneigt, den Griechen zu folgen und in Ägypten, dem Wunderland, mit seinen ungeheuren, unverständlichen Denkmälern, mit seiner rätselhaften Hieroglyphenschrift, hinter der man, gerade weil sie unverständlich war, Geheimnisse suchte, den Ursprung aller unserer Kultur zu suchen: Isis und Osiris sollten den Ackerbau erfunden und so unsere ganze Civilisation begründet haben. So wurde Afrika noch geheimnisvoller; denn neben die geographischen Rätsel legten sich die ungelösten Fragen über den Ursprung unserer Civilisation. Diese Zeiten sind jetzt vorüber; seit wir die Hieroglyphen lesen können, wissen wir, dafs auch in ihnen die Rätsel, welche die Menschheit beschäftigen, nicht gelöst sind. Infolge dessen sind wir mit der Frage über den Ursprung unserer ganzen Civilisation hinausgewiesen in die absolute Leere: dasjenige, was man zu wissen glaubte, hat sich als irrig herausgestellt, und das Resultat aller Forschungen ist nichts als ein grofses Fragezeichen.

Der afrikanische Kontinent umschliefst in einem geographischen Begriff Länder, die gar nicht mit einander zusammenhängen. Die ganze nordafrikanische Küste von der Mündung des Nil bis zur Meerenge von Gibraltar und darüber hinaus ist durch das Mittelmeer in viel engere Verbindung mit Europa gesetzt, als mit dem übrigen Afrika jenseits der grofsen Wüste. Auch der Nil stellt nichts weniger als eine leicht gangbare Einfallspforte in das eigentliche Afrika, aus dem er doch entspringt, dar. Seit den ältesten Zeiten bis in unser Jahrhundert hörte die Schiffbarkeit des Nil am ersten Katarakt auf; von da ab ging der Verkehr zu Land mit Karawanen über den gewaltigen Bogen des Nil hinweg. So war wohl der nördliche Rand Afrikas seit den ältesten Zeiten unserem Kulturgebiet angegliedert, aber der ganze ungeheure Rumpf des Erdteils südlich der Sahara sollte erst Jahrtausende später aus dem Dunkel der Fabel ans Licht gezogen werden. Und selbst heute noch birgt der Kontinent nicht nur das eine grofse ägyptische Rätsel. Wenn wir auch jetzt die für die älteste Geschichte der Menschheit so wichtigen Hieroglyphen lesen können, so verstehen wir deshalb doch noch lange nicht die Denkmäler der ältesten Zeit, z. B. die Pyramiden und die Sphinx, und ebenso wenig verstehen wir den eigentümlichen

Zug, der die ägyptische Civilisation so scharf von den vorderasiatischen Staaten trennt, mit denen Ägypten doch sonst so eng in Civilisation, Kultur und religiösen Ideen zusammenhing. Wir sind noch weit davon entfernt, zu verstehen, wie es möglich war, dafs unterhalb des ersten Katarakts in Ägypten, zum Teil doch wohl auch aus afrikanischen Elementen, eine so hochstehende, so eigenartige und so scharf gesonderte Civilisation erwuchs, während sonst auf afrikanischem Boden nur die Halbkultur der Reiche von Meroë und Axum gedieh, die freilich trotz aller Halbbarbarei als Durchgangsgebiet gewisser Errungenschaften für Afrika von hoher Bedeutung gewesen sind.

In dem südlichen Teil des Gebiets zwischen dem Nil und dem Roten Meer müssen wir das Land suchen, von dem aus einst das für den Neger hervorragend wichtige Rind, die Ziege und das Schaf, die sämtlich asiatischen Stammes sind, nach Afrika hineingegangen sind. Wir stofsen hier auf ein für die älteste Kulturgeschichte der Menschheit ungemein wichtiges Problem. Gerade am südlichen Ende des Roten Meers, wo sich afrikanisches und asiatisches Ufer so nahe kommen und selbst diese enge Wasserfläche noch durch eingelagerte Inseln verschmälert wird, liegt eine der interessantesten und für die Handelsgeschichte, sowohl Afrikas, wie der ganzen Welt bedeutungsvollsten Landschaften. Man wird, nach so manchem harten Kampf der Gelehrten, doch am praktischsten und einfachsten verfahren, wenn man das Land Punt, das Land des Weihrauchs und des Goldes, des Elfenbeins und Ebenholzes, also afrikanischer und asiatischer Produkte, auf beiden Seiten des Roten Meeres sucht. Es war bei dem Zustand der damaligen Schiffahrt eben kaum möglich, nach den südarabischen Häfen zu gelangen, ohne öfters in Berührung mit dem afrikanischen Ufer zu kommen. Dieses Land Punt ist aber für die Handelsgeschichte so wichtig, weil die eine zeitlang häufig wiederholten Fahrten der Ägypter nach Punt nicht nur die ältesten Handelsexpeditionen in grofsem Stil, die nur des Handels wegen unternommen wurden, darstellen, sondern weil hier auch die älteste aller Kolonialbewegungen in unserem Sinn vorliegt. Zum ersten Mal in der bekannten Geschichte unternahm es etwa 1400 v. Chr. ein seemächtiger Herrscher, eine grofse Flotte auszusenden nach einem fern gelegenen Land mit fremdartiger Bevölkerung, um unter einem völlig verschiedenen Himmelsstrich die wertvollen Produkte des fremden Landes zu seinem Nutzen verwerten zu lassen. Es ist hochinteressant, dafs dieser mächtige und energische Herrscher, der so weitsichtig war, dafs er z. B. die Weihrauchbäume in Töpfen auf seiner Flotte nach Ägypten bringen liefs, eigentlich eine Herrscherin war, die Königin Hatasu, die für ihren unmündigen Bruder Thotmes IV. die Regierung mit Namen und Tracht eines Pharao führte.

Die Gegend um die Strafse Bab-el-Mandeb ist geographisch so begünstigt, dafs sich hier zu allen Zeiten, so lange nicht künstliche Hindernisse eintraten, immer einer der Haupthandelspunkte befunden hat. Durch die Konfiguration der Küsten, besonders auch durch die Verhältnisse der Strömungen und Winde veranlafst, treffen sich in der Enge zwischen dem Roten Meer und dem Indischen Ozean der Verkehr der ostafrikanischen Küste, der der indischen und der arabischen Seeküsten. Doch nicht blofs ein Stapelplatz für fremde Güter war dieses Land an der engen Strafse zwischen Arabien und Afrika. Von den ältesten Zeiten ab erzeugte es ein Produkt, das weithin bekannt, weithin mit Freuden auch gegen hohe Werte vertauscht wurde, den Weihrauch. Ihm ganz besonders hat auch die ägyptische Expedition der Königin Hatasu gegolten. Yemen und sein Gegengestade scheint aber auch aufser in der Produktion des Weihrauchs in jener Zeit, die allmählich erst aus dem Dämmerlicht zu treten beginnt und die vor unserer Geschichte liegt, eine grofse Rolle gespielt zu haben. Wenn auch der Ackerbau, wie ihn Ägypten und Nord-Afrika kennen, mit Rind und Pflug, Gerste und Weizen, aus Vorder-Asien hervorgegangen ist, so werden wir doch einer so ausgezeichneten Autorität, wie der Schweinfurth's, folgen können, wenn er einer Anzahl ägyptischer Kulturpflanzen entweder Yemen als Vaterland oder Indien als Ursprungsland und Yemen als Übergangsland zuschreibt. Gerade die botanischen Forschungen, die Schweinfurth in den letzten Jahren zu beiden Seiten der Meerenge in den Hochgebirgen Yemens und Abyssiniens ausgeführt hat, beweisen, dafs beide Gebiete sich viel ähnlicher sind, als man früher meinte, und da wichtige Kulturpflanzen sich wild in beiden Gebieten finden, wird es oft recht fraglich sein, welches Gebiet nun Anspruch darauf hat, als das eigentliche Vaterland angesehen zu werden, Afrika oder Arabien.

Diese Gleichartigkeit beider Gebiete hat auch einen ethnologischen und historischen Ausdruck gefunden. Wie das Gebirgsmassiv von Yemen ganz im Süden den Hochpfeiler der arabischen Halbinsel darstellt, so stellt auf der anderen Seite der Meerenge Abyssinien das gröfste und höchste Gebirgsmassiv Afrikas dar, und wenn auch im Süden der steile Rand des abyssinischen Hochlandes bis in die Nähe von Harrar nur wenige zugängliche Pässe bietet, so ist dafür der Norden im Gebiet zwischen Suakim und Massaua, im Quellgebiet des Atbara, um so zugänglicher. Deshalb haben ja die Italiener mit kühnem Griff die Kolonie Eritrea im Hinterland von Massaua erworben, in dem sie alle Höhenstufen und Gebiete, vom regenfeuchten Urwald im Westen und der wüstenartigen Steppe im Osten bis zu den Alpenmatten des Hochlandes, in der Hand haben.

Zwischen diesen beiden vielfach ähnlichen Gebieten besteht nun schon seit alter Zeit ein enger Verkehr. Schon vor dem Beginn unserer Geschichte mufs Yemen mit Abyssinien Beziehungen gehabt haben; denn wenn auch die heutigen Abyssinier infolge der Zufuhr fremden Bluts sehr stark degeneriert sind, so ist doch schon durch die semitische Sprache der Zusammenhang mit Süd-Arabien sicher gestellt, den auch die abyssinische Stammessage — von der Königin von Saba stammen bekanntlich alle abyssinischen Herrscher ab — bestätigt. So kommt es auch — und dies ist der ethnologische Ausdruck für die Thatsache der alten Zusammengehörigkeit Yemens und Abyssiniens —, dafs südlich der trennenden Wüste Abyssinien das einzige Land in Afrika ist, in dem der Pflug die echt afrikanische Hacke verdrängt hat.

Nun ist aber wohl der geschichtliche Zusammenhang mit Süd-Arabien kaum ganz so uralt, wie die Abyssinier in ihren Sagen, die sie noch für Geschichte ansehen, behaupten. Die engsten geschichtlichen Berührungen, von denen wir wissen, sind erst zu einer Zeit eingetreten, in der nicht nur Ägypten, sondern auch Yemen wirtschaftlich schon stark im Niedergang war. Nordabyssinische Herrscher haben sich eine Zeit lang im Besitz Yemens gehalten. Eines jener markanten Ereignisse, nach denen die ältere arabische Geschichte in Abschnitte geteilt wurde, war mit der sogenannten Ära des Elefanten, das Jahr eines erfolglosen Zugs, den ein abyssinischer Statthalter gegen Mekka unternahm; er hatte einen Elefanten bei sich, nach dem das Jahr genannt wurde (571 n. Chr.). Dieses Jahr ist das Geburtsjahr des Propheten Mohammed. Nur eine Generation später trat eine der interessantesten Kombinationen in der Weltgeschichte ein. Die Perser, also die Sassaniden, hatten zum Teil grofse Eroberungen in Vorder-Asien gemacht, aber unter tüchtigen Herrschern hatte Byzanz, dessen Kräfte wir uns immer zu gering vorstellen, diese Gebiete allemal wieder an sich gerissen. Immerhin beharrte die sassanidische Politik in dem Bestreben, den Einflufs des oströmischen Kaiserreichs auf den südlichen Teil Vorder-Asiens zu beseitigen. Die Perser versuchten daher, die Gegner auf lange Zeit hinaus lahm zu legen und den Handel des Roten Meeres ganz abzuschneiden und zu unterbinden, indem sie mit einer grofsen Flotte Yemen angriffen. So kam es zu einer Seeschlacht im Südwesten der arabischen Küste, zwischen einem der Herrscher des axumitischen Reichs, der mit Ost-

Rom verbündet war, und den Neu-Persern. Damals konnte man eben noch Arabien, trotz der grofsen Bedeutung, die es stets für den Handel gehabt hat, als ein Land ohne Initiative, ohne Zusammenhang, das religiös und politisch tief zerklüftet war, ansehen und behandeln. Nach nur einem Menschenalter sollte der Prophet von Mekka beweisen, wie falsch diese Meinung gewesen war.

Wenn auch Abyssinien schon vorher den Zusammenhang mit Süd-Arabien verloren hatte, so bauten doch erst das abyssinische Christentum und der neueingeführte Islam eine kräftigere Scheidewand zwischen den einst so eng verbundenen Ländern auf. Zudem gab Süd-Arabien mit der religiösen Revolution auch die Initiative im Handel an Nord-Arabien ab: Mokka und Aden traten zunächst hinter Djidda und Jambo, den Häfen der Prophetenstädte, zurück, und der Karawanenhandel zu Lande spielte fortan in den ungeheuren Gebieten des muhammedanischen Gesamt-Kalifats, mit Ausnahme kürzerer Perioden, stets eine ungleich wichtigere Rolle. Durch die Eroberung Ägyptens verlor dann das Christentum in den südlicheren Gebieten ganz den organischen Zusammenhang mit der übrigen christlichen Welt, der wohl überhaupt kaum je stark ausgesprochen war. Wenn Nubien sich noch lange christlich erhielt, und wenn Abyssinien noch heutzutage christlich sein will, so ist doch das Christentum nur ein mit einigen christlichen Äufserlichkeiten aufgeputztes Heidentum. Wären die kriegerischen Nachbarn des Landes stets Fanatiker des Islam gewesen, so wäre Abyssinien wohl schon lange muhammedanisiert. Ein kühner Eroberer aus Harrar hat kurz vorher, ehe die Portugiesen und Jesuiten ins Land kamen, das ganze Land nominell dem Islam unterthänig gemacht; mit seinem Tode versank freilich auch sein Reich, aber jedenfalls wäre Abyssinien schon lange muhammedanisch, wenn dies nicht das Handelsinteresse der Umwohner selbst verböte. Abyssinien hat der muhamedanischen Welt stets ganz besonders einen geschätzten Artikel überlassen müssen: Sklavinnen. Da man nun Gläubige doch nicht in die Sklaverei schleppen durfte, so liefs man die abyssinischen Ungläubigen bei ihrem Glauben! Immerhin ist es merkwürdig, dafs Abyssinien so wenig kulturellen Einflufs auf Afrika geübt hat: es hat nur das Hochland und einige der oberen Stufen auf eine Halbkultur gebracht, die jedenfalls in letzter Zeit noch ganz bedeutend zurückgegangen ist. Es soll einst auch den weiteren Verlauf des Massivs bis über Kaffa hinaus beherrscht haben, aber rundumher lebten andere Stämme, die gänzlich ohne Zusammenhang mit Abyssinien und gänzlich unbeeinflufst von ihm geblieben sind. Allerdings auch die südarabische Civilisation hat gerade das afrikanische Gebiet, das ihm doch zunächst benachbart ist und mit dem es stets in engen Beziehungen gestanden hat, nie in irgend nachhaltiger Weise unter seinen Einflufs bringen können, wenn man von dem ganz äufserlichen Anstrich eines Schein-Islam absieht, unter dem sich die alte Barbarei der Einwohner der Somali-Halbinsel jetzt verbirgt. Die Somali haben als die nächsten Anwohner einer der ältesten Kulturstrafsen der Welt schon seit geschichtslosen Zeiten als Arbeiter, Matrosen, zum teil auch Mietssoldaten, mit Süd-Arabien verkehrt und mit dem lebhaften Handel hier Beziehungen gehabt, und doch haben sie es verstanden, blofs durch Passivität sich fast ganz unberührt zu erhalten. Es wird interessant sein, zu beobachten, ob ihnen das auch unserer so anspruchsvollen Civilisation gegenüber gelingt; denn auch heute bilden sie den gröfsten Teil der Hafenbevölkerung von Aden.

Ebenfalls sehr passive und wenig zu irgend einer Initiative in Handel und Politik geneigte Elemente sind es auch, die das Steppenland im Norden des Abyssinischen Hochgebirgs erfüllen. In den dem Nil näher gelegenen Ländern hat das Reich von Meroë, zeitweise in kleinerem, zeitweise in gröfserem Umfang, oft unter ägyptischen Einflufs und mitunter wieder durch politische Verwickelungen zum Herrn von Ägypten gemacht, gleichfalls eine Halbkultur repräsentiert, die, obwohl stets ohne starke eigene Kulturbedeutung, doch in der Geschichte einmal eine grofse Rolle gespielt hat. Es war ein Äthiopenkönig, dem die Assyrer Ägypten entrissen! Daneben haben sich aber auch hier stets, gerade wie im Somali-Land, Stämme auf sehr niedriger Kulturstufe erhalten. Das Rote Meer hatte eben in dem Engpafs, etwa zwischen Berbera und Aden und Massaua und Mokka, wohl als Durchgangsstrafse eine grofse Bedeutung; aber nur die Hochländer auf der afrikanischen Seite gewannen wenigstens eine dauernde Halbkultur. Daneben lebten auf beiden Seiten armselige Fischerstämme, auf die heutzutage noch fast die Beschreibung der alten Ichthyophagen pafst, und nomadisierende Hirten-, Jäger- und Räuberstämme. So waren denn auch in der blühenden Ptolemäerzeit hier, wo nicht weit von der Meerenge *Πτολεμαῖς τῶν θηρῶν*, das Ptolemais der königlichen Jagden lag, der Hauptausfuhrartikel des Landes wilde Tiere für die Tierkämpfe.

Dafs aber diese Gebiete: Nubien, Dar For und Kordofan dem Welthandel und Verkehr erst so spät, als Durchgangsgebiet erst am Anfang dieses Jahrhunderts, erschlossen wurden, hängt mit einer seltsamen, bis dahin nicht genügend beachteten Erscheinung zusammen. Für diese Gebiete ist das Kamel so sehr geeignet, dafs wir es fast als eine notwendige Voraussetzung ansehen, und doch hat es während des ganzen Altertums hier keine Kamele gegeben. Selbst in den Gebieten zwischen dem Roten Meer und dem Nil hat das Kamel in alter Zeit gefehlt, obgleich doch der geographische Zusammenhang mit Asien hier nirgends unterbrochen ist. Kamelkarawanen zwischen den Häfen des oberen Nil und des Roten Meeres haben erst die Ptolemäer und die Römer eingeführt. Kriegerische und räuberische Nomaden, die Kamele reiten, tauchen hier erst kurz vor dem Zusammenbruch des römischen Reichs auf. Aber auch dann, selbst nach der Erwerbung des Kamels als des den Verkehr vermittelnden Tieres müssen noch starke Schranken die Erschliefsung des Sudan von dieser Seite her verhindert haben. Es ist doch eine auffallende und nicht gleich verständliche Erscheinung, dafs der Sudan eigentlich von Westen her durch die Araber in Angriff genommen wurde, und dafs sich gerade im Osten, in Nubien und in Dar For Negerreiche mit eigentümlicher Organisation und einer festen nationalen Basis selbst unter dem Islam und zum Teil bis in unsere Zeit erhalten haben. Überhaupt hat der Nil für die Erschliefsung des eigentlichen Afrikas erst seit Jahrzehnten eine Rolle gespielt. Mit dem Sennaar hörte am Nil während der ganzen arabischen Periode das bekannte Afrika auf: hier begann das Reich der Fabeln, und zwar auch in dieser Zeit zum teil genau derselben Fabeln, die schon Ptolemäus erzählt hatte.

Als eine grofse wichtige Verkehrsstrafse wurde der **Nil** erst erschlossen, als Chartum sich seit Beginn der vierziger Jahre zum Centralpunkt der ganzen Nil-Schiffahrt entwickelte. Sklaven, Elfenbein und Gold, das sind zu allen Zeiten, bis in die allerletzte Vergangenheit, die Ausfuhrartikel des schwarzen Weltteils gewesen. Aber zu keiner Zeit hat der Sklavenhandel so wüste und so abstofsende Züge getragen, wie zur Zeit der Blüte des ägyptischen Sklavenhandels am oberen Nil. Leider war diese Grausamkeit und Härte zum guten Teil ein Produkt mifsverstandener europäischer Humanität: statt den Handel zunächst nach Möglichkeit einzuschränken und ihn zugleich möglichst zu kontrollieren und zu regulieren, wollten die englischen Menschenfreunde die muhammedanischen Beamten und die Neger dazu zwingen, von einer Institution abzusehen, ohne die weder der Muhammedaner noch der Neger existieren und sich eine Existenz denken kann. Natürlich kann eine solche Politik nur zu Scheinerfolgen führen, und diese Scheinerfolge haben stets der greulichsten Heuchelei und der scheufslichsten Lüge Vorschub geleistet. Denn gefallen ist dieses System heute noch nicht! Während im letzten Jahr noch eine Anzahl den Engländern mifsliebiger hoher Beamten in Kairo wegen Sklavenkaufs gerichtlich belangt wurden, hat zu gleicher

Zeit der Herrscher Ägyptens eine gekaufte Sklavin zu seiner Gemahlin erklärt, und während der Sklavenkauf nach europäischer Anschauung als ein Verbrechen gilt, hat sich darüber weiter niemand gewundert. Jedenfalls aber ist es eine brennende Schmach für das „gebildete" Europa, dafs die geographische Erschliefsung des Weifsen Nil allein durch den Sklavenhandel nicht nubischer Brutalität und Habsucht, nicht arabischem Fanatismus zuzuschreiben ist, sondern dafs hier europäische Energie, europäischer Unternehmungsgeist den Barbaren die Wege zeigte und sie die rücksichtsloseste und brutalste Methode lehrte.

Augenblicklich ist ja der ganze obere Nil gesperrt durch einen Ausbruch von religiösem Fanatismus, an dem die ägyptische Mifsregierung sicher nicht unschuldig ist; noch mehr aber ist daran die Haltlosigkeit schuld, die Heuchelei, die im Namen der sogenannten Civilisation das Programm der ägyptischen Regierung für die Beamten unmöglich und für die Unterthanen unverständlich macht.

Jetzt ist hier im Oberlauf des Nil der Handel völlig gelähmt und vernichtet, zugleich aber gerade hier ein Tummelplatz der wildesten Konjekturalpolitik geöffnet, die freilich nicht blofs Handelszwecke im Auge hat. Während dieser Sperrzeit haben die Engländer versucht, das Gebiet des Nil im Oberlauf von Südosten her anzuschneiden, wahrscheinlich weil sie hofften, wenn die religiöse Begeisterung im Staat des Mahdi vorübergegangen wäre, sich das Gebiet von Nord und Süd her leicht sichern zu können. Die Situation hat sich aber mittlerweile doch stark verschoben. Die Handelswege im Gebiet von Britisch-Ost-Afrika scheinen sehr viel ungünstiger zu sein, wie man dachte und eingesteht. Das Kalifat in Omdurman ist immer noch nicht zerfallen, und die Italiener haben mit ihrer Kolonisation in Eritrea Erfolge erzielt, auf welche die Engländer wohl kaum gerechnet hatten. Ja, während Frankreich sich auch hier die möglichste Mühe giebt, England wie in Ägypten zu stören und zu hindern, hat Rufsland allmählich entdeckt — es hat lange genug gedauert —, dafs das abyssinische Hochland eine ausgezeichnete strategische Position am Roten Meer gewährt, und nun zugleich auch erkannt, dafs die griechisch-orthodoxe Kirche seit ältester Zeit die wärmsten und engsten Verbindungen zu den monophysitischen Ketzern, nicht in Ägypten, um so mehr aber in Abyssinien hat.

Eine Erscheinung, die wir im Süden von Ägypten sahen, wiederholt sich noch einmal im Westen des Gebiets. Auch hier sperrte Ägypten während vieler Jahrhunderte das Kamel von einem ausgezeichnet geeigneten Gebiet völlig ab und hemmte so lange die Entwicklung eines einigermafsen gesicherten und umfangreichen Handels durch die Wüste. Die Cyrenaika und Nord-Afrika, die jetzt in so grofsem Mafsstab von wandernden Hirten mit ihren Kamelherden durchzogen werden, zeigen uns während des Altertums nichts dergleichen: die Cyrenaika war ein Pferdeland, als die griechische Kolonisation begann, und Masinissa und Jugurtha hatten ausgezeichnete leichte Kavallerie, aber keine Kamelreiter. Die ersten Spuren des Kamels tauchen hier um die Zeit Cäsar's auf, doch stellen sich die ersten kriegerischen Kamelhirten erst mit dem Niedergang des Römischen Reichs ein. Das ist natürlich für die Entwicklung des afrikanischen Handels von der höchsten Bedeutung gewesen, zumal da auch der Seehandel nach Afrika während des ganzen sonst so betriebsamen Altertums, welches doch den Weg nach Indien kannte, durch besondere Verhältnisse zurückgehalten wurde.

Einen der gröfsten und der wichtigsten Handelsstaaten der Welt, viel wichtiger wahrscheinlich für die Kulturgeschichte der Menschheit, als uns die erhaltenen Dokumente ahnen lassen, hat Karthago an der Nordost-Spitze der afrikanischen Nordküste gebildet. Es ist aber bezeichnend, dafs Karthago für das östliche Mittelmeer-Becken im ganzen eine ungleich gröfsere Rolle gespielt, als für Nord-Afrika selbst. Während es seine Besitzungen über Sicilien und Sardinien, Spanien und die ganze Nordküste von Afrika ausdehnte, existierte doch in seiner nächsten Nähe ein nicht unterworfener und keineswegs freundlich gesinnter Staat, Utika. Man wird diesen Umstand nicht blofs auf Handelspolitik zurückführen können, die es verschmähte, den kleinen Gegner abzuthun, weil das nicht einmal die Kosten rentiert hätte. Es mufs ein stärkeres Motiv gewesen sein, und man wird bei diesen mit Berbern vermischten Phöniziern wohl den Aberglauben dafür in Anspruch nehmen müssen.

Auch sonst hat Karthago gerade auf afrikanischem Boden keine ausgedehnte Herrschaft gehabt; es besafs wohl eine ganze Reihe von Tochterstädten, Handelsplätzen und Faktoreien bis über die Säulen des Herkules hinaus; aber es hatte sich Ländergebiete auf afrikanischem Boden keineswegs in dem Umfang unterworfen, wie es etwa in Sicilien sein Bestreben war, oder wie es ihm in dem silberreichen Spanien gelang. Ja, seine ganze Handelstendenz ging so sehr auf die Vermittelung zwischen dem östlichen und westlichen Mittelmeer-Becken, dafs es eigentlich stets mit Afrika und dem afrikanischen Hinterland in einer nur recht losen Verbindung blieb. So hat es denn auch auf Afrika weniger Einflufs gehabt als auf das ganze übrige Mittelmeer, und nur einmal, zur Zeit der grofsen Expedition des Hanno, haben sich die

Karthager fest entschlossen, als kolonisatorische Macht in Afrika aufzutreten. Bekanntlich ist aber diese Expedition gescheitert: der Seeweg längs des Westrandes der Sahara blieb unbenutzt und der Verkehr mit dem Binnenland stets nur gering.

Immerhin hat es aber auch schon zu alter Zeit einen Verkehr die Wüste gegeben. Herodot's Nachricht von dem Zug der Nasamonen beweist, dafs man einen gewissen Verkehr, wenn er auch noch so selten und noch so spärlich stattfand, über die Wüste hinweg anzunehmen gezwungen ist. Auch haben Barth und Nachtigal als interessante Bestätigung dazu mitten in der Wüste Felszeichnungen gefunden, welche Rinder darstellen in einem Gebiet, wo jetzt von Rinderzucht durchaus keine Rede sein kann. Wenn man bedenkt, dafs im heutigen Süd-Afrika unser Rind als Zugtier am Wagen eine grofse Rolle im Verkehr spielt, dafs es hier zur Bildung einer ausgesprochenen Durstform des Rindes gekommen ist, so kann man am Ende für die ältere Zeit annehmen — die Bevölkerungsverhältnisse machen das ja auch sehr wahrscheinlich —, dafs der gewiss seltene und unbedeutende Verkehr vielleicht mit Hülfe des Rindes durch die Wüste gegangen ist. Einen grofsen Aufschwung erfuhr aber jedenfalls der Karawanenhandel durch dieselbe, als das Kamel sich zur Zeit des römischen Kaiserreichs auszubreiten anfing. Wir wissen davon aus den Nachrichten der Alten nicht viel; aber als die Franzosen das Innere von Algier erschlossen und auch nach Tunis kamen, waren sie sehr erstaunt, gerade am Rande der Wüste eine ganze Reihe römischer Ruinenstädte zu finden, von denen man nur annehmen kann, dafs sie Handelsemporien gewesen sind. Dafs mehrere solche Verkehrscentren zu verschiedenen Zeiten geblüht haben, um schnell von ihrer Höhe herabzusinken und einer neuen Gründung zu weichen, erklärt sich einfach aus den Verhältnissen. Im Innern der Wüste sind die Strafsen an bestimmte Plätze gebunden, die sie nicht umgehen können, wenn auch natürlich eine gewisse Freiheit darin herrscht, welche Punkte man untereinander verbinden will; am Rand des bewohnten Landes aber bietet sich ja meist mehrfache Gelegenheit für Wasser- und Handelsstationen. Naturgemäfs lösen sich daher die grofsen, stets konstant bleibenden Strafsenzüge des Innern gegen den Rand der Wüstengebiete zu gewissen Bündeln von Routenlinien auf. Zudem ist der Karawanenhandel der Sahara fast ausschliefslich Zwischenhandel der beiden fruchtbaren Gebiete in Nord und Süd. Die Nomaden beherrschen die Wüstenwege, die sie allein kennen: sie sind als Führer unentbehrlich. Es liegt nun natürlich in ihrem Interesse, nicht nur Vermittler und Führer, sondern Selbsthändler zu sein und den ganzen Handel in die Hand zu bekommen. Das Interesse des Kaufmanns dagegen verlangt so klar wie möglich, dafs er selber drüben den Austausch besorgt, wo ihm das gröfsere Angebot eine viel bessere Auswahl und so einen ungleich höheren Gewinn beim Wiederverkauf der Waren sichert. Gerade die Strafsen, die von der mittleren Nordküste, also etwa von Tripolis bis Tunis aus, über das Gebiet der Tuareg nach Süden zuführen, treffen nur auf wenige kümmerliche Oasen. Die Einwohner haben daher wohl ausgezeichnete Kamele, die ihrer Widerstandsfähigkeit halber sehr geschätzt werden; sie haben deren aber nur sehr wenige, wie denn die Tuareg überhaupt viel zu geringen Viehbestand haben, als dafs sie, wie wir von Hirten annehmen müfsten, davon leben könnten. Die Karawanen ziehen von Nord nach Süd und umgekehrt mit Kamelen aus dem Steppenlande. Die Gefahr, dafs die Oasenbewohner unter solchen Umständen das leichtere Räuberhandwerk dem schwierigen und gefährlichen Handwerk als Karawanenführer vorziehen, ist so wie so sehr grofs. Bei so schwierigen Verhältnissen wird es sehr häufig zu Konflikten zwischen den Händlern und den Nomaden gekommen sein. Die Beziehungen wurden dann an einer Stelle abgebrochen, um bald darauf an einer anderen Stelle durch das gemeinsame Interesse wieder angeknüpft zu werden. So wird sich das Vorhandensein mehrerer solcher Ruinenstätten am Rande der Wüste am einfachsten erklären.

Gegenstände des Handels waren von Süd nach Nord, wie zu allen Zeiten, Sklaven, Straufsenfedern, Gold und Elfenbein; von Nord nach Süd sicher Salz und Glasperlen, vermutlich auch schon Gewebe und vielleicht auch etwas Kupfer, Bronce und Messing.

Zur römischen Zeit war bekanntlich die römische Provinz Afrika eines der reichsten und angebautesten Gebiete der Welt, obwohl, wie uns die ungeheuren Ruinen der Aquädukte beweisen, auch damals schon Nord-Afrika nicht allzu viel Wasser hatte. Ohne Zweifel standen aber die Römer in bezug auf die Landwirtschaft, insoweit künstliche Bewässerung in Frage kam, in Afrika völlig auf den Schultern der Karthager, von denen sie auch sonst zugeben, dafs sie in der Landwirtschaft das meiste von ihnen gelernt hätten. Leider sank aus denselben Gründen wie überall diese Blüte der Provinz Afrika bald: gerade sie erwähnt ja Plinius als ein Beispiel für die ungeheuerliche Ausdehnung des römischen Grofsgrundbesitzes, der die völlige Verödung des Landes herbeiführte. Zudem wurde später die Provinz unter dem Christentum der Schauplatz der Kämpfe fanatischer Sekten, dann kam der verheerende Einbruch der Vandalen und die ebenso verheerende Zurückeroberung durch die Byzantiner. Es bedurfte daher vielleicht kaum des Einbruchs der

Araber, um den Ruin zu vollenden. Jetzt haben sich diese in den Lücken festgesetzt und geben dem Lande einen grundlegenden Charakter; sie vermehren noch die Schwierigkeiten einer europäischen Beherrschung, denn neben dem zähen, verschlossenen und konservativen Berber hat sich jetzt der hochmütige, fanatische und nur allzu leicht bewegliche Araber gesetzt. Die Franzosen haben leider bis jetzt das ganze Problem der Nutzbarmachung Nord-Afrikas völlig falsch angefafst. Anstatt Algerien als eines der Mittelmeer-Länder zu behandeln und mit fleifsigen und genügsamen Auswanderern aus Spanien und Italien zu bevölkern, wie es so leicht wäre, wenn man die Grundbesitzverhältnisse verständig gestaltete, behandeln sie dies Süd-Frankreich zum grofsen Teil völlig analoge Gebiet als durchaus orientalische Kolonie. Es ist daher nur zu verwundern, dafs das Land trotz alledem gedeiht, freilich durchaus nicht so, wie es der Fall sein könnte.

Marokko hat zu gewissen Zeiten in der Geschichte eine grofse Rolle gespielt. Es hat oft genug in die Geschichte Spaniens und damit in die europäische hinübergegriffen; es hat aber auch die engsten Beziehungen zum transsaharischen Afrika gehabt und die kräftigsten Fermente hinübergetragen. Ohne Zweifel hat der Südosten Marokkos, besonders Tuat, schon zu alten Zeiten ethnische und geschichtliche Beziehungen zum Steppengebiet im Nigerknie gehabt. Von Marokko aus brachen auch die muhammedanischen Kamelhirten erobernd in die Negerreiche ein. Es ist, wie schon angedeutet, bezeichnend, dafs der Islam im Sudan nicht, wie man denken sollte, die nächstliegenden Gebiete zuerst ergriff. Nubien blieb noch längere Zeit christlich, Dar For noch heidnisch, als Timbuktu schon lange eine Hochburg des muhammedanischen Glaubens geworden war. Der Prozefs der Zersetzung und der Aufwicklung der grofsen Negerreiche und der kleinen Trümmer, in die sie sich später verwandelten, erfolgte dabei erheblich langsamer, als man vermuten sollte. Obgleich in dem ganzen ungeheueren Gebiet von Dar For bis zum Gambia kein grofser Gebirgszug hindernd sich einschiebt, obgleich überall zwischen den verschiedenen Flufssystemen, vom Nil zum Schari, vom Schari zum Niger und vom Niger zum Senegal, weite Flachländer den Zugang vermitteln, so ist doch die Zersprengung der heidnischen Negervölker und die Verschmelzung mit den hamitischen neuen Eindringlingen noch lange nicht überall erfolgt. Überall, wo ein gröfserer Urwaldkomplex, ein kleiner Gebirgsknoten der Urbevölkerung einen strategischen Rückhalt gewährte, da haben sich die Neger erhalten. Besonders ist merkwürdig, dafs sie die ganze Küste vom Senegal bis zum Kamerun gehalten haben, obgleich das Hinterland überall seit Jahrhunderten von muhammedanischen Staaten eingenommen wird. Der Neger besitzt eben nicht viel aktive, aber um so mehr passive Energie. Diese Widerstandsfähigkeit ist hier um so mehr zu bewundern, weil gerade hier das Eingreifen der Weifsen so sehr verderblich wirkte. Der Araber denkt sehr hoch vom Handel. Als Herr einer Karawane das Land nach allen Richtungen weithin zu durchstreifen, dünkt ihm ein beneidenswerter, ein vornehmer Beruf. Nun handelte auch er mit den Negern freilich um Sklaven, aber die Sklaverei ist im eigentlichen Gebiet des Islam eine milde, und es kamen doch stets nur einzelne grofse Händler in jenes Gebiet. Diesen genügten die bei den Negern vorhandenen Sklaven, die sie eintauschten. Anders die Weifsen! Diese kamen nach Afrika nur, um Sklaven zu holen; so viel Sklaven, wie sie brauchten, konnte man nur im Kriege gewinnen, und so mufsten die Neger fortwährend zur Selbstzerfleischung in immer neuen Kriegen veranlafst werden.

Die Araber beschränkten sich auch zu allen Zeiten wesentlich auf den Landhandel; auch als ihnen Spanien und Sicilien gehörten, blieb der Seehandel wesentlich in den Händen der Christen, insbesondere der italienischen Seeleute. Das ist später nicht anders gewesen, auch nicht als die Schiffe der Raubstaaten eine furchtbare Geifsel der Mittelmeer-Länder wurden. Die Besatzung dieser Schiffe bestand überwiegend, oft nahezu ausschliefslich, aus christlichen Renegaten. Auch die Herrschaft über die Gestade des Atlantischen Ozeans führte die Araber nicht zu einer Entwickelung der Schiffahrt; wir wissen nur von einer einzigen gröfseren Fahrt der Araber auf dem Westmeer. Madeira wurde damals nicht besiedelt, und die Einwohner der Canaren, obgleich ihre Gruppe der afrikanischen Küste so nahe liegt, gerieten nicht unter arabische Herrschaft; es war ein normannischer Baron, der sie knechtete.

Vor den Entdeckungen der Portugiesen war Afrika mit der arabischen Welt nur insoweit in Berührung geraten, dafs ziemlich der ganze Nordrand und der Sudan mit seinen Negergebieten vom Senegal bis Dar For, ja bis weit an den Niger hin, wenigstens durch einzelne Reisende bekannt und ziemlich regelmäfsig besucht worden waren; von einer muhammedanischen Durchdringung des ganzen Gebiets oder gar von einer politischen Vorherrschaft des islamitischen und arabischen Elements kann nicht die Rede sein. Schon früh waren arabische Schiffe bis nach China vorgedrungen; doch scheint jene Energie der Araber bald beträchtlich nachgelassen zu haben. Mehrere Jahrhunderte hielten sie wohl den Handel mit Ost-Indien aufrecht; aber die Ausdehnung des Islam in Indonesien war im 14. und 15. Jahrhundert noch nicht so weit gediehen, dafs er die Portugiesen gehindert hätte, sich hier festzusetzen. Ähnlich stand es mit Ost-Afrika. Die arabischen Schiffe kamen ständig hierher, bis etwa in die Höhe der Nordspitze Madagaskars; sie hatten in Mombas und Kilwa starke Niederlassungen und kamen bis nach Mozambique, aber zu dauerndem Einfluſs haben sie es damals nirgends gebracht.

Ich will diesmal nicht darauf eingehen, ob hinter der Sage von Whittington und hinter den Fabeln von Fahrten, welche die Leute von Dieppe nach Afrika gemacht haben sollen, ein historischer Kern steckt. Jedenfalls hat aber schon vor den groſsen Entdeckungsfahrten der Portugiesen ein stärkerer Verkehr mit Inner-Afrika und ein lebhafterer Austausch stattgefunden, als man denken sollte. So war die Zahl der Neger in Lissabon und in Sevilla schon recht beträchtlich, ehe der Seeverkehr eigentlich die Negerländer erreicht hatte. Als aber die Portugiesen das Kap der Guten Hoffnung umschifft hatten, als sich der Indische Ozean mit den Märchenländern des Orients vor ihnen öffnete, war es nur natürlich, daſs Afrika eigentlich recht wenig von ihnen beachtet wurde. Der Sklavenhandel wurde erst in den nächsten Jahrhunderten sehr beträchtlich, als Holländer, Engländer und Franzosen Plantagenkolonien hatten und alle Jahre Tausende von Negern brauchten und verbrauchten. Ganz im Anfang gelang es den Portugiesen, auch von der Goldküste verhältnismäſsig groſse Mengen von Gold, die sich dort im Laufe langer Zeit angehäuft hatten, einzuziehen. Sonst aber stand das Dichten und Trachten der Portugiesen nach Indien, den Molukken und nach China. Eine Erfrischungsstation, deren sie auf dem langen Weg unbedingt bedurften, schufen sie sich mit Umgehung Afrikas in St. Helena. Und doch wurde der geringe Verkehr der Portugiesen in Afrika für die Neger von groſser politischer und wirtschaftlicher Bedeutung. Die ältesten portugiesischen Entdecker fanden bei ihrer Landung an der Westküste Afrikas noch groſse ausgedehnte Reiche, die, obschon durch die den Sudan nach allen Richtungen hin durchstreifenden arabischen Händler und Karawanen mehr oder weniger von islamitischen Ideen durchtränkt, doch wesentlich heidnische Negerstaaten waren; so z. B. das groſse Reich der Mandingo am Senegal und Gambia. Auch an der Goldküste hat sich die Erinnerung an ausgedehnte Staatswesen erhalten, und Dahome und der Staat der Aschanti sind Reste uralter Staatengebilde, die erst in unserm Jahrhundert, beide durch das Eingreifen der Weiſsen, zu Grunde gegangen sind. Ebenso fanden die Portugiesen am unteren Kongo und auf der Ostseite am Unterlauf des Sambesi weiträumige Reiche, in denen ein scheinbar mächtiger König mit einer groſsen Anzahl Lehnsfürsten herrschte. Nun ist es aber klar, daſs solche groſsen

Staaten den Grofshandel ungemein begünstigen: hat der Kaufmann
auf der einen Seite Zoll bezahlt und den Schutz des Oberkönigs er-
kauft, so steht ihm das ganze Gebiet bis zur entgegengesetzten Grenze
offen. Anfänglich haben die Portugiesen diese günstigen Umstände
benutzt: portugiesische Händler sind damals weit im Sudan umher-
gezogen. Wenn dieser günstige Zustand sehr bald aufhörte, so ist der
Einflufs der Weifsen, zumal derjenige des unseligen Sklavenhandels,
daran schuld. Die Weifsen bedurften der Kriege, um Sklaven machen
zu können; sie trugen selbst durch das Christentum Gährungselemente
unter die Neger, mit denen diese nicht fertig werden konnten. Das
Endresultat war die Zersplitterung der grofsen Reiche und ihre Auf-
lösung in eine unendliche Menge winziger Staaten, die höchstens eine
Anzahl Dörfer umfafsten: die Weifsen selbst hatten dafür gesorgt, dafs
ihnen Afrika verschlossen wurde.

So kam es, dafs gerade, während der Verkehr mit Afrika mehr und
mehr stieg und immer zahlreichere Sklavenschiffe an die afrikanische Küste
kamen, das Land doch sich mehr und mehr den Europäern verschlofs;
unvernünftige Konkurrenz unter den verschiedenen Nationen that freilich auch noch das ihrige. So ging die vorhandene Kenntnis verloren,
und am Anfang dieses Jahrhunderts, wo zugleich die Bewegung für
die Erschliefsung Afrikas und die Bewegung gegen den Sklavenhandel
zuerst auftauchten, war Afrika in Ost und West nur in der Küstenlinie
aufgeschlossen. Was man vom Schiff und von der Faktorei aus nicht
mehr sehen konnte, war unbekanntes Land. Auch hier hatte der
Neger seine so sehr ausgebildete passive Widerstandsfähigkeit glänzend
bewiesen: nirgends gab es auf afrikanischem Festlandsboden europäische Ansiedlungen oder gar Plantagen. Die Weifsen waren überall mit
nur einer Ausnahme auf Faktoreien beschränkt: nur Portugal hatte im
Osten einige wenige Handelsplätze ziemlich weit ins Innere vorgeschoben
und im Westen, in Loanda, ein ausgedehntes Reich gegründet. Scheinbar hatte hier der Portugiese den Neger unterworfen, ihm war gelungen,
was den andern Europäern nicht geglückt war. Ich fürchte aber,
dieser Erfolg war zu einem guten Teil ein Scheinerfolg. Der Portugiese
war dem Neger näher getreten wie alle andern Europäer, er konnte
deshalb leichter einen gewissen Einflufs auf ihn ausüben; aber er selbst
vernegerte bei dieser Gelegenheit gründlich. Infolge dessen hat dann
auch die Besetzung Angolas und Loandas durch die Portugiesen dem
Mutterland niemals einen Vorteil gebracht. Hier auf afrikanischem
Boden sind Plantagen in gröfserem Umfang niemals gediehen, während
das portugiesische Brasilien nach holländischem Muster seine ausgedehnten Zuckerplantagen mit afrikanischen Negern betrieb. Immer-

hin war jedoch in den portugiesischen Besitzungen das Land nicht ganz so fest verschlossen wie anderswo, zumal im Hinterland einzelne grofse Reiche, wie das des Muata Jamvo, welche sich bis auf unsere Zeit erhalten haben, entstanden. So fand denn nach dem Innern ein gewisser Tauschverkehr statt, der sogar oft so weit gereicht zu haben scheint, dafs er, zumal im Süden, von Benguela aus, die weit vorgeschobenen Handelsposten der Ostküste erreichte. Es ist bezeichnend für die Portugiesen, dafs diese Dinge völlig unbeachtet blieben, dafs nie auch nur der leiseste Versuch gemacht wurde, diese gänzlich ungebildeten, zum Teil auch sehr stark gemischt-blütigen Händler für wissenschaftliche Zwecke oder auch nur für eine Routenaufnahme, für irgend etwas über das kümmerlichste Krämerinteresse hinaus zu verwenden, dafs aber doch diese Tauschreisen in unserem Jahrhundert zur Hebung des nationalen Ruhms der Lusiaden gegen Stanley und Cameron verwendet werden sollen. Jedenfalls beweist aber dieser auf afrikanischer Basis, nach afrikanischem Muster durchgeführte Handelsverkehr, dafs auch in rein afrikanischen Verhältnissen ein recht beträchtlicher Handel möglich ist.

Es giebt afrikanische Stämme, die ohne jede Berührung mit dem Europäer seit alter Zeit handelnd und tauschend weit im Land umherziehen. Wie wir dies für die jüngste Vergangenheit und die Jetztzeit von den Reisenden wissen, so können wir es auch für weit zurückliegende Zeiten aus sicheren Anzeichen, wie z. B. aus der **Verbreitung der afrikanischen Haustiere**, schliefsen.

Wie es scheint, hat schon in uralter Zeit, sicherlich durch die Vermittelung eines gewissen Überland-Handelsverkehrs, die Negerbevölkerung Afrikas aus West-Asien, zunächst wohl über Ägypten, den **Hund** bekommen, der wohl mit dem Paria-Hund West-Indiens zusammenhängt. Ferner haben die Neger und Hamiten aus Asien das **Rind** erworben und teilen daher den Milchgenufs mit Asien und Europa. Gerade die Neger haben sogar einen Rinderkult entwickelt, einen Respekt des Hirten vor seiner Herde, wie er sonst nirgends in der Welt vorkommt. Vielleicht ist das nicht ganz ohne die Einwirkung aus Asien entlehnter Vorstellungen geschehen. Ebenso haben die Neger die **Ziege** nicht nur angenommen, sondern sie haben sie vielfach auch in ihrem Interesse nach ·bestimmten Richtungen hin gezüchtet und so, namentlich in den Zwergformen, sehr abweichende Rassen gewonnen. Allgemein verbreitet ist aber unter der eigentlichen Negerbevölkerung das **Huhn**, und da dasselbe bekanntlich bei uns erst einige Jahrhunderte vor unserer Zeitrechnung auftaucht und dazu sehr wenig geeignet ist, etwa in Begleitung des Nomaden die Wüste zu durchqueren, so bin ich geneigt anzunehmen, dafs der uralte Verkehr zwischen Ost-Afrika und Indien das Huhn selbständig nach Afrika herübergebracht hat.

Jedenfalls nimmt der Neger wirtschaftliche Verbesserungen sehr leicht an, und sicherlich steht überhaupt der Neger wirtschaftlich auf einer viel höheren Stufe, als wir bis dahin annehmen. Die Betriebsamkeit des Negers wird jedenfalls glänzend bewiesen durch die Schnelligkeit, mit der er die für ihn geeigneten Kulturpflanzen amerikanischen Ursprungs angenommen hat; Mais, Maniok und Erdnüsse werden fast überall gebaut und spielen vielfach eine grofse Rolle. Aufserdem sind noch durch den Handel in ganz Afrika zweierlei Dinge verbreitet, ein Erzeugnis der Kunst und ein Erzeugnis der Natur: die Glasperlen und die Kaurimuscheln. Es ist sehr interessant, dafs an vielen Stellen in Afrika, in dem übrigens die Mode genau so souverän herrscht wie bei uns, den höchsten Rang in der Wertschätzung Glasperlen unbekannter Herkunft einnehmen, die aus alten Zeiten sich erhalten haben. Glas, namentlich die schweren, farbigen Gläser, haben die alten Ägypter schon in alten Zeiten gemacht. Diese schwer schmelzbaren bunten Gläser sind sehr geeignet zur Verwendung für Perlen, Schmucksachen und dergleichen, aber sonst zu nichts. Das dünne leichtflüssige Glas, aus dem wir unsere Flaschen und Gläser machen, ist eine Erfindung der Kelten oder Germanen und tauchte erst zur römischen Kaiserzeit im Mittelmeer-Gebiet auf. Die Neger der Urzeit scheinen die Perlen ägyptischer Fabrik genau so gern genommen zu haben, wie ihre Enkel heute die venetianischen im Kleinhandel durch ganz Afrika tragen. Die Fabrikation in Murano bei Venedig knüpft bekanntlich ohne irgend eine Lücke an die antike an. Die Kauris, die einst auch bei uns eine Rolle gespielt haben müssen, da einzelne Exemplare in slavischen Gräbern gefunden wurden, sind jetzt besonders in West-Afrika verbreitet und wichtig und kommen zur Zeit durch den europäischen Handel hierher; aber auch hier liegt wohl ihre Verwendung als Scheidemünze auf einer Grundlage, die tief unter dem Boden des heutigen Verkehrs liegt. Ihre Verbreitung von Ost nach West durch ganz Afrika weist uns auf einen uralten Handelsverkehr der Negerbevölkerung hin. Die Muscheln entstammen alle dem Indischen Ozean und werden besonders an den Malediven gefunden. Muschelgeld hat es übrigens einst auch in Ost-Indien und weiter darüber hinaus nach Osten gegeben.

Es giebt aber auf afrikanischem Boden aufser den portugiesischen Kolonien doch noch eine Kolonie, die, unter ganz anderen Bedingungen ganz anders entwickelt, sich keine geringere Aufgabe stellt als die, auf afrikanischem Boden die Geschicke eines Teiles von Afrika zu leiten. Die Afrikander-Bevölkerung des Kap hat über ein Jahrhundert ein geräuschloses Stillleben geführt, um dann plötzlich grofse geschichtliche Katastrophen über sich ergehen zu lassen und sie zugleich für andere herbeizuführen. Die holländische Besiedelung des Kap hat ja gerade die Stelle gefunden, die für eine europäische Bevölkerung die geeignetste in ganz Afrika war. Es ist aber doch fraglich, ob nicht auch dieser Versuch gescheitert wäre, ob nicht namentlich die Opfer ungemein viel gröfser geworden wären und nicht vielleicht doch zur Aufgabe des Kolonisationsversuches geführt hätten, wenn nicht die Holländer, statt einer schwarzen, hier mit einer gelben Bevölkerung zu thun gehabt hätten. Die Hottentotten machen den Eindruck eines ganz abweichenden Stammes; Geschichte und Tradition erhärten, was an sich sehr wahrscheinlich ist, dafs die Hottentotten einst ein viel gröfseres Gebiet bewohnt haben. Jetzt sind bekanntlich die reinen Hottentotten fast verschwunden; aber sie sind für die afrikanische Geschichte von hervorragender Wichtigkeit dadurch geworden, dafs ihre Existenz die Festsetzung einer europäischen Kolonie und die Bildung eines afrikanischen Stammes europäischer Herkunft ermöglichte, die sonst vielleicht nicht erfolgt wäre. Erst mit diesem Jahrhundert gerieten Europäer und Kaffern aneinander, und die Art und Weise, wie sie sich aneinander stofsen und ineinander schicken werden, ist eine der Hauptfragen Afrikas. Für den Handel hat das Kapland auch erst in diesem Jahrhundert Wert gewonnen; bis dahin war die Kolonie eine Verpflegungsstation für den Weg nach Ost-Indien und nichts weiter. Das Kapland kam für den Welthandel erst in Betracht, als man begann, Wollschafe zu ziehen, und als englische Bigotterie und Anmafsung die Buren auf die Hochflächen nach Nordosten hinausdrängte. Doch bleibt es seltsam, dafs die geographische Erschliefsung des Landes so langsam vor sich gegangen ist. Im trocknen Steppenland bis an das Gebiet der tropischen Regen ist in Südwest-Afrika ein ausgezeichnetes Verkehrsmittel in Gebrauch: der Ochsenwagen. Der erste Ochsenwagen ist aber schon 1663 im Kapland erschienen! Er hätte also schon früher so gut wie in unserm Jahrhundert Jagd- und Tauschreisen weit hinausführen können; die Besiedelung des Landes war jedoch im Anfang eine nur schwache, und die Holländer hüteten sich, französische Refugiés und deutsche Auswanderer allzu stark unter das nicht allzu zahlreiche holländische Element zu mischen, um nicht die Führerrolle einzubüfsen.

Jetzt ist die geographische Erforschung Afrikas beendet, und während noch am Anfang dieses Jahrhunderts der europäische Besitz in Afrika, mit Ausnahme der englischen Besitzungen im Kapland und mit Ausnahme der äufserst vagen Ansprüche Portugals, sich eigentlich auf vereinzelte Faktoreien beschränkte, hat jetzt die europäische Diplomatie auf dem Papier schon ganz Afrika unter sich verteilt. Ja, es sind bedeutend mehr Ansprüche angemeldet, wie Raum zu ihrer Befriedigung vorhanden ist, und die Erörterung der verschiedenen Berechtigungen nimmt einen breiten Raum in der politischen Tagespresse ein. Zum Verständnis der Hast und des Eifers, mit dem sich die Diplomaten der verschiedenen Länder auf Afrika stürzten, um durch farbige Linien ohne irgend welche Rücksicht auf die geographischen Verhältnisse, ohne irgend eine Berücksichtigung der staatlichen Verhältnisse der Eingeborenen, nur ja für ihr Land ein möglichst grofses Stück aus Afrika herauszuschneiden, darf man nicht übersehen, dafs dieser fliegenden Hast ein Zug innewohnt, der nur aus den so sehr unbefriedigenden ökonomischen Verhältnissen unserer Jetztzeit zu erklären ist. Afrika mufs geteilt werden. Wir mögen von dem Lande, seinen Verhältnissen und seinen Einwohnern noch so wenig wissen, es mufs geteilt werden, um den Nationen, deren industrielle und merkantile Interessen besonders hoch entwickelt sind, Gebiete zu erschliefsen, die eine Konsumtion unserer Industrieprodukte ermöglichen. Belgiens König hat den ersten Griff gethan, Frankreich folgte ihm darin, und als nun gar auch das Deutsche Reich Kolonialbesitz erwarb, bemühte sich England, alles zu nehmen, was irgendwie brauchbar war oder nützlich zu sein schien, und jetzt bekämpfen sich am Tanganyika englische und belgische Handelsinteressen, und auch der Deutsche wird sich bald zum Konkurrenzkampf einstellen. Jedenfalls sind schon jetzt sehr bedeutende europäische Interessen in Afrika engagiert. Da darf man wohl die Frage aufstellen: werden sich die grofsen Erwartungen Europas erfüllen, die auf den Besitz im eigentlichen Rumpf Afrikas gesetzt werden? Ich fürchte, die Aussichten sind nicht allzu günstig. Der Neger handelt und tauscht sehr gern, er ist geradezu der geborene Kleinhändler. Sein Hackbaufeld, das vielfach freilich Frauen und Sklaven bestellen, ernährt ihn und kann noch etwas an die durchziehende Karawane abgeben; aber einen für den Grofshandel lohnenden Export kann man auf die Agrikultur des Negers zunächst noch nicht gründen. Der afrikanische Urwald ist lange nicht so reich an Produkten, dafs darauf eine bedeutende Ausfuhr basieren könnte, und die ganze Produktion ist zunächst immer noch Raubbau, der bald zur Erschöpfung der Quellen führen wird. Dabei soll noch der alte Handel Afrikas sich gerade jetzt einer einschneidenden Umänderung unterziehen. Von den alten Handelsartikeln fallen jetzt manche ganz oder nahezu ganz aus. Gold ist freilich heute einer der wichtigsten afrikanischen Ausfuhrartikel, aber es scheint sich vom Niger bis zum Kunene und von den Nil-Quellen bis zum Sambesi nirgends in sehr erheblicher Menge vorzufinden. Die Straufsenfedern werden jetzt von den Zuchtvögeln der Europäer am Kap geliefert, und auch die beiden andern Ausfuhrartikel des afrikanischen Handels gehen mehr und mehr zurück: das Elfenbein verschwindet mit der rücksichtslosen Ausrottung des Elefanten, und Sklavenhandel darf es nach unseren fortgeschrittenen Begriffen nicht mehr geben. Die Sklaven-Ausfuhr aus Afrika heraus ist allerdings unter allen Umständen zu verwerfen.

Da denkt man denn vielfach an **Plantagenkultur** in Afrika. Plantagen werden in manchen regenfeuchten Gebieten sich lohnen; aber die intensive Plantagenkultur saugt den Boden, den sie in Angriff nimmt, so aus, dafs sie fortwährend gezwungen ist, neues Gebiet anzuschneiden. Wir werden sie deshalb nur in gröfseren Waldgebieten zulassen dürfen, wie z. B. in Kamerun, während die kleineren Waldinseln in Ost-Afrika der Plantagenkultur sicher nicht preisgegeben werden dürfen, weil das Verschwinden des Waldes den klimatischen Charakter des Landes sehr erheblich verschlechtern würde. Aufserdem aber fragt es sich noch sehr, ob der Neger auf afrikanischem Boden geneigt ist, dauernd einen europäischen Herrn als Arbeitgeber anzuerkennen. **Es ist bis jetzt nicht einmal gelungen, europäische Plantagen auf afrikanischem Boden mit „afrikanischen" Arbeitern als Sklaven zu bewirtschaften.** Sklaven soll es jetzt nicht mehr geben; ohne eine starke Fessel läfst sich aber der Neger sicher erst recht nicht in ein Dienstverhältnis pressen.

Es ist also noch sehr fraglich, ob Central-Afrika, z. B. der Kongo und Ost-Afrika, jemals Plantagenprodukte in grofser Menge auf den europäischen Markt werfen können, zumal bei allen Plantagen das Risiko ein sehr hohes ist. Während aber der Kongo-Staat, wenn er einmal die Livingstone-Fälle mit seinen Eisenbahnen überwunden hat, ein grofses Gebiet schiffbarer Flüsse vor sich sieht und dadurch mit günstigeren Verhältnissen zu rechnen hat, müssen wir in Ost-Afrika, wie es scheint, von den Flüssen ganz absehen. Es wird sich daher empfehlen, die nächstliegenden Gebiete zuerst aufzuschliefsen, weiterhin wohl das ganze Gebiet zu halten, aber mit möglichst geringen Kosten und so, dafs die Neger einen Teil derselben tragen, vor allem jedoch den Neger vor seinen schlimmsten Fehlern, den kleinen aber verheerenden Dorfkriegen, zu bewahren und dafür zu sorgen, dafs die grofsen Räuberstämme, wie die Massai und die Wahehe, aus unserem Gebiet verschwinden. Es wird nicht ungerecht sein, wenn der Neger einen Teil dieser Wohlthaten bezahlt; vielleicht ist es aber auch möglich, den Neger daran zu gewöhnen, dafs er im Kleinbetrieb einige wertvolle, leicht transportable Produkte, z. B. Kautschuk, gewinnt. Wir brauchten dann kaum noch europäisches Kapital zu riskieren, und unsere Industrie könnte auch für den Neger Luxusgegenstände fabrizieren, die ihn zu solcher Extraarbeit verführten. Vielleicht ist der Neger leichter dafür zu haben, als man denkt; es müfste freilich eine Bevölkerung sein, die wirklich das Land bebaut und nicht die an die Aufregungen des Sklavenhandels und der grofsen Karawanenreisen gewöhnte Bevölkerung der Ost-Küste. Jedenfalls aber wäre es ein grofser Segen für Afrika, wenn es gelänge, irgend einen Ersatz für das widerspenstigste und unbequemste aller Transportmittel, den Träger, zu finden, mag es nun der hohe einrädige chinesische Schubkarren sein oder das Tragrind, oder der Ochsen- und Büffelkarren. Eine Karawane aus Trägern ist stets viel schwieriger zu behandeln und unendlich viel teurer. Irgend etwas der Art werden wir unter allen Umständen in Ost-Afrika einführen müssen, auch wenn die Eisenbahn kommen sollte, schon weil wir der Zufuhren bedürfen und nicht überall gleich Feldbahnen bauen können.

Wie an den Quellen des Nil und um Abyssinien herum sich einmal die Verhältnisse gestalten, ob der Nil in absehbarer Zeit einmal wieder dem Handel geöffnet wird, kann wohl niemand sagen. Englands Vorgehen ist hier so planlos gewesen, die Opferung Gordon's durch Gladstone war so schmachvoll, dafs die geschichtliche Gerechtigkeit eine viel herbere Sühne verlangt, als bis dahin gezahlt ist!

Ähnlich wie im Osten sind auch im Westen von Kamerun bis zum Kongo die Flüsse am Steilrand des Kontinents durch Stromschnellen gesperrt. Die Belgier haben sich deshalb entschliefsen müssen, längs des Kongo eine Bahn zu bauen. Nur der Niger und der Benue sind ohne gröfseres Hindernis bis weit hinauf schiffbar. Hier hat denn auch England mit voller Kraft eingesetzt und hütet eifersüchtig das Handelsmonopol, das ihm die Flufsverbindung für den ganzen unteren Teil des Niger gewährt; den oberen Teil hat aber bereits Frankreich vom Senegal her durch eine Bahn angeschnitten. Es fragt sich freilich, ob der Handel des Mutterlandes daraus Vorteil ziehen wird! Bis jetzt hat die französische Kolonialpolitik noch nicht bewiesen, dafs sie irgendwie im Stande ist, durch ihre Verwaltung dem Handel des Mutterlandes das Feld zu eröffnen und die Wege zu ebnen. Wohl aber hat dort die Negerbevölkerung bewiesen, dafs sie im Stande ist, im Kleinbetrieb unter günstigen Umständen Ausfuhrartikel herzustellen. Senegambien führt im grofsen Mafsstab Erdnüsse aus, eine ursprünglich amerikanische Kulturpflanze.

Das Niger-Becken bietet für die Zukunft dem europäischen Handel gegenüber Central-Afrika grofse Vorteile; wir haben hier Halbkulturstaaten mit einer sogenannten muhammedanischen Bevölkerung, die für Konsumtion und Produktion dem Handel ganz andere Aussichten gewährt, als die nackten Neger des Kongo-Staats. Bekanntlich knüpfen sich an dies Westhorn Afrikas die phantastischen Hoffnungen mancher französischer Kolonialpolitiker, die von einem französischen Afrika träumen, dessen Ostgrenze etwa von Tripolis bis zum Tsad-See und über die Nil-Quellen nach dem Kongo laufen soll. Zu den Mitteln, mit denen sie dieses phantastische Projekt in die Möglichkeit überzuführen denken, gehört eine transsaharische Eisenbahn, die sie von einer der südlichsten algierischen Oasen auf Timbuktu vorzutreiben gedenken.

Eine Eisenbahn kann nur da leben, wo es etwas zu transportieren giebt; selbst wenn die Franzosen sich Mühe gäben, ihren algerischen Besitz zu entwickeln, so ist doch die Hoffnung ganz ausgeschlossen, es könne sich jemals ein Eisenbahnverkehr aus dem Niger-Gebiet nach dem Norden entwickeln. Timbuktu wird seinen Handel nach Westen vorschieben, wenn ihm die Franzosen durch eine einigermafsen erträgliche Verwaltung die Möglichkeit geben, sich überhaupt zu entwickeln, oder auf Südost, d. h. auf das britische Gebiet zu, wenn der Verkehr nach Westen behindert sein sollte. Dafs es aber nicht möglich ist, eine Bahn durch die Sahara, die nicht blofs die Kohlen, sondern auch das Wasser für die Lokomotiven den gröfsten Teil des Weges mit sich schleppen müfste, aus rein strategischen Rücksichten zu betreiben und sie, die selbst des Schutzes so sehr bedarf, als ein Mittel zur Unterwerfung der Nomaden der Wüste zu benutzen, das müfste jedem Verständigen klar sein.

Der Karawanenhandel durch die Wüste rentierte, so lange die Negervölker mit wunderbarer Zähigkeit das Binnenland mit den Haussa-Ländern von der Verbindung mit der Küste und dem europäischen Schiffsverkehr abgesondert hielten. Auch dann rentierte er nur dadurch, dafs er sehr geschätzte und wenig umfangreiche Objekte brachte; nach Norden Sklaven, Gold, Elfenbein und Straufsenfedern, nach Süden Salz, Gewänder und Waffen. Aber seit alles das billiger auf dem Niger heraufgebracht werden ·kann, und seitdem der Sklavenhandel fast aufgehört hat, rentiert der Wüstenhandel nicht mehr. Wieviel weniger wird sich eine Eisenbahn rentieren!

Die Entwicklung des Niger-Handels und die Kämpfe, welche die Engländer gerade jetzt mit den Leuten von Brass führen, zeigt uns aber auch deutlich, was wir thun müssen, um in Kamerun endlich den Binnenhandel, von dem noch gar keine Rede ist, zu entwickeln. Die Schranke, welche die Küsten-Neger vor dem Binnenland bilden, muſs unter allen Umständen durchbrochen werden. Dies ist aber geschehen, sowie ein einziger Weg ins Innere geführt wird. Vorher wird sich auch der Küsten-Neger sicher nicht zur Arbeit entschlieſsen. Die Dualla sind seit Jahrzehnten gewöhnt, mühelos vom Zwischenhandel zu leben, und es ist gerade die europäische rücksichtslose Konkurrenz, welche diese Zustände herbeigeführt hat. Aber Monopole sind leicht gebrochen, wenn der Ring an irgend einer Stelle gesprengt wird!

Um es noch einmal zusammenzufassen: Afrika hat schon in ältester Zeit am Kulturleben der vorderasiatischen Welt teilgenommen, aber nur an einer geographisch und klimatisch begünstigten Stelle im unteren Nil-Thal. Obgleich, wie die Originalität Ägyptens beweist, hier autochthone afrikanische Elemente vorhanden gewesen sein müssen, obgleich Ägypten wichtig ist als Durchgangsstelle wichtiger Errungenschaften für Afrika, des Rindes, der Ziege und des Schafes, hat doch die ungünstige Verbindung Ägyptens mit dem übrigen Afrika einen kulturellen, geschichtlichen Einfluſs in gröſserem Maſsstab verhindert. Etwas anders steht es an der wichtigen Eingangspforte des Roten Meers; hier war es besonders die geringe kulturelle Begabung der Bevölkerung, die trotz der Berührung mit den Fremden eine geschichtliche Entwickelung verhinderte. Die einzige geschichtliche Bewegung in groſsem Stil, die sich mit der Einwanderung semitischer Volks- und Kulturelemente nach dem Hochland von Abyssinien vollzog, verlief sich gewissermaſsen in eine Sackgasse.

Die passive Widerstandsfähigkeit, welche die sogenannten hamitischen Elemente mit den Negern in hervorragendem Grade teilen, ist wohl der Grund, daſs trotz der Existenz des alten Reichs Meroë, als eines Ägypten eng verbundenen Reichs, und trotz des Christentums in Nubien spätere Kulturelemente die Aufwicklung des Sudans von Westen her in Angriff nehmen muſsten, nachdem die Berber sich dem Islam angeschlossen hatten. Während der älteren Zeit des Islam wird der Sudan nach allen Seiten von arabischen Reisenden durchstreift, aber als politischer Faktor entwickelt sich der Islam nicht gerade stark, und groſse und mächtige Negerreiche bestehen als Heidenstaaten bis zur Epoche der Entdeckungen.

Erst mit dem Europäer und der Entdeckung des Seewegs um Afrika tritt ein eigentümliches Element der Zersetzung auf, welches für die Entwickelung des politischen Lebens der Neger von hoher Bedeutung werden sollte. Zur Zeit der Entdeckungen finden wir bei den

Mandingo, am Kongo, am Sambesi mächtige Negerreiche, die kurze Zeit nachher verschwunden sind, ähnlich wie das Reich des Muata Jamvo und das von Uganda aufgehört haben, seit sie mit den Weifsen in Beziehung stehen. Für die Portugiesen blieb Afrika nahezu bedeutungslos, obgleich sie, wie anderswo, ihren Besitz durch starke Mulattenbildung und ein verdorbenes Portugiesisch als Handelssprache markierten und immer etwas Land und noch mehr Ansprüche behielten. Zu einer grofsen Entwickelung des Handels kam es nicht, wie auch die Entwickelung der Kolonie Angola und auch der Handel im Negerbetrieb stecken blieb. Wenn portugiesische Händler, vermutlich sehr gemischten Bluts, als Tauschhändler im vorigen Jahrhundert vielleicht mehrfach Afrika durchquert haben, so haben sie wohl nicht mehr gethan, als mancher Neger vor ihnen. Bedeutung gewann Afrika für den internationalen Handel erst seit der Mitte des 17. Jahrhunderts durch die Sklavenausfuhr. Der spanische und portugiesische Bedarf war ursprünglich nicht grofs gewesen; jetzt aber wuchs derselbe auf den westindischen und amerikanischen Plantagen bald ins ungeheure, und durch den Sklavenhandel und durch die Art und Weise, wie der Sklavenhandel betrieben wurde, verschlofs sich Europa selbst die Thore Afrikas.

Mittlerweile hatte sich an der Südspitze, im Kapland, eine afrikanische Bevölkerung wesentlich germanischen Stammes entwickelt, die freilich erst in diesem Jahrhundert zu Bedeutung gelangen sollte und jetzt ihre Handelsbeziehungen und ihre Herrschaft bis an den Sambesi vorgeschoben hat.

Jetzt bemüht sich Europa, Afrika unter seine politische Herrschaft zu bringen, um seine Handelsbeziehungen in Sicherheit ausdehnen zu können. Die Zukunft mufs es erweisen, ob der Neger sich in dem Sinne für die Zwecke der Europäer brauchbar erweist, wie man voraussetzt, und ob unser heutiges Handelssystem, das kaum für europäische Verhältnisse ausreicht, so schwierigen Verhältnissen, wie es sie in Afrika vorfindet, genügen wird!

15.
Der Bildungswert der Erdkunde.

Von Dr. R. Lehmann, a. o. Professor der Erdkunde an der Akademie zu Münster i.W.

(2. Sitzung.)

Der Gegenstand des obigen Themas ist viel zu inhaltreich und weit verzweigt, als dafs es möglich wäre, die verschiedenen Seiten desselben in der für Vorträge auf den Geographentagen festgesetzten Zeit so, wie es wünschenswert wäre, zu erörtern. Ich mufs mich daher hier darauf beschränken, in knapper Übersicht die Grundgedanken zur Sache darzulegen, um daran schliefslich eine Reihe von praktischen Folgerungen anzuknüpfen. Eine näher auf das Einzelne eingehende Behandlung des Gegenstandes soll einmal später nachfolgen.[1])

Schon die ersten Deutschen Geographentage, in Berlin 1881 und in Halle 1882, haben sich mannigfach mit der Stellung beschäftigt, welche die Erdkunde auf unseren höheren Schulen hat, und es sind darüber damals verschiedene Beschlüsse gefafst, welche auch zu behördlicher Kenntnis gebracht worden sind. Auch später ist auf den Geographentagen hier und da Verwandtes berührt worden. Unter diesen Umständen könnte es überflüssig erscheinen, jetzt wieder auf solche Dinge zurückzugreifen. Ich bin dieser Ansicht nicht. Es handelt sich hier um eine Angelegenheit, welche nicht nur für die ganze Stellung des erdkundlichen Faches, sondern zugleich für die allgemeine Bildung unseres Volkes von grofser Bedeutung ist, und der Deutsche Geographentag ist ganz die Instanz, welche berufen ist, sich aufs neue mit Entschiedenheit zu äufsern, wenn in solcher Hinsicht wichtige und wohl begründete Wünsche noch immer unerfüllt sind.

Gern sei anerkannt, dafs sich seit den Verhandlungen jener ersten Deutschen Geographentage mancherlei in günstiger Weise geändert

---

[1]) Nur die im II. Teile gegebenen Beispiele (s. S. 200 ff.) sind im Interesse der Sache bereits für diese Drucklegung beträchtlich vermehrt worden.

hat. Für die fachliche Vorbildung der Geographielehrer ist durch Schaffung geographischer Professuren an einer Anzahl weiterer Universitäten Vorsorge getroffen; doch sind zur Zeit noch immer vier deutsche Universitäten (Heidelberg, Tübingen, Würzburg und Rostock) ohne einen geographischen Lehrstuhl. Was die Staatsprüfungen für das höhere Lehramt betrifft, so hat darin vor allem in Preußen die Erdkunde inzwischen eine Stellung und Berücksichtigung gefunden, mit der sie, einzelnes minder Bedeutende abgerechnet, wohl zufrieden sein kann; dagegen bleibt in verschiedenen anderen deutschen Staaten in dieser Hinsicht noch alles zu wünschen. An den höheren Schulen ist natürlich die Zahl der durch akademisches Studium für unser Fach regelrecht vorgebildeten Lehrer in dem Wirkungsbereich der seit längerer Zeit bestehenden geographischen Lehrstühle beträchtlich gewachsen, und eine erhebliche Wirkung kann davon nicht ausgeblieben sein, wenn auch noch nicht überall die vorhandenen durch akademisches Fachstudium hindurchgegangenen Lehrkräfte durch Zuweisung des betreffenden Unterrichts so, wie es sein könnte, verwertet werden. Ebenso zeigt sich hier und dort auch in weiteren schulmännischen und sonstigen höheren Berufskreisen eine allmähliche Wandelung der Vorstellungen von Wesen, Gehalt und Wert des erdkundlichen Unterrichts.

Sodann sind inzwischen verschiedentlich neue Lehrpläne und Lehrordnungen für die höheren Schulen festgesetzt, vor allem die von 1891 in Preußen. Dankbar ist anzuerkennen, daß in letzteren auch für die Erdkunde manches einzelne gegen früher verbessert ist. Aber die große, beklagenswerte Einengung derselben, die auf den Gymnasien schon in den mittleren Klassen anhebt, ihr Ausschluß als selbständiges Lehrfach von den oberen Klassen unter bloßer Anknüpfung einiger Teile an andere Fächer bzw. unter Anheimstellung des Maßes der Berücksichtigung an das Ermessen der Lehrer der betreffenden anderen Fächer, müssen doppelt verwundern am Schluße des 19. Jahrhunderts, wo in Anbetracht der ganzen Entwickelung unserer Verhältnisse das Bedürfnis einer ausgiebigeren Orientierung über die verschiedenen Erdräume, ihre Naturbedingungen, Bewohner u. s. w. für die allgemeine Bildung ein größeres ist als je zuvor. Da erscheint es doch sehr angezeigt, daß auch der Deutsche Geographentag abermals hierzu das Wort ergreife, ebenso wie von einzelnen Vertretern der Sache darüber bereits in Zeitschriften verschiedentlich gehandelt worden ist.

Zwar sind ja für die nächste Zeit durch diese neuen Ordnungen da, wo solche geschaffen, die Verhältnisse einstweilen festgelegt. Aber auch auf die Lehrpläne von 1891 werden neue folgen, und dürfte man die voraussichtliche Geltungsdauer dieser Lehrpläne von 1891 nach derjenigen der nächstvorangegangenen abschätzen, so würden bereits etwa um die Wende des Jahrhunderts wieder neue zu erwarten sein. Jedenfalls werden zweifellos schon in wenigen Jahren abermals die behördlichen Erwägungen über etwaige Änderungen der jetzt bestehenden Ordnungen beginnen. Es darf daher keineswegs zu lange gesäumt werden, auch hinsichtlich der Berücksichtigung der Erdkunde, wie es ja in Zeitschriften schon hier und da geschehen ist, Abänderungsbedürftiges mit Nachdruck als solches zu kennzeichnen und beizeiten für die gewünschten Besserungen, wenn möglich, den Boden zu bereiten. Es war eine sehr richtige Bemerkung H. Wagner's in seinem höchst inhaltreichen Aufsatz „Über die Ausdehnung des geographischen Unterrichts auf die oberen Klassen höherer Lehranstalten" (Deutsche Geographische Blätter, Jahrg. 1887, S. 302), dafs für jene Forderungen der Geographentage von 1881 und 1882 betreffs Erweiterung des geographischen Unterrichts die Zeit eigentlich noch etwas zu früh war, insofern damals nur erst eine kleine Zahl fachlich gehörig vorgebildeter Lehrer dafür vorhanden war. Jetzt ist diese Vorbedingung schon in wesentlich ausgiebigerem Mafse erfüllt.

Wenn ich mich nun frage, warum denn in der heutigen Zeit bei der Vorbildung eines Geschlechts, das im 20. Jahrhundert seine Thätigkeit im öffentlichen Leben entfalten soll, noch immer der Geographie auf unseren höheren Schulen ein nach oben so knapp begrenzter Raum gewährt wird und daselbst auch sonst die Stellung des Faches noch so vielfältig nur eine recht wenig angesehene ist, so erscheinen mir als Hauptursachen: 1) der noch immer in weiten sonst hoch gebildeten Kreisen sehr verbreitete Mangel jeder mehr als blofs oberflächlichen Kenntnis auch nur der Grundzüge des Inhalts der Erdkunde, vor allem aber 2) eine meist durchaus unzureichende Kenntnis und Würdigung dessen, was ein geeigneter, von gehörig fachlich vorgebildeten Lehrern erteilter geographischer Unterricht zu leisten vermag für die allgemeine höhere Geistesbildung der Schüler. Es fehlt an hinreichender Kenntnis des Bildungswertes der Erdkunde, und hier scheint mir der Punkt zu liegen, auf den es vor allem ankommen mufs, da von der Würdigung des Wertes eines Faches für die letzten Bildungsaufgaben der höheren Schulen naturgemäfs auch die Bemessung seines Spielraums und seiner Geltung an denselben abhängen mufs. Darum soll diese Frage hier, soweit eben an dieser Stelle möglich, vor allem erörtert werden.

Es kann nur von grofsem Nutzen sein, wenn bei sämtlichen Lehrfächern der höheren Schulen recht scharf und nicht blofs summarisch für das Ganze, sondern auch ganz konkret in die einzelnen Teile eingehend geprüft wird, in welchem Mafse jedes und inwieweit seine verschiedenen Teile zur Erreichung der allgemeinen Bildungszwecke dieser Anstalten beizutragen vermögen. Durch solche Prüfung wird am besten eine klare und sichere Grundlage gegeben für die Auswahl des Stoffes und das Mafs des nach den verschiedenen Seiten hin, d. h. sowohl für die verschiedenen Fächer im ganzen wie für ihre einzelnen in Betracht kommenden Teile zu gewährenden Raumes. Das mufs, meine ich, auch bei der Erdkunde entscheidend sein für ihre ganze Stellung im Lehrplan dieser Schulen; hier hat daher auch die Hoffnung für künftige Lehrpläne und Lehrordnungen einzusetzen. Die Erdkunde kann bei solcher Untersuchung, wenn dieselbe nur recht gründlich und mit rechtem Sachverständnis angestellt wird, lediglich gewinnen. Nur die leider noch so viel verbreitete Unkenntnis ist ihr Feind.

Ich unterscheide bei der nachfolgenden Erörterung:
I. den Wert des erd- und länderkundlichen Thatsachen-Wissens an sich,
II. den speziell geistbildenden Wert der Einführung in innere erd- und länderkundliche Kausalzusammenhänge nebst der damit verbundenen Schulung des Denkens u. s. w.

I.

Den meisten schwebt, wenn sie über erdkundlichen Unterricht und dessen Wert und Bedeutung urteilen, dabei lediglich das äufsere Wissen von Lage und Gestalt der verschiedenen Länder und Erdteile, ihren Gebirgen, Bergen und Gewässern mit einigem wenigen über Klima, besonders merkwürdige Pflanzen und Tiere und sonstige wichtige Produkte, endlich von ihren menschlichen Bewohnern, Staaten, bedeutendsten Städten und einzelnen besonders bemerkenswerten Verkehrswegen vor, und nur zu oft sind bei der Wertbemessung dieser Dinge, sofern man höhere Eindrücke von der Sache inzwischen zu empfangen nicht Gelegenheit gehabt, sehr wesentlich die eigenen Schulerinnerungen mit entscheidend, die wenigstens bei den älteren in der Regel betreffs der Geographie recht kärglicher Art sind. Nach Verlassen der Schule bewegt sich bei der grofsen Mehrzahl die weitere Fortbildung fast lediglich innerhalb des Bereiches und Interessenkreises des gewählten Berufes bzw. Faches, und die aufserhalb desselben gelegenen Lücken des Schulwissens pflegen im späteren Leben meist nur hier und da, auf Gebieten, wo dazu besonderer Anlafs oder besondere Gelegenheit ist, ergänzt zu werden. Da nun aber eben gerade von derjenigen Generation der Gebildeten, welche heut die leitende Rolle spielt, die ungeheure Überzahl und auch wohl noch von der jüngeren ein höchst beträchtlicher Teil aus der Schule an erdkundlichem Wissen sehr wenig mitgebracht hat, so darf es unter diesen Umständen garnicht einmal sonderlich befremden, wenn heut noch ein sehr grofser Teil der sonst höher Gebildeten, selbst bis in sonst sehr gelehrte und sehr mafsgebende Kreise hinein, im ganzen zu der Ansicht neigt, es werde durch den geographischen Unterricht doch selbst im günstigsten Fall nur eine Reihe äufserer Dinge gewonnen, die zwar wie so manches andere für das praktische Leben nicht ohne Nutzen seien, aber eine irgendwie erheblichere Bedeutung für die höhere Bildung im allgemeinen nicht haben und einen Anspruch auf stärkere Beachtung im Schulunterricht nicht erheben können.

Indes wenn wir zunächst einmal bei diesem Wissen äufserer erd- und länderkundlicher Thatsachen an sich stehen bleiben, so wird man, wenn man alles recht bedenkt, das heut weniger als je gering achten können. Wir stehen am Ende des 19. Jahrhunderts. Über die ganze Erde breiten sich heut — und zwar in immer wachsender Ausdehnung und Stärke — die Beziehungen der Völker europäischer Kultur, und wir Deutschen leben vollends nicht in irgend einem abgelegenen Winkel, wo es möglich wäre, eng sich abzuschliefsen: unser Land ist das Mittelland des kulturmächtigsten Erdteils. Die schon dadurch von selbst gegebenen Berührungen und Beziehungen nach allen Seiten sind für unsere ganzen Lebensverhältnisse von der höchsten Bedeutung, sie beeinflussen aufs tiefgreifendste die Stellung unseres Staates und Volkes. Unser Verkehr umspannt die Erde, und der Güteraustausch mit den verschiedensten Erdräumen wirkt in gewaltigem und immer zunehmendem Mafse auf unser gesamtes Erwerbs- und Wirtschaftsleben, die Grundlagen unseres materiellen Daseins, ein. Das alles aber kann sich in der Zukunft, im 20. Jahrhundert, nur noch steigern. Dazu sind wir nun seit einem Jahrzehnt auch in die Reihe der Völker mit Kolonialbesitz eingetreten, und wenn die Anfänge der Nutzbarmachung des letzteren zunächst noch klein sind und dort alles noch erst im Werden ist, so kann im Laufe der Zeit sich viel daraus entwickeln. Sollte nach alle dem nicht ein ausgiebiges, auf klare räumliche Vorstellungen gegründetes Wissen von den verschiedenen Erdräumen, ihren Naturverhältnissen und ihren Bewohnern etwas sein, was heut sehr seinen Wert haben und in immer steigendem Mafse zu dem notwendigen Rüstzeug jedes Gebildeten gehören mufs?

Zwar möchte vielleicht der eine und der andere hier zu dem Einwurf geneigt sein, das könne ja nach Atlanten und Büchern sich jeder später seinem Bedarf entsprechend selbst ergänzen. Indes dann könnte man Ähnliches mit gleichem Recht auch von vielem anderen, was in den höheren Schulen getrieben wird, sagen, und wozu in solchen Dingen nicht in der Schule der gehörige Grund gelegt ist, das wird von den meisten später schwer nachgeholt.

Ein tüchtiges erdkundliches Wissen ist aber auch nicht etwa blofs für die gebildeten Glieder der materiell schaffenden und der den Güteraustausch vermittelnden Stände heut mehr als je vonnöten, es ist dies ganz ebenso für die Gesamtheit derjenigen Berufskreise, welche die Ablegung von Universitätsstudien zur Voraussetzung haben, also derjenigen, für die vornehmlich der Lehrplan der Gymnasien berechnet ist. Wir stehen im Zeitalter konstitutioneller Staaten; in allen wichtigen Fragen unseres öffentlichen Lebens steht eine wesentliche Mitwirkung bei den gewählten Volksvertretungen, die wiederum ihrerseits fortwährend mannigfach von dem Urteil und den Auffassungen ihrer Wählerschaften beeinflufst werden. Alle grofsen Angelegenheiten unseres Volkes, seines geistigen wie materiellen Lebens, unterliegen heut überdies der allgemeinen öffentlichen Erörterung, und es ist die Aufgabe der Gebildeten, da die Führerrolle sich nicht aus der Hand nehmen zu lassen. Immer weniger wird es für die letzteren thunlich werden, in der Weise, wie ehedem gerade von den besten unter ihnen viele so gern es thaten, fern zu bleiben von den Fragen und dem unruhigen Getriebe des öffentlichen Lebens. Immer mehr wird in der schnellen Entwickelung aller Verhältnisse nicht blofs an einen kleineren Teil, sondern an die Gesamtheit aller Gebildeten die Forderung, ja die Pflicht herantreten, mit ihrer Geisteskraft und ihrer Einsicht teilzunehmen an den grofsen Angelegenheiten, welche die Zeit bewegen, mit zu durchdenken, was das Wohl und Wehe unseres Volkes angeht, und mit wirkliche Stützen des Staates und der Gesellschaft zu werden.

Da nun aber eben heut jene ungemeine und wahrhaft erdumfassende internationale Verflechtung der mannigfaltigsten Interessen und Beziehungen es unvermeidlich mit sich bringt, dafs zahlreiche Angelegenheiten unseres öffentlichen Lebens und darunter oft besonders wichtige, namentlich die das Wirtschaftsleben betreffenden, tiefgreifend durch den steten Wandel der Verhältnisse in den verschiedensten fremden Ländern und Erdgegenden beeinflufst werden, so mufs schon darum eine gute, sichere und nicht zu knapp bemessene Grundlage von Kenntnissen über die verschiedenen Teile der Erdoberfläche, ihre Naturausrüstung, Lebensbedingungen und Bewohner heut mehr als je für die allgemeine Bildung eine Sache von erheblicher Bedeutung sein. Überhaupt thut heut mehr als jemals eine Bildung not, welche nicht blofs auf Abstraktes und auf Dinge vergangener Zeiten und Kultur-Entwickelungen gerichtet ist, sondern zugleich mit klarem Sinn und vollem Bewufstsein steht in dem, was heut ist und heut wirkt, eine Bildung, welche mit Verständnis auch das Reale zu erfassen und zu würdigen weifs. Das bedarf natürlich auch für den Unterricht der höheren Schulen, und zwar aller Arten von ihnen, sehr der Beherzigung.

Die Schüler sollen ja doch gebildet werden fürs Leben, nicht für das Leben im klassischen Altertum und nicht für das im Mittelalter, auch nicht für das Leben, wie es mit seinen Anforderungen etwa in der ersten Hälfte oder der Mitte unseres Jahrhunderts war, sondern wie es jetzt ist oder vielmehr, soweit möglich, wie es dann sein wird, wenn die jetzigen Schüler als selbständige Männer ins Leben treten werden, im 20. Jahrhundert. Wohl sollen unsere Gymnasien, Realgymnasien und verwandten höheren Lehranstalten nichts anderes geben als Allgemeinbildung, keine spezielle Vorbereitung auf bestimmte Berufe. Aber auch die Allgemeinbildung mufs sich, wenn sie wirklich auf der Höhe stehen, wenn sie ihrer Zeit Genüge thun soll, den Bedürfnissen dieser Zeit anpassen. Die ganze Gestaltung der Verhältnisse, wie sie sich für uns in der Gegenwart entwickelt hat und aller Voraussicht nach in der Zukunft sich in gleichem Sinne noch immer weiter entwickeln wird, erfordert, dafs ein Geschlecht erzogen werde mit freiem, weitem Blick und mit Verständnis für die realen Verhältnisse. Es ist das eine Sache von der erheblichsten Tragweite für die Zukunft unseres Volkes. Ein geeigneter, von gehörig dazu vorgebildeten Lehrern erteilter, in seinem Zeitausmafs nicht zu sehr beengter und jedenfalls bis zur Abschlufsprüfung selbständig durchgeführter geographischer Unterricht kann an seinem Teile hierzu recht viel mit beitragen.

Auch die Bahnen der Völker gehen, im Geistigen wie im Materiellen, auf und nieder — die Geschichte unseres eigenen Volkes zeigt uns das mannigfach aufs beweglichste. Die Stellung, die unser Volk heut errungen hat, will im ständigen Flufs der allgemeinen Verhältnisse immer aufs neue verteidigt und erhalten sein. Stets aber liegt die Leistungskraft eines Volkes zu einem nicht geringen Teile in seinen wirtschaftlichen Verhältnissen, von denen auch die verschiedensten sonstigen Verhältnisse vielfach aufs tiefgreifendste beeinflufst werden. Bei der heutigen Lage der Dinge indes stehen eben unsere wirtschaftlichen Verhältnisse grofsenteils und in immer zunehmendem Mafse unter der Einwirkung des wechselnden Strudels der Weltwirtschaft, und da ist auch kein Hinauskommen, es mufs mitgeschwommen werden. Immer neue Faktoren treten da in die allgemeine Bewegung ein und bringen mancherlei Verschiebungen. Noch liegt das Schwergewicht der gesamten Weltwirtschaft in Europa, und der Geograph mag bezweifeln, ob sich das jemals gänzlich ändern kann. Aber immer gewaltiger und selbständiger erheben sich daneben die Vereinigten Staaten von Nord-Amerika; schnell treten, wenigstens auf einzelnen Gebieten, andere Länder bedeutsam hervor, und mehr und mehr zeigt sich dem weiter Blickenden, was im künftigen Jahrhundert Ost-Asien werden kann, wenn einmal der gewaltige Kolofs Chinas, ähnlich wie bereits Japan, sich aufrafft, seine starre Abgeschlossenheit gegen europäische Kultur aufgibt und mit seinem ungeheuren Kapital an Arbeitskraft wie an Fleifs und praktischem Verstand unter voller Benutzung der natürlichen Schätze seines Gebietes einzutreten beginnt in den allgemeinen wirtschaftlichen Wettbewerb der Völker der Erde. Da heifst es, auf dem Posten zu sein mit offenem, rührigem Sinn, mit freiem weitem Blick. Hierzu aber müssen immer wieder gute und klare Vorstellungen von den Verhältnissen der verschiedenen Teile der Erdoberfläche ein wichtiges Grunderfordernis sein.

Es handelte sich hier bisher wesentlich um den Wert des blofsen erd- und länderkundlichen Thatsachen-Wissens an sich. In aller Bildung ist ein gewisses Mafs sicherer thatsächlicher Kenntnisse eine unerläfsliche Vorbedingung, die notwendige Grundlage, auf der alles andere sich erst aufbauen kann. Stets ist es ein schwerer Kampf, wenn es gilt, gegen altüberlieferte, weit verbreitete und teilweise sehr eingewurzelte Vorurteile zu streiten. Wer aber unbefangen alles erwägt und imstande ist, gleichsam von freier Höhe mit weitem Ausblick die grofsen Fragen unseres höheren Bildungswesens im Zusammenhang mit den gesamten Verhältnissen und Bedürfnissen der Zeit zu überschauen, wird zugeben müssen, dafs, wie heut die Dinge liegen, ein auf klare Erfassung der kartographischen Grundzüge gestütztes und, soweit thunlich, durch die Anschauung geeigneter Abbildungen belebtes tüchtiges Wissen von den verschiedenen Erdräumen, ihrer Naturbeschaffenheit, ihren Bewohnern u. s. w. für die Gesamtheit der höher gebildeten Gesellschaftsklassen sehr von Wert sein mufs. Dann aber kann schon aus diesem Grunde der geographische Unterricht, der dieses Wissen zu vermitteln hat, nicht als ein blofs nebensächliches und wenig austragendes, sondern mufs vielmehr als ein für die Allgemeinbildung, wie sie heut not thut, entschieden wesentliches Stück des Gesamtunterrichts unserer höheren Schulen erscheinen. Dann ergiebt sich

auch schon daraus von selbst zugleich die Folgerung, dafs es nicht im Interesse dieser Allgemeinbildung gelegen sein kann, den Geographie-Unterricht so einzuengen und von jeder selbständigen Fortführung auf der Stufe auszuschliefsen, auf der er gerade am reichsten seine nutzbringende Wirkung zu entfalten imstande ist.

II.

Aber der Wert jenes erd- und länderkundlichen Thatsachen-Wissens an sich ist nur erst eine Seite der Sache. Der geographische Unterricht vermag, wenn in richtiger Weise von tüchtig sachkundigen Lehrern erteilt, auch in sehr hervorragendem Mafse einen speziell geistbildenden Wert zu entfalten. Fern sei es, behaupten zu wollen, dafs er dies heut schon überall oder auch nur in der überwiegenden Mehrzahl der Fälle wirklich in erheblicher Weise thut. Aber es ist hier nicht zu untersuchen, wie sich der Betrieb und die Ergebnisse zur Zeit da und dort thatsächlich gestalten, wo dieser Unterricht, wie noch so oft, in der Hand von dafür garnicht vorgebildeten Kräften liegt, sondern hier kommt es nur darauf an, was derselbe an sich in fachmännisch geeigneten Händen und bei rationellem, sachgemäfsem Betriebe zu leisten imstande ist.

Diese Fähigkeit des geographischen Unterrichts, in hohem Grade auch speziell geistbildend, das Denken lebhaft anregend und reich befruchtend zu wirken, beruht vornehmlich in der Einführung in allerlei innere ursächliche Zusammenhänge der thatsächlichen Erscheinungen. Es handelt sich dabei ganz und garnicht darum, in unzeitiger Weise akademische Wissenschaft in den Schulunterricht hineinzutragen und dadurch die Erfüllung der Hauptaufgabe der Schule, die Grundlegung der Elemente, im geringsten zu beeinträchtigen. Es handelt sich auch nicht darum, den Unterricht irgendwie stärker zu belasten. Vielmehr wird, wenn bei der Behandlung der einzelnen Gegenstände immer das Bestreben waltet, durch Einführung in allerlei innere Beziehungen des einen zum andern die Auffassung zu durchgeistigen und — soweit es nach dem Standpunkt und der Fassungskraft der betreffenden Stufe thunlich ist — zu allerlei Erkenntnis ursächlicher Zusammenhänge zu leiten, die Aufnahme des zu behandelnden Thatsachenmaterials nicht nur nicht beeinträchtigt oder zur Seite gedrängt, sondern im Gegenteil sehr gefördert. Denn was den Schülern in allerlei ihnen gut verständlichen inneren Verknüpfungen entgegentritt, wird ihnen dadurch sofort weit interessanter und, weil verstandesgemäfs aufgefafst, von ihnen weit leichter und besser behalten, ohne viel Mühe des Einprägens. Vor allem aber wird die ganze Behandlung so auch viel belehrender, viel mehr das Denken weckend, die Phantasie reich erfüllend.

Und eine derartige Behandlung ist nicht etwa erst in den obersten Klassen möglich, sondern eine Menge von solchen Dingen kann, natürlich mit der dort gebotenen Beschränkung, schon in den untersten Klassen der höheren Schulen vollkommen verständlich gemacht werden; und es ist das von doppelter Bedeutung für den Unterricht dieser Stufe, auf der sonst so viel Stoff rein gedächtnismäfsig aufzunehmen ist. Aber selbstverständlich kann diese Einführung in innere Zusammenhänge auf den folgenden Stufen mit der wachsenden Fassungskraft der Schüler und der Erweiterung ihres sonstigen Wissens in immer zunehmender Ausdehnung und Vertiefung Platz greifen und sich weitaus am meisten und fruchtbringendsten auf der Oberstufe entwickeln, wo nun eine Menge von Kenntnissen und Einsichten, die inzwischen in den mathematisch-naturwissenschaftlichen Fächern wie auch im Geschichtsunterricht gewonnen sind, aufs lehrreichste für den geographischen Unterricht mit nutzbar gemacht und für geographische Einsichten verwertet werden können.

Eine Anzahl von Beispielen, die freilich an dieser Stelle nur ganz kurz andeutend gegeben werden können, möge dazu dienen, dies etwas näher zu erläutern. Zu leichterer Übersicht gliedere ich dieselben allgemein nach den sachlichen Gebieten A. der mathematischen, B. der allgemeinen physischen Erdkunde und C. der Länderkunde.

A. Auf dem Gebiete der mathematischen Erdkunde lassen sich z. B. selbst verständlich schon auf der Unterstufe der höheren Lehranstalten die Schüler leicht zu der Erkenntnis bringen, wie die verschiedene Wärme der einzelnen Jahreszeiten bei uns vor allem bedingt ist durch a) die verschiedene Dauer der Tageslänge (d. h. des Standes der Sonne über dem Horizont), b) die verschiedene dabei erreichte Höhe des mittäglichen Sonnenstandes. Hieran anknüpfend wird dann leicht auch weiter verständlich, wie in anderen Erdgegenden, wo Tageslänge und Höhe des mittäglichen Sonnenstandes zwischen anderen Grenzen schwanken, auch die davon abhängigen Erwärmungsverhältnisse entsprechend andere sein müssen u. s. w. Später läfst sich als nächste Vertiefung des Verständnisses dieser Dinge mittels weniger einfacher Linien an der Wandtafel deutlich machen, warum bei höherem Stande der Sonne (also geringerer Länge des Weges ihrer Strahlen durch die Lufthülle der Erde und geringerer Gröfse des von einem bestimmten Strahlenbündel auf ebener Erdoberfläche beschienenen Raumes) die Wirkung der Sonnenstrahlen eine so viel gröfsere ist als bei tieferem. Auf höheren Stufen aber kann dann mit Hülfe geeigneter Apparate, mit denen jede höhere Lehranstalt für solche Zwecke gehörig ausgiebig versehen sein sollte[1]), auch eine völlige Einsicht eröffnet werden, wie diese jahreszeitlich

---

[1]) Nach zahlreichen gelegentlichen Mitteilungen aus sehr verschiedenen Gegenden st es zur Zeit in dieser Hinsicht oft noch schwach bestellt, und es ist das ein Punkt, der sehr die Aufmerksamkeit der höheren Schulaufsichtsbehörden verdiente. Dafs die Grundzüge der astronomisch-geographischen Erscheinungen den Schülern

wechselnde Gröfse der Tagbogen und der Höhe des Mittags-Sonnenstandes sowie deren verschiedenes Verhalten in den verschiedenen Erdzonen zustande kommt u. s. w. Oder selbst darein kann (am besten mit Hülfe mehrerer verschieden grofser Bruchstücke eines möglichst mit Bildern bemalten und hinreichend grofsen hohlen Gummiballes, die man nun eben auf der Tischplatte auszubreiten versucht) schon in den untersten Klassen die erste Einsicht eröffnet werden, dafs Stücke einer Kugeloberfläche nie ganz ohne Störungen in der Ebene darstellbar, aber die dabei unvermeidlichen Störungen stets um so kleiner sind, je kleiner das darzustellende Gebiet ist; dafs die verschiedenen im Schulatlas vertretenen Kartennetze den Zweck haben, den verschiedenen Darstellungsaufgaben möglichst vorteilhaft gerecht zu werden, dafs mit dem Netze selbstverständlich stets auch das Bild sich entsprechend ändern muss, und wenn man Anlafs hat, eine Erdkarte in Mercator's Projektion zu benutzen, wie es kommt, dafs da das Gröfsenverhältnis der Länder höherer geographischer Breiten im Vergleich zu demjenigen niederer Breiten so ganz anders erscheint als auf dem Globus. Auf höherer Stufe aber, nachdem inzwischen der mathematische Unterricht genügend vorgeschritten, wird dann auch in das Verständnis der einzelnen im Atlas vorkommenden Kartenprojektionen nach ihren allgemeinen Grundlagen, ihrem Zustandekommen und ihren Folgen einige nähere Einführung zu geben sein.

Ebenso können die Schüler bereits in den untersten Klassen dazu geführt werden, über die scheinbare Drehung des Fixsternhimmels und das Verhalten von Sonne und Mond im Vergleich zu demselben eine Reihe eigener Beobachtungen zu machen und daraus in der unterrichtlichen Durchsprechung der letzteren allerlei erste Schlufsfolgerungen zu gewinnen, um dann auf späterer Stufe bei immer weiterem Eindringen in die Sache auch zu den Gründen geleitet zu werden, aus denen sich die wirklichen Bewegungen der Himmelskörper ergeben, erkennen zu lernen, woher wir wissen dafs die Erde sich um die Sonne bewegt, dafs die Sonne dabei nicht immer gleich weit von uns entfernt ist, dafs die Erdachse unter dem bekannten Winkel gegen die Ekliptik geneigt ist und sich stets parallel bleibt; dass der Mond sich dabei um die Erde dreht und die Ebene der Mondbahn diejenige der Erdbahn in bestimmtem Winkel schneidet, ja selbst, wie es zu den Unregelmäfsigkeiten des scheinbaren Laufes der Planeten kommt u. s. w.

Überhaupt ist ja die astronomische Geographie, wie bereits mannigfach von anderen dargelegt worden ist, wenn man nur nicht einfach dogmatisch lediglich die Ergebnisse vorträgt, sondern soviel immer möglich den Gegenstand entwickelnd behandelt und thunlichst an eigene Wahrnehmungen der Schüler anknüpft, jedenfalls stets von den thatsächlich zu beobachtenden Erscheinungen ausgeht, dann in richtiger Besprechung der letzteren zu den nächsten Schlüssen und durch Kombination derselben mit anderen Erscheinungen zu immer neuen Schlufsfolgerungen und Einsichten führt, aufserordentlich geeignet, tief und mannigfach das Denken anzuregen und

---

mit Hülfe von guten Apparaten gehörig ausgiebig deutlich gemacht werden, ist so wichtig, dafs dem gegenüber der oft zu hörende Grund, es sei kein Geld da, unmöglich durchschlagen kann. Auf höheren Schulen mufs für solche Dinge das nötige Geld da sein bzw. geschafft werden können. Übrigens handelt es sich dabei durchaus nicht notwendig um beträchtliche Aufwendungen, und es stehen an diesen Anstalten überall Gelder zu mancherlei Zwecken zur Verfügung, von denen auch einmal hierfür etwas genommen werden kann. Doch nützen freilich auch die vollkommensten Apparate nur dann recht, wenn man sie auch gehörig zu handhaben weifs, und auch das ist ein Punkt, der weitere Beachtung verdient.

wahrhaft geistbildend zu wirken. Indem sie dergestalt Sinn und Verständnis für die ganze bezügliche Erscheinungswelt eröffnet, kann sie, ganz besonders etwa von Tertia ab bis zu den obersten Klassen hinauf, in den richtigen Händen zu einem der allerlehrreichsten und anziehendsten Unterrichtsgegenstände werden, der in hohem Mafse den Gesichtskreis weitet und mächtig die Gedanken erfüllt und erhebt[1]). Ich verweise für eine derartige Behandlung z. B. auf den sachlich wie methodisch vortrefflichen **Leitfaden für den Unterricht in der astronomischen Geographie** von W. Petzold (2. Auflage, Bielefeld u. Leipzig 1891; die dazu gehörigen „Fragen und Aufgaben mit Lösungen aus dem Gebiete der astronomischen Geographie", 2. Auflage, ebendaselbst 1895), der in dieser Hinsicht dem Lehrer eine sehr gute Handhabe zu geben geeignet ist.

B. Aus der **allgemeinen physischen Erdkunde** ist 1) schon für die **unterste Stufe** besonders reichlich Stoff zur Eröffnung von allerlei Einsicht in innere Zusammenhänge vorhanden. Auch hierbei mufs es sich immer zunächst und vornehmlich um das handeln, was, wenn auch in noch so kleinen Beispielen, der eigenen Beobachtung sämtlicher Schüler zugänglich ist, also hauptsächlich was im Gebiete des Schulortes selbst bis zu dem noch auf gröfseren Nachmittags-Spaziergängen des Lehrers mit den Schülern erreichbaren Umkreis wahrgenommen werden kann. Werden da die letzteren mittelst geeigneter Fragestellung und Anleitung des Lehrers planmäfsig dazu geführt, stets erst das Thatsächliche der bezüglichen Objekte und Erscheinungen recht zu beachten und das jeweils Wesentliche darin thunlichst zu erfassen, dann aber, soweit die Fassungskraft und der Standpunkt der betreffenden Stufe es gestatten, auch möglichst selbstfindend den ursächlichen Zusammenhängen dieser Dinge nachzugeben, und wird ferner auch bei der unterrichtlichen Behandlung des nicht in der Heimat selbst zu Beobachtenden immer wieder, wo irgend die Klarheit der Sache dadurch gefördert werden kann, an Heimatliches, selbst Wahrgenommenes angeknüpft, so wird dadurch den Schülern nicht nur dieser Kreis der heimatlichen Erscheinungen an sich reich belebt und durchgeistigt, sondern es wird so mit dem Verständnis der letzteren zugleich eine Fülle fruchtbringender allgemeiner Belebung gewonnen und

---

[1]) Diesen beträchtlichen lehrhaften Wert der mathematischen (astronomischen) Erdkunde und die Notwendigkeit, den Unterricht in derselben erst in den obersten Klassen zum Abschlufs zu bringen, haben offenbar auch die Urheber der preufsischen Lehrpläne von 1891 gewürdigt, indem sie ihm in Anknüpfung an die Mathematik bzw. Physik noch in Prima eine Stelle gaben. Nun ist ja gewifs nicht zu bestreiten, dafs von den derzeitigen Geographie-Lehrern wohl noch sehr viele wegen unzureichender Vorbildung gerade für diesen Teil der Erdkunde von Hause aus wenig imstande sein mögen, denselben auf höherer Stufe recht fruchtbringend zu behandeln. Indes an der Hand eines Leitfadens wie der von Petzold vermag sich auch jeder nicht mathematisch besonders Geschulte, wenn er will, ohne sonderliche Mühe einzuarbeiten. Bei jener Anknüpfung an den mathematischen bzw. physikalischen Unterricht dagegen erwächst für die mathematische Erdkunde, wenn sie dabei überhaupt genügend zur Geltung kommt und nicht etwa zu Gunsten der Mathematik bzw. Physik nur ganz nebensächlich ab und zu einmal mit herangezogen wird, sowie wenn der betreffende Mathematiker oder Physiker nicht zugleich eine geographische Schulung besitzt, doch sehr die Gefahr, dafs dabei zu sehr das rein Mathematische oder Mathematisch-Physikalische in den Vordergrund tritt und die speziell geographischen Gesichtspunkte und Anwendungen darüber zu sehr zurückgedrängt werden.

der Unterricht dergestalt auch nach dieser Seite hin in hohem Mafse ein wahrhaft bildender[1].

Derartige Stoffe sind z. B.: Betrachtung des **Niederschlages**. Was wird aus dem Regen, wenn er zur Erdoberfläche heruntergefallen ist, sowie dem Schmelzwasser des Schnees? **Verdunstung eines Teiles desselben** (vgl. z. B. das Trocknen der Strafsensteine nach dem Regen, ebenso des gewaschenen Zimmerfufsbodens, des mit Tinte Geschriebenen; ferner das Entweichen des Wassers aus der zum Trocknen aufgehängten Wäsche sowie aus einem eine Zeit lang offen hingestellten Gefäfs mit Wasser; das allmähliche Zusammenschwinden einer kleinen zum Versuch im Beginn der Unterrichtsstunde auf einer Tischplatte ausgegossenen und darauf mit dem Finger etwas dünner verteilten Wassermasse u. s. w.). — **Nachweis, dafs thatsächlich in der uns umgebenden Luft stets Wasser enthalten ist**: im Winter das sogenannte Beschlagen der aus der kalten Aufsenluft ins warme Klassenzimmer gebrachten Gegenstände, besonders der von Metall, Glas u. s. w., z. B. der Brille des eben von Hause oder doch aus der freien Luft kommenden Lehrers oder eines hierzu erst eine Weile draufsen vors Fenster gestellten trockenen Glases, wenn es nun plötzlich wieder ins Zimmer hereingenommen wird; ebenso der sogenannte Fensterschweifs; in warmer Sommerzeit aber das Beschlagen der Aufsenseite eines plötzlich mit recht kaltem Brunnenwasser gefüllten Glases u. s. w. Wo sind die Wasserteilchen hergekommen, die in allen diesen Fällen sich plötzlich aufsen an die kalten Gegenstände angesetzt haben? Sie können nur der umgebenden Luft entstammen. Man sah sie aber dort vorher nicht, folglich waren sie in unsichtbarem Zustande in der Luft enthalten (Wassergas). Was veranlafste sie, plötzlich diesen Zustand aufzugeben und sich in flüssigem Zustande an die Gegenstände anzusetzen; Das kann nur die von letzteren ausgegangene Abkühlung bewirkt haben; also Abkühlung ist nötig, um Wasser aus dem unsichtbaren, gasförmigen in den flüssigen Zustand überzuführen. Aber jene Wasserteilchen bleiben nicht dauernd an den betreffenden Gegenständen haften, sondern verschwinden auch ohne abgewischt zu werden nach einer Weile allmählich von selbst wieder ganz (Verdunstung, durch die allmähliche Erwärmung befördert).

---

[1] Sehr richtig betonen daher auch die neuen preufsischen Lehrpläne von 1891, dafs „behufs Gewinnung der ersten Vorstellungen auf dem Gebiete der physischen Erdkunde an die nächste örtliche Umgebung anzuknüpfen" sei „und daran die allgemeinen Begriffe möglichst verständlich gemacht" werden sollen. Es ist aber zu wünschen, dafs solche Anknüpfung an das Heimatliche und die möglichste unterrichtliche Ausnutzung dessen, was sich da nach den verschiedenen Seiten hin an Beispielen, Vergleichsobjekten u. s. w. bietet, sich nicht auf die Anfangsstufe des geographischen Unterrichts beschränke, sondern mit immer gröfserer Vertiefung durch alle Klassen fortsetze, wo irgend in einem Unterrichtsgegenstand dazu Anlafs ist. Wie reich und vielseitig selbst in einförmigeren Gegenden unseres Landes der Stoff ist, der aus dem Bereiche des in der Umgebung des Schulortes Wahrnehmbaren mehr oder minder für Unterrichtszwecke nutzbar gemacht werden kann, wie sehr es aber andererseits auch notwendig ist, dieses gesamte örtliche für solchen Zweck sich darbietende Material erst durch geeignete Kräfte gehörig zusammentragen und für die allgemeine Benutzung systematisch zurechtlegen zu lassen, darüber vgl. meine Abhandlung „Zur Beschaffung des heimatkundlichen Unterrichtsmaterials" in den von mir herausgegebenen „Beiträgen zur Methodik der Erdkunde als Wissenschaft wie als Unterrichtsgegenstand", Heft 1, Halle a. S. 1894, S. 46—156, wo zugleich zahlreiche Nachweise zu finden sind.

Ferner das **Eindringen eines Teiles des Niederschlagswassers** in den Boden Was wird aus diesem Teil? Was thun die Pflanzen in dieser Hinsicht und was wird aus dem von ihnen aufgenommenen Wasser? Was wird aus dem tiefer in den Boden einsickernden Wasser? Wesen des Grundwassers, Fortsickern desselben; Entstehung von Oasen in Wüstengegenden. Wozu gräbt man Brunnen? Entstehung der Quellen.

Sodann **oberflächliches Abfliefsen** eines Teiles des als Niederschlag gefallenen Wassers. Was wird aus diesem sowie dem in den Quellen hervortretenden Wasser? Wohin streben alle an der Erdoberfläche fliefsenden Bäche und Flüsse und warum thun sie das? (Wie mag es sich erklären, dafs in manchen Erdgegenden die Flüsse das Meer nicht erreichen?) Müssen die Meere nicht schliefslich überlaufen, da doch fortwährend so viele und mächtige Flüsse ihr Wasser in sie ergiefsen? Was mufs daraus geschlossen werden, dafs die Meere dies nicht thun?

Endlich was wird aus den ungeheuren Wassergasmengen, welche vor allem von den gewaltigen Meeresflächen fortwährend in die Luft emporsteigen? Wie kommen diese Wassergasmengen über die Landmassen hin und was ist nötig, um aus ihnen wieder Wolkenbildung und **Niederschlag** zu erzeugen? (Was sind Wolken?) Wie kommt es, dafs Gebirge stets niederschlagsreicher sind als die niedrigeren Lande an ihrem Fufse? Müfste übrigens der Niederschlag, wenn sein Wasser wirklich überwiegend aus dem Meere stammen soll, nicht in solchem Falle salzig sein? Was folgt daraus, dafs er das nicht ist? (Beobachtungen an einer Salzlösung, die man vor den Augen der Schüler eingerührt hat und dann in einem flachen Gefäfse zur Verdunstung hinstellt. Folgerungen hieraus für die Entstehung der Salzigkeit abflufsloser Seen in Trockengebieten.)

Welche Bedeutung wird ferner, im ganzen überschaut, dieser sogenannte Kreislauf des Wassers für das **organische Leben** der Landmassen haben müssen? Welche Bedeutung mufs insbesondere die **Menge, Form und Verteilung der Niederschläge** für die verschiedenen Erdräume, ihr wildes Pflanzenleben und ihre Möglichkeit menschlichen Anbaues von Nutzpflanzen haben? Welches müssen die Folgen sein, wenn in manchen Erdgegenden gar zu selten und zu wenig Niederschlag fällt? (Versuch an Blumentöpfen mit Pflanzen, die man zu wenig oder garnicht begiefst.) Wodurch werden aber selbst in Wüsten fruchtbare Stellen entstehen können? Wie wird man wohl in Gegenden, welche zwar infolge zu grofser Niederschlagsarmut u. s. w. von Natur dürr sein müssen, aber Brunnen oder dergl. oder auch nur Flufs in der Nähe haben, künstlich Fruchtbarkeit schaffen können? Wo wird demnach in solchen an grofsem Regenmangel leidenden Erdräumen allein ein sefshaftes Menschenleben stattfinden können u. s. w.?

Wie verhalten sich bei uns die Niederschläge zu den **Winden**? Welche Windrichtungen pflegen uns helles Wetter zu bringen, welche mehr oder minder Bewölkung des Himmels und häufig Niederschlag? Was mag das für Gründe haben? Wie stellt sich bei hellem Wetter die **Lufttemperatur** im Sommer, im Winter? Wie bei bedecktem Himmel, und warum wohl das alles? Wie wird sich demnach wohl in solchen Erdgegenden, welche das ganze Jahr hindurch wenig oder viel Bewölkung haben, der Gegensatz der Temperatur in der kalten und in der warmen Jahreszeit stellen?

Wie zeigt sich bei uns der **Einflufs der Jahreszeiten auf die Pflanzenwelt**? Warum ruht bei uns das Pflanzenleben im Winter? Wie wird sich dasselbe wohl in solchen Erdgegenden verhalten, wo die Jahreszeit der kürzesten Tage und niedrigsten Sonnenstände nicht mehr Frost bringt? Welchen Einflufs mufs dies zugleich auf die Ernährungsverhältnisse der Menschen haben?

Sodann aus dem Bereich der Vorgänge, welche fortwährend an der Schaffung von Veränderungen der Erdoberfläche thätig sind, z. B. die **Arbeit der Bäche und Flüsse**. Was kann man, wenn ein kräftiger sommerlicher Platzregen herniedergegangen ist, an solchen Stellen beobachten, wo das schnell zu kleinen Rinnsalen gesammelte Wasser mit etwas lebhafterem Gefälle in losem Erdreich herabgeflossen ist? Wie wird es nach solchen Wahrnehmungen sich erklären, dafs wir die Bäche und Flüsse sämtlich in mehr oder minder stark in die Umgebung eingetieften Rinnen fliefsen sehen? Was wird aber wohl der Grund sein, dafs der Betrag dieser Einschneidung bei uns im Tieflande meist nur gering, in den bergigen Ländern und vollends in höheren Gebirgen so viel gröfser ist? Was würde wohl in solcher Hinsicht auch bei uns im Tieflande geschehen, wenn z. B. der Spiegel unserer Meere um ein Beträchtliches sänke u. s. w.? Was ergiebt sich aus alle dem für die Hauptursache der Entstehung der Thäler an der Erdoberfläche?

Wo ist ferner das Erdreich geblieben, das im oben erwähnten Falle da, wo wir nach dem Regen die Einrisse im losen Erdreich bemerkten, weggenommen sein mufs? Wodurch entsteht die Wassertrübung, die wir bei den Hochwassern unserer Bäche und Flüsse häufig bemerken? Versuch mit einer Flasche voll solchen getrübten Wassers, die man dann an einem ruhigen Platz einige Tage hinstellt. Beobachtungen am Grunde irgend eines etwas lebhafter fliefsenden Baches über Fortschiebung von Erdteilchen u. s. w. auf dem Grunde. Was wird aus allen diesen vom Wasser mitgeführten sogenannten **Sinkstoffen**? Beobachtung des schmutzigen Überzuges an den Gräsern von durch Hochwasser eines Baches oder Flusses überschwemmt gewesenen Wiesen, wenn das Wasser sich wieder verlaufen hat (und noch nicht durch Regen dieser Überzug wieder abgespült worden ist). Beobachtungen am Fufse der oben erwähnten Regenrisse da, wo das Gefälle plötzlich ganz gering wird oder aufhört; ebenso am Einflufs eines Baches in einen Teich u. s. w. Verallgemeinerung: Absetzung von Schwemmlanden an der Mündung von Flüssen in Seen oder flache Meeresteile, allmähliche Ausfüllung von Seen u. s. w.

Diese Beispiele müssen hier genügen. Es galt hier vor allem, ein wenig zu zeigen, welche Fülle einschlägiger höchst lehrreicher Gegenstände man dergestalt, immer thunlichst an eigene Beobachtungen der Schüler anknüpfend, in elementarster Weise schon auf der Unterstufe der höheren Schulen behandeln kann, um später 2) auf **höherer Stufe** unter entsprechender Erweiterung und Vertiefung der ganzen Betrachtung diese Dinge aufs neue vorzunehmen und vieles andere hinzuzufügen. So z. B. über Entstehung von **See- und Kontinental-Klima**; Entstehung der **Zenithalregen**; einiges über Entstehung und Bewegung der **Gletscher** nebst der Entstehung der „Eisberge" der polaren Meere; Abhängigkeit der **Winde** von der Verteilung des Luftdruckes, besonders von der Lage seiner Maxima und Minima u. s. w. Ferner Entstehung der geographisch wichtigsten Arten von **Seen**; **Verwitterung und Abtrag** in ihrer Bedeutung für die Gestaltung des Reliefs der Bodenerhebungen; einiges über die Entstehung der **Falten- wie der Horstgebirge**; Entstehung der hauptsächlichen Arten von **Inseln** und Einflufs dieser verschiedenen Entstehungsweisen auf die Zusammensetzung des organischen Lebens, besonders der Tierwelt der Inseln und dergl. mehr. Der gesamte Stoff, der aus diesem Zweige der Erdkunde sich auf der **Mittel-** und natürlich am meisten auf der **Oberstufe** in fruchtbringender Weise für den Unterricht verwerten läfst, ist ein beträchtlicher. Ich verweise in solcher Hinsicht z. B. auf die bei kürzester Fassung sehr inhaltreichen bezüglichen Abschnitte in A. Kirchhoff's Schulgeographie (13. Aufl., Halle a. S. 1893, S. 37—43 und 243-262) bzw. in desselben nach den preufsischen

Lehrplänen von 1891 bearbeiteter Erdkunde für Schulen, II. Teil (3. Aufl., Halle a S. 1895, S. 85—92 und 280—302).

C. Was endlich die **Länderkunde** betrifft, so lassen sich selbstverständlich bereits 1) auf der **Unterstufe** z. B. aus der geographischen Breitenlage der verschiedenen zu behandelnden Erdräume (sowohl an sich als im Vergleich mit der geographischen Breite der Heimat) sofort allerlei Schlüsse auf die entsprechenden Temperaturverhältnisse entnehmen. Ebenso können schon auf dieser Stufe die Schüler unschwer zum Nachdenken darüber gebracht werden, durch welche nächsten Ursachen denn wohl die Flufsarmut und das eigentümliche Verhalten der Flüsse solcher Erdgegenden wie z B. des mittelasiatischen und nordafrikanischen Steppen- und Wüstengürtels oder des gröfsten Teiles von Deutsch-Südwestafrika, Australien u. s w. bedingt sein mag, und es gewinnen jene thatsächlichen Erscheinungen sofort Licht und Klarheit, tieferes Interesse und wirklich lebrhaften, geistbildenden Wert, sobald sie durch die Beziehung auf Niederschlagsarmut des betreffenden Gebiete sowie ungünstige Niederschlagsform, starke Verdunstung u. s. w. in einen den Schülern verständlichen ursächlichen Zusammenhang treten. Auch kann bereits da zugleich vollkommen begreiflich gemacht werden, wie sich dabei indes die grofsen Ströme, welche einen beträchtlichen Teil ihrer oberen Zuflufsgebiete in regenreichen Gegenden haben und dort bedeutende Wassermassen sammeln, nachher auch beim Durchziehen der niederschlagsarmen Gebiete wesentlich anders als die übrigen Flüsse derselben verhalten müssen u. s. w.

Aus der Regenarmut solcher Gebiete aber ergeben sich dann leicht Folgerungen für die Beschaffenheit ihrer Vegetation, die entsprechende Armut ihres Tierlebens und den Einfluss aller dieser Verhältnisse auf die Gestaltung und Verteilung ihres Menschenlebens. Oder aber man kann auch, indem man von der Thatsache der Vegetationsarmut derartiger Erdgegenden ausgeht und nun die Frage nach der Ursache derselben aufwirft, den Schlufs auf Niederschlagsarmut dieser Gegenden gewinnen, oder in gleicher Weise für die Thatsache der sehr verschiedenen Bevölkerungsdichte der einzelnen Teile solcher Gebiete wie z. B. die ganze Südhälfte Asiens, Nord-Afrika, die Pyrenäische Halbinsel u. a. die Hauptursache in ihrer sehr verschiedenen Befeuchtung durch Niederschlag oder anderweitige, sei es von der Natur selbst dargebotene, sei es erst durch menschliche Einwirkung künstlich ins Werk gesetzte Bewässerung finden u. s. w.

Selbst die Ursachen der Regenarmut lassen sich wenigstens in einer Reihe von Fällen schon auf der Unterstufe den Schülern verständlich machen, wenn es sich nämlich um solche Landgebiete, besonders Hochflächen handelt, welche allseitig oder doch auf allen für regenbringende Winde wesentlich in Betracht kommenden Seiten mehr oder minder hoch und dicht von Randgebirgen umschlossen sind. Woher es kommt, dafs z. B. der gröfste Teil des Innern Kleinasiens und Irans, das Innere Ost-Turkestans und der Mongolei, die Hochflächen Tibets oder im westlichen Hochlande der Vereinigten Staaten von Nord-Amerika das sogenannte Grofse Becken u. s. w. abseits der von Flüssen durchtränkten Striche mit Steppen und Wüsten erfüllt sind, wird auf solche Weise eben so einfach klar, wie anderseits, dafs die Möglichkeit einer so dichten Bevölkerung, wie sie in schroffstem Gegensatz zu jenen vorgenannten Erdräumen z. B. das eigentliche China, der gröfste Teil Vorder-Indiens oder das östliche Drittel der Vereinigten Staaten u. s. w. aufweist, im höchsten Mafse von der grofsen, einen aufserordentlich ergiebigen Ackerbau gestattenden sommerlichen Regenfülle dieser letzteren Gebiete abhängig ist.

So ergeben sich allerlei höchst lehrreiche Ketten tieferer Zusammenhänge. Wie wertvoll es aber sein mufs, wenn die Schüler dergestalt auch in der länderkundlichen Einzelbetrachtung von Anfang an dazu gebracht werden, je nach dem Mafse ihrer geistigen Fassungskraft da, wo der Stoff dazu geeignete Gelegenheit bietet, zugleich allerlei ursächliche Verknüpfungen der unterrichtlich zu behandelnden Thatsachen und Erscheinungen zu erkennen und festzuhalten, das bedarf wohl keiner weiteren Erörterung.

Ähnlich wird durch Hinweis auf die bezüglichen Regenverhältnisse schon auf der Unterstufe unschwer verständlich, warum Europa zwar in einigen Teilen Steppen, dagegen (abgesehen natürlich von den höchsten Teilen unserer Hochgebirge) Wüsten nicht hat; oder aus der gröfseren Niederschlagsmenge und den Schneeschmelzverhältnissen der Gebirge, welchen Einflufs es auf den sommerlichen Stand z. B. unserer deutschen Flüsse haben mufs, ob und in welchem Mafse dieselben ihre Sammelgebiete bis ins Hochgebirgsland oder nur in Mittelgebirge erstrecken oder ob sie wesentlich nur aus dem Flachland Wasser erhalten u. s. w. Ebenso läfst sich schon da den Schülern einige Einsicht darüber eröffnen, warum wohl der Winter bei uns weniger kalt ist als in gleicher geographischer Breite (also bei denselben Verhältnissen der Tagesdauer und der Höhe des Sonnenstandes) in Rufsland; oder, um anderes zu berühren, welches die Bedeutung der Elb- und Weser-Mündung für unsere Seeschiffahrt und unsern Seehandel und welches demnach die Bedeutung Hamburgs und Bremens ist; ferner wodurch der neue Kaiser-Wilhelm-Kanal von so grofser Wichtigkeit sein bzw. werden mufs; wie es kommen mag, dafs in einzelnen bestimmten Teilen Deutschlands die Volksdichte sowie die Zahl namhafterer Städte so verhältnismäfsig gering, in anderen so viel gröfser ist, dafs durch die ganze Jütische Halbinsel alle namhafteren Städte auf der Ostseite liegen u. s. w.

Ebenso Bedeutung des Kanals von Suez. — Betrachtung der Folgen, welche sich aus der gewaltigen meridionalen Erstreckung des Nil (durch 35 Breitengrade) ergeben; Bedeutung seiner grofsen äquatorialen Seen sowie der Zenithalregen der Südhälfte seines Gebietes für die Wasserführung seines nebenflufslosen nördlichen Teiles; Grund dieses Nebenflufsmangels des letzteren; Bedeutung der Hochwasser des Nil für Ägypten und Eigenart des letzteren als einer Flufs-Oasenlandschaft in der Wüste. — Bedeutung des Kamels für Nord-Afrika wie Vorder-Asien u. s. w.

Bedeutung des Mississippi und seiner schiffbaren Nebenflüsse für die Vereinigten Staaten von Nord-Amerika. Wie mag es kommen, dafs für Brasilien nicht das gewaltige Amazonenstrom-System mit seiner unvergleichlichen Schiffbarkeit von ganz ähnlich grofsem Nutzen ist? Bedeutung von Neu-Orleans, San Francisco, Buenos Aires u. s. w. — Durch welche Ursachen mag es wohl bedingt sein, dafs Australien mit Ausschlufs seiner östlichen und südöstlichen Randgebiete im ganzen so äufserst dünn bevölkert, sowie dafs heut sein Hauptausfuhrgegenstand die Schafwolle ist? — Bedeutung Kalkuttas, der Strafse von Malaka und des Hafens von Singapore, Kantons, Schanghais u. a. Wie mag es kommen, dafs Japan (mit Ausschlufs von Jesso) so aufserordentlich dicht bevölkert ist? u. s. w.

Mufs solche Einführung in ursächliche Zusammenhänge sich natürlich auf der Unterstufe in jeder Hinsicht mit einer Auswahl des Einfachsten und leichtest Verständlichen begnügen[1]), so kann sie selbstverständlich 2) auf der Mittel- und

---

[1]) Es giebt vielfach in einer und derselben Sache sehr verschiedene Grade der Einführung in ursächliche Zusammenhänge der geographischen Thatsachen und Erscheinungen.

ganz besonders auf der **Oberstufe** auch hinsichtlich der Länderkunde in immer ausgiebigerem Mafse zur Geltung kommen. Es würde unmöglich sein, hier von der ganzen Fülle geistiger Anregung und wahrhaft fruchtbringender Belehrung, die auf solche Weise der geographische Unterricht dieser Stufen in der Hand gehörig sachkundiger und geschickter Lehrer unter der Voraussetzung hinreichenden äufseren Spielraumes den Schülern zu vermitteln imstande ist, eine vollständige Vorstellung zu geben. Ich verweise auch dafür vor allem auf die betreffenden Teile von Kirchhoff's Schulgeographie bzw. seiner Erdkunde für Schulen, welche überall das Bestreben zeigen, unter thunlichster Beschränkung des äufseren Lernstoffes die Behandlung des Gegenstandes nach Möglichkeit zu durchgeistigen und zu tieferer, stets auf das Grofse und wirklich Wesentliche gerichteter Erfassung der Sache anzuleiten. Nur eine Anzahl möglichst mannigfaltiger Beispiele aus den verschiedenen Gebieten sei zu einigem Beleg hier noch mit angeführt, wobei ich indes nicht weiter zwischen dem für Mittel- und dem für Oberklassen Geeigneten unterscheide.

So kann man, wenn es sich z. B. um die Gründe der Wüstennatur der Sahara handelt, sich a) damit begnügen, auf die Thatsache der grofsen Regenarmut derselben zurückzugehen. Sie ist die alles Übrige beherrschende nächste und schlechterdings entscheidende Ursache; mit ihr ist die Wüstennatur erklärt und für die Betrachtung der Unterstufe mufs das nicht nur vollständig genügen, sondern es würde ein weiteres Eindringen dort auch entschieden nicht angängig sein.

b) Auf einer höheren Stufe mufs sich dagegen die weitere Frage ergeben, wie es denn dort zu so grofser Regenarmut kommen kann, da doch im Norden die immerhin beträchtliche Fläche des Mittelländischen Meeres, vor allem aber im Westen der ungeheure Atlantische Ozean vorgelagert ist und von beiden, zumal bei der jenen geographischen Breiten entsprechenden Meeresoberflächen-Temperatur, zweifellos fortwährend gewaltige Wassergasmengen in die Höhe steigen müssen. In Europa sehen wir, wenn wir bezügliche Niederschlagsmengenkarten betrachten, überall (aufser wo darin, vor allem in Spanien, auf der Leeseite von Randgebirgen Abänderungen eintreten) die Nähe des Atlantischen Ozeans durch gröfseren Niederschlagsreichtum bezeichnet; in der Sahara erstreckt sich bis unmittelbar an denselben Ozean heran volle Wüste. Es bedarf indes nicht vieler Mühe um einzusehen, dafs zur Niederschlagsbildung nicht blofs an sich die Nähe entsprechender Wassergasmengen in der Luft gehört, sondern auch unerläfslich ist, dafs diese Wassergasmengen in hinreichendem Mafse über das betreffende Land hin geführt und hierbei so abgekühlt werden, dafs es daselbst zu genügender Verdichtung derselben und zur Ausscheidung von Niederschlag kommt. Somit ergiebt sich die doppelte Möglichkeit, dafs entweder die in jenen Gebieten vorherrschenden Windrichtungen feuchtigkeitsreichere Luftmassen überhaupt nicht in erheblichem Betrage über die Sahara hin gelangen lassen oder aber die wirklich dorthin gelangten daselbst in der Regel nicht zu entsprechender Verdichtung ihres Wassergehaltes veranlafst werden. Dafs die Luft über der Sahara keineswegs ohne Wassergehalt ist, beweist die oft sehr starke nächtliche Taubildung, und von verschiedenen hohen Gebirgslandschaften innerhalb der Sahara ist bekannt, dafs sie wenigstens während einer Zeit des Jahres einen durchaus nicht ganz geringfügigen Regenfall haben. Es fragt sich also: 1. Welches sind, soweit bekannt, die im Gebiete der Sahara bzw. ihrer nächsten Umgebung vorherrschenden Windrichtungen? (Auskunft hierüber geben die in den besten unserer neueren Atlanten für höhere Lehrstufen enthaltenen Karten der durchschnittlichen Luftdrucks- und Windverteilung des Januar und des Juli.)

Zunächst sei hier im allgemeinen darauf hingewiesen, wie aufserordentlich viel zu solchem Behufe aus einer guten und zweckmäfsigen Verwertung der in den besten unserer neueren Atlanten für höhere Lehrstufen enthaltenen **Karten der Januar-, Juli- und Jahres-Isothermen,** der **Isobaren und vorherrschenden Winde,** ferner der **Niederschlagsmengen, Vegetationsverhältnisse** und **Verbreitung der wichtigsten Kulturpflanzen,** der **Verbreitung besonders charakteristischer Tiere,** endlich der **Völker-** und **Religions-** bzw. **Konfessionsverteilung** sowie der **Bevölkerungsdichteverhältnisse** gewonnen werden kann, zumal wenn zu solchen Karten auch die nötigen näheren Erläuterungen nicht fehlen, durch welche sich die ganze Fülle des Inhalts derselben und das gehörige Verständnis des letzteren einem gröfseren Kreise erst recht ausgiebig erschliefst[1]). Es gilt dann eben bei der Betrachtung der verschiedenen Erdräume immer, nicht blofs die bezüglichen auf solchen Karten verzeichneten Thatsachen an sich zu erfassen, sondern in geeigneten Fällen, soweit dies auf der Schule möglich ist, zugleich nach deren Gründen zu fragen, und in dieser Hinsicht bieten neben den **klimatologischen** und **Vegetations-** nicht am wenigsten auch gerade die **Volksdichtekarten** viel Stoff zum Nachdenken, da sich auf denselben jedesmal an zahlreichen Stellen die wichtige Frage ergiebt, welche natürlichen oder sonstigen Verhältnisse es wohl verursachen mögen,

2. Welche verschiedenen Umstände mögen wohl darauf einwirken, dafs selbst die vom Meere her wehenden Winde in der Sahara im allgemeinen so äufserst wenig Niederschlag bringen? Hier giebt es mancherlei, was unter richtiger Leitung sich den Schülern höherer Lehrstufen ganz wohl erschliefst, und wenn bei solcher Schulbetrachtung auch manches unberücksichtigt bezw. unerledigt bleiben mufs, so werden derartige Erörterungen doch stets höchst lehrreich, lebhaft zum Nachdenken anregend und für die allgemeine Geistesbildung der Schüler sehr gewinnbringend sein.

c) Endlich aber kann man, um noch mehr einzudringen, mit Hülfe der erwähnten Isobaren- und Windkarten auch mehr oder weniger in die wiederum weiter in der Tiefe liegende Frage eintreten, wie es denn vermöge der Verteilung des Luftdrucks über den betreffenden Teilen des Nordatlantischen Ozeans, dem Mittelländischen Meere und Nord-Afrika zu jenen für die Niederschlagsverhältnisse wie für das gesamte Klima der Sahara so wichtigen Windverhältnissen kommen mag u. s. w. Auch in derartige Dinge kann auf der obersten Stufe der höheren Schulen hier und da ein Einblick eröffnet werden; aber es mufs dabei natürlich erst recht gehörige Beschränkung und gute Auswahl des in die Erörterung zu Ziehenden stattfinden.

Ähnlich bei aller sonstigen unterrichtlichen Einführung in die tiefere Bedingtheit und innere Verknüpfung geographischer Verhältnisse, Thatsachen, Erscheinungen. Auf der **Unterstufe** hat dieselbe, wo sie dort stattfinden kann, sich in der Regel mit dem Wichtigsten und am leichtesten Verständlichen über die nächsten, unmittelbaren Ursachen zu begnügen, in den späteren Klassen aber je nach Lage der Verhältnisse immer weiter auszugreifen und tiefer in die Sache einzugehen, wie es eben in jedem einzelnen Falle dem Auffassungsvermögen der betreffenden Altersstufe, dem Zweck des Unterrichts und der zu Gebote stehenden Zeit entspricht.

[1]) Ich verweise in dieser Hinsicht auf die Erläuterungen, welche Prof. A. Kirchhoff im Textanhang der neueren Auflagen des Debes-Kirchhoff-Kropatscheck'schen Oberklassen-Atlasses zu den Klima- und Volksdichtekarten des letzteren gegeben hat. Ein Blick in diese sehr lehrreichen (auch gesondert käuflichen) Erläuterungen wird am besten zeigen, welchen unterrichtlichen Wert derartige Karten für höhere Lehrstufen haben, wenn man sie gehörig zu benutzen weifs.

dafs hier oder dort eine so dichte, anderwärts eine soviel weniger dichte Bevölkerung besteht u. s. w. Vielfältig ergiebt sich die Antwort auf die Frage nach den im einzelnen Falle beteiligten Ursachen schon mehr oder minder von selbst, wenn man diejenigen dieser verschiedenen Karten, welche dabei möglicherweise in Betracht kommen können, daraufhin untereinander und mit der orohydrographischen Karte des betreffenden Erdraumes sowie eventuell auch der Meeresströmungskarte u. s. w. vergleicht, und es ist immer besonders lehrreich, wenn dann durch richtige Anleitung und Fragestellung des Lehrers die Schüler dazu geführt werden können, mittels solches Vergleiches den Schlüssel selbst zu finden. Die Völker- und Sprachen- sowie die Konfessionskarten von Europa und von Mittel-Europa aber zeigen eine Menge von Thatsachen, welche ihre Erklärung in der Geschichte zu finden haben. Namentlich fordert die Karte der Konfessionsverteilung in Deutschland zu solcher Erklärung mittels des im Geschichtsunterricht gewonnenen Wissens förmlich heraus, und man würde sich einer wertvollen Gelegenheit, die Schüler zu tieferem Nachdenken und zum Verständnis der Gründe äufserer Thatsachen anzuleiten, begeben, wenn man dergleichen unbenutzt lassen wollte.

Im übrigen sei sodann von einzeln herausgegriffenen Beispielen, nach Ländern geordnet, noch Folgendes hier angeführt, von jedem gröfseren Gebiet nur einiges, lediglich um die Art dessen, um was es sich hier weiter alles handeln kann, thunlichst etwas näher zu bezeichnen[1]):

Europa. Gründe der aufserordentlichen klimatischen Begünstigung des nordwestlichen Europas vor allen anderen Erdgegenden derselben geographischen Breitenlage in Beziehung zum sogenannten Golfstrom, dem Vorherrschen westlicher Windrichtungen, der grofsenteils günstigen Öffnung des Landes gegen die letzteren u. s. w. Wie ist durch Lage, Horizontal- und Reliefgestaltung sowie die sonstige Naturbeschaffenheit unseres Erdteils die aufserordentliche Kulturentwickelung desselben wesentlich befördert worden und fortdauernd in hohem Mafse begünstigt? Welche geographischen Einflüsse oder geographisch bedingten Verhältnisse haben indes mit dazu beigetragen, dafs heut das Schwergewicht Europas nicht mehr wie ehedem in seinen Mittelmeergebieten liegt?

Mittel-Europa. Wodurch sind wir genötigt, für unser norddeutsches Flachland die ehemalige eiszeitliche Eisüberdeckung anzunehmen bzw. welches sind die Hauptbelege für letztere? Gründe der eigentümlichen deutschen Seenverteilung. Entstehung der Friesischen Inseln. Entstehung des Steilabfalles auf den böhmischen Seite des Erzgebirges und der warmen Quellen am Fufse desselben; ebenso des Elb-Thales durch das Elbsandstein-Gebirge sowie der eigentümlichen Formen des letzteren; Entstehung des Durchbruchsthales des Rheins (sowie der Lahn und Mosel) durch das Rheinische Schiefergebirge, der Maas durch die Ardennen, der Altmühl und Wörnitz durch den Jura u. s. w. Entstehung der Oberrheinischen Tiefebene u. dergl. mehr[2]).

---

[1]) Was in dem Vorgenannten bereits eingeschlossen ist, wird dabei gröfstenteils nicht mehr mit berührt.

[2]) Im Anschlufs an solche besonders lehrreiche und gut fafsliche Beispiele wie gerade die Oberrheinische Tiefebene wird man natürlich im Unterricht der höheren Lehrstufen auch einmal im allgemeinen darauf eingehen, wie das langsame Einsinken mehr oder minder ausgedehnter Schollen für die Schaffung der Grundzüge des heutigen Reliefs nicht blofs Mittel-Europas sondern der ganzen Erdoberfläche überhaupt von der allergröfsten Bedeutung gewesen und zweifellos auch fortwährend weiter an beständiger, wenn auch äufserst langsamer Umgestaltung derselben thätig ist.

Wie mag es kommen, dafs, abgesehen von Alt-Breisach und Kehl, die Rhein-Ufer auf der ganzen an 200 km langen Strecke abwärts von Basel bis Germersheim so auffällig von Städten gemieden werden? Durch welche geographischen Verhältnisse erklärt es sich, dafs seit den Zeiten der Römerherrschaft am Rhein trotz alles Wandels der geschichtlichen Entwickelung gerade Mainz stets von so grofser militärischer Bedeutung gewesen ist? Ebenso, dafs die Pfalz, Thüringen, die Halle-Leipziger Bucht in den Heereszügen Napoleons I. eine so wichtige Rolle gespielt haben? Bedeutung der Burgundischen Pforte (zwischen Wasgau und Schweizer Jura) u. s. w.

Wodurch ist es bedingt, dafs einzelne bestimmte Teile Deutschlands und Belgiens so aufserordentlich industriereich sind? Nähere Erörterung der geographischen bzw. geographisch bedingten Gründe, welche dazu beigetragen haben, dafs heut Hamburg schlechterdings und weitaus die erste Stelle unter allen Seeplätzen Deutschlands wie ganz Mittel-Europas einnimmt. Bedeutung der Lage von Königsberg, Danzig, Stettin, Lübeck; desgl. von Amsterdam, Rotterdam, Antwerpen; ebenso von Berlin, Frankfurt a. M., Prag, Wien u. s. w.

Skandinavien und Dänemark. Ursachen des eigentümlichen Verlaufes der Isothermen, besonders derjenigen des Januar, im westlichen Skandinavien, sowie des grofsen Unterschiedes der Niederschlagsmengen und auch aller sonstigen klimatischen Faktoren zwischen der Westabdachung Norwegens und dem ganzen Lande östlich der grofsen Fjelde bis zur Ostküste hin. Wie kommt es, dafs die Nähe der Ostsee nicht ähnlich das Klima mildernd und die Niederschläge vermehrend wirken kann wie diejenige der Nordsee und jenes Teiles des Atlantischen Ozeans?

Warum liegen wohl in Norwegen selbst in dem breiteren südlichen Teile sämtliche Städte mit Ausnahme einiger ganz kleiner an oder unmittelbar nahe der Meeresküste? Welche Verhältnisse der Landesnatur müssen darauf eingewirkt haben, bei den Norwegern eine so frühe und so hohe Entwickelung der Seefahrtstüchtigkeit sowie eine im Vergleich zur Bewohnerzahl so aufserordentliche Ausdehnung der Handelsflotte des Landes hervorzurufen? Bedeutung der dänischen Meeresstrafsen, besonders des Sundes. Bedeutung der Lage Stockholms, Kristianias, Gotenburgs, Kopenhagens, Drontheims u. dergl. mehr.

Britische Inseln. Gründe, aus denen sich ergiebt, dafs die Abtrennung der britischen Hauptinseln von dem Zusammenhange mit dem europäischen Festlande erst in ganz junger geologischer Vergangenheit erfolgt sein kann. Warum ist auch in Grofsbritannien die Westseite so viel niederschlagsreicher als die Ostseite? — Wie kommt es, dafs im mittleren und nördlichen Schottland alle nennenswerten Städte auf der Ostseite liegen? Warum ist Grofsbritannien so aufserordentlich industriereich? Welche geographischen Verhältnisse haben dazu beigetragen, den Britischen Inseln in der Gegenwart, sehr im Gegensatz zum Mittelalter, auf dem Gebiete des Handels und der Schiffahrt eine so unvergleichliche Weltstellung zu geben? Welche geographischen Verhältnisse haben darauf eingewirkt, gerade an der Stelle Londons den bedeutendsten Handelsplatz und die weitaus gröfste Stadt der Erde entstehen zu lassen? u. s. w.

Frankreich. Entstehung der eigentümlichen Bildungen an der Küste von Languedoc wie an derjenigen zwischen Gironde- und Adour-Mündung. Wie kommt es, dafs die bedeutendste Mittelmeer-Hafenstadt Frankreichs ganz abseits der Rhône-Mündungen und zwar ostwärts derselben liegt? Wie kommt es, dafs der Weinbau in Frankreich den äufsersten Nordweststreifen meidet, während er doch im Nordosten und dann in Deutschland zum Rhein hin zu wesentlich höherer Breite ansteigt? —

Wie erklärt es sich geographisch, dafs Frankreichs Ausbreitungsbestrebungen stets ganz vorwiegend nach seiner Nordostseite gerichtet gewesen sind? Auf welche natürlichen Grundlagen stützt es sich, dafs im allgemeinen in Frankreich der Norden so entschieden das Übergewicht hat und dort gerade Paris sich zur weitaus bedeutendsten Stadt des Landes entwickelte? Bedeutung der Lage von Hâvre, Nantes, Bordeaux. Warum kann Brest als Handelshafen niemals eine ähnliche Bedeutung wie die letzteren gewinnen? Bedeutung der Lage von Lyon Orléans, Toulouse u. s. w.

Pyrenäische Halbinsel. Einflufs der unterseeischen Barre der Strafse von Gibraltar auf die Temperaturverhältnisse der Tiefen wie der Oberfläche des Mittelländischen Meeres nebst den sich hieraus wiederum ergebenden klimatischen Folgen. Wie erklären sich die extremen Temperaturverhältnisse der Hochflächen im Innern der Halbinsel sowie der eigentümliche Verlauf der Agrumengrenze in der letzteren? Wie mag es kommen, dafs der Nord- und der Nordwestsaum der Halbinsel so regenreich sind, während die Mittelmeer-Küste derselben teilweise so erstaunlich wenig Niederschlag hat? Wie kommt es, dafs die Flüsse der Halbinsel, ganz im Gegensatz gegen diejenigen des benachbarten Frankreichs, fast sämtlich nicht auf gröfsere Strecken schiffbar sind, dafs aber gerade der Guadalquivir darin eine so erhebliche Ausnahme macht?

Bedeutung der starken Pyrenäen-Scheide für die geschichtliche Sonderentwickelung der Halbinsel. Wie ist wohl auf derselben die Herausbildung und Erhaltung eines gesonderten portugiesischen Volkes und Staates durch die Verhältnisse der Landesnatur gefördert worden? Wie ist es auch geographisch mit bedingt, dafs Spanien trotz seiner einstigen grofsen Macht nicht auf die Dauer eine führende Rolle in Europa behaupten konnte? Bedeutung des englischen Besitzes von Gibraltar. Bedeutung der Lage von Lissabon und Oporto. Wie mag es wohl kommen, dafs der Ebro und der Guadiana nicht ebenfalls in ihrer Mündung bzw. an ihrem untersten Lauf eine grofse Hafenstadt haben? Bedeutung der Lage von Madrid, Zaragoza u. s. w.

Italien. Entstehung der norditalienischen[1]) Ebene. Wie mag es kommen, dafs der Po-Lauf sich darin soviel näher an den Apenninen als an den Alpen befindet? Warum mufs die Wasserführung der Apenninen-Zuflüsse des Po im allgemeinen soviel kleiner sein als diejenige der von den Alpen kommenden? Entstehung der Liparischen, der Ägadischen Inseln. Wie mag es kommen, dafs die Isothermen in Italien und seiner Umgebung wie überhaupt im europäischen Mittelmeer-Gebiet im allgemeinen so ganz anders verlaufen als im übrigen Europa? Wie erklärt sich wohl der beträchtliche winterliche Temperaturunterschied der Po-Ebene gegenüber der Riviera und dem ganzen Halbinselteil Italiens?

Welche natürlichen Verhältnisse haben wesentlich dazu beigetragen, dafs in der geschichtlichen Entwickelung der italischen Halbinsel die tyrrhenische Seite stets über die adriatische das entschiedene Übergewicht gehabt hat? Wie ist durch die geographischen Verhältnisse im Altertum erst die Herrschaft Roms über Italien,

---

[1]) Die überlieferten und zur Zeit noch allenthalben zu findenden, aber durchaus widersinnigen Benennungen „Ober-" und „Unter-Italien" sollte man endlich ausmerzen. Sie widersprechen doch einfach dem gesunden Menschenverstande und können neben solchen wirklich sachgemäfsen Benennungen wie Ober- und Nieder-Deutschland, Ober- und Unter-Ägypten u. s. w. bei den Schülern nur Unklarheit, ja Verwirrung stiften, die dann erst wieder bekämpft werden mufs. Geht in solchen Dingen die Schule klar bewufst vor, dann verschwinden derartige widersinnige Namen allmählich auch aus dem Gebrauch des gewöhnlichen Lebens.

dann diejenige Italiens über sämtliche das Mittelmeer umgebenden Länder, im späteren Mittelalter die grofse Stellung Italiens in Bezug auf Handel, Verkehr u. s. w. aufserordentlich begünstigt worden? Wie kommt es, dafs Italien heut trotz derselben geographischen Verhältnisse nicht mehr eine ähnliche Vorherrschaft auf dem Gebiete des Handels haben kann?

Warum ist die Ostküste Norditaliens abgesehen von Venedig so äufserst städtearm? Welche geographischen Verhältnisse haben wesentlich dazu beigetragen, Venedig einst eine so grofse Macht und Blüte erlangen zu lassen? Könnte dasselbe wohl heut eine der damaligen ähnliche Bedeutung wiedererlangen und warum nicht? Bedeutung der Brennerstrafse für den Nordosten Italiens in alter und neuer Zeit. Durch welche geographischen Verhältnisse ist seinerzeit die grofse Machtentwickelung Genuas wesentlich mit bedingt worden? Wie mufste die Eröffnung der Gotthard-Bahn auf die gegenwärtige Bedeutung Genuas einwirken? Wie mag es kommen, dafs heut das wirtschaftliche Schwergewicht Italiens in seinem Norden liegt? Gründe der Bedeutung Brindisis. Bedeutung des englischen Besitzes von Malta u. dergl. mehr.

Balkan-Halbinsel. Entstehung der Dalmatischen und Jonischen Inseln sowie derjenigen des Ägäischen Meeres. Wie erklärt sich die Erscheinung der zahlreichen zu unterirdischen Laufstrecken versinkenden Flüsse in den Dinarischen Alpen? Ebenso der eigentümliche Verlauf der Grenze des Olivenbaues auf der Balkan-Halbinsel? — Wie erklärt sich geographisch die so frühzeitige und hohe Entwickelung der griechischen Schiffahrt im Altertum? Wie ist durch die Verhältnisse der Landesnatur die grofse staatliche Zersplitterung des alten Griechenlands wesentlich gefördert worden? Bedeutung des Bosporus und der Dardanellen-Strafse in alter und neuer Zeit. Wie kommt es, dafs gerade am Goldenen Horn eine so bedeutende Stadt erwuchs und diese Stelle durch alle geschichtlichen Wandelungen hindurch seit den Zeiten der griechischen Kolonisation stets ihre grofse Bedeutung bewahrt hat? Bedeutung der Lage von Adrianopel, Galatz, Belgrad, Saloniki. Wie mufs auf letzteres die Vollendung der serbisch-mazedonischen Bahn einwirken? Welchen Wert mufs die Beseitigung der Schiffahrtshemmnisse des Eisernen Thores für Österreich-Ungarn haben? Bedeutung des Rotenturm-Pafses. Bedeutung der Lage Fiumes mit Bezug auf seine Verbindung mit dem ungarischen Eisenbahnnetz. Durch welche Verhältnisse ist die Gröfse und Blüte Korinths im Altertum wesentlich bedingt gewesen? Bedeutung der Lage von Athen, Hermupolis u. s. w.

Ost-Europa. Wie erklärt sich der Verlauf und die Abstufung der Januar-Isothermen Ost-Europas sowie der grofse Gegensatz der Wintertemperatur an der Südostseite der Krim gegenüber derjenigen auf der Nordseite des Schwarzen und Asowschen Meeres? Ebenso, dafs die Schiffahrt auf und nach dem Weifsen Meer (Archangelsk) meist nur wenig über ein Drittel des Jahres zur Verfügung hat, während sie doch in erheblich höherer Breite an der Nordküste Skandinaviens bis zum Nordkap und ostwärts bis über den Varanger-Fjord hinaus den ganzen Winter hindurch frei ist? Ursachen der Steppenbildung des südlichen Rufslands. Wodurch erklärt sich der aufserordentliche Reichtum Rufslands an schiffbaren Wasserläufen?

Wie hat die Gestaltung des osteuropäischen Flachlandes und seiner Grenzen, besonders seine Öffnung nach Südosten, sein Abschlufs durch die Meere und die Kaukasusmauer im Süden, im Südwesten aber die Vorlagerung der Karpaten nebst den Flachlandverbindungen nördlich und südlich derselben auf die grofsen geschichtlichen Völkerzüge jener Gebiete eingewirkt? Warum hat Peter der Grofse trotz aller Schwierigkeiten an der Mündung der Newa die neue Hauptstadt Rufslands geschaffen und welches ist die dauernde Bedeutung dieser Lage St. Petersburgs? Bedeutung des Sundes und Grofsen Belts für Rufsland. Welche geographischen Gründe bringen es mit sich, dafs Rufsland stets nach der Beherrschung des Bosporus und der Dardanellen-Strafse streben wird, dafs aber z. B. Österreich-Ungarn diesen Bestrebungen niemals gleichgültig gegenüberstehen kann? Bedeutung der Lage von Odessa, Astrachan, Nischni-Nowgorod, Riga u. s. w.

Amerika. Welche Folgerungen ergeben sich wohl aus den grofsen Vulkanreihen an der Westseite Amerikas wie auch auf der Nord- und Westseite des Grofsen Ozeans? Entstehung der Inseln auf der Westseite Amerikas vom Thlinkiten-Archipel bis zur Vancouver-Insel und von Chiloe bis zum Feuerlands-Archipel. Wie erklärt sich der eigentümliche Verlauf der Isothermen an der Westseite Nord- und Süd-Amerikas? Warum laufen die Januar-Isothermen im östlichen Teile Nord-Amerikas in so viel niedrigeren geographischen Breiten als an der Westküste Europas? Wodurch sind wohl an den Westküsten Nord- und Süd-Amerikas die beiden Trockenstriche zu erklären, deren grofse Regenarmut zu der Niederschlagsfülle der anderen Teile jener Westküsten in so auffälligem Gegensatze steht? Beziehungen der Kakteen- und Agavenflora der mexikanischen Hochflächen zur Niederschlagsverteilung der letzteren u. dergl. mehr.

Wie kommt es, dafs in Grönland die kleinen dänischen Kolonien sich nur auf der Westseite befinden? Beziehungen des Lebens der Eskimos zu den Naturbedingungen ihrer Wohngebiete. Wie erklärt es sich, dafs Labrador selbst bis zu geographischen Breiten wie diejenigen des mittleren Deutschlands so aufserordentlich spärlich bevölkert ist? Welche natürlichen Verhältnisse haben es wesentlich mit sich gebracht, den Hauptstrom der europäischen Auswanderung nach dem Gebiete der Vereinigten Staaten von Nord-Amerika zu lenken und dort wiederum dem nördlichen Teile des Landes in jeder Hinsicht das Übergewicht über den südlichen zu geben? Natürliche Ursachen der heutigen grofsen wirtschaftlichen Bedeutung der Vereinigten Staaten. Wodurch erklärt sich die so auffällige Häufung grofser Städte auf der Küstenstrecke von Boston bis Washington, der Mangel an solchen im südlichen Teile der Ostküste der Vereinigten Staaten? Welche natürlichen Vorteile haben darauf eingewirkt, New York mit seinen Vororten zur weitaus bedeutendsten Stadt der Vereinigten Staaten und ganz Amerikas erwachsen zu lassen? Wodurch erklärt sich wohl das ungeheure Wachstum Chicagos? Bedeutung der Lage von Halifax, Philadelphia, Buffalo, St. Louis u. s w.

Wie erklärt sich die Verteilung der Neger- und Mulatten-Bevölkerung Amerikas? Einflufs der Bedingungen der Landesnatur auf die Entwickelung der altmexikanischen und altperuanischen Kultur. Wodurch erklärt es sich, dafs auf der zweiten portugiesischen Fahrt nach Ostindien Brasilien entdeckt wurde? Könnten wohl die Vereinigten Staaten von Brasilien von ähnlicher Bedeutung werden wie diejenigen von Nord-Amerika? In welchen Beziehungen steht der niedrige Kulturstand der Urbewohner des Innern Brasiliens sowie andererseits derjenigen des Feuerlandes zu den Naturbedingungen ihrer Wohngebiete? Wie erklärt sich der ungeheure Rinder- und Schafzuchtbetrieb Uruguays und Argentiniens? Bedeutung der Lage von Porto Alegre, Guayaquil u. s. w.

Afrika. Entstehung des Roten Meeres. Ursachen der Wüstennatur der Sahara (siehe S. 208 f., Anm.). Entstehung der ungeheuren Sandmassen und der Dünenbildungen mancher, der Steinwüste anderer Teile der Sahara. Wie läfst sich wohl die Herkunft des in den Oasen der Sahara sei es von Natur zu Tage tretenden, sei es durch Brunnengrabung oder Bohrung erschlossenen Bodenwassers erklären? Beziehungen der Pflanzenwelt der Wüste zu den sich ihr dort darbietenden Lebensbedingungen. Ursachen des Steppencharakters der Schotthochflächen. Entstehung der Nil-Katarakte (wie der analogen Erscheinungen bei so zahlreichen anderen Flüssen Afrikas). Näheres Eingehen auf Ursachen und Folgen der periodischen Schwellungen des Weifsen und Blauen Nil (vergl. S. 207).

Beziehungen der altägyptischen Kultur zu den gesamten Bedingungen der Landesnatur. Wodurch erklärt es sich, dafs die weitaus bedeutendste Hafenstadt Ägyptens westwärts der Nil-Mündungen liegt? Bedeutung der Lage von Tripolis. Welche geographischen Verhältnisse haben wesentlich zu der grofsen Bedeutung des alten Karthago beigetragen und wie erklärt es sich, dafs trotz der Zerstörung des letzteren wie auch des neuen Karthago sich in jener Gegend der Bucht von Tunis immer wieder eine bedeutende Stadt entwickelte?

Tiergeographische Gründe, aus denen das Alter der Abtrennung Madagaskars vom Festlande Süd-Afrikas zu entnehmen ist. Wie erklärt es sich, dafs in Madagaskar sowie in Süd-Afrika etwa von den Sambesi-Gegenden ab südwärts der östliche Teil soviel regenreicher ist als die Mitte und der westliche? Wie erklärt sich der eigentümliche Verlauf der Isothermen auf der Westseite Süd-Afrikas, der vollständig wüstenhafte Charakter der küstennahen Striche Deutsch-Südwestafrikas, die Entstehung des kühlen dort nordwärts ziehenden Meeresstromes, die Herkunft der dort an der Küste befindlichen kalten Küstenwasser, die Entstehung der starken Temperaturwechsel im Innern Deutsch-Südwestafrikas? u. s. w.

Welche natürlichen Verhältnisse haben dazu beigetragen, an der Ostküste Afrikas einen so frühen Schiffahrts- und Handelsverkehr fremder Völker sich entwickeln zu lassen, und wie erklärt sich die dort so weit südwärts reichende Verbreitung des Islam? Bedeutung des Eisenbahnbaues im Kongo-Staat, in Deutsch-Ostafrika u. a. Bedeutung der Lage Sansibars und der Kapstadt. Bedeutung der Delagoa-Bai u. s. w.

Asien. Wie erklärt sich die reiche Ausbuchtung der kleinasiatischen Westküste? Entstehung der Inseln auf der Ost- und Südostseite Asiens sowie tiergeographische Schlüsse auf das Alter ihrer Abgliederung. Bedeutung der Vulkanreihen im Osten und Südosten Asiens. Entstehung der Löfsmassen Chinas u. dergl. mehr. — Wie erklärt sich der eigentümliche Verlauf der Januar- und Juli-Isothermen im nördlichen Asien, die Gröfse der Temperaturschwankung im Innern desselben, die Entstehung des sibirischen Kältepols? Einflufs des schützenden Himalaja-Walles auf die winterlichen Temperaturverhältnisse des nördlichen Vorder-Indiens. Entstehung der Monsunwinde des südlichen und südöstlichen Asiens und Bedeutung derselben für die Gestaltung der Temperatur- sowie namentlich der Niederschlagsverhältnisse der betreffenden Gebiete. Gründe der eigentümlichen Niederschlagsverteilung Vorder-Indiens sowie des grofsen Gegensatzes der Niederschlagsmengen auf der Süd- und Nordseite des Himalaja. Vertiefte Betrachtung des ursächlichen Zusammenhanges der abseits der Flufsniederungen teils Steppe, teils völlige Wüste erzeugenden Niederschlagsarmut auf den Hochflächen Tibets, der Mongolei, Ost-Turkestans, Irans, Kleinasiens, des östlichen Syriens, Arabiens, sowie in den Ebenen Turans, eines Teiles des südwestlichen Sibiriens und Mesopotamiens nebst den daraus sich weiter ergebenden Folgen.

Beziehungen des Nomadentums im mittleren und nördlichen Asien zu den Naturbedingungen der betreffenden Gebiete. Bedeutung der transkaspischen sowie der sibirischen Eisenbahn. Gründe der so geringen Bedeutung des Ochotskischen Meeres und des Fehlens jeder namhafteren Stadt an der ganzen Ostküste des nördlichen Asiens bis Wladiwostok (in der geographischen Breite Toulons). Worauf beruht die Bedeutung Wladiwostoks und wie erklärt sich geographisch das Streben Rufslands nach Beherrschung Koreas? Wie erklärt sich der schroffe Gegensatz der so geringen Volksdichte Jessos gegenüber der so bedeutenden der anderen japanischen Hauptinseln? Vertiefte Betrachtung, warum China so überaus volkreich ist. Gründe der so mannigfaltigen Volksdichteverteilung Vorder-Indiens sowie der aufserordentlichen Ausnahmestellung, welche Java hinsichtlich seiner Bevölkerungsdichte gegenüber allen anderen Inseln des Malaiischen Archipels einnimmt.

Beziehungen der altbabylonischen Kultur zu den Bedingungen der Landesnatur. Bedeutung des Kabul-Thals. Bedeutung des englischen Besitzes von Cypern, Aden, Singapur, Hongkong. Wie erklärt sich die starke Verbreitung des Islams gerade im Malaiischen Archipel? Wie erklärt es sich, dafs in letzterem sich frühzeitig unter den Bewohnern eine beträchtliche Seefahrtstüchtigkeit entwickelte? Bedeutung der Lage von Tiflis, Smyrna, Basra, Bombay u. s. w.

Australien und Polynesien. Folgerungen, die sich aus der Zusammensetzung der einheimischen Tierwelt Australiens und Neu-Seelands hinsichtlich der Zeit ihrer Abtrennung von anderem Landzusammenhange u. s. w. ergeben. Entstehung der Polynesischen Inseln und Ursachen ihrer charakteristischen Armut an Pflanzen- und Tierarten. Wie erklärt sich der Unterschied der hohen (vulkanischen) und der niedrigen (korallinischen) Inseln Polynesiens in Bezug auf Niederschläge, Quellbildung u. s. w. nebst den daraus für das Pflanzenleben sich ergebenden Folgen? Durch welche natürlichen Verhältnisse erklärt sich die in den ihr zusagenden tropischen Küstengegenden sich um die ganze Erde herum erstreckende Verbreitung der Kokospalme? Einiges über die Ursachen der so mannigfaltigen Niederschlagsverteilung Australiens, besonders der Dürre des gröfsten Teiles seines Inneren und der grofsen Bevorzugung der östlichen Randgebiete. Gründe der eigentümlichen Erscheinungen seiner meisten Flüsse, der vielen Salzseen u. s. w. Anpassung der Vegetation seiner dürren Striche an die dortigen Lebensbedingungen u. dergl. mehr.

Welche natürlichen Verhältnisse haben es wesentlich mit sich gebracht, die Urbewohner Australiens nicht über die niedrigste Stufe der Kultur hinauskommen und zu keinerlei Entwickelung eines sefshaften Lebens gelangen zu lassen? Natürliche Förderung der Seetüchtigkeit bei den Bewohnern Polynesiens. Wie erklärt sich die so späte europäische Besiedelung Australiens, die Stadtarmut des ganzen Westens desselben und die geringe Gröfse selbst der namhaftesten dortigen Städte? Ebenso das völlige Fehlen einer Hafenstadt an der Mündung des Murray, der doch weiter aufwärts so viel befahren wird? Bedeutung der Lage von Melbourne, Adelaide, Wellington (Neu-Seeland), Honolulu u. s. w.

Absichtlich sind diese hier stets nur durch kurze Andeutungen bezeichneten Beispiele[1] aus sämtlichen für die Schule in Betracht kommenden Teilen des Faches und hinsichtlich der Länderkunde aus

---

[1] Beim mündlichen Vortrage konnte mit Rücksicht auf die zu Gebote stehende Zeit von diesen Beispielen nur ein kleiner Teil gegeben werden; für die Drucklegung aber schien es wichtig, der Beweisführung einen wesentlich ausgiebigeren Raum zu gewähren.

allen Erdräumen genommen. Es galt, für alle Gebiete wenigstens
einige Prüfung zu ermöglichen. Leicht liefse sich, wenn es nötig wäre,
diese Zusammenstellung aufserordentlich erweitern. Aber das hier
Aufgeführte dürfte wohl genügen, um einigermafsen ersichtlich zu
machen, welche Fülle wertvollen Bildungsgehalts der geographische
Unterricht, besonders auf den höheren Stufen, den Schülern zu vermitteln imstande ist, wenn er mit gehöriger, auf wirkliche wissenschaftliche Studien gegründeter Sachkenntnis in zweckmäfsiger Methodik
erteilt wird. Gerade in den höheren Klassen vermag er am meisten
zu wirken, eine Menge der verschiedensten Kenntnisse und darunter
auch vieles, was in anderen Unterrichtsgegenständen gewonnen ist, zusammenzufügen, mit einander in innere Verbindung zu setzen und so
zur Gewinnung tieferer Einsichten wie zur Schaffung immer mannig-
faltigerer realer Ideen zu verwerten[1]). Und wenn es mit Recht zu den
wertvollsten Früchten eines tüchtigen Unterrichts gerechnet wird, wenn
die Schüler daraus ein bleibendes Interesse an den betreffenden Dingen
sowie ein Verlangen nach weiterer Belehrung über dieselben und
tieferem Eindringen in ihre inneren Zusammenhänge mitnehmen — die
Erdkunde vermag, wenn in den rechten Händen, solche Wärme für
die Sache und solches Verlangen nach Weiterem einzuflöfsen, wie es
nicht viel sonst bei Gegenständen des Schulunterrichts in ähnlichem
Mafse der Fall ist. Wenn man aber der Erdkunde schon in Tertia und
Untersekunda nur noch eine wöchentliche Stunde gönnt und sie in den
drei oberen Klassen gar nur auf einige mehr oder minder dem persönlichen Ermessen und Belieben überlassene Berücksichtigung in Anknüpfung an andere Fächer (Geschichte bzw. Mathematik oder Physik,
siehe S. 192 u. 202 Anm.) beschränkt, so wird dadurch dem höheren Schulunterricht eins der nützlichsten Mittel höherer Geistesbildung gerade da

[1]) Vgl. A. Kirchhoff, Einleitung zu den Verhandlungen über Schulgeographie, in den Verhandl. d. I. Deutsch. Geographentages (1881), Berlin 1882,
S. 96 f. und 103 (No. 2), sowie daselbst S. 120 die von dem Geographentage angenommene These 2: „Die Geographie ist in sämtlichen Klassen mit eigenen Lehrstunden zu bedenken, da sie als das einzige Fach, welches naturwissen-
schaftlich-mathematisches mit geschichtlichem Wissen verbindet,
ein kräftiges Gegenmittel gegen schädliche Zersplitterung bildet; auch hat sie gerade für die oberen Klassen darum eine hohe Bedeutung, weil in ihnen jenes
doppelseitige Wissen seinen Gipfel erreicht". Vgl. ferner H. Wagner, Über die
Ausdehnung des geographischen Unterrichts auf die oberen Klassen höherer Lehranstalten, Deutsche Geographische Blätter, Jahrg. 1887, S. 308 f. und 312, sowie
auch Kant's Urteil: „Es ist nichts fähiger, den gesunden Menschenverstand auf-
zuhellen, als gerade die Geographie" (P. Lehmann, Kants Bedeutung als aka-
demischer Lehrer der Erdkunde, Verhandl. d. VI. Deutsch. Geographentages, Berlin
1886, S. 157).

verkürzt bzw. entzogen, wo es am meisten und erfolgreichsten sich zu entfalten vermag, und der heranwachsenden Generation zu ihrem Nachteil vieles vorenthalten, was man in richtiger Würdigung der Bedürfnisse der Zeit ihr gerade in ausgiebigem Mafse mit auf den Weg geben sollte.

III.

Aus diesen gesamten Betrachtungen ergeben sich mir eine Reihe von Folgerungen, die ich zum Schlufs nachstehend zusammenfasse:

1) Soll der geographische Unterricht auf unseren höheren Schulen die bildende Kraft, die er an sich haben kann, wirklich in vollem Mafse bethätigen, so mufs man vor allem fordern, dafs auch überall, wo es zur Zeit noch nicht in hinreichender Weise geschieht, für **fachlich dazu gehörig vorgebildete Lehrer** gesorgt werde, da natürlich nur solche Lehrer dem Unterricht diesen Bildungswert zu verleihen imstande sein können, welche selbst in dem Gegenstande die nötige tiefere Sachkenntnis besitzen. Zu diesem Behufe ist es notwendig, dafs

a) auch an denjenigen **Universitäten**, an denen zur Zeit ein **geographischer Lehrstuhl** noch nicht besteht, ein solcher baldigst errichtet,

b) im **geographischen Universitäts-Unterricht auch auf die Bedürfnisse der künftigen Geographielehrer hinreichende Rücksicht genommen**[1]), und

c) wo der Erdkunde in den **Staatsprüfungen** für das Lehramt an höheren Schulen bisher eine eigene und selbständige Stelle noch nicht eingeräumt ist, diesem Mangel baldmöglichst abgeholfen wird.

d) Wo aber an den höheren Schulen vollständig und regelrecht vorgebildete Geographielehrer noch nicht oder nicht genügend vorhanden sind und der erdkundliche Unterricht demnach unvermeidlich ganz oder teilweise Lehrern überwiesen werden mufs, welche dafür eine fachliche Schulung nicht genossen haben, da sollte es doch stets als selbstverständliche Pflicht erachtet werden, diesen Mangel wenigstens, soweit es eben autodidaktisch thunlich ist, durch das Studium geeigneter Werke auszugleichen, und es sollten alle Lehrerbibliotheken höherer Schulen auch für das Fach

---

[1]) Vgl. meinen Vortrag: Die Vorbildung der Geographielehrer auf den Universitäten in dem Report of the VI International Geographical Congress, London 1895 (erscheint Anfang 1896), sowie auch A. Kirchhoff, Über die Vorbereitung der Geographielehrer für ihren Beruf, Verhandlungen des X. Deutschen Geographentages, Berlin 1893, S. 127 ff.

der Erdkunde mit den hinreichenden Hülfsmitteln zu geeigneter wissenschaftlicher Fortbildung versehen sein.

Es möchte auf den ersten Blick fast trivial erscheinen, das alles so ausdrücklich hier hervorzuheben. Wer aber einigen Überblick darüber hat, wie die Verhältnisse noch so oft thatsächlich liegen, weifs, dafs die Zeit noch längst nicht da ist, wo dergleichen allgemein als selbstverständlich erachtet wird. Zur Zeit wird in der Praxis noch lange nicht überall hinreichend anerkannt, dafs für einen ordentlichen geographischen Unterricht eine entsprechende fachliche Ausbildung der Lehrer mindestens eben so nötig ist, wie für die anderen Unterrichtsgegenstände der höheren Schulen. Ebenso wird noch längst nicht überall nach Gebühr gewürdigt, dafs, wenn nun dieser Unterricht heut noch sehr viel in der Hand von Lehrern liegt, welche dafür eine — sei es durch spezielles Studium oder in sonstiger eindringlicher Beschäftigung mit den verschiedenen Zweigen der Erdkunde gewonnene — wirkliche Fachausbildung nicht besitzen, es nicht genügt, sich dann den in der Klasse gebrauchten Leitfaden sowie allenfalls noch ein gröfseres geographisches Schullehrbuch vorzunehmen, sondern dazu eine wesentlich tiefere und weiter ausgreifende Begründung des Wissens und Verständnisses des Lehrers nötig ist. Das aber erscheint nur bei oberflächlichem Blick sehr einfach; man unterschätzt so leicht, was man nicht näher kennt.

2) Sodann aber mufs unbedingt die schon auf den Geographentagen in Berlin 1881 und in Halle 1882 beschlossene Forderung erneuert werden, dafs bei künftigen Schulreformen bezw. neuen Lehrplänen dem erdkundlichen Unterricht etwas mehr Spielraum gewährt, dafs derselbe jedenfalls, durch keine Vereinigung mit irgend einem anderen Unterrichtsgegenstand eingeengt und gefährdet, in voller Selbständigkeit bis zur Abiturientenprüfung durchgeführt werde. Je zwei selbständige wöchentliche Lehrstunden für sämtliche Klassen von Sexta bis Untersekunda, je eine für die Klassen von Obersekunda bis Oberprima müssen durchaus als das Mindestmafs des erforderlichen Raumes angesehen werden.

Es ist das sicherlich keine große und unerfüllbare, sondern im Gegenteil eine sehr mafsvolle und durchaus auch allen übrigen Aufgaben der höheren Schulen volle Rechnung tragende Forderung. Sie enthält eben nur, was entsprechend den ganzen Verhältnissen und Bedürfnissen der Gegenwart sowie dem einem tüchtigen geographischen Unterricht gerade auf den mittleren und oberen Stufen in ganz besonders hohem Mafse innewohnenden Bildungswert unbedingt verlangt werden mufs. Es geht nicht an, den heranwachsenden Generationen, welche dereinst im 20. Jahrhundert den geistigen Kern unseres Volkes abgeben und in geistigen wie materiellen Dingen dessen Führung übernehmen, welche einst dafür sorgen sollen, dafs im rastlosen Flufs aller Dinge und bei dem stetig wachsenden Wettstreit aller Kulturvölker unser Volk sich jederzeit, wie wir es wünschen müssen, behaupte, diese wichtige Seite der höheren Allgemeinbildung noch lange in der bisherigen Weise zu verkürzen. Die Zeit fordert ein erhöhtes Mafs von Bildung auf erd- und länderkundlichem Gebiete, und sie mufs, sie wird früher oder später die Berücksichtigung ihrer Bedürfnisse durchsetzen. Die Durchführung eines völlig selbständigen d. h. mit eigenen, ihm ausschliefslich überwiesenen Stunden bedachten Geographie-Unterrichts bis zum Abschlufs der neunklassigen höheren Schulen ist dabei unerläfslich; die Anknüpfung einzelner Teile an andere Fächer ist dafür ein unzureichender Behelf, der irgend welche Gewähr genügender Berücksichtigung und einen hinreichenden Ausgleich für das, was nötig ist, nicht geben kann[1])

3) Endlich aber scheint mir noch ein Weiteres von Wichtigkeit, um dem unleugbaren Bedürfnis unserer Zeit nach einer ausgiebigeren geographischen Bildung unter den höheren Schichten unseres Volkes thunlichst gerecht zu werden:

a) Auf den Universitäten sollte die Erdkunde mehr als bisher in den Kreis derjenigen Fächer einrücken, welche um ihres für jeden wichtigen allgemeinen Bildungsgehaltes willen von Studierenden aller Fakultäten gehört werden. Bis zu einem gewissen Grade ist letzteres ja hier und da bei einzelnen ganz kurzen öffentlichen Vorlesungen über besonders allgemein interessierende Gegenstände geographischen Inhalts auch schon der Fall. Aber es sollte durch geeignete Mafsnahmen thunlichst darauf hingewirkt werden, dafs dies allgemeiner und namentlich hinsichtlich der Länderkunde auch in Ausdehnung auf gröfsere Gebiete des Faches stattfände. Praktisch liefse sich das sehr wohl ermöglichen, wenn darüber planmäfsig neben den für die speziellen Studierenden des Faches bestimmten ausführlicheren auch solche kürzere Vorlesungen eingerichtet würden, welche in knapperen und auf den für das allgemeine Bildungsbedürfnis wichtigeren Stoff beschränkten Überblicken ohne Voraussetzung vieler Fachvorkenntnisse auch den nicht auf eine geographische Prüfung ausgehenden Studierenden zur Ergänzung ihrer Bildung nach dieser Seite hin bequeme und nicht zu zeitraubende Gelegenheit böten.

---

[1]) Damit soll jedoch in keiner Weise gesagt sein, dafs nicht auch bei dem jetzt der Erdkunde auf unseren höheren Schulen gegönnten, nach oben so leidig engen Raume sich immerhin ein recht Ansehnliches leisten und auch von dem ihr innewohnenden tieferen Bildungswert im Vergleich zu diesem Raumausmafs recht viel flüssig gemacht werden kann, wenn die Lehrer der Sache gehörig mächtig sowie von Wärme für dieselbe erfüllt sind und — unter zweckmäfsiger Verwendung guter Hülfsmittel mit dem steten Bestreben, neben der Festlegung der äufseren Thatsachen zugleich die Auffassung zu vertiefen und je nach dem Stande der betreffenden Stufe den Unterricht möglichst zu durchgeistigen — die knapp zugemessene Zeit gut ausnutzen. Und je mehr alle diejenigen Geographielehrer, welche tiefer in die Sache eingedrungen sind, treu in dem obigen Sinne ihren Unterricht zu erteilen bestrebt sind, desto mehr werden sie dadurch zugleich jeder an seinem Teile dazu beitragen, für eine künftige bessere Stellung der Erdkunde an den höheren Schulen den Boden bereiten zu helfen.

b) Auf den technischen (und landwirtschaftlichen) Hochschulen aber sollte unbedingt, wie es bisher in Deutschland nur erst in Dresden und München der Fall ist, überall gleichfalls für geographische Vorlesungen, namentlich über die dort besonders interessierenden Teile der Erdkunde, Sorge getragen werden. Von den Berufskreisen, welche auf den technischen Hochschulen ihre Vorbildung erhalten, hat ein beträchtlicher Teil ganz besonders Anlafs, für sich ein ausgedehnteres Mafs geographischer Bildung wünschen zu müssen. Ganz abgesehen davon, dafs zweifellos die Zahl derjenigen Zöglinge dieser Hochschulen, welche später in die verschiedensten Erdgegenden gehen, um dort Stellung und Bethätigung zu suchen, in Zukunft noch immer mehr wachsen wird, sind diese Kreise an sich vielfach in erheblichem Grade darauf angewiesen, in ihrer speziellen Wirksamkeit auch mit mancherlei geographisch bedingten Faktoren und oft mit den Verhältnissen sehr verschiedener Erdräume zu rechnen, sodafs für sie eine entsprechende möglichst auf die Verhältnisse und Interessen der technischen Berufe eigens Rücksicht nehmende höhere Allgemeinbildung in der Geographie entschieden in besonderem Mafse wünschenswert sein mufs.

Ich bin am Ende. Es handelte sich in den vorstehenden Erörterungen zunächst und hauptsächlich um die Stellung, den Bildungswert und die Hebung des geographischen Unterrichts unserer höheren Schulen. Aber es wurde zugleich zu zeigen versucht, dafs die Frage der Förderung des letzteren mehr ist als eine blofse Schulangelegenheit. Was in diesen Dingen durch den Unterricht gelernt wird, soll mitgenommen werden ins Leben, und wenn in manchen anderen Gegenständen des Schulunterrichts allerlei später, nachdem es auf der Schule seine Dienste gethan, ohne Schaden wieder vergessen werden kann — das, was ein wirklich tüchtiger geographischer Unterricht mitgegeben hat an Wissen wie an Erkennen und tieferem Verständnis, das behält im späteren Leben immer und für jeden seinen erheblichen Wert, heut und in Zukunft mehr als je zuvor. So handelt es sich hier zugleich um etwas, was, in seiner Tragweite erheblich hinausreichend über diejenige gewöhnlicher Fragen des Schulunterrichts, für die allgemeine höhere Geistesbildung wie für wesentliche Lebensinteressen unseres Volkes von beträchtlicher Bedeutung ist. Möge es in solchem Zusammenhange allseitig gehöriges Verständnis finden!

ANHANG.

Bericht über die Ausstellung des XI. Deutschen Geographentages zu Bremen 1895[1]).

Von Dr. A. Oppel in Bremen.

Dem Vorgange der meisten Städte, in denen bisher der Deutsche Geographentag stattgefunden hatte, folgend, beschloſs der Ortsausschuſs in Bremen in einer im Herbst 1894 abgehaltenen Sitzung, eine Ausstellung zu veranstalten und betraute den Berichterstatter mit den vorbereitenden Schritten dazu, sowie später mit der Leitung des Unternehmens. Zunächst galt es einen Plan dafür zu entwerfen, ferner das nötige Ausstellungsmaterial zu beschaffen, weiterhin ausreichende Räume ausfindig zu machen und eine genügende Anzahl wissenschaftlicher Mitarbeiter zu gewinnen. Alle diese Vorfragen erledigten sich schnell und in durchaus günstiger Weise. Was zunächst den der Ausstellung zu Grunde zu legenden Gedanken anbetrifft, so wurde dieser zu drei Hauptsätzen gegliedert. Der eine lief daraus hinaus, den Fremden zu zeigen, was eine alte Seestadt zu bedeuten hat, die ihren Schwerpunkt auf dem transatlantischen Verkehr hat, aber doch nicht unmittelbar am Meer, sondern landeinwärts an einem Fluſs liegt, dessen Tiefe jedoch den Ansprüchen der modernen Schiffahrt nicht mehr genügt. Aus dieser Charakteristik unsrer Stadt ergaben sich die darauf bezüglichen Teile: Seewesen, Schiffahrt, Wasserbau u. a., welche zusammen die erste Hauptgruppe ausmachten. In diesen Zusammenhang paſste auch die Gruppe des Herrn Geh. Reg.-Rat Prof. Dr. Wagner in Göttingen, welcher zur Erläuterung seines angekündigten Vortrages (s. S. 65—87) eine Anzahl alter Karten, Atlanten, Segelbücher u. s. w. mitbringen wollte und ausstellen wünschte; denn ohne Seekarten ist die moderne Schiffahrt nicht denkbar. Der zweite Hauptsatz des Grundgedankens gipfelte darin, den Bremern zu zeigen, was die moderne Geographie, deren auswärtige Vertreter sich hier versammeln sollten, in ihren verschiedenen Teilen und Zweigen zu leisten vermöge. Daraus ging die zweite Hauptgruppe hervor, welche die literarischen und artistischen Werke für Wissenschaft, Schule und öffentliches Leben auf dem Gebiet der Geo-

[1]) Dieser dem beigefügten Katalog der Ausstellung als Einführung dienende Bericht ist unter Genehmigung des Vorstandes der Geographischen Gesellschaft in Bremen mit einigen Kürzungen dem 3. Heft der „Deutschen Geographischen Blätter" Jahrgang 1895 entnommen.

graphie und der verwandten Fächer vorführte. Der dritte Hauptsatz endlich verfolgte den Zweck, sowohl den fremden Besuchern als unsern Mitbürgern den Staat Bremen in historisch-geographischer Beziehung vorzuführen. Daraus ergab sich die dritte Hauptgruppe, welche sich auf die Landeskunde Bremens und des Unter-Wesergebietes bezog.

Das Material, welches diese Gesichtspunkte veranschaulichen sollte, mufste auf verschiedene Weise zusammengebracht werden. Zunächst wurden die hiesigen Behörden und öffentlichen Anstalten, die grofsen Firmen und viele Privatleute ersucht, alle diejenigen Gegenstände zur Verfügung zu stellen, welche in den bezeichneten Rahmen passen würden. Ferner wurden hiesige und auswärtige Verleger aufgefordert, die neueren Verlagswerke einzusenden und endlich wurden auch mehrere auswärtige Bibliotheken gebeten, eine Anzahl wichtiger und wertvoller Werke, welche namentlich für die geschichtliche Entwickelung der Seekarten von Bedeutung waren, für die Ausstellung herzuleihen. Mit dem gröfsten Dank mufs anerkannt werden, dafs die Ausstellungskommission — von einigen wenigen Ausnahmen abgesehen — überall bereitwilliges Entgegenkommen fand und dafs von manchen Seiten beträchtliche Opfer im Interesse unsers Unternehmens gebracht worden sind.

Für alle die grofsen und kleineren Gegenstände von auswärts und hier, deren Zahl sich im einzelnen auf viele Tausende belief, konnten im hiesigen Künstler-Verein die denkbar günstigsten Räumlichkeiten beschafft werden; diese bestanden in den Sälen des ersten Stockes, soweit sie nicht für die Vorträge und Festlichkeiten des Geographentages in Anspruch genommen waren, und in einigen Sälen des zweiten Stockes, welche bis dahin einen Teil der städtischen Sammlungen für Naturgeschichte und Ethnographie beherbergt hatten.

So durfte denn an die Disposition und die Aufstellung der Ausstellungsgegenstände geschritten werden, zu welchem Zweck eine besondere Ausstellungs-Kommission gewählt worden war, welche aus den Herrn Prof. Dr. Buchenau, Dr. Cosack, Dr. O. Finsch, Vermessungs-Inspektor Geisler, Geh. Rat Dr. P. Kollmann (Oldenburg), Dr. C. Schilling, Buchhändler M. W. Schlenker, Dr. H. Schurtz, Fr. Tellmann, Dr. W. Wolkenhauer, H. Wuppesahl und Dr. A. Oppel als Vorsitzenden bestand. Die Arbeiten der Aufstellung und Ausschmückung konzentrierten sich auf die letzten zwei Wochen vor Ostern, und durch gewaltige Anstrengung gelang es, das Werk soweit zu fördern, dafs am Oster-Sonntag, morgens 9 Uhr, die Eröffnung vor einer zahlreichen, geladenen Versammlung stattfinden konnte. Gleich hier mag bemerkt werden, dafs die Ausstellung vom 14. bis 29. April geöffnet war und sich namentlich während der Verhandlungstage eines sehr regen Besuches zu erfreuen hatte. Die Mitglieder und die Teilnehmer dieses Geographentages hatten freien Zutritt; dem Publikum war derselbe gegen ein Eintrittsgeld von 50 Pfennigen gestattet, das in der zweiten Besuchswoche für Schüler auf 25 Pfennige herabgesetzt wurde. Die Zahl der zahlenden Besucher belief sich auf nahezu 5000.

Wenden wir uns nun zur Beschreibung der Ausstellung selbst, so mufs, mit Rücksicht auf den nachfolgenden Katalog, auf eine vollständige Darlegung des reichen und vielseitigen Inhalts verzichtet werden; wir können denselben nur kurz skizzieren.

Den Anfang der ganzen Ausstellung bildete die Abteilung „Seewesen", welche eine grofse Anzahl Schiffsmodelle, nautische Instrumente aus älterer und neuerer Zeit, Schiffsgeräte, Wasserzeichen, sowie Gegenstände des Rettungs- und Signalwesens enthielt und durch das freundliche Entgegenkommen hiesiger und auswärtiger

Firmen auf das reichste ausgestattet werden konnte. Hervorragend haben sich der Norddeutsche Lloyd, die Aktiengesellschaft „Weser", der Verein zur Rettung Schiffbrüchiger, das Museum für Natur-, Völker- und Handelskunde, die Seefahrt-Schule, Herr F. Tecklenborg und Herr W. Ludolph in Bremen, Herr J. Pintsch in Berlin und Herr J. C. Cordes in Bremerhaven beteiligt. Die Aufstellung dieser Abteilung erfolgte unter Aufsicht des Herrn Dr. C. Schilling, welcher auch den betreffenden Teil des Katalogs verfafste und eine ausführliche Auseinandersetzung über die nautischen Instrumente beigab (s. S. 12 — 19 des Katalogs). Zur Erläuterung dieser Gruppe war aufserdem ein Offizier des Norddeutschen Lloyd anwesend.

An die Abteilung „Seewesen" schlofs sich diejenige des Herrn Geh. Reg.-Rat Professor H. Wagner in Göttingen, die in systematischer Weise die Entwickelung der Seekarten vom 13. bis 18. Jahrhundert, Kompafskarten, Weltkarten, Seeatlanten u. a. vorführte; dieselbe bestand zum gröfseren Teil aus den Sammlungen des Herrn Professor Wagner, aufserdem aber aus einer beträchtlichen Anzahl wertvoller älterer Werke, welche auf Ersuchen der Kommission von auswärtigen und hiesigen Bibliotheken zur Verfügung gestellt worden waren. Von den ersteren seien genannt die Königliche Bibliothek und die Bibliothek der Gesellschaft für Erdkunde zu Berlin, die Universitäts-Bibliotheken in Göttingen, Marburg und Heidelberg, die K. K. Hofbibliothek in Wien, die Kommerz-Bibliothek in Hamburg, die Stadt-Bibliotheken in Lübeck und Frankfurt a. M. Zum näheren Verständnis dieser höchst wertvollen Abteilung diente der betreffende von Professor Wagner verfafste Abschnitt des Katalogs, der auch in einer Sonderausgabe erschienen ist (s. S. 20 — 28 des Katalogs.)

Die nächste Abteilung der Ausstellung war von der Deutschen Seewarte durch Herrn Wirkl. Geh. Admiralitätsrat Professor Neumayer eingesendet worden und bestand aus einer stattlichen Reihe älterer und neuerer Werke und Karten über maritime Meteorologie, aus Segelhandbüchern, Segelanweisungen u. a. Auch gehörten dazu mehrere Aquarelle, welche landschaftliche Scenerien aus Süd-Georgien darstellten. Die vierte Abteilung, ausgestellt von der Verlagsbuchhandlung von D. Reimer in Berlin, enthielt eine Anzahl deutscher Admiralitätskarten, namentlich solche, welche sich auf die Unter-Weser, die Nordsee-Küste und die Deutschen Schutzgebiete beziehen, aufserdem waren die hier vom Reichs-Marine-Amt herausgegebenen Segelhandbücher für die Ostsee und die Nordsee ausgelegt.

Die zuletztgenannten Gegenstände führten zu dem Weser-Strom, dessen Unterlauf durch Stromkarten aus älterer und neuerer Zeit illustriert wurde. Diese, den Sammlungen des Staatsarchivs und der Stadtbibliothek entnommen, erregten ein doppeltes Interesse; einmal konnte man durch Vergleich der nebeneinander aufgehängten Blätter sehen, in welcher Weise sich der Stromlauf dieses Flusses im Laufe der Zeit geändert hat; sodann konnte man erkennen, welche Fortschritte die Technik in der Darstellung solcher Verhältnisse gemacht hat. Von den älteren Stromkarten seien namentlich diejenigen des Ingenieurkapitäns C. L. Murtfeldt genannt, der am Schlufs des vorigen und im Anfang dieses Jahrhunderts viele derartige Arbeiten ausgeführt hat. Die vollkommensten Weserstrom-Karten sind natürlich diejenigen, welche bei Gelegenheit der Weser-Korrektion hergestellt worden sind. In dankenswerter Weise hatte die Leitung der Unterweser-Korrektion ein grofses Reliefmodell der Unter-Weser und mehrere ausgedehnte Pläne zur Verfügung gestellt, denen sich fernerhin eine Reihe von Zeichnungen zum Hafenbau in Bremen und Bremerhaven, eine grofse Einsegelungskarte der Weser und verschiedene Zeichnungen von Leuchttürmen und Leuchtschiffen anschlossen. Diese stammten aus den Ateliers der Hafen-Inspektion in Bremen und Bremerhaven.

Die vorbenannten Abteilungen, welche die erste Hauptgruppe ausmachten, waren in den Sälen des ersten Stocks aufgestellt. Von da aus führt eine Treppe, welche einen reichen Schmuck aus Fahnen und Wappen erhalten hatte, in das zweite Stock, in dessen ausgedehnten Räumen die zweite und die dritte Hauptgruppe untergebracht waren. Den Anfang der zweiten Hauptgruppe, welche, wie bereits mitgeteilt, litterarische und artistische Werke für Wissenschaft, Schule und Haus teils in systematischer Zusammenstellung, teils in Beschränkung auf die Veröffentlichungen der letzten zwei Jahre enthielt, machte die Sonderausstellung der Geographischen Verlagsanstalt von D. Reimer (Höfer u. Vohsen) in Berlin. Diese Firma, welche seit langem auf dem Gebiet der Kartographie, der Globenherstellung und des geographischen Buchverlages in hervorragender Weise thätig ist, führte namentlich ihre Veröffentlichungen der letzten zwei Jahre vor, unter denen besonders die Kartenwerke der beiden berühmten Kiepert, Vater und Sohn, die ausgezeichneten Karten von Attika (Curtius und Kaupert), zahlreiche Globen vom mächtigen Riesenglobus bis zum Handglobus und eine stattliche Reihe von Büchern, die Aufmerksamkeit der Besucher in Anspruch nahmen.

Auf Reimer folgte die Sonderausstellung des altberühmten Geographischen Instituts von J. Perthes in Gotha, das die wichtigsten seiner einschlägigen Veröffentlichungen in einer vorzüglichen Anordnung vorführte. Das besondere Interesse der Besucher erregten hier die auf Rahmen gespannten Kartenwerke wie C. Vogel's Karte des Deutschen Reiches, R. Lepsius' Geologische Karte des Deutschen Reiches, H. Habenicht's Karte von Afrika, der Sydow-Habenicht'sche Wandatlas, R. Lüddecke's Deutscher Schulatlas u. a. Ein besonderes Verdienst aber erwarben sich die beiden geographischen Spezialfirmen dadurch, dafs sie die Einrichtung der Räume und die Anordnung ihrer Ausstellungsstücke auf eigene Kosten herstellen liefsen, während diese bei den meisten übrigen Teilen der Ausstellung von dem Ortsausschuss des XI. Deutschen Geographentages bestritten wurden.

In den folgenden Räumen setzte sich die Vorführung der literarischen und artistischen Werke fort. Diese waren meist auf Verlangen der Kommission (durch die dankenswerte Bemühung der Buchhandlung von Rühle & Schlenker in Bremen) von den dazu aufgeforderten Verlegern zur Verfügung gestellt worden; doch hatten auch einige Firmen ihre Erzeugnisse unaufgefordert eingesandt, welche dann bereitwillige Aufnahme fanden. Bei der Anordnung dieser Sammel-Ausstellung des deutschen und österreichischen Buchhandels, dem sich die auf geographischem Gebiet mit rührigem Eifer thätige Firma J. B. Wolters in Groningen anschlofs, war soviel wie möglich in systematischer Weise vorgegangen worden, d. h. die gleichartigen Gegenstände waren entweder unmittelbar nebeneinander oder doch in nächster Nähe bei einander aufgestellt. Namentlich war hierbei den Werken für die Schule eine besondere Sorgfalt und Aufmerksamkeit gewidmet worden, und die Lehrer der Geographie wie die Lehrer überhaupt, welche, wie wir hervorheben, in grofser Zahl und mit augenscheinlichem Interesse hier verweilten, fanden in dieser Abteilung eine reichhaltige Sammlung von Karten und Büchern, darunter solche, welche ihnen bereits bekannt und vertraut waren, aber wohl auch vieles, was ihnen zum ersten Mal entgegentrat. Denn die Komission hatte sich es angelegen sein lassen, die auf die Schule bezüglichen Veröffentlichungen in möglichster Vollständigkeit, namentlich betreffend der neuesten Erscheinungen, herbeizuziehen. So umfafste z. B. die Abteilung „Karten und Atlanten" in systematischer Zusammenstellung mehr als 200 Nummern, die Abteilung „Bücher" wies gegen 250 Nummern auf. Die erstgenannte Abteilung „Karten und Atlanten" gliederte sich in drei Unterabteilungen.

Diese waren: A. Wandkarte für die Schule. a) Die gesamte Erde. b) Auswärtige Erdteile. c) Europa, ganz und größere Teile. d) Einzelne Länder Europas. e) Das Deutsche Reich. f) Teile des Deutschen Reiches. g) Geschichtliche Karten. B. Wissenschaftliche Kartenwerke und Karten gröfseren Mafsstabes. C. Karten für das praktische Leben. D. Atlanten für die Schule und andre Zwecke. Die Abteilung „Bücher" zerfiel ebenfalls in mehrere Unterabteilungen. Die nächste Abteilung bestand aus Instrumenten, Geräten, Reliefs, Globen, Handelsprodukten u. dgl., mufste aber aus räumlichen Gründen eingeschränkt werden. Wir heben daraus W. Ule's praktischen Kurvimeter und A. Wesche's reichhaltige und gut geordnete Privatsammlung von Handelsprodukten hervor.

Um so umfangreicher war die darauffolgende Abteilung, welche Bilder enthielt, ausgefallen. Sie wies in etwa 260 Katalog-Nummern mehrere Tausend Einzelbilder auf und gliederte sich in vier Unterabteilungen (A. Bunt- und Schwarzdrucke für die Schule; B. Photographien; C. Aquarelle; D. Kupferstiche). Von Bunt- und Schwarzdrucken für die Schule war wohl alles vorhanden, was auf diesem Gebiet in den letzten dreifsig Jahren erschienen ist. Da es nun ein grofses Interesse hat, zu erkennen, wie sich das „Schulbild" verhält zu der durch rein mechanisches Verfahren gewonnenen Photographie und zu dem von Künstlerhand geschaffenen Bilde, so waren auch Bilder dieser Art herbeigezogen worden. Photographien, sowohl von Fachphotographen als von Amateuren herrührend, waren beinahe 2000 Stück vorhanden und durch die Mühewaltung des Herrn Fr. Tellmann in geeigneter Weise aufgestellt; davon bezogen sich mehr als 500 auf Grönland und entstammten den Expeditionen der Gesellschaft für Erdkunde zu Berlin unter den Herren Dr. E. von Drygalski und Dr. Vanhöffen. Aber nicht nur fremde Länder wie Grönland, die Vereinigten Staaten, Mittel-Amerika, Spitzbergen, Nowaja Semlja, West- und Ost-Afrika, Italien, Süd-Frankreich, der Orient u. a. waren durch Photographien veranschaulicht, sondern auch Nordwest-Deutschland und zwar die niedersächsische Ebene durch eine Kollektion des Herrn E. Wolfram und die Weser-Gebirge durch eine Sammlung des Herrn F. Koch.

Aquarelle hatten die Herren Dr. O. Finsch in Delmenhorst und Kunstmaler Fr. Perlberg in München beigesteuert. Letzterer schildert in 50 gröfseren und kleineren Stücken eine Reise nach den Vereinigten Staaten, namentlich in die hochmalerischen Gebiete der Felsengebirge. Die Aquarelle von Dr. O. Finsch, etwa 200 an Zahl, bezogen sich auf die Ethnographie der Südsee-Insulaner, deren Körpertypen, Wohnstätten, Fahrzeuge und Hautverzierungen in eingehender Weise dargestellt waren. Zur Ergänzung dieser Südsee-Bilder diente eine kleine, aber feine Sammlung mehr oder minder bearbeiteter Materialien zum Schmuck, sowie Stein- und Muschelwerkzeuge.

Die Kupferstiche, welche der hiesige Kunstverein hergeliehen, und welche Herr Dr. Cosack aufgestellt hatte, bestanden in wertvollen Städteansichten und Landschaftsbildern, erstere vorzugsweise aus Italien, letztere meist aus Deutschland.

Die dritte Hauptgruppe befafste sich, wie früher mitgeteilt, mit der Landeskunde Bremens und des Unterweser-Gebietes in Gegenwart und Vergangenheit und zeichnete sich durch grofse Mannigfaltigkeit aus, die namentlich der regen Beteiligung von hiesigen Behörden, staatlichen Anstalten, Vereinen und Privatpersonen zu danken ist.

Den Anfang machte eine Reihe von Plänen der Stadt Bremen, deren ältester etwa 300 Jahre vor der Gegenwart zurückliegt. Das Eigentümliche der älteren Pläne besteht darin, dafs sie halb Grundrifs halb Bild sind, eine Darstellungsweise, die im 17. Jahrhundert seltener wird und dann vollständig verschwindet. In ihren Einzelheiten richtete sich diese Gruppe namentlich an die Bremer, welche somit Gelegenheit erhielten, das allmähliche Wachstum ihrer Stadt verfolgen zu können. Im Zusammenhang mit den Plänen stand eine Anzahl bildlicher Ansichten unserer Stadt, die so gewählt waren, dafs sie sowohl die ganze Stadt als auch gröfsere und kleinere Teile derselben zu verschiedenen Zeiten darstellten. Von den einzelnen Teilen nahmen einige, wie der Markt und seine hervorragenden Bauwerke, das besondere Interesse in Anspruch; andere hatten im Lauf der Zeit so starke Veränderungen erfahren, dafs sie dem jetzt lebenden Geschlecht durchaus fremd erschienen, wie z. B. das Castellum Sponsae und der frühere Dom. In die unmittelbare Gegenwart führten wieder die Aquarelle, Pläne und Bilder, welche, von der Parkdirektion dargeboten, den so beliebten Bürgerpark zum Gegenstand hatten.

Darauf folgte der Naturwissenschaftliche Verein mit seinen Veröffentlichungen und einer Anzahl von Bildern, die Geographische Gesellschaft, die Meteorologische Station, die Norddeutsche Mission und das Statistische Bureau vorwiegend mit ihren Publikationen. Es mag bemerkt werden, dafs auf Grund von Berechnungen des Statistischen Amtes zwei Erdkarten von Dr. A. Oppel hergestellt worden waren, von denen die eine mit zwölf Farben den Anteil darstellt, den die einzelnen Länder der Erde an dem Waarenverkehr Bremens (1894) nehmen. Die andere Karte veranschaulichte, ebenfalls in zwölf Farben, den Aufschwung, den der Bremische Handel in den letzten 45 Jahren genommen hat.

Eine Pflicht der Pietät war es, in der Ausstellung diejenigen Männer in Bild oder Skulptur vorzuführen, welche sich entweder um die Stadt oder um die Erdkunde im allgemeinen und verwandte Fächer oder um die spezielle Landeskunde unserer engeren Heimat bemerkenswerte Verdienste erworben haben. Durch die Güte von Vereinen, Anstalten und Privaten war es möglich, Bilder oder Büsten oder beides zusammen auszustellen von Männern wie Bürgermeister Schmidt, Bürgermeister Duckwitz, Konsul H. H. Meier, Chr. Papendieck, W. Olbers, A. Breusing, J. G. Kohl, Senator Gildemeister u. a. Letzterer ist derjenige, welcher zusammen mit Senator Heineken die erste auf wissenschaftlicher Grundlage beruhende Karte des Bremer Gebietes hergestellt hat. Die Heinekensche Karte vom Jahre 1809, ein ehrwürdiges Denkmal feiner Zeichnung, war im Original unter Glas und Rahmen ausgestellt. Besonders anziehend war dabei der Umstand, dafs es Herrn Vermessungs-Inspektor Geisler gelungen war, die wissenschaftlichen Elemente, auf denen die Gildemeister-Heinekensche Karte beruht, zu rekonstuieren und auf einem besondern Blatt darzustellen.

Beide Werke gehörten in diejenige Abteilung, welche die Karten des Bremer Gebietes in geschichtlicher Reihenfolge vorführte. Die älteste derselben stammt aus der Chronik des Dilichius (1604); die jüngste war die eben erschienene dritte Auflage der Schulwandkarte des Bremer Gebietes von Prof. Dr. Fr. Buchenau, welcher Herr in Verbindung mit den Herren Vermessungs-Inspektor Geisler und Dr. W. Wolkenhauer die dankenswerte Aufgabe übernommen hatte, die dritte Hauptgruppe der Ausstellung anzuordnen.

An die Karten des Bremer Gebietes schlofs sich die Ausstellung des hiesigen Katasteramtes (Direktor Lindmeyer), welche, aus Büchern, Plänen, Karten und Instrumenten bestehend, einerseits zeigte, auf welche Weise und mit welchen Mitteln eine alle Ansprüche der Gegenwart befriedigende Detailaufnahme in trigonometrischer, geodätischer und topographischer Beziehung ausgeführt wird, andrerseits aber darlegte, auf welche Art die für die Immobilarverhältnisse so wichtigen Katasterkarten hergestellt werden. Den Geographen zumal interessierten die Vorführungen des Katasteramtes nicht nur deshalb, weil sie die feste Grundlage aller Pläne und Karten von Bremen und seinem Gebiet ausmachen, sondern auch dadurch, dafs auf Grund solcher Arbeiten der Anschlufs an das hannoversche Dreiecksnetz bewirkt wird, aus dem dann die so nötigen Karten grofsen Mafsstabs für das nordwestliche Deutschland abgeleitet werden.

Aus diesem Gebiet waren besonders die Karten und Pläne aus dem Herzogtum Oldenburg zu erwähnen, welche durch die Freundlichkeit der oldenburgischen Staatsbehörden unter besonderer Mühewaltung des Herrn Geh. Regierungsrats Dr. P. Kollmann zur Verfügung gestellt waren. Weiterhin waren noch mehrere Karten vorhanden, welche das Land westlich der Weser und die Seeküste zum Gegenstand hatten.

Als letzte Gruppe — *last, not least* — erschien die Ausstellung der Moor-Versuchsstation (Direktor Dr. Tacke), welche die nordwestdeutschen Moore nach den verschiedensten Richtungen in höchst instruktiver Weise darstellte. Man fand da die wichtigsten Moorpflanzen, Karten der nordwestdeutschen Moore, photographische Aufnahmen daraus, Geräte für die landwirtschaftliche Bearbeitung des Moores, Geräte für die Torfgewinnung, Bodenprofile, das Modell eines Siedlerhauses, typische Bodenformen von kultivierten und nicht kultivierten Mooren, sowie Produkte der technischen Verarbeitung des Moors. Wenn diese Abteilung, welche namentlich für die auswärtigen Besucher des Geographentages viel neues und anziehendes bot, den Beschlufs der ganzen Ausstellung machte, so ging dies aus dem Gedanken hervor, welcher der dritten Hauptgruppe zu Grunde gelegt worden war. Dieser aber bestand darin, dafs der Anfang mit der Heimatstadt gemacht und diese nach den verschiedensten Richtungen dargestellt werden sollte. Von da ging es zur nähern und weitern Umgebung, um füglich mit etwas Allgemeinem zu enden. Die Moore aber sind nicht speziell bremisch, sondern gehören der ganzen Erde an. Somit klang das Ganze mit einem Gegenstand der allgemeinen Erdkunde aus.

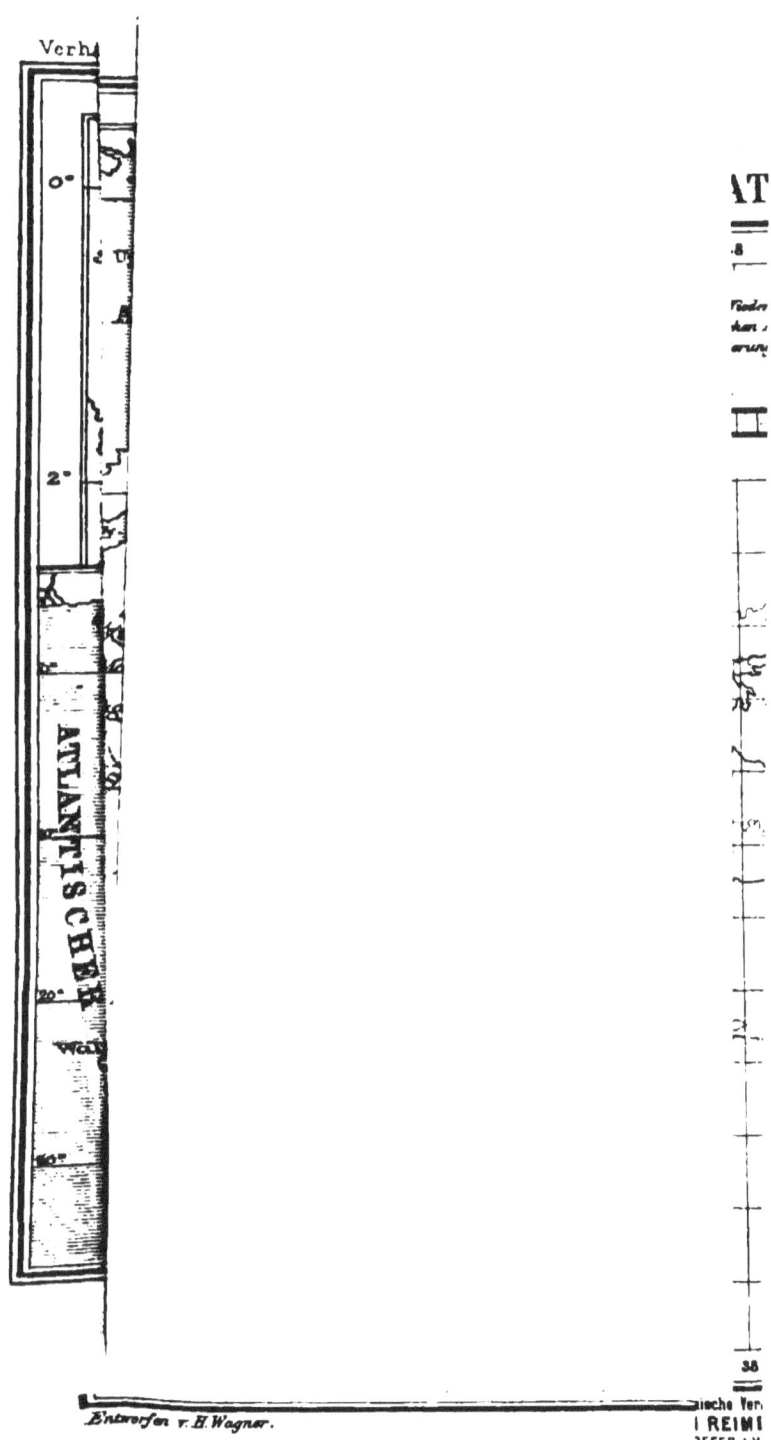

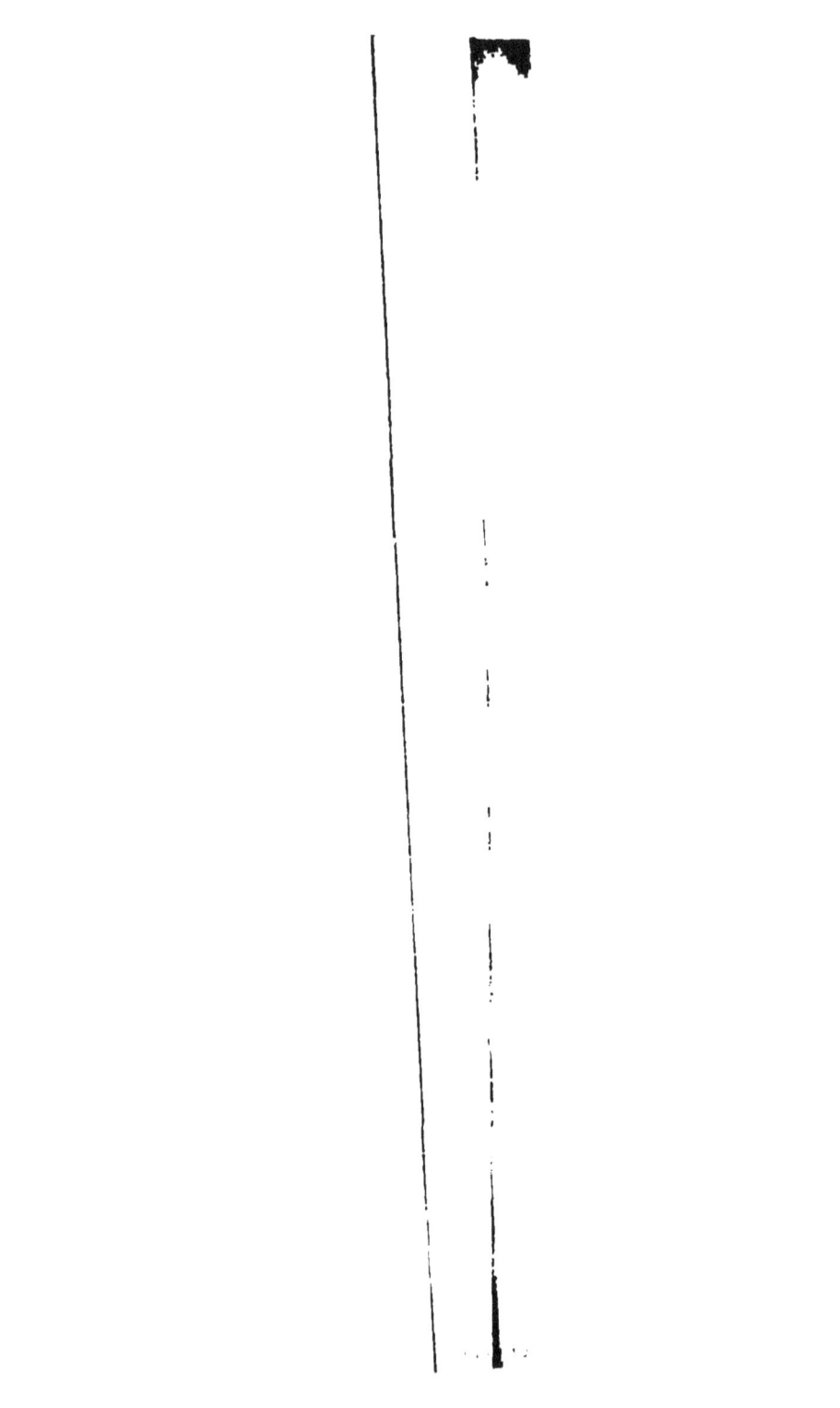

KATALOG

der

Ausstellung

des

XI. Deutschen Geographentages

geöffnet

vom 14. bis 21. April in den Räumen des Künstlervereins

zu

Bremen.

Herausgegeben im Auftrage des Ortsausschusses von der Ausstellungskommission.

Je ein Exemplar unentgeltlich für die Mitglieder und Teilnehmer des Geographentages; für die anderen Besucher der Ausstellung 30 Pfg.

BREMEN.
Verlag des Ortsausschusses.
1895.

Vorwort.

Als im Vorstande des Geographischen Vereines die Vorarbeiten für den Geographentag in Angriff genommen wurden, war man zweifelhaft, ob es gelingen werde, eine Ausstellung zu stande zu bringen, welche sich neben den Leistungen der andern Städte, in denen der Geographentag bisher stattgefunden hatte, werde sehen lassen können. Trotz dieses Zweifels wurde aber der Beschluſs gefaſst, eine Ausstellung zu veranstalten, zu deren Ausführung eine besondere Ausstellungskommission gewählt wurde. Die erste Thätigkeit derselben bestand darin, das nötige Material zu beschaffen; dies wurde von den hiesigen Staatsanstalten und Sammlungen, von Vereinen, Gesellschaften und Privatpersonen zur Verfügung gestellt, von auswärtigen Bibliotheken erbeten, endlich auf buchhändlerischem Wege bezogen oder eingerichtet.

Die Ausstellungskommission erklärt mit Vergnügen, daſs sie, abgesehen von ganz vereinzelten Ausnahmen, überall freundliches Entgegenkommen und thatkräftige Unterstützung gefunden hat und spricht allen Beteiligten ihren herzlichsten Dank aus; sie hofft, daſs das auf diese Weise zu stande gekommene Werk seinen Zweck erfüllen und den Besuchern zur Belehrung und Anregung dienen werde.

Die Ausstellungskommission.

Erste Hauptgruppe.

Seewesen, Seekarten, Weserstromkarten und Wasserbau.

Erste Abteilung: Seewesen.

A. Schiffsmodelle.

Aussteller: Norddeutscher Lloyd (No. 1—4) — Aktiengesellschaft Weser (No. 5—12) — Joh. C. Tecklenborg in Bremerhaven (No. 13—19) — Städtisches Museum in Bremen (No. 20, 21) — C. A. Schütte (No. 22).

(Die mit einem *) bezeichneten Modelle sind Vollmodelle, die übrigen Halbmodelle.)

1.*) **Schnelldampfer des Norddeutschen Lloyd D. „Ems",** erbaut von Elder & Comp. in Glasgow im Jahre 1884.

Länge .... = 131,1 m
Breite.................. = 14,3 m
Raumtiefe .... = 10,6 m
Raumgehalt (brutto)...... = 13 500 cbm
Drei-Cylinder-Maschine von 7 000 indiz. Pferdestärken
Geschwindigkeit .... = 17 Knoten
Passagiere .... = 1200 Personen
Besatzung .... = 184 Personen.

2.*) **Post- und Frachtdampfer des Norddeutschen Lloyd D. „H. H. Meier".**

Länge .... = 128 m
Breite.................. = 14,6 m
Raumtiefe .... = 8,9 m
Raumgehalt .... = 6 000 Reg.-Tons
3fache Expansionsmaschine von 3 800 indiz. Pferdestärken
Geschwindigkeit .... = 12 Knoten.

3. **Passagier- und Frachtdampfer des Norddeutschen Lloyd D. „Mark" und „Pfalz",** erbaut von Sir W. G. Armstrong, Mitchell & Co. in Newcastle on Tyne im Jahre 1893, beschäftigt in der Fahrt nach dem Laplata (Buenos-Ayres, Rosario).

Länge.................. = 111,0 m
Breite................. = 13,2 m
Raumtiefe .... = 7,9 m
Raumgehalt .... = 3870 Reg.-Tons
3 fach Kompoundmaschine. = 2200 indiz. Pferdestärken
Geschwindigkeit .... = 12½ Knoten
Passagiere .... = 75 I. Kajüte und 790 Zwischendeck.

4. **Frachtdampfer des Norddeutschen Lloyd D. „Wittekind"** und **„Willehad"**, erbaut von Blohm und Vofs in Hamburg im Jahre 1894, eingerichtet zur Beförderung von Zwischendeckspassagieren.

```
Länge .................. = 117,0 m
Breite .................. = 14,0 m
Raumtiefe .............. = 8,3 m
Raumgehalt ............. = 5000 Reg.-Tons
2 dreifach Kompoundmaschinen = 2450 indiz. Pferdestärken
Geschwindigkeit ......... = 12,0 Knoten
Passagiere .............. = 1350
```

5.*) **S. M. Panzerfahrzeug „Beowulf", Schiff IV. Klasse.**
```
Länge .................. = 73,0 m
Breite .................. = 14,9 m
Raumtiefe .............. = 8,2 m
Tiefgang ............... = 5,4 m
Deplacement ............ = 3500 Tons
Maschinenkraft ......... = 4800 indiz. Pferdestärken
Geschwindigkeit ........ = 16 Knoten
Artillerie ............. = 3 Stück 24 cm Geschütze
                         = 8 Stück 8,8 cm Schnellfeuerkanonen.
```

6.*) **S. M. Aviso „Wacht" und „Jagd", Schiffe III. Klasse.**
```
Länge .................. = 84,0 m
Breite .................. = 9,6 m
Tiefgang ............... = 4,2 m
Deplacement ............ = 1250 Tons
Maschinenkraft ......... = 4000 indiz. Pferdestärken
Geschwindigkeit ........ = 19,6 Knoten
Besatzung .............. = 140 Mann
Artillerie ............. = 4 Stück 8,8 cm Schnellfeuerkanonen.
```

7.*) **S. M. Panzerkanonenboot „Wespe".**
```
Länge .................. = 43,5 m
Breite .................. = 10,6 m
Tiefgang ............... = 3,1 m
Deplacement ............ = 1100 Tons
Maschinenkraft ......... = 700 indiz. Pferdestärken
Geschwindigkeit ........ = 9 Knoten
Artillerie ............. = 1 Stück 30,5 cm Geschütz.
```

8.*) **S. M. Panzerkanonenboot „Brummer", Schiff V. Kl.**
```
Länge .................. = 62,0 m
Breite .................. = 8,5 m
Tiefe .................. = 4,96 m
Deplacement ............ = 866 Reg.-Tons
Maschinenkraft ......... = 1500 indiz. Pferdestärken
Geschwindigkeit ........ = 15,0 Knoten
Besatzung .............. = 78 Mann
Artillerie ............. = 1 Stück 21 cm Geschütz.
```

9.*) **D. „Persepolis"**, erbaut für die Persische Regierung.
```
Länge .................. = 63,5 m
Breite .................. = 10,0 m
Tiefe .................. = 5,92 m
Deplacement ............ = 800 cbm
Maschinenkraft ......... = 450 indiz. Pferdestärken
Geschwindigkeit ........ = 10 Knoten.
```

10.*) D· „Australia", erb. für die Firma D. H. Wätjen & Co., Bremen.

Länge .... = 88,4 m
Breite .... = 11,5 m
Tiefe .... = 8,81 m
Deplacement .... = 4650 cbm
Maschinenkraft .... = 900 indiz. Pferdestärken
Geschwindigkeit .... = 9½ Knoten.

11.*) Schwimmkrahn „Turgud Alb", erbaut für die Kaiserl. Türkische Regierung.

Länge .... = 34,9 m
Breite .... = 23,8 m
Tiefe .... = 3,88 m
Deplacement .... = 520 cbm
Tragfähigkeit .... = 85 Tonnen.

12.*) Bagger C I mit Baggerschute, erbaut für die Bauleitung der Unterweser-Korrektion.

Länge .... = 42,0 m
Breite .... = 8,8 m
Tiefe .... = 3,3 m

13. Barkschiff „Columbia", erbaut im Jahre 1860 für die Firma D. H. Wätjen & Co. zur Auswanderer-Beförderung.

Länge über Steven in der Wasserlinie = 47,20 m
Breite mittschiffs .... = 10,42 m
Raumtiefe .... = 7,00 m
Raumgehalt netto .... = 865 Reg.-Tons
Tragfähigkeit .... = 1120 Tons
Tiefgang .... = 20 Fufs engl.
Segelfläche .... = 845 qm.

14. Dampfschiff „Germania", erbaut im Jahre 1869 für die 2. Deutsche Nordpolar-Expedition (Leiter C. Koldewey).

Baumaterial: Holz.
Länge über Steven in der Wasserlinie = 27,75 m
Breite mittschiffs .... = 6,60 m
Raumtiefe .... = 3,20 m
Raumgehalt netto .... = 120 Reg.-Tons
Tragfähigkeit .... = 150 Tons
Tiefgang .... = 10 Fufs engl.
Hochdruck-Maschine .... = 50 indiz. Pferdestärken
Geschwindigkeit .... = 5,5 Knoten.

15. Dampfschiff „Admiral Tegethoff", erbaut im Jahre 1872 für die Österreichisch-Ungarische Nordpolar-Expedition (Leiter Weyprecht und Payer, 1873--75).

Baumaterial: Holz.
Länge über Steven in der Wasserlinie = 34,25 m
Breite mittschiffs .... = 7,85 m
Raumtiefe .... = 4,25 m
Raumgehalt netto .... = 230 Reg.-Tons
Tragfähigkeit .... = 280 Tons
Tiefgang .... = 11 Fufs 9 Zoll engl.
Kompound-Maschine .... = 100 indiz. Pferdestärken
Geschwindigkeit .... = 6,5 Knoten.

— 8 —

16.*) **Fischdampfer „Sekundant"**, erbaut im Jahre 1888 für die Firma B. Bartling in Bremerhaven. Schraubendampfer für die Hochseefischerei, von denen die Firma Joh. C. Tecklenborg seit dem Jahre 1887 29 Stück erbaut hat.

Baumaterial: Eisen.
Länge über Steven in der Wasserlinie = 31,50 m
Breite mittschiffs .... = 6,12 m
Raumtiefe .... = 3,45 m
Raumgehalt netto .... = 61 Reg.-Tons
Tragfähigkeit .... = 95 Tons
Tiefgang .... = 9 Fufs engl.
Kompound-Maschine .... = 250 indiz. Pferdestärken
Geschwindigkeit .... = 10,5 Knoten.

17. **Vollschiff „Najade"**, erbaut im Jahre 1888 für die Firma Gildemeister und Ries in Bremen.

Baumaterial: Eisen.
Länge über Steven in der Wasserlinie = 77,07 m
Breite mittschiffs .... = 12,05 m
Raumtiefe .... = 7,66 m
Raumgehalt netto .... = 1 690 Reg.-Tons
Tragfähigkeit .... = 2 800 Tons
Tiefgang .... = 20 Fufs 10 Zoll engl.
Segelfläche .... = 1770 qm.

18. **Petroleum-Tank-Dampfer „August Korff"**, erbaut im Jahre 1894 für die Deutsch-Amerikanische Petroleum-Gesellschaft.

Baumaterial: Stahl.
Länge über Steven in der Wasserlinie = 107,90 m
Breite mittschiffs .... = 13,88 m
Raumtiefe .... = 9,63 m
Raumgehalt netto .... = 3 105 Reg.-Tons
Tragfähigkeit .... = 5 400 Tons
Tiefgang .... = 23 Fufs engl.
3 fache Expansions-Maschine ...... = 1750 indiz. Pferdestärken
Geschwindigkeit .... = 10³/₄ Knoten.

19. **Fünfmastiges Barkschiff „Baunummer 133"**, zur Zeit im Bau für die Firma F. Laeisz in Hamburg, das gröfste Segelschiff der Welt.

Baumaterial: Stahl.
Länge über Steven in der Wasserlinie = 111,25 m
Breite mittschiffs .... = 15,20 m
Raumtiefe .... = 9,52 m
Raumgehalt netto .... = ca. 3 800 Reg.-Tons
Tragfähigkeit .... = 6 150 Tons
Tiefgang .... = 25 Fufs engl.
Segelfläche .... = 3 570 qm.

20.*) **Modell eines Petroleum-Tank-Dampfers im Querschnitt** zur Klarlegung der einzelnen Abteilungen und der Röhrenleitungen für die Pumpmaschinen.

21.*) **Ein malaisches Boot.**

22.*) **Cabinboat eines Indischen Rajahs.**

B. Nautische Instrumente und Bücher.

Aussteller: Seefahrtschule zu Bremen (mit * bezeichnet), Norddeutscher Lloyd, W. Ludolph in Bremen und Bremerhaven.

23 a.* Hölzerner Oktant aus dem vorigen Jahrhundert mit Transversalteilung.
23 b.* Hölzerner Oktant, 1774, mit vergröfsertem Nonius.
23 c.* Hölzerner Oktant, 1776, zum Ablesen von Zenithdistanzen eingerichtet.
24. Halbsextant neuester Konstruktion.
25. Vollsextant neuester Konstruktion (W. Ludolph).
26. Nordstern-Instrument (W. Ludolph).
27.* Halbkreis (Pistor und Martens).
28.* Vollkreis (Pistor und Martens).
29.* Kleiner Oktant zum Handgebrauch.
30.* Jakobsstab (von Regiomontan im 15. Jahrhundert erfunden).
31.* Davisquadrant (erfunden um 1600).
32.* Astrolabium (erfunden im 16. Jahrhundert).
33.* Verschiedene Sonnenuhren.
34.* Künstlicher Glashorizont.
35.* Künstliche Quecksilberhorizonte.
36. Chronometer.
37.* Chinesische Kompasse.
38. Bootskompafs.
39. Steuerkompafs mit Peilvorrichtung nach Thomson.
40. Peilkompafs mit Peilvorrichtung (W. Ludolph).
41. Rosen verschiedener Konstruktion.
42. Fluidkompafs (W. Ludolph).
43. Karte der Jsogonen, entworfen von Dr. G. Neumayer.
44. Gewöhnlicher Logge-Apparat mit Loggeglas.
45.* Patentlogge von Massey.
46.* Patentlogge von Friend.
47.* Patentlogge von Walker.
48. Taffreil Patentlogge von Bliss.
49. Gezeitentafel, herausgegeben vom Reichsmarineamt.
50. 12 Stromkarten für die Nordsee und den englischen Kanal von Kapt. Seemann.
51. Das gewöhnliche Lot.
52. Patent-Lotmaschine nach Thomson.
53.* Brook's Tiefseelot (Modell).
54. Seekarten.
55. Parallellineale, Transporteure, Zirkel.
56. Leuchtfeuerbuch, amtliche Ausgabe, sowie Ausgabe von W. Ludolph.
57. Segelanweisungen für die Nordsee.
58. Segelanweisung für den Indischen Ozean mit Atlas.
59. Nautical Almanac, deutsche nautische Jahrbücher.
60. Aus See nach Bremen-Stadt, kleines nautisches Jahrbuch.

61. Breusing's Steuermannskunst nebst nautischen Hülfstafeln.
62. Azimuthtafeln zur Berechnung von Gestirnspeilungen.
63. Handbuch der Handelsmarine.
64. Handbuch der nautischen Instrumente.
65. Handbuch der Seemannschaft von A. Mühleisen.
66. Internationales Signalbuch.
67a. Marinebarometer.
67b. Aneroidbarometer.
67c. Trockenthermometer.
67d. Feuchtigkeitsthermometer.
68a. Topplaterne (weifs) nur für Dampfer.
68b. Backbordlaterne (rot), Steuerbordlaterne (grün).
69. Ankerlaterne.
70. Nebelhorn für Handgebrauch.
71. Wellendämpfer, Ölbeutel.

C. Betonnung und Beleuchtung der Fahrwasser.

Aussteller: Tonnen- und Bakenamt (No. 72—76). Städtisches Museum in Bremen (No. 77). Julius Pintsch in Berlin (No. 78—81).

72. Tonnenlegedampfer "Weser".
73. Tonnenlegedampfer "Bremen".
74. Leuchtschiff "Weser".
75. Leuchtschiff "Weser" (Reserve).
76. Leuchttonne.
77. Modellsammlung von Spierentonnen, stumpfen Tonnen usw.
78. 2 Bojenmodelle mit Gasbeleuchtung (Patent Julius Pintsch).
79. 1 Seelaterne mit Fresnelscher Linse von 200 mm Durchmesser.
80. 1 Bild der Gasbake auf dem Randzel, ausgeführt von Julius Pintsch.
81. 1 Bild des Leuchtschiffes mit Gasbeleuchtung zu Deli, ausgeführt von Julius Pintsch.

D. Rettungswesen.

Aussteller: Gesellschaft zur Rettung Schiffbrüchiger (No. 84—95), H. G. Cordes in Bremerhaven (No. 96—100).

82. Rettungsringe.
83. Korkjacken.
84. 1 8 cm Rettungsrakete, 1 5 cm Rettungsrakete, 1 Ankerrakete. (Original.)
85a. 1 Messingtrommel, enthaltend Zündpistole, Quadrant, Pillenlichte. (Original.)
85b. 1 Very's Pistol zum Schiefsen von Leuchtkörper. (Original.)
86. 2 Korkwurfkugeln mit Leinen.

87. Modell des Helgolander Rettungsbootes aus kanneliertem Stahlblech mit Selbstentleerungsvorrichtung nebst Hellingwagen
88. Modell eines Boothinterstevens mit Verlängerung des Ruders.
89. Modell eines Rettungsbootes aus kanneliertem Stahlblech nebst Transportwagen, welcher gleichzeitig als Helling dient.
90. Modell eines gedeckten Segelrettungsbootes.
91. Modell eines Eisbootes aus kanneliertem Stahlblech.
92. Modell eines Raketenapparates in zwei Wagen in $1/3$ natürl. Gröfse nebst Modell eines Schuners, eine Rettung veranschaulichend.
93. Modell einer Rettungsvorrichtung am Badestrand.
94. Modell einer Eisleiter.
95. Modell eines Stechschwertes mit Vorrichtung zur Selbstentleerung.
96. 1 7 cm Mörser von Bronze für Schiffsgebrauch mit Geschofs und Leinenapparat neueren Systems.
97. Dazu gehörig: Ölbomben, Patent Behrmann.
98. Gewehr zum Leinenschiefsen mit Leinenapparat.
99. Rettungs-Raketen verschiedener Konstruktion.
100. Signalraketen, Signallichte, Notsignale.

Erläuterungen zu den nautischen Instrumenten.
von Dr. C. Schilling.

Die nachstehenden Ausführungen geben eine Erklärung der vorstehend unter No. 23—71 aufgeführten Instrumente und deren Anwendung in der Hand des Seeoffiziers.

Die im Binnenlande nicht selten gehörte Meinung, dafs zu einem tüchtigen Seeoffizier grofse Körperkräfte und ein möglichst tollkühner Mut die hinreichenden Vorbedingungen seien, kann dem nur ein Lächeln entlocken, der aus eigener Erfahrung Kunde davon geben kann, wie astronomisches Wissen, rechnerische Fähigkeiten auf der einen Seite und stete Geistesgegenwart und Stärke des Charakters auf der andern Seite zusammentreffen müssen, um einen vollen Seemann zu ergeben.

Die Hauptaufgaben der Steuermannskunst, wie die wissenschaftliche Thätigkeit des Seeoffiziers heifst, bestehen darin, überall auf der Erdoberfläche den Ort, auf dem das Schiff sich zur Zeit befindet, festzustellen und den Weg nach dem zu erreichenden Ziele zu bestimmen, ferner die durch magnetische Einwirkung hervorgerufenen Fehler des Kompasses zu ergründen und endlich die Hochwasserzeit an Küstenpunkten vorauszuberechnen.

Die Berechnung des Schiffsortes erfolgt auf hoher See in anderer Weise, als in der Küstenschiffahrt.

Auf dem weiten Meere, wo kein fester Punkt den Wegweiser für das Schiff geben kann, wo die Rundung der Erdkugel im Meereshorizont (Kimm) die natürliche Grenze des zu überschauenden Meeresgebietes darstellt, wird der Schiffsort stets durch Breite und Länge festgestellt. Es ist bekannt, dafs die Breite der Winkelabstand des Ortes vom Erdäquator, die Länge der Winkelabstand des Ortes von einem festgesetzten Anfangsmeridiane ist. Als Anfangsmeridian wird jetzt allgemein, mit Ausnahme der Franzosen und Spanier, die an dem Meridian von Paris bezw. Cadix festhalten, nicht nur von den Seeleuten, sondern auch von den Geographen, der Meridian von Greenwich, der berühmten Sternwarte in der Nähe Londons, angenommen.

Die Bestimmung dieser beiden Elemente erfolgt im einfacheren Falle dadurch, dafs man von einem festgelegten Schiffsorte aus, der gewöhnlich an jedem Mittage neu bestimmt wird, die Richtung des zurückgelegten Weges am Kompafs und die Länge des zurückgelegten Weges durch einen einfachen Mefsapparat, die Logge, feststellt. Aus diesen Werten berechnet man alsdann, um wie viel man nördlicher oder südlicher sich befindet als am vorhergehenden Mittage, also seine Breite geändert hat, sowie um wie viel man östlicher oder westlicher gekommen ist, also seine Länge geändert hat.

Unabhängig von dem zurückgelegten Weg kann man dann aber auch aus dem augenblicklichen Stand (d. h. der Höhe und der Richtung) der zu beobachtenden Gestirne, der Sonne, des Mondes, der Planeten, der Fixsterne, die geographische Breite und die Zeit am Schiffsorte berechnen. Der Apparat, mit welchem die Höhe der Gestirne, d. h. der Winkelabstand der Gestirne im Vertikal über dem Meereshorizont gemessen wird, heifst nach der eigentümlichen Bauart das Spiegelinstrument (Sextant oder Oktant). Die berechnete Zeit am Schiffsorte wird dann verglichen mit der Zeit für den Greenwicher Meridian, die man an dem Chronometer abliest. Das Chronometer ist eine mit besonderer Sorgfalt gearbeitete Uhr, die andauernd nach der für den Meridian von Greenwich gültigen Zeit läuft. Der Unterschied dieser beiden Zeiten giebt zunächst in Zeitmafs (Stunden, Zeitminuten, Zeitsekunden) die Angabe, wie viel früher oder später als in Greenwich an dem betreffenden Ort die Sonne ihren höchsten Stand, d. h. ihre Kulmination im Ortsmeridian erreicht; mit diesem Zeitwerte steht dann der in Bogen (Grade,

Bogenminuten, Bogensekunden) auszudrückende Wert der Länge in unmittelbarem Zusammenhang.

In der Küstenschiffahrt kann die Ortsbestimmung sich anlehnen an bekannte Punkte der Küste. Kennt man die Richtung, in der ein bekanntes Leuchtfeuer sich vom Schiffe aus befindet, und kann man die Entfernung von diesem berechnen, so mufs man aus diesen Werten den Ort, den das Schiff einnimmt, ausrechnen oder in einer Seekarte festlegen können. Die Richtung findet man wiederum am Kompafs, die Entfernung vom gepeilten Ort berechnet man mit Hülfe trigonometrischer Tafeln oder durch eine Zeichnung in der Seekarte.

Die Aufgaben der Küstenschiffahrt werden sehr erschwert einmal durch die Strömungsverhältnisse, wie sie an der Küste besonders durch die Gezeiten, das Heben und Senken des Wasserspiegels — man kann sagen das Atmen des Meeres — hervorgerufen werden, und dann durch den grimmigsten Feind des Seemannes, durch den Nebel, der unter der klippenreichen Küste noch gefahrdrohender, noch unmittelbarer dem Seemanne nahe tritt, als auf der unendlichen Fläche des Meeres. Um bei diesen Hindernissen sicher den Weg zu finden, benutzt alsdann der Seemann einen besonderen Apparat, das Lot, ein Instrument, mit dem er sich über den Grund des nahe der Küste nicht sehr tiefen Meeres hinwegtastet. Aus der Tiefe und der Bodenbeschaffenheit ist er im stande, einen Schlufs auf den Schiffsort zu ziehen oder vor der Annäherung an gefährliche Untiefen sich zu schützen.

Der Überblick über die wichtigsten Aufgaben, die der Seeoffizier tagtäglich zu erfüllen hat, hat uns gelehrt, dafs für die Ortsbestimmung aus den Gestirnen, für die astronomische Steuermannskunst als wesentliche Instrumente das Spiegelinstrument und das Chronometer zu verwenden sind. Für die Ortsbestimmung ohne Beobachtung von Gestirnen, für die geographische Steuermannskunst, sowie für die Küstenschiffahrt sind die Hauptapparate der Kompafs und die Logge, sowie endlich das Lot.

Das Spiegelinstrument ist um das Jahr 1730 von John Hadley (gest. 15. Febr. 1744 zu London) und gleichzeitig von Thomas Godfrey, einem Glaser in Philadelphia (gest. 1749), erfunden worden. Infolge seiner bequemen Handhabung verdrängte es bald die bis dahin üblichen Instrumente, den Jakobsstab (No. 30), sowie den Davisquadranten (No. 31).

Der Sextant (No. 25) ist die jetzt zumeist verwendete Form dieses Instrumentes. Durch ein eigenartiges Mikrometerwerk, nach dem Portugiesen Nunez, lateinisiert Nonius genannt, — der eigentliche Erfinder des jetzt angewandten Apparates ist Pierre Vernier (geb. 1580, gest. als Generaldirektor der Münzen zu Burgund 1637) — lassen sich die zu messenden Winkel bis auf 15 oder 10 Bogensekunden genau ablesen. Der ausgestellte Sextant ist ausgestattet mit einem hohlen Führungsrohr, einem kurzen terrestrischen (Galileischen) Fernrohr, einem sogenannten Kometensucher mit grofser Objektivlinse, um bei Sternbeobachtungen ein grofses Gesichtsfeld zu ermöglichen und die Auffindung der Sterne, sowie der schwach beleuchteten Kimm zu erleichtern, und einem astronomischen (Keplerschen) Fernrohr mit 6- und 8facher Vergröfserung. Der Apparat ermöglicht, Winkel bis zu 140 Grad zu messen.

Der Halbsextant (No. 24) unterscheidet sich von dem Sextanten nur durch den geringeren Wert des zu messenden gröfsten Winkels (etwa 105 Grad), sowie durch eine einfachere Ausstattung an Fernrohren.

Um den Sternbeobachtungen, besonders den beliebten des Nordsternes, dessen geringe Lichtstärke (2. Grösse) die Beobachtungen erschwert, dem Bilde im Fernrohre eine möglichst grofse Helligkeit zu geben, bedient man sich mit Erfolg des sogenannten Nordstern-Instrumentes (No. 26), bei dem die Stelle des Fernrohres ein zweiachsiges kurzes Fernglas vertritt.

Zum Zeichen für die Entwickelung dieser Art nautischer Apparate sind mehrere hölzerne Oktanten beigefügt, die aus dem vorigen Jahrhundert stammen und ein Muster darstellen können, die in nur wenig veränderter Form auch heute noch von den Schiffern kleiner Fahrt benutzten Instrumente.

Das Chronometer (No. 38) besitzt im wesentlichen ein besonders gut gearbeitetes Uhrwerk, das nach der Zeit für den Meridian von Greenwich dauernd läuft. Besonders ist auf die Ausgleichung der Ausdehnungen, die das Metall durch die Temperaturerhöhung erleidet, durch vorsichtige Kompensation Rücksicht genommen; als Schutz gegen die Feuchtigkeit, der das Chronometer auf der Reise ausgesetzt wird, ist das Chronometer in einem doppelten, mit Filz ausgeschlagenen Kasten eingeschlossen; um es endlich gegen die Erschütterungen des Schiffes zu schützen, hängt das Chronometer in der sogenannten cardanischen Aufhängung, d. h. in einer Aufhängung in Zwieringen oder doppelachsigen Ringen. Das Uhrwerk pflegt etwa 56 Stunden zu laufen, um selbst für den Fall, dafs das Aufziehen des Chronometers an einem Tage vergessen sein sollte, ihn am anderen Tage noch gehend zu finden und so die Zeit für den Meridian von Greenwich nicht verloren gehen zu lassen. Auf gröfseren Schiffen ist es Gebrauch, zu gegenseitiger Kontrole mehrere Chronometer nebeneinander zu benutzen, da von der genauen Kenntnis der Greenwicher Zeit auch die Kenntnis der genauen Länge abhängt. Die Fehler, die jeder Chronometer besitzt und die an die Ablesungen angebracht werden müssen, heifsen Stand und Gang; ersterer, der Stand, ist der Fehler der Uhrzeit gegen die Zeit, die die Uhr zeigen sollte in einem bestimmten Zeitpunkt; letzterer, der Gang, ist die Veränderung des Standes innerhalb eines Tages. Ein Chronometer wird um so besser sein, je gleichmäfsiger sein Gang ist. Beide Werte, Stand und Gang, werden von dem Chronometermacher so oft als möglich auf hundertstel Zeitsekunden genau bestimmt, dürfen aber für den Gebrauch an Bord nicht ohne weiteres in Grunde gelegt werden, da durch die Erschütterung des Schiffskörpers in der Fahrt sich sehr oft ein anderer Gang, der sogenannte Reisegang, herausbildet, dessen sorgfältige Berechnung eine besondere Aufgabe des Seeoffiziers ist.

Der wichtigste Apparat, der dem Offizier wenigstens auf eisernen Schiffen auch die gröfste Mühe und Arbeit verursacht, ist der K o m p a f s; er ist in seiner für die Zwecke der Navigation geeigneten Form etwa im Jahre 1300 erfunden worden von Flavio Gioja aus Amalfi bei Neapel. Indessen schwebt über die Erfindung dieses Apparates noch einiges Dunkel; dafs ein freischwebender Magnetstab sich von selbst in die Nordrichtung einstellt, war den Chinesen bereits vor unserer Zeitrechnung bekannt. Im Abendlande ist die Kenntnis dieser Erscheinung erst zur Zeit der Kreuzzüge verbreitet gewesen.

Der S c h i f f s k o m p a f s ist dasjenige Instrument, an dem die Richtung des zurückgelegten Weges, d. h. der Kurs, sowie die Richtung, in welcher Landpunkte oder Gestirne gesehen werden, d. h. die Peilungen, abgelesen werden.

Derjenige Kompafs, an dem der Kurs abgelesen werden soll, heifst der S t e u e r k o m p a f s (No. 39). Seine Aufstellung an Bord wird dadurch bedingt, dafs er unmittelbar vor dem Steuerapparat, jetzt zumeist einem um die horizontale Achse drehbaren Rade, mittschiffs aufgestellt werden mufs. Die Kleinrichtung des Schiffes, d. h. die Richtung genau nach vorne, wird am Kessel des Kompasses durch einen vertikalen Strich, den Steuerstrich, bezeichnet. Dieser Kessel hängt, um ihn unabhängig von den Erschütterungen des Schiffskörpers zu machen, im Kompafsgehäuse in der cardanischen Aufhängung. Mitten auf dem Boden des runden Kessels ist in einer besonderen Fassung ein Stift aus härtestem Stahl angebracht, auf dem vermittelst eines Hutes aus hartem Edelstein eine Scheibe schwebt, die nach oben das Bild der Strichrose trägt und mit den Magneten verbunden ist, die die Nord-Süd-Striche der Rose unabhängig von der Richtung des Schiffes in der magnetischen Nord-Süd-Richtung andauernd festhalten sollen. Um die Reibung in dem Punkte, wo der Hut der Rose auf der Spitze ruht, möglichst gering zu machen, ist in dem Hute ein hohlrund geschliffener, harter Edelstein (Rubin, Saphir) angebracht. Die Einstellungsfähigkeit des Kompasses wird um so gröfser sein, je gröfser die Richtkraft der Magnete ist; um diese zu erhöhen, glaubte man früher, die Zahl der Magnete vergröfsern und diese einzeln möglichst grofs machen zu müssen. Mit dieser Gröfse der Stahlmagnete war aber unausbleiblich eine Vergröfserung des Gewichtes verbunden, wodurch dann eine sehr starke Reibung des Hutes auf dem Stahlstift hervorgerufen und der freie Gang der Rose gehindert wurde. Durch die bahnbrechenden Arbeiten von Sir William Thomson (Lord Kenvil) wurden dann aber wiederum leichte Rosen eingeführt, deren Trägheitsmoment im Verhältnis zum Gewicht trotzdem gröfser war als bei den bisherigen Rosen. Der aufgestellte Steuerkompafs zeigt die Thomson eigentümliche Rose. Auch andere Verbesserungen, die dieser Kompafs zeigt, verdanken wir diesem grofsen Gelehrten, der neben seinen grofsen Leistungen auf physikalischem Gebiete durch diese und noch manche andere Erfindung ein Wohlthäter des Seemannes geworden ist. So zeigt z. B. dieser Kompafs die Aufhängung des Gehäuses in einem starken Federring, um den ganzen Kompafskessel gegen Erschütterungen von unten durch das Aufschlagen auf Wellen zu bewahren. Ferner ist der Kessel mit einem doppelten Boden versehen, dessen

luftdicht abgeschlossener Zwischenraum mit Öl gefüllt ist, um allen auf den Kompaſs übertragenen Schaukelbewegungen und dem Stofsen der Maschine entgegen zu wirken.
Am Kompasse sollen auch die Richtungen von Gestirnen und Landpunkten abgelesen werden. Zu diesem Zwecke hat Thomson eine besondere Peilvorrichtung (No. 39 b) konstruiert, die auf dem Glasdeckel des Kompafskessels aufgesetzt wird. Eine genaue Besprechung dieser Vorrichtung liegt aufserhalb des Rahmens dieser Schrift.

Ein besonderer Peilkompaſs (No. 40), der vielfache Verwendung findet, ist mit einer vom Kompaſs selbst getrennten Visiervorrichtung versehen, die den Winkel zwischen dem Steuerstrich und dem Peilobjekt ablesen läfst; durch Anbringung dieses Winkels an den gesteuerten Kurs erhält man alsdann die Kompafspeilung. Statt der vom Kompasse ganz getrennten Peilscheibe ist die Anbringung einer Peilvorrichtung (No. 40 b) auf dem drehbaren Deckel des Gehäuses ebenfalls sehr verbreitet. Die Rosen, die nach Thomson's Angaben gebaut sind, haben den Nachteil, dafs sie durch Aufhängung des Blattes und der Magnete in Seidenfäden empfindlich sind, an ihre Stelle ist neuerdings die Benutzung des leichten Metalles, Aluminium, getreten. Rosen verschiedener Konstruktion und Gröfse (No. 41) sind aufser in den Kompassen in besonderen Reservekasten ebenso wie an Bord, so auch in der Ausstellung vorhanden.

Zu der Ausrüstung der Rettungsboote, deren Anzahl durch die Kopfzahl der Mannschaft und der Passagiere bedingt ist, gehört natürlich auch ein Kompaſs, der aus praktischen Gründen nicht zu grofs sein darf und in einem besonderen Kasten verpackt wird (No. 38).

Die Empfindlichkeit und leichte Zerbrechlichkeit, welche diese Rosen durch ihre Bauart haben, machen sie nicht für alle Fälle zum Gebrauch an Bord verwendbar, und besonders mufs es wünschenswert erscheinen, am hinteren Ende eines Dampfers, wo die Bewegung der Schraube sich besonders fühlbar macht, festere und dauerhaftere Kompasse zu besitzen. Als solche empfehlen sich die Flüssigkeits- oder Fluid-Kompasse (No. 42), bei denen die Rose, natürlich auf dem Stahlstift, in einer Flüssigkeit im luftdicht verschlossenen Kessel schwimmend angebracht ist. Die Flüssigkeit pflegt, um im Sonnenlicht sich möglichst wenig zu zersetzen, aus Alkohol oder Alkohol und Glycerin zu bestehen. Durch den Auftrieb in dieser Flüssigkeit wird das Gewicht der Rose zum gröfsten Teil, aber nicht vollständig, aufgehoben. Natürlich ist auf die Ausdehnungsfähigkeit der Flüssigkeit durch passende Vorkehrungen Rücksicht genommen. Ein Nachteil dieser Kompasse besteht darin, dafs die Rosen in der Flüssigkeit nicht so leicht beweglich sind, also sich nicht so schnell einstellen wie die anderen Rosen.

Es ist bekannt, dafs eine freihängende horizontale Magnetnadel sich nicht in die Ebene des geographischen Meridians einstellt, sondern von dieser um einen an den verschiedenen Orten der Erdoberfläche verschieden grofsen Winkel, Mifsweisung (Deklination oder Variation), abweicht. Eine Karte, die die Linien gleicher Mifsweisung, die sogen. Isogonen (No. 43), darstellt, ist im Navigationszimmer aufgehängt.

Neben dieser bekannten Abweichung der magnetischen Nordrichtung wird die Magnetnadel aber auch von Eisenmassen, die sich in ihrer Nähe an Bord befinden, beeinflufst, und zwar ist diese Einwirkung, die örtliche Ablenkung (Deviation), anders geartet, wenn sie von gehärtetem Eisen, also Stahl, oder von weichen Eisenmassen hervorgerufen wird. Beide Arten von Eisen sind in den Schiffen der Neuzeit in grofsem Maafse vorhanden und bewirken bei ungünstiger Lage zuweilen, dafs der Kompaſs genau entgegengesetzt zeigt, als er zeigen soll. Nun läfst sich ein Teil dieser Einwirkung dadurch kompensieren, dafs man wiederum in der Nähe des Kompasses Magnetstäbe und weiche Eisenkugeln anbringt. Erstere sind im Holzhause des Kompasses in dazu angebrachte Röhren eingelegt, letztere sind die grofsen Kugeln aus weichem Eisen, die seitlich vom Kompasse angebracht sind.

Dasjenige, was nun aber die Benutzung des Kompasses mit besonderer Schwierigkeit umgiebt, ist die Erscheinung, dafs die örtliche Ablenkung einen anderen Wert, und ein anderes Vorzeichen erhält, wenn der Kurs des Schiffes sich ändert. Beispielsweise war sie für den Kurs SO = + 7°, für den Kurs Süd = — 2° und für den Kurs SW = — 8° an ein und demselben Kompaſs gefunden worden. Die örtliche Ablenkung ändert sich aber nicht nur mit dem Kurs, sondern auch mit dem Orte, den das Schiff auf der Erdoberfläche einnimmt, sie ändert sich insonderheit erheblich, wenn das Schiff von nördlicher auf südliche Breite hinübergeht.

Aber die Schwierigkeiten, die diesen wichtigsten Apparat in der Navigation auf seiner Fahrt über die Meere verfolgen, sind noch nicht zu Ende. Jedes längere Anliegen eines Kurses ruft, auch ohne dafs die sonstigen Einwirkungen auf den Kompafs sich geändert haben, neue örtliche Ablenkung hervor und durch die Einführung der elektrischen Beleuchtung und elektrischen Arbeitsmaschinen an Bord unserer Schiffe ist in unmittelbarer Nähe der Kompasse eine neue Quelle magnetischer Einwirkungen geschaffen.

Durch alle diese Erscheinungen ist also dem Seeoffizier eine schwere und verantwortungsvolle Aufgabe in der Behandlung des Kompasses erwachsen. Es gilt nicht nur zu den Zeiten, wo die Sonne oder die Gestirne am Himmel stehen, aus der beobachteten Kompafspeilung und der zu berechnenden wahren Peilung des Gestirns die Fehler des Kompasses zu berechnen; es gilt vielmehr noch aus der allmählichen Veränderung dieser Fehler Schlüsse zu ziehen auf diejenigen Fehler, die der Kompafs haben mufs zu Zeiten und an Orten, wo Wolken und Nebel eine Kontrolle des Kompasses nicht ermöglichen und der Offizier allein auf sein Schätzungsvermögen oder vielmehr auf die vorsichtige Verwendung physikalischer Gesetze angewiesen ist. Mit dem Stolze, dafs der deutsche Seemannsstand sich durch Fleifs und Arbeit eine Stelle errungen hat, in der er so schwierigen Aufgaben mit Leichtigkeit gewachsen ist, kann Hand in Hand gehen das Gefühl der Sicherheit, Menschenleben und unermefsliche Werte ohne Bangen deutschen Seeleuten auf den Fahrten über die Meere anzuvertrauen!

Der Apparat, um die Länge des abgelaufenen Weges zu messen, ist die Logge. Diese besteht aus dem Loggescheit, der Loggeleine, die um eine leicht drehbare Rolle aufgerollt ist, sowie dem Loggeglas. Das Loggescheit (No. 44a) ist ein dünnes hölzernes Brettchen von der Gestalt eines fast rechtwinkeligen Kreisausschnittes, dessen Halbmesser etwa 16 cm beträgt. In dem äufseren Bogen ist ein Bleistreifen eingelegt, wodurch das Scheit im Wasser aufrecht stehen und fast vollständig eintauchen soll. Die Loggeleine ist an der gradlinigen, oberen Ecke des Loggescheits befestigt. An der Leine ist ein Hohlkegel festgenäht, in den ein Zapfen nicht zu fest eingesteckt wird, der durch zwei Schnüre mit den andern beiden Ecken des Loggescheits verbunden ist. Ist der Zapfen eingesteckt, so bleibt das Loggescheit aufrecht und nahezu an demselben Punkt im Wasser stehen, während man die Loggeleine möglichst frei vom Schiffe aus über Bord giebt. Das Loggeglas (No. 44b) ist eine Sanduhr, der $^1/_4$ Minute (genau 14 Sekunden) zu laufen pflegt; aus der in dieser Zeit ausgelaufenen Strecke im Längenmafs gemessen kann man dann durch eine einfache Verhältnisgleichung berechnen, wie viel das Schiff bei gleichmäfsiger Fahrt in einer Stunde gelaufen haben würde. Zu gröfserer Bequemlichkeit ist die Loggeleine durch eingebundene kleine Knoten so eingeteilt, dafs aus ihnen unmittelbar die Fahrt in Seemeilen abgelesen werden kann. „Ein Schiff läuft 19 Knoten" bedeutet also, dafs es in einer Stunde 19 Seemeilen abläuft. Unter einer Seemeile versteht man die Länge einer Bogenminute auf einem mittleren Erdumfang, sie ist = 1852 m oder = $^1/_4$ deutsche Meile. Die neueren Geographen verstehen zumeist unter einer geographischen Meile jetzt dasselbe wie die Seemeile.

Diese Handlogge setzt voraus, dafs die Fahrt des Schiffes eine gleichmäfsige ist, da sie ihrer Natur nach von Zeit zu Zeit benutzt, dann aber wieder eingezogen werden mufs. Ein Instrument, das nicht die Fahrt des Schiffes für eine Stunde, sondern die vom Schiffe wirklich zurückgelegte Distanz angiebt, ist Bliss' Patentlogge (No. 48). Ihre Einrichtung besteht darin, dafs andauernd im Wasser eine gewisse Strecke hinter dem Schiffe eine nachgeschleppte Schraube schwimmt, die durch den Fortgang des Schiffes in Umdrehung gesetzt wird. Diese Umdrehungen werden durch eine enggeflochtene Leine auf ein Zählwerk übertragen, das an Bord hinten an der Riegelung angebracht ist. Das Zählwerk steht nun mit dem Schraubengang in solchem Zusammenhang, dafs auf dem Zählwerk unmittelbar die abgelaufene Anzahl der Seemeilen abgelesen werden kann. Die Vorgänger dieser Patentlogge sind die Loggen von Massey (No. 45), Friend (No. 46) und Walker (No. 47) gewesen, letztere ist auch heute noch vielfach im Gebrauch.

Für die Fahrt in der Nähe der Küsten ist ferner das Lot von ganz hervorragender Bedeutung. Ist es dies dasjenige Instrument, mit dem die am Schiffsort vorhandene Wassertiefe gemessen wird. Das Ergebnis der Messung wird dann mit den Angaben der Seekarten verglichen und aus diesem Vergleich in Verbindung mit den anderen Methoden der Ortsbestimmung auf den augenblicklichen Schiffsort geschlossen. Die Tiefenangaben in den Karten sind auf den von der deutschen Admiralität herausgegebenen Karten im Metermafs, auf den englischen Karten im Fadenmafs (1 Faden = 6 Fufs engl. = 1,83 Meter) angegeben. Sie sind auf Niedrigwasser bezogen; der Unterschied zwischen Hoch- und Niedrigwasser, der Hub, ist also nach der Zeit, die seit dem letzten Hochwasser verflossen ist oder bis zum nächsten Hochwasser noch vergehen mufs, ganz oder teilweise in Rechnung zu ziehen. Dieser Hub ist für einzelne Gegenden sehr erheblich, so erreicht er an der Nordküste Frankreichs einen Wert von 43 Fufs engl. (= 13,1 Meter), im Bristol-Kanal einen Wert von 40 Fufs engl. (= 12,2 Meter); an den Mündungen der Weser und Elbe beträgt er nur 3—4 Meter.

Neben den Angaben der Wassertiefe wird auch durch eine besondere Vorkehrung aus der Lotung die Bodenbeschaffenheit entnommen. Der Meeresgrund ist seiner geologischen Zusammensetzung, seiner Färbung, seiner Struktur nach sehr verschiedenartig gestaltet und oft in kurzen Entfernungen wechselnd.

Das Ergebnis der Lotung kann nach zwei Richtungen verwandt werden, einmal um den Schiffsort da festzulegen, wo durch Meeresströmungen und durch Mangel an astronomischen Beobachtungen — im Nebel, bei bewölktem Himmel — die Ortsbestimmung unsicher geworden ist, dann aber um das Schiff vor zu grofser Annäherung an die Küste, an Riffe, Bänke oder Untiefen zu bewahren.

Für gewöhnliche Verhältnisse und auf den Segelschiffen fast allein wird das gewöhnliche Lot (No. 51) gebraucht, das seiner Gröfse nach unterschieden Handlot, Mittellot oder Tiefenlot genannt wird. Die Einrichtung desselben besteht darin, dafs ein schweres Gewicht (in spitzer Kegelform) aus Blei ins Wasser gelassen wird, und die Länge der Leine für die Tiefe, in der das Lot auf den Meeresgrund aufstöfst, abgelesen wird. Die Lotleine ist, um das Ausmessen zu erleichtern, in Abschnitte nach Faden oder Meter eingeteilt, die durch farbige Lappen gekennzeichnet werden. Zur Feststellung der Bodenbeschaffenheit ist das Lot am Boden ähnlich dem Boden einer Weinflasche ausgehöhlt und dieses Loch mit Talg — der Seemann nennt dies Lotspeise — ausgefüllt. An diesem haftet eine geringe Menge des Meeresgrundes und wird beim Aufholen des Lotes an Bord gebracht. Die Seekarten enthalten über die Bodenbeschaffenheit genaue Angaben.

Diese Verwendung des Lotes setzt voraus, dafs das Schiff ausser Fahrt gebracht wird und still liegt, da die Meerestiefe natürlich senkrecht von Bord gemessen werden mufs. Dies ist besonders für die grofsen und schnellfahrenden Passagierdampfer eine Unannehmlichkeit, da das Stoppen der Maschine und das Stilliegen einen erheblichen Zeitaufwand erfordern, bei der oft notwendigen häufigen Wiederholung dieses Manövers die Reise also doch nicht unwesentlich verlängern würde.

Wir verdanken nun wiederum dem schon mehrfach erwähnten Sir William Thomson einen geistreichen Apparat, der die Meerestiefe zu messen ermöglicht, ohne dafs die Fahrt des Schiffes auch nur gemäfsigt zu werden braucht. Das Eigentümliche dieses Patentlotes (No. 52) besteht darin, dafs mit dem Bleilote, das lediglich als Gewicht und zur Aufnahme der Talgspeise für das Anhaften des Meeresbodens dienen soll, in einer unten durchlochten langen Messinghülse ein Lotrohr hinabgelassen wird. Dieses Lotrohr ist eine etwa 800 mm lange Glasröhre, die oben durch ein Kupferhütchen und Siegellack luftdicht verschlossen, unten offen ist; im Innern ist die Glasoberfläche mit einer rötlichen Substanz, chromsaurem Silber, dünn belegt. Beim Sinken des Lotes wird nun durch den Druck, den das Wasser nach allen Seiten, also auch nach oben ausübt, das Wasser in diese Röhre, aus der die in ihr vorhandene Luft nicht entweichen kann, bis zu einer gewissen, mit der Wassertiefe in unmittelbarem Zusammenhang stehenden Höhe hineingepreſst. Der Salzgehalt des Meerwassers setzt sich dann, sowie das Wasser hinaufsteigt, mit dem chromsauren Silber chemisch zusammen und entfärbt den rötlichen Belag, der davon entweder gelblich oder bläulich erscheint. Aus der Höhe der Entfärbung kann man mittelst eines dafür berechneten Mafsstabes, auf den die Röhre aufgelegt wird, die Wassertiefe unmittelbar ablesen.

Die in dem Vorgehenden verschiedentlich erwähnten Seekarten sind in der Ausstellung in mehreren Exemplaren (No. 54) vorhanden, von denen die eine Karte, den Nordatlantischen Ozean darstellend, eine englische Karte ist, während eine andere Karte: »Die deutsche Bucht der Nordsee«, von der Deutschen Admiralität

2

herausgegeben, das Gebiet von der Elbe bis nach Texel umfafst. Es sei darauf hingewiesen, dafs auf der Karte des Nordatlantischen Ozeans die Tiefenangaben nur nahe der Küste und in englischen Faden gegeben werden, während die Karte der südlichen Nordsee die aufserordentlich stark wechselnden Tiefen in Metermafs und den wechselvollen Meeresgrund auf den Bänken deutlich zeigt. Die Apparate, mit denen auf der Karte die Aufgaben der Steuermannskunst zeichnerisch ausgeführt werden, liegen auf der Karte, es sind die Parallellineale in verschiedenen Konstruktionen, Zirkel und Transporteure (No. 55).

Über die Leuchtfeuer, die zur Unterscheidung von einander in reicher Mannigfaltigkeit längs der Küste der Meere aufgestellt sind, giebt das Leuchtfeuerbuch (No. 56) nach amtlichem Material bearbeitet Auskunft. Aus dem Vorworte desselben ist zu entnehmen, dafs sich die Feuer ihrer Art nach unterscheiden in feste Feuer, feste Feuer mit Blinken, Wechselfeuer, Blinkfeuer, Funkelfeuer, Blitzfeuer und unterbrochene Feuer. Als Farben der Lichter sind fast nur die am besten leuchtenden Farben rot, weifs und grün gewählt, nur in vereinzelten Fällen kommen blaue Feuer vor. Die Lichtquellen der Feuer sind zumeist Petroleumlampen, in neuerer Zeit kommt auch hier das elektrische Licht für besonders geeignete Punkte in Frage; durch ein System von Glaslinsen wird die Intensität des Lichtes nach bestimmter Richtung zusammengefafst. Die Entfernung, bis zu welcher das Feuer gesehen werden kann, ist abhängig von der Höhe des Lichtes über der Meeresfläche.

Zur besseren Orientierung des Schiffers werden Segelanweisungen ausgearbeitet, von denen als Beispiel die Segelanweisungen für die Nordsee (No. 57), ausgearbeitet im Reichsmarineamt, ausliegen. Die deutsche Seewarte hat die Schiffahrt mit ausführlichen und sehr übersichtlichen Segelanweisungen für den atlantischen und indischen Ozean bescheukt, denen physikalische Atlanten von wissenschaftlicher Bedeutung angefügt sind. (No. 58.)

Dem Seemann, der den Nordatlantischen Ozean in seinem nördlichen Teile zu befahren hat, ist die Kenntnis der Eisverhältnisse von besonderem Werte, und beim Begegnen von Schiffen auf See ist die Frage, ob und wo Eisfelder oder Eisberge gesehen worden sind, eine sehr natürliche. Um bei der durch Signalflaggen vermittelten, also mühsamen und Zeit raubenden Unterhaltung möglichst einfach eine möglichst genaue Auskunft geben zu können, ist von Amerika aus ein besonderer Jee-Code ausgearbeitet, dessen Erklärung sich aus dem Aufdruck leicht ergiebt. Aufserdem giebt in jedem Monate das Hydrographic Office zu Washington eine Übersichtskarte über alle bis zum letzten Augenblicke, oft telegraphisch übersandte Mitteilungen nautischer und meteorologischer Angelegenheiten unter dem Titel Pilot chart of the North Atlantic Ocean und of the North Pacific Ocean heraus. Diese sehr schönen und verbreiteten Karten werden auf Kosten der amerikanischen Regierung gedruckt und in der freigebigsten Weise allen Interessenten zugesandt.

Über die Verhältnisse der Gezeiten werden vom Deutschen Reichsmarineamt Gezeitentafeln (No. 49) herausgegeben, die die Hochwasserzeiten einer Reihe von Plätzen von Tag zu Tag, sowie die Hülfswerte zur Berechnung der Hochwasserzeit für jeden Tag und für jeden Hafen enthalten. Über die durch die Gezeiten hervorgerufenen Strömungen geben für den englischen Kanal und die Nordsee die 12 Stromkarten (No. 50) in übersichtlichster Weise Auskunft, die wir der Arbeitskraft und der Darstellungsgabe des Herrn Kapitän Carl H. Seemann zu Hamburg verdanken

Für die Berechnung der in den Aufgaben der Steuermannskunst angegebenen Werte sind besondere Tafeln erforderlich, die vor allem die Elemente der zu den Beobachtungen geeigneten Gestirne enthalten. Diese Tafeln werden von den Regierungen auf mehrere Jahre vorausberechnet; es liegen aus (No. 59) ein Nautical Almanac vom Jahre 1894 und die deutschen Jahrbücher von den Jahren 1895, 1896 und 1897. In gedrängter Zusammenstellung der wichtigsten Werte erscheint in Verbindung mit einigen bequemen Tafeln ein »Kleines nautisches Jahrbuch« und an mehreren Orten ist es Gebrauch, solche Tafeln im Zusammenhang mit allerhand polizeilichen Vorschriften und Verordnungen als ein kleines Handbuch dem Kreise der Interessenten zu bieten. Für die Weser erscheint ein solches Handbuch unter dem Titel »Aus See nach Bremen-Stadt« (No. 60), herausgegeben auf Veranlassung der Bremer Handelskammer.

Für die Rechnungen sind endlich besondere nautische Hülfstafeln erforderlich, die auch die erforderlichen Tafeln der Logarithmen enthalten. Die weiteste Verbreitung haben die nautischen Hülfstafeln von Arthur Breusing (No. 61) gefunden, dessen Lehrbuch, die Steuermannskunst, als das beste, verdiente Anerkennung gefunden hat. Diesem bedeutenden Gelehrten verdanken wir auch manche Aufschlüsse über die Geschichte der nautischen Instrumente sowie ein praktisches Handbuch der Kartendarstellung.

Für die Fragen der reinen Seemannschaft ist vor kurzem ein Werk erschienen, das unter dem Titel »Handbuch der Seemannschaft" von A. Mühleisen (No. 65) besonders für die Handelsmarine von hervorragendem Werte sein dürfte.

Es ist verständlich, dafs die meteorologischen Verhältnisse zur Vorausbestimmung des zu erwartenden Wetters für den Seemann von Wichtigkeit sind. Ein jedes Schiff ist deshalb ausgestattet (No. 67 a—d) mit einem Marine-Barometer und einem Aneroid-Barometer, sowie einem Trocken- und einem Feuchtigkeits-Thermometer zur Feststellung des Luftdruckes, der Temperatur und des Feuchtigkeitsgehaltes der Luft.

Zweite Abteilung.

Historische Ausstellung, betreffend die Entwickelung der Seekarten vom XIII.—XVIII. Jahrhundert oder bis zur allgemeinen Einführung der Mercator-Projektion und der Breitenminute als Seemeile.

Zusammengestellt und beschrieben von Prof. Dr. Herm. Wagner, Göttingen

Vorbemerkungen. Die historische Ausstellung bezweckt nicht ein möglichst reichhaltiges Material zum Studium der Frage über die Entwickelung der Seekarten aus den Bibliotheken und Kartensammlungen des In- und Auslandes zusammen zu bringen, sondern in bescheidenem Rahmen ein Bild dieser Entwickelung an der Hand der wichtigsten Typen zu geben. Weitaus die Mehrzahl der ausgestellten Einzelkarten stammt aus der Kartensammlung des geographischen Instituts der Universität Göttingen. (G. Inst. Göttingen.) Wenn ein grosser Teil derselben den Fachmännern aus den entsprechenden Werken längst bekannt ist, so dürfte es für sie von Interesse sein, viele derselben zu einem Gesammtbild zusammengesetzt und in systematischer Folge aufgehängt zu sehen.

Daneben haben eine Reihe von Bibliotheken, unter denen vor allen diejenigen der Seefahrtsschule zu Bremen (S.-Sch. Bremen), die K. Bibliothek zu Berlin (K. Bibl. Berlin), die Universitätsbibliothek zu Göttingen (Univ.-B. Göttingen), die Kommerzbibliothek in Hamburg (Komm.-Bibl. Hamburg), die Stadtbibliothek zu Lübeck (St.-Bibl. Lübeck) zu nennen sind, das Unternehmen durch die Überlassung von Seebüchern und Seeatlanten auf die liberalste Weise unterstützt, und wichtige und z. T. kostbare Einzelwerke sind uns von der Kaiserlichen Hofbibliothek in Wien, den Universitätsbibliotheken zu Marburg und Heidelberg, von Frankfurter Bibliotheken, dem Germanischen Nationalmuseum zu Nürnberg, der deutschen Seewarte in Hamburg geliehen. Allen diesen Instituten darf an dieser Stelle der wärmste Dank des Ausschusses des XI. Deutschen Geographentages ausgesprochen werden.

Die Anordnung der Ausstellung ist zwar nach historischen Perioden gegliedert, aber doch nicht streng chronologisch geordnet, weil die Zeitabschnitte nicht hart nach einander abschneiden, sondern durch längere Übergangsperioden verknüpft sind.

1. Da uns aus dem Altertume und dem patristischen Mittelalter nichts überliefert ist, was auf den Namen einer nautischen Küsten- oder Seekarte Anspruch machen könnte, so haben wir bei den Erzeugnissen der Italiener zu beginnen, für welche die

Zeit der Kreuzzüge den Aufschwung seemännischer Thätigkeit und Ausbildung mit sich brachte. Von diesen nautischen Karten der Italiener sind uns zahlreiche seit dem Anfang des XIV. Jahrhunderts erhalten (die älteste datirte stammt aus dem Jahre 1311 (No. 110), aber es kann kein Zweifel sein, dass ihr Ursprung viel weiter zurückreicht und die sog. Pisanische Weltkarte (No. 107) stammt sicher aus dem XIII., wenn nicht XII. Jahrhundert. Deutschlands Bibliotheken sind — abgesehen von Wien — nicht reich an entsprechenden Originalen. Ein solches von sehr hohem Alter (1318) findet sich in Visconte's interessantem Seeatlas auf der Ausstellung (No. 111). Den weit grösseren Schatz an derartigen Karten bergen die Archive und Bibliotheken Italiens. Viele derselben sind in den letzten zwei Jahrzehnten durch die Photographie, den Lichtdruck oder durch farbige Facsimilezeichnung allgemein zugänglich gemacht. Auf diesen Reproduktionen, welche nicht immer in den Handel kommen, baut sich unsere Ausstellung hauptsächlich auf, wenn es auch nicht ganz an Original-Handzeichnungen (No. 126, 123—132) fehlt.

Es handelt sich dabei zunächst um kleinere oder grössere Seeatlanten, d. h. um Karten der von Italienern besuchten Küsten. Es sind dies die einzelnen Becken des Mittelmeeres und die atlantischen Gestade der alten Welt in allmählich sich erweiterndem Rahmen (Flandern und Schottland im Norden, Capverden im Süden). Der Typus dieser Karten ist der gleiche, wie er sich bis in das XVIII. Jahrhundert auf den Seekarten erhalten hat. Das Netz von Hülfslinien besteht aus den geradlinigen Strahlen einer zentralen (romanischen) Windrose, welche von einem Kranz von 16 ähnlichen Nebenrosen symmetrisch umgeben ist. Dieses Liniensystem ist bereits an Stelle des ursprünglichen quadratischen Netzes getreten, welches seit den ältesten Zeiten der Konstruktion aller Seekarten bis zur Einführung der Mercator-Projektion zu Grunde gelegen hat. Die Tafeln Nr. 106 geben die wichtigsten Typen der Entwickelung jener Liniensysteme. Das ursprüngliche Netz quadratischer Maschen von je 100 Miglien Seitenlänge (vergl. die Pisanische Karte Nr. 107) hat ebenso wenig wie das Netz von Kompassrosen mit dem Gradnetz der Erde direkt etwas zu thun, mit welchem die wissenschaftliche Geographie seit dem Zeitalter des Marinus und Ptolemäus (2. Jahrh. nach Christo) die Erde übersponnen hat. Aber die senkrecht sich schneidenden Strahlen der Kompassrosen deuten die Hauptrichtungen Ost-West und Nord-Süd an und damit erweisen sich diese Karten als Plankarten. Die Italiener betrachteten wie die Nautiker des Altertums das von Meeresbecken bedeckte Stück der Erdoberfläche als eine Ebene. Keiner dieser Karten fehlt ein Meilenmassstab, aber fast nie ist derselbe durch eine Legende, eine Erklärung ausgezeichnet. Die grösseren Spatien bezeichnen 50, die kleineren 10 Miglien. Die Orientirung der älteren nautischen Karten ist stets mit dem Norden nach unten, wenn auch Osten noch immer als die vornehmste Richtung gilt, was auf den Einzelblättern der Seeatlanten nicht immer hervortritt. Das Kartenformat bestimmt die Grösse des Kranzes von Nebenrosen. Selten übersteigt das Einzelblatt die Grösse von 40 × 40 cm, so dass der Massstab der Karten der einzelnen grösseren Meeresbecken — Schwarzes Meer, Levantisches Meer, Jonisches und Thyrrhenisches Meer, spanische Gewässer, französisch-englische Gewässer — zwischen 1 : 4 000 000 bis 1 : 7 000 000 zu schwanken pflegt. Nur für den Archipel und das Adriatische Meer fehlt es nicht an Karten im Massstab von 1 : 2 bis 2^1/$_2$ Millionen. Die Namen der Küstenpunkte sind — von Inselnamen etc. abgesehen — stets senkrecht zur Küste in das Gebiet des Landes geschrieben, sodass, um die Namen zu lesen, ein beständiges Drehen der Karte erforderlich ist. Die Schrift ist zumeist die gothische.

Frühzeitig hat man die Karten der Einzelbecken auch zu nautischen Generalkarten des Mittelmeeres nebst westlichen Aussenküsten vereinigt. Seltener finden sich solche Kartenbilder kleineren Massstabes (ca. 1 : 20 000 000) in den oben geschilderten Seeatlanten (s. Andrea Bianco No. 121). Vielmehr richtet sich die Grösse der Darstellung für solche Generalkarten meist nach dem Raume, welchen ein einziges Pergament, ein Lammfell etc. bietet. Daher pflegt der Massstab dieser Generalkarten in allen Jahrhunderten ziemlich der gleiche (ca. 1 : 6 000 000) zu sein. Das Liniennetz ist das gleiche. Aber der Radius des Kranzes von Kompassrosen erweitert sich. Zuerst pflegt das Liniensystem sich aus zwei grösseren Kränzen, die sich in der ostwestlichen Mittellinie berühren, zusammengesetzt zu sein. Später bedeckt eine Zentralrose mit ihren weit abstehenden Nebenrosen die Karte, sodass der Halbmesser des Kranzes 20 und mehr Erdgrade übersteigt. Auch jetzt fehlt noch jede Beziehung zum Gradnetz. In der Generalkarte ist die mittlere Ostwestlinie die Hauptorientirungslinie. Die älteren unter ihnen haben den Osten auch oben gehabt, wie man daran erkennen kann, dass der Osten in der Richtung der Zunge des Pergaments, an welcher der Aufhängepunkt jener nautischen Generalkarten sich befindet, gezeichnet ist (No. 107, 114). Seit dem XV. Jahrhundert ists umgekehrt (No. 118). In der Ausstellung sind jedoch die Karten zumeist in der uns geläufigen Orientirung aufgehängt. Die ostwestliche Mittellinie bezw. die ihr parallelen Linien bleiben durch viele Jahrhunderte in merkwürdig fester Lage zu den Breitenparallelen. Sie bilden innerhalb des Mittelmeeres mit diesen einen Winkel von annähernd 8—10°, und weichen westwärts nach Norden ab. Die senkrechten Linien bilden ähnlich mit den Meridianen einen Winkel und weichen nordwärts nach Osten ab. Man hat diese Karten daher Kompasskarten genannt, und man vermuthete, dass sie aus Aufnahmen der Küsten und aus der Bestimmung von Querkursen mittelst des Kompasses und der Gissung hervorgegangen seien, als östliche Misweisung im Mittelmeere herrschte. Diese Ansicht dürfte jedoch nur bedingte Richtigkeit beanspruchen und das Alter der Karten ein weit höheres sein, als man bisher annahm.

Ohne den Charakter der nautischen Karte aufzugeben, haben einzelne italienische Kartographen die inneren Landflächen mit Flüssen, Namen von Städten und Ländern (Reichen), sowie einzelnen historischen Legenden bedeckt. Man pflegt die Karten alsdann Weltkarten -- im Sinne des Mittelalters — zu nennen (s. die Katalanische Weltkarte von 1375 (No. 117). Dieser Ausdruck bleibt allerdings wohl besser denjenigen Karten vorbehalten, welche die gesammte bewohnte Erde zur Anschauung zu bringen suchen und deshalb den viereckigen Rahmen der nautischen Generalkarten gern durch einen Kreis (Fra Mauro No. 134) oder durch grosse Bogenlinien (Genues. Weltkarte v. 1457 No. 133) begrenzen. Unter letzteren kommen für uns nur solche in Frage, welche sich im Mittelmeergebiet bei der Darstellung der Landumrisse an die erwähnten nautischen Karten halten.

Diesen nautischen Karten der Italiener stehen kurzgefasste Segelanweisungen, Portulane, zur Seite, von denen sich auch einige aus früherer Zeit erhalten haben. Dieselben beschränken sich auf die Küstenbeschreibungen zwischen England und Flandern einerseits bis ins Schwarze Meer andererseits (No. 188 ff.) und bilden die unmittelbaren Vorläufer der sog. niederdeutschen Seebücher (s. Unterabt. VI.)

2. Im Zeitalter der Entdeckungen beginnt mit der räumlichen Erweiterung der Seefahrten über grosse oceanische Gebiete — der grossen Seefahrt — neben den bisherigen ausschliesslich terrestrischen (geodätischen) Orientirungsmitteln, Kompassrichtung und Gissung, — Kurs und Distanz — sich das Bedürfnis nach einem astronomischen fühlbar zu machen. Man bestimmt gelegentlich am Lande die geographische Breite nach der Höhe des Pols oder indirekt nach der Sonnenhöhe. Wenn man sich sodann unter den schwankenden Annahmen für die Grösse der Erde für eine bestimmte Zahl von Schiffsmiglien entschloss, welche einem Erdgrad (Breitengrad) entsprechen sollte, so konnte man von dem astronomisch bestimmten Punkte aus längs einer Meridianlinie die Breiten anderer Punkte auf der Karte graphisch bestimmen. Auf den Seekarten prägt sich diese Rücksichtnahme auf die Breitenzone, in welcher das Kartengebiet gelegen war, durch die Beigabe einer sog. Breitenskala längs eines beliebigen Meridians aus und dieser wichtige Fortschritt, der uns zu den sog. graduirten Seekarten führt, scheint nicht vor dem Anfang des XVI. Jahrh. gemacht zu sein (vergl. die Karte Canerio's v. 1502. No. 139). Die Eintragung von Aequator und Wendekreisen kann als Vorläufer dieser Graduirung gelten (de la Cosa 1500 No. 136). Im übrigen unterscheiden sich die Seekarten am Anfang des XVI. Jahrh. in nichts von den bisherigen rücksichtlich des Liniennetzes, welches in völliger Unabhängigkeit von den oben genannten Hauptparallelen oder der Breitenskala eingezeichnet wird. Allmählich rückt die Zentralrose aber mehr nach Süden und mit ihrem Eintreffen im Aequator wird letzterer zugleich Mittellinie der Welt-

karten (Portug. Karte v. J. 1519. No. 147). Erst seit dieser Zeit zeigen die Seekarten eine Einteilung des Aequators in Grade oder Vielfache solcher. Niemals aber findet sich auf den Seekarten dieses Zeitalters ein ausgezogenes Gradnetz oder nur ein System von Breitenparallelen oder ein solches von Meridianen. Der Grund ist einmal, dass teils die verschiedenen Annahmen über die Grösse der Erde, teils die Unbekanntschaft mit dem Wesen des loxodromischen Kurses und mit dem Betrage des örtlich verschiedenen Grades der Misweisung die europäische Breitenskala im Widerspruch mit der amerikanischen brachten. So hat es 30 Jahre gedauert, bis auf den Karten damaliger Zeit die von Kolumbus entdeckten Inseln in richtige Breiten südlich des Wendekreises rückten, wiewohl man längst die Breiten annähernd richtig astronomisch bestimmt hatte. Fortan nahm man fast allgemein zur See den Erdgrad zu 70 Miglien oder $17^1/_2$ spanischen Leguas an und unterschätzte damit (da 1 Miglie nur ca. 0,8 Seemeilen) die Grösse der Erde nur noch um ca. $7^0/_0$.

Viel länger aber hat es gedauert, bis man für die Karten der grossen (überseeischen) Seefahrt die Punkte gleicher geographischer Länge längs senkrechter Meridianlinien ordnete und also eine einheitliche Cylinderprojektion oder den Plattkarten-Entwurf für dieselben zu Grunde legte. Vielmehr blieben z. B. die atlantischen Inseln auch auf den meisten nautischen Generalkarten des XVI. Jahrhunderts genau in der gleichen Entfernung von den europäisch-afrikanischen Küsten, wie auf den Spezialkarten der europäischen Gewässer. Mit andern Worten die Generalkarten setzten sich aus Teilkarten verschiedener Gebiete zu einem Ganzen zusammen, in welchem die ostwestlichen Abstände den jeweiligen Mittelbreiten angepasst sind. Eine Verarbeitung des Materials zu einer quadratischen Plattkarte kennt das Zeitalter der Entdeckungen noch nicht und man ist über schwache Anfänge in dieser Richtung kaum hinausgekommen (s. Karte Reinels No. 141. Es sind diese Verhältnisse erklärlich, weil man kein praktisches Mittel zur Längenbestimmung auf See vor dem XVIII. Jahrh. hatte und noch gewohnt blieb, bei Berechnung der Kurse breite Streifen längs der Parallelen als ebene Flächen zu betrachten.

3. Dies letztere tritt besonders deutlich in der folgenden Periode zu Tage, wo Holland beginnt eine führende Stellung in der Nautik und besonders dem Seekarten-Wesen einzunehmen. Neben den Spezialkarten, die einen kleineren oder grösseren Küstenstrich zur Darstellung bringen und sich äusserlich in nichts von den Kompasskarten des Mittelalters unterscheiden (vergl. die Karten der grossen Seebücher Abt. VII ff.), interessiren besonders die nun auftauchenden „gleichgradigen Passkarten". Die Breitenskala rückt, wie auf unsern heutigen Karten, auf den westlichen und östlichen Rand. Aber auch der obere und untere Rand erhält zuweilen eine Gradeinteilung. Wenngleich nun diese letztere nicht selten nach Erdgraden oder Graden der Breite, wie

an den Seitenrändern, erfolgt, so dass beim Ausziehen der Gradlinien quadratische Maschen entstehen würden (s. Gerrit's Generale Pascaerte v. 1592, No. 171, Waghenaer No. 173), so sind dies keineswegs quadratische Plattkarten, sondern sog. rechteckige. Denn es ist hinsichtlich der Lage der eingetragenen Punkte stets ein bestimmtes Verhältnis der Länge zur Breite beibehalten, wie es etwa der Mittelbreite der Karte oder einem einfachen Verhältnis des Längen- zum Breitengrad innerhalb der Karte entspricht. So ist Gerrit's Pascaerte von Europa von 1592 (No. 171) eine solche für die Mittelbreite von 37° (5° L. = 4° Br.), diejenige von Middagten No. 174 eine solche für 48° (3° L. = 2° Br.), diejenige Middagten's der Nordsee (No. 176) eine solche für 64° N. In gleicher Weise herrscht das System der gleichgradigen Passkarte für eine zum Karteninhalt in näherer Beziehung stehende Mittelbreite bei den Spezialkarten noch durch zwei Jahrhunderte vor. Aber bei weitaus den meisten fehlt jede Einteilung des oberen und unteren Kartenrandes, sodass die Bestimmung der gewählten Mittelbreite aus dem Verhältniss des Längen- zum Breitengrade ihre Schwierigkeit hat, weil sich in den ostwestlichen Abständen der Küstenpunkte grosse Fehler lange erhalten haben. (Vergl. die Umrisskarte nach Gerrits v. 1592 mit eingetragenen wahren Meridianen No. 172). Diese Jahrhunderte kennen wie gesagt ein ausgezogenes Gradnetz auf der gleichgradigen Passkarte kaum. Eine Weltkarte in quadratischer Plattkartenprojektion liegt jedoch in derjenigen Arnoldi's v. J. 1600 (No. 158) vor. Bis zur Mitte des vorigen Jahrhunderts sind die "gleichgradigen Passkarten" mit dem gleichen Kranz von Strichrosen wie die älteren bedeckt. Dann erst beginnt man andere Kreuzungspunkte der Richtungslinien mit Strichrosen zu versehen. (Bellin No. 177), bis man in Einzelfällen diesem Liniensystem ein wirkliches Netz von Quadratgraden zu Grunde legt (Schwedische Karte der Nordsee v. Hoeg v. J. 1769 No. 178) und damit gewissermassen zum alten System des frühen Mittelalters zurückkehrte. Nur ist an Stelle des 100-Miglien-Quadrats der Quadratgrad getreten.

Keiner dieser Plattkarten fehlt der Meilenmaassstab. Die Seekarten der westeuropäischen Völker pflegen vielmehr meist den dreifachen Maasstab in deutschen Meilen (15 = 1°) englischfranzösischen Seelieues (20 = 1°) und spanischen Meilen (17$^1/_2$° = 1°) einzusetzen.

Für alle oben geschilderten Gesichtspunkte geben neben den einzelnen ausgestellten Seekarten diejenigen der grossen (niederländischen) Seebücher (Seespiegel, Licht der Seefahrt, Leuchtende Fackel der Seefahrt etc.) (s. No. 206—230) und ebenso die Karten der grossen niederländischen und französischen Seeatlanten des XVII. und XVIII. Jahrh. vielfache Belege. Für die ersteren hat Lucas Jansz Waghenaer's Seespiegel (lat. Aurigarius, franz. Chartier, engl. Waggoner) 1584 das vielfach nachgeahmte und weit verbreitete Muster geliefert. Es sind diese Seebücher wirkliche Segelanweisungen mit den entsprechenden

Küstenkarten. Die meisten erstrecken sich nur auf die kleinere Fahrt längs der Küsten Europas. Es ist bemerkenswert, dass ebenso wie die Karten des Mittelmeeres, so auch die der Ostsee und der Nordischen Küsten ausserordentlich lange ohne Breitenskalen (b zw. der eingeteilten Kartenränder) geblieben sind. Ein Beweis, dass dort der Seemann ebenso ohne die Höhenmessungen auskam.

4. Die grosse Reform der Seekarte ist bekanntlich von einem Binnenländer ausgegangen, Gerhard Krämer gen. Mercator, dessen grosse Weltkarte v. J. 1569 neuerdings nach einem der wenigen erhaltenen Exemplare in vortrefflicher Reproduktion wieder allgemein zugänglich gemacht ist (Nr. 161). Der Vorzug für die Nautik liegt darin, dass der loxodromische Kurs, welcher die Meridiane stets unter gleichem Winkel schneidet, als gerade Linie auf der Karte erscheint. Dies wird dadurch erreicht, dass die Breiten stets in demselben Maasse vergrössert werden, in welchem bei jeder Cylinderprojektion die Längen polwärts wachsen. Nur die Niederländer haben für diese Küstenprojektion einen das Wesen bezeichnenden Namen gebraucht „wassende Gradkaart". Die Engländer nannten sie früher „Mr. Wrights projection" (vergl. The Engl. Pilot 1711, No. 226), aber damals hatte sich der Name Mercators doch schon halb und halb eingebürgert („commonly called Mercators-projection"). Die Franzosen bezeichneten die Entwurfsart als „Carte reduite."

Es hat nun ausserordentlich lange gedauert, bis die angedeutete wichtige Reform allgemeiner durchgeführt ward. Aus dem XVI. Jahrh. sind Nordenskiöld nur zwei Anwendungen bekannt geworden, unter denen diejenige von 1599 (s. No. 162) wohl nicht mit Unrecht auf Edw. Wright selbst zurückgeführt wird, dessen Werkchen „Certain Errors in Navigation detected and corrected" zuerst 1599 in London erschien. Nach den von ihm zuerst berechneten Tafeln war es nicht mehr schwer, das Gradnetz einer solchen Karte mit wachsenden (vergrösserten) Breiten zu entwerfen. Wenn sich die Neuerung dennoch so langsam Eingang verschaffte, so lag es an dem Umstand, dass die Schwierigkeit der Berechnung der Distanz auf der Karte die Vorteile der Geradestreckung der Loxodrome für den gemeinen Seemann damaliger Zeit aufwog. Das mächtige Werk Sir Rob. Dudley's v. J. 1630 (No. 231) „Arcano del mare", welches in Italien entstand und sich wesentlich die Aufgabe stellte, den loxodromischen Kurs und die damit verbundene Reform der Seekartenprojektion zu erläutern, scheint doch nur wenig Verbreitung gefunden zu haben. In diesem sind bereits sämmtliche Karten, die insgesamt sozusagen den ersten grossen Seeatlas darstellen, in Mercators-Projektion entworfen.

In den Niederlanden beginnt mit dem Jahre 1660 etwa die gewaltige Produktion der Seeatlanten (vergl. No. 232 ff.), mit der unsere Nachbarn fast ein Jahrhundert den Markt beherrscht haben. Ganz vereinzelt dringt die Mercators-Projektion in dieselben ein und begreiflicher Weise zuerst bei den weite ozeanische Gebiete umfassenden Generalkarten (van Keulen 1681). Ebenso trat das Bedürfniss für die Abweichung von der Plattkarte in den höhern Breiten hervor. Jacob Colom verleibte seiner „Vierigen Colom" (Feurigen Säule) 1662 bereits eine grosse wassende Gradcaert ein für den nördlichen atlantischen Ozean bis Spitzbergen (in No. 221). Die Franzosen und Engländer gingen erst seit Mitte des vorigen Jahrhunderts in dieser Hinsicht etwas rascher vor. (s. Bellin No. 246.) Gegen Ende des XVIII. Jahrhunderts beginnt sich die Mercators-Projektion auch für die Übersichtskarten kleinerer Meeresbecken einzubürgern und die allgemeine Einführung fällt durchaus erst in das jetzige.

Die Eintragung des Gradnetzes, welche Mercator selbst als wissenschaftlicher Geograph auf seiner Karte durchführte, hat bei den Nautikern keine Nachahmung gefunden. Auch hier blieb man bei dem Kranz von Strichrosen stehen. (No. 164—177).

Charakteristisch ist aber das Verschwinden des Meilenmassstabes auf diesen Karten zu Zeiten, wo er auf anderen Plattkarten niemals fehlt. Dafür war der Kartenrand bei ersteren stets graduirt. Es würde aber ein Irrtum sein, die Einführung der Breitenminute als Seemeile als eine unmittelbare Folge der „Seekartenprojektion", wie man nicht selten die Mercatorsprojektion schlechtweg genannt hat, anzusehen. Vielmehr sind die Niederländer, Deutschen und Skandinavier bis in die Mitte unseres Jahrhunderts bei der grossen germanischen Seemeile, $15 = 1°$, die Franzosen bei den Lieues marines $20 = 1°$, die Engländer bis in den Anfang desselben bei den Sea leagues $20 = 1°$ stehen geblieben. Davon geben selbst die jüngsten hier ausgestellten Karten (Arrowsmith 1790 No. 170, v. Keulen, Noordzee, 1817, No. 179) Zeugnis. Ebensowenig haben sich die Nautiker Italiens der Meile, $60 = 1°$, zur See während der letzten Jahrhunderte bedient, in welchen dieser Wert im Gebiete der Geographie allgemein als die „italienische Meile" galt. Die heutige Seemeile, als mittlere Breitenminute, verdankt ihre allgemeine Anwendung zur See durchaus erst der allgemeinen Einführung der Mercators-Projektion für die Seekarten, ist daher in der nautischen Praxis erst ein Kind unseres internationalen Jahrhunderts. Die Engländer haben mit ihrer ausserordentlichen Rührigkeit im Seekartenwesen während der letzten 150 Jahre, welche den Stock britischer Admiralitätskarten auf mehrere Tausende gebracht hat, am meisten zum Siege der „Seekartenprojektion" wie der „Minutenmeile" beigetragen. Letztere tritt als Sea mile ($60 = 1°$) neben der Sea league ($20 = 1°$) zuerst nur auf Küstenkarten sehr grofsen Maafsstabes seit Beginn des vorigen Jahrhunderts auf (s. No. 229).

5. Eine eigentümliche Rolle spielt die Seekarte des Mittelmeers in der hier in Frage kommenden Litteratur. In merkwürdig getreuen Umrissen, jedoch gegen die wahre Lage etwa um einen Strich der Kompassrose verschoben, haben sie uns die Italiener des Mittelalters überliefert. Aber ihre Umrisse haben niemals zu den gleichfalls schon von den Italienern des XIV. Jahrh. sehr richtig

niedergelegten atlantischen Küstenkarten stimmen wollen. Man hat diese Widersprüche im Mittelalter selbst nicht empfunden und daher nicht erkannt. Als man zu graduirten Karten überging, traten sie sofort in der zu wählenden Breitenskala hervor. Die einfache Drehung der Achse des Mittelmeers, wie sie z. B. die spanischen Weltkarten von 1527 und 1529 schon versuchten (No. 149—52) sind von der nautischen Praxis bald wieder aufgegeben. Erst als man anfing, die Mittelmeerkarte im Verhältnis zu den Aussengestaden zu verkleinern, gelang die Erzeugung eines richtigen Gesammtbildes. Es ist dies ein Beweis dafür, dass man seit Jahrhunderten Karten verschiedenen Massstabes zu einem solchen vereinigt hatte, ohne es sich bewusst zu sein. Die Karten des Mittelmeers, wie wir sie in den ältesten Karten der Italiener finden, sind offenbar mit einer weit kleineren Seemeile entworfen, als man sie in jenen Zeiten anwandte, in denen die Schiffahrt aus den Pforten des Hercules herausdrang. Diese kleinere Seemeile weist uns auf den Orient 'zurück, wo in der That sich eine solche in der nautischen Praxis bis in die Neuzeit erhalten hat. (Vergl. die Karte v. J. 1785 No. 185). Hier dürfte der Schlüssel für den Begriff des alten griechischen See-Stadiums im Verhältnis zum attischen Land-Stadium liegen.

Die erste wesentliche Reduktion erfuhr das Mittelmeer in seinen Ausdehnungen zunächst nur im Ponentebecken. Man schreibt das Verdienst der Autorität des wieder erwachten Irrtums des Ptolemäus, welcher demselben bekanntlich eine Erstreckung von 62 Längengraden gegeben hatte, zuerst entgegengetreten zu sein, dem Mercator zu. Dieser hat indessen nur das westliche Becken verkürzt, das östliche gänzlich unberührt gelassen. Auf der Karte Wright's (?) zu Hakluyts „Principles navigations" 1599 (No. 162) finden wir das Mittelmeer dagegen bereits in beiden Hälften gleichmässig, insgesammt auf 43° reduziert, und auch in meridianer Ausdehnung verkürzt, also 120 Jahre vor Delisle. Indessen hat diese Hypothese keine Nachahmung gefunden, und so sehen wir denn das Mittelmeer in seinem zu weitem Gewande noch lange auch auf den Seekarten figurieren und die Längen der deutschen Meere ohne allen Zusammenhang mit denen des Mittelmeeres (s. die Karte Moll's No. 178), wogegen die Einzelkarten die Verhältnisse der Lage bereits sehr richtig wiedergeben. Am auffallendsten ist dies Verhältnis bei dem Schwarzen Meer, dessen viel zu grosse Länge und Breite sich seit den Zeiten des Arthemidor bis an den Anfang unseres Jahrhunderts auf den Karten erhalten hat. Es sind somit diese Küsten erst im Laufe der Jahrhunderte von Westen her an die richtige Stelle gerückt, wie der Occident einst in umgekehrter Richtung vom Griechentum erschlossen ward.

I. Sammelwerke.

101. **Santarem** (Vicomte de). Atlas composé de mappemondes, de portulans et de cartes hydrographiques et historiques depuis le VIe jusqu'au XVIIe siècle, pour le plupart inédites et tirées de plusieurs bibliothèques de l'Europe. Paris, 1842—53. Imp. Folio.

Der Atlas enthält an Seekarten oder Blättern, welche für den vorliegenden Zweck in Frage kommen, folgende: Roses de vents en usage au Moyen-Age antérieurement aux grandes navigations du XIème siècle. — Mappemonde de Marinus Sanudus 1321, renf. dans le Mansc. No. 9404 de l'ouvrage de cet auteur conservé dans la bibl. Roy. de Bruxelles. — Mappemonde de Marino Sanuto qui se trouve dans un msc. du XIVe siècle de la bibl. Roy. de Paris, No. 4939: Chronicon ad annum MDCCCXX. — Mappemonde du XIVe siècle. Mediceische Weltkarte (vergleiche No. 115). — Portulan de Petrus Vesconte dressé en 1318. à Venise dans la bibl. du Musée Correr. 6 Tafeln, die ersten in Farbendruck (vergl. unten No. 111). — Carte catalane de 1875 donnée en facsimile, 2 Doppeltafeln in Farbendruck. Originalgrösse (vergl. unten No. 117.) — Portulan du XIVe et du XVe siècles (1384 à 1434). Facsimile (in Schwarzdruck) d'après l'original, qui a appartenu à la Bibliothèque Pinelli. 6 Tafeln. — Portulan à la fin du XIV siècle (Bibl. de Paris) qui a appartenu à la bibl. du Cardinal Richelieu. (In Farben. Breitenskala, welche auf jüngeres Alter der Karte deutet) — Carte marine de la fin du XIVme ou XVme siècle conservée aux archives de Lucerne. Facsimile in Farbendruck. Originalgrösse. — Carte de Freducci d'Ancone, dressée en 1497, d'après l'original qui se trouve à la bibl. de Wolfenbüttel. Facsimile in Schwarzdruck. Originalgrösse. — Portulan dressé entre les années 1524—1530 par Francesco Rodriguez, Pilot Portugais qui a fait le voyage aux Moluques. 26 Tafeln, in Schwarzdruck. — Ausserdem Stücke aus den Atlanten Benincasa's und den spanischen Weltkarten von 1527 u. 1529, Jaques de Vaulx 1533, Guill. de Testu, Joan Martines 1567, Guill. Levasseur 1607, Afrika betreffend.
Univ.-Bibliothek, Heidelberg.

102. **Fischer, Th.** Sammlung mittelalterlicher Welt- und Seekarten italienischen Ursprungs. Aus den Archiven, Bibliotheken und Museen Italiens. Venedig, Ferdinand Ongania, 1871—86. 16 Einzelbände photographischer Tafeln in Fol. nebst Textband von Th. Fischer, in 8°. Venedig 1886.

Die Mehrzahl der Karten dieses Sammelwerks treten als Einzelblätter oder zu Uebersichtsblättern vereinigt, nochmals in der Ausstellung auf. Die mit * bezeichneten Karten sind in Fischers Textband erläutert. *I. Carta nautica in lingua araba, anonima del XIV. (?) sec. Original in der Bibl. Ambrosiana di Milano. 1 Taf. in Folio. 1881. — *II. Carta nautica di Pietro Visconte di Genova dell' anno 1311. Original im kgl. Staatsarchiv zu Florenz. 1 Taf. in Folio 1881. — III. Planisfero di Prete Giovanni da Carignano di Genova del principio del XIV. sec. Original im kgl. Staatsarchiv zu Florenz. 1 Taf. in Fol. 1881. — IV. Portolano di Visconte di Genova dell, anno 1318. (Original im Museo Correr in Venedig). 7 Taf. in Folio. 1870. — *V. Portolano Laurenziano-

Gaddiano (Atlante maritimo mediceo) di anonimo dell' anno 1351. Original in der Bibl. Mediceo-Laurenziana di Firenze. 8 Tafeln in Folio. 1881. — *VI. Carte nautiche membranacee di Franc. Pizzigani dell, anno 1373. (Original in der Bibl. Ambrosiana zu Mailand.) 9 Taf. in Fol. 1881. — *VII. Portulano membranaceo di anonimo (N. de Combitis?) del XIV. sec. (Original in der R. Bibl. Marciana di Venezia) 4 Taf. 1881. — *VIII. Portulano di Giac. Girardi di Venezia dell' anno 1426 (Original ebenda). 6 Taf. 1881. — IX. L'Atlante di Andrea Bianco dell' anno 1436 (Original ebenda) 10 Taf. Folio mit Vorwort von O. Peschel. 1871. — *X. Planisfero terrestre di forma ellittica di anonimo (in lingua latina) dell' anno 1447 (1457) Original in der K. Bibl. Naz. zu Florenz) 4 Taf. in Folio. 1881. — *XI. Carta nautica membranacea di Andrea Bianco dell, anno 1448 (Original in der Bibl. Ambrosiana zu Mailand). 4 Taf. Folio. 1881. — XII. vacat. — *XIII. Planisfero del mondo conosciuto (in lingua catalana) di anonimo del XV. sec. (Original in der K. Bibl. Nazionale zu Florenz.) 8 Taf. 1881 — XIV. Bibl. Planisfero di Giov. Leardo dell, anno 1450 (Original im Besitz des Com. de Pilat). Vorwort v. G. Berchet. 4 Taf. Fol. 1880. — XV. Mappamondo di Fra Mauro dell, anno 1457 (Original in der K. Bibl. Marciana in Venedig). 4 Taf. 1877. — XVI. vacat. — *XVII. Carte nautiche di Battiste Agnese (Atlante) dell, anno 1554 (Orig. in der K. Bibl. Marciana zu Venedig) 34 Taf. 1881.
  K. Univ.-Bibliothek Göttingen.

103. **Kretzschmer, V.** Die Entdeckung Amerikas in ihrer Bedeutung für die Entwickelung des Weltbildes. Festschrift der Gesellschaft für Erdkunde zur 400jährigen Feier der Entdeckung Amerikas. Atlas in Folio von 40 Tafeln nebst Textband in grofs 4°. Berlin 1892.
  Gesellschaft f. Erdkunde, Berlin.

104. **Dasselbe Werk,** die einzelnen Tafeln in Mappe.
  Gesellschaft f. Erdkunde, Berlin.

105. **Nordenskiöld, A. E.** Facsimile-Atlas to the early history of cartography with reproductions of the most important maps of the XVth and XVIth centuries: fol. Stockholm 1889.
  Dieser Atlas enthält an Reproduktionen ausschliefslich gedruckte Karten. Mehrere Einzelblätter sind der systematischen Ausstellung (Nr. 142) einverleibt.
  Geogr. Gesellschaft, Bremen.

106. **Typen orientirender Liniensysteme** auf den Seekarten vom frühen Mittelalter bis zum XIX. Jahrh. 10 Tafeln, Handzeichnung in Fol. max.
  a. Frühes Mittelalter (hypothetisch). Netz von Quadraten von ursprünglich 1000 griech. Seestadien Seitenlänge. Mafsstab ohne Legende wie bis zum XVI. Jahrh. Zentrale griechisch-italienische Rose von 8 Winden von je 45° Umfang. Die Winde bereits durch die Richtungslinien der 8 italienischen Hauptwinde halbiert. — b. XIII. Jahrh. Das quadratische Netz durch das Maschennetz von italienischen Windrosen ersetzt. Um eine zentrale 16strahlige Windrose gruppiert sich auf einem ausgezogenen Kreis ein System von 16 Nebenrosen. Von letzteren sind nur die 8 Rhumblinien im innern Quadranten des Kreises ausgezogen. Ganze Winde stets schwarz, halbe Winde grün, Viertelwinde rot. Aufserhalb des den Hauptteil der Karte bedeckenden Kreises das frühere Netz von Quadraten (von je 100 italienischen Miglien Seitenlänge). Die Quadrate sämtlich durch Diagonalen geteilt (Pisanische Karte No. 107). — c. XIV. u. XV. Jahrh. Derselbe Kranz von Rosen. Die Quadrate aufserhalb desselben sind verschwunden und durch Rhumblinien der Nebenrosen ersetzt, die je nach Bedürfnis oder aus Rücksichten symmetrischer Anordnung des Liniennetzes einzeln oder in Büscheln ausgezogen werden. — d. XIV. Jahrh. Das Netz beschränkt sich auf zwei 32strahlige Rosen auf der Mittellinie der Karte. — e. XV. Jahrh.

Das Netz beschränkt sich auf zwei halbe (32strahlige) Windrosen, welche je von den Endpunkten der Mittellinie der Karte ausstrahlen. — f. XVI. Jahrh. Die Netzmaschen werden enger, indem die Zentralrose 32strahlig wird und sämtliche 32 Rhumblinien der 16 Nebenrosen über die ganze Karte hin ausgezogen werden. — g. XVII. und XVIII. Jahrh. Übergang von der Handzeichnung zur gestochenen Karte. Genau das gleiche enge Maschennetz des Kranzes 16 Wind- bew. Strichrosen um die 32strahlige Zentralrose. Die halben Winde der romanischen Windrose, bezw. die Viertelwinde der germanischen Strichrose werden als gestrichelte Linien, die Viertelwinde der erstern, bezw. die Achtelwinde der letztern durch feine schwarze Linien unterschieden. — h. Um 1750. Der Kranz von 16 Nebenrosen wird aufgegeben. Das Hauptliniennetz wird wieder von grofsen Quadraten gebildet, deren Seitenlänge jedoch unabhängig von der Gradeinteilung und vom Meilenmafsstab ist. Kompafsrosen nur auf Eckpunkten von Quadraten des Hauptliniennetzes in gewisser symmetrischer Auswahl. — i. Um 1800. Mit Einführung des Gradnetzes verschwinden die Strichrosen mehr und mehr. Meist beschränkt man sich auf je eine Zentralrose in jedem Meeresbecken (Meeresbucht), welche dann im Schnittpunkt zweier Gradlinien liegt. — k. XIX. Jahrh. Ausschliefslich das vollausgezogene Netz von Gradlinien nach den Regeln der Mercator-Projektion. Gelegentlich kleine Strichrosen mit Angabe der jeweiligen Misweisung der Magnetnadel.

II. Seekarten des XIII.—XVI. Jahrhunderts,
wesentlich italienischen Ursprungs, das Mittelmeer und die atlantischen Küsten Europas umfassend.

107. Die sogenannte **Pisanische Weltkarte.** Facsimiledruck nach dem in der Pariser Nationalbibliothek befindlichem Original, aus: Choix de documents géograph. conservés à la bibliothèque nationale de Paris, fol. max. 1883. ca. 1 : 4 500 000.   G. I. Gött.

108. **Dieselbe Karte,** Umzeichnung in Wandkartenform, ca 1 : 3 000 000.   G. I. Gött.

109. **Dieselbe Karte** in Umrifs (Pause) mit aufgelegtem Gradnetz.
Die sogenannte Pisanische Weltkarte, unbekannten Verfassers, so benannt, weil sie einst im Besitz einer Familie Pisas war, mufs zur Zeit als die älteste uns erhaltene Kompafskarte des Mittelmeeres gelten und stammt sicher schon aus dem XIII., wenn nicht aus dem XII. Jahrhundert. Charakteristisch sind, neben der Orientirung nach Osten und dem Meilenmafsstab innerhalb eines Kreises, die quadratischen Netzlinien aufserhalb des Kranzes von Kompafsrosen als Reste des ältesten Systems von Hülfslinien der Seekarten.   G. I. Gött.

110. 1311. **Visconte, Pietro** aus Genua, älteste datirte Kompafskarte der östlichen Hälfte des Mittelmeeres nebst Seitenbecken v. J. 1311. Photographie in halber Grösse nach dem Original in Florenz, aus Ongania-Fischer's Sammlung. No. 102 II., ca. 1 : 10 000 000.
Der Meilenmafsstab wie auf der Pisanischen Karte in Kreuzen auf den unbenutzten Flächen der Karte angebracht. Durchmesser des Kranzes von Nebenrosen 1800 Miglien. Obere Zunge des Pergaments noch im Osten.   G. I. Gött.

111. 1318. **Visconte, Pietro.** Ältester z. Z. bekannter Seeatlas v. J. 1318. Original der Wiener K. Hofbibliothek gehörig, aus 9 Blättern bestehend.

Inhaltlich dem Seeatlas des Museum Correr in Venedig (vergl. unter No. 112 Ongania-Fischers Sammlung No. IV) gleich. Die Einzelblätter enthalten die Einzelbecken des Mittelmeeres und der atlantischen Küsten in verschiedenem, dem Kartenformat angepafsten Mafsstab (ca. 1 : 6 000 000 bis 1 : 10 000 000). Schwarzes Meer — Levante Meer nebst Archipel — Jonisches u. Adriatisches Meer — Sardinisches Meer — Spanisch-Marokkanische Küsten — Französisch-Englische Küsten.
Kais. Hofbibliothek in Wien.

112. **Visconte, Pietro.** Photographische Kopie eines andern Seeatlas Viscontes, gleichfalls v. J. 1318 in grösserem Formate und Mafsstabe nach dem Original im Museum Correr in Venedig. 7 Tafeln. (Aus Ongania-Fischers Sammlung s. o. No. 102 IV.) G. I. Gött.

113. **Visconte, Pietro.** Seeatlasblätter auf ein Uebersichtsblatt in verkleinertem Mafsstabe (im Mittel ca. 1 : 15 000 000) von W. Droysen unter H. Kieperts Leitung nach dem Wiener Original übertragen. Nicht im Buchhandel. G. I. Gött.

114. **Carignano,** Giov. da, Weltkarte aus dem Anfang des XIV. Jahrh. Photographie (ca. 1 : 15 500 000). Aus Ongania-Fischers Sammlung s. No. 102 III. G. I. Gött.

115. 1351. Anon. sog. **Mediceischer Seeatlas** v. J. 1351. 8 Photographien nach dem Original in der Bibl. Laurenziana zu Florenz. Aus Ongania-Fischers-Sammlung. (s. No. 102 V.)
Vortrefflich erhaltener Atlas, Neben des kosmogr. Tableau, die Weltkarte und 6 Tafeln. G. I. Gött.

116. 1373. **Pizzigani,** Franc., Seeatlas, entstanden in Venedig 1373. 7 verkleinerte Photographien auf 4 Taf. nach dem Original in der Bibl. Ambrosiana zu Mailand. Aus der Ongania-Fischerschen Sammlung (s. Nr. 102, VI.).
Typus eines Seeatlas mit zwei 32 strahligen Zentralrosen ohne alle Nebenrosen. Das Adriatische Meer (1 : 4 400 000) und der Archipel (1 : 3 600 000) sind möglicherweise jüngeren Datums (vergl. Fischer, Text 149). G. I. Gött.

117. 1375. **Katalanische Weltkarte** Carl's V, Königs von Frankreich, v. J. 1375. Facsimiledruck nach dem Original auf der Pariser Bibl. nationale. Aus Choix de documents géogr. conservés à la bibl. nat. de Paris 1883. 12 Doppel-Tafeln in Heliogravure.
Vollständigste Weltkarte des XIV. Jahrhunderts in katalanischer Sprache auf 4 Tafeln abgefasst. Mafsst. f. d. Mittelmeer ca. 1 : 6 000 000. Die z. T. übergreifenden Blätter sind in Kompasskreise von je 1200 Miglien Radiuslänge gezeichnet. G. I. Gött.

118. **Katalanische Weltkarte** (ca. vom Jahre 1400 nach Fischer). Zusammengesetzte Photographie (ca. 1 : 9 000 000) in ²/₃ der Gröfse des Originals (aus Ongania-Fischers Sammlung s. No. 102 XIII).
Die Zunge des Pergaments, wie später stets, im Westen. Zeichnung in einem grofsen Kranz von Kompafsrosen von ca. 1600 Miglien oder etwa 20° Halbmesser. G. I. Gött.

119. 1426. **Girardi,** Giacomo, Seeatlas v. J. 1426. 6 Karten. Photographie nach dem Original in der Marciana zu Venedig. Aus Ongania-Fischers Sammlung. (s. No. 102. VIII.)
G. I. Gött.

— 33 —

120. 1435. **Beccario, Batt.** Generalkarte des westlichen Mittelmeeres und der atlant. Küsten. Mafsstab ca. 1 : 6 000 000. Photolithographie nach dem Original in der Bibl. Nazionale di Firenze. Aus den Studj. bibliograf. e biograf. della storica della Geographia Italiana. Roma 1875. G. I. Gött.

121. 1436. **Bianco, Andrea.** Seeatlas v. J. 1436. 10 Photographien nach dem Original in der Marciana zu Venedig in Originalgrösse. (Aus Ongania-Fischers Sammlung, s. No. 102 IX.)
G. I. Gött.

122. 1436. **Bianco, Andrea.** Facsimile di una Carta idrografica del 1436 esistente nella Marciana pubblicata per la 1ª volta dal A. Franc. Miniscalchi-Frizzo. (Aus dem Werk: Le scoperte antiche. Venedig 1855.)
Germanisches National-Museum, Nürnberg.

123. 1448. **Bianco, Andrea.** Seekarte der Atlantischen Küsten v. J. 1448. Zusammengesetzte Photographie in geringer Verkleinerung (ca. 1 : 8 000 000) nach dem Original auf einem Blatt in der K. Bibl. Marciana zu Venedig. (Aus Ongania-Fischers Sammlung s. No. 102, XI.) G. I. Gött.

124. 1455. **Pareto, Bartolomeo.** Westliche Hälfte einer Generalkarte v. J. 1455. Verkleinerte Photographie (ca. 1 : 10 700 000) nach dem Original in der Bibl. Vittorio Emanuele zu Rom.
G. I. Gött.

125. **Dieselbe Karte** nach der sog. Facsimilezeichnung von K. Kretschmer in Originalgröfse (ca. 1 : 6 000 000). Chromolithographie. Aus K. Kretschmers Atlas zur Entdeckung von Amerika.
Ohne Liniennetz und ohne Meilenmafsstab bei Kretschmer. Ersteres ist handschriftlich nachgetragen. G. I. Gött.

126. 1464. **Roselli, Petrus.** Generalkarte des Mittelmeers und der westlichen Küsten. Original-Handzeichnung auf Pergament.
Germanisches National-Museum, Nürnberg.

127. 1480. **Benincasa, Gracioso.** Übersichtsskizze von 6 Blättern des Seeatlas v. J. 1480 in Umrisszeichnung.
Im gleichen Mafsstab nach dem Original (ca. 1 : 6,000,000) in der Wiener Hofbibliothek zusammengestellt, um den Verlauf der richtigen Meridiane und Breitenparallelen zu zeigen. G. I. Gött.

128. 1480. **Benincasa, Gracioso.** Umrifsskizze von Blatt No. 6 des eben genannten Seeatlas v. J. 1480.
Das Schwarze und Levantische Meer sind hier als zwei Karten gleichen Mafsstabes lediglich des Atlasformats wegen mittelst einer bedeutenden gegenseitigen Verschiebung der Lage im Sinne der Länge in ein und dasselbe Netz von Hülfslinien gezeichnet. G. I. Gött.

129. **Anonymus.** Italienische Generalkarte des Mittelmeers und der westlichen Küsten aus dem Anfang des XVI. Jahrh. Kopie des Originals in der Stadtbibliothek zu Luzern. Aus Santarems Atlas composé de mappemondes, vergl. No. 101.
Germanisches National-Museum, Nürnberg.

130. **Anonymus.** Italienische Generalkarte im üblichen Umfang der Mittelmeer- und atlantischen Küsten aus dem Anfang des XVI. Jahrh. Gute Originalzeichnung auf Pergament an Rolle, im Besitz der k. Universitätsbibliothek zu Göttingen. Mafsstab: ca. 1:6 000 000. Noch ohne Breitenskala.
<small>Die Zentralrose bereits, wie später vielfach, 32 strahlig.</small>
K. Univ.-Bibliothek, Göttingen.

131. 1596. **Oliva,** Joannes. Italienische Generalkarte im Umfang der vorigen, gezeichnet 1596 in Messina. Original im Besitz der K. Universitätsbibliothek zu Göttingen. Mafsst. ca. 1 : 6 000 000.
K. Univ. Bibliothek Göttingen.

132. **Vicenco .... ATINIA** fecit in civitate Neapoletana a. d.? Italienische Generalkarte im Umfang der vorigen, aus der Verfallzeit der kartographischen Kunst (17. Jahrh.?). Originalzeichnung im Besitz der Gesellschaft für Erdkunde zu Berlin. Mafsstb. ca. 1 : 6 000 000. Gesellsch. f. Erdkunde, Berlin.

133. **Die genuesische Weltkarte** v. J. 1457 (1447?) (früher als Karte des Palazzo Pitti bezeichnet). Zusammengesetzte Photographie nach dem Original in der Bibl. Nazionale zu Florenz. Aus Ongania-Fischer's Sammlung (s. No. 102, X.).
<small>Die Netzlinien weichen in ihrer Anordnung von der der nautischen Karten des XV. Jahrh. ab; sie erweisen sich als echte zeichnerische Hülfslinien, sind im allgemeinen auch symmetrisch, aber nicht zu eigentlichen Kompafsrosen angeordnet. Die 3 grossen Quadrate je 3400 Miglien lang.</small>
G. I. Gött.

134. **Fra Mauro,** Skizze der grossen Weltkarte v. J. 1457 unter K. Kieperts Leitung autographirt. Nicht im Buchhandel.
<small>Vergl. die Facsimile-Zeichnung in Originalgrösse in Santarems grossem Atlas (s. o. No. 101). Das Original ohne Netzlinien. Daher auch das Mittelmeer zwar nach den nautischen Karten, aber in fehlerhaften Umrissen gezeichnet. Photographie siehe in Ongania-Fischers Sammlung, oben No. 102, XV.</small>
G. I. Gött.

III. Seekarten aus dem Zeitalter der Entdeckungen,

wesentlich romanischen Ursprungs, die atlantischen Gestade umfassend oder zu Weltkarten erweitert.

135. 1474. **Toscanelli, Paolo.** Rekonstruktion der 1474 an den König von Portugal gesandten, aber verloren gegangenen Karte. Vergrösserung (1:18 500 000) des Rekonstruktionsversuches von H. Wagner (Nachr. d. K. Gesellsch. d. W. z. Göttingen 1894).
<small>Vermutlich der älteste Versuch, eine „carta navigacionis" mit einem Gradnetz zu versehen u. zwar mit dem einer Plattkartenprojektion für die Mittelbreite von Lissabon. (4° L. = 3° Br.)</small>
G. I. Gött.

136. 1500. **Cosa, Juan de la,** Weltkarte. (Äusserst mangelhafte) Facsimile-Reproduktion in Farbendruck, 1892 nach dem in Madrid befindlichen Original daselbst als Jubiläumsausgabe

Spaniens hergestellt. 193 × 96 cm. Mafsst. im Meridian ca. 1 : 14 000 000.

Es ist versucht, die auf verschiedenem Papier gedruckten Sektionen, welche sicher schon in der Zeichnung nicht zusammengepasst haben, zu einer einzigen Karte wieder zusammenzufügen. — Karte mit den 5 Hauptparallelen (Äquator, Wende- und Polarkreise) und dem Meridian der sog. span.-portugies. Demarkationslinie, aber sämtlich ohne Einteilung; der übliche Kranz von Kompafsrosen in voller Unabhängigkeit von dem System obiger Gradlinien. G. I. Gött.

137. 1502. **Cantino**, Weltkarte ca. v. J. 1502. Facsimilezeichnung der westlichen Hälfte in Farbendruck und in Originalgröfse nach dem in der Bibl. Estense zu Modena befindlichen Original. Aus Harrisse Les Corte Real, Recueil des voyages III, Paris 1883. Mittl. Mafsstab im Meridian 1 : 12 500 000.

Die Karte zeigt noch keine Breitenskala, vielleicht hat sie (nach Harrisse) indessen am Rande eine solche besessen. G. I. Gött.

138. **Aus derselben Karte.** Nordatlantischer Ozean, in Photolithographie, aus der Raccolta Columbiana Parte IV, Vol. II, Roma 1892: V. M. Bellio, Notize delle piu antiche Carte geograf. riguardanti l'America. Mafsstab 1 : 21 000 000.

Prof. H. Wagner, Göttingen.

139. 1502. **Canerio, Nicolaus.** Weltkarte etwa von 1502. Facsimilelichtdruck in Originalgröfse, hergestellt nach dem im Depôt de la Marine zu Paris befindlichen Original. Nicht im Buchhandel. 2.25 m lang, 1.60 m hoch. Mittl. Mafsstab im Meridian ca. 1 : 12 500 000.

Auch bei dieser schlecht erhaltenen Karte ist die Zusammenfügung der einzelnen, ungleich grofsen Sektionen zu einem Gesamtbild mit Schwierigkeiten verknüpft. — Soweit bis jetzt bekannt, die erste nautische Karte mit einer Breitenskala (am linken Rand). Weder Aequator noch Wendekreise sind ausgezogen. Man beachte die Breite der Landenge von Suez. G. I. Gött.

140. ca. 1504. **Salvatore de Palestrina.** Seekarte des nördlichen atlantischen Ozeans ca. aus den Jahren 1503—4. (Vergl. Ruge, die Entw. der Kartographie von Amerika bis 1570. Pet. Mitt. Ergs.-Heft 106, 1892, 37). Facsimile in Farbendruck aus Kunstmann's Atlas zur Entdeckungsgesch. Amerikas, herausgeb. von der K. Bayer. Akademie d. Wiss. München, 1859. Taf. III. Mafsst. im Meridian ca. 1 : 14 000 000.

Die mit Breitenskala versehene Karte ist in ihrem oberen Teil unzweifelhaft eine Plattkarte für die Mittelbreite von Lissabon oder die Strasse von Gibraltar, da Neufundland in nur 1300 M. Entfernung von Terceira gezeichnet ist. (Vergl. die folgende Karte). G. I. Gött.

141. ca. 1505. **Reinel, Pedro.** Seekarte des nördl. Atlantischen Ozeans etwa vom Jahre 1505. Facsimile in Farbendruck n. d. Original in d. Hof- u. Staatsbibl. München, aus Kunstmann's Atlas. 1859. Taf. I. Mafsstab im Meridian ca. 1 : 10 000 000.

Diese Karte ist durch die doppelten Breitenskalen von besonderem Interesse. In Folge der westlich zunehmenden Misweisung rückt die Küste von Neufundland von den Azoren aus in zu hohe Breiten und erhält daher eine zweite, um ca. 3° tiefere Breitenskala. G. I. Gött.

142. **Hydrographia sive charta marina**, aus der Ptolemaeusausgabe, Argentinae 1513. Mafsstab ca. 1:28.000000. Lichtdruck nach dem Holzschnitt des Originals.
143. **Tabula oceani occidentalis** seu terrae novae (ca. 1:53.000000). Aus der gleichen Ptolemaeusausgabe von 1513. Ebenso.
> Beide Tafeln aus Nordenskiöld's Facsimile-Atlas Taf. XXXV u. XXXVI. Verwertung nautischer Karten durch die kontinentale Geographie. Man beachte die geringe Genauigkeit in der Zeichnung des Liniennetzes und die willkürliche Auswahl der Rhumblinien, sowie die z. T. ganz falschen Meilenmafsstäbe. Der Holzschnitt eignet sich wenig zur Aufnahme eines feinen Liniennetzes. Die falsche amerikanische Breitenskala ist gewissermassen auf die europ.-afrikanischen Küsten übertragen, die damit in viel zu niedrige Breiten rücken. G. I. Gött.

144. ca. 1514. Conte di Ott. **Freducci**, Carta nautica. (Atlantische Gegengestade.) Facsimiledruck nach dem Original im R. Archivio di Stato in Florenz (122×78 cm) in halber Grösse aus Eug. Casanova's Publikation in Pubbl. del R. Instituto di Studi sup etc. in Firenze. Sez. di filosofia 1894 Vol. II No. 26. Mafsstab ca. 1:25 000 000.
> Westindien noch in viel zu hohen Breiten. Nordostküste Südamerikas viel zu lang gestreckt bis in den Meridian der Capverden, ein Fehler, der viele Jahrzehnte sich auf den Karten erhält.
> Prof. H. Wagner, Göttingen.

145. 1515. **Reinel**. Portugiesische Seekarte, umfassend die portug. Besitzungen in Südamerika und Afrika. Photolithographie (Mafsstab ca. 1:45 000 000), etwa 3¹/₉ fache Verkleinerung nach dem Original im Besitz des Baron G. Ricasoli - Firidolfi zu Florenz, nach der Publ. durch E. Casanova (Revista Geogr. Ital. I. 1894, part VI). Prof. H. Wagner, Göttingen.

146. 1519. **Vesconte de Maggiolo**, Atlant. Küsten zw. 45° N. u. 30° S. Facsimilezeichnung in Farbendruck eines Atlasblattes nach dem Original in München. Aus Kunstmanns Atlas No. V. 1859. Mafsstab im Meridian ca. 1:25000000.
> Eigenartige Anordnung des Liniennetzes. Die Nebenrosen sind aufserhalb des Kartenblattes in 9800 Miglien Entfernung vom Zentrum der Mittelrose zu denken. Die Kompafslinien erscheinen daher auf der Karte uns als Tangenten eines nicht ausgezogenen Kreises rings um das Zentrum von 2000 m Radius. Der Miglienmafsstab der Kopie dürfte falsch (zu klein) sein im Verhältnis zur Breitenskala. Westindien bereits in wesentlich südlicher Lage. Äquator noch nicht eingeteilt. G. I. Gött.

147. ca. 1519. **Portugiesische Karte der amerikanischen Küsten**. Facsimilezeichnung in Farbendruck nach dem Original in München. Aus Kunstmann's Atlas 1859 No. IV. Mafsstab ca. 1 : 32 000 000.
> Erste Karte, auf welcher die Zentralrose im Äquator liegt und der Äquator in Grade eingeteilt ist, ohne dafs Breitenskala und Äquator beziffert wären. Breitenskala vom Pol zum Pol, aber Radius des Kompafsrosen-Kreises noch über den Quadranten hinausgreifend (ca. 101¹/₃°). Ohne Meilenmafsstab (?). G. I. Gött.

148. 1525. **Castiglioni-Karte**, Sektion Amerika aus der dem Grafen Castiglioni in Mantua gehörigen spanischen Weltkarte eines Anonymus von 1525. Verkleinerte Photolitographie

des Originals aus der Raccolta Columbiana Vol. IV. Parte II herausgegeben von Bellio (s. No. 138) Mafsstab 1 : 32 000 000.

<small>Der Äquator ist Mittellinie für die Karte, die von 66¹/₂ ⁰ N. bis 66¹/₂ ⁰ S. reicht, wie für die Kompafsrosen. Der Äquator ist von 5⁰ zu 5⁰ eingeteilt. Die westindischen Inseln in richtiger Breite. Meilenmafsstab vermutlich auf einer andern Sektion der Karte.</small>

<small>Prof. H. Wagner, Gött.</small>

149. 1527. **Spanische Weltkarte** v. J. **1527**, vermutlich von Nuño Garcia de Toreno: Carta universal en que se contiene todo que del mundo se a descubierto fasta acra, hizola un cosmographo de Su Magestad. A. D. MDXXVII en Sevilla.
 — Kopie des für Chicago 1893 auf Veranlassung des Grossherzogs von S.-Weimar hergestellten Photographie in Originalgröfse nach dem in der Grofsherzogl. Bibliothek zu Weimar befindlichen Original 216×86 cm, aus 12 photogr. Blättern (36×43 cm) zusammengesetzt. Mafsstab ca. 1 : 27 500 000.

<small>Breitenskala längs der meridionalen Demarkationslinie. Auch der Äquator ist in je 10⁰ eingeteilt. Die nautische mittelalterliche Mittelmeerkarte erscheint hier zuerst um ca. einen Strich nach Süden gedreht, eine Verbesserung, welche die späteren Kartographen jedoch noch nicht nachahmen. Die grossen Antillen (auch Cuba) rücken südlich des Wendekreises.</small>

<small>G. I. Gött.</small>

150. **Dieselbe Karte**, verkleinerte Photographie, (1 : 57 000 000) in 2 Bl. Im Buchhandel (Berlin, Reimer) erschienen.

<small>G. I. Gött.</small>

151. **Dieselbe Karte**, Atlantische Küsten, farbige Facsimilezeichnung in Originalgröfse. Aus J. G. Kohl. Die beiden ältesten Generalkarten von Amerika. Weimar, 1860.

<small>G. I. Gött.</small>

152. 1529. **Ribero, Diego,** Weltkarte vom Jahre 1529. Photographie im verkleinerten Mafsstabe (1 : 62 000 000 im Äq.) nach dem auf der Grofsherzoglichen Bibliothek zu Weimar befindlichen Original.

<small>G. I. Gött.</small>

153. **Dieselbe Karte**, Atlantische Küsten in Originalgröfse in Farbendruck (Mafsstab 1 : 27 500 000) aus Kohl, s. No. 151.

<small>G. I. Gött.</small>

154. 1546. **Desceliers, P.,** sog. Weltkarte Heinrich II. v. Frankreich v. J. 1546. Facsimilezeichn. in farbiger Lithographie in Originalgröfse nach dem in Paris befindlichen Original (243×128 cm) Mafsstab im Äq. 1 : 13 500 000. Aus Jomard's Monuments de la Géographie, Paris. 1842—62.

<small>6 Sektionen, von denen nur 4 ausgestellt sind.</small> <small>G. I. Gött.</small>

155. ca. 1560. **Berteli,** Ferando. Atlantische Gestade. V. 65⁰ N. bis 15⁰ S. Aus: Reproduktions of geogr. Maps, ed. by Fred. Muller & Co. Amsterdam, 1893. Mafsstab ca. 1 : 60 000 000.

<small>Rand ringshcrum mit Gradeinteilung. Danach eine Plattkarte für die Mittelbreite von 40⁰ (100⁰ L. = 77⁰ Br.) Im Innern das gewöhnliche Netz von Kompafsrosen. Äquator und Wendekreis um 2¹/₂⁰ nach N. verschoben. (?)</small>

<small>G. I. Gött.</small>

156. ca. 1550. **Portugiesischer Seeatlas** a. d. Jahren 1540—50 (Amerika). Facsimile-Zeichnungen von 4 Bl. in Farbendruck

von K. Kretschmer nach dem in der Bibl. Riccardiana zu Florenz befindlichen Original. Aus K. Kretschmer's Atlas 1892 (s. No. 103) Taf. XXXIII—XL. Mafsstab ca. 1:13 300 000.
   Das Liniennetz besteht nur aus einer 32strahligen Zentralrose und umschriebenen Quadraten, daneben eine Breitenskala. Ges. f. Erdk., Berlin.

157. ca. 1580. **Vaz Dourado**, Portugiesischer Seeatlas. 6 Amerika betreffende Karten. Facsimile-Zeichnung in Farbendruck (Originalgrösse) nach dem in München befindlichen Original. Aus Kunstmann's Atlas No. VII—X. Mafsstab ca. 1:13 500 000.
G. I. Gött.

158. Holländische Seekarte der Jaba See vom Ende des XVII. Jahrh., ganz im Stile der italienischen Seekarten. Handzeichnung auf Pergament. 1:700 000. Kommerzbibliothek, Hamburg.

IV. Nautische Generalkarten der Erde.
seit dem Erscheinen von G. Mercators Weltkarte 1569.

159. 1600. **Arnoldi**, Arnoldo di, Descrittione universale della Terra con luso del navigare, nuovamente accresciuta an. 1600.
   Diese von dem Flamländer Arnoldi in Bologna begonnene und in Siena vollendete grofse Weltkarte, im Mafsstab 1 : 23 200 000, ist die durchgeführte quadratische Plattkarte. Ausgezogen ist das Gradnetz nur für je 30°. Kompafsrosen in den Schnittpunkten des Gradnetzes.
G. I. Gött.

160. 1569. **Gerhard Mercator**, Weltkarte: Nova et aucta orbis terrae descriptio ad usum navigantium emendate accumendata. Facsimilelichtdruck nach dem Exemplar der Breslauer Stadtbibliothek. Herausg. v. d. Gesellsch. f. Erdk. zu Berlin 1891. 18 Bl. — hier zu einem Gesamtbild von 205 × 132 cm zusammengefügt. Mafsstab im Äquator ca. 1 : 20 000 000.
   Die berühmte Weltkarte, auf welcher Mercator zuerst die nach ihm benannte winkeltreue Cylinder-Projektion zur Anwendung gebracht hat. Erste Seekarte mit ausgezogenem Gradnetz. Der Meilenmafsstab ist verschwunden, ebenso das gewohnte Netz von Kompafsrosen in Kranzanordnung. Dagegen finden sich auf Schnittpunkten von Meridianen und Parallelen in passenden Entfernungen 16strahlige Strichrosen.
Gesellsch. f. Erdk., Berlin.

161. 1599. **Hydrographical Description of the World.** Aus „The principal navigations" by Rich. Hakluyt, 1599. Facsimile-Reproduktion aus Nordenskiöld's Facsimile-Atlas. (Taf. L.) Mafsstab im Äq. 1 : 65 000 000.
   Eine der wenigen Karten in Mercator's Projektion aus dem XVI. Jahrh., möglicherweise von Edw. Wright (vergl. Einleitung). Es findet sich weder ein Name noch eine Beschreibung des Wesens der Entwurfsart auf der Karte, wohl aber giebt die Legende einige Eigenschaften an. Thou hast here a true hydrogr. description of so much of the world as has been hitherto discovered, ...; which we have in such sort performed that all places herein set downe have the same positions and distances, that they have in the globe being therein placed in same longitudes and latitudes which they have in the chart which by the ordinarie seachart can in nowise be performed. The way to find the position or course from any

place to other herein described differeth nothing from that which is used in the ordinarie seachart. But to finde the distance; of both places have the same latitude, see how many degrees of the meridian taken at that latitude are contayned betweene the two places, for so many score leagues is the distance. If they differ in latitude see how many degrees of the meridian taken about the midst of that difference are conteyned betweene them and so many score leagues is the distance. — Auzgezogenes Gradnetz (Zehngradfelder) und voll ausgezogener Kranz von 32-strahligen Strichrosen, dessen Radius = 130° d. Äquators ist. Zentralrose im Aequator. Kein Meilenmafsstab. Der Ausdruck der Legende (score = Inbegriff von 20) zeigt, dafs der Autor von Sea leagues 20 = 1° spricht. G. I. Gött.

168. 1650. Franc. Hoeius. Nova orbis terrarum geographica et hydrographica descriptio. Gedr. Amsterdam by Hugo Allardt. (Erste Ausgabe ca. 1600?) Aus: Reproductions of geographical Maps ed. by Fred. Muller & Co., Amsterdam, 1893 I. in 2 Bl. Mafsst. im Äq. 1 : 50 000 000.
Ausgezogenes Gradnetz, darüber zwei Kränze von Kompafsrosen, deren Zentralrosen im Aequator je 90° W. L., 90° O. L. und deren Radien = 90 Äquatorgrade. Kein Meilenmafsstab. G. I. Gött.

163. 1700. Carte générale de toutes les costes du Monde, dressée principalement d'après celle de Mr. de Witsen. Amsterdam, chez P. Mortier. Aus „Le Neptune Français, Suite". (s. No. 237) Mafsst. im Aeq. 1 : 54 000 000.
Mercators-Projektion ohne ausgezogenes Gradnetz. Zentralrose (in 36° Br.) mit 16 Nebenrosen. Kein Meilenmafsstab. G. I. Gött.

164. 1712. van Keulen, Gerard, Nieuwe Wassende Graaden Paskaart, vertoonende alle de bekende Zeekusten en Landen op den geheelen Aard Boodem of Wereld. Tot Amsterdam by Gerard van Keulen. 2 Bl. 1 : 60.500 000 im Äq.
Mercators-Proj. ohne ausgezogenes Gradnetz v. 79° N. bis 55° S. Zentralrose im Atlantischen Ozean in 32° N.. Durchmesser des Kreises von Nebenrosen durch Abstand des oberen und unteren Kartenrandes bestimmt. Kein Meilenmafsstab. G. I. Gött.

165. ca. 1740. Nova et accuratissima totius terrarum orbis tabula nautica variationum Magneticarum index, constructa per Edm. Halley. te Amsterdam by R. & J. Ottens. Mafsstab im Äqu. 1 : 34 000 000.
Holländischer Nachstich der Karte Halley's v. J. 1700. G. I. Gött.

166. 1750. Bellin, N., Ingénieur ordinaire de la marine. Essay d'une carte reduite contenant les Parties connues du Globe Terrestre. A la Haye chez Pierre de Hondt. 1 Bl 1 : 111 000 000 im Äq.
Mercators-Projektion ohne ausgezogenes Gradnetz. Mit Stundenmeridianen von je 2 Stunden. Zwei Zentralrosen im Mittelmeridian am oberen und unteren Kartenrand. Wachsende Meilenmafsstabe längs der seitlichen Breitenskalen in französischen und englischen Lieues (20 = 1°). G. I. Gött.

167. 1749. Brouckner, Isaak, Géographe de S. M. T. C., Nouvel Atlas de Marine, composé d'une Carte générale, et de XII Cartes Particulières qui Representent le Globe Terrestre jusqu'au 82° Degré du Coté du Nord et jusqu'au 60° du Coté du Sud. Dedié A. Son Excellence Mgr. le Comte de

Schmettau Approuvé par l'Academie Royale des Sciences
à Berlin l'Année 1749.
Übersichtskarte in 1 : 84 000 000 und Hauptkarte von XII zusammen-
setzbaren Blättern in 1 : 21 300 000, beide in Mercators-Projektion mit
ganz ausgezogenem Gradnetz (Eingradfelder). G. I. Gött.

168. 1765. **Bellin.** Carte des variations de la Boussole et des vents gènèraux, Paris 1765. Mafsst. im Äq. 1 : 37 000 000.
G. I. Gött.

169. 1790. **Arrowsmith**, Chart of the World in Mercators Projection, exhibiting all new discoveries at the present time. 8 Bl., London. Mafsst. im Äq. 1 : 22 500 000.
Ausgezogenes Gradnetz. Nur an einigen Stellen einfache 32 strahlige
Strichrosen. Skala für wachsende Breiten noch in Seeleagues (20 = 1 ⁰).
G. I. Gött.

V. Seekarten europäischer Gewässer aus dem XVI.—XIX. Jahrhundert

wesentlich niederländischen Urprungs aus gleichgradigen Plattkarten
erst spät in solche nach wachsenden Breiten (Mercators-Projektion)
übergehend.

---

a. Generalkarten von Europa.

170. 1592. **Gerrits, Adriaen.** Die Generale Pascaerte van dem vermaerden Adriaen Gerritsen van Haarlem, Stiermann ende en leermeester aller Stierluyden. Seer gebetert omt verloopen der sanden ende gaten. Op nieus oversien ende door vele Stierluyden hulpe gebetert. by Corn. Claesz in Amsterdam. Mafsstab ca. 1 : 7 500 000.
Gez. v. Joannes v. Doetecum, als fliegendes Blatt wohl schon vor 1583
zuerst ausgegeben.) Gleichgradige Plattkarte für die Breite von 37 ⁰. (5⁰ L. =
4 ⁰ Br.) Gradeinteilung an allen Rändern. Auch der obere und untere Rand
in Äquator- (Breite) Grade eingeteilt, aber jeder vierte mit den Meridianen
zusammenfallende Teilpunkt als solcher (360, 5, 10, 15 ...) bezeichnet.
Inhalt der Karte in unmittelbarem Anschluss an die italienischen Generalkarten. Das Mittelmeer in schiefer Lage der Hauptachse. Netz von
32strahligen Strichrosen in unabhängiger Lage von der Gradeinteilung.
Mafsstab in alter italienischer Form noch ohne jede Legende.

171. **Dieselbe Karte.** Umrifszeichnung mit aufgetragenem wahren Gradnetz, um die gewaltige Biegung der Meridiane von der Nordsee bis zum Mittelmeer darzustellen. G. I. Gött.

172. 1583. **Waghenaer, L. J.**, Generale Pascaerte von Europa, soe verre die Zeecusten ende Navigatien streckende zyn. Aus dem Seespiegel 1890. Mafstab ca. 1 : 9 000 000.
Gleichgradige Plattkarte für die Breite von 37 ⁰ (5⁰ L. = 4 ⁰ Br.)
mit voller Gradeinteilung der Kartenränder. Auch der obere und untere
Rand in Äquatorgrade, nicht in Längengrade eingeteilt. Meilenmafsstab
im Typus des italienischen Miglienmafsstabes; 50 Miglien = 5 Duijtzsche
Mylen. Im Übrigen wie die Karte No. 170. G. I. Gött.

173. (1708.) **Middagten, Christoffel,** Niederländisch Schout by Naght von Friesland. Nieuwe Groote en curjeuse Gelyk gradige Paskaart vant' westelykste deel der Zeekusten von

Europa. by Joan. Loots, t' Amsterdam o. J. 1 : 3600000 in 2 Bl.
Gleichgradige Plattkarte für die Mittelbreite vou 48° (3° L. = 2° Br.) Oberer und unterer Rand ohne Gradeinteilung mit Liniennetz von 32 strahligen Strichrosen. Dreifacher Meilenmasstab. G. I. Gött.

174. (ca. 1720.) **Moll, Hermann.** Sea Chart of all the Sea Ports of Europe, London, John Bowles, 2 Bl. 1 : 7570000 o. J.
Gleichgradige Plattkarte für die Mittelbreite von 48° mit starken Verzeichnungen. Dem Mittelmeer liegt in gewissem Sinn noch die alte italienische Seekarte zu Grunde, jedoch mit richtig gedrehtem Mittelparallel, Ausgeschlossen von dieser Drehung ist der Nordrand des Schwarzen Meereswelcher dadurch in 49° Br. (statt 45°) verbleibt. Rings um die Karte ein Verzeichnis der geographischen Positionen aller Häfen, welches im Mittelmeer etc. im direkten Widerspruch zur Karte steht. G. I. Gött.

b. Nordsee.

175. 1708. **Middagten, Christoffel,** Admiral, Nieuwe en seer curieuse verbeterde Gelykgradige Paskaert van de Noord-Zee. Amsterdam. Johannes Loots.
1 Bl. Maasstab ca. 1 : 7 600 000. Mittelbreite 64°. (16° L. = 7° Br.), wodurch die Nordsee besonders schmal erscheint. G. I. Gött.

176. 1751. **Bellin,** Carte réduite de la Mer du Nord pour servir aux Vaisseaux du Roy. Mittl. Mstb. 1 : 14 000 000.
Diese Karte ist durch den Kupferbuntdruck interessant. Das Liniennetz ist mittelst besonderer Platte in Braun gedruckt. Situation, Rand und Schrift mittelst einer zweiten in Schwarz.
K. Univ. Bibl. Göttingen.

177. 1769. **Hoeg, Anders.** Et nyt forbedret retwisend Söe-Kaart over Nord Söen. Friederichsberg 1769 (ca. 1 : 1¹/₃ Millionen).
Gleichgradige Plattkarte für die Mittelbreite von 52°. Ausgezogenes Netz von Breitenparallelen und den je um einen Aequator(Breiten-)Grad vom Mittelmeridian abstehenden Meridianen, sodass ein Netz von Quadratgraden entsteht. Strichrosen nur auf einigen Kreuzungspunkten.
G. I. Gött.

178. 1817. **van Keulen v. de Velde,** J. G. Hulst. Nieuwe wassende Zeekart van de Nordt-Zee. Amsterdam. 2 Bl. Mafsstab 1 : 950 000.
Mercator's Projektion. Einteilung der wachsenden Breitengrade noch in deutsche Mylen, 15° op een Grad und Englische en Franzsche Mylen 20° op een Grad. Ausgezogenes Gradnetz. Strichrosen auf den beiden Mittellinien. Landmarken im Festland. Kommerzbibliothek, Hamburg.

179. **Sammelband** von Karten der Elbmündung (sowie Bremerhavens und Lübecks) aus den Jahren 1634—1852.
Die deutschen Karten verlassen erst in den vierziger Jahren die geographische Meile 15 = 1°, um zur kleinen Seemeile 60 = 1° überzugehen.
Kommerzbibliothek, Hamburg.

180. 1654. **Tabula Partis Australis Europae.** Aus Descriptio Maris Mediterranei per tabulas hydrographicas et geographicas. Amsteredami, apud Joannum Janssonium 1654. Mafsstab 1 : 7 000 000.
Gleichgradige Plattkarte mit Breitenskalen an den Seitenrändern, doch ohne Einteilung des oberen und unteren Randes. Westliche Hälfte in einen Kranz von Strichrosen gezeichnet, im Osten nur drei (romanische) Kompafs-

181. **1667. Pascaerte van de Mittellantsche Zee.** Nieulycx beschreven door Jacob Aertsz Colom. Aus Jac. Coloms grossem Sceatlas. (No. 228.) Mafsstab ca. 1 : 5 800 000.

Diese Karte ist dadurch interessant, dafs das westliche und östliche Becken auf einem Blatt über einander gezeichnet sind, das aber trotz verschiedenen Rahmens mit einem Kranz von Strichrosen bedeckt ist. Die Achse des Mittelmeers ist gegenüber den Karten des XVI. Jahrh. bereits um ca. 5° ostwärts nach Süden gedreht, doch weichen Gibraltar und Rhodos noch um einen Breitengrad ab.
G. I. Gött.

182. (1708.) **Middagten, Christophel**, Admiral (Schout). Nieuwe en Curieuse Paskaart van de Middelandsche Zee. Amsterdam, Joannes Loots. 2 Bl.

Gleichgradige Plattkarte (4° L. = 3° Br.) Jede Karte mit einer Zentralrose auf 38° Br. und 16 Nebenrosen.
G. I. Gött.

183. 1728. **A new and correct chart of the Mediterranean Sea.** 2 Bl. Mafsst. 1 : 3 500 000. Aus dem Atlas Maritimus, London 1728 (vergl. No. 248).

Karte mit voll ausgezogenem Gradnetz. Zum ersten Male wird der Versuch gemacht, von der Cylinderprojektion abzugehen und für die Seekarte eine solche mit gebogenen Meridianen und Breitenparallelen zur Anwendung zu bringen. In Folge davon erscheinen die Strahlen der Strichrosen, deren drei ausgezeichnet sind, in gebogenen Linien. (Meilen-Massstab: English Leagues 20° = 1°.)
G. I. Gött.

184. 1737. **Carte reduite de la Mer Mediterranée.** Dressée au Depot des Cartes et Plans de la Marine, par Ordre de Mgr. le Comte de Maurepas. 3 Bl. 1 : 3 750 000.

Legende: On a fait une Carte Reduite parceque se sont les seules Cartes marines qui ayent un vray rapport avec le globe. Das Gradnetz ist nicht ausgezogen, dagegen ist die Karte mit schiefliegenden Quadraten von je 40 lieues marines nach dem Mafsstabe der Mittelbreite (41° Br.) bedeckt. Von einigen Schnittpunkten gehen 32 Rhumblinien aus.
G. I. Gött.

185. 1785. **Carte de la Mer Méditerranée.** 1 Bl. 1 : 4 840 000

Mercators Projektion ohne ausgezogenes Gradnetz. Es sind zur Orientierung nur 2 Parallelen und 3 Meridiane ausgezogen. Als Achse der nordwestlichen Becken der 40° Br., als die des südöstlichen der 34'/5°. Ferner der 24°, 33°, 47° ö. v. P. In den Schnittpunkten Windstriche.
G. I. Gött.

186. 1811. **The Mediterranean Archipelago and Black Seas.** Hydrographical Office. Admiralty. London 1811. 2 Bl. 1 : 4 000 000.

Mercators Projektion mit ausgezogenem Gradnetz in den Meeresflächen. In jedem Meeresbecken eine Andeutung der Strichrose. Man beachte die fehlerhafte Küstenzeichnung Kleinasiens. Kein Meilenmafsstab.
G. I. Gött.

187. 1844. Μεσογειος θαλασσα. Seekarte des mittelländischen Meeres in Mercatorprojektion von Georg. Joannos. Mafsstab 1 : 3 200 000 in 2 Bl. Tergestae 1844.
Kommerz-Bibliothek, Hamburg.

VI. Die kleinen Seebücher.
1442—1700.

188. 1442. **Uzzano**, Giovanni di Bernardo d'Antonio di, Compasso a monstrare a Navicare dell'uno Stretto all' altro. In: Pagnini, della Decima e delle altre Gravezze. T. IV. Lisbona e Lucca 1766 in 4⁰.
    <small>Einer der wenigen älteren italienischen gedruckten Portolane oder Segelanweisungen für das Mittelmeer.   K. Univ.-Bibl. Göttingen.</small>

189. 1490. **Portolano** composto per uno zentilomo veneciano. Impresso in la citade de Venetia per Bernardino rizo da novaria. 1490. (s. Hain No. 13302.)
    <small>Soviel bekannt, der einzige im XV. Jahrh. gedruckte Portulan, welcher sowohl die Kurse des gesamten Mittelmeers als die atlantischen bis nach Irland und Flandern umfasst. kl. 4⁰.   K. Hofbibliothek, Wien.</small>

190. XV. Jahrh. Sailing Directions for the circumnavigation of England and for a voyage to the Straits of Gibraltar (from a 15th Century Ms). Edited by J. Gairdner with a Glossary of E Delmar Morgan. Hakluyt Society Vol. LXXIX. London 1889.   K. Univ.-Bibliothek, Göttingen.

191. 1575. (**Mosto, Aloise da**) Il Portolano del Mare; nel qual si dichiara minutamente del sito di tutti i porti, quali sono da Venetia in Levante et in Ponente et d'altre cose vtilissime et necefsarie à i Naviganti. In Venetia 1576. kl. 4⁰.
       Seefahrtschule Bremen.

192. 1500 (?). **Das Seebuch.** Von Karl Koppmann. Mit einer nautischen Einleitung von Arthur Breusing und Glossen von Chr. Walther, Bremen 1876. Niederdeutsche Sprachdenkmäler Bd. I.
    <small>Text zweier handschriftlichen Seebücher flämischen Ursprungs aus dem XV. Jahrh., im Besitz der Kommerzbibliothek von Hamburg. Nebst Erläuterungen.   Seefahrtschule Bremen.</small>

193. 1541. **Jan Jacobzoon.** Dit is die Caerte van der Zee: om Oost eñ West te Zeylen, eñ is van die beste Pyloots, eñ wt die ald beste Caertē ghecorrigeert diemē weet te vinden ende elcke cust op tsyn gheset.
    <small>Item ghi schippersstuermans eñ bootsgesellen Ick Jan Jacobozoon en houde geen Caerten voor die myn dan der myn naem eñ merck op staet want ic laet dye mynen alle jaers eens corrigeren wt die beste Caerten eñ Kenders vā die zee. Ghedruckt int Jaer 1541. kl. 12. Réimpression le seul exemplaire connu appartenant à la Bibliothèque de l'Université d'Amsterdam. Leid. J. Brill 1885.   Seefahrtschule Bremen.</small>

194. 1571. **De Seekarte** Ost und West tho segelen uth den besten Piloten getragen. Hamborch 1571. 8⁰.   Stadtbibliothek zu Lübeck.

195. 1588. **De Caerte van der Zee** om oost ende west te seylen, ende is van de beste Piloots ende wt die beste Caerten ghecorrigeert, diemen weet te vinden, ende elc cust opt zyn gestelt, elck met zyn Figueren verbetert ende vermaerdert. Ghedruckt tot Amsterdam by Cornelis Claeszoon. Anno MDLXXXVIII. kl. 8⁰.   K. Univ.-Bibl., Göttingen.

— 44 —

✗ 196. 1588. **Goeyuaert (Govart), Willemsen van Hollestoot,** Die Caerte van de Oost ende West Zee, van den vermaerden Stuermann Goeyuaert Willemsen van Hollestoot. Harlinghem by Peeter Jansen 1588, kl. 4⁰.
 Erste Auflage 1588. Dieses Werk bildet mit den zahlreichen Küstenkarten (in rohem Holzschnitt) mit den Übergang zu den grossen Seebüchern.
 K. Univ.-Bibliothek, Göttingen.

✓ 197. 1601. **Waghenaer.** Enchuyser Zeecaertboeck, inhoudende de gheheele Navigatie ende Schipvaert van de Ooster'sche, Noordtsche, Ruissche, Moscovytsche, Westersche, Middellantsche of Levantsche ende voordere Zeevaert etc. Door den ervaren Piloot of Stuermann Lucas Jansen W a g h e n a e r. 1601. Nu ten tweeden mael in Druck uytgegeven, vermeerdert ende verbetert door den selven Autheur ende alle fauten geholpen. — Ghedruckt t'Amsterdam by Cornelis Claesz. 1601. kl. 8⁰.
 Erste Auflage 1598. Stadtbibliothek, Lübeck.

198. 1605. — Dasselbe Werk, 3. Aufl., Amsterdam. 1605. 8⁰.
 K. Univ.-Bibl., Göttingen.

199. 1644. **Maënszon, A. F.** Een Siö Book. Åhr. 1644 kl. 4⁰.
 Ohne Karten. Bezieht sich nur auf die Ostsee und die Nordischen Küsten. K. Bibliothek, Berlin.

200. 1673. **P. V. D. H. (v. d. Horst, Peter)**, Beschrieving van der Kunst der Seefahrt, darin dorch gewisse Grund-Regulen wert angewiset, wo men en Schip over van dem einen Platse tho dem andern bringen sal. Lübeck. 1673. 4⁰.
 Kein eigentliches Seebuch, sondern eine Anleitung zur Seefahrt: Der Verfasser weilt kurz bei den »wassende Gratkaarten« die „so sünderlick nicht up kleen Fahrwater gebrucket werden." Stadtbibliothek, Lübeck.

201. 1684. **Bougard, R.**, Le petit Flambeau de la mer. Havres de Graces 1684. 4⁰ (keine Karten). K. Bibliothek, Berlin.

202. 1701. **Manson, Joh.**, Seebuch, s. l. 1701. 4⁰.
 K. Bibliothek, Berlin.

203. 1735. **Manson, Joh.** Seebuch oder gründlicher Bericht aller rechten Coursen, Landkennungen, Streckungen, Einläuffen oder Einfahrten, Bänken und Gründen sammt aller Klippen der gantzen Ost-See. A. d. Schwed. v. H. Wittenburgk. 4. Aufl. Lübeck 1735. 4⁰. Seefahrtsschule, Bremen.

VII. Die grossen Seebücher des XVI.—XVIII. Jahrhunderts,
wesentlich niederländischen Ursprungs.

204. 1586. **Waghenaer, Lucas Jansz.** Spieghel der Zeevaerdt, van de nauigatie der Westersche Zee, innehoudende alle de Custe van Vranckryck, Spaignen ende t' principaelste deel van Engelandt, in diversche Zee Caerten begrepen, met den gebruyke van dien, un met grooter naersticheyt by een vergadert ende gepracticeert door Lucas Jansz Waghenaer, Piloot ofte Stuyrman Residerende in de vmaerde Zeestadt

Enchuysen. Ghedruct tot Leyden by Christoffel Plantijn Anno M. D. LXXXIIII. Fol.
<small>Fol. Text mit einer Übersichtskarte (Generale Pafchaerte) im Mafsst. ca. 1 : 9 000 000 und 21 Küstenkarten im Mafsst. ca. 1 : 3 500 000, (von Friesland bis Cadix und Süd-England), 33×50 Cm. Originalausgabe des Spiegels der Seefahrt ohne die Ostfahrt.
K. Univ.-Bibliothek, Göttingen.</small>

205. 1588. **Dasselbe Werk.** III. Holland. Ausgabe in 1 Bd. I. Westersche Zeefahrt, II. Noordsche en Oostersche Zeefahrt, Fol. Leyden 1588. 45 Karten. <small>Seefahrtsschule Bremen.</small>

206. 1586. **Aurigarius, L. J.** Pars prima. Speculum nauticum super navigationis maris occidentalis confectum, continens omnes oras maritimas Galliae, Hispaniae et praecipuarum partium Angliae... elaboratum par L. J. Aurigarium. Lugd. Bat. excudebat typis Plantinianis Franc. Raphelengius 1586. Pars altera Speculi marini integram cum borealis tum orientalis oceani navigationem, nimirum a freto Anglicano, in Viburgum et Narvam. Auctore L. J. Aurigario. Interprete Martino Everarto, Brugensi. Lugd. Bat. ib. 1586.
<small>Erste lateinische Ausgabe des Spiegels der Seefahrt. 45 Karten.
Kommerzbibliothek Hamburg.</small>

207. 1591. **Dasselbe Werk.** Tam recens adaucti et illustrati Historica descriptione quae singulorum Provinciarum proprietates et origines complectitur, Auctore Rich. Slootboom. Ac denuo correctioris, novisque Tabulis lucupletioris facti diligentia et labore ipsius Auctoris Lucae Aurigarii. Amstelredamii Apud Cornelium Nicolai 1591. Zweite lat. Ausgabe. 45 Karten. <small>Kommerzbibliothek Hamburg.</small>

208. 1589. **Wagener, L. J.** Des Spiegels der Seefart von der Nördschen das is der Mittnachtigen und Orientischen Schiffart. Nemlich von den Hoefden oder dem Vorlande von Engelland abe bifs gehn Wyburgk vnd der Nerua. Durch den Kunstreichen, Hocherfahrenen und weitberuhmbten Piloten und Schiffssteucrman L. J. Wagener von Enkhuisen. Aus Niederlandischer in Hochdeutscher sprach getrewlich vbersetzt.... Mit hinzugefügter chronographey vermehrt durch Rich. Sloetboom, getr. zu Ambsterdam durch Corn. Claussohn. 1589.
<small>Erste Ausgabe in hochdeutscher Sprache, vermehrt um eine Karte (Küste von Bergen bis Stavanger in Norwegen.) 46 Karten.
Kommerzbibliothek Hamburg.</small>

209. 1592. **Waghenaer, L. J.** Thresoor van Zee-vaert, inhoudende de geheele Navigatie ende Schip-vaert van de Oostersche, Noordtsche, Westersche ende Middellantsche Zee, met alle de Zee-caerten daer toe dienende. Insghelijcx het oude vermaerde Zees-caertboeck van Wisbuy vermeerdert, ende van ontallijcke fauten en valsche coersen ghesuyuert. Mitsgaders de streckinghe van Ruslandt, en de in de Witte-Zee tot Ombay in Laplant. Ende oock de streckinghe van de Middellandtsche oft Levantsche Zee, door de Griexsche Ey-

landen tot Trapezonde in Asien, Ghedruckt tot Leyden by François van Raphellingien for L. J. Waghenaer. Anno MDXCII. Quer 4°. 30 × 20¹/₂ Cm.

Mit 22 Küstenkarten in Kupferstich, Mafsstab ca. 1 : 1 000 000 bis bis 1 : 500 000, von denen aber keine des Mittelmeers sind. Im Text zahlreiche Landmarken, wie in den kleinen Seebüchern.

K. Univ.-Bibl., Göttingen

210. 1606. **Dasselbe Werk.** Amsterdam 1606. Quer 4°.
Stadtbibliothek, Lübeck.

211. 1608. **Janszoon, Willem.** Het licht de Zee-vaert, darinne claerlijck beschreven ende afghebeeldet werden alle de Custen ende Havenen, van de Westersche, Noordsche, Oostersche en de Middellandsche Zeen. Oock van vele Landen, Eylanden en de plaetsen van Guinea, Brasilien, Oost- ende West-Indien. Tot Amsterdam 1608. Quer 4°.

Mit 41 Küstenkarten (245 × 550 mm) im Mafsstab von 1 : 4 500 000 bis 1 : 15 000 000 vom Weifsen Meer bis C. de Geer (C. Ghir) in Afrika und für die atlantischen Inseln. Sämtliche Karten für die atlantischen Küsten von Holland an westlich mit Breitenskala, die übrigen ohne solche.

Stadtbibliothek, Lübeck.

212. 1620. **Janszoon, Guillaume,** Le flambeau de la Navigation, monstrant la description et delineation de toutes les Costes et Havres de la Mer occidentale, Septentrionale et Orientale. A Amsterdam, Chez, Jean Jeansson. 1620. Quer 4°.

Ziemlich unveränderte französische Ausgabe des vorigen Werkes.

K. Univ.-Bibl. Gött.

213. 1623. **Blaeu, Will. Jansz.** Seespiegel, inhoudende En korte onderwisinghe in de Konst der Zeevaert. En beschryvinghe der Seen en Kusten van de Oostersche, Noordsche en Westsche Schipvaert. tot Amsterdam by W. J. Blaeuw. 1623. Kl. Fol.

Mit 108 Küstenkarten (255 × 355 cm) in verschiedenem Mafsstab. Nur die wenigen Generalkarten haben eine Breitenskala. Das Netz der Strichrosen aus vier in den Eckpunkten eines stehenden Quadrats befindlichen 32-strahligen Strichrosen.

Seefahrtsschule Bremen.

214. 1627. **Dasselbe Werk.** Zweite Ausgabe. Amsterdam 1627. 4°.
Stadtbibliothek Frankfurt a. M.

215. 1652. **Dasselbe Werk.** Nieuwelijcx in verscheyde plaetsen verbetert en vermeerdert int jaer MDLII Fol.
K. Univ.-Bibliothek, Göttingen.

216. 1638. **Linschot, J. H. de.** Le grand routier de mer. Amsterdam 1638. Fol.
K. Bibliothek, Berlin.

217. 1640. **Vlas Bloem, Louis.** Nieuwe Zees-Caert. Dat is de gheheele nieuwe Nord-See... met een vytloopige Beschryvingh van de Sondt, längs Norwegen am Bergen toe. t' Amsterdam 1640. 4° mit Karten.
K. Bibliothek, Berlin.

218. 1650. New Shining **Sea Columne** or Sea Mirrour. ca. 1650. (Titelbl. fehlt.)
K. Bibliothek, Berlin.

219. 1662. **Colom, Jacob,** Vierige Colom der Zeevaert. Op vele plaetsen vermeerdert met kopere en houte Figuren etc. t' Amsterdam op't Water 1662. Fol.

<small>Diese „feurige Säule der Seefahrt", eine Segelanweisung, wie die übrigen, enthält ausnahmsweise (zuerst?) eine grofse „Wassende Grade Pascaert der Groote Nord Zee nieulycx beschreven dor Jac. Aertsz Colom," im Mafsstab 1 : 15 000 000, den ganzen nordatlantischen Ozean von $27°$ N. bis $80°$. umfassend ($83^{1}/_{2}$ X 108 cm), mit grossen Mafsstäben für die wachsenden Breiten und Erläuterung derselben im Text. Alle übrigen Karten Plattkarten. Stadtbibl., Lübeck.</small>

220. 1664. **Pieter Goos.** De nieuwe groote Zee-Spiegel, inhoudende de Zeekarten van de Nordsche, Oostersche, en Westersche Schipvaert met noch een Instructie ofte onderwijs in de Konst der Zeevaert. 't Amsterdam 1664. Fol.

<small>Vollständige Ausgabe. Im Spezialtitel genannt: Nieuwe Lichtende Zee-Colmne ofte Zee-Spiegel. 2 Theile in 1 Bd. 57 Karten, sämtlich Plattkarten. Deutsche Seewarte, Hamburg.</small>

221. 1674. **Doncker, H.** Nieuw groot Stuurmans Zee-Spiegel, inhoudende te Zeekusten van de Noordsche, Oostersche, Westersche Schipvaert vertoonende in veele nootsakelijke Zeekaerten etc. t'Amsterdam by Hendrick Doncker. 1674 Fol. <small>K. Bibliothek, Berlin.</small>

222. 1677. **Dassié, F. C. R.** Le Routier des Indes orientales et occidentales, traitant des saisons propres à faire Voyages: Une description des Anchrages Profondeur des plusieurs Havres et Ports de Mer. Avec 26 diff. Navigations. Paris, chez Jean de la Caille. MDCLXXVII. <small>Seefahrtsschule, Bremen.</small>

223/24. 1693. **Collins, G.** Great Britains Coasting Pilot. 2 parts. London 1693. Fol. <small>Seefahrtsschule, Bremen.</small>

225. ? — **Van Keulen, Johannes.** Bruchstücke „aus de Nieuwe groote lichtende Zee-Fakkel", betreffend die Westküste von Afrika und (aus V. Band 2) die Küste Brasiliens.
<small>16 Tafeln. Sämtlich Plattkarten. Deutsche Seewarte, Hamburg.</small>

226. 1764. **Murdoch Mackenzie.** Anweyzing voor de Zeelieden doer de Orcadische Eylanden als mede van een gedeelte van de Lewys, met daar toe behoerende Pascaerten. Vertaalt uit het Engelsche handschrift van Murd. Mackenzie, met een caert van Hitland etc., te Amsterdam by Joan. van Keulen. o. J.

<small>Das Privileg der Staaten von Holland u. West-Friesland v. J. 1749 an Murdoch Mackenzie ward 1764 erneuert. Die 13 Karten sämtlich Plattkarten für die entsprechenden Mittelbreiten. Dreifacher Meilenmafsstab, wovon der eine für „Engelse Seamiles van 60 in eenen Grad." Seewarte, Hamburg.</small>

VIII. Die grossen Seeatlanten des XVII. und XVIII. Jahrhunderts.

227. 1661. **Dudleo, Roberto,** Duca di Nortumbria (Sir Robert Dudley † 1639). Arcano del Mare, Impress. seconda in Fiorenza MDCLXI. 2 Bde. Fol. max.

In diesem grofsen, zuerst 1630 (?) erschienenen Gesamtwerk über alle Zweige der Nautik, dessen zweiter Teil einen der ersten grofsen Seeatlanten des XVII. Jahrh. für alle Meere der Erde enthält, werden alle Karten in Mercators-Projektion mit voll ausgezogenem Gradnetz ohne alle Kompafsrosen gegeben, ein Beweis, dafs es sich um ein wesentlich theoretisches Werk handelt.
K. Univ.-Bibl., Gött.

228. 1660. **Alphen, P. van.** Nieuwe Zee-Atlas. Rotterdam 1660.
K. Bibliothek, Berlin.

229. ca. 1665. **Colom, Arnold.** Zee Atlas ofte Water Wereldt. Amsterdam. Fol. z. J. (ca. 1665).
Nur ganz wenige der fast ausschliefslich in Plattkartenprojektion entworfenen Blätter mit Breitenskala. (Westeuropa.) Ausgezogener Kranz von Kompafsrosen. Nur die Karte des südlichen Atlantischen Ozeans (v. 18° N. an) in Mercators Proj. (wassende grade Caert). K. Bibliothek, Berlin.

230. 1667. **Doncker, Hendrick,** De Zee-Atlas of Waters Waerelt. Vertoonende alle de Zeekusten van het bekende des Aerd-Bodems 't' Amsterdam 1667. Fol.
Auf 47 Karten erweiterte Ausgabe des 1662 (?) zuerst erschienenen Atlas. Der hier vorgedruckte Text gehört zur früheren Ausgabe von 30 Karten. Sämtliche Karten sind gleichgradige Passkarten.
Kommerzbibliothek, Hamburg.

231. 1667. **van Loon, Joannes.** Klaerlichtende Noort-Star ofte Zee-Atlas. t'Amsterdam by Joannes Janssonius van Woesberge en Joannes van Loon. 1667. Fol.
Sämtliche 49 „Pascaerten" in gleichgradiger Plattkartenprojektion mit vollem Kranz von Zentral- und Nebenrosen.
Senckenberg. Bibliothek, Frankfurt a. M.

232. 1675. **Pieter Goos.** De Zee-Atlas ofte Water-Weereld. Waer in vertoont werden alle de Zee-Kusten van het bekende des Aerd-Bodens, by Pieter Goos. Amsterdam, Fol. 1675.
Sämtliche 79 Pascaerten in Plattkartenprojektion ohne Gradnetzlinien mit voll ausgezeichnetem Kranz von Kompafsrosen. Erste Ausgabe 1667 (in Göttingen, Univ.-Bibl.) Seefahrtsschule, Bremen.

233. 1670 (?) **Witt, F. de.** Tabulae maritimae ofte Zee-Karten. Amstelodami (s. a.) Amst. Fred. de Wit. 27 Karten Fol.
Seefahrtsschule, Bremen.

234. 1681. **van Keulen, Johannes.** De groote Nieuwe Vermeerderde Zee-Atlas ofte Water-Werelt, vertoonende in sigh alle de Zeekusten des Nordtryks. t' Amsterdam 1681. gr. Fol.
Unter den 50 Karten finden sich bereits 5, auf denen „alles op wassende graden gelegth" ist, d. h. in Mercators Projektion. Doch enthalten auch diese kein ausgezogenes Gradnetz, sondern wie alle andern Plattkarten vollen Kranz von Kompafsrosen. K. Univ.-Bibliothek, Göttingen.

235. 1707. **van Keulen, Gerard.** De groote nieuwe vermeerderde Zee-Atlas ofte Water-Waereld, vertoonende in zig alle de Zee-Kusten des Nordryks. Te zamen vergaadert en in't ligt gebracht door Gerard van Keulen, t'Amsterdam by G. van Keulen 1706—1712. 5 Teile in 2 Bden. in Fol. max.
Unter den 163 Karten etwa 10 in Mercators Projektion, eine mit Mafsstab der wachsenden Breiten.
Kommerzbibliothek, Hamburg.

236. 1693. **Le Neptune français**, ou Atlas nouveau des cartes marines levées et gravées par ordre exprès du Roy pour l'usage de ses armées de Mer. Reveu et mis en ordre pas les Sieurs Pene, Cassini et autres. A Paris chez Hubert Jaillot. Fol. max.

<small>Alle Generalkarten von einiger Ausdehnung sind in Mercators Projektion (Carte reduite) entworfen; mehrfach Masst. für wachsende Breiten. Die Windrosen beschränken sich auf das Meer.
Angebunden ist: Cartes Marines à l'usage des armées du Roy de la Grande Bretagne gravées et recuillies par Romain de Hooge Commissaire du Roy. A Amsterdam chez Pierre Mortier MDLXXXXIII. 9 Karten in Doppelfol. max. betreff. die Küsten von Holland bis zum Mittelmeer.
Hooge legt den Karten die trapezförmige Projektion unter mit ausgezogenem Maschennetz. Kompafsrosen nur in einigen Schnittpunkten von Meridianen und Parallelen. Univ.-Bibliothek, Marburg.</small>

237. 1700. Suite du **Neptune Français** ou Atlas Nouveau des Cartes Marines levées par ordre exprès des Roys de Portugal et données au Public par les soins du Feu Monsieur d'Ablancourt. A Amsterdam chez Pierre Mortier MDCC. Fol. max.

<small>Neben Ansichten von Schiffen, Flaggentafeln etc. enthält das Werk Karten, welche sich meist auf Afrika und die Entdeckungen der Portugiesen beziehen. Generalkarten in Mercators Projektion. Ablancourt war der Besitzer einer Reihe der hier publizierten Karten, welche er aus Portugal nach dem Haag brachte. K. Bibl., Berlin.</small>

238. 1710. **Le Neptune français** par G. Sanson, Amsterdam. chez Mortier 1710. Fol. max. K. Bibl., Berlin.

239. 1715. **Renard, L,** Atlas de la Navigation et du Commerce Amsterdam 1715. chez Louis Renard. Fol.
<small>28 Karten, meist von de Witt. Ausschliefslich Plattkarten.
Seefahrtsschule, Bremen.</small>

240. 1745. **Renard. L,** Atlas von Zeevaert en Koophandel. Vermeerdet door R. J. Ottens en J. v. d. Bosch. Amsterdam 1745 Fol. <small>Seefahrtsschule, Bremen.</small>

241. 1728. **Atlas Maritimus** et commercialis, or a general View of the World so far as relates to Trade and Navigation. With a Sett of Sea-Charts, some laid down after Mercator, but the greater Part according to a New Globular Projection, adapted for measuring Distances (as near as possible) by Scale and Compass. London MDCCXXVIII.

<small>Die Karten dieses Atlas haben deshalb hervorragendes historisches Interesse, weil auf diesen der Versuch gemacht wird, die Plattkarten durch eine Art von Globular bezw. Kegelprojektion zu ersetzen, also durch solche mit konvergierenden Meridianen und gebogenen Breitenparallelen. Zur Erleichterung der Distanzmessung sind zahlreiche Rosen loxodromischer Kurse mit gebogenen Rhumblines eingezeichnet. Vorwort von Edw. Halley.
Kommerzbibliothek, Hamburg.</small>

242. 1756 (?). **L'Hydrographie française;** recueil des cartes générales et particulières qui ont été faites pour le service des vaisseaux du roy. Par ordre des Ministres de la Marine depuis 1737 jusqu'au 1760. Par le S. Bellin, Ingenieur de la Marine etc. Paris chez M. Bellin, 2 Bde. Fol. max.

I. contenant les cartes marines pour l'Europe et l'Asie.
II. contenant les cartes marines pour l'Afrique et l'Amerique.

Durchaus Vorherrschen der »cartes reduites« neben wenigen Plattkarten. Ausgezogene Kompafsrosen nur in Eckpunkten von Quadraten. Zentralpunkt des Liniensystems ist nicht markiert. Meilenmafsstäbe längs der Seitenmeridiane. G. I. Gött.

243. 1745. **D'Après de Mannevilette**, Lieut. des Vaisseaux de la Comp. des Indes, Le Neptune oriental ou Routier général des côtes des Indes orientales et de la Chine, enrichi de cartes hydrographiques tant Générales que Particulières pour servir d'Instruction à la Navigation de ces differentes Mers. A Paris de l'imprimerie de Jean-François Robustel MDCCXLV Fol. max.

»Cartes plates« und »Cartes reduites«. Der Kranz von Nebenrosen um eine Zentralrose noch auf allen Blättern durchgeführt. G. I. Gött.

244. 1775. — **Dasselbe Werk** in stark erweiterter Auflage. 2 Bde. Fol. Paris u. Brest. Bd. I Text. Bd. II Karten.

Liniensystem wie in erster Auflage. G. I. Gött.

Dritte Abteilung.

Maritim-meteorologische Werke, Segelanweisungen und Segelhandbücher,
ausgestellt von der Deutschen Seewarte in Hamburg.

A. Segelanweisungen.

245. **Jülfs** und **Balleer**, Die wichtigsten Seehäfen der Erde. 3 Bde. Oldenburg 1870.
246. **Dorn**, Alexander. Die Seehäfen des Weltverkehrs. 2 Bde. W. 1891. 1892.
247. **Findlay**, Alexander. Verschiedene Directories. Nach Auswahl.
248. **Imray**, James & Son. Sailing Directories für verschiedene Gebiete. Nach Auswahl
249. **Rover**, W. H. Sailing Directories. Nach Auswahl.
250. —, Die Pilot charts des Stillen und Atlantischen Oceans. Ein Exemplar.
251. **London, Hydrographic Office**, Admiralty, Wind and Current charts for the Pacific, Atlantic and Indian Oceans. London. 1872.
252. **Paris**. Dépot des Cartes et Plans de la Marine. Segelanweisungen »Instruction Nautiques« etc. Nach Auswahl.
253. **Utrecht**. Koninklijke Nederlandsch Meteorologisch Instituut. Eine Reihe von Anweisungen zum Befahren der verschiedenen Meere. Nach Auswahl.
254. **Deutsche Seewarte**. Der Pilote, ein Führer für Segelschiffe, 6 Bände. 1881—1883, 1887, 1891/92.

255. **Cornelissen.** J. E. Stoomschepen op lange lijnen. 1870.
256. **Maury**, M. F. Wind and current charts. Atlas von ungefähr 80 Karten. 1848—1860.
257. **Maury**, M. F. Explanations and Sailing directions to accompany the wind and current charts. 1851—1859.
258. **Berger**, W.-C. Ocean routes. 2 ed. London O. J.
259. **Fitzroy.** Passage sable and general Sailing directions published by Authority of the Board of Trade. 1895.
260. **Galen**, T. van. Zeil-, wind- en stroomkaarten en routetabellen, 2. uitgave 1859.
261. **Ploix**, Ch. A. **Caspari,** Vents et Courants. Routes générales. Extract des „Sailing Directories" de Maury et des Travaux les plus recents. 1874.
262/263. **Friederichsen, L.,** Die deutschen Seehäfen. Hamb. I, Ostsee 1889, II Nordsee 1891, mit 5 Karten.
264. **Hydrographisches Amt der Admiralität**, Segelhandbuch für die Ostsee. Teil I u. II. Berlin 1878, 81, 82.
265/268. —, Segelhandbuch für die Ostsee. 2. Auflage. Abteilung 1—4, 1891—1893.
269. —, Segelanleitung für die deutsche Küste des mittleren Teiles der Ostsee. Berlin 1878.
270/276. —, Segelhandbuch für die Nordsee. Teil I—III (1. und 2. Auflage) 1883, 85—89. Berlin 1891 und 1892.
277. Segelanleitung für die Mündungen der Jade, Weser und Elbe (Deutsche Karte der Nordsee). Berlin 1878.
278. **Kopenhagen**, Den Danske Lods. 1866.
279. **Christiania**, Den Norske Lods. 1855—1888.
280/284. **Deutsche Seewarte**, Segelhandbuch des Englischen Kanals, der Französischen Westküste, des Bristol-Canals und der Südküste von Irland. 5 Bände. 1892/1894.
285/286. **Hydrographisches Amt** der k. u. k. Kriegsmarine, Verzeichnis der Leuchtfeuer im gesamten Mittelmeere. Teil I. u. II. Pola 1879/84.
287/288. **Deutsche Seewarte.** Segelhandbuch für den atlantischen Ozean mit Atlas 1882/85.
289. **Washington,** Atlantic Coast Pilot.
Eine Reihe von Werken dieser Art von U.-S. Coast and Geodet Inst. Survey. U.-S. Hydrographic Office.
290. **Kerhallet**, Ch. Ph. de Manuel de la Navigation dans la mer des Antilles et dans le Golfe de Mexique 1863. Weitere „Sailing Directories" nach Auswahl.
291/92. **Deutsche Seewarte.** Segelhandbuch für den Indischen Ozean mit Atlas 1891/92.
293. **Utrecht**, Kon. Nederlandsch Met. Instituut. Routen voor Stoomschepen tuschen Aden en Nederlandsch Ost-Indie 1891.
294. —, Route voor Stoomschepen dorch den Indischen Ocean van Aden naar Straat Sunda en terug, 1871.
295. **Deutsche Seewarte.** Ein Atlas des Stillen Ozeans und Segelhandbuch für denselben. Etwa 30 Manuskripte. Berlin.

296. **Washington** Pacific Coart. Coast Pilot of Californien.
297. **Cheyne,** Andrew. Sailing directions from New South Wales to China and Japan; including etc. 2nd. ed. 1862.
298. **Becker.** Navigation of the Pacific Ocean, illustrated by charts etc. 1860.

B. Ozeanographie.
Allgemeine Ozeanographie.
299. The Physical Geographie of the Sea, 1858.
300. **Gareis,** A., und **Becker,** A. Zur Physiographie des Meeres. 1867.
301. **Gelcich,** E. Grundzüge der physischen Geographie des Meeres mit einem Anhange über Oceanschiffahrt. 1881.
302/3. **Attlmayr,** F. Handbuch der Ozeanographie und maritimen Meteorologie, Bd. I—II. W. 1883.
304/5. **Boguslawsky,** G. von, und **Krümmel,** Otto. Handbuch der Ozeanographie, Bd. I—II. 1884/87.
306. **Hamburg.** Norddeutsche Seewarte, Mitteilungen aus der Norddeutschen Seewarte, I—IV, von W. von Freeden. 1869/72.
307. **Irminger,** C. Den arktiske Strömning 1854.
308. **Mohn,** H. Température de la mer entre l'Islande, l'Ecosse et la Norwège, 1870.
309. **Utrecht,** Temperature van het Zeewater aan de oppervlakte van het gedeelte van den Noorder Atlantischen Oceaan etc. 1872.
310. **London,** Meteorol. Committee Currents and surface temperature of the North Atlantic Ocean from the equator to Latitude 40^0 N. for each month of the year 1872.
311. **Tynben,** H. The Meteorology, sea temperature and currents of the 10^0 Square of the Atlantic. 1873.
312. —, On the Physical Geography of the part of the Atlantic which lies between 20^0 N. and 10^0 S. and extends from 10^0 to 40^0 W. 1876.
313. **Monaco,** L. A. Sur les courants superficiels de l'Atlantique du Nord. 1889.
314. **Sainte-Claire,** Deville Ch. Carte de la température des eaux à la surface de la mer des Antilles etc. 1852.
315. **Muhry,** Ad., Über die Lehre von den Meeresströmungen. Untersuchungen 1869.
316. **Buys-Ballot,** Dr. Uitkomsten van Wetenschap en ervaring aangande winden en zeestromingen in sommige gedeelten van den oceaan. Benevens verslag van de conferentie te Brüssel, gehouden in Augustus en September. J. L. Utrecht 1653.
317. —, Les courants de la mer et de l'atmosphère. Traduit du Néerlandais par L. Estourgies. Bruges 1874.
318. **Colding,** A. Om Stromnings forholdene i almindeliga Ledninger og Harvet (Im Sammelband 5594).
319. **Hoffmann,** P. Zur Mechanik der Meeresströmungen an der Oberfläche der Oceane. 1884.

320. **Ekman,** F. L. On the general causes of the Ocean currents. 1876.
321. **Utrecht,** Koniklijk Nederlandsche Met. Institut. Onderzoekingen met den Zeethermometer etc. etc. 1861.
322. —, Resultate meteorologischer Beobachtungen von deutschen und holländischen Schiffen für Eingradfelder des Nordatlantischen Oceans. Bd. I—XIV. (1880—1894).
323. —, Die Vierteljahrs-Wetter-Rundschau an der Hand der täglichen synoptischen Wetterkarten für den Nordatlantischen Ocean des dänischen Meteorologischen Instituts und der deutschen Seewarte, 6 Bände mit 240 Karten, 1888—1894.
324. —, Dänisches Meteorologisches Institut. Ein Jahrgang der Täglichen Synoptischen Wetterkarten des Nordatlantischen Oceans.
325/326. Monatliche Übersicht der Witterung für jeden Monat. Jahrgang I—X (1876—1885) und daran anschliefsend Monatsberichte der Deutschen Seewarte. Jahrg. XI—XVI (1886—1891).
327/328. **Neumayer,** G. Results of the magnetical, nautical and meteorological observations made and collected at the Flagship Observator. 2 Vol. 1859—1862.
329/330. —, Curven der Magnet-Elemente nach den auf einer Reise um die Erde gesammelten Beobachtungen. 1857/1864.
331. —, Der magnetische Zustand der Erde im Jahre 1895 in Karten der magnetischen Elemente für dieses Jahr.
332. **London, Meteorological** Office. Charts showing the surface Temperature of the South Atlantic Ocean etc. 1869.
333. **Utrecht.** (Cornelissen J. E.) On the Temperature of the Sea at the Surface near the South-Point of Afrika o. J.
334. **Utrecht.** Stroomen en Temperature aan de Oppervlakte in de Golf van Aden en den Indischen Oceaan bij Caaps Gardafui, 1888.
335. **Towson,** J. Sh., Icebergs in the Southern Ocean, 1857.

Ebbe und Fluth.

336. **Lentz,** Hugo, Fluth und Ebbe und die Wirkung des Windes auf den Meeresspiegel, Hamburg 1879.
337. **Börgen,** C., Die harmonische Analyse der Gezeiten-Beobachtungen. Sonder-Abd. Annal. d. Hyd. M. Met. XII. Jahrgang, 1884.
338. **Ferrel,** W., Report of Meteorological effects on Tides 1873.
339. Tidal researches, 1874.
340. Physikalische Untersuchung des Meeres durch deutsche Expeditionen des Reichsmarineamts, Die Forschungsreise S. M. S. Gazelle in den Jahren 1874—1876, 4 Bände. Berlin 1888—1890.
341. **Kiel,** Kommission zur Untersuchung der Deutschen Meere, Jahrgang I—XIX, 1871—1889.
342. **Karsten,** G. und **Jacobsen,** O., Physikalisch-chemische Untersuchungen der Ostsee, 1873.

343. **Meyer, H. A.,** Untersuchungen über physikalische Verhältnisse des westlichen Teiles der Ostsee, 1871.
344. **Hydrographisches Amt der Admiralität,** Die Ergebnisse der Untersuchungen S. M. Knbt. „Drache" in der Nordsee in den Sommern 1881, 1882 und 1884, Berlin 1886.
345/346. **Krümmel,** Dr., Otto, Reisebeschreibung der Plankton-Expedition und Geophysikalische Beobachtungen, 1893.
347. **Berghaus,** Dr., Heinrich, Sechs Reisen um die Erde der Königlich Preufsischen Seehandlungs-Schiffe in den Jahren 1822—1842. Breslau 1842.
348. Journal einer Reise um die Erde in den Jahren 1830—1832 an Bord des Königlich Preufsischen Schiffes „Prinzefs Louise".
349. Zwei Aquarelle in Rahmen, welche die Schiffe der Preufsischen Seehandlung „Prinzefs Louise" und „Meteor" darstellen. Es sind dies die Schiffe, welche zuerst ein gutes meteorologisches Journal führten.
350. Eine Anzahl Aquarelle von Süd-Georgia.

Vierte Abteilung.
Seekarten und Segelhandbücher der Deutschen Marine.

Aussteller: Diedrich Reimer (Hoefer und Vohsen), Geographische Verlagshandlung in Berlin.

a. Deutsche Admiralitäts-Karten.

351. **Die Gewässer um Rügen.** 1 : 75 000. Kartons: Greifswalder Oie Hafen 1 : 12 000, Stralsund 1 : 25 000. 2 Blätter.
352. **Die Weser von Bremerhaven bis Strohausen.** 1 : 25 000 Mit Kartons: Hafenanlagen von Bremerhaven und Geestemünde. 1 : 10 000; Anlegeplätze von Nordenham. 1 : 5000.
353. **Die Weser von Strohausen bis Elsfleth.** 1 : 25 000. Mit Kartons: Hafenanlagen von Brake. 1 : 2500; Anlegeplätze von Elsfleth. 1 : 5000.
354. **Die Nordsee.** Segelkarte. 1 : 1 200 000. Kartons: Pentland Firth 1 : 1 500 000. Downs (Dover) 1 : 150 000. Holländische Küste zwischen Helder und Terschelling. 1 : 300 000. Einsegelungen nach Mandal und Christiansand 1 : 100 000. 2 Blätter.
355. **Die deutsche Bucht der Nordsee.** 2 Blätter. 1 : 300 000. Mit Kartons: Eider-Mündung, Elbe-Mündung, Jade- und Weser-Mündung, Lister Tief 1 : 120 000.
356. **Jade- und Weser-Mündungen.** Spezialkarte der Sektion III. 1 : 50 000. Mit Karten: Die Weser vom Dwarsgat bis Bremerhaven in gleichem Mafsstabe.

357. **Ostfriesische Inseln.** Sektion IV. 1:100000. Mit Karton: Die Ems von Knock bis Papenburg in gleichem Mafsstabe.
358. **Die Hoofden.** 2 Bl. 1:300 000. Mit Kartons: Rhede von Yarmouth und Lowestoft, Hoek van Holland, Downs und die Mündung der West-Schelde, aufwärts bis Vlissingen 1:150 000. Das Südblatt allein.
359. **Der Englische Kanal.** Segelkarte. 2 Bl. 1:600 000.
360. **Helgoland.** 1:15 000.
361. Hafen von **Dar-es-Salâm.** 1:7500.
362. **Moa-Bai.** 1:20 000.
363. **Mansa-Bai.** 1:20 000.
364. Hafen von **Tanga.** 1:7 500.
365. Der Hafen von **Kamerun** und seine nördliche Fortsetzung. 1:15 000.

b. Segelhandbücher.
Herausgegeben vom Reichsmarineamt.

Segelhandbuch für die Ostsee.
366. I. Abt. Meteorologie, Klimatologie und physikalische Verhältnisse des Ostseegebiets. Bearbeitet von der Seewarte. Gr. 8°.
367. II. Abt. Das Kattegatt und die Zugänge zur Ostsee.
368. III. Abt. Von der Linie Schleimünde—Fakkebjerg bis Linie Nimmersatt—Christianopel.
369. IV. Abt. Die russische Küste von der preussischen Grenze bis Dagerort, der Moon Sund, Rigasche und Finnische Meerbusen.
370. V. Abt. Die Ostküste von Schweden. Der Bottnische Meerbusen und die Alands-Inseln.

Segelhandbuch für die Nordsee.
371. I. Theil. Zweites Heft. Skagerrak.
372. I. Teil. Drittes Heft. Deutsche Bucht der Nordsee. Dänische Küste von Hanstholm bis Ribe mit dem Lijm Fjord. Holländische Küste von der Ems bis Terschelling. Gr. 8°. (VIII. 245 S.) 1889.
373. I. Teil. Viertes Heft. Die Hoofden.
374. II. Teil. Zweites Heft. Die Shetland- une Orkney-Inseln, die Nord- und Ostküste Schottlands von Kap Wrath bis Kinnaird Head.
375. II. Teil. Drittes Heft. Ostküste Schottlands von Kinnaird Head bis Berwick und die Ostküste Englands von Berwick bis Cromer.
376. Dazu sieben Hefte Nachträge.

Fünfte Abteilung.
Ältere Stromkarten der Weser.
Aussteller: Staatsarchiv und Stadtbibliothek.

a. Umgebung von Bremen.

377. Der Weserfluſs zwischen der Stadt Bremen und dem Haven Vegesack mit seinen Eilanden, Sandbänken und Schlachten. 1742. Handzeichnung.
378. Plan des Weserstroms samt denen daran belegenen Ortschaften von Bremen bis Intschen. Von F. J. Werner, 1749. Handzeichnung.
379. Grundriſs des Weserstroms von der Stadt Bremen bis nach dem Haaven Vegesack. Artilleriekapitän Wieting, ca. 1750. Handzeichnung.
380. Charte vom Laufe des Weserstroms vom Dreyer Zaun bis zur groſsen Weserbrücke. Von R. E. Schilling, ca. 1750. Handzeichnung.
381. Plan der Weser von der Stadt bis an die Ziegelbrennerei. 1768. Gez. von C. A. Heineken. Handzeichnung.
382. Vorstellung von der im Februar 1771 unterhalb der Stadt Bremen geschehenen Aufeisung des Weser-Stroms. Entw. von Schilling.
383. Karte von dem Laufe der Weser, nebst den angrenzenden Deichen und Ländereien, vom Deyer Zaune bis zur Stadt Bremen. Gez. von Schilling. 1772. Handzeichnung.
384. Stromkarte der Weser von Bremen bis längs dem Seehäuser Wied. Aufgen. v. Jng.-Capitän C. L. Murtfeldt. 1798—99. Handzeichnung.
385. Stromkarte der Weser bei Woltmershausen von der zweiten Waller Buhne (Schlachte) bis zur Stadt Bremen. 1799. C. L. Murtfeldt. Desgl.
386. Plan des Weserstroms von der Buhne am Oslebshauser Korngroden bis zur Buhne am Osterorte. 1800. Von C. L. Murtfeldt. Desgl.
387. Plan des Weserstroms von der Buhne am Osterorte bis zur Buhne bei der Moorlosen Kirche. 1800. Von C. L. Murtfeldt. Desgl.
388. Charte der Weser vom Seehauser Wied bis an die Moorlose Kirche. 1800. Von C. L. Murtfeldt.
389. Stromkarte von dem Seehauser Wied bis zur Mohrlosen Kirche. Von C. L. Murtfeldt. 1800. Desgl.
390. Karte der Weser von Bremen bis zum Fehrgrund. 1805. 3 Blätter. Gez. v. Heineken. Desgl.
391. Stromcharte von den Eisbrechern oberhalb der Stadt bis an die Hastedter Buhnen. 1809. Von C. L. Murtfeldt. Desgl.

392. Plan von dem Laufe der Weser in den Ämtern Syke, Thedinghausen, Königl. Hannover und Herzogl. Braunschw. Anteils. ca. 1820.
392a. Grundrifs des Weserlokals unterhalb der Stadt.
  1) Von der Stadt bis zum Ende der langen Durchscheerung, aufgen. 1822.
  2) Von der langen Durchscheerung bis an den Oldenburger Ochummer Sand.
393. Karte der Weser unterhalb der Stadt bis zum Seehauser Wied, aufgen. v. C. L. Murtfeldt 1800, vervollständigt vom Wasserbauinspektor Blohm 1822. Handzeichnung.
394. Karte der Weser von Bremen bis Vegesack. Sekt. I. Bremen bis Lankenau mit der bis 1848 ausgeführten und für 1849 projektirten Stromverbesserungsanlagen. Aufgen. 1845 von Nonnenbruch.
395. Karte von der Weser von Bremen bis Vegesack in 3 Sektionen (1845—46) von Nonnenbruch.
  Sekt. 1) von Bremen bis Lankenau.
     " 2) von Lankenau bis Mittelsbüren.
     " 3) von Mittelsbüren bis Vegesack 1846.
  Dazu ein Übersichtsblatt.
396. Karte von der Oberweser im Bremer Gebiet in 2 Sect., 1846 von Nonnenbruch.
  Sekt. 1) von unterhalb Bremen bis gegen Hastedt.
     " 2) von Hastedt bis zum Korbhause.
  Dazu ein Uebersichtsblatt.
397. Karte der Weser von Hemme bis Vegesack. Von A. Duntze 1846.
398. Übersichtskarte der Weser von Baden bis Vegesack. Kopie einer Karte vom Deichvogt Schrader v. J. 1848. Handzeichnung.
399. Karte des Weserstroms in 21 Sect. aus den Strombaukarten der Uferstaaten, zusammengetragen i. J. 1861 von Vorländer. Mafsst. 1 : 20 000. Berlin, 1863.

b. Karten der Wesermündung.

400. Karte der Nieder-Weser im 12. Jahrhundert. Gez. von Tischbein. 2 Blatt. (Aus Visbeck, Niederweser.)
401. Karte der Wesermündungen um 1420. Entworfen von L. Strackerjan zu Oldenburg. Pause.
402. W. Niebuhr, historische Karte der Grafschaften Oldenburg Delmenhorst, auch Karte der Wesermündungen ums Jahr 1511.
  Dazu ein Buch. Ausst: Dr. Wellmann.
403. Alte Stromkarte der Weser von Bremen bis zur See mit Angabe der Tonnen (anscheinend aus dem 16. Jahrh.). Kopie.
404. Die Weser von Bremen bis zur Mündung. Um 1604. (Aus Dilichius Chronik.)
405. Nobilis Saxoniae fl. Visurgis cum terris adjacentibus ab inclyta Brema ad oftium maris. Von Joh. Janssonius (Mitte des 17. Jahrh.) Auch unter dem Titel:
406. Der Weserstrohm mit denen darin liegenden Inseln von der Stadt Bremen ab bifs in den Oceanum und Offenbare See. Um 1650.
407. Dieselbe Karte kolorirt.

408. Weser-Stroom van Wrangeroog tot Brake. Auf Pergament gez. von J. Hane. (O. J.)
409. Pafs-Charte von Heiligeland nach Wangeroog u. Blexum etc. Anno 1756 von A. Hiller, 1757 verbessert von J. A. Strömberg.
410. Stromkarte der Weser bis an die Nordsee sammt den darauf gelegten Tonnen und daran liegenden Ortschaften. 1764.
411. Karte der Weser und Jahde nebst den Ausflüssen der Elbe und Eider. 1791 von Joh. Mensing.
412. Plan de la Jahde et de l'embouchure du Weser levé par Beautemps Beaupré en 1812, publié par ordre du Roi 1821.
413. Karte von den Mündungen der Weser, Jahde und Elbe nebst einem Teile der Nordsee. Von Joh. Bosse, 1838.
414. Karte von den Mündungen der Weser, Elbe, Jahde und Eider. Von Joh. Bosse, 1847.
415. Karte der Weser von Bremen bis zur Mündung nebst den Seebädern Helgoland, Norderney und Wangeroog. Verlag bei Kaiser.

Sechste Abteilung.
Relief und Pläne zum Wasser- und Hafenbau.

Aussteller: Die Unterweserkorrektion, die Bauinspektion für Freibezirk und Holzhafen in Bremen und die Hafenbauinspektion in Bremerhaven.

416. Reliefmodell der Weser von Bremen bis Meyers Legde (Jungfernbake). 1 : 10 000.
417. Übersichtskarte von 1887 (Weser von Bremen bis Jungfernbake). 1 : 10 000.
417 a. Übersichtskarte von 1893 (dasselbe). 1 : 10 000.
418. Tableau, enthaltend: die Übersichtskarten aus den Jahren 1887, 1890, 1893. 1 : 25 000.
418 a. L. Franzius, Die Korrektion der Unterweser. W. Engelmann, Leipzig.
    a. Karten und Abbildungen.
    b. Text.
419. Längenprofil von Bremen bis Helgoland.
420. Lageplan des Freibezirks in Bremen.
421. Querschnitt der baulichen Anlagen des Freibezirks.
422. Einzelheiten der baulichen Anlagen des Freibezirks.
423. Plan von Bremerhaven.
424. Einseglungskarte der Weser, 2 Bl.
425. Hoheweg-Leuchtturm.
426. Roter-Sand-Leuchtturm.
427. Ever-Sand-Unterfeuer.
428. Leuchtschiff ›Weser‹.

Zweite Hauptgruppe.
Litterarische und artistische Werke für Schule, Wissenschaft und Haus,
teils in systematischer Zusammenstellung, teils in Beschränkung auf die Veröffentlichungen der Jahre 1893—95.

Erste Abteilung.
Sonderausstellung der Geographischen Verlagshandlung von Diedrich Reimer (Hoefer und Vohsen) in Berlin.

429. **Verhandlungen der Deutschen Geographentage 1881—93.** Bände I—X (Berlin 1881, Halle 1882, Frankfurt a. M. 1883, München 1884, Hamburg 1885, Dresden 1886, Karlsruhe 1887, Berlin 1889, Wien 1891, Stuttgart 1893). **Diese zehn Bände ist die Verlagsbuchhandlung erbötig, den Mitgliedern des Deutschen Geographentages geheftet, soweit der Vorrat reicht, zum Preise von 10 Mk. abzugeben.**
430. H. Kiepert, östlicher und westlicher Planiglob. Physik. 4. Aufl., von R. Kiepert.
431. —, östlicher und westlicher Planiglob. Polit. Neubearbeitung von R. Kiepert.
432. —, politische Wandkarte von Asien (1 : 8 000 000), 4. Aufl., von R. Kiepert.
433. —, politische Wandkarte von Afrika (1 : 8 000 000), 5. Aufl., von R. Kiepert.
434. —, physikalische Wandkarte von Australien, 4 Aufl., von R. Kiepert.
435. —, physikalische Schulwandkarte von Europa (1 : 4 000 000), 5. Aufl., von R. Kiepert.
436. —, politische Schulwandkarte von Europa (1 : 4 000 000), 5. Aufl., von R. Kiepert.
437. R. Kiepert, Mitteleuropa, physikalisch (1 : 1 000 000). Ausgabe ohne Namen.

438. —, Mitteleuropa, physikalisch (1 : 1 000 000). Ausgabe mit Namen.
439. —, Mitteleuropa, politisch (1 : 1 000 000).
440. —, das Königreich Preufsen. Schulwandkarte (1 : 1 000 000).
441. —, Wandkarte des Deutschen Kolonialbesitzes.
442. A. Brecher, historische Wandkarte von Preufsen zur Übersicht der territorialen Entwickelung des Brandenb.-Preufs. Staates von 1415 bis jetzt (1 : 750 000). 4. Aufl.
443. H. Kiepert, neue Wandkarte von Palästina. 7. Aufl.
444. H. Kiepert und C. Wolf, historischer Schulatlas der älteren, mittleren und neueren Geschichte. 6. Aufl.
445. Grofser Handatlas, dritte von R. Kiepert herausgegebene Auflage, mit statist. Material von P. Lippert und Namenverzeichnis mit Bevölkerungsziffer. Lief. 1—7.
446. R. Kiepert, das Deutsche Reich in 8 Karten mit Namenverzeichnis und statist. Text von P. Lippert und M. Busemann. Grofs Folio. 1895.
447. Rand Mc. Nally & Co., Business-Atlas and Shipper Guide etc. Ausg. 1893.
448. New Pocket Atlas 1893.
449. Internationale geologische Karte von Europa, unter Direktion von Beyrich und Hauchecorne. Ausgestellt sind die bisher fertig gestellten und im Farbendruck vorliegenden Blätter. Die Zeichnung der Gesamtkarte ist bis auf wenige Blätter vollendet.
450. H. Kiepert, Formae orbis antiqui. Ausg. in 6 Lief. zu 6 Karten. Die erste Lieferung ist erschienen.
451. —, Spezialkarte vom westlichen Kleinasien. 15 Bl. 1 : 250 000.
452. R. Kiepert, Karte von Deutsch-Ostafrika in 29 Bl. 1 : 300 000. Erschienen sind 4 Blätter.
453. —, Karte der Nyassa-Expedition des Gouverneurs Obersten von Schele, 1 : 500 000.
454. Karten von Attika, herausgeg. von E. Curtius und J. A. Kaupert. Ein Exemplar aufgezogen.
455. Verzeichnis der Karten der Zeitschrift für Erdkunde, Zeitschrift und Verhandlungen der Gesellschaft für Erdkunde 1853—90.
456. Weltkarte zur Übersicht der Meerestiefen und Höhenschichten. Herausgegeben vom Reichsmarineamt.
457. Älteste spanische Weltkarte. Mutmafslich eine Arbeit Hernando Colons. Aufgen. von L. Held. In photograph. Reproduktion.
458. H. Kiepert, Wandkarte des Deutschen Reiches. Bureaukarte, 1 : 750 000. 9· Aufl.
459. —, Generalkarte von Europa. Mit Karton: ethnogr. Übersicht von Europa nach den Volkssprachen. 1 : 4 000 000. 4. Aufl.
460. R. Kiepert, Handkarte des Kolonialbesitzes. 1 : 16 000 000.
461. R. Mechsner, Karte des in Deutschland sichtbaren Sternenhimmels.

462. von Sineck, Situationsplan von Berlin mit dem Weichbilde und Charlottenburg. 1:10 000. 4 Bl.
463. —, Neuester Taschenplan von Berlin und den nächsten Vororten 1 Bl. 1:25 000.
464. R. Borrmann, Wandplan der Entwickelung Berlins, auf Grund des Sineck'schen Planes.
465. Übersichtskarte der Stadt Dar-es-Salam und deren nächster Umgebung, 1 Bl. 1:5000.
466. von Stockhausen, neueste Reliefkarte der Schlachtfelder bei Metz innerhalb der Deutschen Reichsgrenze. 1:25 000.
467. New General Map of the United States with Portions of Canada and Mexico. 1:2 851 200.
468. H. Frobenius, die Heidenneger des ägyptischen Sudans. Der östliche Sudan in geographischer, historischer und ethnograph. Beziehung.
469. K. Futterer, Afrika in seiner Bedeutung für die Goldproduktion in Vergangenheit, Gegenwart und Zukunft. Mit zahlreichen Karten und Plänen.
470. V. Hassan, die Wahrheit über Emin Pascha, die ägyptische Äquatorialprovinz und den Sudan. Übersetzt u. s. w. von B. Moritz. Zwei Bände.
471. R. Lepsius, Geologie von Attika. Mit Tafeln, Atlas u. s. w. Dazu ein Tableau mit neun Karten.
472. J. Partsch, die Schutzgebiete des Deutschen Reiches. Für die Schüler höherer Lehranstalten.
473. Ph. Paulitschke, Ethnographie Nord-Afrikas. Die materielle Kultur der Danâkil, Galla und Somâl. Mit 25 Tafeln und 1 Karte.
474. von Richthofen, Festschrift. Ferdinand' Freiherrn von Richthofen zu seinem sechzigsten Geburtstage dargereicht von seinen Schülern.
475. Freiherr von Danckelmann und C. G. Büttner, Routen-Aufnahme-Buch. Anweisung zu Routen-Aufnahmen nebst Tabellen.
476. Schmeisser, Über Vorkommen und Gewinnung der nutzbaren Mineralien in der südafrikanischen Republik (Transvaal). Mit 19 Karten und Tafeln.
Deutsch-Ostafrika. Wissenschaftliche Forschungsresultate über Land und Leute unseres ostafrikanischen Schutzgebietes und der angrenzenden Länder. Erschienen sind:
477. Bd. I: Mit Emin Pascha ins Herz von Afrika. Reisebericht von Fr. Stuhlmann mit Beiträgen von Emin Pascha. Mit Karten, Bildern etc.
478. Aus Bd. III: Die Vögel Deutsch-Ostafrikas, von A. Reichenow.
479. Aus Bd. IV: Nacktschnecken von H. Simroth. Skorpione von K. Kraepelin. Hydrachniden von J. Koenicke. Copepoden von A. Mzázek. Regenwürmer von W. Michaelsen. Moostiere von Meissner.
480. H. Blink, Nederland en zijne Bewoners. 3. Bände. (Kommissionsverlag).

481. R. Borrmann, Leitfaden der Entwickelungsgeschichte Berlins.
482. A. Brecher, Darstellung der Entwickelung des Brandenburgisch-Preussischen Staates von 1415 bis jetzt. 14. Aufl.
483. K. von den Steinen, Unter den Naturvölkern Zentralbrasiliens. Reiseschilderungen und Ergebnisse der zweiten Schingu-Expedition 1887—88. Mit zahlreichen Bildern und einer Karte.
484. O. Baumann, Durch Massai-Land zur Nilquelle. Reisen und Forschungen der Massai-Expedition i. d. J. 1891—93. Mit zahlreichen Bildern und einer Karte. 1894.

Erd-Globen.

Volks-Globus von $10^{1}/_{2}$ cm Durchmesser.

485. Schrägstehend ($23\frac{1}{2}°$ Neigung).
486. Auf zierlichem Metallfufs mit Kompafs.
487. Auf Holzfufs, mit Halbmeridian.

Haus-Globus von 21 cm Durchmesser.

488. Auf Holzfufs, schrägstehend.
489. Auf Holzfufs, schrägstehend mit Messingbügel.
490. Mit vollem Apparat in schwarz poliertem Holzgestell.

Schul- und Haus-Globus von 34 cm Durchmesser.

491. Auf galvanisiertem Metallfufs mit Halbmeridian.
492. Mit vollem Apparat in schwarz poliertem Holzgestell.
493. Auf eleganter Bronzefigur mit Halbmeridian.
494. Schul-Metall-Globus mit Kette und Ständer, von 34 cm Durchmesser. Musterschutz-Patent No. 11 781. Mit Führungsröhre, Vorrichtung (Kette und Haken) zum Aufhängen (schwebend) und Reflektor. Auf Metallfufs, schrägstehend.
495. Grofser Schul- und Haus-Globus von 54 cm Durchmesser. Auf galvanisiertem Metallfufs mit Halbmeridian.
496. Grofser Erd-Globus des Weltverkehrs von 80 cm Durchmesser, $2^{1}/_{2}$ m Umfang, im Verhältnis von 16 500 000 der natürlichen Gröfse, (mit Angabe der wichtigsten, dem Weltverkehr dienenden Eisenbahnen und Dampfschiffslinien aller Nationen, der hauptsächlichsten Telegraphen- und Kabellinien etc.) Auf Atlasfigur mit Halbmeridian, in elegantem Gestell, speziell für Bureauzwecke, sehr handlich zum Gebrauch, auf Rollen, mit Kompafs und Entfernungsmesser, mit beweglichem Meridian.
497. Himmelsglobus von 34 cm Durchmesser. Mit vollem Apparat, in schwarz poliertem Holzgestell.

Bemerkung. Die von der Geographischen Verlagshandlung von Diedrich Reimer (Hoefer und Vohsen) ausgestellten deutschen Admiralitätskarten und Segelhandbücher befinden sich in dem Raume C des ersten Stockes. Vergl. No. 351—376 des Kataloges.

Zweite Abteilung.
Sonderausstellung des Geographischen Instituts von Justus Perthes in Gotha.

Auf Rahmen aufgespannte Karten.

Sydow Habenicht, Methodischer Wandatlas.
- 498. Erdkarten.
- 499. Asien. 1 : 6 000 000.
- 500. Afrika. 1 : 6 000 000.
- 501. Australien und Polynesien. 1 : 6 000 000.
- 502. Nord-Amerika. 1 : 6 000 000.
- 503. Süd-Amerika. 1 : 6 000 000.
- 504. Europa. 1 : 3 000 000.
- 505. Balkan-Halbinsel. 1 : 750 000.
- 506. Italien. 1 : 750 000.
- 507. Spanische Halbinsel. 1 : 750 000.
- 508. Frankreich. 1 : 750 000.
- 509. Britische Inseln. 1 : 750 000.
- 510. Rufsland. 1 : 2 000 000.
- 511. Deutsches Reich. 1 : 750 000.
- 512. Wagner, Wandkarte des Deutschen Reiches. 1 : 800 000.

Spruner-Bretschneider, historischer Wandatlas. Auswahl von 8 Karten. 1 : 4 000 000,
- 513. Europa zur Zeit Karls des Grofsen.
- 514. „ in der zweiten Hälfte des X. Jahrhunderts.
- 515. „ zur Zeit der Kreuzzüge.
- 516. „ zur Zeit des 14. Jahrhunderts.
- 517. „ zur Zeit der Reformation.
- 518. „ zur Zeit des 30jährigen Krieges bis 1700.
- 519. „ im 18. Jahrhundert, von 1700—1789.
- 520. „ im Zeitalter Napoleons I., 1789—1815.
- 521. Karte des Deutschen Reichs. Ausgabe A. politisches Kolorit. 1 : 500 000.
- 522. Dieselbe Karte. Ausgabe B. grünes Waldkolorit. 1 : 500 000.
- 523. Dr. Lepsius, Geologische Karte des Deutschen Reichs, zusammengesetzte Probekarten. 1 : 500 000.
- 524. Langhans' deutscher Kolonialatlas, zusammengesetzte und Einzelkarten.
- 525. Habenicht, Spezialkarte von Afrika. 1 : 4 000 000.
- 526. Hassenstein, Atlas von Japan. 1 : 1 000 000.
- 527—34. Ausgewählte Einzel-Karten aus Stieler's Handatlas, auf 8 Rahmen.
- 535—36. Ausgewählte Karten aus Berghaus' Phys. Handatlas, auf 2 Rahmen.

Zusammengesetzte Karten aus Stieler's Handatlas, 11 Rahmen.
- 537. Deutsches Reich. 1 : 1 500 000.
- 538. Frankreich. 1 : 1 500 000.

539. Ost-Europa. 1 : 3700000.
540. Afrika. 1 : 10000000.
541. Vereinigte Staaten von Nord-Amerika 1 : 3700000.
542. Süd-Amerika. 1 : 7500000.
543. Spanien und Portugal. 1 : 1500000.
544. Italien. 1 : 1500000.
545. Österreich-Ungarn. 1 : 1500000.
546. Balkanhalbinsel. 1 : 1500000.
547. Zentralamerika und Westindien. 1 : 7500000.
548—51. Hann, Atlas der Meteorologie, auf 4 Rahmen.
552. Neumayer, Atlas des Erdmagnetismus, 3 ausgewählte Karten.
553. Marshall, Atlas der Tierverbreitung, 3 do. do.
554—55. Lüddecke, Deutscher Schulatlas, Mittelstufe, auf 2 Rahmen.
556—57. Taschenatlas, auf 2 Rahmen.
558—59. See-Atlas, auf 2 Rahmen.
560—61. Atlas portatil, auf 2 Rahmen.
562—63. Atlas antiquus, auf 2 Rahmen.
564—65. Atlante tascabile, auf 2 Rahmen.

Atlanten, gebundene und in Mappe gelegte Karten.

566. Stieler, Handatlas in 95 Karten, mit Namenverzeichnis, enthaltend 200000 Namen, geb. in ¹/₂ Juchtenband.
567. Berghaus' Physikalischer Atlas in 75 Karten, geb. in ¹/₂ Juchtenband.
  Daraus einzeln:
568. Berghaus, Atlas der Geologie, geb.
569. do. „ „ Hydrographie, geb.
570. Hann, Atlas der Meteorologie, geb.
571. Neumayer, Atlas des Erdmagnetismus, geb.
572. Drude, Atlas der Pflanzenverbreitung, geb.
573. Marshall, Atlas der Tierverbreitung, geb.
574. Gerland, Atlas der Völkerkunde, geb.
575. Spruner-Menke, Handatlas zur Geschichte des Mittelalters und der Neuzeit, in 90 Karten, geb. in ¹/₂ Juchtenband.
576. Karte des Deutschen Reichs in 1:500000, 27 Blatt und 1 Titelblatt, Ausgabe A mit politischem Grenzkolorit, flach und lose in Mappe.
577. Dieselbe Karte, gebrochen geb., mit Namenverzeichnis, enth. 52000 Namen.
578. Dieselbe Karte, Ausgabe B, mit grünem (Flächen-)Waldkolorit, aufgezogen auf Leinwand, jedes Blatt einzeln, achtfach zusammengelegt in Ganzlederkapsel.
579. Dieselbe Karte, daraus einzeln die Blätter 1, 6, 7, 12, 13, Ausgabe B, aufgezogen, achtfach gebrochen in Ganzledertasche.
580. Dr. Lepsius, Geologische Karte des Deutschen Reichs, jedes der bis jetzt erschienenen 6 Blätter auf Karton aufgezogen.

581. Habenicht, Spezialkarte von Afrika, 12 Blatt, aufgezogen in Kalikomappe.
582. Langhans' Deutscher Kolonialatlas, Lieferung 1—8.
583. v. Spruner-Sieglin, Atlas antiquus, Atlas zur Geschichte des Altertums, in 34 Karten, Lieferung 1—3.
584. Petermann's geographische Mitteilungen, 1894, gebunden.
585. Ergänzungshefte dazu 110, 111, 112, 113 geheftet.
586. Geographisches Jahrbuch, Band 17, gebunden.
587. Lüddecke, Afrika in 6 Blättern, aufgezogen in Leinwanddecke, mit Namenverzeichnis.
588. Vogel, Deutsches Reich in 6 Blättern, aufgezogen in Leinwanddecke, mit Namenverzeichnis.
589. —, Oesterreich-Ungarn, mit Namenverzeichnis.
590. —, Italien, mit Namenverzeichnis.
591. —, Frankreich, mit Namenverzeichnis.
592. —, Spanien und Portugal, mit Namenverzeichnis.
593. —, Balkan-Halbinsel, mit Namenverzeichnis.
594. Justus Perthes, Taschenatlas in 24 Karten.
595. —, Seeatlas in 24 Karten.
596. Atlas portatil, Ausgabe des Taschenatlas in spanischer Sprache.
597. Atlante tascabile, Ausgabe des Taschenatlas in italienischer Sprache.
598. Justus Perthes, Atlas antiquus, Taschenatlas der alten Welt, in 24 Karten mit Namenverzeichnis.
599. Lüddecke, Deutscher Schulatlas, Mittelstufe, 71 Karten und 7 Bilder auf 42 Seiten, gebunden.
600. Sydow-Wagner, Methodischer Schulatlas, gebunden.
601. Stieler, Schulatlas in 33 Karten, gebunden.
602. Elementar-Atlas.
603. von Kampen, Orbis terrarum antiquus, kart.
604. —, Descriptiones nob. apud classicos locorum, kart.
605. Supan, Deutsche Schulgeographie, geb.
Van Kampen, Tabulae maximae.
606. Graecia, aufgezogen in Mappe.
607. Italia, aufgezogen in Mappe.
608. Gallia, aufgezogen in Mappe.
609. Imperium Romanum.
610. Dr. Hassenstein, Orig.-Konstruktion von Junker's Aufnahmen in Zentralafrika.
611. —, Orig.-Konstruktion von Wolf's Aufnahmen des Sankuru-Stromes.
612. — , Orig.-Konstruktion von Dr. Emin Paschas Reiseroute von Wandi nach Tangasi.
613. —, die zu obigen Konstruktionen gehörigen Tagebücher.

Dritte Abteilung: Karten und Atlanten
in systematischer Zusammenstellung.

Aussteller: Die bei den einzelnen Nummern genannten Verleger.

Bemerkung. Um einen geordneten Überblick über alle vorhandenen Kartenwerke und Atlanten zu geben, sind in dieser Abteilung auch die einschlägigen Gegenstände der beiden ersten Abteilungen aufgeführt. Die betreffenden Titel sind in abgekürzter Form citiert, in kleiner Schrift gedruckt, vorn mit einem Sternchen und am Schluss mit einem Hinweis auf ihren Standort versehen.

Abkürzungen: L.=Leipzig. B.=Berlin. W.=Wien.

A. Wandkarten für die Schulen.
a. Die gesamte Erde.

614. E. Debes, physikalische Erdkarte in Mercators Projektion. H. Wagner und E. Debes. L.
615. A. Dronke und O. Herkt, physikalische Schulwandkarte der Erde. Aequatorialmafsstab 1 : 22 000 000. C. Flemming, in Glogau.
616. E. Gaebler, Oestliche Erdhälfte. Physikalische Ausgabe. G. Lang. L.
617. —, Westliche Erdhälfte. Physikalische Ausgabe. G. Lang. L.
618. —, Oestliche Erdhälfte. Politische Ausgabe. G. Lang. L.
619. —, Westliche Erdhälfte. do. do. " " "
620. G, Langs Erdkarte in Mercators Projektion, zur Übersicht der politischen Besitzverhältnisse und des Weltverkehrs. G. Lang. L.
621. F. Handtke, Oestliche Halbkugel. Politisch. C. Flemming. Glogau.
622. —, Westliche Halbkugel. Politisch. C. Flemming. Glogau.
623. A. Herrich, Wandkarte des Weltverkehrs. Äquatorialmafsstab 1 : 22 000 000. C. Flemming, Glogau.
624. K. Heilmann, Missionswandkarte für den Schulgebrauch. G. Lang. L.

* H. Kiepert, Oestliche und westliche Paniglob. Phys. In F.
* —, östliche und westliche Planiglob., Pol. In F.
* Sydow-Habenicht, Erdkarten. In G.

b. Auswärtige Erdteile.

625. K. Bambergs Wandkarte von Asien, M. 1 : 6 700 000. C. Chun. B. und Weimar. 4. Aufl.
626. E. Gaebler, Wandkarte von Asien. Physikalische Ausgabe. 1 : 8 000 000. G. Lang. L.
627. M. Kuhnert, Physikalische Schulwandkarte von Asien. 1 : 6 000 000. A. Müller, Fröbelhaus. Dresden.
628. E. Gaebler, Wandkarte von Asien. Politische Ausgabe. 1 : 8 000 000. G. Lang. L.

629. K. Bambergs Wandkarte von Asien. M. 1 : 6 700 000. C. Chun. B. und Weimar. 1. Aufl.
630. F. Handtke und O. Herkt, Politische Wandkarte von Asien. 1 : 9 000 000. G. Lang. L.
    * H. Kiepert. Asien. Polit. In E.
    * Sydow-Habenicht. Asien. In G.
631. E Gaebler, Schulwandkarte von Afrika. Physikal.-Ausgabe. 1 : 6 400 000. G. Lang. L.
632. K. Bambergs Schulwandkarte von Afrika. Physik. 1 : 6 000 000 C. Chun. B. und Weimar. 14 Aufl.
633. —, Schulwandkarte von Afrika. Polit. Ausg. 1 : 6 000 000. C. Chun, B. und Weimar.
    * H. Kiepert. Afrika. Polit. In F.
    * Sydow-Habenicht. Afrika. In G.
634. Schottes physikalische Schulwandkarte. Afrika. Bearb. von R. Korbgeweit. 1 : 6 000 000. E. Schotte & Co. B.
635. J. J. Kettler, Schulwandkarte von Afrika. 1 : 8 000 000. Geogr. Institut in Weimar.
636. E. Gaebler, Schulwandkarte von Afrika. Polit. Ausg. 1 : 6 400 000. G. Lang, L.
637. E. Gaebler, Schulwandkarte von Amerika. Physik. Ausg. 1 : 12 000 000. G. Lang. L.
638. —, Schulwandkarte von Amerika. Polit. Ausg. 1 : 12 000 000. G. Lang. L.
639. —, Schulwandkarte der Vereinigten Staaten, Mexikos und Mittelamerikas. 1 : 4 000 000. G. Lang, L.
640. F. Handtke, Schulwandkarte von Nordamerika. 1 : 7 000 000. C. Flemming, Glogau.
    * Sydow-Habentcht, Nordamerika. In G.
    * —, Südamerika. In G.
641. E. Gaebler, Australien und Oceanien. 1 : 8 000 000. G. Lang, L.
    * H. Kiepert, phvsik. Wandkarte von Australien. In F.
    * Sydow-Habenicht, Australien und Polynesien. In F.

c. Europa, ganz und grössere Teile.

642. E. Gaebler, Europa. Physik. u. polit. 1 : 3 200 000. G. Lang, L.
643. E. Debes, Europa. Physik. 1 : 3 270 000. H. Wagner und E. Debes, L.
644. Jos. Cüppers, Europa. Polit. L. Schwann. Düsseldorf.
645. E. Gaebler, Europa. Polit., für Landschulen. 1 : 3 200 000. G. Lang, L. 16 Mk.
646. W. Keil, Orohydrographische Wandkarte von Europa. 1 : 4 000 000. Th. Fischer, Kassel.
    * Sydow-Habenicht, Europa. In G.
    * H. Kiepert. Physik. Schulwandkarte von Europa. In E.
    * —, Polit. Schulwandkarte von Europa. In E.
647. V. von Haardt, Karte von Europa. E. Hölzel, W.
648. —, ethnographische Karte von Europa. Unvollendetes Manuskript.
649. P. R. Bos, Middel-, West- en Zuid-Europa. 1 : 1 650 000. J. B. Wolters, Groningen. Physik. Ausgabe.

650. —, Middel-, West- en Zuid-Europa. 1 : 1 650 000. J. B. Wolters, Groningen. Polit. Ausgabe.
* R. Kiepert, Mitteleuropa, physikalisch. 1 : 1 000 000. Ausgabe ohne Namen. In F.
* —, Mitteleuropa, physikalisch 1 : 1 000 000. Ausgabe mit Namen. In F.
* —, Mitteleuropa, polit. 1 : 1 000 000. In F.

d. Einzelne Länder Europas.

651. E. Gaebler, Alpengebiet und Österreich-Ungarn. Physik. Ausg. 1 : 1 000 000. G. Lang, L.
652. —, Österreich-Ungarn. Politisch. 1 : 1 000 000. G. Lang, L.
653. Joh. Georg Rothang, Physikal. Schulwandkarte der Österreich-Ungarischen Monarchie und der angrenzenden Ländergebiete. 1 : 900 000. G. Freitag u. Berndt, W.
654. —, Politische Ausgabe. Ebenda.
655. K. Bamberg, Balkanhalbinsel. Physik. 1 : 800 000. C. Chun, B. u. Weimar.
656. E. Mayr, Untere Donaustaaten, Europ. Türkei und Griechenland. Polit. 1 : 1 000 000. F. Halbig, Miltenberg.
* Sydow-Habenicht, Balkanhalbinsel. In G.
657. K. Bamberg, Rufsland. Physik. 1 : 2 500 000. C. Chun, B. u. Weimar.
* Sydow-Habenicht, Rufsland, In G.
658. E. Gaebler, Apenninen-Halbinsel. Physik. Ausg. 1 : 1 000 000. G. Lang, L.
* Sydow-Habenicht, Italien. In G.
659. E. Gaebler, Pyrenäen-Halbinsel. Physik. Ausg. 1 : 1 000 000. G. Lang, L.
660. E. Mayr, Spanien und Portugal. Polit. Ausg. 1 : 1 000 000. F. Halbig, Miltenberg.
* Sydow-Habenicht, Spanische Halbinsel. In G.
* —, Frankreich, In G.
* —, Britische Insein. In G.
661. R. van Assen, Schoolkaart van Friesland. J. B. Wolters, Groningen.

e. Das Deutsche Reich.

662. E. Debes, Das D. R. und seine Nachbargebiete. Physik. Ausg. 1 : 880 000. H. Wagner u. E. Debes, L.
663. —, Dasselbe Werk. Polit. Ausg. 1 : 880 000. H. Wagner u. E. Debes, L.
664. E. Gaebler, Deutschland, Schweiz und Deutsch-Österreich. Polit. Ausg. 1 : 800 000. G. Lang, L.
665. —, Deutsches Reich, Niederlande, Belgien, Schweiz und Deutschösterreichische Länder. Polit. Ausg. 1 : 800 000. G. Lang, L.
666. —, Deutsches Reich, Alpengebiet uud Nachbarländer 1 : 800 000. Phys. Ausg. G. Lang, L.
667. M. Kuhnert, Deutschland. Phys. Ausg. 1 : 880 000. A. Müller, Fröbelhaus, Dresden.
668. K. Bamberg, Deutschland, für Mittel- und Oberklassen. Physik. Ausg. 1 : 700 000. C. Chun, B. u. Weimar.

669. R. Bielenberg, Deutschland. Phys. Ausg. 1 : 800 000. Geograph. Institut, Weimar.
670. H. Möhl u. W. Keil, Geographische und Eisenbahnwandkarte von Deutschland. 1 : 1 000 000 Th. Fischer, Kassel.
671. Ad. J. Cüppers, Deutschland. Politisch. 1 : 625 000. L. Schwann, Düsseldorf.
* Sydow-Habenicht, Deutsches Reich. In G.
* Wagner, Wandkarte des Deutschen Reiches. In G.
* R. Kiepert, Wandkarte des Deutschen Kolonialgebietes. In F.

f. Teile des Deutschen Reiches.

672. Joh. Ludwig Algermissen und E. Gaebler, Niedersachsen. Polit. 1 : 200 000. G. Lang, L.
673. Bakker und C L. F. Scherz, Ostfriesland. Physik. 1 : 80 000. W. Haynel, Emden-Borkum.
674. A. Asche, Hannover u. Linden. Physik. 1 : 30 000. Th. Hahn, Hannover u. L.
675. G. Richter, Ostpreufsen. Physik. 1 : 200 000. G. Lang, L.
676. F. Handtke, Posen. Physik. 1 : 240 000. C. Flemming, Glogau.
677. Flemming's Wandkarte des Kreises Znin. 1 : 35 000. C. Flemming, Glogau.
678. Flemming's Tableau der Preufsischen Provinzen. C. Flemming, Glogau.
679. G. Richter, Schlesien. 1 : 250 000. G. Lang, L.
680. E. Gaebler, Westfalen. Polit. 1 : 200 000. G. Lang, L.
681. —, das Königreich Sachsen. Physik. 1 : 140 000. G. Lang, L.
681a. Richter, Thüringen. G. Lang, L.
682. —, Süddeutschland. Physik. 1 : 300 000. G. Lang, L.
683. M. Greubel, Unterfranken. Hypsometr. 1 : 100 000. F. Halbig, Miltenberg.
* R. Kiepert, das Königreich Preufsen. 1 : 1 000 000. In F.
684. Wamser-Gaebler, Hessen (Grofsherzogtum). 1 : 100 000. E. Roth, Giefsen.
685. A. Wamser, Umgebung von Darmstadt in Höhenschichten. 1 : 20 000. E. Roth, Giefsen.
686. —, Umgebung von Giefsen in Höhenschichten. 1 : 20 000. E. Roth, Giefsen.
687. —, Plan von Darmstadt m. Bessungen. 1 : 2000. E. Roth, Giefsen.
688. —, Plan von Mainz und Kastel. 1 : 2000. E. Roth, Giefsen.
689. —, Plan von Worms. 1 : 2000. E. Roth, Giefsen.
690. —, Plan von Giefsen. 1 : 2000. E. Roth, Giefsen.
691. —, Plan von Offenbach. 1 : 2000. E. Roth, Giefsen.
692. F. Heusel, Plan von Alzey. 1 : 1600. E. Roth, Giefsen.
693. G. Freitag, Plan von Wien. 1 : 100 000. G. Freitag & Berndt, W.
694. H. Wichmann, Plan von Hamburg.

g. Geschichtliche Karten.

695. A. Oppel, Die Entwickelung der Erdkenntnis vom Mittelalter bis zur Gegenwart in Stufen von Jahrh. Topographische Anstalt, Winterthur. Handelsschule.

696. A. Baldamus u. E. Gaebler, Schulwandkarte zur Geschichte des Preufsischen Staates. 1:800 000. G. Lang, L. Mk.
   * A. Brecher, historische Wandkarte von Preufsen. In F.
697. A. J. Cüppers, Palästina zur Zeit Jesu und der Apostel. L. Schwann, Düsseldorf.
698. Joh. Ludwig Algermissen, Palästina. 1:250 000. G. Lang, L.
699. V. v. Haardt, Palästina.
   * H. Kiepert, neue Wandkarte von Palästina. In F.
   * Spruner Bretschneider, Historischer Wandatlas. Acht Karten. In G.
   * von Kampen, Tabulae maximae (Graecia, Gallia, Imperium Romanum.) In G.

Otto Bismark, Skizzenwandtafeln. 11 Tafeln. R. Herrosé, Wittenberg.

700. —, Weser.
701. —, Rhein.
702. —, Rheinisches Schiefergebirge.
703. —, Elbe.
704. —, Böhmisches Stufenland.
705. —, Oder.
706. —, Weichsel.
707. —, Oberrheinische Tiefebene.
708. —, Deutsche Hochebene.
709. —, Alpen.
710. —, Schweiz.

B. Wissenschaftliche Kartenwerke und Karten grösseren Massstabes.

711. Topographische Karte des Königreichs Sachsen. 1:25 000. In Kommission bei W. Engelmann, L.
   No. 28. 11. 80. 136.
712. Topographischer Atlas des Königreichs Bayern. 1:50 000, bearbeitet im topogr. Bureau des K. B. Generalstabes. 13 Blätter. München, literar.-art. Anstalt.
   No. 84 74. 79. 83. 85. 92. 91
713. Positionskarte des Königreichs Bayern. 1:25 000. München, literar.-art. Anstalt. 24 Bl.
   No. 790 791. 801. 802. 803. 804. 805 816 817 825. 824. 825. 826. 827 828. 829. 830. 843. 844. 845 850. 851. 852 855.
714. Zugspitze. 1:10 000. Bearbeitet im topogr. Bureau des K. B. Generalstabes. Aufnahme unter Anwendung der Photogrammetrie.
715. Karte des Deutschen Reiches. 1:100 000. Abt. K. Bayern. München, literar.-art. Anstalt. 24 Bl.
   No. 638. 609. 608. 611. 610. 612. 613. 593. 594. 595. 596. 597. 598. 599. 585. 585. 585 585 600 395.
716. F. Ohlenschlager, Prähistorische Karte von Bayern. 1879—80. München, literar.-art. Anstalt. Atlas und Buch.
717. L. Ravenstein, Karte der Ostalpen. 1:250 000. L. Ravenstein, Frankfurt a. M.
718. R. von Bomsdorff, topog. Spezialkarte des Grofsherzogtums Mecklenburg-Schwerin. 1:200 000. Volkmann u. Jerosch, Schwerin.
719. A. Philippson, topographische u. hypsometrische Karte des Peloponnes. 1:300 000. R. Friedländer u. Sohn, B.
720. —, geologische Karte des Peloponnes. 1:300 000. ebenda.
721. G. Freitag, Karte der Hochalpenspitze und des Ankogl-Gebietes. 1:50 000. G. Freitag u. Berndt, W.

722. G. Freitags Touristenwanderkarte. VI. Bl. Ennsthal. 1:100000. Ebenda.
723. A. L. Hickmann, Karte der Verbreitungsgebiete der Religionen in Europa. 1:750000. G. Freitag u. Berndt, W.
724. V. Kurs, Karte der flöfsbaren und schiffbaren Wasserstrafsen des Deutschen Reiches nebst tabellarischen Nachrichten. 1:1000000. B., lithogr. Inst. von W. Greve. Karte separat.
725. H. Nabert, Verbreitung der Deutschen in Europa. 1:925000 in 2 Karten. C. Flemming, Glogau.
726. Hydrographische Karte des Königreichs Sachsen. 1:250000. Bearbeitet von der K. S. Wasserbaudirection. A. Urban, Dresden. Nebst Bericht.
727. A. Krywoschiew, Karte von Bulgarien und den angrenzenden Ländern. 1:420000. G. Freitag u. Berndt, W.
728. H. Müller-Sagan, Dislokationskarte der Heere Europas. 1:325000000. C. Flemming, Glogau.
729. Karten aus "Ludwig Salvator, die Liparischen Inseln". Lipari u. Volcano, Stromboli, Salino. 1:25000. E. Hölzl, W.
730. Karten aus "Joh. Müllner, Seenatlas:" Der Grundl- und der Toplitzsee, der Hallstädter See, der Zeller See, der Alm-, der Offensee, die Gosauseen, der Altausseer See. 1:25000. etc. E. Hölzl, W. 3 Tableaux.
731. Aus E. Pramberger, Atlas zum Studium der Militärgeographie Europas. 2 Tableaux, enth. Österreich-Ungarn und Balkanhalbinsel.
732. Ch. Waeber, Map of Eastern China between 30°—43° 25, N. L. and 112°—125° 30'. E. Long. of Gr. L. Friederichsen & Co., Hamburg.
733. L. Friederichsen, Originalkarte des Dierk-Gherrits-Archipels. L. Friederichsen & Co., Hamburg.
734. Dazu zwei Hefte: Die Reise des ›Jason‹ und der ›Hertha‹ in das antarktische Meer 1893/94 u. s. w. L. Friederichsen & Co., Hamburg. — Mitteilungen der Geogr. Gesellschaft in Hamburg. 1891/92. Heft II. L. Friederichsen & Co., Hamburg.
* Internationale geologische Karte von Europa, unter Direktion von Beyrich und Hauchecorne.
* H. Kiepert, Spezialkarte vom westlichen Kleinasien 15 Bl. 1:250000.
* R. Kiepert, Karte von Deutsch-Ostafrika in 29 Bl. 1:300000.
* —, Karte der Nyassa-Expedition des Gouverneurs Obersten von Schele. 1:500000.
* Karten von Attika, herausgeg. von E. Curtius u. J. A. Kaupert.
* Verzeichnis der Karten der Zeitschrift für Erdkunde, Zeitschrift und Verhandlungen der Gesellschaft für Erdkunde 1853 — 90.
735. Die Ebsstorfer Weltkarte. Ausgestellt von der Stadtbibliothek.
735b. V. v. Haardt, Karte der Südpolarregionen. Manuskript.
735c. K. Miller, die ältesten Weltkarten. J. Roth, Stuttgart.
* Karte des Deutschen Reiches. 1:50000. Ausgaben A. B. In G.
* Lepsius, Geologische Karte des Deutschen Reiches. 1:50000. In G.
* Habenicht, Spezialkarte von Afrika. 1:4000000.

* Dr. Hassenstein, Orig.-Konstruktion von Junker's Aufnahmen in Zentralafrika.
* —, Orig.-Konstruktion von Wolf's Aufnahme des Sankuru-Stromes.
* —, " " von Dr. Emin Pascha's Reiseroute vom Wandi nach Tangasi.
* —, die zu obigen Konstruktionen gehörigen Tagebücher.
* Weltkarte zur Übersicht der Meerestiefen und Höhenschichten. Herausgegeben vom Reichsmarineamt.
* Älteste spanische Weltkarte. Mutmafslich eine Arbeit Hernando Colons. Aufgen. von L. Held. In photograph. Reproduktion.

C. Karten für das praktische Leben.

737. Carl Flemmings Generalkarten. No. 42. Die Nilländer. 1 : 6 000 000. C. Flemming, Glogau.
738. —, No. 43. Afrika. 1 : 14 500 000.
739. —, No. 40a. Vereinigte Staaten von Nordamerika. 1 : 6 000 000.
740. —, No. 51. Weltverkehrskarte. 1 : 50 000 000.
741. —, No. 44. Afghanistan und seine Nachbarländer. 1 : 3 000 000.
742. —, No. 25. Grofsbritannien und Irland. 1 : 1 500 000.
743. —, Madagaskar. 1 : 4 000 000.
744. —, Niederländisch-Indien. 1 : 13 000 000.
745. —, Ostasien von A. Herrich. 1 : 4 500 000.
746. —, Korea, Nordost-China und Südjapan. 1 : 4 500 000.
747. P. R. Bos, P. R. Rijkens en W. van Gelder, Java. 1 : 500 000. J. B. Wolters, Groningen.
748. C. J. C. Raab, Spezialkarte der Eisenbahn-, Post- und Dampfschiffsverbindungen von Mitteleuropa. 1 : 1 250 000. C. Flemming, Glogau.
749. Wegekarte der Provinz Hannover. 1 : 200 000. Bearbeitet und herausgegeben vom Landesdirektorium. B., W. Greve.
750. C. O'Grady, Übersichtskarte vom westlichen Rufsland. 1 : 1 750 000. Th. Fischer, Kassel.
751. G. Freitag, Der Weltverkehr. 1 : 45 000 000. G. Freitag u. Berndt, W.
752. W. Koch und C. Opitz, Eisenbahn- und Verkehrsatlas von Europa. A. Solbrig, L. Abt. I: Deutsches Reich. 1 : 600 000. Abt. XI: Rufsland und die untern Donaustaaten.
753. W. Van Gelder, Kaart van Java en Madoera.
* H. Kiepert, Wandkarte des Deutschen Reiches. Bureaukarte.
* —, Generalkarte von Europa.
* R. Kiepert, Handkarte des Kolonialbesitzes.
* R. Mechsner, Karte des in Deutschland sichtbaren Sternenhimmels.
* von Sineck, Situationsplan von Berlin mit dem Weichbilde und Charlottenburg.
* —, Neuester Taschenplan von Berlin und den nächsten Vororten.
* R. Borrmann, Wandplan der Entwickelung Berlins.
* Übersichtskarte der Stadt Dar-es-Salam.
* von Stockhausen, neueste Reliefkarte der Schlachtfelder bei Metz.
* New General Map of the United States.

754. Wolfs Radfahrer-Karte. Guillermo Levien, L. I—XIII.
755. Deutsche Strafsenprofilkarte für Radfahrer. J. C. Hinrichschen, L. 10 Hefte.
756. Spezialkarte der Schweiz in 9 Blättern, 1 : 200 000 mit spezieller Berücksichtigung für den Radfahrer, Art. Inst. Orell Füssli. 4 Hefte.

D. Atlanten.
a. Für die Schule.

757. R. Schmidt, Bremer Volksschulatlas. Velhagen u. Klasing, Bielefeld-L.
758. R. Schmidt, Volksschulatlas. Velhagen u. Klasing, Bielefeld-L.
759. E. Debes, Elementaratlas in 21 Karten. H. Wagner u. E. Debes, L.
760. H. Lange's Volksschulatlas. G. Westermann, Braunschweig. 3 Ex.
761. Brünner, Heimatsatlas für Volksschulen. G. Freitag und Berndt, W.
762. Linzer Heimatsatlas für Volksschulen. G. Freitag und Berndt, W.
763. Rothaug, Wiener Heimatsatlas. Freitag u. Berndt, W.
764. P. R. Bos, Eerste Atlas voor de Volksschool. J. B. Wolters, Groningen.
765. —, Geillustreerde Atlas voor de Volksschool. J. B. Wolters, Groningen.
766. E. Debes, Schulatlas in 50 Karten.
767. —, Schulatlas für die mittleren Unterrichtsstufen. 28. Aufl.
768. E. Debes, Kirchhoff und Kropatschek, Schulatlas für die obere Klasse höherer Lehranstalten. 12. Aufl.
769. E. Debes, Physikal. Atlas. H. Wagner u. E. Debes, L.
770. Andree-Putzgers Gymnasial- und Realschulatlas. Velhagen u. Klasing, Bielefeld-L.
771. Richard Andrees Allgem. Schulatlas. Ausgabe B.
772. R. Andree und S. Ruge, Dresdener Schulatlas.
773. R. Andree und R. Schillmann, Berliner Schulatlas. Stubenrauch, B.
774. E. Gaebler, Systemat. Schul-Handatlas. G. Lang, L.
775. F. W. Otto Richter, Atlas für höhere Schulen. C. Flemming, Glogau.
776. F. Handtke's Schulatlas. C. Flemming, Glogau.
777. P. R. Bos, Schoolatlas der Geheele Aarde. J. B. Wolters, Groningen. Geb.
778. —, Schoolatlas, lose Blätter.
779. W. van Gelder, Schoolatlas van Nederlandsch Oost-Indie. J. B. Wolters, Groningen.
780. H. Harms, Atlas Nr. 1, Stummer, Schulatlas mit Namen. Skizzen-Ausgabe B mit Anhang. Aktiengesellschaft Hamburg.
781. —, Atlas Nr. 2, Ausgabe A ohne Anhang. Aktiengesellschaft Hamburg.
782. —, Atlas Nr. 3 mit Pergament-Namenblättern. Aktiengesellschaft Hamburg.
782a. Otto Bismarck, Kartenskizzen für den Unterricht in der Erdkunde. R. Herrosé, Wittenberg.
782b. Joh. Georg Rothaug, Kartenskizzen. 3 Hefte. G. Freitag u. Berndt, W.

— 74 —

783. C. Diercke und E. Gaebler, Schulatlas für die mittleren Unterrichtsstufen. 6. Aufl. G. Westermann, Braunschweig. 3 Exempl.
784. —, Schulatlas für höhere Schulklassen. 31. Aufl. Ebenda. 3 Exempl.
784a. b. c. Einzelne Blätter vereinigt zu drei grofsen Tableaux.
* J. Perthes' Elementaratlas. In G
* Stieler, Schulatlas. In G.
* R. Lüddecke, deutscher Schulatlas. In G.
* Sydow-Wagner, methodischer Schulatlas.
785. Velhagen & Klasings kleiner Geschichtsatlas, herausgegeben von F. W. Putzger. 2. Aufl. Velhagen & Klasing, Bielefeld und L.
786. R. Schillmann, kleiner historischer Schulatlas in Karten und Skizzen. Nicolai, B.
787. C. E. Rhode, historischer Schulatlas zur alten, mittleren und neueren Geschichte. C. Flemming, Glogau.
788. E. Hannak und Fr. Umlauft, historischer Schulatlas in 30 Karten. 2 Hefte. A. Hölder, W.
789. E. Rothert, Karten und Skizzen aus der vaterländischen Geschichte der letzten 100 Jahre. A. Bagel, Düsseldorf.
790. E. Rothert, Karten und Skizzen aus der vaterländischen Geschichte der neueren Zeit. A. Bagel, Düsseldorf.
791. G. Wendt, Schulatlas zur Brandenburgisch-Preufsischen Geschichte. C. Flemming, Glogau.
792. G. Wendt, Schulatlas zur Brandenburgisch-Preufsischen Geschichte. C. Flemming, Glogau. Tafel mit 12 Karten.
* H. Kiepert u. C. Wolf, historischer Schulatlas. In F.
* von Kampen, Orbis terrarum antiquus. In G.
* — Descriptiones nobilissimorum apud classicos. In G.
* J. Perthes, atlas antiquus. In G.
792a. F. W. Schubert u. Schmidt, hist. Schulatlas. E. Hölzel, W.

b. Für andere Zwecke.

793. E. Debes, Neuer Handatlas. H. Wagner und E. Debes. L. Auf Gestell. Auch in einzelnen Blättern.
794. Andrees Allgemeiner Handatlas in 91 Haupt- u. 86 Nebenkarten nebst vollständigem alphabetischen Namenverzeichnis. 9te Aufl. Velhagen u. Klasing, Bielefeld und L.
795. Supplement zur zweiten u. ersten Aufl. von Andrees Handatlas.
796. Andrees Allgemeiner Handatlas in losen Blättern u. in Mappe.
797. Derselbe aufgespannt auf 6 Tafeln.
798. Sohr-Berghaus, Handatlas über alle Teile der Erde. Neu bearbeitet von F. Handtke. Ausgabe in 100 Blättern nebst selbständigem ausführlichen Ortsverzeichnis. C. Flemming, Glogau.
799. Volksatlas der Schweiz, gez. von G. Maggini. Orell-Füssli, Zürich. 9 Hefte.
    2. Schaffhausen und Umgebung. 3. Der Bodensee. 6. Zürich und Umgebung. 7. St. Gallen und Umgebung. 9. Neuchâtel, Freiburg und Bienne. 12. Glarus, Ragaz, Chur. 15. Yverdun - Lausanne - Bulle. 16. Berner Oberland. 19. Oberengadin. 20. Genf und seine Umgebung.

800. A. L. Hickmann's Geographisch-statistischer Atlas. G. Freitag u. Berndt, W.
  * H. Kieperts Grosser Handatlas. In F.
  * R. Kiepert, Das Deutsche Reich in 8 Blättern. In F.
  * Rand McNally & Co., Business Atlas. In F.
  * H. Kiepert, Formae orbis antiqui. In F.
  * A. Stieler, Handatlas in verschiedenen Darstellungen. In G.
  * Hassenstein, Atlas von Japan. In G.
  * Berghaus, Physikalischer Atlas. In verschiedenen Darstellungen und einzelnen Teilen. In G.
  * J. Perthes Taschenatlas in verschiedenen Ausgaben. In G.
  * —, Seeatlas. In G.
  * Spruner-Menke, Handatlas zur Geschichte des Mittelalters und der Neuzeit. In G.
  * Langhans, Deutscher Kolonialatlas. In G.
  * von Spruner-Sieglin, Atlas antiquus. In G.

Vierte Abteilung: Bücher.

Aussteller sind die bei den betr. Nummern genannten Verlagshandlungen.

Abkürzungen: L. = Leipzig. B. = Berlin. W. = Wien.

Vaterlands- und Heimatkunde.

801. F. A. Finger, Anweisung zum Unterricht in der Heimatkunde. Weidmann, B.
802. Praktische Heimatkunde. L. Schwann, Düsseldorf.
803. C. Hefsler, die Heimatskunde als Anfangs-, Mittel- und Endpunkt des erdkundlichen Unterrichts in der Volksschule. G. Lang, L.
804. H. Kerp, Führer bei dem Unterricht in der Heimatkunde. F. Hirt, Breslau.
805. A. Günther und O. Schneider, Heimats- und Landeskunde des Herzgt. Anhalt. R. Kahle, Dessau.
806. Ad. Tromnau, Unterricht in der Heimatskunde. Heynemann, Halle a. S.
807. Heinr. Zimmermann, Ausgeführte Lektionen für den Anschauungsunterricht in der Heimatskunde. Appelhans & Pfennigstorf, Braunschweig.
808. J. Niefsen & M. Wessel, Heimatkundl. Anschauungsunterricht. A. Frickenhaus, Mettmann.
809. Carl Hefsler, Allgem. Heimats- u. Himmelskunde. G. Lang, L.
810. J. Kutzen, Das deutsche Land. 3. Aufl., von W. Koner. F. Hirt, Breslau.
811. O. Delitsch, Deutschlands Oberflächenform. F. Hirt, Breslau.
812. J. W. O. Richter, Das deutsche Reich. Vaterlandskunde. 2. Ausg. Spamer, L.

813. Grüllich, Zur Geographie Deutschlands in der einfachen Volksschule. Schlimpert, Meifsen.
814. F. von Köppen, Das deutsche Reich. Volks- und Vaterlandskunde. Abel & Müller, L.
815. Schreyer, Landeskunde des Deutschen Reiches. H. W. Schlimpert, Meifsen.
816. Tromnau, Das Deutsche Reich in seinen Kulturbeziehungen zur Fremde. Schrödel, Halle.
817. E. Frahm, Praktische Behandlung der Geographie in Bürger- und Volksschulen. Wehdemann, Parchim.
818. Hirts Landeskunden. F. Hirt, Breslau.
Freie Hansestadt Bremen, Grofsherzogtum Oldenburg, Freie und Hansestadt Hamburg, Braunschweig und Hannover, Schleswig-Holstein, Freie und Hansestadt Lübeck, Grofsherzogtümer Mecklenburg-Schwerin und Strelitz, Prov. Pommern, Ost- und Westpreufsen, Prov. Posen, Prov. Schlesien, Prov. Brandenburg u. d. Stadt Berlin, Prov. Sachsen und Herzogtum Anhalt, Prov. Westfalen und die Fürstentümer Lippe, Schaumburg-Lippe und Waldeck, Prov. Hessen-Nassau, Rheinprovinz, Thüringen, Königreich Sachsen, Grofsherzogtum Hessen, Königreich Bayern, Königreich Württemberg und die Hohenzollernschen Lande, Grofsherzogtum Baden, Reichsland Elsafs-Lothringen.
819. Hannover und Umgebung, Lesebuch zur Heimatkunde. Hahn, Hannover.
820. H. H. von Osten, Schleswig-Holstein in geograph. und geschichtl. Bildern. A. Westphalen, Flensburg.
821. Kleine Heimatskunde der Prov. Schleswig-Holstein. A. Westphalen, Flensburg.
822. G. Haase & L. Kreutzer, Heimats- und Vaterlandskunde von Mecklenburg. Bever & Lange, Güstrow.
823. Raabe, Mecklenburg. Landeskunde, 2. Aufl. Hinstorff, Wismar, 2 Bände.
824. Lettau, Heimatkunde von Ostpreufsen, Ed. Peter, L.
825. K. Franke, Westfalen, eine Heimatkunde, 2. Aufl. A. Helmich, Bielefeld.
826. Krebs, Landeskunde der Provinz Sachsen, Schroedel, Halle.
827. Böhme, Heimatkunde des Regbez. Erfurt. Kayser, Erfurt.
828. Heimatkunde des politischen Bezirkes Freiwaldau. Blazek, Freiwaldau.
829. R. Dietz, Heimatkunde des Regbz. Wiesbaden, R. Hofmann, Gera.
830. W. Schreyer, Landeskunde des Königr. Sachsen. H. W. Schlimpert, Meifsen.
831. Grüllich, Zur Geographie Sachsens, H. W. Schlimpert, Meifsen.
832. Schülerheft zur Landeskunde des Herzogt. S.-Gotha E. F. Thienemann, Gotha.
833. A. Wettig, kleine Heimatkunde des Hzgt. Gotha, 4. Aufl. E. Gläser, Gotha.
834. Schmidt, kleine Landeskunde von Thüringen, Peter, L.
835. Guido Reinhardt, Heimatkunde der Thüringischen Staaten, C. Gläser, Gotha.
836. Landeskunde des Hzgt. Gotha. Thienemann, Gotha.

837. Pötsch & Hart. Heimatkunde des Rgbz. Koblenz, A. Helmich, Bielefeld.
838. Müller, Heimatkunde des Amtsbezirks Konstanz, 3. Aufl. Meck, Konstanz.
839. Ad. & Am. Weber, Heimatkunde von München und Umgebung. Kellerer, München.
840. E. Hannak, Österr. Vaterlandskunde, 10. Aufl. 2 Bände, Ober- und Unterstufe. A. Holder, W.
841. W. Habernal, Wegweiser für den Unterricht in der Heimatkunde. Herder, Freiburg i. Breisgau.
842. Dr. H. Sonnek & Frdr. Czulik, Methodisches Handbuch der Heimatkunde. C. Wincker, Brünn.
843. Herzogtum Gotha. Carl Glaeser.
844. Schaeffers Handkarte der Thüringischen Staaten. Carl Glaeser.
845. Umgebungskarte von Giefsen, 2 Exemplare. E. Roth in Giefsen.
846. Schulhandkarte vom Grofsherzogt. Hessen. E. Roth, Giefsen.
847. Plan der Haupt- und Residenzstadt Darmstadt mit Bessungen. E. Roth, Giefsen.
848. Grofsherzogtum Hessen von V. Wollweber.
849. Plan der Stadt Worms. E. Roth, Giefsen.
850. Plan von Alzey. E. Roth, Giefsen.
851. Plan der Stadt Giefsen. E. Roth, Giefsen.
852. Plan der Stadt Offenbach a. M. E. Roth, Giefsen.
853. Grofsherzogtum Hessen. E. Roth, Giefsen.
854. Karte von Württemberg und Baden. O. Maier, Ravensburg.

B. Lehrbücher der Geographie.
a. Für Volks- und niedere Bürgerschulen.

855. A. Tromnau, Erdkunde für Volksschulen und kleinere Mittelschulen. Schroedel, Halle.
856. A. E. Seibert, Leitfaden der Geographie für allgemeine Volksschulen. Hölder, W.
857. Nowack, Der Unterricht in den Realien. 2. Aufl. Hirt, Breslau.
858. Lettau, Kleine Geographie für Volksschulen. Ed. Peters, L.
859. F. Hirt, Realienbuch Nr. 3, Geographie ohne Karten. H. Nowack.
860. —, Realienbuch Nr. 4, Geographie mit Karten. H. Nowack.
861. W. Keil u. van der Laan, Vorbereitungen und Entwürfe der Geographie. F. Hirt, Breslau.
862. Hennig u. Rasche, Kleine Schulgeographie. F. Hirt, Breslau.
863. G. Brust u. H. Berdrow, Geographie für mehrklassige Volksschulen. 3 Hefte. Julius Klinkhardt, L. u. B.
864. P. R. Bos, Aardrykskunde. Voor de Volksschool. J. B. Wolters, Groningen.

Geographische Lehrbücher für höhere Schulen.
E. v. Seydlitz, Lehrbücher der Geographie. F. Hirt, Breslau.
865. Ausgabe A. Grundrifs der Geographie. 22. Bearb.

866. Ausgabe B. Kleine Schulgeographie. 21. Aufl. Dr. Oehlmann. nebst Mitteilungen zur Geschichte der Lehrb. v. Seydlitz.
867. Ausgabe C. Gröfsere Schulgeographie. 21. Aufl.
868. do. D. In 6 Heften von Dr. E. Oehlmann und Dr. Fr. M. Schroeter.
869. Ausgabe A. Sonderausgabe für Österr.-Ungarn von Perkmann. Grundzüge der Geographie.
870. Ausgabe B. Kleine Schulgeographie.
870 a. Hentschel und Märkel, Umschau in Heimat und Fremde. 2 Bände. F. Hirt, Breslau. Erster Band: Deutschland. Zweiter Band: Europa (mit Ausschlufs des Deutschen Reiches).
870 b. Eine Tafel mit Abbildungen und Karten aus E. von Seydlitz, Geographie.
871. H. A. Daniel und B. Volz, Leitfaden für den Unterricht in der Geographie. Waisenhaus, Halle.
872. —, Lehrbuch der Geographie. Ebend.
873. A. Kirchhoff, Schulgeographie. 14. Aufl. Waisenhaus, Halle.
874. —, Erdkunde für Schulen. Waisenhaus, Halle. 2 Teile. 1. Teil Unterstufe, 2. Teil für Mittel- und Oberstufe.
875. Baenitz und Kopka, Lehrbuch der Geographie. 3. Aufl. von W. Petzold. Velhagen und Klasing, Bielefeld und L.
876. R. Langenbeck, Leitfaden der Geographie. W. Engelmann, L. 1. Teil (untere Klassen) 2. Teil (mittl. u. höhere Klassen).
877. Zweck und Bernecker, Hülfsbuch für den Unterricht in der Geographie. Hahn, Hannover. 1. Teil (Quinta und Quarta, 2. Teil mittl. und obere Klassen.
878. H. Matzat, Erdkunde. 3. Aufl. P. Parey, B.
879. Wilh. Richter, Nieberdings Leitfaden für den Unterricht in der Erdkunde. 21. Aufl. Schöningh, Paderborn.
880. W. Hackmann, Neue Schulgeographie (in dialog. Unterrichtsform). 1. Heft. Europa ohne Deutschland. Schwann, Düsseldorf.
881. E. Frahm, Schulgeographie. 3 Ausgaben. 3. Aufl. H. Wehdemann, Parchim.
882. P. Müller und J. A. Völcker. Geographie. Ein Wiederholungsbuch für die Hand der Schüler. E. Roth. Giefsen. 13 Exempl.
883. R. Hotz. Leitfaden für den Geographieunterricht an Secundar und Mittelschulen. R. Reich, Basel.
884. A. Supan, Lehrbuch der Geogr. für österr. Mittelschulen. 8. Aufl. Kleinmayr & Bamberg, Laibach.
885. A. Scholz, Lehrbuch der Geographie. 5. Aufl. Braumüller, W.
886. Seibert, Schulgeographie für österr. Bürgerschulen. 11. Aufl. 3 Teile. A. Hölder, W.
887. Fr. Umlauft, Lehrbuch der Geogr. in 3 Kursen. A. Hölder, W.
888. P. R. Bos, Beknopt Leerboek der Land- en Volkenkunde. J. B. Wolters, Groningen.
889. —, Leerboek der Land- en Volkenkunde. Ebenda.
890. —, Beknopt Leerboek der Aardrijkskunde. Ebenda.

891. P. R. Bos, Leerboek der Aardrijkskunde. Ebenda.
892. G. Brust und H. Berdrow, Lehrbuch der Geographie. J. Klinkhardt, L. u. B.
* A. Supan, Deutsche Schulgeographie. In G.
893. E. v. Seydlitz, Ausgabe E. Heft 1. Deutschland. F. Hirt, Breslau.
894. Lentz & Seedorf, Erdkunde für höhere Mädchenschulen. 2 Teile.
894. A. Tromnau, Schulgeographie für höhere Mädchenschulen und Mittelschulen. 2 Teile. H. Schroedel, Halle.
895. G. Brust und H. Berdrow, Lehrbuch der Geographie für höhere Mädchenschulen. J. Klinkhardt, L. u. B.

d. für besondere Zwecke oder Teile der Erdkunde.

896. W. Martin, Geographie für Landwirte. Eug. Ulmer, Stuttgart.

Für mathematische, astronomische und physikalische Geographie.

897. D. Mattiat, Himmelskunde und mathematische Geographie, 2. Aufl. G. Lang, L.
898. Diekmann, Leitfaden der mathematischen Geographie, 2. Auflage. J. Bossong, Wiesbaden.
899. M. Pieper, Mathematische Erdkunde. Aus Sumpf's Schulphysik. A. Lax, Hildesheim.
900. A. Hoffmann, J. Plaſsmann, Mathematische Geographie. F. Schöningh, Paderborn.
901. W. Petzold, Leitfaden der astronomischen Geographie. Velhagen & Klasing, Bielefeld, L.
902. Ad. Tromnau, Grundzüge der allgemeinen Himmels- und Erdkunde. Aus: Lehrbuch der Schulgeographie, II. Bd. H. Schroedel, Halle.
903. Jos. Plaſsmann, Vademecum astronomi. Vollständige Sternkarte für das nördliche und mittlere Europa. F. Schöningh, Paderborn.
904. A. F. Möbius, Astronomie (2 Exemplare), G. J. Göschen, Stuttgart.
905. S. Günther, Physikalische Geographie (2 Exemplare). G. J. Göschen, Stuttgart.
906. L. Baur, Elemente der mathematischen Geographie. O. Maier, Ravensburg.
907. Joh. Ziesemer, kleine mathematische Geographie. F. Hirt, Breslau.
908. Der gestirnte Himmel, dargestellt durch eine drehbare Sternkarte, O. Maier, Ravensburg.
a. Taschenausgabe. b. Wandausgabe. c. Salonausgabe.
909. Ad. J. Pick, Die elementaren Grundlagen der astronomischen Geographie. J. Klinkhardt, L.

910. J. Hindenburg, Die Erdrinde. F. Hirt, Breslau.
911. E. Fraas, Geologie. 2 Exemplare. Sammlung Göschen.
912. E. Oehlmann, Die Deutschen Schutzgebiete nebst den Samoa-Inseln.

Deutsche Kolonien.

913. G. Wende, Deutschlands Kolonien in acht Bildern. C. Meyer, Hannover.
914. C. Frenzel und G. Wende, Deutschlands Kolonien. 3. Aufl. Meyer, Hannover.
915. A. Kirchhoff, Die Schutzgebiete d. Deutschen Reichs. Sonderabdruck aus Erdkunde für Schulen. Waisenhaus, Halle.
916. C. Hefsler, Kurze Landeskunde der Deutschen Kolonien. G. Lang, L.
917. —, Die deutschen Kolonien. 3. Aufl. G. Lang, L.

Bürgerkunde, Staats- und Volkswirtschaftslehre.

918. G. Hoffmann und E. Groth, Deutsche Bürgerkunde. F. Grunow, L.
919. A. Giese, Deutsche Bürgerkunde. R. Voigtländer, L.
920. Viereck, Bürgerkunde, 2. Auflage. Hahn, Hannover.
921. C. Endemann, Staatslehre und Volkswirtschaft auf höheren Schulen. Fr. Cohen, Bonn.
922. L. Oelsner, Der Volkswirtschaftsunterricht auf Schulen, Deutsche Zeit- und Streitfragen, Heft 35. Hamburg.
923. O. Pache, Gesetzeskunde und Volkswirtschaftskunde in der Volksschule. Herrosé, Wittenberg.
924. A. Patuschka, Volkswirtschaft und Schule. E. Behrend, Gotha.
925. —, Volkswirtschaftliches Lesebuch. E. Behrend, Gotha.
926. —, Volkswirtschaftliche Ergänzungen zum Lehrstoff der Volksschule. Dümmer, B.
927. —, Einfügung volkswirtschaftl. Belehrung in den Lehrstoff der Volksschule. H. Haacke, Jena 1891.
928. L. Mittenzwey, Vierzig Lektionen über die vereinigte Gesetzeskunde und Volkswirtschaftslehre. Behrend, Gotha.
929. J. J. Sachse, Des Lehrers Rüstzeug im Kampfe gegen die Sozialdemokratie. 2 Exemplare. L. 1891.
930. K. Fischer, Grundzüge einer Sozialpädagogik und Sozialpolitik. Wilckens, Eisenach.

Handels- und Verkehrsgeographie.

931. Alb. Zweck, Die Verkehrs- und Handelswege der Jetztzeit. Hahn, Hannover.
932. J. Engelmann, Leitfaden beim Unterricht in der Handelsgeographie. 2. Aufl. Palm & Enke, Erlangen.
933. J. J. Egli, Neue Handelsgeographie, 5. Aufl. Brandstetter, L.
934. C. Zehden, Handelsgeographie. 7. Aufl. A. Hölder, W.
935. E. Rasche, Kleine Handelsgeographie. F. Hirt, Breslau.
936. Paulitschke, Geographische Verkehrslehre Ders.
936a. C. A. Müller, Die Rohstoffe des Pflanzenreichs. Ders.

e. Methodische Schriften, Namen- und Kartenkunde.

937. R. Lehmann, Vorlesungen über Hülfsmittel und Methode des Geogr. Unterrichts. I. Tausch u. Grosse, Halle.
938. —, Beiträge zur Methodik der Erdkunde. Heft I. Ebenda.
939. H. Oberländer, Der Geographische Unterricht. 5. Aufl. von L. Gäbler. G. Gensel, Grimma.
940. Napp, Über Ziel, Methode und Hülfsmittel des geographischen Unterrichts. F. Hirt, Breslau.
941. H. Schneiderwirth, Der geographische Unterricht auf der Mittelstufe. F. Hirt, Breslau.
942. C. Boettcher, Die Methode des Geographischen Unterrichts. Weidmann, B.
943. H. Harms, Fünf Thesen zur Reform des geographischen Unterrichts. Verlagsanstalt und Druckerei A.-G., Hamburg.
944. A. Boehm, Handweiser für geographischen Anschauungsunterricht. F. Hirt, B.
945. E. Oehlmann, Erläuterungen für die schulmäfsige Behandlung des Hirt'schen Anschauungsbildes: Die Hauptformen der Erdoberfläche. F. Hirt, Breslau.
946. A. Tromnau, Der Unterricht in der Erdkunde. H. Schroedel, Halle.
947. G. Coordes, Schulgeographisches Namenbuch. 2. Aufl. G. Lang, L.
948. Johs. Gelhorn, Wörterbuch zur Erläuterung schulgeographischer Namen. F. Schöningh, Paderborn.
949. F. Behr, A. Hummel, F. Marthe, E. Oehlmann, B. Volz, Anleitung zur Schreibung und Aussprache der geographischen Fremdnamen. F. Hirt, Breslau.
950. A. Thomas, Etymologisches Wörterbuch geographischer Namen. F. Hirt, Breslau.
951. W. Martens, Geschichtlich-geographisches Wörterbuch. Ebenda.
952. R. Lehmann, das Kartenzeichnen im geographischen Unterrichte. Tausch u. Grosse, Halle.
953. Ferd. Meisel, die Gradnetze der Landkarten. Waisenhaus, Halle a. S.
954. E. Hözel, Übungen im Kartenlesen. 2 Hefte. H. Wagner und E. Debes, L.
955. A. Breusing, Das Verebnen der Kugeloberfläche. H. Wagner und E. Debes, L. Vgl. Hauptgr. III, Abt. 9.
956. Jul. Wiedemann, Wert, Notwendigkeit und Herstellung von Reliefkarten für den Unterricht (10 Exemplare). J. Bettenhausen, Gera.
957. V. v. Reitzner, Leitfaden für den Unterricht in der Terrain-Lehre. Seidel u. Sohn, W.
958. —, Tafeln zum Leitfaden für den Unterricht in der Terrainlehre (dazu ein Relief). Seidel u. Sohn, W.
959. A. Göttsch, geographische Handrisse. 2 Hefte. A. Westphalen, Flensburg.

960. Geleich und Sauter, Kartenkunde (2 Exemplare). G. J. Göschen, Stuttgart.
961. E. Oppermann, Der jetzige Stand der Schulkartographie. C. Chun, B.
962. Wenz, Atlas zur Landkartenentwurfslehre. Max Kellerer. München.
963. Materialien für den Unterricht in der Geographie nach der zeichnenden Methode. 4 Hefte. Max Kellerer, München.
964. E. Oehlmann, F. Hirts Kartenskizzen, entnommen der Geographie von E. von Seydlitz. F. Hirt, Breslau.

C. Wissenschaftliche Werke, Handbücher und Reisewerke.

965. H. Wagner, Lehrbuch der Geographie, 6. Aufl. Hahn, Hannover. 1. Lief.
966. A. Penck, Morphologie der Erdoberfläche (1. und 2. Teil). J. Engelhorn, Stuttgart.
967. Em. Kayser, Lehrbuch der Geologie (I. und II. Teil.) F. Enke, Stuttgart 1893.
968. F. Löwe, Die gebirgsbildenden Felsarten. Enke, Stuttgart 1893.
969. R. Hoernes, Erdbebenkunde. Veit & Co., L. 1893.
970. F. Kraus, Höhlenkunde. C. Gerolds Sohn, W.
971. Hippolyt J. Haas, Quellenkunde. J. J. Weber, L.
972. N. A. Sokolow, Die Dünen. Julius Springer, B.
973. K. Fricker, Die Entstehung und Verbreitung des antarktischen Treibeises. Rofsberg, L.
974. Johs. Walter, Allgemeine Meereskunde. J. J. Weber, L.
975. F. Ratzel, Völkerkunde. 2. Aufl. Bibliogr. Institut, L.
976. H. Schurtz, Das Augenornament. S. Hirzel, L.
977. A. H. Post, Grundrifs der ethnologischen Jurisprudenz (I. und II. Band). Schulze, Oldenburg.
978. Egli, nomina geographica. 2. Aufl. Fr. Brandstetter, L.
979. H. Berger, Geschichte der wissenschaftlichen Erdkunde der Griechen. Veit & Co., L.
980. A. Breusing, Die Nautik der Alten. C. Schünemann, Bremen.
980a. —, Die Irrfahrten des Odysseus nebst Ergänzungen und Berichtigungen zur Nautik der Alten. Ders. Vgl. Hauptgr. III.
981. E. Krause, Tuisko-Land, der arischen Stämme und Götter Urheimat. C. Flemming, Glogau.
982. —, Die Trojaburgen Nordeuropas. C. Flemming, Glogau.
983. A. Zimmermann, Kolonialgeschichtliche Studien. Schulze'sche Hofbuchhandlung, Oldenburg.
984. Forschungen zur deutschen Landes- und Volkskunde. 9 Hefte. A. Kirchhoff.
985. Zimmermann, Geschichte der preufsisch-deutschen Handels-Politik. Schulze'sche Hofbuchhandlung, Oldenburg.
986. F. Regel. Thüringen, I. u. II. Teil. G. Fischer, Jena.
987. C. T. Dent, Hochtouren. Ein Handbuch für Bergsteiger. Duncker u. Humblot, L.

988. G. Güfsfeldt, Der Montblanc. Gebr. Paetel, B.
989. E. Richter, Die Erschliefsung der Ostalpen. Deutscher und Österr. Alpenverein, B.
    1. Band. Die nördlichen Kalkalpen.
    2.   „   Die Centralalpen westlich vom Brenner.
    3.   „   Die Centralalpen östlich vom Brenner und die südlichen Kalkalpen.
990. A. Böhm, Steiner Alpen.
991. Fr. Simony, Das Dachsteingebiet (2 Abt.) E. Hölzel, W.
992. H. Rauchberg, Die Bevölkerung Österreichs. A. Hölder, W.
993. M. Hörnes, Wiss. Mitteilungen aus Bosnien-Herzegovina. I. u. II. Band. C. Gerold's Sohn, W.
994. Ballif, Römische Strafsen in Bosnien-Herzegovina. C. Gerold's Sohn, W.
995. A. Philippson, Der Peloponnes. R. Friedländer und Sohn, B.
996. Th. Posewitz, Borneo. R. Friedländer und Sohn, B.
997. Wilh. Sievers, Amerika. Bibliogr. Institut, L.
998. F. Ratzel, Politische Geographie der Vereinigten Staaten von Amerika. 2. Aufl. R. Oldenbourg, München.
999. K. von Seebach, über Vulkane Central-Amerikas, Dieterich, Göttingen 1892.
1000. C. W. Middendorf, Peru (I. u. II. Band). R. Oppenheim, B.
1001. Daniel, Handbuch der Geographie. 3 Bände. Reisland, L.
    I. Teil. Allgemeine Geographie. Die aufsereuropäischen Erdteile.
    III. „ Deutschland, physische Geographie.
    IV. „ Deutschlands politisch-statistische Verhältnisse.
1002. Ritters, geographisch-statistisches Lexikon (Erster Band ca. 16 Lieferungen, Red. Johs. Penzler). O. Wiegand, L.
1003. Neumanns, Ortslexikon des Deutschen Reiches. 3. Auflage. Bibl. Inst., L.
1004. Otto Baschin und Ernst Wagner, Bibliotheka Geographica. Herausgegeben von der Gesellschaft für Erdkunde zu Berlin (3 Exemplare). Kühl, B.
1005. Hamburgische Festschrift zur Erinnerung an die Entdeckung Amerikas. 2 Bände. Hamburg, Friederichsen & Co.
1005 a. Eine Anzahl nachträglich eingelieferter Werke aus dem Verlage von G. Fischer, Jena.
1006. H. Marchetti, Die Erdumsegelung des Schiffes „Saida" in den Jahren 1890/92. Carl Gerold's Sohn, W.
1007. E. Ziegeler, Aus Pompeji. C. Bertelsmann, Gütersloh.
—, Aus Sicilien. C. Bertelsmann, Güterloh.
1008. M. v. Mayfeld, Sechzig Tage in Skandinavien. C. Gerold's Sohn, W.
1009. J. Büttikofer, Reisebilder aus Liberia. 2 Bände. E. J. Brill, Leiden.
1010. Eugen Zintgraff, Nordkamerun. Gebr. Paetel, B.
1011. H. H. Graf Schweinitz, Deutsch-Ostafrika in Krieg und Frieden. H. Walther, B.

1012. J. Sturtz und J. Wangemann, Land und Leute in Deutsch-Ostafrika mit 83 Photographien. E. S. Mittler & Sohn, B.
1013. E. Schmidt, Reise nach Südindien. W. Engelmann, L.
1014. E. Haeckel, Indische Reisebriefe. 3. Auflage. Gebr. Paetel, B.
1015. Otto E. Ehlers, An indischen Fürstenhöfen. 2 Bände. 3. Auflage. Allgem. Verein für Deutsche Litteratur, B.
1016. —, Im Sattel durch Indo-China. 2 Bände. Allgem. Verein für Deutsche Litteratur, B.
1017. G. Haberlandt, Eine botanische Tropenreise. W. Engelmann, L.
1018. K. Martin, Reisen in den Molukken. 2 Bände. E. J. Brill, Leiden.
1019. J. von Benko, Die Schiffsstation der k. u. k. Kriegsmarine in Ost-Asien. C. Gerold's Sohn, W.
1020. —, Reise S. M. Schiff „Zrinyi" nach Ost-Asien 1890/91. C. Gerold's Sohn, W.
1021. Ottfried Nippold, Wanderungen durch Japan. 2 Exemplare. Herm. Haake, L.
1022. Adolf Marcuse, Die hawaiischen Inseln. R. Friedländer & Sohn, B.
1023. K. Martin, Westindische Skizzen. E. J. Brill, Leiden.
1024. R. von Barry, Zwei Fahrten in das nördliche Eismeer nach Spitzbergen und Novaja-Zemlja. C. Gerold's Sohn, W.

Bemerkung. Eine Anzahl einschlägiger Werke ist in den Sonderausstellungen von D. Reimer und J. Perthes zu finden.

Verschiedenes zur Länder- und Völkerkunde.

1025. H. A. Daniel & Berth. Volz, Geographische Charakterbilder. 2 Bände. O. R. Reisland, L.
1026. P. R. Bos, De Landen en Volken der geheele Arde. 4 Bände. J. B. Wolters, Groningen.
1027. August Trinius, Alldeutschland in Wort und Bild. 1. Band. Ferd. Dümmler, B.
1028. P. Lindenberg, Berlin in Wort und Bild. Ferd. Dümmler, B.
1029. August Freudenthal, Aus Niedersachsen. 2 Bände. Carl Schünemann, Bremen.
—, Die Heide. Carl Schünemann, Bremen.
1030. J. v. Balke, Das Rumänische Königsschlofs Pelesch. Prachtwerk. C. Gerold's Sohn, W.
1031. M. Lindeman, Der Norddeutsche Lloyd. Carl Schünemann, Bremen.
1032. P. Reichard, Dr. Emin Pascha. 2 Aufl. O. Spamer, B.
1033. Rochus Schmid, Deutschlands Kolonien. 1 Band. Verein der Bücherfreunde, Schall & Grund, B.
1034. C. Hager, Deutschlands Beruf in Ostafrika. C. Meyer, Hannover.
1035. G. A. St. Dewald, Geographisches Auskunftsbuch für Jedermann. (50 Exempl.) Karl F. Pfau, L.
1036. F. Umlauft, A. Hartleben's kleines Statistisches Taschenbuch. 1894. A. Hartleben, W., Rest, L. (2 Exempl.)
1037. Ein Band mit Handzeichnungen und handschriftlichen Bemerkungen unter dem Titel: Oculus scientiae alter sive

Geographica calemmata. Anno 1667. Aussteller: Th. Graser in Bremen.
1038. Europäische Wanderbilder. Art. Institut Orell Füssli. Zürich. 910—933.
1039. Städtebilder und Landschaften aus aller Welt, auch Bruckmanns illustr. Reiseführer. Bruckmann, München.
1040. I. von Tschudi, Der Turist in der Schweiz. 32. Aufl. Orell Füssli. Zürich.
1041. Verschiedene kleine Reiseführer.

Fünfte Abteilung:
Instrumente, Geräte, Reliefs, Globen, Handelsprodukte u. s. w.

1042. W. Ule, Zentralkurvimeter in drei verschiedenen Nummern.
1043. —, Polarkurvimeter in zwei verschiedenen Nummern.
1044. E. Schotte's Erdglobus. E. Schotte & Co. in Berlin.
1045. Ein Globus aus dem 18. Jahrh. Ausgestellt von A. Brandt in Bremen.
  *Eine Anzahl Globen befinden sich in F.
1046. E. Schotte's Tellurium mit Lunarium. E. Schotte & Co., Berlin.
1047. K. Hoffmann in Darmstadt. Reliefkarte der Umgegend von Giefsen. 1 : 20000. Vierfache Überhöhung. Gypsabgufs in Farben.
1048. —, Das Original dazu in Holzschichten.
1049/58a A. Wesche, Gymnasiallehrer in Bremen. Eine Privatsammlung von Handelsprodukten in Wandschränken, Glaskästen, offenen Kästen und freier Anordnung.
  1049. Wandschrank I: Harze, Gummi, Gummiharze, Pflanzenextraktivstoffe und Gerbstoffe.
  1050. Wandschrank II: Farbstoffe, Nahrungsmittel, Gewürze und Genufsmittel.
  1051. Wandschrank III: Gewürze und Genufsmittel, Pflanzenstoffe, welche ätherische und fette Öle liefern.
  1052. Wandschrank IV: Fortsetzung von III. Öle, Fette und verwandte Droguen, medizinische Rohstoffe.
  1053. Wandschrank V: Droguen, arzneiliche Rohstoffe.
  1054. Glaskasten VI: Japan. Produkte. Reis aus verschiedenen Ländern.
  1055. do. VII: Produkte der Malabarküste. Cerealien, Hülsenfrüchte, versch. Samenfruchtstand der Ölpalme. Palmkerne.
  1056. Glaskasten VIII: Produkte der Erling'schen Mühle.
  1057. do. IX: Kautschuk. Guttapercha. Elfenbeinnüsse in ihrer Verarbeitung. Schildpatt.
  1058. Offener Kasten X: Jute.
     „   „   XI: Flachs.
     „   „   XII: Hanf. Cocosfaser.
     „   „   XIII: Ramié, Istle, Henequen (Sisal).
     „   „   XIV: Zacaton, Pelotazo, Baumwolle.
     „   „   XV: Wolle, Crin d'Afrique, Luffa etc.

1058 a. In offener Anordnung XVI: Zuckerrohr, Reisähren, Sorghum, Baumwollstaude.
„   „   „   XVII: Kaffeezweige mit Blättern und Früchten.
„   „   „   XVIII: Zweige vom Zimmt-, Öl- und Lorbeerbaum.
„   „   „   XIX/XXI: Zapfenfrüchte.
1059. Aleuronatfabrikate (Aleuronat ist pflanzliches Eiweifspulver) in Säckchen, Büchsen, Päckchen. Ausgestellt von R. Hundhausen in Hamm. Vergl. die anliegenden Prospekte.
1059a. Proben von Neuguineatabak und Fabrikate daraus. Ausst.: E. Diederichs & Co., Bremen.
1059b. C. Th. Neutze, Schule des Planzeichnens, nach Modellen und Plänen. Ausg. vom Verfasser.
*) Relief der Schlachtfelder um Metz. Vergl. D. Reimer.

Sechste Abteilung.
Bilder, als: Bunt- und Schwarzdrucke, Photographien, Kupferstiche und Aquarelle.

A. Bunt- und Schwarzdrucke für die Schule.
a. Wandbilder.

1060. L. Baur und W. Böhm, Wandtafeln zur mathematischen Geographie. 2 Exemplare. O. Maier, Ravensburg.
Ein Exemplar in Mappe nebst erläuterndem Text von L. Baur. Ein Exemplar ausgehängt.
1061. R. Schmidt, Wandtafeln zur mathematischen Geographie. F. E. Wachsmuth, L. Drei Blätter auf einem Tableau.
1062/1091. H. Haas, Wandtafeln für Geologie und physikalische Geographie. Lipsius und Tischer, Kiel. 27 Tafeln.
1062. Stromboli, von Nordwesten gesehen im April 1874.
1063. Volkano, vom Plateau der Insel aus gesehen im Sept. 1889.
1064. Maar am Mosenberg in der Eifel.
1065. Der Antisana in Ecuador, von El Hato aus gesehen.
1066. Eruption des Ätna am 29. August 1874.
1067. Über bebautes Land geflossener Lavastrom des Kilauea.
1069. Der Phonolithkegel des Hohentwiel im Hegau.
1070. Durchbruch des Inn durch das Kalkgebirge bei Imst in Tyrol.
1071. Der Mönch und der Predigerstuhl auf Helgoland.
1072. Erdpyramiden am Ritten bei Bozen in Tyrol.
1073. Cinque Torri (die Türme von Averau) Nuvolau-Gruppe. Dolomiten Südtyrols.
1075. Karrenfeld in der Wiesalpe, Dachsteingebirge.
1076. Porphyrlandschaft in der Eggenthalschlucht bei Bozen.
1077. Düne an der Westküste der Insel Sylt.
1078. Kalksinterabsätze in den Marble-Bassins im Yellowstone-Park, N.-A.
1079. Spaltenbildung am Eismeer in Chamounix.
1080. Vom Eise der Diluvialzeit geschrammte und geschliffene Felsenoberfläche im Gletschergarten in Luzern.

1082. Die ins Meer vorgeschobene Eismauer des Muirgletschers in Alaska.
1083. Blick auf die Dent blanche und auf den Schönbühlgl.
1084. Der Cristallo-Gletscher in den Dolomiten Südtyrols.
1085. Falte in Diluvium. Stauchungswirkung des diluvialen Eises. Am Nordostseekanal-Einschnitt von Levensau bei Kiel 1890.
1086. Verwerfungsquelle im Gebiete des Buntsandsteins im Hartgebirge.
1087. Verwerfungsquelle im Gebiete des Buntsandsteins bei Erlenbach.
1088. Schematisches Profil durch die Schichten des Buntsandsteins in den Vogesen.
1089. Profil durch den westlichen Jura und allgemeines Profil durch den Nordabfall der Alpen.
1090. Profil durch die Vogesen, die oberrheinische Tiefebene und den Schwarzwald von Epinal bis zum Bodensee und Profil von Urbeis bis Hohwald in den elsässischen Vogesen.
1091. Profil von Jüdendorf im Erzgebirge über das Teplitzer Becken durch das böhmische Mittelgebirge und Profil durch das Duxer Braunkohlenbecken von Osseg nach Bilin.

1092. F. Hirts Hauptformen der Erdoberfläche. F. Hirt, Breslau.
1093. Simony, Gletscherphänomene. E. Hölzel, W.
1094/1097. Hölzel's Wandbilder für den Anschauungsunterricht. E. Hölzel, W. 4 Bl.
    1094. Das Gebirge. 1095. Der Wald. 1096. Der Frühling. 1097. Eine Grofsstadt.
1098/1130. Hölzel's Geographische Charakterbilder für Schule und Haus. 34 Blätter mit 10 Heften Textbeilage. E. Hölzel, W.

    Anordnung nach Ländern.
1098. Das Berner Oberland (Doppelblatt).
1099. Aus dem Ortler Gebiete.
1100. Thalsporne bei Kronburg im Ober-Innthale.
1101. Pasterzen-Gletscher mit dem Grofsglockner.
1102. Der Calvarienberg in der Adelsberger Grotte.
1103. Die Bocche di Cattaro.
1104. Die Donau bei Wien.
1105. Die Puszta.
1106. Die Weckelsdörfer Felsen.
1107. Aus dem Riesengebirge.
1108. Das Stettiner Haff. (Doppelblatt.)
1109. Die Düne und das Felseneiland Helgoland.
1110. Hammerfest.
1111. Reine auf den Lofoten.
1112. Steilküste in Irland.
1113. Der Mont Perdu und der Circus von Gavarnie.
1114. Der Golf von Pozzuoli.
1115. Neapel mit dem Vesuv.
1116. Das Nilthal und die Nilkatarakte bei Assuân.
1117. Die Wüste.
1118. Der Tafelberg mit der Capstadt.
1119. Ansicht des Kintschindschinga mit den Vorketten des Himalaya.
1120. Tropen-Urwald im Tieflande am Amazonas.
1121. Hafen von Nagasaki.
1122. Halemaumau-Lavasee des Kilauea-Kraters auf Hawaii.
1123. Skulencap auf Kronprinz Rudolfs-Land.
1124. Die Cañons und Wasserfälle des Shoshone.
1125. Der Sprudel Otukapuarangi mit Sinterterrasse am Rotomahana (Warmer See) auf der Nord-Insel von Neu-Seeland.
1126. Aus der Sierra Nevada Californiens (Hintergrund des Yosemite-Thales).
1127. Plateau von Anahuac. Barranca Sta. Maria und der Pic von Orizaba Citlaltepetl.
1128. Der Gran Cañon des Colorado.

1129. Mangroveküste in Venezuela.
Als Fortsetzung dieser Sammlung:
1129a. **Das Rheinthal bei St. Goar.** Handzeichnung und Handkolorit.
1130. **Das Steppengebiet in Deutsch-Ostafrika mit dem Kilimandscharo.** Handzeichnung und Handkolorit.

1131/1132. Ad. Lehmann, Geographische Charakter-Bilder. F. E. Wachsmuth, L. (unvollständig eingeschickt).
1131. Tableau, enthaltend: Well- und Wetterhorn. Polarlandschaft. Das Riesengebirge. Die Berner Alpen.
1132. Tableau, enthaltend: Der Rheinfall bei Schaffhausen. Helgoland. Newyork. Der Dom zu Köln. Der Rhein bei Bingen. Der Thüringer Wald.

1133/1142. A. Geistbeck und Fr. Engleder, Geographische Typenbilder. A. Müller, Froebelhaus, Dresden.
1133. Das Wettersteingebirge, Typus der nördl. Kalkalpen.
1134. Aus der Berninagruppe, Typus der Centralalpen.
1135. Der Königssee, Typus eines Hochgebirgssees.
1136. Der Golf von Neapel.
1137. Nizza, Typus der Südfranz. Steilküste.
1138. Die rauhe Alb, Typus eines Plattengebirges.
1139. Harz, Typus eines Massengebirges.
1140. Der Rheindurchbruch b. Bingen und der Rheingau.
1141. Der Bodensee, Typus eines Randsees.
1142. Schwarzwald, Typus des oberrheinischen Gebirgssystems.

1143/1144. A. Kirchhoff und Supan, Geographische Charakterbilder. 2 Tafeln. Th. Fischer, Cassel.
1143. Das Nilthal Ägyptens.   1144. Tropenwald.

1145. Schreibers Wandtafeln zum Unterricht in der Geographie. Geographische Landschafts- und Städtebilder. J. F. Schreiber, Efslingen.
1 Tableau mit sechs Bildern: Die Oberfläche der Erde. Berlin. Schwarzburg. Der Rhein bei Bingen. Baden-Baden. Der Rheinfall bei Schaffhausen.

1146/1157. A. Kirchhoff, Rassenbilder zum Gebrauch beim geographischen Unterrichte. Th. Fischer, Cassel. 12 Tafeln.

1146. Eskimo.	1152. Araber.
1147. Indianer.	1153. Chinese.
1148. Hottentotte.	1154. Japaner.
1149. Buschmann.	1155. Polynesier.
1150. Neger.	1156. Papua.
1151. Nubier.	1157. Australier.

1158/1161. F. Müller, Ethnologischer Bilderatlas. Kreisel und Gröger, W.

1158. Buschmänner.	1160. Hottentotten.
1159. Amerikanische Indianer.	1161. Kaukasier.

1162/1169. Benteli und Stucki, Schweizerisches geographisches Bilderwerk für Schule und Haus. 8 Blätter. W. Kaiser, Bern.

1162. Eiger, Mönch und Jungfrau.	1066. Genfersee.
1163. Lauterbrunnen.	1167. Bern.
1164. Rhonegletscher.	1168. Zürich.
1165. Vierwaldstädter See.	1169. Lugano.

1170/1182. P. R. Bos, 13 Schoolplaten voor Aardrijkskundig onderwijs met Handleiding. (Schulbilder für den Unterricht in der Erdkunde mit Erläuterung).
1170. Strand in Holland.
1171. Der Hafen von Ijmuiden.
1172. Karte von dem Hafen von Ijmuiden.
1173. Landschaft in der Veluwe.

1174. Ausblick von dem hohen Südrand der Veluwe auf den Rhein und die Betuwe.
1175. Die Fähre bei Driel. Ausblick auf den hohen Südrand der Veluwe.
1176. Graben und Waschen von Braunelsenstein.
1177. Der Harlemmer Polder.
1178. Karte von dem Deichamt Rhynland. Polderdurchschnitt, die Entwässerung des Polders zeigend.
1179. Die Insel Marken.
1180. Eine Moorkolonie.
1181. Das Groninger Watt.
1182. Der Rhein mit dem Siebengebirge.

1183. Ad. Lehmann-Leutemann, Völkertypen. F. E. Wachsmuth, L. Tableau mit sechs Bildern: Indier. Patagonier. Neger. Australier. Eskimo. Chinesen.

1184. Goering und E. Schmidt, Ausländische Kulturpflanzen. F. E. Wachsmuth, L. Tableau mit sechs Bildern; Kakao. Pfeffer. Zuckerrohr. Baumwolle. Thee. Kaffee.

1185—1208. J. Langl's Bilder zur Geschichte. E. Hölzel, W. Nebst Text. 65 Blätter. Zum Teil ausgehängt, zum Teil in Mappe. Ausgehängt die folgenden Blätter:

1185. Insel Philae.	1197. Taormina.
1186. Tempel von Edfu.	1198. Syrakus.
1187. Tempel von Luxor.	1199. Pompeji.
1188. Memnonkolosse.	1200. Kreuzgang von Monreale.
1189. Sphinx und Pyramiden von Gisch.	1201. Via Appia.
1190. Kairo.	1202. Kreml in Moskau.
1191. Klosterkirche zu Etschmiadzin.	1203. Habsburg.
1192. Palast zu Khorsabad.	1204. Schlofs in Heidelberg.
1193. Palmyra.	1205. Akropolis von Süden.
1194. Persepolis.	1206. Akropolis von Norden.
1195. Mahamalaipur.	1207. Tempel in Ägina.
1196. Grottentempel von Elefanta.	1208. Moschee in Cordova.

1209. Aus den Bilderwerken des Leipziger Schulbildverlags von F. E. Wachsmuth, L. 1 Tableau enthaltend 4 Bilder: Denkmal des grofsen Kurfürsten in Berlin. Das Nationaldenkmal auf dem Niederwalde. Denkmal Friedrichs des Grofsen in Berlin. Ritterburg. (13. Jahrh.)

1210/1214. Jos. Hoffmann, das alte Athen nach eigenen Naturaufnahmen rekonstruirt und in Oel gemalt. E. Hölzel, W. 5 Bl.
1210. Der Hügel Museion mit dem Blick auf das Meer.
1211. Hauptansicht von Athen von den Gärten der Aphrodite aus.
1212. Das Panathenäische Stadion.
1213. An den Ufern des heiligen Flusses Ilissos.
1214. Die Akropolis.

Zur Ausschmückung: Eine Reihe chinesischer Bilder. Ausgestellt von H. A. Schütte.

b. Bilder für den Handgebrauch.

1215/1219. Ferdinand Hirts Geographische Bildertafeln. Für die Belebung des erdkundlichen Unterrichts und die Veranschaulichung der Hauptformen der Erdoberfläche mit besonderer Berücksichtigung der wichtigeren Momente aus der Völkerkunde und Kulturgeschichte. Herausgegeben von A. Oppel und Arnold Ludwig. 3 Teile in 5 Bänden. F. Hirt, Breslau.

1215. Erster Band: Allgemeine Erdkunde.
1216. Zweiter Band: Typische Landschaften.
1217. Dritter Band: Völkerkunde von Europa.
1218. Vierter Band: do.   „ Asien und Australien.
1219. Fünfter Band: do.   „ Afrika und Amerika.
1220. A. Oppel, Landschaftskunde. Versuch einer Physiognomik der gesamten Erdoberfläche in Skizzen, Charakteristiken und Schilderungen. Zugleich ausführliche Erläuterung zum zweiten Bande der Bildertafeln. Zweite Ausg. F. Hirt, Breslau.
1221. Siebzehn Bildertafeln auf Pappe gezogen und ausgehängt:
Aus dem ersten Bande: 20 und 21. Zur Völkerkunde (64 Rassenköpfe).
„ „ zweiten „ 28—30 A. Typische Landschaften des Deutschen Reiches.
„ „ dritten „ 77—79. Die Russen.
„ „ vierten „ 88. Die Bewohner Kaukasiens. 89. Die Bewohner Armeniens. 96—98. Die Bewohner von Vorderindien und Ceylon.
„ „ fünften „ 118. Die Bewohner des oberen Nilgebietes. 126/27. Die Indianer Nordamerikas. 135. Die wilden Indianer Südamerikas.
1222. F. Hirts Bilderschatz zur Länder- und Völkerkunde. Für die Belehrung in Haus und Schule zusammengestellt von A. Oppel und Arnold Ludwig. F. Hirt & Sohn, L.
1223. Fünf Tafeln aus F. Hirts Bilderschatz, auf Pappe gezogen und ausgehängt, enthaltend eine Darstellung der Wohnformen der Völker.
1224. O. Schneiders Typenatlas. Naturwissenschaftlich-geographischer Hand-Atlas für Schule und Haus. Vierte Aufl. C. C. Meinhold & Söhne, Dresden.
Ein Exemplar gebunden und ausgelegt.
1225. Einzelne Blätter ausgehängt.
1226/1234. Eine Wanderung durch Deutschlands Städte. Neun Tafeln mit Holzschnitten aus F. Hirt's Heimats- und Landeskunden, zusammengestellt von A. Oppel.
1226. Bremen, Helgoland, Oldenburg, Hannover, Provinz Sachsen.
1227. Hamburg, Schleswig-Holstein, Lübeck.
1228. Mecklenburg, Pommern, West- und Ostpreussen.
1229. Posen, Schlesien, Brandenburg.
1230. Königreich Sachsen und Thüringen.
1231. Rheinprovinz nnd Elsass-Lothringen.
1232. Westfalen und Hessen-Nassau.
1233. Baden und Württemberg.
1234. Hessen-Darmstadt und Bayern.
1235. Hölzels Geographische Charakterbilder. Kleine Handausgabe. E. Hölzel, Wien.
1236. J. Langls Bilder zur Geschichte. Handausgabe. E. Hölzel, Wien.
1237. L. Halenbeck, Handzeichnungen zur mathematischen Geographie. Ausgestellt von L. Halenbeck Witwe.

B. Photographien.

1239. Eine Sammlung von Photographien, darstellend Lansdchaften und Städteansichten aus den Wesergebirgen, wie: Minden, Porta, Bückeburg, Hameln, Teutoburger Wald, Carlshaven,

Münden, Lemgo, Pyrmont u. a. Ausgestellt von Photograph L. Koch in Bremen.
1240. Ansichten aus Wilhelmshaven. Ausgestellt von dems.
1241 Photographien von Schiffen. Ausgestellt von dems.
1242. Eine Sammlung von etwa 200 Photographien aus Bremen, der Provinz Hannover und dem Grofsh. Oldenburg. Ausgestellt von E. Wolffram, Photogr. Atelier in Bremen.

Bremen: Stadt, Oslebshausen, von der Lesum, Vegesack, von der Aufsenweser und vom Watt.
Prov. Hannover: Aus der Heide.
    Fallingbostel, Heber, Ober-Haverbeck, Visselhövede, Soltau, Südbostel, Walsrode, Wilsede.
„   „   Achim, Blumenthal, Bücken, Diepholz, Eystrup, Hoya, Hemelingen, Lilienthal, Ottersberg, Otternstedt, Ricklingen, Rotenburg, Verden, Worpswede.
„   „   Aus Ostfriesland:
    Emden, Leer, Westerrhauderfehn u. Reepsholt bei Wittmund.
Braunschw. Enclave: Thedinghausen.

1243. Bilder aus dem Teutoburger Walde. Helmich, Bielefeld.
1244. Ansichten aus dem Harz und der Schweiz. Photogr. und ausgestellt von John Droste in Bremen.
1245. Ansichten aus Italien. Photogr. von Dr. E. Lorent in Bremen.
1246. Ansichten aus Italien. Ausgestellt von A. Wesche in Bremen.
1247. 40 Ansichten aus Italien. Potogr. und ausgestellt von Fr. Tellmann.
1248. Ansichten aus Sizilien. Ausgestellt von Dr. E. Ziegeler.
1249. Ansichten aus Südfrankreich. Ausgestellt von A. Wesche.
1250. Ansichten aus Grofsbritannien. Ausgestellt von demselben.
1251. —, Photogr. und ausgestellt von Otto Nieport in Bremen.
1252. Ansichten aus dem Orient. A. Wesche.
1253. Panorama von Konstantinopel. Ders.
1254. Panorama des Bosporus von Rumeh Hifsar aus. Tableau. Ausgestellt von M. Jansen.
1255. Panorama des Bosporus von Jaly-Kjör aus. Ders.
1256. Dazu eine Karte: Konstantinopel und der Bosporus nach der Aufnahme des Freiherrn von Moltke. Ausgest. v. dems.
1256a. Ansichten von Konstantinopel und dem Bosporus. Ausgest. von demselben.
1257. 40 Ansichten aus den Vereinigten Staaten. Photogr. und ausgestellt von Fr. Tellmann.
1257a. Fünf farbige Photographien aus dem Yellowstoneparke. W. Wilckens in Hemelingen.
1258. 55 Ansichten aus Guatemala. Ausgest. v. G. Menz in Bremen.
1259. Ansichten aus Ägypten. Photogr. und ausgestellt von Dr. E. Lorent.
1260. Sammlung von 535 Photographien aus Grönland, aufgenommen und hergestellt von Dr. E. von Drygalski und Dr. E. Vanhöffen bei Gelegenheit der Grönland-Expedition der Gesellschaft für Erdkunde in Berlin 1891, 1892/93. Ausgestellt von der Gesellschaft für Erdkunde in Berlin.

Eine Anzahl sind ausgehängt, die übrigen befinden sich in fünf Kästen.

I. Abteilung. Dr. E. von Drygalski, 1891.
   A. **Landschaftsbilder.** 1—26. Die Kolonien Jakobshavn, Ritenbenk und Umanak; die Handelsplätze Niakornak und Ikerasak. Ihre Häfen, Gebäude und ihre Umgebung. Felsformen, Fjordwände, Felsbecken, Schliffflächen.
   B. **Volksbilder.** 27—38. Europäische und eskimoische Bewohner von Umanak, Niakornak, Karajak und Jakobshavn.
   C. **Gletscherbilder.**
      a. 39—59. Die Küsten-Gletscher von Ujarartorsuak und von Kome, ihr Aussehen, ihre Moränen und ihre Struktur.
      b. 60—79. Das Inlandeis bei Sermilik und seine Ausläufer Itiodliarsuk-, Sermilik- und Karajak-Fjord.

II. Abteilung. Dr. E. von Drygalski, 1892.
   A. **Landschaftsbilder.** 1—10. Felsflächen und Seebecken mit ihren Ausflüssen. Eisberge.
   B. **Wohnplätze und Volk.** 11—15. Ikerasak und Expeditions-Gebäude in Karajak.
   C. **Gletscherbilder.**
      a. 16—31. Die Küstengletscher von Kome, Sermiarsuit und Asakak, Moränen, Gletscherbäche, Quellgletscher und Gletscherzungen.
      b. 32—41. Eisstrukturen. Bacheisplatten mit Forel'schen Streifen, Schichtenbiegungen und Verwerfungen, Blätterstruktur im Inlandeis.
      c. 42—106. Auf dem Inlandeise und Blick ins Inlandeis. Der Rand des grofsen Karajak-Eisstroms im Fjord und seine Verschiebungen (44—57), der Rand desselben Eisstroms und des Inlandeises auf dem Lande (58—90), auf dem Grofsen Karajak, seine Seen, Spalten und Strukturen (91—106).

III. Abteilung. Dr. E. v. Drygalski 1893.
   A. **Landschaftsbilder.** 1—16. Oberflächenformen des Karajak-Nunataks, Bilder aus dem Umanak-Fjord und Uperniviks-Land. Die Schlucht von Atanikerdluk.
   B. **Wohnplätze und Volk.** 17—47. Die Wohnplätze der Disco-Bucht des Umanak-Fjords und von Uperniviks-Land mit ihren Bewohnern.
   C. **Gletscherbildung.**
      a. 48—68. Die Küstengletscher von Sarfarfik, Kome, Sermiarsuit und Asakak, ihre Nährgletscher, Moränen, Bäche und ihre Zungen.
      b. Oberflächenformen, Verteilung und Moränen des Inlandeises 69—78. Der Grofse Karajak, sein Rand im Fjord 86—97, das zusammengeschobene Fjordeis vor seinem Rand 98—104. Der Kleine Karajak-Itwdliarsuk-Jakobshavn- und Umiamako-Eisstrom 105—117.

IV. Abteilung. Momentbilder von Dr. E. v. Drygalski, 1892/93.
   Hundebilder, Schlittenfahrten, Meeresbilder aus der Davisstrafse, Leben in der Kolonie Umanak, Lootsenfahrten, Kajaks, Grönländer, Eisberge, Felswände, Gletscherbilder, Leben und Arbeit auf dem Inlandeis (1—93).

V. Abteilung. Dr. E. Vanhöffen, 1892/93.
   A. **Pflanzen-Photographien.**
   Die wichtigsten Vegetationstypen einzeln aufgenommen (1—24).
   B. **Volksaufnahmen und Reisebilder.**
   Schlittenfahrten, Zeltleben, Grönländerbilder (25—58).
   C. **Orts- und Landschaftsaufnahmen.**
   Küstenstrecke von Jakobshavn bis Upernivik, Wohnplätze und Bewohner, Kolonisationseinrichtungen, Expeditionsgebäude und Gerät, der Karajak-Nunatak (59—140).

1261. Expedition der „Willem Barents" 1878. Ausgestellt von M. Jansen.
1262. —, 1879. Ausgestellt von M. Jansen.
1263. —, 1881. Ausgestellt von M. Jansen.
1264. —, 1883. Ausgestellt von M. Jansen.
1265. Expedition der Eyra 1880. Ausgestellt von M. Jansen.

1266. Photographien aus Kaiser Wilhelmsland und dem Bismarck-
archipel. Ausst.: Die Geographische Gesellschaft in Bremen.
1267. 110 Ansichten aus dem Orient (Türkei, Kleinasien, Palästina,
Ägypten und Arabien). Ausst.: W. Heine in Bremen.
1267a. 120 Landschaften u. Städteansichten. Dr. E. Mertens in Berlin.

C. Aquarelle.

Dr. O. Finsch (Delmenhorst):
Beiträge zur Völkerkunde der westlichen Südsee.
200 Tafeln und 100 Textbilder nach Originalaufnahmen von O. Finsch
gemalt und gezeichnet von O. und E. Finsch.
Mit Text von Dr. O. Finsch.

Das vorliegende umfangreiche Werk enthält die Bearbeitung meist unpublicirter ethnologischer Erfahrungen meiner Südseereisen, sowie des zusammengebrachten reichen Materials an Originalbildern*) und Skizzen. Die letzteren betreffen fast ausnahmslos solche Gegenstände oder Darstellungen Eingeborener und ihres Lebens, welche sich nur bildlich heimbringen lassen und gerade deshalb zu besonders wichtigen und interessanten Belegstücken werden. Als solche zunächst zur Ergänzung meiner eigenen grofsen Sammlung (s. S. 95) bestimmt, bereichern sie dieselbe mit einem eigenartigen Anschauungsmaterial, wie es keine zweite Sammlung aufzuweisen hat und das so recht bestimmt ist, allgemein belehrend und anregend zu wirken, um damit den eigentlichen Zweck einer Sammlung zu erfüllen.

Das Werk zerfällt in vier Teile, über deren allgemeinen Inhalt die nachfolgenden Zeilen Nachweis geben.

1268. **Erster Teil: Wohnstätten.** Tafel I—LX. (1—60).

Auf den 60 Tafeln sind 49 verschiedene Typen von Häusern Eingeborener (von 33 Lokalitäten) dargestellt, sowie 2 Festbühnen ("Dubu"), 6 Grabstätten und 8 Ahnenfiguren (sog. "Götzen"), wovon 16 Tafeln in farbiger Ausführung den Kunstfleifs und Sinn für dekorative Ausschmückung besonders wirkungsvoll illustrieren. Zur weiteren Erklärung des Textes (von 563 Seiten Ms.) dienen 44 Textbilder mit Plänen von Siedelungen und Häusern, sowie Konstruktion und Details der letzteren. Der Text beschreibt Wohnstätten von 50 Lokalitäten und giebt Nachweis über Baulichkeiten Eingeborner von 87 weiteren Örtlichkeiten.

---
*) Die zeitraubende und mühsame Ausführung derselben (110 in Farben) war nur unter der bewährten Mitarbeiterschaft meiner lieben Frau möglich. Das Gesamtmaterial der Abbildungen beträgt 615 Einzelbilder, von denen sich 406 auf Neu-Guinea beziehen (268 auf den britischen, 125 auf den deutschen und 13 auf den niederländischen Teil), 56 auf den Bismarck-Archipel und 153 auf West-Oceanien (davon 60 auf den Gilbert-, 27 auf den Marshall und 42 auf den Carolinen-Archipel). Nur 14 Bilder sind, des Vergleiches wegen, anderen Werken entlehnt.

1269. **Zweiter Teil: Fahrzeuge.** Taf. I—XXXV (61—95).
Wie die Häuser, gehören auch die Fahrzeuge zu den hervorragendsten Erzeugnissen der Baukunst Eingeborener. Leistungen, die umsomehr Anerkennung, ja Bewunderung verdienen, weil sie fast ausnahmslos noch dem Zeitalter der Steinwerkzeuge angehören. Im Hinblick auf das unaufhaltsame Verschwinden der letzteren werden die vorliegenden 35 Tafeln als ein zuverlässiges Anschauungs- und Vergleichungsmaterial bleibenden Wert behalten, indem sie nicht weniger als 25 verschiedene Typen von Fahrzeugen und deren Konstruktion in zusammen 141 Einzelbildern darstellen. Der Text (220 Seiten in Ms.) giebt dazu ausführliche Beschreibungen, sowie Beobachtungen über Fahrzeuge von 110 Lokalitäten, und somit einen äufserst wichtigen Beitrag zur Kunde des Schiffsbaues der Naturvölker des westlichen Pacific.

1270. **Dritter Teil: Hautverzierungen.** Taf. I—XLVIII. (96—143)
Da die Photographie nur Ziernarben, aber nicht Tätowirung wiedergiebt, so läfst sich die letztere nur in korrekten Zeichnungen festhalten, die häufig viel Zeit und Mühe kosten, wie ein Blick auf die Tafeln zeigen wird. Die letzteren illustrieren 35 Tätowirungen und 18 Narbenzeichnungen, mit den Textfiguren zusammen 128 Einzelbilder. Der Text (225 Seiten in Ms.) gedenkt selbstbeobachteter Hautverzierungen von etlichen 90 Lokalitäten, und berichtet ausführlich über eine sporadisch verbreitete Sitte, die auch in diesem Gebiete in der Abnahme begriffen ist und schon deshalb das vorliegende Material zu einem ebenso einzigen als wertvollen macht.

1271. **Vierter Teil: Eingeborene.** Taf. I—LVII (144—200).
Eine wirkungsvolle Darstellung Eingeborener läfst sich nur in Farben wiedergeben, die schon im Hinblick auf die so wichtige Hautfärbung unentbehrlich sind. Die vorliegenden Tafeln veranschaulichen nicht nur die letztere in ihren verschiedenen Nuancen, sondern auch eine Reihe origineller Haarfrisuren, sowie Gegenstände des Ausputzes und Gebrauchs, die zur äufseren Erscheinung Eingeborener gehören Sie geben also getreue Bilder der letzteren in charakteristischen Typen von zahlreichen Lokalitäten, sowie eine Reihe Darstellungen von Szenen aus dem Leben, die jedenfalls sehr instruktiv und geeignet sind, allgemeines Interesse zu erregen.

Im vollen Einklange mit dem reichen Illustrationsmaterial, das incl. der 29 Textabbildungen 178 Einzelbilder aufweist, bringt der Text (553 Seiten in Ms.) eine Fülle eigener Beobachtungen in zum Teil sehr ausführlichen Mitteilungen. So werden verschiedene festliche Bräuche (z. B. die Ehrung

Verstorbener und der bisher meist verkannte „Dugdug« in Neu-Pommern) eingehend geschildert, ganz besonders aber die beiden hervorragendsten Zweige des Gewerbfleifses: Töpferei (in Melanesien) und Weberei (in Mikronesien), die der Intelligenz des weiblichen Geschlechts zum besonderen Verdienste gereichen.

1272. Als **Proben der Sammlung***) sind eine Anzahl mehr oder minder bearbeiteter Materialien zu Schmuck (z. T. auch Geld), sowie Stein- und Muschelwerkzeuge ausgestellt, die z. T. der Vergangenheit angehören (wie z. B. die Funde aus den sogenannten „Königsgräbern" von Nantauatsch bei Nanmatal auf Ponapé). Diese Proben werden genügen, um die sorgfältige Aufmachung und Etiquettirung zu zeigen, welche diese Sammlung so sehr auszeichnen und ihr dadurch als Lehr- und Anschauungsmaterial so besonderen Wert verleihen. Ganz hervorragend gilt dies auch für den Katalog, dessen genaue Angaben auch anscheinend unbedeutende Gegenstände zu wichtigen Typen des Kulturstandes sogenannter Naturvölker erheben.

1273/1322. 50 Aquarelle aus Nordamerika, gemalt und ausgestellt von Fr. Perlberg, Kunstmaler in München. Die einzelnen Bilder sind käuflich; Preislisten sind von dem in der Nähe befindlichen Aufseher zu erhalten.
1273. Blick auf das Felsengebiet des Colorado.
1274. In den Schluchten des Colorado.
1275. Blick auf den Colorado von „to-ro-weap" aus.
1276. Niagara-Fall von Goat Island aus.
1277. Niagara-Fall American Fall mit Windhöhle.
1278. Die Wirbelstrudel des Niagara.
1279. Mu-Koon-to-Felsen, Colorado.
1280. Marmorfelsen am Colorado.
1281. Stromschnellen im Colorado.
1282. Engpafs „Pa-ru-nu-weap« am Colorado.
1283. Winniés Grotte am Colorado.
1284. Die Schwalbenhöhle am Colorado.
1285. Disaster-Fall am Virgin River.
1286. „Graue Felsen" am Arkansas River.
1287. Partie am Green River.
1288. Stehender Fels am Gleen River.
1289. Adlerpafs am Rio Grande (Texas).
1290. Okeechopee See (Florida).

---

*) Dieselbe umfafst Anthropologie u. Ethnologie (in mehr als 2000 Stücken). Die erstere Abteilung enthält: 1. Gesichtsmasken von Völkertypen; 2. Haarproben (227, noch unbearbeitet); 3. Photographien (230 unpublizierte Originalaufnahmen); 4. Umrisse von Händen und Füfsen (60), mit ausführlichem, meist unpubliziertem Text. Die ethnologische Sammlung enthält mehr als 1300 Stücke. Davon: 1. Bekleidung und Ausputz (850); 2. Gerät (380); 3. Gewerbthätigkeit (80); 4. Talismane etc. (22) und giebt im Verein mit den Bildern ein vollständiges Bild des Lebens der Völker des westlichen Pacific. Neben allen gemeingebräuchlichen Gegenständen sind auch viele besonders hervorragende Kunstarbeiten vertreten, sowie solche, die jetzt bereits der Vergangenheit angehören und deshalb besonders wertvolle Typen repräsentieren.

1291. Partie am Hudson.
1292. Wasserplatz der Cherokee-Indianer (Oklahama).
1293. Yellowstone-Fall im Yellowstone Park.
1294. Die Gran Cañons im Yellowstone Park.
1295. Die heifsen Mammuth-Sprudel im Yellowstone Park.
1296. Der grofse Geyser im Yellowstone Park.
1297. Die Hexenfelsen im Yellowstone Park.
1298. In den Goldminen von Californien.
1299. San Francisco mit dem Stillen Ocean.
1300. Cincinnati mit dem Ohio.
1301. Der Riesen-Geyser im Yellowstone Park.
1302. Der Löwen-Geyser im Yellowstone Park.
1303. Partie in den Black-Mountains.
1304. Der Hafen von New York.
1305. Der Lootse.
1306. Sonnenuntergang auf hoher See.
1307. Eisberge und Walfische im Atlantischen Ozean.
1308. Alte Mühle in den Catskills.
1309. Der Obere Fall in den Black Mountains.
1310. Der Untere Fall in den Black Mountains.
1311. Partie am Tuolumne River, Yosemite-Thal.
1312. Tenava-See am Yosemite-Thal.
1313. Partie am Rio Grande.
1314. Büffeljagd in Nebraska.
1315. Goldgräber-Lager (Californien).
1316. 50 Jahre Goldgräber.
1317. Cascade-Berge am Columbia River.
1318. Golden Gate, Bay von San Francisco.
1319. Smoky Hills am Arkansas River (Kansas).
1320. Am Yellowstone River (Montana).
1321. Indianer-Zelt (Arizona).
1322. „Pa—ri—ats", mein Indianer-Führer.

1323/33.   **D. Kupferstiche.**
Aussteller: Der Kunstverein in Bremen.

1323. Dom zu Pisa mit dem schiefen Turm. F. Fambrini etc. (ca. 1780). — Der schiefe Turm zu Pisa. A. Verico sc. 1818.
1324. Dogenpalast und Piazetta in Venedig. M. Marieschi del. — Marcusplatz mit der Marcuskirche in Venedig. A. Sandi etc. — Amphitheater in Verona. G. Testolini sc.
1325. Lung' Arno in Florenz. V. Franceschini etc. Piazza della Signoria mit dem Palazzo Vecchio und der Loggia de' Lanzi in Florenz. C. Gregori sc.
1326. Reste des Vespasiantempels (fälschlich T. des Jupiter Tonans genannt) auf dem Forum in Rom. Barbault del. Reste des Saturntempels (fälschlich T. der Concordia genannt) auf dem Forum in Rom. Barbault del. Reste des Castortempels (fälschlich T. des Jupiter Stator genannt) auf dem Forum in Rom, links der T. des Antonin und der Faustina. Barbault del. Titusbogen in Rom, vor der Restaurierung; im Hintergrunde das Forum. F. Morelli sc. Das Forum Romanum (Campo Vaccino) in Rom. F. Morelli sc. 1796. Engelsbrücke und Engelsburg (Grabmal des Hadrian) in Rom. Morelli sc. 1796. Peterskirche mit den Colonnaden des Bernin. P. Ruga.
1327. Pantheon des Agrippa in Rom. Aussenansicht. Piranesi. etc. Dasselbe, Innenansicht, desgl.
1328. Colosseum in Rom, desgl. Bogen des Constantin in Rom, desgl.

1329. Wasserfall bei Tivoli. Picanesi etc. — Derselbe, Gmelin etc. 1807. Wasserfall bei Terni, Gmelin etc. 1796.
1330. Hafen von La Rochelle, Joseph Vernet p. Hafen von Rouen, desgl. Der Pont-Neuf in Paris. Stef. della Bella etc.
1331. Hafen von Dieppe. J. Vernet p. Hafen von Bayonne, desgl. — Avignon von der Rhone aus, desgl.
1332. 2 Landschaften von J. Ruisdael, nach Originalen in der Braunschweiger Gallerie, Haldenwang etc.
1333. Norwegischer Wasserfall von Andr. Achenbach, Post etc. Das Wiesbachhorn im Pinzgau, Hansch p. Post etc. Rheinfall bei Schaffhausen, Gmelin etc. 1783.
1334. Freiburg i. Br. Willmann etc.
Baden-Baden, desgl.
Berchtesgaden. P. Weber, J. Umbach etc.
1334a. Der Rhein bei Rolandseck. desgl.
Der Rhein bei Coblenz. J. Umbach del et sc.
Paris von der Concordienbrücke aus. M. Lalanne sc.
1334b. 2 Blatt Darstellungen von Schiffen von L. Backhuysen und 15 desgl. von R. Nooms, gen. Zeemann, holländische Kupferstecher des 17. Jahrhunderts.

Dritte Hauptgruppe.
Landeskunde Bremens und der Unterweser.

Erste Abteilung:
Pläne und Grundrisse von Bremen in geschichtlicher Anordnung.

Wo nicht anders bemerkt, sind die Pläne von dem Staatsarchiv und der Stadtbibliothek hergeliehen.

1335. Eine Federzeichnung von den Festungswällen Bremens. (O. J.)
1336. Freie Hansestadt Bremen von etwa 1594, aus dem Werke von Braun u. Hogenberg, Contrafaktur der vornehmsten Städte der Welt civitates orbis terrarum.
1337. Mit Angabe d. vorz. Gebäude und Plätze (Federzeichnung). Ohne Titel u. Jahr.
1338. Aus dem Buche „Nachricht v. d. Stadt Bremen".
1339. Mit Bezeichnung d. vorz. Gebäude und Plätze. (Aus „Werdenhagen de rebus publ. hanseat.")
1340. Mit einer kurzen Beschreibung der Stadt, Bezeichnung der hauptsächlichsten Gebäude und Plätze (Joh. Stridbeck). O. J. (Mitte d. 18. Jahrh.)
1341. Ein ganz kleiner Plan. (O. J.)
1342. Mit Angabe d. vorz. Gebäude (Federzeichnung). (Ohne Titel u. Jahr.)
1343. Mit Angabe d. vorz. Gebäude (Federzeichnung). (Ohne Titel u. Jahr.
1344. Aus Bertius angebl. 1616.
1345. Alt- u. Neustadt Brema (1638—47).
1346. Mit Bezeichnung der vorzüglichsten Gebäude und Plätze, (O. J.). Um das Jahr 1650?
1347. Bremen um 1670 (G. Bouttats fecit).
1348. Brême (mit französischen Erklärungen) ca. 1670.
1349. Brema, libera R. I. urbs, ex ampliori G. M. L. delineatione in minutiorem hanc translata a Casparo Schultzen. 1690.
1350. Plan de la ville de Brême avec un project pour la fortifier. 1707.

1351. Reichsstadt Bremen, von Joh. Daniel Heinbach. 1736. (Kopie des in Merians Topographie von Niedersachsen befindlichen Plans.)
1352. Alt- und Neustadt nebst Verzeichnis der Strafsen. 1740. Von J. H. Weber.
1353. Ein bei Lotter in Augsburg herausgekommener Grundrifs der Stadt, mit verschiedenen Anmerkungen, beschrieben von Matthias Seutter, koloriert, ca. 1750. Vgl. No. 1357.
1354. Bremen. Federzeichnung der Stadt mit den Strafsen und vorzüglichsten Gebäuden, eingeschlossen von der Festungsmauer. May 15. 1773.
1355. Kayserl. freie Reichs und Ansee Stadt Bremen sambt denen Namen aller Publiquen Gebäuden, Plätzen und Strafsen, gez. von G. H. Wieting.
1356. Bremen. Gez. von J. D. Heinbach. (Defekt.)
1357. Ein von Daniel Heinbach im Jahre 1742 auf Pergament gezeichneter Grundrifs von Bremen mit Angabe der Strafsen etc.
1357a. Ein bei Lotter in Augsburg herausgekommener Grundrifs der Stadt; mit verschiedenen Anmerkungen von Matthias Seutter, ca. 1750.
1358. Plan der fürnehmen etc. Handelstadt Bremen, gez. von J. D. Heinbach, 1737.
1359. Die Kayserl.-Freye-Reichs-Ansee-Kauff und Handelsstadt Bremen an der Weser von Joh. Dan. Heinbach im Jahre 1737.
1360. Grundrisse (vier) von Bremen, gez. von Heinbach, 1759.
1361. Bremen. Plan de la ville de Brême (Aus dem Buche „Théatre de la guerre présente en allemagne", Paris 1758. T. 2.
1362. Kais. freie Reichs- und Ansee Stadt Bremen mit ihren Vorstädten und Verzeichnifs der Strafsen mit der Feder gezeichnet 1759, Febr. 18, von Gottl. Altmann.
1363. Kayserl. freie Reichsstadt und Ansee Stadt Bremen mit ihren Vorstädten, Gebäuden etc. Gez. von Joh. Dan. Heinbach, 1757.
1364. Bremen, Brema liber R. J. urbs Ett ampliori. G. M. L. delineatione In minutiorem hanc translata aeriq. incisa a Casparo Schultzen, 1664 und 1690.
1365. Kayserl. Freie Reichs und Ansee Stadt Bremen nebst den umliegenden Vorstädten. Von R. E. Schilling, 1772.
1366. Stadt und Vorstädte nebst Verzeichnis der Strafsen, von J. Radleff, 1770.
1367. Grundlage der Kays. Freien Reichs- und Hansestadt Bremen, 1774, durch F. Radleff.
1368. Bremen mit den Vorstädten, 1772, gez. v. Schilling, Cop. v. C. A. Heineken 1795.
1369. Von C. L. Murtfeldt, Hauptmann.
1370. Von C. L. Murtfeldt, Hauptmann.
1371. Von C. L. Murtfeldt, Hauptmann.
1372. Stadt Bremen 1796, von C. L. Murtfeldt.
1373. Stadt mit den Vorstädten und nächsten Umgebungen 1829.
1374. Von 1829.

1375. Von J. H. Thätjenhorst und lithographirt von Dreyer 1856.
1376. Von O. C. Apelt mit einem Panorama von Bremen bis Hannover etc. (Um 1845?)
1377. Von O. C. Apelt mit einem Panorama von Bremen bis Hannover etc. (Um 1845?)
1378. Von D. F. Ruete, ca. 1816.
1379. Grundrifs von den hauptsächl. Gebäuden und Plätzen in Bremen. Verl. zu Schweinfurth. O. J. (1840?)
1380. Verlegt bei Dreyer. (Eingeteilt nach den Distrikten und Feuerspritzen, 1829).
1381. Lithographirt b. G. Hunkel, 1844.
1382. Entworfen von J. H. Thätjenhorst und lithographirt von G. Hunkel im J. 1844. Mit handschriftlichen Notizen des Baudirektors Kraushaar (Nivellement betreffend).
1383. Neuester Plan von Ende 1894. M. Heinsius Nachfolger.
1384. A. Wesche, Plan der Stadt Bremen. Für den Unterricht gezeichnet. A. Wesche.
1385. —, Situationsplan der Hauptschule. Für den heimatkundl. Unterricht. A. Wesche.

Zweite Abteilung.
Bildliche Ansichten von Bremen.
A. Gesamtansichten oder grössere Teile.

Wenn nicht anders bemerkt, rühren die Bilder von der Stadtbibliothek und dem Staatsarchiv her.

1384. Um 1640. Aus Rollers Chronik.
1385. Um 1650.
1386. 1719. Der Verkauf dieses Prospekts wurde im Anfang des 18. Jahrhunderts verboten.
1387. 1661 gestochen von Joh. Landwehr.
1388. Um 1650.
1389. Nach 1719 von Jos. Friedr. Leopold.
1390. Von Schilling 1767.
1391. Vue de la ville de Brême, Paris chez Hocquart.
1392. 18. Jahrhundert.
1393. Aus dem 18. Jahrhundert gezeichnet von Werner.
1394. 1813 gezeichnet von David.
1395. Neustadt, gezeichnet von David 1813.
1400. Von Lowtzow, 19. Jahrh.
1401. Ostseite der Stadt. (19. Jahrh.)
1402. Westseite der Stadt. (19. Jahrh.)
1402. Westseite nebst Randzeichnungen der vorzüglichsten Gebäude und Plätze, Verlag von Wulff. (19. Jahrg.)
1403 Verschiedene Ansichten.
1404. Gezeichnet und lithographirt von Frank. (19. Jahrh.)
1405. Bremen aus der Vogelschau. (19. Jahrh.)
1406. Drei Ansichten in Rahmen. Weser von Westen. Das ehemalige Kramer-Amtshaus. Die Obernstrafse. Ausgestellt von Herrn Holzborn in Bremen.

B. Bilder einzelner Teile.

1407. Sieben Ansichten des Marktes.
1408. Drei Ansichten der Braut.
1409. Weserbrücke.
1410. Zwei Ansichten vom Ratskeller.
1411. Vier Ansichten vom Dom und seine Umgebung.
1412. Die Domshaide.
1413. Die Halle des Künstlervereins.
1414. Der Zwinger. 1825.
1415. Pauli-Kloster. 1523.
1416. Neustadts-Wall. Verlag b. Kraus.
1417a. Überschwemmungsscene. Januar 1841
1417b. Deichbruch am 6. März 1827.
1418a. Bahnhof.
1418b. Osterthor.
1419. Wohn- und Sterbehaus des seel. Herrn Bürgermeisters Dr. Joh. Smidt.
1420. Landschaftliches aus dem Gebiete von Bremen, von Walte, 1852
1421. A. Storck, Ansichten aus Bremen und Umgebung. 1822. Aufserdem vier einzelne Ansichten. C. H. Schütte.
1422. Album von Bremen. Aufgenommen und in photographischen Kunstdruck ausgeführt von Dr. E. Mertens u. Co. In zwei Ausgaben. Rühle und Schlenker, Bremen.
Eine Anzahl Photographien von Bremen, teils in Schwarz-, teils in Buntdruck. Dieselben.

Dritte Abteilung:
Der Bürgerpark.
Aussteller: Der Bürgerparkverein.

1423. Ein grofser Plan.
1424. Ein kleiner Plan.
1425. Vier grofse Aquarelle.
1426. Zwölf grofse Photographien.

Vierte Abteilung:
Der Naturwissenschaftliche Verein in Bremen.
Derselbe ist auch Aussteller.

1427. Abhandlungen, herausgegeben vom Naturwissenschaftlichen Verein zu Bremen. Bd. I—XII, XIII, 1.
1428. Die freie Hansestadt Bremen und ihre Umgebungen. Festgabe zur 63. Versammlung der Gesellschaft Deutscher Naturforscher und Ärzte.
1429. Baumstudien von Fr. Schad. Handzeichnung.
1430. Baumpartien aus der Umgegend von Bremen. Photogr. Herausgegeben vom Naturwissenschaftlichen Verein. Bremen 1875.

Fünfte Abteilung:
Die Geographische Gesellschaft in Bremen.

1431. Deutsche Geographische Blätter. Herausgegeben von der Geographischen Gesellschaft durch Dr. M. Lindeman. Bd. I—XVII.
1432. Die zweite Deutsche Nordpolarfahrt.
1432 a. Dasselbe, Volksausgabe. 1875.
 *Eine Sammlung Photographien aus Neuguinea.

Sechste Abteilung:
Die Meteorologische Station I. O. in Bremen.

1433. Eine grofse meteorologische Karte.
1434. Die Veröffentlichungen der Station. B. I—V.

Siebente Abteilung.
Das Statistische Bureau in Bremen.

1435. a. Tabellarische Übersicht des Bremer Handels, Jahrgänge 1849—1866.
 b. Zur Statistik des Brem. Staates. Jahrg. 1862. 1865. 1867.
 c. Jahrbuch für Bremische Statistik. I.—VIII. Jahrg. (1867/74.)
 d. „ „ „ „ (Oktav-Format.) Jahrg. 1875—94.
1436. Erdkarte, darstellend den Anteil der verschiedenen Länder an Bremens Handel. A. c. J. J. 1894. Auf Grund der vom Statistischen Bureau gelieferten Berechnungen entworfen von Dr. A. Oppel.
1437. Erdkarte, darstellend die Entwickelung des Bremer Handels mit den verschiedenen Ländern von 1849 bis 1894 nach dem Werte. Auf Grund der vom Statistischen Bureau gelieferten Berechnungen entworfen von Dr. A. Oppel.
1438. Höhenschichtenkarte des Bremer Gebietes. Vergl. zehnte Abt.

Achte Abteilung.
Die Norddeutsche Missionsgesellschaft in Bremen.

1439. Die sechs letzten Jahresberichte der Nordd. Miss.
1440. Karte vom Küstengebiete des Evhelandes.

1441. Situationsplan von der Station Ho in Togo.
1442. Bilder aus dem Gebiete der Nordd. Miss. 5 Hefte.
1443/1462. 20 Tafeln mit Photographien, davon 18 auf Gestellen.
1463. J. Knüsli, Evhe-Deutsch-Englisches Wörterbuch.
1464. A. Knüsli, Deutsch-Evhe-Wörterbuch.
1465. Verschiedenes Andere.

Neunte Abteilung:
Bilder, Büsten und Erinnerungen an berühmte Bremer Persönlichkeiten.

Die Namen der Aussteller sind bei den einzelnen Nummern vermerkt.

1466. Wilhelm Olbers. Büste von Rauch. Stadtbibliothek.
1467. Elf verschiedene Bilder von W. Olbers. Dr. W. O. Focke.
1468. W. Olbers, Abhandlung über die leichteste und bequemste Methode die Bahn eines Kometen aus eigenen Beobachtungen zu berechnen. Weimar, 1797. Dr. C. Schilling.
1469. Wilhelm Olbers, sein Leben und sein Wirken. Herausg. v. C. Schilling. Erster Band: Gesammelte Werke. J. Springer, Berlin 1894. Dr. C. Schilling.
1469a. Dreieinhalbzölliger Refraktor von Dollond in London.
Mit diesem Fernrohr hat Olbers am 28. März 1802 die Pallas und am 29. März 1807 die Vesta entdeckt.
1469b. Viereinhalbzölliger Refraktor von Utzschneider und Fraunhofer in München.
Von Olbers in der letzten Zeit seiner astronomischen Thätigkeit benutzt.
1469c. Zwei Kometensucher.
1469d. Spiegelsextant von Troughton. Hauptschule.
1470. J. C. Kohl. Büste. Stadtbibliothek.
1471. J. C. Kohl's Werke, soweit auf der Stadtbibliothek vorhanden. Stadtbibliothek.
1472. A. Breusing. Büste von Everding. Frau Dr. A. Breusing.
1473. Eine Anzahl Bücher und Broschüren von und über Breusing.
M. Heinsius Nachf., Carl Schünemann, Dr. C. Schilling.
1474. Joh. Hieron. Schröter, Fr. W. Bessel, C. L. Harding, Joh. W. Wendt und Ed. Mohr, in Schwarzdruck. Dr. W. O. Focke.
1475. Senator Johann Gildemeister. Photographie. Dr. W. O. Focke.
1476. Bürgermeister Smidt. Ölgemälde. Consul Buurmann.
1477. Bürgermeister Duckwitz. Ölgemälde. Consul F. Duckwitz.
1478. Consul H. H. Meier. Ölgemälde. Die Bremer Bank.
1479. Chr. Papendiek. Ölgemälde. Die Handelskammer.
1480. Reisebarometer von Eduard Mohr, welches ihn zu den Viktoriafällen begleitete. Prof. Fr. Buchenau.

Zehnte Abteilung:
Karten des Bremer Gebietes in geschichtlicher Reihenfolge.

1481. Karten aus der Chronik des Delichius. 1604.
1482. Bremen und das dazu gehörige Gebiet.
1483. Stadt Bremen sammt deren Territorio. 1745.
1484. Die vier Gohgrafschaften von Bremen. Von J. D. Heinbach. 1748.
1485. Grundrifs der Republique und Territorii der Reichsstadt Bremen, mit genauer Angabe der Vorwerke und ihrer Besitzer. Von J. D. Heinbach. 1758.
1486. Kais. fr. Reichs u. Ansee Stadt Bremen sammt ihrer Gegend, durch Joh. Bapt. Homann. 1760.
1487. Grundrifs des zur Stadt Bremen behörigen Landes und Dorfschaften. Von J. Radleff. 1769.
1486. Gegend um Bremen. Eine ältere Zeichnung. (O. J.)
1487. Reichsstadt Bremen und Umgegend. (O. J.)
1488. Gebiet der Reichs- und Hansestadt Bremen. Von C. H. Heineken. 1798.
1489. **Karte des Gebietes der Reichs- und Hansestadt Bremen.** Gez. von C. A. Heineken. 1805. Unter Glas.
1489 a. Geisler, Triangulierung der freien Hansestadt Bremen aus den Jahren 1790—98. Dazu ein Aufsatz.
1490. Gebiet der freien Hansestadt Bremen. Nach trigonometrischen Vermessungen von Chr. Heineken. 1806.
1491. Partie de l'Empire Français. Weimar 1810
1492. Gebiet der fr. Hansestadt Bremen von H. Thätjenhorst u. A. Duntze. 1851.
1493. Gebiet an beiden Weserufern von dem Einflufs der Aller bis ans Meer, von H. Berghaus. 1820.
1494. Atlas für die Schulen Bremens und der Umgegend von F. Buchenau. Br. 1858
1495. Bremen von A. Papen 1850.
1496. Gebiete der freien Hansestadt Bremen von O. Gette herausgegeben vom Stat. Bureau 1873. (mit Höhenschichten).
1497. Gebiet der freien Hansestadt Bremen von H. Thätjenhorst und A. Duntze. 1860. 4, vom Katasteramte gänzlich revidierte Auflage. 1882
1498. Karte ehemaliger Ansiedlungen im Bremischen Gebiete, entworfen von Katasterdirektor Lindmeyer (vgl. Bremisches Jahrbuch XIII.)
    a) Karte der ehemaligen Ansiedlungen Hamme und Damme 1882
    b) Desgl. an der Achterstrafse 1882.
    c) Karte des ehemaligen Dorfes Stella im Niedervielande. 1884
1499. Fr. Buchenau u. G. Hunckel. Schulwandkarte des Bremer Gebietes. Dritte Aufl. 1895. Soeben erschienen. Prof. Fr. Buchenau.
1500. Fr. Buchenau, Schulwandkarte des Bremischen Staates. 1. Aufl. 1864. Ders.
1501. —, Atlas zum Gebrauche beim ersten geogr. Unterricht in den Schulen Bremens und Umgegend. 1. Aufl. 1857. 10. Aufl. 1892. Ders.
1502. —, Die freie Hansestadt Bremen u. ihr Gebiet. 1. Aufl. 1862. 2. Aufl. 1882. Ders.
1503. —, Flora von Bremen. 1. Aufl. 1877. 4. Aufl. 1894. Ders.
1504. Grundrifs der freien Hansestadt Bremen von C. A. Degener. 1 : 3000.

Elfte Abteilung.
Katasteramt.

A. Bremisches Vermessungswesen.

1505. Gesetzblatt der freien Hansestadt Bremen, 1888, No. 3.
1506. Karte von
    a) der Hannoverschen Kette und dem Wesernetz, Triangulierungen I. **Ordnung** der Königl. Preufs. Landesaufnahme.
    b) den Bremischen Triangulierungen **II. u. III. Ordnung.**

1507. Druckschriften über die Vermessung der freien Hansestadt Bremen:
  1. die Triangulation II. Ordnung, 2 Abschnitte,
  2. " " III. "
  3. " " IV. "
  4. Besondere Bestimmungen über die Kleinvermessung,
  5. Die Stadtvermessung von Bremen.
  Beilagen:
  6 Photographien von Punkten I. Ordnung der Preufsischen Landesaufnahmen.
  2 Photographien von den bei den Bremischen Triangulierungen gebrauchten Theodoliten.
1508. Karte von der Triangulierung IV. Ordnung des Bremischen Stadtgebiets.
1508a. Karte von der Triangulierung V. Ordnung, betreffend die Alt- und Neustadt.
1509. Karte vom Polygonnetz I. Ordnung der Neustadt.
1510. Tabellen betreffend die Genauigkeit des Polygonnetzes I. Ordnung der Neustadt.
1511. Karte vom Polygonnetz II. Ordnung und vom Liniennetz des Hauptblattes 3 der Neustadt.
1511a. Hauptblatt 3 der Neustadt (1 : 1000).
1511b. Kartenblatt 3i der Neustadt (1 : 250).
1512. Kartenblatt 1g der Neustadt (1 : 250).
1513. 6 Handrisse zum Kartenblatt 1g der Neustadt.
1514. Karte vom Polygonnetz 1. bis 3. Ordnung nebst Liniennetz für die Kartenblätter XI A, B der Vorstadt und V A von Uthbremen.
1515. Kartenblatt XI B der Vorstadt (1 : 1000).
1516. Handrisse zum Kartenblatt XI B der Vorstadt.
1517. Kartenblatt II B der Feldmark Pagenthorn. (Vorstadt). (1 : 1000).
1518. Desgl., Mutationskarte.
1519. 1 Band Winkelregister zum trig. Netz II. Ordnung.
1520. 1 " " " " " III. "
1521. 1 " Coordinaten-Berechnung zum Hauptblatt III und IV der Neustadt.

B. Instrumente.

1522. Repetitions-Theodolit von Ertel u. Sohn mit Mikroskopen für trig. Messungen II. und III. Ordnung. Fernrohr: 30 fache Vergröfserung. Mikroskop-Ablesung an der Trommel direct: 2 Sekunden, durch Schätzung 0,2 Secunden.
1523. Repetitions-Theodolit von Dennert u. Pape mit Mikroskopen für trig. Messungen IV. und V. Ordnung. Fernrohr: 25 fache Vergröfserung. Mikroskop-Ablesung an der Trommel direct: 10 Sekunden, durch Schätzung 1".
1524. Repetitions-Theodolit von Dennert u. Pape mit Nonien für polygonometrische Messungen. Fernrohr: 25 fache Vergröfserung. Ablesung 20".

1525. Theodolit von Bamberg mit Nonien zum Abloten und für kleinere Messungen. Fernrohr: 10 fache Vergröfserung. Ablesung 30" mit Statif.
1526. Fernrohr-Boussole von Dennert u. Pape für untergeordnete polygonometrische Messungen.
1527. Heliotrop mit Statif zur Signalisirung auf weite Entfernungen.
1528. 2 Signalscheiben mit Statif für kürzere Entfernungen.
1529. Centrier-Apparat mit Statif zur centrischen Aufstellung der Theodolite und Signalscheiben.
1530. Freischwebender Pantograph von Coradi zur Herstellung von Karten in verkleinertem Mafsstab.
1531. Kugelplanimeter von Coradi zur Flächenberechnung.

Zwölfte Abteilung.
Bremerhaven und Vegesack.
Staatsarchiv und Stadtbibliothek.

1532. Haven zum Vegesack. Verm. v. Du Plat 1773. Cop. v. Heineken 1796.
1533. Plan des Hafens zum Vegesack und Umgegend. Gez. v. Murtfeldt 1803.
1534. Plan von Bremerhaven, von H. Tätjenhorst 1831
1535. Bremerhaven nach dem Zustande von 1834 und 1835 von E. Klüver.
1536. Bremerhaven mit den in Ausführung begriffenen neuen Havenanlagen vom Baurath Ronzelen 1849.
1537. Plan des Seehafens Geestemünde nebst Bremerhaven. Hannover 1862.
1538. Ansicht von Bremerhaven. (O. J.)

Dreizehnte Abteilung.
Herzogtum Oldenburg.
Ausgestellt durch Vermittelung des Geh.-R. Dr. P. Kollmann in Oldenburg.

1539. Pars Frisiae orientalis sive minorum Canchorum.
Karte von Jeverland, Butjadingen, Grafschaft Oldenburg bis zur Hunte, rechtes Unterweserufer, entworfen von Laurentzius Michaelis, Notar und Pfarrer zu Hohenkirchen im Jeverland († 1584, Mai 30). Vergröfserte von F. B. Duncker 1826 gezeichnete Kopie nach dem Original.
1540. Oldenburg. comitatus. Amstelodami Jndocus Hondius excudit. E. Symonsz. Hamersveldt sculp.
1541. Oldenburg. comitatus. Amstelodami. Ex officina Joannis Janszoni.
1542. Nova comitatus Oldenb. ac Delmenhorst cum dynastiis Jeveren. et Kniphaus. descriptio. Joh. Conrad Musculus aut. et excn.
1543. Wenzel Hollar, Stadtplan von Oldenburg um 1650.

1544. L. W. A. Hunrichs (Nürnberg, Homann 1761) Comitatuum Oldenb. et Delmenhorst delineativ.
1545. C. F. Mentz (1802) Karte von dem Herzogtum Oldenburg.
1546. Halem und Lasius, Charte du departement des Bouches du Weser (1811).
1547. Flufs- und Wegkarte des Herzogtums Oldenburg (3 Blätter),
1548. Geographische Karte von dem Niederstift Münster, von C. Wilckens (1796).
1549. Charte von der Herrschaft Jever von F. L. Güssefeld (Nürnberg, Homann 1801).
1550. Plan der Grofsherzoglichen Hauptstadt Oldenburg und Umgebung von H. Hotes, (1867, Nachtrag von 1869).
1551. Topographische Karte des Herzogtums Oldenburg im Mafsstab 1:50000 in 14 Blättern.
Gegründet auf die in den Jahren 1835—1850 unter der Direktion des Vermessungsinspektors von Schrenck ausgeführte allgemeine Landesvermessung.
1552. Karte von dem Herzogtum Oldenburg. Nach der unter seiner Leitung in den Jahren 1835 bis 1850 ausgeführten allgemeinen Landesvermessung und den geschehenen Nachtragmessungen entworfen von A. P. Frhr von Schrenck. (1856). Zweite Auflage mit Nachtragungen und Berichtigungen bis 1869.
1553. Graphische Darstellungen, herausgegeben vom Grofsherzoglichen statistischen Bureau:
a. Die Verteilung des Bodens und Viehstandes im Herzogtum Oldenburg. Graphisch dargestellt mit beigefügten Erklärungen. Bearbeitet und im Auftrage des Grofsherzoglich Oldenburgischen Staatsministeriums herausgegeben von Dr. Paul Kollmann. Regierungsrat und Vorstand des Grofsherzoglichen statistischen Bureaus in Oldenburg. (12 Karten).
b. Die im Verhältnis zur Bevölkerung von der öffentlichen Armenpflege im Durchschnitt der Jahre 1871—1875 im Herzogtum Oldenburg Unterstützten.
c. Die Gesamtkosten der Armenpflege im Verhältnis zur Bevölkerung nach dem Durchschnitt der Jahre 1871—1875 im Herzogtum Oldenburg.
d. Die Höhe des Kommunal-Aufwandes (ohne Wasserbaugenossenschaften) im Verhältnis zur Bevölkerung im Herzogtum Oldenburg 1873/82.
e. Die Höhe der Kommunal-Lasten (ohne Wasserbaugenossensch.) im Verhältnis zur Bevölkerung im Herzogtum Oldenburg.
f. Die Eheschliefsungen des Herzogtums Oldenburg in ihrem Verhältnis zur Bevölkerung für den Zeitraum 1871/85.
g. Die Geburten des Herzogtums Oldenburg in ihrem Verhältnis zur Bevölkerung für den Zeitraum 1871 85.
h. Die Sterbefälle des Herzogtums Oldenburg in ihrem Verhältnis zur Bevölkerung für den Zeitraum 1871 85.
i. Die wirtschaftliche Entwickelung des Herzogtums Oldenburg, bearbeitet und im Auftrage des Grofsherzoglich Oldenburgischen Staatsministeriums herausgegeben von Dr. Paul Kollmann, Geheimem Regierungsrat und Vorstand des Grofsherzoglichen statistischen Bureaus in Oldenburg.
1554. P. Kollmann. Das Herzogtum Oldenburg in seiner wirtschaftlichen Entwickelung während der letzten vierzig Jahre. Auf statistischer Grundlage dargestellt und im Auftrage des Grofsherzoglich Oldenburgischen Staatsministeriums herausgegeben von Dr. Paul Kollmann, Grofsherzoglich Oldenburgischem Geh. Regierungsrat, Vorstand des statistischen Bureaus. — Mit 12 graphischen Tafeln. Oldenburg 1893.

Vierzehnte Abteilung:
Karten des Gebietes rechts der Weser.

1555. Episcopatus Bremensis cum Adjacentibus. 1648.
1556. Ducatus Bremae et Ferdae, nova tabula edila a J. B. Homanne. ca. 1675.
1557. Ducatus Bremae et Princ. Verdae geometrica descriptio. 1767.
1558. Descriptio ducatus Bremae et Ferdae cura et sumtibus Tobiae Conradi Lotteri. O. J.
1559. Ducatus Bremae et Ferdae etc. Descriptio per Fridericum de Witt. O. J.
1560. Post-Charte von dem Churfürstentum Braunschweig-Lüneburg. 1805.
1561. Gebiet an beiden Weserufern. Von H. Berghaus. 1825 und 1828.
1562. 10 Meilen im Umkreise von Bremen. Von K. Kobbe. 1841.
1563. Gegende Stadt Bremen lang der Este und Wumme gemachten Postirung. O. J.

Anhang zu den vorstehenden Abteilungen.

1564. F. Buchenau, Flora der nordwestdeutschen Tiefebene. 1894. Prof. Dr. Fr. Buchenau.
1565. —, Flora der ostfriesischen Inseln.
1566. Einzelne Aufsätze zur nordwestdeutschen Landeskunde:
Buchenau, Prof. Dr. Franz, Die freie Hansestadt Bremen und ihr Gebiet. 1. Aufl. 1862.
—, Dasselbe. 2. Auflage 1882.
—, Flora von Bremen und Oldenburg. 4. Aufl. 1894.

Fünfzehnte Abteilung.
Die Moorversuchsstation.

1567. Die wichtigsten Moorpflanzen.
1568. Karten der nordwestdeutschen Moore.
1569. Photographische Aufnahmen aus nordwestdeutschen Mooren.
1570. Geräte für die landwirtschaftliche Bearbeitung des Moores.
1571. Geräte für die Torfgewinnung.
1572. Bodenprofile aus nordwestdeutschen Mooren.
1573. Modell eines Siedlerhauses.
1574. Typische Bodenformen von kultivierten und nicht kultivierten Mooren.
1575. Produkte der technischen Verarbeitung des Moores.

Inhaltsverzeichnis.

Erste Hauptgruppe:
Seewesen, Seekarten, Flufskarten und Wasserbau.

Seite

Erste Abteilung: Schiffsmodelle, nautische Instrumente etc. 5
    Erläuterungen zu den nautischen Instrumenten von Dr. C. Schilling 12
Zweite Abteilung: Entwickelung der Seekarten (Prof. Dr. Wagner) 20
Dritte Abteilung: Maritim-meteorologische Werke, Segelanweisungen und Segelhandbücher, ausgestellt von der Seewarte 50
Vierte Abteilung: Admiralitätskarten und Segelhandbücher der Deutschen Marine 54
Fünfte Abteilung: Ältere Stromkarten der Weser 55
Sechste Abteilung: Modell, Karten und Pläne zum Wasser- und Hafenbau 58

Zweite Hauptgruppe:
Literarische und artistische Werke.

Erste Abteilung: Sonderausstellung der Geographischen Verlagshandlung von D. Reimer in Berlin 59
Zweite Abteilung: Sonderausstellung des Geographischen Instituts von J. Perthes in Gotha 63
Dritte Abteilung: Karten und Atlanten in systematischer Zusammenstellung
    A. Wandkarten für die Schule 66
    B. Wissenschaftliche Kartenwerke 70
    C. Karten für das praktische Leben 72
    D. Atlanten. a) für die Schule 73
               b) für andere Zwecke 74
Vierte Abteilung: Bücher in systematischer Zusammenstellung.
    A. Bücher für die Schule 75
    B. Wissenschaftliche Werke 77
    C. Reisebeschreibungen 82
    D. Sonstige Werke 84
Fünfte Abteilung: Instrumente, Geräte u. a. 85
Sechste Abteilung: Bilder
    A. Schwarz- und Buntdrucke für die Schule
       a. Wandbilder 86
       b. für den Handgebrauch 89
    B. Photographien 90
    C. Aquarelle 93
    D. Kupferstiche 96

Dritte Hauptgruppe:
Landeskunde Bremens und der Unterwesergebiete.

	Seite
Erste Abteilung: Pläne von Bremen in geschichtlicher Reihenfolge	98
Zweite Abteilung: Bildliche Ansichten	100
Dritte Abteilung. Bürgerpark	101
Vierte Abteilung: Naturwissenschaftlicher Verein	101
Fünfte Abteilung: Geographische Gesellschaft	102
Sechste Abteilung: Meteorolog. Station I. O.	102
Siebente Abteilung: Statistisches Bureau	102
Achte Abteilung: Norddeutsche Mission	102
Neunte Abteilung: Bilder, Büsten und Erinnerungen an hervorragende Bremer	103
Zehnte Abteilung: Karten des Bremer Gebietes in gesch. Reihenfolge	104
Elfte Abteilung: Katasteramt	104
Zwölfte Abteilung: Pläne und Bilder von Vegesack und Bremerhaven	106
Dreizehnte Abteilung: Herzogtum Oldenburg	106
Vierzehnte Abteilung: Ehem. Herzogtum Bremen	108
Fünfzehnte Abteilung: Moorversuchsstation	108

Nachträge.

1576. Merkatorkarte von Europa, aufgezogen.
Ges. f. Erdk., Berlin.
1577. Drei Merkatorkarten in Mappe.
Dieselbe.
1578. Kretschmer. Entdeckung Amerikas.
Dieselbe.
1579. Ein goldener Becher, herrührend von dem Orientreisenden J. L. Burckhardt. Dr. Luce.
1580. Ein alter Bremer Gesellenbrief. Frau S. Wultzen.
1581. Stiftungsurkunde der ›Armen Seefahrt‹.
1582. Copien. Gemacht von L. Halenbeck.
1583. Marinezeichnungen von Trebbe.
1584. Blindenatlas von Kunz in Illzach.
1585. Repetitionskarten in Reliefprägung von Kunz.

www.ingramcontent.com/pod-product-compliance
Lightning Source LLC
Chambersburg PA
CBHW020101020526
44112CB00032B/800